Christoph Bausenwein

Joachim Löw
Ästhet, Stratege, Weltmeister

Christoph Bausenwein

Joachim Löw
Ästhet, Stratege, Weltmeister

VERLAG DIE WERKSTATT

Erweiterte und vollständig aktualisierte Neuausgabe des Buches
»Joachim Löw und sein Traum vom perfekten Spiel«
(Verlag Die Werkstatt, 2011)

Bibliografische Information der Deutschen Bibliothek:
Die Deutsche Bibliothek verzeichnet diese Publikation in
der Deutschen Nationalbibliografie; detaillierte bibliografische Daten
sind im Internet über http://dnb.ddb.de abrufbar.

Auch als E-Book erhältlich: ISBN 978-3-7307-0161-4

Copyright © 2014 Verlag Die Werkstatt GmbH
Lotzestraße 22a, D-37083 Göttingen
www.werkstatt-verlag.de
Alle Rechte vorbehalten.
Satz und Gestaltung: Verlag Die Werkstatt
Druck und Bindung: cpi, Leck
Titelfoto: Imago Sportfoto

ISBN 978-3-7307-0160-7

Inhalt

AUFTAKT Hennef – oder:
Am Anfang des Weges zum WM-Titel 9

I. TEIL DER AUFSTIEG EINES UNSCHEINBAREN

KAPITEL 1 Der unvollendete Profi
oder: Eine Spielerkarriere ohne Höhepunkte 19
Von Schönau nach Freiburg · Von Freiburg nach Stuttgart · Über Frankfurt zurück nach Freiburg · Über Karlsruhe erneut zurück nach Freiburg

EINWURF Der bodenständige Badener 30

KAPITEL 2 Als Lehrling in der Schweiz
oder: Ein Erweckungserlebnis in der Fußballprovinz 37
Fußball-Neuland in Rheinfall-Nähe · Jogi mit Contini in Winti · Spielertrainer beim FC Frauenfeld

EINWURF Die Trainerschmiede Magglingen 46

KAPITEL 3 Der (zu) nette Herr Löw
oder: Aufstieg und Demontage eines Trainer-Neulings 51
Der Interimstrainer · Neuer Chef in Stuttgart · Ein Pokalsieger mit Glatze · Führungsmangel und Winterkrise · Demontage eines Trainers · Ende mit Finale · Nachrufe und Lehren

EINWURF Die Fußballprofessoren aus Baden-Württemberg ... 70

KAPITEL 4 Reise ins Ungewisse
oder: Erfahrungstrips zwischen Bosporus und Alpenrepublik ... 76
Harun Arslans großer Deal · Abenteuer Istanbul · Perfekte Arbeitsbedingungen · Ein tolles Jahr mit »normalem« Ende · Als Wunschkandidat in Karlsruhe · Freche Fragen und nur ein einziger Sieg · Flucht nach Adana · Triumph in Tirol · Die Pleite des Meisters · Von der Arbeitslosigkeit in die Milliardärsfalle

EINWURF Der Blick über den Tellerrand und die Datenbank .. 101

5

KAPITEL 5 **Der WM-Sieg als Projekt**
oder: Der Revolutionär Klinsmann und sein Fußball-Lehrer ... 108

Alles andere als ein Hütchenaufsteller · Spielphilosophie, Fußballkultur und allerlei Superlative · Crashkurs in der Taktik-Grundschule · Entengang und Gummitwist · Asienreise mit Psychologe · Mit Chefscout im Confed-Cup · Kritik und Gegenkritik · Die Idee mit dem Technischen Direktor · Italien-Desaster und Klinsmann-Frage

KAPITEL 6 **Sommermärchen mit Chef-Duo**
oder: Der Bundestrainer 1b als Taktikflüsterer 131

Nominierungspuzzle mit Überraschungen · Fitnesseinheiten und Taktikstunden · Die Lehre von Costa Rica · Der DFB-Zug kommt ins Rollen · Zitterpartie und Halbfinal-K.o. · Die Bilanz: Fröhlich am Rand des Wahnsinns

II. TEIL DER BUNDESTRAINER UND SEINE TURNIERE

KAPITEL 7 **Der logische Klinsmann-Erbe**
oder: Auf dem Weg zum selbstverständlichen Chef 147

Der Assistent wird Chef · Der Hansi als neuer Jogi ·»Mehr als Klinsmanns Schattenmann« · Der geplante Sieg · Der Projekt-Vollender · Der coole Jogi

EINWURF **Jogis Coolness – Lässiger Genuss,**
Stilbewusstsein und Lust am Risiko 164

KAPITEL 8 **Auf Bergtour**
oder: Stresstest für den Konzepttrainer 172

Der Zugspitz-Kader · Perfektes Trainingslager · Ein Drama in Klagenfurt · Platzverweis in der Coaching-Zone · Der Bundestrainer hinter Milchglas · Über die Türken nach Wien · Chancenlos gegen »Tiqui-taca«

EINWURF **Werbestrategie und Imagemanagement** 191

KAPITEL 9 **Eine Mannschaft wird geboren**
oder: Leistungssteigerung durch Jugendkraft 198

Holpriger Start in die WM-Qualifikation · Der Beschluss zum Systemwechsel · Bewährungsprobe auf Kunstrasen · Tod eines Torwarts · Der vorläufige Kader für Südafrika · »Schleusentage« und Spielerausfälle

KAPITEL 10 **Viele Sternchen in Südafrika**
oder: Über die Kunst, auch ohne Titel zu erfreuen 214

Im balkanischen Tal des Jammers · Deutsche Geparden jagen Albions Löwen · Wirbelsturm über Weiß-Himmelblau · Spanien wieder Endstation · Die WM-Bilanz: Ohne Titel, aber voller Freude · Pläne, Ehrungen und Tränen

KAPITEL 11 **Durchmarsch und forsche Töne
oder: Den Titel fest im Visier** 232
Die nächste Generation · Zwischen Wunsch und Wirklichkeit · Umbruch
mit höchstem Anspruch · Zwischenbilanz nach optimaler Punktausbeute ·
Bereit für Spanien

KAPITEL 12 **Im Übermut verzockt
oder: Trainerschelte nach der EM 2012** 246
Treffer eines »Wundgelegenen« · Gruppensieg und Zauberhändchen ·
Ein vercoachtes Halbfinale · Ermüdende Kritik

KAPITEL 13 **Die Qualifikation ist nicht genug
oder: Ein Unentschieden als Stimmungskiller** 257
Strapazen-Prophylaxe und Wohngruppen · Sehnsucht nach dem Titel ·
Vorbereitung mit vielen Irritationen · Sechser Lahm und falsche Neun

KAPITEL 14 **Triumph im Maracanã
oder: Die Sehnsucht endlich erfüllt** 272
Die Vorrunde: Erst toll, dann ratlos, schließlich cool · Ein Sieg des Willens ·
Lauter maulende Journalisten · Ein Kraftakt gegen Frankreich · Ein spektakuläres
»Jogi bonito« · Eine triumphale Schlacht gegen die Gauchos · Den Triumph
erzwungen · Trainer des Jahres

III. TEIL DIE NATIONALMANNSCHAFT ALS FIRMA LÖW

KAPITEL 15 **Der Löw'sche Verhaltenskodex
oder: Die Trainer-Autorität in der Leitwolf-Probe** 297
Der Teamplayer · Konsensstil mit Grenzen · Der Ballack-Bierhoff-Konflikt · Kuranyi-
Flucht und Frings-Gemaule · Der »Imperator« stutzt den Kapitän · Verhaltenskatalog
mit strengen Regeln · Eiszeit in der Nationalelf · Ende eines langen Abschieds · Die
Podolski-Ohrfeige · Niemand vermisst den »Capitano« · Ein unrühmliches Ende ·
Lahm und der feine Unterschied · Ballack-Versöhnung und Lahm-Abdankung

EINWURF **Miro & Poldi –
Nominierungspraxis mit Urvertrauen** 330

KAPITEL 16 **Die Normierung der DFB-Ausbildung
oder: Vertragsquerelen, Spielphilosophie
und Sportdirektor-Frage** 334
Die gescheiterte Vertragsverlängerung · Friedensschluss im Flieger · Sammer-
Philosophie und Peters-Dolchstoß · Streitpunkt U21-Nationalmannschaft · Der
Kampf um Adrion · Der Trainerausbilder Wormuth · »Chef unter den sportlichen
Führern« · Der Auftrag: Gemeinsam zum Titel · Auftrag erfüllt – weiter geht's

**KAPITEL 17 Konfliktfeld Bundesliga
oder: Die Nationalelf als Feindbild und Vorbild** 354

Dornröschenschlaf und Füße aus Malta · Kritik durch statistische Fakten ·
Die Liga wehrt sich · Klinsmann-Desaster und Löw-Lob

EINWURF **Jeder Spieler seine eigene Firma** 367

**KAPITEL 18 Der Philosoph auf der Trainerbank
oder: Von der täglichen Arbeit am perfekten Spiel** 372

Spielidee: Offensivfußball mit Spielkultur und Risiko · Lehrmethode: Klare
Anleitungen mit eindeutigen Beweisen · Struktur: Mit höchster Disziplin zur
kunstvollen Form · Taktik: Wie man möglichst schnell zum Torschuss kommt
· Grundlagen 1: Fußball ist wie Autofahren · Grundlagen 2: Tempo ist alles ·
Grundlagen 3: »Körperlos« spielt man schneller · Grundlagen 4: Nach dem Spielen
muss man gehen · Kriterien: Warum die Spieler zur Philosophie passen müssen ·
Kritik: Wenn das Offensivspiel »reagierend« wird · Die generelle Lösung: Taktisch
flexibel agieren · Weiterungen: Fußball ist mehr als nur ein Spiel

Schlusswort 407

Karrieredaten von Joachim Löw 412

Danksagung 414

Der Autor 415

AUFTAKT

Hennef – oder:
Am Anfang des Weges zum WM-Titel

»Wir haben das richtige Maß an Selbstbewusstsein«, sagt ein entspannt, aber auch ernst und entschlossen wirkender Bundestrainer Joachim Löw. »Wir haben Respekt, aber keine Angst. Wenn wir unsere Qualität durchbringen können, dann werden wir dieses Spiel gewinnen.« Die Frage, ob man sich auch auf ein mögliches Elfmeterschießen vorbereitet habe, entlockt ihm ein schelmisches Grinsen. Natürlich hatte man sich vorbereitet. Wie selbstverständlich zieht er ein Blatt Papier hervor und erklärt: »Es ist klar, dass sich alle Torhüter auch auf ein Elfmeterschießen vorbereiten. Das machen wir natürlich auch. Wir haben eine Kartei von den Schützen, welche Ecke sie bevorzugen.« Dann spricht Bastian Schweinsteiger. Auch er strahlt eine enorme Zuversicht aus. »Ich habe ein gutes Gefühl«, sagt der 107-fache Nationalspieler, der in diesem Moment wohl nicht zufällig an Löws Seite sitzt. Er hat sich in den letzten Wochen als wirklicher Anführer entpuppt, als Antreiber und emotionaler Fixpunkt des Teams. »Ich bin davon überzeugt, dass die Mannschaft das, was sie kann, auf den Platz bringt«, sagt er nun, auf dieser letzten Pressekonferenz vor dem großen Finale. »Wenn uns das gelingt, können wir auch so eine Weltklasse-Mannschaft wie Argentinien schlagen.«

Wie das Spiel ausgeht, zu dem man so siegesgewiss angetreten war, ist bekannt. Deutschland gewinnt das Finale in Rio de Janeiro durch ein Traumtor von Mario Götze in der Verlängerung mit 1:0 und holt sich verdient den vierten Weltmeistertitel. Unmittelbar nach dem Abpfiff wirkt Joachim Löw auf dem Rasen des Maracanã noch ziemlich gefasst. Er ballt ein paar Mal die Faust, bedankt sich dann bei den Spielerfrauen, die in den Innenraum strömen. Kurz darauf aber kommt es zu einer Szene, in der sich die Dimension des Geschehens mit ungeheurer Intensität abbildet. Der schwer vom harten Spiel gezeichnete Bastian Schweinsteiger fällt dem Bundestrainer weinend um den Hals; und als die beiden eine Weile in inniger Umarmung verharren, wird auch Joachim Löw von der Emotionalität des Augenblicks ergriffen: Man sieht, wie auch er mit den Tränen ringt. Selten, eigentlich nie hat man den

Mann in seiner zehnjährigen Amtszeit als Assistent und Chefcoach der DFB-Auswahl so emotional gesehen. Der Bundestrainer habe den Titel »sehr verdient«, erklärt Schweinsteiger später den Journalisten. »Es war auch nicht einfach für ihn.« Der vierte Stern, mit dem sich Joachim Löw in eine Ahnenreihe mit Sepp Herberger, Helmut Schön und Franz Beckenbauer stellte, sei ein logisches Produkt einer langjährigen Entwicklung, schreiben nun viele. Doch der Weg dorthin war lang, sehr lang, und Joachim Löw war dabei keineswegs immer unumstritten. Begonnen hatte alles zehn Jahre zuvor, als er von Jürgen Klinsmann zum Assistenten erkoren wurde und das Projekt einer umfassenden Reformierung der deutschen Nationalmannschaft startete. Das heißt: Eigentlich hatte es schon vor 14 Jahren begonnen, zur Jahrhundertwende, als der spätere WM-Held Bastian Schweinsteiger noch in der U16-Auswahl des DFB kickte.

Damals, im Sommer 2000, lag der deutsche Fußball am Boden. Der Niedergang war rapide erfolgt. Nach dem Gewinn des Europameistertitels 1996, den der spätere Nationalmannschaftsmanager Oliver Bierhoff im Finale von London durch sein »Golden Goal« gegen Tschechien perfekt gemacht hatte, schien alles noch in bester Ordnung zu sein. Doch es folgte bei der WM 1998 ein beschämendes 0:3 im Viertelfinale gegen Kroatien, Berti Vogts quittierte daraufhin seinen Job als Bundestrainer. Sein Nachfolger Erich Ribbeck, dessen Trainer-Know-how sich durch nicht viel mehr als die Reaktivierung des bereits aussortierten Alt-Liberos Lothar Matthäus und den Leitspruch »Konzepte sind Kokolores« auszudrücken schien, führte die DFB-Elf auf einen noch nie da gewesenen Tiefpunkt. Bei der EM 2000 in den Niederlanden und Belgien schied Deutschland bereits in der Vorrunde aus. Nach einem 1:1 gegen Rumänien und einem 0:1 gegen England ging die deutsche Elf am 20. Juni 2000 in Rotterdam gegen Portugal sang- und klanglos mit 0:3 unter.

Die Erinnerung an dieses deprimierende Debakel kann dem deutschen Fußballfan noch heute einen eiskalten Schauer über den Rücken jagen. Jammern muss er inzwischen freilich nicht mehr, denn es hat seitdem einen Aufschwung gegeben, der sich zunächst in einer kontinuierlichen Steigerung der spielerischen Qualität zeigte und schließlich mit dem Gewinn des WM-Titels von 2014 seinen vorläufigen Höhepunkt erreicht hat. Ursache für den Wandel ins Positive waren zahlreiche Veränderungen, die man unmittelbar nach der EM-Pleite von 2000 eingeleitet hatte. Die Tatsache, dass sich in Deutschland wieder zahlreiche Talente entwickeln konnten, ist vor allem der von der Deutschen Fußball-Liga (DFL) getroffenen Entscheidung zu verdanken, die Vergabe einer Lizenz für die Bundesliga seit der Saison 2001/02 an die Verpflichtung zu binden, ein eigenes Nachwuchsleistungszentrum zu betreiben. Und dann sind natürlich vor allem die Veränderungen an der Spitze der Nationalelf zu nennen, die Revolution in Trainingsmethoden und Spielphilosophie beim Deutschen Fußball-Bund (DFB), die Jürgen Klinsmann im Jahr 2004 einleitete und die Joachim Löw seit 2006 fortführt und verfeinert.

Der Keim zur Wiederauferstehung der deutschen Nationalmannschaft wurde jedoch nicht 2004, sondern bereits im Juni 2000 gelegt, fast zeitgleich zum großen Desaster bei der Europameisterschaft. Es geschah im südöstlich von Köln zwischen Westerwald und Bergischem Land gelegenen Hennef, an der Sportschule des Fußballverbandes Mittelrhein. Dort hatten die Teilnehmer eines Trainer-Sonderlehrgangs für verdiente Nationalspieler des DFB in der Woche vor dem Untergang von Matthäus & Co. in Rotterdam ihre Prüfungen abgelegt.

Begonnen hatte der erste Teil des Lehrgangs am 3. Januar. Man habe schon länger überlegt, einen Sonderlehrgang abzuhalten, erläuterte der DFB-Chefausbilder Gero Bisanz zum Auftakt. Initiator war der ehemalige Bundestrainer Berti Vogts, der erst nach lange anhaltendem Widerstand im DFB seine Idee hatte durchsetzen können. Ziel der Sache war, ehemalige Nationalspieler dem Fußball als Trainer zu erhalten. Weil man ihnen das Angebot machen wollte, die Trainerlizenz auf verkürztem Weg zu erwerben – mit 240 statt den sonst üblichen 560 Unterrichtsstunden –, hatte es vor allem von den »normal« ausgebildeten Bundesligatrainern heftige Kritik wegen dieser »Sonderbehandlung« gegeben. Es seien die gleichen Inhalte und die gleichen Dozenten wie bei dem sechsmonatigen Lehrgang, wehrte Ausbildungsleiter Bisanz jedoch alle Einwände ab. Alles sei nur dichter gepackt, geschenkt werde keinem etwas.

Nachdem die Sache dann endlich abgesegnet war, hatte der DFB den auf Anhieb von der Idee begeisterten Jürgen Klinsmann als Akquisiteur angeheuert. Der ehemalige Torjäger, der seine Nationalmannschaftskarriere zwei Jahre zuvor bei der WM in Frankreich beendet hatte, startete einen Rundruf bei ehemaligen Kameraden, die als Teilnahmebedingung mindestens 40 Länderspiele bestritten und einen Welt- oder Europameistertitel errungen haben sollten. Es kam die Creme de la

Creme deutscher Ex-Internationaler, allein acht Weltmeister von 1990 und zahlreiche Spieler aus dem Kader des Europameisters von 1996.

Neben ehemaligen Stars wie Jürgen Kohler, Matthias Sammer, Andreas Köpke, Dieter Eilts, Guido Buchwald, Pierre Littbarski oder Stefan Reuter durften mit den Ex-Nationalspielerinnen Doris Fitschen und Bettina Wiegmann auch zwei Frauen per Schnellkurs ihr Fußball-Lehrer(innen)-Diplom erwerben. Dazu konnten einige der insgesamt 19 Teilnehmer mit einer »Sondergenehmigung« antreten. Unter ihnen waren der bulgarische Nationalspieler Krassimir Balakov, der aufgrund eines Kooperationsvertrages mit dem bulgarischen Fußballverband zugelassen wurde, und sein ehemaliger Trainer beim VfB Stuttgart, Joachim Löw. Der heutige Bundestrainer, der 1997 mit dem VfB Pokalsieger geworden war und sich nach seiner Entlassung bei Fenerbahçe Istanbul als Trainer versucht hatte, war inzwischen beim Zweitliga-Absteiger Karlsruher SC gelandet und trotz seiner nun schon mehrjährigen Trainertätigkeit noch immer nicht im Besitz einer vom DFB anerkannten Lizenz. Die sollte er also jetzt endlich nachholen.

Es waren arbeitsreiche Tage. In dichter Abfolge standen Taktik und Trainingsführung, Psychologie und Rhetorik sowie Sportmedizin auf dem Programm, die Diskussionen in den Arbeitsgruppen dauerten teilweise bis in den späten Abend an. »Weil das Programm so komprimiert war, entstand bald eine sehr intensive Arbeitsatmosphäre«, erinnert sich Bisanz. Und er war begeistert von den Qualitäten seiner Teilnehmer. Fast alle hatten das Spiel selbst auf höchstem Niveau betrieben und ihre Erfahrungen ausgiebig reflektiert. Weil sich die meisten der Teilnehmer bereits sehr gut kannten und die Außenseiter inklusive der beiden Frauen hervorragend integriert wurden, habe sich ein besonderes Gruppengefühl eingestellt. Bisanz sprach von einer »verschworenen Gemeinschaft«. Als Sprecher der Gruppe hatte sich schon bald der mit einer natürlichen Autorität ausgestattete Klinsmann herauskristallisiert. Was er einmal mit seinem Trainerschein beginnen wollte, hatte der Schwabe, der sich auch in seiner Wahlheimat Kalifornien gezielt in Sachen Fußball weitergebildet hatte, freilich noch nicht entschieden. Er sah darin erst mal »eine weitere Option für die Zukunft«.

Klinsmann fand in Hennef Gefallen am Trainerjob, an der Aufgabe zumal, die Komplexität des Spiels zu durchdringen und anderen zu vermitteln. Laut Bisanz hatte er auch Talent bewiesen. Er habe während der Übungen mit einem ausgeprägten Sinn für »die Fußballstruktur« die

Fehler gesehen und auf den Punkt gebracht. Andere scheinen aber noch besser gewesen zu sein. Insbesondere sein Lehrgangskamerad Joachim Löw, ein Mann mit bemerkenswert »geradliniger Denkweise«. Der habe ihm in nur zwei Minuten die Vorteile einer Viererkette erklären können. »Ich war 18 Jahre Profi«, soll der schwer beeindruckte Klinsmann zu seinem Banknachbarn Guido Buchwald gesagt haben, »aber kein einziger meiner Trainer konnte mir das so vermitteln.« Diese nette Geschichte, die gleichsam die Qualität eines Ritterschlags haben sollte, wird Klinsmann nach der vier Jahre später erfolgten Ernennung Löws zu seinem Assistenten immer wieder mal erzählen. Vorerst freilich hatte die Tatsache, dass Klinsmann von Joachim Löws theoretischem Wissen und didaktischem Können beeindruckt war, noch keine Konsequenzen. Der Bundestrainer in spe ging wieder nach Kalifornien zurück, und der in Karlsruhe erfolglose Zweitligatrainer sollte nach einer Kurzzeit-Pleite im türkischen Adana versuchen, in Österreich beim FC Tirol sowie bei Austria Wien wieder in die Erfolgsspur zurückzufinden.

Bei der deutschen Nationalmannschaft trat indessen Besserung ein. Der allseits beliebte Ex-Stürmerstar Rudi Völler übernahm zunächst interimsweise das Amt des Bundestrainers für den ab 2001 vorgesehenen Leverkusener Trainer Christoph Daum, der dann schlagzeilenträchtig gescheitert war, weil ihm Kokainkonsum nachgewiesen wurde. Unter »Ruuudi« ging es von den Ergebnissen her wieder aufwärts, auch wenn die Ästhetik des deutschen Spiels oft recht zu wünschen übrig ließ. Das glückliche Erreichen des mit 0:2 gegen Brasilien verloren gegangenen WM-Finales von 2002 musste geradezu als sensationell eingestuft werden. Doch mit der Euphorie war es bald wieder zu Ende. Auf heftige Kritik nach mauen Spielen gegen Gegner wie Island und die Färöer platzte Völler mehrfach der Kragen. Mehr gebe das Potenzial des deutschen Fußballs eben nicht her, meinte er. Schließlich wurden die realen Möglichkeiten der deutschen Nationalmannschaft bei der Europameisterschaft 2004 in Portugal auf drastische Weise bloßgelegt. Die Bilanz von »Rudis Rumpelfüßlern«: eine gute Halbzeit beim 1:1 gegen die Niederlande, ein torloses Unentschieden gegen Lettland und schließlich eine demütigende 1:2-Niederlage gegen Tschechiens B-Elf – und damit ein erneutes Aus in der Vorrunde. Wer's gesehen hat, der wird nie vergessen, wie der ratlos-deprimierte Rudi Völler nach dem letzten Spiel zu den deutschen Fans ging und achselzuckend anzeigte:

»Mehr war nicht drin. Wir haben alles versucht.« Einen Tag später trat er zurück. Völler hatte eingesehen, dass nach dieser Mega-Pleite sein Kredit aufgebraucht war und er damit einem unübersehbar notwendig gewordenen fundamentalen Neuanfang nur im Wege stehen würde.

Die DFB-Führung verfiel in eine geradezu bestürzende Ratlosigkeit. Niemand hatte eine Ahnung, wer den Job nun übernehmen könnte. Denn im Grunde war der von den Fans selbst in der Pleite immer noch gefeierte Rudi Völler (»Es gibt nur ein' Rudi Völler«) die einzig übrig gebliebene Lichtgestalt am sich bedrohlich verdunkelnden Fußballhimmel Deutschlands. Viele gute Möglichkeiten blieben da nicht. DFB-Präsident Gerhard Mayer-Vorfelder präsentierte zunächst seinen Wunschkandidaten Ottmar Hitzfeld als sicheren neuen Bundestrainer. Dieser sagte jedoch ab. Nun gründete sich eine seltsame »Trainerfindungskommission«, bestehend aus Franz Beckenbauer, Werner Hackmann, Horst Schmidt und eben Mayer-Vorfelder. Allerlei Namen wurden gehandelt, unter anderem Otto Rehhagel, doch auch nach vier Wochen dilettantischen Werkelns war der DFB noch immer nicht in der Lage, einen Trainer zu präsentieren. Und dann tauchte plötzlich, ins Spiel gebracht vom Ex-Bundestrainer Berti Vogts, ein ganz neuer Name auf: Jürgen Klinsmann.

Es war die Riesenüberraschung des Fußballjahres 2004. Tatsächlich durfte der inzwischen in Kalifornien ansässige ehemalige Stuttgarter Stürmerstar, Weltenbummler (AS Monaco, Inter Mailand, Tottenham Hotspurs), Welt- und Europameister das höchste Amt in Fußball-Deutschland übernehmen. Kurz nach seiner Inthronisierung erinnerte er sich an den Viererketten-Versteher von Hennef und kürte ihn zu seinem Assistenten. Alle wunderten sich: Was wollte Klinsmann denn mit diesem Löw, den man als Spieler kaum wahrgenommen hatte, der als Trainer des VfB Stuttgart nur kurzzeitig erfolgreich gewesen und dann in der Türkei und Österreich jenseits des großen Fußballs untergetaucht und inzwischen beinahe schon vergessen war?

Der Amtsantritt des Trainerteams Klinsmann/Löw war der Beginn einer radikalen Umwälzung im DFB, die zu einer begeisternden Attraktivität des deutschen Spiels geführt hat und nach einer zehnjährigen Entwicklung endlich auch von einem Titel gekrönt wurde. Und der war, wie ein fröhlicher Joachim Löw bei der Feier der Weltmeister am Strand von Ipanema erklärte, jetzt irgendwie auch »einfach fällig« gewesen. Damals vor 14 Jahren, im grauenvollen Sommer des Jahres 2000, hat sich das wirklich niemand ernsthaft vorstellen können. Damals war Joachim Löw ein Nobody, im Jahr 2014 ist der Mann, der 2006 das Klinsmann-Erbe als Chef übernommen hat, der Held der Fußballnation und ein Fall für die schönsten Seiten der Geschichtsbücher.

So erstaunlich diese Entwicklung von außen betrachtet aussehen mag, so nachvollziehbar wird sie für den, der die innere Konsequenz des Hauptakteurs in den Fokus stellt. Den Traum vom perfekten Spiel hegte Joachim Löw schon zu einer Zeit, als er von der großen Öffentlichkeit noch gar nicht wahrgenommen wurde. In gereifter Form entfaltete er ihn an höchster Stelle, als Chef der Nationalauswahl, mit einer frappierenden Selbstverständlichkeit. Und als er lernte, in entscheidenden Momenten von seinen Idealen und Konzepten auch einmal etwas abzurücken, wurde er endlich mit dem Gewinn eines Titels belohnt.

Trotz aller Kritik, die den Bundestrainer seit 2006 immer wieder begleitet hat – mit schönem Spiel allein könne man keine Titel gewinnen, lautete der Standardvorwurf, wenn die deutsche Abwehr wieder einmal zu sehr gewackelt hatte –, hat sich Joachim Löw nie beirren lassen. Stets hat er mit aller Konsequenz an seinem Projekt weitergearbeitet und ist im Laufe der Jahre beinahe wie selbstverständlich derart mit seinem Amt verschmolzen, dass inzwischen sogar schon die Idee, es könne einmal ein anderer Bundestrainer werden, irgendwie unwirklich wirkt.

Trotzdem ließ sich der eigenwillige Weltmeister-Macher von 2014, der von Franz Beckenbauer, dem Weltmeister-Macher von 1990, als »geborener Trainer« geadelt wurde, von den Fans nie als Volksheld vereinnahmen. Nach wie vor wirkt der Mann, der die Nationalauswahl des DFB wieder an die Spitze geführt hat, eigentümlich fremd im deutschen Fußballkosmos. Dieses Buch versteht sich als Versuch, den Weg Joachim Löws zu beschreiben und damit auch seine Persönlichkeit ein wenig zu erhellen. Es will beschreiben, wie sein Traum vom perfekten Spiel sich entwickelt hat; es will deutlich machen, dass er in all seinem Tun stets einen klaren Plan verfolgte; aber es will auch aufzeigen, dass er von seinen Träumen etwas abrücken und seine Pläne etwas modifizieren musste, um nach zehn Jahren intensiver Arbeit ein Weltmeister-Trainer werden zu können.

I. TEIL

Der Aufstieg eines Unscheinbaren

KAPITEL 1

Der unvollendete Profi
oder: Eine Spielerkarriere
ohne Höhepunkte

Ein 40 Kilometer von Freiburg entfernter, kaum 3.000 Einwohner zählender Luftkurort im südlichen Schwarzwald, ein zwischen Wiesen, Bergen und Wäldern eingebettetes Urlaubsidyll zwischen dem Feldberg und der Schweizer Grenze bei Lörrach, die Stadt Schönau, ist die Heimat des späteren Bundestrainers. Hier wuchs der am 3. Februar 1960 geborene Sohn eines Ofensetzermeisters als ältester von vier Brüdern auf, hier besuchte er die Grundschule, hier war er in der Dorfkirche Ministrant, hier ging er in das Gymnasium, das er im Juni 1977 vorzeitig abbrach und mit der mittleren Reife verließ, hier entdeckte er seine Begabung und seine Liebe für den Fußball.

Es war ein einfaches und erdgebundenes Aufwachsen in einer überschaubaren Welt. Die vor dem Krieg aus dem etwa 80 Kilometer entfernt gelegenen Schwarzwalddorf Hornberg zugezogene Familie Löw war in Schönau bestens etabliert. Die Löws hatten es in der Wirtschaftswunderzeit zu allgemeiner Anerkennung gebracht; sie gehörten zu denen, die es, wie es so schön heißt,»geschafft« hatten. Der Opa besaß einen Lebensmittelladen, Vater Hans, Jahrgang 1921, zählte als Chef seines kleinen Handwerksbetriebs – etwa 20 Arbeiter bauten unter seiner Regie Kachelöfen – zu den Bessergestellten des Ortes, Mutter Hildegard sorgte als gute Köchin für das leibliche Wohl, unter der Woche einfache Küche mit Brägele (Bratkartoffeln) und Bubespitzle (Schupfnudeln), sonntags mit Fleisch, sehr häufig in Form des geradezu legendären Sauerbratens. Das Leben in der badischen Provinz war beschaulich und genügsam, geprägt vom ehrlichen Fleiß einer Nachkriegsgeneration, der schon die sonntägliche Genuss-Zigarre des Ofensetzers Hans Löw wie ein unerhörter Luxus erschien.»Schönau ist meine Heimat, und ich bin stolz darauf, dort in einer intakten Familie groß geworden zu sein. Unser Leben war klar und einfach strukturiert«, sagt Joachim Löw.

Der heutige Bundestrainer, der schon von Kindesbeinen an von allen nur»Jogi« genannt wurde, war ein unauffälliger Schüler und braver Bub, der am Sonntag in der katholischen Kirche ministrierte, nur selten gab es wegen kleiner Sünden mal eine Ohrfeige vom Vater oder vom Großvater. »Es gab klare Regeln in Bezug auf Respekt, Höflichkeit und Anstand«, benennt Joachim Löw das von den Eltern vermittelte Normengerüst, das bis heute seine moralischen Vorstellungen bestimmt. »Das ist aber nicht so zu verstehen, dass lange Ansprachen gehalten worden wären, die Eltern haben es einfach vorgelebt.« Und so führten die Löw-Jungs ihr Kinderleben artig und bescheiden, es war keine Generation, die verhätschelt und verwöhnt wurde. Modische Ansprüche stellte der heute so gestylte Bundestrainer noch keine, manche Jacke wurde vom Älteren zum Nächstjüngeren weitergereicht, größte Vergnügen waren ab und zu mal eine Party oder ein Gang ins Kino nach Freiburg, in den Ferien ging es nicht auf weite Auslandsreisen, sondern nur ins Schwimmbad.

Und dann gab es natürlich noch den Fußball. Alle Löw-Söhne rannten dem Ball hinterher. Nicht nur Joachim sollte es zum Profi schaffen, auch der Zweitjüngste, Markus, wird wie sein älterer Bruder später eine Zeit lang beim SC Freiburg kicken. Der Drittjüngste, Christoph, war angeblich der Talentierteste, sollte aber andere Interessen entwickeln und ein Studium absolvieren. Und Peter, der Jüngste, wird später das Vereinsheim des FC Schönau im kleinen Buchenbrandstadion übernehmen. Vielleicht hätte auch einer seiner Brüder Karriere im Fußball machen können, meint Joachim Löw. »Aber es müssen im Fußball viele Komponenten zusammenkommen. Und dazu gehört neben Talent und Ehrgeiz auch die nötige Portion Glück.«

Von Schönau nach Freiburg

Jogi spielte zunächst für die Turn- und Sportfreunde Schönau von 1896, mit denen er 1970 seinen ersten Titel errang: Bezirksmeister der D-Jugend. Später wechselte er zum Konkurrenzverein FC. Fußball war sein Leben. »Jeden Tag nach der Schule habe ich mit Freunden auf der Straße gespielt«, erzählt er, stundenlang. Auch ehemalige Mitspieler beschreiben ihn als enorm ehrgeizig. »Selbst den Weg zum Training und zurück hat er mit dem Ball am Fuß zurückgelegt«, erinnert sich Hansi Schulzke. Dietmar Krumm, Amtsleiter in Schönau und Jugendleiter des FC, bezeichnet den jungen Jogi, der einfach »dauernd mit dem Ball unterwegs« gewesen sei, als das »Jahrhunderttalent« von Schönau. Viele Jahre habe er mit dem heutigen Bundestrainer gemeinsam in der Jugend gespielt. »Jogi war zwar jünger als wir, kickte aber immer eine

Altersstufe höher. Er war ein prima Kumpel, auf den man sich immer verlassen konnte. Wir beide hatten damals nur Fußball im Kopf.« Die Freundschaft hielt über die Jugend hinaus. Nach der Ernennung zum Bundestrainer schrieb Krumm als einer der Ersten eine Glückwunschmail – Löw antwortete sofort. Und natürlich blieb der berühmteste Fußballer aus Schönau seinem Heimatverein bis heute eng verbunden. Am 24. Juli 2007, zur Eröffnung des neuen Kunstrasenplatzes im Buchenbrandstadion, erschien der Bundestrainer selbstverständlich höchstpersönlich.

Jogis großer Förderer war Wolfgang Keller, eine Schönauer Trainer-Legende, durch dessen Lehre mehrere spätere Profis gegangen waren. Keller nahm seine Aufgabe ernst, trimmte seine Jungs in Trainingslagern, machte sie mit Deuser-Gummibändern fit und lehrte sie das Offensivspiel mit direktem Zug zum Tor. Die Schülerteams des FC Schönau waren weithin gefürchtet für ihre Torgefährlichkeit. Und der Jogi, so heißt es, habe die Hälfte aller Tore geschossen. »Seine Stärke war das Eins-gegen-eins, und der Abschluss«, so Keller. »In einem Spiel hat er mal 18 Tore geschossen, das war Rekord.« Obwohl er immer der Jüngste gewesen sei, erzählt Keller, habe er sich durchgesetzt. Er sei aber nicht nur eine Riesenbegabung gewesen, sondern zudem »charakterlich einwandfrei«. Bis zum 16. Lebensjahr hat Keller den talentierten und fleißigen Jugendspieler betreut, oft hat er ihn abgeholt und nach Auswärtsspielen vor dem Elternhaus wieder abgesetzt.

Die nächste wichtige Bekanntschaft des ehrgeizigen Fußballers Jogi Löw war ein Altersgenosse, Henry Schüler, mit dem er bei einem Lehrgang in der südbadischen Sportschule Steinbach zusammentraf. Schülers Vater Gerhard war sehr engagiert im Nachwuchsbereich von Eintracht Freiburg, einem damals für seine gut geführte Jugendabteilung weithin bekannten Verein. Er überredete das bereits von zahlreichen Vereinen wie dem FC Basel oder dem Freiburger FC umworbene Talent aus Schönau, sich der Eintracht anzuschließen. Erster Anlass für den Umzug nach Freiburg, wo er zunächst als »Gastsohn« bei der Familie Schüler unterkam, war freilich eine Ausbildung zum Groß- und Außenhandelskaufmann, die er nun begann. Außerdem, so sollte der erwachsene Joachim Löw erläutern, habe er sich damals ganz bewusst vom Elternhaus abnabeln wollen. Der Vater sei zwar stolz gewesen auf seinen talentierten Sohn, habe ihn auch unterstützt, aber er sei letztlich »alles andere als ein ›Fußball-Vater‹« gewesen: »Für ihn war wichtiger, dass ich vor Beginn der Profikarriere meine Ausbildung abschloss.« Also nahm der Sohn seine berufliche Ausbildung ernst und versuchte daneben, sein fußballerisches Können in der A-Jugend der Eintracht zu perfektionieren. Schließlich fand der 17-Jährige, der trotz seines geringen Monatseinkommens von rund 500 DM bald eine eigene kleine Wohnung beziehen sollte, über die Eintracht (und die Berufsschule) auch sein privates Glück: Er lernte Daniela kennen und lieben, die Tochter des damaligen Eintracht-Vereinsvorsitzenden Hans Schmid, seine spätere Frau.

Von Freiburg nach Stuttgart

Im Jahr 1978 war der SC Freiburg nicht zuletzt dank der Tore von Wolfgang Schüler in die 2. Liga Süd aufgestiegen. Der ältere Bruder des Löw-Freundes Henry Schüler hatte seine fußballerische Grundausbildung ebenfalls bei der Eintracht absolviert. Kein Wunder also, dass sich die Breisgauer auf der Suche nach Nachwuchs-Talenten erneut bei der Eintracht umsahen und schließlich den 18-jährigen Torjäger Jogi Löw verpflichteten. Der hatte da bereits ein Jugend-Länderspiel bestritten und sich den Ruf als eines der größten Talente Südbadens erworben. Der 1,79 Meter große Schlaks mit dem Pilzkopf kam ab dem 2. Spieltag zum Einsatz und erlebte einen fürchterlichen Auftakt: 0:5 in Offenbach, 0:5 gegen Homburg, 0:2 in Fürth. Dann ging es mit einem 4:3-Sieg gegen Saarbrücken endlich aufwärts. Seinen ersten Treffer erzielte das grazile Sturmtalent am 9. Spieltag zum 2:0 gegen Baunatal (Endstand 3:1). Unter Trainer Heinz Baas, der den erfolglosen Manfred Brief abgelöst hatte, etablierte sich der Neue als Stammspieler. Als der erhoffte Torjäger erwies er sich jedoch noch nicht: Er erzielte in dieser Spielzeit nur noch drei weitere Treffer.

In der nächsten Saison unter Jupp Becker, ehemaliger Nachwuchscoach des VfB Stuttgart und ein ausgemachter Verfechter des Angriffsfußballs, lief es wesentlich besser. Löw machte alle Spiele mit – in der damaligen 20er-Liga waren das 38 – und erzielte 14 Tore. In derselben Spielzeit verdiente er sich zudem internationale Lorbeeren. Am 10. Oktober 1979 erhielt er seine erste Berufung in die damals von Berti Vogts betreute Juniorenauswahl (U21) des DFB. Beim 0:1 gegen Polen in Thorn wurde er in der zweiten Hälfte für Klaus Allofs eingewechselt. Bis zum Frühjahr 1980 folgten drei weitere Spiele an der Seite von späteren Fußballgrößen wie Lothar Matthäus, Rudi Völler, Pierre Littbarski und Bernd Schuster. »Dort gab es schon ein gewisses Niveau, und ich war eine feste Größe«, wird Löw noch Jahre später nicht ohne Stolz erzählen.

Es war bei dieser Leistungsbilanz kein Wunder, dass der stilbewusste junge Offensivspieler, der – wie damals nicht unüblich – eine Vorliebe für Schlaghosen hatte und modische Hemden mit ganz langen Krägen, der zudem einen Schnäuzer trug und einen Ring im linken Ohr, den Talentjägern der großen Bundesligavereine ins Auge gefallen war. Es gab Angebote von Bayern, Schalke, Frankfurt und dem VfB. Löw entschied sich schließlich für die Stuttgarter, die eine für damalige Verhältnisse recht üppige Ablöse von 500.000 DM hinlegten. Er hatte nun glänzende Perspektiven. Sein letztes Spiel für den SC Freiburg bestritt er am 18. Mai 1980 in Bürstadt. Die Breisgauer gewannen locker mit 5:1. Doch Joachim Löw war beim Abpfiff nicht mehr auf dem Platz: In der 49. Minute hatte er nach einem Ellbogencheck Rot gesehen. Es war ein etwas unrühmlicher Abschied für den normalerweise stets fairen Spieler.

Während der Vorbereitung zur Bundesligasaison in Stuttgart hinterließen das Talent aus dem Schwarzwald und die zwei weiteren Neuzugänge aus der 2. Liga – Karl Allgöwer von den Stuttgarter Kickers und Dieter Kohnle vom SSV Ulm – in den ersten Testspielen einen guten Eindruck. Während Allgöwer zu einer tollen Karriere durchstartete, hatten jedoch Kohnle und Löw Pech. Denn sie lagen noch vor Saisonbeginn zusammen auf Zimmer 544 des Stuttgarter Katharinenhospitals. Kohnle mit Kapsel- und Bänderriss, Löw mit Schienbeinbruch. Jürgen Sundermann bedauerte den Ausfall seiner beiden Talente: »Beide hatten sich mit großem Ehrgeiz hineingekniet, waren auf dem besten Wege, versprachen viel.«

Vier Tage vor dem ersten Ligaspiel hatte Löw das Schicksal in Gestalt des englischen Nationaltorhüters Ray Clemence ereilt. Es war schon etwas kurios. Löw hatte bis dahin immer à la Paul Breitner mit heruntergezogenen Stutzen gespielt. Ohne Schienbeinschoner. Nach dem Wechsel zum VfB war dann die Anweisung von Trainer Jürgen Sundermann ergangen: »Stutzen unten geht nicht mehr, verboten. Schienbeinschoner anziehen!« Balltechnisch begabte Spieler wie Joachim Löw hassten Schienbeinschoner. Aber er gehorchte und zog sie sich an. Und dann passierte es: »Mein allererstes Spiel mit Schienbeinschoner, ein Vorbereitungsspiel gegen Liverpool: Schienbeinbruch! Ich bin von der

Mittellinie alleine auf den Torwart zugelaufen, den Ball ein bisschen zu weit vorgelegt – dann tritt Ray Clemence auf mein Standbein.« Diese 13. Minute im Stuttgarter Neckarstadion beim letzten Vorbereitungsspiel zur Saison 1980/81 hatte schwerwiegende Folgen.»Bis vor meinem Schienbeinbruch war ich überragend, wirklich gut«, erinnert sich Löw. Es war ein komplizierter Bruch. Vier Wochen lag er im Krankenhaus, insgesamt acht Wochen trug er Gips:»Mein Oberschenkel hatte danach den Umfang meines Oberarms.« Es dauerte Monate, bis er wieder einigermaßen belastbar war. Am Ende der Saison wagte er vier Einsätze. Aber es war nicht mehr so wie zuvor.»Ich war nicht mehr so schnell, das war das Problem. Und ich hatte Angst.« Aber noch gab es Hoffung. Er war ja gerade erst 21 Jahre alt geworden. Hätte die Verletzung eine Fortsetzung der Fußballkarriere nicht mehr zugelassen, hätte er vermutlich eine Tätigkeit in seinem gelernten Beruf aufgenommen, überlegt Joachim Löw heute. Oder er hätte früher mit seiner Trainerausbildung begonnen.

Über Frankfurt zurück nach Freiburg

Der Vorgänger von Jürgen Sundermann, Lothar Buchmann, arbeitete inzwischen bei der Frankfurter Eintracht. Er hatte Löw schon zu seiner Zeit beim VfB als entwicklungsfähiges Talent ins Auge gefasst und holte ihn nun als Leihspieler. Das Geld für einen Kauf besaß der amtierende deutsche Pokalsieger nicht, den damals immense Schulden drückten. Buchmann stellte Löw als möglichen Nachfolger für Bernd Hölzenbein vor, den Weltmeister von 1974. Der Schwarzwälder sei ein schneller und trickreicher Offensivspieler mit Torriecher, behauptete er. Und er wagte sogar einen direkten Vergleich:»Ein Talent wie Allgöwer.« Das war eine gewaltige Hypothek. Und nicht wenige Beobachter in Frankfurt waren skeptisch. Umso erstaunlicher war es, dass er in der Vorbereitung durchaus zu überzeugen wusste. In einem mit 6:1 gewonnenen Testspiel gegen eine Auswahl St. Margarethen/Höchst erzielte er respektable vier Treffer, gegen AS St. Etienne in Paris zeigte er ebenfalls eine ansprechende Leistung. Die»Abendpost« schrieb:»Joachim Löw trug als zweite Sturmspitze Bernd Hölzenbeins hinterlassene Nummer 7. Eifrig, fleißig, immer bereit, sich anzubieten, und immer gewillt, den Ball sofort wieder abzugeben, bemühte Löw sich an die neue Umgebung zu gewöhnen.« Trainer Buchmann sah sich in seiner Einschätzung bestätigt:»Ich habe immer an Löw geglaubt und ich wusste, dass er genau in unser Frankfurter Konzept passen würde. Deshalb habe ich mich für ihn stark gemacht.« Löw selbst war ebenfalls zuversichtlich: »Das komplizierte, vertrackte Passspiel der Frankfurter liegt mir. Ich bin kein Dauerläufer. Ich hab' den Ball lieber flach, passe mich den Nebenleuten an, gehe auf ihre Ideen ein, wenn ich so viel Verständnis wie von meinen neuen Kameraden finde.« Aber würde er dem harten Bundesliga-Alltag gewachsen sein? Im Vorbericht der »Bild« zum ersten Saisonspiel gegen den 1. FC Kaiserslautern meinte der Neu-Frankfurter: »Ich konzentriere mich zwar auf das Spiel, habe mir auch schon ausgemalt, wie ich gegen Kaiserslautern ein Tor schießen könnte, aber ein Hölzenbein-Trauma gibt's bei mir nicht. Ich bin nicht der Holz. Ich bin der Löw.« Tatsächlich erzielte er im Spiel gegen die »Roten Teufel« (Endstand 2:2) die 1:0-Führung. »Bei meinem Tor hab' ich nicht überlegt, sondern einfach draufgehalten«, berichtete er in seinem ersten Interview als Bundesliga-Torschütze. Sein Trainer war begeistert von dem feingliedrigen Stürmer. Der Jogi sei »eine echte Verstärkung«, meinte er, man werde »noch viel Freude« an ihm haben. Bei Lothar Buchmann, im Vergleich zum Disziplinfanatiker Sundermann ein eher väterlicher Trainer, schien Löw in guten Händen. Doch der stets etwas schüchtern wirkende 21-Jährige sollte in der Folgezeit kaum einmal besonders auffällig werden, obwohl er meist in der Startelf stand. Ab und zu deutete er seine Qualitäten an, meist aber bewies er wenig Durchsetzungsvermögen. Da auch seine Kondition zu wünschen übrig ließ, wurde er fast immer ausgewechselt – ob im Europapokal gegen Saloniki, im DFB-Pokal gegen Brunsbüttel oder in der Bundesliga. Erst am 10. Spieltag, beim 2:1 gegen Bielefeld, gelang ihm wieder ein Treffer. Doch auch in diesem Spiel hatte er nicht wirklich überzeugt. Er müsse mehr aus sich machen, insisistierte der Trainer, vor allem müsse er zweikampfstärker werden.

Löw schien sich diese Kritik zu Herzen zu nehmen. Er traf beim 2:3 im Auswärtsspiel in München gegen die Bayern und beim folgenden 3:1-Heimspielsieg gegen Bayer Leverkusen. Sein Treffer gegen die Werkself war sehenswert: Auf Höhe der Mittellinie schnappt er sich den Ball, setzt zu einem fulminanten Spurt an, zieht dann aus 20 Metern satt ab – und die Kugel zischt in den Winkel. Mit drei Treffern in drei aufeinanderfolgenden Spielen schien Löw auf dem besten Weg, sich in der Bundesliga durchzusetzen. Aber es war nur ein Strohfeuer. Er kam in dieser Saison noch zu 13 weiteren Einsätzen, ins Netz traf er jedoch nur noch ein einziges Mal. Beim 4:2 gegen den 1. FC Köln am 21. Spieltag verwandelte er einen Elfmeter.

Seine Bilanz nach einem Jahr Frankfurt fiel somit recht mager aus: 24 Bundesligaspiele, nur drei davon über die volle Distanz, fünf Tore. Es zeichnete sich immer deutlicher ab, dass sein Talent für die Bundesliga nicht ausreichen würde. Er war zu langsam und zu wenig durchsetzungsfähig, zudem vor dem Tor insgesamt zu harmlos. Zum Ende der Saison wurde er nicht einmal mehr bei Freundschaftsspielen berücksichtigt. Als er während einer Bundesligapause im März 1982 in Kassel zur Halbzeit ausgewechselt wurde, soll er sich frustriert in der Kabine eingeschlossen haben. Womöglich hatte er sich bei der Eintracht am Ende doch zu wenig angestrengt, sollte er Jahre später einräumen. Letztlich habe sein Scheitern in Frankfurt »schon irgendwie« an ihm selbst gelegen, da wolle er »nichts beschönigen«.

Im Juni 1982 kam folgerichtig die Zurückstufung. Ein frustrierter Joachim Löw kehrte wieder zurück in die 2. Liga zum SC Freiburg, der für seinen nun als erstliga-untauglich abgestempelten Ex-Spieler immerhin noch 350.000 DM auf das Konto der Eintracht überwies. Die Investition lohnte sich. Unter dem ehemaligen Bayern-Spieler Werner Olk, den die Breisgauer eben erst als neuen Trainer verpflichtet hatten, bekam der jetzt mit reiferer Spielanlage überzeugende Offensivspieler sein Selbstvertrauen zurück. Joachim Löw avancierte zum Spielgestalter und entscheidenden Mann beim SC. Am Ende seiner ersten Saison hatte er sämtliche 34 Spiele bestritten und acht Tore geschossen. 1983/84, nun unter dem Trainer Fritz Fuchs, lief er zu noch größerer Form auf: Ihm gelangen in 31 Spielen 17 Tore. Er war damit, als Mittelfeldspieler, der beste Torschütze seines Teams und der fünftbeste in der Liga. Nun stand fest: In der 2. Liga konnte er bestehen, von seinen fußballerischen Möglichkeiten her und auch als Torjäger. Dort konnte er seine Technik ausspielen, die er in der höchsten Spielklasse wegen seiner körperlichen und kämpferischen Defizite nicht so zur Geltung hatte bringen können.

Über Karlsruhe erneut zurück nach Freiburg

Weil sein Ex-Trainer Werner Olk große Stücke auf ihn hielt, bekam er dann doch noch einmal eine Chance in der 1. Liga. Olk war nach seiner Freiburger Zeit beim Karlsruher SC gelandet und hatte einen Nachfolger für den nach respektablen 19 Saisontreffern zu Borussia Dortmund abgewanderten Stürmer Wolfgang Schüler gesucht. Olk hoffte, dass der junge Freiburger Torjäger ähnlich erfolgreich sein könnte wie der alte. Und Joachim Löw sprühte nach seiner erfolgreichen Zweitliga-Saison nur so vor Tatendrang. »Ich freue mich riesig, wieder in die Bundesliga zu kommen«, kommentierte er sein neues Engagement beim Aufsteiger. Er war nun 24 Jahre alt und wollte jetzt, im dritten Versuch, den Durchbruch endlich schaffen. Aber es sollte wieder nicht klappen. Er kam zwar zu 24 Einsätzen, meist aber war er nur Einwechselspieler. Klägliche zwei Treffer sprachen nicht für seine Torjägerqualitäten. Wie das gesamte Team konnte Löw unter Erstklassigen nur zweitklassig spielen. Der KSC stieg ab, und da nun sowieso wieder 2. Liga anstand, wechselte er erneut zurück in seine Heimat zum SC Freiburg.

Nach diesem dritten gescheiterten Versuch, in der Bundesliga Fuß zu fassen, war es an der Zeit, die großen Hoffnungen und Erwartungen, mit denen er seine Karriere gestartet hatte, endgültig zu begraben. »Ich war als Spieler sehr ehrgeizig, ich wollte den Sprung nach ganz oben schaffen«, sagt Joachim Löw zu seiner durchwachsenen Fußballerkarriere. »Ich habe drei Anläufe genommen, um mich in der ersten Bundesliga zu etablieren. Dann musste ich trotzdem das Handtuch werfen. Ich habe gemerkt, dass es nicht ganz reicht. Technisch war ich gut, aber mir hat die Schnelligkeit gefehlt. Das war enttäuschend für mich, als Spieler musste ich einige Tiefs durchmachen.« Vielleicht fehlte ihm neben der körperlichen Robustheit auch ein wenig das Selbstvertrauen und das rechte Kämpferherz.

»Ich habe mich dann auf die 2. Liga eingestellt und mich dort durchgesetzt«, beschreibt er mit einem etwas resigniert klingenden Stolz seine weitere Karriere. Freiburg und 2. Liga: Das war sein Milieu und seine Kragenweite. 1985/86, als der SC in akute Abstiegsgefahr geriet, bewährte er sich auch unter erschwerten Bedingungen. Zwei Trainer – Anton Rudinsky und Jupp Berger – hatten sich bereits erfolglos um eine Stabilisierung des SC-Spiels bemüht, aber das Abrutschen auf einen Abstiegsplatz nicht verhindern können. Als Freiburgs Präsident Achim Stocker vor dem 23. Spieltag den ehemaligen Spieler und Ex-Obmann Horst Zick als »Retter« in höchster Not verpflichtete, schien der Abstieg kaum mehr vermeidbar. Doch mit Zick und dank der Tore des Zweitliga-Knipsers Löw sowie des pfeilschnellen Senegalesen Souleymane Sané (insgesamt 12 bzw. 18 Treffer) gelang die Rettung. Bereits mit dem Rücken an der Wand stehend, gewann der SC sein Heimspiel gegen den FC Homburg durch ein Löw-Tor mit 1:0. Vor dem letzten Spieltag lagen die Breisgauer damit nur wegen der leicht besseren Tordifferenz auf dem 16. Rang vor der punktgleichen Hertha aus Berlin. Und dann war es die offensichtlich nur im Trikot der Breisgauer auf Betriebstemperatur kommende Tormaschine Löw, die mit zwei Treffern zum 3:1-Sieg im letzten Spiel gegen Solingen den Verbleib in der Liga sicherte.

Danach brachen mit Jörg Berger endlich schönere Zeiten beim SC an. Der DDR-Flüchtling, der zuvor in Kassel erfolgreiche Arbeit geleistet hatte, erwies sich als der bis dahin beste Freiburger Trainer und formte aus dem Abstiegskandidaten ein Team des gehobenen Mittelmaßes. Die Saison 1986/87, die der SC auf dem achten Platz beendete, war die wohl beste in der Karriere des Joachim Löw. Zu der tollen Bilanz von 47 Treffern des Offensiv-Trios, das er zusammen mit Souleymane Sané und Fred Schaub bildete, trug er mehr als ein Drittel bei (17 Tore). In den folgenden Jahren blieb er weiterhin Stammspieler, konnte aber seine Qualitäten als aus dem Mittelfeld vorstoßender Torjäger nicht mehr so eindrucksvoll unter Beweis stellen. Dafür fiel er immer häufiger neben dem Platz als modischer Trendsetter auf. Sein Mitspieler Thomas Schweizer jedenfalls erzählt, dass er häufig grellbunte Hemden trug und im Sommer in Boxershorts zum Training kam.

Nach zwei weiteren Spielzeiten hatte der modebewusste Torjäger sein Pulver endgültig verschossen. 1987/88 erzielte er in 20 Spielen noch sieben Tore, 1988/89 kam er bei 22 Einsätzen nurmehr auf zwei, beide per Elfmeter erzielt. Auch für die 2. Liga reichte es jetzt nicht mehr ganz, es fehlte die Dynamik. Er war zwar erst 29 Jahre alt, fühlte sich aber bereits alt und verschlissen. Schuld daran sei mit Sicherheit auch das falsche Training gewesen, sollte er Jahre später feststellen, denn es gehe an einem Körper nicht spurlos vorüber, wenn man in der Saisonvorbereitung fünfmal pro Woche mit Medizinbällen den Berg hochrennen müsse. Reif fürs Altenteil fühlte er sich aber trotzdem noch nicht; und so entschloss er sich zu einem Wechsel in die Schweiz, um dort seine Karriere ausklingen zu lassen.

Der Profispieler Joachim Löw verließ Deutschland mit folgender Bilanz: 52 Bundesligaspiele, sieben Tore, 252 Einsätze und 81 Tore in der 2. Liga für den SC Freiburg. Seine Bundesliga-Statistik ist mager, aber immerhin firmiert er bis heute als Rekordtorschütze der Breisgauer. Er war, so das Urteil der SC-Chronisten Nachbar/Schnekenburger, in diesen Jahren einer der »überragenden« Spieler im Freiburger Trikot. Es ist also keineswegs erstaunlich, dass er aufgrund seiner Verdienste am

27. September 2010, als sechster Spieler des Vereins, zum Ehrenspielführer des Sportclubs ernannt wurde.

Joachim Löws Fußballerkarriere war weder sonderlich bemerkenswert noch völlig belanglos. Im Verhältnis zu seinem riesigen Ehrgeiz freilich ist es viel zu wenig gewesen. Auf die Frage nach seinem größten Erfolg zuckt er etwas ratlos mit den Achseln. »Eigentlich hatte ich keinen. Meine Karriere war eher durchwachsen, in der meine U21-Länderspiele schon die Glanzlichter waren.« Die Tatsache, es als Spieler nie nach ganz oben geschafft zu haben, nagte an ihm. Für den Rest seines Profidaseins konnte er sich nicht mehr viel erhoffen. So drängte sich immer stärker die Frage in den Vordergrund: Wohin nun mit all den unbefriedigten Ansprüchen? Er würde sich, so viel stand fest, ein anderes Betätigungsfeld suchen müssen.

EINWURF

Der bodenständige Badener

Geblieben sind Joachim Löw aus seiner Profizeit viele Freundschaften, natürlich vor allem aus den Freiburger Jahren. Wenn sich die Traditionself des SC trifft, ist er meist dabei, und immer wieder mal kickt er mit alten Freunden aus der Region in Thomas Schweizers Soccerhalle in Umkirch. Gelegenheit dazu hat er oft. Denn seit 2004, als seine Karriere als Auslandstrainer endete und er die Arbeit für den DFB begann, wohnt er wieder dort, wo seine Karriere als Jungprofi begonnen hatte: in Freiburg. Hier, in der grünen Bilderbuchstadt am Fuße des malerischen Ausflugsberges Schauinsland, wo es durch die Nähe zum klimatisch begünstigten Oberrheingraben viel wärmer ist als überall sonst in Deutschland, hier in der regen Studentenstadt an der Grenze Frankreichs, wo die akademischen Fans des SC in der Ära Volker Finkes über »linken« Fußball philosophierten, hier in der heimat- und naturseligen Urlaubsmetropole, wo gleich um die Ecke, im nahegelegenen Glottertal, einst die immerfröhliche Gaby Dohm die Zuschauer der Schwarzwaldklinik erfreute – da fühlt er sich wohl, der heimatverbundene Fußballmensch Joachim Löw.

Immer wieder hat der bekennende Schwarzwälder seine Liebe zur Breisgaustadt kundgetan. »In Freiburg sind die Leute an mich gewöhnt. Dort kennt man mich seit Jahren. Es ist für kaum jemanden etwas Besonderes, wenn man mich beim Kaffeetrinken sieht. Ich kann mich dort relaxt bewegen.« Gern schlendert er über den Münsterplatz und kehrt in eines der Cafés ein, um ein wenig zu plaudern oder Zeitung zu lesen. Meist mag er es einfach, trifft sich mit ein paar Freunden in einem kleinen Stehcafé in der Nähe des Freiburger Hauptbahnhofs. Manchmal geht er aber auch ins trendige »Oscars« oder in die benachbarte schicke Weinbar »Grace« beim Martinstor. Da schlürft er dann auf der Terrasse am Gewerbebach den »perfekten Espresso zwischendurch« oder er genießt im stilvollen Ambiente eine leckere Suppe oder eine andere Kleinigkeit von der Karte, auf der die »edle und erfrischende Welt der südafrikanischen Cape Cuisine« offeriert wird. »Die Freiburger kennen ihn, deswegen gibt es selten Aufregung«, so einer der Inhaber, Frank Joos. Eines seiner Stammlokale war der Nobelitaliener »Wolfshöhle« in der Konviktstraße, wo inzwischen Sascha Weiss »kreative Frischküche« offeriert. Meist saß er dort am Tisch gleich hinter dem Ofen, bestellte Fisch oder Pasta und zum Nachtisch Tiramisu. Er gehöre praktisch zur Familie, meinte der Wirt Gaspare Gallina, der an seinen Gast-Freund vor allem dessen garantiert gute Laune schätzte.

In vielen Geschäften weiß man etwas über den stets freundlichen, bescheiden auftretenden, »oifach symbadischen« und, soweit es die Alteingesessenen betrifft, jederzeit zu einem kleinen Plausch, zum »Babbele«, bereiten Bundestrainer zu berichten. Zum Beispiel im Tabak- und Zeitschriftenladen »Holderied« in der Herrenstraße, wo er sich regelmäßig seine Sportzeitschriften holte – und zur Begeisterung des Besitzers geduldig die Fankarten unterschrieb, die andere Kunden hinterlegt hatten. Auch beim »Mode Herr« in der Kaiser-Joseph-Straße – einem alteingesessenen Geschäft, das mittlerweile einem O2-Laden gewichen ist – war er Stammgast. Seine Verkäuferinnen seien von dem modebewussten Bundestrainer immer wieder hellauf begeistert gewesen, erzählt der Inhaber Peter Herr über seinen Kunden mit den genauen Vorstellungen und dem besonderen Sinn für sportive Kleidung.

Kurzum: In Freiburg fühlt sich Joachim Löw zu Hause. Hier kann er tun, was er auch schon als Nicht-Prominenter getan hat, hier kommt er zur Ruhe, selbst wenn er bekannt ist wie ein bunter Hund. »Der Erfolg hat ihn nicht verändert«, sagt Jürgen Weiss, ein alter Freund der Familie, »er ist vielleicht etwas zurückgezogener als früher. Aber hier ist er derselbe geblieben.« Die Schwarzwald-Metropole ist der Rückzugsort des Badeners, seine Basis. Der perfekte Ort also, um authentisch und sich selbst treu bleiben zu können, wie Joachim Löw sagt. Um ein einfaches und erdiges Glück zu leben. Und um ungeniert und unbelächelt so zu reden, wie einem der badische Mund gewachsen ist. Um »höggschde« Zufriedenheit zu erleben, braucht dieser Joachim Löw augenscheinlich nicht sehr viel. Und in diesem Sinne ist er ein recht typischer Vertreter des hier beheimateten Völkchens. Der Badener gilt als kreativer und genauer Denker, als zuverlässiger Arbeiter, aber auch dem Genuss zugewandt, als tolerant, weltoffen und liberal, und in all dem stets bescheiden und nicht auftrumpfend, allerdings manchmal etwas »sturschädelig«, also dickköpfig. »In gewissem Sinne«, urteilt der »Stern« vielleicht nicht zu Unrecht, sei Joachim Löw »das fleischgewordene Freiburg in seiner Gründlichkeit und seinem Understatement«. Was dann manchmal vielleicht etwas langweilig wirken kann.

Joachim Löws Antworten auf die Frage, was ihm »Glück« bedeute, fallen äußerst bieder aus. »Zeit« vor allem bedeute ihm Glück. »Dazu gehört zum Beispiel, ohne Zeitdruck die Familie oder Freunde zu treffen, gemeinsam einen Kaffee oder Wein zu trinken, spontan ins Kino zu gehen oder in einer Gruppe Sport zu treiben. Es reicht auch, gemütlich in einer vertrauten Runde zu reden.« Als Themen der privaten Gespräche nennt er »Privates« und »Freizeitgestaltung«, aber es geht auch um Ernsteres: »Der Wertewandel in unserer Gesellschaft – auch global betrachtet – ist ein interessantes Feld. Was heißt heutzutage noch Freundschaft, Hilfe, Toleranz, Verständnis? Alles elementare Dinge unseres Lebens.« Gespräche mit Freunden, die sich nicht um Fußball drehen, seien ihm besonders wichtig. »Ich lechze förmlich danach, weil ich kein Gefangener des Fußballs sein will.« Und so sind für ihn auch regelmäßige Auszeiten wie die Festtage zum Jahreswechsel sehr wichtig. »Weihnachten gehört bei uns der Familie«, bekundete er zum Ende des WM-Jahres 2010. »Ich war in diesem Jahr mehr als 200 Tage unterwegs, habe viel Zeit in Hotels verbracht. Für mich ist es deshalb großer Luxus, mal wieder zu Hause zu sein, abschalten zu können und meine Zeit mit der Familie und Freunden zu verbringen«, oder einfach mit seiner Frau Daniela »die Seele baumeln« zu lassen. Das beschauliche Freiburg, gute Freunde, seine Familie und natürlich seine Frau – das sind für den harmoniebedürftigen Menschen die Stützen, die er schätzt und auf die er sich verlassen kann.

In Freiburg ist Joachim Löw bekannt und beliebt, in seinem Geburtsort Schönau wird er geradezu verehrt. Im Jahr 2006 ließ Bürgermeister Bernhard Seger zu Ehren des neu ernannten Bundestrainers ein riesiges Glückwunsch-Transparent anfertigen und über der Hauptstraße aufhängen. Alle Schönauer seien »sehr stolz«, meinte er und lobte den berühmtesten Sohn des Ortes als »sehr sympathisch«. Er sei kein Schreier, sondern einer, der seine Worte mit Bedacht wähle. »Diese Zurückhaltung ist eine typische Eigenschaft vieler Schwarzwälder.« Aber es gibt Ausnahmen. Zur EM 2008 wurden in der Heimat des Bundestrainers »Löw«-T-Shirts gedruckt, und im Landkreis Lörrach stiegt die Zahl der Autos mit dem Kennzeichen »LÖ-W« deutlich an. Und die Besitzer des Hotels Adler haben »zu Ehren unseres Fußballbundestrainers Jogi Löw« ein »Fußballzimmer« eingerichtet, in dem sich die Fans der Nationalmannschaft besonders wohlfühlen sollen.

In Zeiten der großen Fußballturniere verwandelte sich der »Jogi-Ort« Schönau zeitweise zu einer Pilgerstätte. Das Elternhaus im Ortskern kann zwar nicht mehr besichtigt werden – es ist einem Zweifamilienhaus gewichen –, der Vater ist 1997 verstorben, aber die Mutter Hildegard, für die der Jogi immer der »Joachim« geblieben ist, lebt hier noch, und außerdem der jüngste Bruder Peter, »Pit« gerufen.

Peter, ein gut genährter Mann und Brillenträger, betreibt als Pächter das Vereinsheim des FC Schönau im kleinen Buchenbrandstadion (das gerüchteweise irgendwann in »Jogi-Löw-Stadion« umbenannt werden soll). Es ist in ganz Schönau als »Pit-Stop« bekannt. Natürlich gab es dort zu allen großen Jogi-Turnieren Public Viewing – zum »Sommermärchen« 2006, zur »Bergtour« 2008 und zu der auf Plakaten als »Sommermärchen II« angekündigten WM 2010 in Südafrika. Halb Schönau versammelte sich dann beim »Pit« und natürlich viele Neugierige und zahlreiche Journalisten. Aber viel erfahren haben sie nicht über den Bundestrainer. Der »Pit-Stop« ist die erste Anlaufstelle für Wissbegierige, aber wer dort Auskünfte erhalten will, wird enttäuscht. »Das hier ist mein Wohnzimmer, und es soll nicht so enden wie Frau Klinsmanns Bäckerei«, begründet Peter brummig seine Weigerung, irgendwas über seinen ältesten Bruder zu sagen.

Aber nicht nur der Peter blockt ab. Wer bei einem Besuch in Schönau von irgendjemandem irgendetwas über den berühmtesten Sohn des Ortes erfahren will, wird enttäuscht. Man scheut jeden Rummel und übt sich in Zurückhaltung. Der Jogi, wird der Frager aufgeklärt, könne das Gerede über sich nicht leiden. Auskünfte gebe es nur mit schriftlicher Genehmigung von Herrn Löw, erklärt zum Beispiel eine Dame aus dem katholischen Pfarramt. Es ist eine badische Jogi-Omertá. Alle halten dicht. Die Familie redet öffentlich praktisch gar nicht, und die anderen erzählen allenfalls Unverbindliches. Wenngleich: Stolz ist die Familie schon auf den berühmten Sprössling. Der bereits 1997 verstorbene Vater verfolgte die Karriere seines Sohnes trotz aller Skepsis mit Wohlwollen, und die Mutter zeigt sich bis heute als Fan ihres Ältesten. Seit eine Schulkameradin einen Brief von Hildegard Löw ins Internet gestellt hat, weiß man, wie sehr sich die Mutter über den ersten großen beruflichen Erfolg ihres Sohnes freute. »Du wirst vielleicht meinen ältesten Sohn Joachim des Öfteren im Fernsehen in der Sportschau sehen können«, berichtete sie der Freundin, »denn er ist momentan Trainer beim Fußballklub VfB Stuttgart.«

Joachim Löw mag es nicht, wenn ihm die Leute allzusehr hinterherschnüffeln. »Wenn ich heute meine Wohnung verlasse, werde ich zu einem Stück Allgemeingut«, meinte er vor der EM 2008. »Daran musste ich im ersten halben Jahr nach meiner Ernennung gewöhnen. Ich hatte den Eindruck, ständig unter Beobachtung zu stehen.« Schon vor seinem ersten großen Turnier hatte er sein Reihenhaus im Stadtteil St. Georgen in der Schneeburgstraße – ein Anwesen mit wunderbarem Blick auf den dem Schwarzwald vorgelagerten Schönberg – wegen des immer größer gewordenen Trubels aufgegeben. Sogar im Garten waren die Autogrammjäger aufgetaucht. Also war er mit seiner Frau Daniela in eine noble Altbauwohnung in der Landsknechtstraße umgezogen, in den von Studenten geprägten Stadtteil Wiehre. Aber auch hier machten sich Fans, Touristen und Amateur-Paparazzi einen Sport daraus, nach seinem Mercedes SUV (M-Klasse) mit Frankfurter Kennzeichen zu suchen, lauerten ihm bei der Bäckerei Bühler auf, wo er seine Brötchen holte, oder im Sternwald, wo er gern joggte mit Musik im Ohr. So zog er auf der Flucht vor neugierigen Blicken nach der Europameisterschaft hinaus ins Ländliche, Richtung Süden, in einen kleinen Ort an der Landstraße Nummer 122.

Sicherlich, das Interesse der Leute habe ihn durchaus »mit sehr viel Stolz erfüllt«, erklärt er. Er freue sich natürlich über die Freude der Leute, wenn sie ihn ansprechen und nach einem Autogramm fragen. Aber aggressiv bedrängt werden will er nicht. Nicht zu Hause und auch nicht im öffentlichen Raum. Wenn zum Beispiel in der Bahn Massen ankommen und jeder ein Foto, ein Autogramm, ein kurzes Gespräch will, dann wird es einfach zu viel. »Manchmal möchte man eben auch seine Ruhe haben. Und es ist mir heute kaum noch möglich, im Zug, im Restaurant oder im Flugzeug zu sitzen, ohne angesprochen zu werden.« Manchmal ist es schwierig, die Nerven zu behalten. Wenn die Leute drängeln, den nötigen Respekt vermissen lassen oder ihn, wenn er mit Freunden im Restaurant oder in einem Café sitzt, mitten im Gespräch stören. »Der Joachim Löw in Freiburg beim Kaffee«, sagt er voller Unverständnis über das menschliche Bedürfnis nach Klatsch und Tratsch, »das will doch keiner wissen.«

Wenn er dann auch noch mit schlechten Manieren konfrontiert wird, kann Joachim Löw ziemlich ungehalten werden. Als Prominenter, so seine Erfahrung, habe man es mit drei Arten von Leuten zu tun. Nämlich mit freundlichen, aufdringlichen und unverschämten. Vor allem diejenigen, die unhöflich und respektlos ein Gespräch stören, ärgern ihn. Im Laufe der Zeit habe er sich daher eine Art »seelische Ritterrüstung« angelegt; heute könne er dazu stehen, nicht mehr alles an sich heranzulassen, auch mal distanziert oder abweisend zu sein.

Je prominenter er als Bundestrainer wurde, desto mehr freute er sich auf einen Urlaub in der Anonymität und desto besser konnte er nachvollziehen, »warum der Jürgen gerne in den Flieger gestiegen ist. Sich zurückziehen, sich völlig frei bewegen können, das ist schon angenehm.« Besonders belastet es ihn, wenn die Neugier der Jogi-Jäger sich ausbreitet, wenn Familienmitglieder und sogar Nachbarn seinetwegen belästigt werden. Daher versucht er immer konsequenter, sich und alle Bekannten und Verwandten bestmöglich abzuschirmen. Besonders seine Frau Daniela, geborene Schmid. Tatsächlich gelang es, dass über sie kaum etwas bekannt wurde. Kaufmännische Lehre, als Buchhalterin bei einer Autovermietung tätig, in erster Ehe seit 1986 verheiratet, keine Kinder – das war's dann schon.

Die beiden Eheleute treten kaum einmal gemeinsam in der Öffentlichkeit auf. Sie sind alles andere als ein sich ins Rampenlicht drängendes Glamour-Paar. »Sie lebt ihr eigenes Leben«, sagt Löw. »Sie will nicht als die Frau des Bundestrainers durch die Gegend laufen.« Warum sollte man auch, meint er, Beruf und Privatleben zusammenzwingen? »Ein Sparkassen-Angestellter nimmt seine Frau auch nicht mit in die Bank.« Bei großen EM- und WM-Turnieren telefoniere er zwar täglich mit seiner Frau, fußballspezifische oder gar taktische Fragen würden da jedoch nie zum Thema. Sie habe Interesse am Fußball, aber wirklich Ahnung habe sie »natürlich nicht«. Das sei aber auch nicht nötig: »Es gibt ja noch was anderes zu bereden.« Zu Hause will er auch mal eine Pause haben vom Fußball, seine eigenen vier Wände schätzt er als eine Insel der Zweisamkeit, der Entspannung und der Muße, als eine Oase, in der man aber auch mal getrennt seinen Neigungen nachgehen kann, etwa mittels zweier Fernsehgeräte, wenn er doch mal Fußball gucken will und seine Frau lieber »Sex and the City«. Viel mehr spricht Löw nicht über seine Frau, nur das Geheimnis seiner Ehe verrät er: »Treue ist wichtig.«

Joachim Löw hat sogar die Veröffentlichung von Fotos seiner Frau verboten. Als die »Bild« während der EM 2008 Schnappschüsse seiner Daniela veröffentlichte – sie hatte das Kroatien-Spiel im Stadion besucht –, empfand er das als Tabuverletzung. »Das war nicht gewünscht.

Meine Frau möchte nicht in die Öffentlichkeit. Sie ist eigentlich immer im Stadion. Jetzt ist diese Situation dargestellt worden. Ich war überrascht davon und es war mir nicht recht.« Dadurch, dass alles Private an die Öffentlichkeit gezerrt werde, sei das Amt des Bundestrainers schon auch eine Last, beklagt er sich. »Sportlich gesehen spüre ich es weniger, aber in dieser Hinsicht schon. Das ist einfach ein Eingriff.«

KAPITEL 2

Als Lehrling in der Schweiz
oder: Ein Erweckungserlebnis in der Fußballprovinz

Vor der EM 2008 bezog der DFB-Tross unter dem Bundestrainer Joachim Löw Quartier im Hotel Giardino in Ascona am Lago Maggiore. Ausgesucht hatte man es bereits zu einem Zeitpunkt, als die Gruppengegner und Spielorte noch gar nicht bekannt waren. So kam es zu dem eigentlich unglücklichen Zusammentreffen, dass die im Süden der Schweiz wohnende deutsche Auswahl in den Flieger steigen musste, um zu den im östlichen Österreich liegenden Stadien zu gelangen, in denen ihre Vorrundenspiele angesetzt waren. Ein schlimmer Planungsfehler, möchte man meinen. Halb so schlimm bzw. gar nicht schlimm, meinte hingegen der Bundestrainer Löw. Er wollte eben einfach gern in der Schweiz wohnen. Weil es im Tessin so ruhig ist. Und natürlich auch – aber das sagte er so natürlich nicht –, weil er eine besondere Beziehung zur Schweiz hat. Der Trainer Löw ist in der Schweiz sozialisiert worden, ja man könnte sagen, ohne Löws Schweizer Erfahrung wäre aus dieser Nationalmannschaft niemals jene geworden, die sie heute ist. Die fulminante Entwicklung der deutschen Nationalelf in den letzten Jahren lässt sich nicht nachvollziehen, wenn man nicht auf das besondere Verhältnis ihres Trainers zur Schweiz eingeht. Geboren ist Löw zwar in Baden, seiner Seele nach ist er aber auch ein Gefühlsschweizer.

Worum es bei diesem helvetischen Einfluss geht, konnte man bereits im Genfer Trainingslager vor der WM 2006 erleben. Löw war damals noch Assistent und als solcher für die taktische Neuausrichtung des Teams zuständig. Einmal ließ er die deutsche Elf testhalber gegen die U17 von Servette Genf antreten. Die deutschen Elitekicker gewannen standesgemäß mit 12:0. Aber der Sieg war den Klinsmännern schwerer gefallen als gedacht. Ungefähr eine halbe Stunde lang hatten die Schweizer Jugendlichen sehr gut standgehalten. Ihre Viererkette funktionierte, das gesamte Team beherrschte das ballorientierte Verschieben mit schlafwandlerischer Sicherheit. Deutsche Beobachter waren verblüfft. »Das kann hier in der Schweiz jede U17«, erklärte Löw. Und er sah sich bestätigt in dem, was er seit seiner Ernennung zum Bundestrainer-Assistenten immer wieder gepredigt hatte: dass der deutsche Fußball sich öffnen müsse und endlich reagieren müsse auf taktische und trainingsmethodische Änderungen im internationalen Fußball.

Der Assistent Löw zeigte sich 2006 in Genf als akribischer Arbeiter, der sich nicht davor scheut, selbst mit routinierten Profis noch das Fußball-Einmaleins zu üben. »Wir müssen in Deutschland lernen, im Training noch seriöser zu arbeiten. Das sind oft einfache Dinge«, bemerkte er. Und so ließ er gestandene Nationalspieler wie Arne Friedrich, Per Mertesacker, Christoph Metzelder und Philipp Lahm die Grundlagen einer Vierer-Abwehrkette üben – also das, was die U17 von Servette bereits sehr gut beherrschte.

Dieses Spiel war eine Art Anschauungsunterricht für das, was er tags zuvor bei einer Pressekonferenz ganz im Geiste Rudi Völlers erklärt hatte. Die Ansprüche der sogenannten Experten an den deutschen Fußball seien im Verhältnis zu dessen überschaubarer Qualität viel zu hoch, in Deutschland sei die Ausbildung rückständig. Die Quintessenz also: »Wenn einer die Grundrechenarten nicht beherrscht, kann man auch nicht sagen: Du wirst später mal Professor.« Als der Satz fiel, lachten die Journalisten. Aber Löw meinte es durchaus ernst. Die deutsche Nationalmannschaft, wollte er damit sagen, beherrsche nicht einmal die Grundrechenarten. »Wir üben hier elementare Dinge, die eigentlich zum Trainingsprogramm jeder U16 oder U17 gehören.« Er musste also nachholen, was man in Deutschland jahrzehntelang versäumt hatte. Nämlich Fußballspielern eine Grundausbildung verpassen. Ihnen zeigen, wie eine Viererkette funktioniert, wie man sich ballorientiert verschiebt, wie man mit vertikalen Kurzpässen das Spiel eröffnet. Und so ließ Löw die ihm anvertrauten Bundesligastars üben wie ABC-Schüler: Abstände einhalten, Verschieben, die richtigen Laufwege antizipieren. Immer wieder. Verschieben! – Laufwege, Abstände einhalten – Verschieben! – Laufwege, Abstände einhalten – Verschieben! – Laufwege, Abstände einhalten .... und so weiter und so weiter. Damit sie es irgendwann so gut beherrschen würden wie eine Schweizer U17.

Und irgendwann, in den Pausen zwischen dem Üben, erklärte er seinen Spielern wie einst Klinsmann die Vorteile der Viererkette, vielleicht in zwei Minuten, etwa so:

Die Viererkette ist ein Defensivsystem, in dem jeder der vier Abwehrspieler in der Grundformation etwa ein Viertel der Spielfeldbreite abdeckt. Jeder orientiert sich im Raum und am Mitspieler; Gegenspieler, die ihre Position wechseln, werden übergeben; die Kette verschiebt sich kompakt, immer am Ball orientiert. Die Vorteile: Erstens: Da er sich im Raum und am Mitspieler orientiert, weiß jeder Abwehrspieler immer, wo er verteidigen muss. Zweitens: Weil die Verteidiger auf Manndeckung verzichten und die Laufarbeit rochierender Gegner nicht mitmachen, sparen sie Kraft. Drittens: Durch das kollektive Verschieben zum Ball – nicht nur in die Breite, sondern auch in die Tiefe – wird der Abwehrraum optimal verdichtet, die Passwege des Gegners werden zugestellt. Und viertens: Im Zusammenwirken des gesamten Defensivverbundes ergeben sich weitere Vorteile. Durch den Verzicht, weitab stehende Gegner zu decken, werden Mitspieler frei, den ballführenden Spieler in Überzahl zu attackieren – er kann »gedoppelt« oder sogar »getripelt« werden –, die Chance auf Ballgewinn wird dadurch erhöht; und weil man den Raum aktiv beherrscht und deswegen die bei der Manndeckung nach dem Ballbesitzwechsel nötige Phase der Neuorientierung entfällt, ist immer ein schnelles und geplantes Umschalten auf die Angriffspositionen gewährleistet.

Fußball-Neuland in Rheinfall-Nähe

Deutsche Beobachter rieben sich in Genf ungläubig die Augen: Da stand der Assistenztrainer einer Fußball-Großmacht am Rande des Trainingsplatzes, um aus hochdotierten, aber taktisch rückständigen Bundesligastars versierte Viererketten-Versteher zu formen – und behauptete, dass man von der kleinen Schweiz fußballerisch einiges lernen könne! Das war ein geradezu ungeheuerlicher Vorgang. Aber er ist erklärbar. Die Ursache liegt in Löws sechsjähriger Trainerlehrzeit in der Schweiz. Die Schweiz habe ihn geprägt, sagt er. »Ich habe dort Inhalte vorgefunden, nach denen ich mich unbewusst gesehnt hatte.« Die damaligen Trainingsmethoden in Deutschland mit den ewigen Konditionsläufen habe er gehasst, in taktischer Hinsicht konnte man nichts lernen, denn da sei unheimlich viel dem Zufall überlassen worden. In der Schweiz hingegen wurde »viel von Organisation, Raumdeckung, Positionsspiel oder Gruppenprozessen gesprochen – ich war begeistert!«.

Erstmals mit dem »Schweizer System« konfrontiert wurde der spätere Bundestrainer beim FC Schaffhausen, zu dem er 1989 als Spieler gewechselt war. Der 1896 gegründete Klub zählt zu den ältesten Schweizer Fußballvereinen, wenngleich nicht zu den erfolgreichsten.

Die meiste Zeit spielte der Verein nur zweitklassig, nämlich in der Staffel Ost der Nationalliga B. So war es auch, als sich der deutsche Fußballroutinier Joachim Löw den an Borussia Dortmund erinnernden gelb-schwarzen Dress überstreifte. Immerhin: Der Verein aus dem nur 20 Kilometer jenseits der deutsch-schweizerischen Grenze liegenden – und nur 80 Kilometer von Schönau entfernten – kleinen Städtchen am Oberrhein spielte in der 2. Liga oben mit. Nach Platz eins im Jahr 1992 scheiterte das Team, in dem Löw eine Hauptrolle übernommen hatte, erst in der Aufstiegsrunde. In einem fremden Land sei man mehr gefordert als in heimatlicher Umgebung, erinnert sich Löw an sein drei Jahre währendes Engagement in Schaffhausen. »Als Ausländer und Mannschaftskapitän haben die Leute besonders viel von mir erwartet.« Aber das habe auch sein Gutes gehabt. Er sei »vom Egoisten zum Mannschaftsspieler gereift«, er habe gelernt, Verantwortung zu übernehmen. Sein Mannschaftskollege Joachim Engesser bestätigt diese Selbsteinschätzung. Der Kapitän sei sehr zielstrebig und ehrgeizig gewesen, dabei aber immer auch kollegial, ein perfekter Führungsspieler eben. Ein anderer Mitspieler, der Verteidiger Mirko Pavlicevic, meint gar: »Löw hat schon damals auf dem Platz wie ein Trainer gedacht und den jungen Spielern viel geholfen.«

Wichtig für diesen späten Reifeprozess war nicht zuletzt der Trainer in Schaffhausen, Rolf Fringer. Der im schweizerischen Adliswil geborene Österreicher, ganze drei Jahre älter als Löw, sieht sich selbst rückblickend als Lehrmeister des späteren Bundestrainers. »Wenn man heute wie selbstverständlich in Deutschland Pressing und 4-4-2 spielt«, so seine Feststellung, »muss man sagen, dass diese Art des Fußballs Mitte der Neunziger Neuland war. Deutschland hatte zwar immer eine starke Nationalmannschaft, war aber hausbacken in punkto Kreativität und Taktik. Löw hat da Pionierarbeit mitgeleistet, und das geht klar auf unsere damalige Arbeit in der Schweiz zurück.« Der junge Trainer, erst seit Kurzem mit einem Diplom ausgestattet, war Vertreter einer neuen, innovativen Generation von Fußball-Lehrern. Der Titel seiner Abschlussarbeit – »Möglichkeiten des offensiven Zonenspiels« – hätte auch als Überschrift für sein Trainingsprogramm gepasst, das dem neusten Stand der fußballtaktischen Entwicklung entsprach. Fringer schätzte den »unbedingten Siegeswillen« seines deutschen Schülers und erkannte in ihm sofort »eine absolute Führungspersönlichkeit, auf und neben dem Platz«. Und bald wurde ihm klar, dass der Zweitligaspieler aus Deutschland nicht nur ein »Leader« war, der für das Kapitänsamt perfekt taugte, sondern dass er auch ein ausgeprägtes Verständnis für die Feinheiten des Mannschaftsspiels mitbrachte.

Für den Lehrling Joachim Löw tat sich eine neue Welt auf. Bis dahin hatte ihm im geradezu hinterwäldlerischen Deutschland, in dem die übliche Traineransprache von Begriffen wie Manndeckung und Grätsche oder Rennen und Kämpfen dominiert war, noch keiner zeigen können, wie man das Spiel strategisch und taktisch durchdringt. Die typisch deutsche Trainermethode ging laut Löw etwa so: Der »Übungsleiter« nimmt eine Handvoll Kieselsteine vom Boden auf und wirft dann ein Steinchen nach dem anderen weg. Bis 50 Runden gelaufen sind. Eine typische Anweisung vor dem Spiel hatte die Form: »Jogi, du spielst heute im Sturm und guckst, dass du ein Tor machst.« Aufklärung über Systeme und Taktik? Fehlanzeige. Und wenn der Jogi dann kein Tor gemacht hatte, fiel manchem Trainer nur die Aufforderung ein, nun eben noch mehr zu kämpfen und sich den Arsch aufzureißen. Für den Empfänger der Botschaft war das aber unbefriedigend. »Oft hatte ich das Gefühl, durchaus schon alles aus mir herausgeholt zu haben«, berichtet Löw über seine Ratlosigkeit als Spieler, »also musste es doch ein anderes Problem geben.«

Als Profi hatte Joachim Löw zum Teil unter durchaus namhaften Trainern gekickt, etwa Jürgen Sundermann, Lothar Buchmann, Werner Olk oder Jörg Berger. Immer hatte er sehr genau hingehört auf die Anweisungen und nachgefragt, wenn er etwas nicht genau nachvollziehen konnte. Richtig überzeugend aber fand er nur Jörg Berger. Und natürlich Rolf Fringer. »Fringer war ein Trainer, der mir Antworten auf meine Fragen geben konnte«, lobt Löw seinen Lehrmeister. Und der lobt zurück, dass er den Joachim nicht nur als einen Menschen mit untadeligem Charakter erlebt habe, immer offen, ehrlich und aufrichtig, sondern auch als Spieler »mit sehr viel Verstand«. Für seine spätere Trainerkarriere hätten ihm die Erfahrungen in der Schweiz sicher sehr geholfen. Da habe er seinen taktischen Horizont erweitern und lernen können, dass es auch andere Wege gibt als Hauruck-Fußball. »Er hat mich sehr oft befragt, wie bestimmte Dinge funktionieren. Das war eben alles Neuland für ihn. Da habe ich gemerkt, dass er sich schon als Spieler sehr viele Gedanken über solche Dinge macht.«

Joachim Löw, der Trainer in spe, hatte in Fringer einen Lehrmeister, von dem er in taktischen Dingen viel lernen konnte. Etwa, wie die

»Zonenverteidigung« (zu Deutsch: Raumdeckung) funktioniert, was Pressing ist und wie man ein geplantes Offensivspiel aufzieht. Sie hätten damals viel miteinander diskutiert, beim Training und danach, so Fringer. Und dabei habe der Jogi die Fähigkeit an den Tag gelegt, immer das Ganze im Auge zu behalten – so eben, wie das ein guter Trainer können muss. »Seine Art und Weise, das Spiel zu analysieren, die Art, seine Vorstellungen klar und deutlich zu vermitteln, und sein offensiv ausgerichtetes System, das hat mich schon geprägt«, bekennt er heute.

Damals schätzte der Spieler Löw den Trainer Fringer aber nicht nur als Taktikexperten, der ein mutiges Offensivspiel propagierte, sondern auch als lebenslustigen und fröhlichen Typen, der sein Team stets bei guter Laune halten konnte.

Die Schweiz entpuppte sich für den Badener Löw als eine ganz neue Fußballwelt. Er erkannte, »dass es nicht genügt, nur auf sich zu schauen, dass man an das Ganze denken muss.« Er erkannte, dass man über den Tellerrand hinausschauen muss. Und er erkannte, dass im Fußball viele Möglichkeiten stecken, die er im Fußball-Entwicklungsland Deutschland noch gar nicht wahrgenommen hatte.

Jogi mit Contini in Winti

Als Fringer 1992 zum FC Aarau wechselte, um dort Meister zu werden, ging sein inzwischen bereits mit ersten Trainerscheinen ausgestatteter deutscher Schüler zum FC Winterthur. Löw hatte sich in Schaffhausen sehr wohlgefühlt, wo er regelmäßig im freundschaftlichen Kreis mit Fringer und einigen Mitspielern zum Mittagessen in der Altstadt-Wirtschaft »Kastanienbaum« eingekehrt war. Dennoch war nicht alles eitel Sonnenschein gewesen: Nach drei Jahren hatten sich Fringer und der Kreis seiner Führungsspieler mit dem Präsidenten Aniello Fontana verkracht, weil der sich in sportliche Angelegenheiten hatte einmischen wollen. »Die Episode, wie Fontana vor der Heimreise von einem Auswärtsspiel der Zutritt zum Mannschaftsbus verweigert wurde, ist in der Stadt legendär«, schrieb die »Aargauer Zeitung«.

Winterthur – oder »Winti«, wie die Einheimischen den Ort im Kanton Zürich nennen – sollte die letzte Station seiner Karriere als Fußballspieler sein; daher war er bestrebt, als Coach der dortigen A-Jugend einen Neuanfang zu proben. Der Trainerjob reizte ihn, und so beschloss er, in der Schweiz alle nötigen Pflichtscheine zu erwerben. Im Ausbildungszentrum des Schweizer Fußballverbandes in Magglingen würde er so gute Lehrmeister finden wie kaum anderswo. Und die höchste Ausbildungsstufe, das Schweizer Nationalliga-Trainerdiplom, war auch in Deutschland anerkannt.

Der FC Winterthur spielte wie der FC Schaffhausen in der Nationalliga B/Ost. Der nebenberufliche A-Junioren-Trainer Löw glänzte dort im Herbst seiner Karriere als Kapitän, Spielmacher und Torjäger. Sein ehemaliger Mitspieler René Weiler erlebte ihn als »absolute Persönlichkeit«, als Musterprofi mit Rückgrat. Der Kapitän hatte klare Ansichten und scheute sich auch nicht, seine Meinung dem damaligen Trainer Wolfgang Frank unmissverständlich vorzutragen. Das bestätigt auch Giorgio Contini, damals ein hoffnungsvolles Stürmertalent. Sein Kapitän Löw, dessen taktisches Verständnis das seiner Mitspieler weit überstiegen habe, habe die Dinge oft selber in die Hand genommen und keine Auseinandersetzung mit dem Trainer gescheut. Manchmal freilich sei er auch etwas zu weit gegangen, weiß Contini zu berichten. Einmal hatte der Kapitän den Trainer in der Kabine verbal angegriffen. Jogi habe dann aber schnell eingesehen, dass sowas unmöglich war: »Tags darauf ist er vor der Mannschaft gestanden und hat sich entschuldigt. Ich denke, dies war für seine spätere Trainerkarriere eine wichtige Erfahrung.« Löws große Karriere, meint sein ehemaliger Mitspieler, habe ihn von daher eigentlich gar nicht erstaunt. Schon damals sei klar gewesen, »dass er es einmal weit bringen würde«. Dem Stürmer-Kollegen Patrik Ramsauer ist vor allem der coole Vollstrecker in Erinnerung geblieben: »Ich wurde häufig im Strafraum gelegt, und Jogi Löw erzielte per Elfmeter das Tor.« Beeindruckt hat Ramsauer aber auch der schier unstillbare Wissensdurst seines Kapitäns: »Er hat die Fußballzeitschriften wie den ›Kicker‹ richtiggehend auswendig gelernt, er wusste einfach alles.«

1994 wäre der »Kicker«-Fachmann beinahe von der Winterthurer »Schützenwiese« zum nahegelegenen »Reitplatz« des kleinen FC Töss gewechselt. Dort hatte man mitbekommen, dass der Winterthurer Kapitän ins Trainergeschäft einsteigen wollte. »Obwohl ich das Mittagessen im Restaurant Wiesental in Ohringen berappte und ihm ein Klubheft mitgab, erhielt ich zwei Tage später eine Absage«, erinnert sich der Tössener Präsident Müller. Joachim Löw übernahm stattdessen als Spielertrainer den drittklassigen FC Frauenfeld (er spielte in der den Nationalligen A und B nachgeordneten 1. Liga).

Spielertrainer beim FC Frauenfeld

Der neue Spielertrainer aus Deutschland hatte in der Saison 1994/95 maßgeblichen Anteil daran, dass die im Vorjahr beinahe abgestiegenen Thurgauer hinter dem SC Brühl und dem FC Altstetten in ihrer Liga einen respektablen dritten Rang belegten und damit die Teilnahme an der Aufstiegsrunde in die Nationalliga B nur knapp verpassten. Mit dabei in Frauenfeld waren auch zwei Weggefährten aus der Winterthurer Zeit. Urs Egli assistierte im Training, Stürmer Contini sorgte für die Tore. Nach einer schwierigen Saison mit dem FC Winterthur, wo man ihn aussortiert hatte, stand Continis Karriere damals auf der Kippe. Der erst 20-jährige Stürmer war bereits dabei, seinen Traum von der großen Karriere zu beerdigen. Aber dann wurde er in Frauenfeld unter der Anleitung Löws Torschützenkönig der 1. Liga. Contini schaffte den Sprung in die Nationalliga A zum FC St. Gallen. Dort wurde er im Jahr 2000 Schweizer Meister und kurz darauf auch Nationalspieler. »Eigentlich habe ich es nur dank Löw so weit geschafft«, ist sich Contini sicher. Löw habe die besondere Qualität, einen Spieler starkzureden und ihm Selbstvertrauen einzuimpfen. Besonders beeindruckt habe ihn die Sozialkompetenz des späteren Bundestrainers. »Als Trainer des FC Frauenfeld verstand er es, den Spielern die Freude am Fußball zu vermitteln – egal welche Probleme diese von der Arbeit oder von zu Hause ins Training mitgenommen haben.« Diese Fähigkeit war bemerkenswert für einen derart jungen Trainer, der mit seinem Job gerade erst begonnen hatte. »Er hat eine große Ausstrahlung, ohne überheblich zu wirken«, urteilt Contini über den Bundestrainer bei der WM 2010. Sicherlich werde Löw von den deutschen Nationalspielern genauso geschätzt und respektiert wie damals von seinen ersten »Schülern« in Frauenfeld. Er persönlich jedenfalls, so Contini, habe während der WM in Südafrika oft an den Jogi von damals denken müssen. »Wenn ich sehe, wie bei dieser WM Miroslav Klose aufblüht, kommt mir meine eigene Geschichte in den Sinn.«

Parallel zu seinem Job in Frauenfeld hatte Löw in Magglingen seine Ausbildung als Fußballtrainer vorangetrieben. Er war gerade dabei, den letzten und entscheidenden Schein in Angriff zu nehmen, der ihm die Profilizenz verschaffen würde, da wurde dieser Plan durch ein Angebot seines Ex-Lehrers Fringer durchkreuzt. Fringer hatte in diesem Sommer 1995 soeben ein Angebot des VfB Stuttgart angenommen und benötigte noch einen Co-Trainer. Ob er, Löw, nicht Lust habe dazu? Die Entscheidung sei ihm nicht leicht gefallen, meinte der 35-Jährige. In Frauenfeld würde er selbstständig arbeiten können, außerdem hatte er sich bereits ein Konzept für die nächsten Jahre ausgedacht. Hier würde er in aller Ruhe seine Idee vom Fußball entwickeln können, zudem stand er beim Verein im Wort. Aber die Chance, nun in der Bundesliga Fuß zu fassen, wollte er sich dann doch nicht entgehen lassen. Klar war ja, dass er keinesfalls auf der »Kleinen Allmend«, wie das Mini-Stadion in Frauenfeld heißt, versauern wollte. Klar war andererseits auch, dass er seine künftige Rolle nicht in der Position des Assistenten sah. Aber das musste er als Übergangsphase wohl hinnehmen, um sein Ziel zu erreichen: Cheftrainer zu werden bei einem großen Bundesligaverein.

EINWURF

Die Trainerschmiede Magglingen

Die Lektionen, die Joachim Löw von Rolf Fringer erhalten hatte, konnte er während seiner Trainerausbildung in der schweizerischen Sportschule Magglingen vertiefen. Hier liegt denn auch die eigentliche Quelle für die spätere »Helvetisierung« der deutschen Nationalelf. Denn Magglingen war in den 1990er Jahren, was die Ausbildung von Fußball-Lehrern und die Vermittlung von Lehrmethoden betraf, eine Hochburg der Innovation und ein Geheimtipp für Eingeweihte. Leiter der Trainerausbildung war damals ein Mann, den heute in Deutschland jeder Fußballinteressierte kennt: Urs Siegenthaler. Jener Mann also, den man im Mai 2005 unter dem Titel »Chefscout« in Klinsmanns Trainerteam holen und der eine wichtige Rolle bei der »Fußballrevolution« im DFB übernehmen wird. Er sei stolz darauf, wird er sagen, dass ihn »aufrichtige, innovative Leute« unbedingt hätten haben wollen. Andere Experten werden den damals nahezu unbekannten, eher introvertierten und öffentlichkeitsscheuen Taktikfuchs als schweizerisches Kuriosum belächeln, im Team jedoch wird man ihn sehr gut aufnehmen. Denn Joachim Löw, der in der Schweiz sozialisierte Trainer, wird bis dahin seine Aufklärungsarbeit bereits geleistet und deutlich gemacht haben, dass man in dem Alpenland fußballerisch nicht hinter dem Mond lebt.

»Wenn ich die deutsche Nationalelf spielen sehe«, sagte im Jahr 2007 der damalige Bundesligatrainer Marcel Koller, »dann erkenne ich die Handschrift von Joachim Löw – und die von Urs Siegenthaler.« Der Schweizer Koller, langjähriger Trainer des VfL Bochum, kennt sich aus. Denn er war wie Löw – und übrigens auch Ottmar Hitzfeld – einst im schweizerischen Magglingen vom Trainerausbilder Urs Siegenthaler unterrichtet worden. Ein weiterer Siegenthaler-Schüler ist Martin Andermatt, der 1999 als Nachfolger Ralf Rangnicks den Aufstieg des SSV Ulm bewerkstelligte. »Eine legendäre Trainerausbildung war das«, schwärmt Andermatt noch heute. Vom akribischen Tüftler Siegenthaler, der »keine Halbheiten« geduldet habe, sei man da auf den neuesten taktischen und trainingsmethodischen Stand gebracht worden.

Wer aber ist dieser Urs Siegenthaler? Die Rahmendaten: Geboren 1947 in Basel, spielte als Verteidiger hochklassig mit dem Erstligisten

FC Basel, war fünfmal Schweizer Meister, schloss ein Studium als Bauingenieur ab, gründete 1970 die »Urs Siegenthaler AG« in Basel, eine Firma für Mess-, Steuer- und Regeltechnik. Der Brotberuf allein füllte den fußballverrückten Ex-Profi Siegenthaler jedoch nicht aus. 1978 ging er an die Sporthochschule Köln, um dort seinen Trainerschein zu machen. »Er war sehr ehrgeizig, hat früh über den Zaun geschaut, sich für andere Kulturen und Sportarten interessiert«, erinnert sich der Ausbildungsleiter Gero Bisanz, sein Schweizer Schüler sei »forsch, selbstbewusst und diskussionsfreudig« gewesen. Ein wenig glich er wohl dem jungen Joachim Löw, als der in Magglingen seine Trainerausbildung aufgenommen hatte. Einem der dortigen Instruktoren, Roland Frei, ist der heutige Bundestrainer als besonders aufgeweckter Schüler in Erinnerung geblieben: »Mir ist damals aufgefallen, wie wissbegierig er war.«

Joachim Löw war auch stets einer der Fleißigsten. Das war Siegenthaler einst in Köln offensichtlich nicht. Bei der Abschlussprüfung erhielt er jedenfalls im Bereich »Trainingslehre und Taktik« lediglich die Note drei. Was den Prüfling später, als er Chefspion der deutschen Nationalelf geworden war, überhaupt nicht mehr stören wird: »Ich habe dazugelernt.«

Siegenthaler versuchte sich in der Schweiz zunächst als Spielertrainer bei kleineren Vereinen wie dem FC Schaffhausen und dem FC Laufen. 1983 wurde er beim FC Toulouse (1. französische Division) Assistent seines schweizerischen Landsmannes Daniel Jeandupeux, unter dem er 1986 auch Assistent der Schweizer Nationalmannschaft werden sollte. Schließlich trat er 1987 beim FC Basel seine erste Cheftrainerstelle im Profifußball an. Es sollte zugleich seine letzte sein. Bereits in seiner ersten Saison stieg er mit dem Traditionsklub ab, die Entlassung erfolgte ein Jahr später, als er mit seinem Team den direkten Wiederaufstieg verpasst hatte. Er sei nicht konservativ genug gewesen für den Trainerjob, kommentierte Siegenthaler sein Scheitern.

Sein Streben nach Veränderung in Trainingslehre und Taktik konnte er mit seiner Tätigkeit als Trainerausbilder beim Fußballverband der Schweiz, die er inzwischen aufgenommen hatte, weitaus besser verfolgen. »Unter ihm und Nationaltrainer Daniel Jeandupeux wurden in der Schweiz viele Dinge geprägt, neue Ideen geboren, der Fußball revolutioniert«, erinnert sich Martin Andermatt. Jahrelang war Siegenthaler, der 1998 den Vorsitz der Union Schweizer Fußballtrainer übernahm, als Ausbilder in der Trainerschmiede des Schweizer Verbandes in Magglingen tätig, wo er zwischen 1992 und 2002 auch mehrere Lehrgänge im Auftrag der FIFA durchführte. Ein »absoluter Fachmann«, schwärmt Joachim Löw von dem Leiter der Schweizer Trainerausbildung, bei dem er so manchen Schein erworben hat, »keiner hat mir Taktik so rübergebracht«. Siegenthaler trat als Ausbilder mit dem Selbstbewusstsein dessen auf, der die Materie tief durchdringt. »Viele kennen den Fußball, aber wenige verstehen ihn«, lautet ein markanter Satz von ihm, mit dem er keinen Zweifel daran lässt, dass er sich zu den Verstehern rechnet.

Was waren damals Siegenthalers Grundideen? »Wir haben zum Beispiel die Bereiche Technik, Taktik, Kondition nicht einzeln, sondern als Ganzes unterrichtet«, erzählt er. »Wir haben auch mit polysportiven Trainingseinheiten angefangen, das waren Lehrgänge mit Badminton, Hockey, Handball oder Basketball. Wir haben versucht, die Trainer dafür zu begeistern, Elemente aus anderen Sportarten einmal im Monat ins Training einzubauen. Andere Bewegungsabläufe zu erlernen ist für Acht- bis Zwölfjährige sehr wichtig. Wir haben auch nach einer einheitlichen Spielphilosophie ausgebildet. Alle Teams spielen nach dem System 4-4-2, das kennen und können alle in der Schweiz.« Hinter der Trainerausbildung stand der Gedanke, dass man nur dann eine nachhaltige Verbesserung und Erneuerung erreichen kann, wenn bereits Kinder und Jugendliche entsprechend gefördert werden. »Mit besseren Trainern«, beschreibt Siegenthaler seinen damaligen Ansatz, »bekommen wir eine bessere Jugendmannschaft, mit den Erfolgen ein besseres Feedback.«

Wenn man keine besseren Spieler hat, muss man sie eben besser ausbilden, lautete eine seiner Überzeugungen. Und das versuchte man am besten gleich mit den besten Methoden, die sich in den führenden Fußballländern würden finden lassen. Vorbild Siegenthalers waren vor allem die fortschrittliche Jugendausbildung in Frankreich mit den beiden Aushängeschildern Auxerre und Lyon, das erfolgreiche Wirken von José Pekerman im Jugendbereich des argentinischen Verbandes sowie die Innovationen des späteren Startrainers von Arsenal London, Arsène Wenger, der 1980 als Jugendcoach bei RC Straßburg eingestiegen war. Und weil damals ein Direktor des Schweizer Verbandes großes Verständnis für die Ideen Siegenthalers und seiner Mitstreiter hatte, konnte dort eine Fußballrevolution, wie sie Klinsmann im Jahr 2004 in Deutschland anzetteln sollte, bereits 15 Jahre früher Erfolge feiern. Stichworte wie ballorientiertes Taktiktraining, verbesserte Trainerausbildung oder einheitliche Spielphilosophie von den Jugendteams bis zu den Senioren waren also keineswegs, wie manch ein Klinsmann-Feind vermutete, irgendwelche obskuren Ideen-Importe aus den USA, sondern im fortschrittlichen Fußballland Schweiz bereits seit Jahren eingeübte Selbstverständlichkeiten.

Nach dem französischen Vorbild begannen Siegenthaler und seine Mitstreiter damit, nun auch in der Schweiz Trainingszentren für Jugendspieler einzurichten. Dort werden seitdem Viererkette, Raumdeckung und eine offensive Grundeinstellung unterrichtet. Zum Beispiel sollen die Spieler lernen, wie man sich konstruktiv aus einer Bedrängnis befreien kann. Das Ziel: in jeder Situation eine offensive Handlungsoption zu erreichen und Hilfslösungen wie Querspielen, Rückpässe oder Befreiungsschläge zu vermeiden. Aber die Schweizer Trainer-Macher richteten ihr Augenmerk nicht nur auf das rein Fußballerische. Auf eine gute schulische Ausbildung, teils durch externe Lehrer, legte man ebenso großen Wert, weitere Themenfelder waren die Förderung sozialer Intelligenz sowie die gezielte Persönlichkeitsbildung. »Im modernen Fußball sind mentale Fähigkeiten gefragt, die man eben nicht auf dem Fußballplatz erlernt«, so Siegenthaler, »sondern in der Schule«. Ein guter Fußballspieler, betont er, müsse sehr intelligent sein. »Die koordinativen Fähigkeiten unter Druck zu benutzen und in Sekundenbruchteilen Entscheidungen zu treffen, ist eine Art von Intelligenz, die sogar überdurchschnittlich sein kann.« Fußballspieler müssen die ihnen gestellten Aufgaben konzentriert und systematisch angehen. Und daneben geht es auch darum, besser mit Verletzungen umzugehen, mit dem Umfeld, mit der Presse, mit der eigenen Zukunft und überhaupt ein bewusstes und selbst kontrolliertes Leistungssportler-Leben zu leben, um regelmäßig seine Höchstleistung abrufen zu können.

Neben den kognitiven Fähigkeiten richtete Fußball-Mastermind Siegenthaler seine Aufmerksamkeit vor allem auf die emotionalen Gegebenheiten. Emotionen können Spiele entscheiden, ist er überzeugt. Das gelte nicht nur für die augenblickliche Verfassung einzelner Spieler, sondern für das gesamte Team. Daher müsse man wissen, wie sich eine Elf unter Druck verhält, wie sie den Ball erobert oder wie sie antwortet, wenn sie in Rückstand gerät, kurz: wie sich ihre Mentalität fußballerisch ausdrückt. Es sei also äußerst nützlich, in dieser Hinsicht den jeweiligen Gegner zu studieren, aber auch das eigene Team auf mögliche schwierige Situationen vorzubereiten, einen »Matchplan für alle Eventualitäten« zu haben. Denn unter Druck, so Siegenthaler, würden alle Mannschaften auf das zurückgreifen, was sie im Grunde ausmacht. Im Fall Deutschland hieß das zum Beispiel jahrzehntelang, nur noch quer zu spielen und weite Bälle nach vorne zu schlagen.

Siegenthaler hatte ein richtungsweisendes Konzept, einen breiten Ansatz und viele interessante Ideen. Schade war nur, dass das Spielerreservoir der Schweiz qualitativ nie ausreichte, um auf internationalem Parkett große Erfolge feiern zu können. Als Trainerausbilder in Magglingen, erzählt Siegenthaler, habe er zusammen mit den anderen Ausbildern immer wieder an der »perfekten« schweizerischen Nationalmannschaft herumgetüftelt. »Kann man den Nachteil der unterschiedlichen Sprachregionen nicht in einen Vorteil verwandeln? Wenn wir die Tessiner in die Verteidigung stellen, die Deutschschweizer rennen, die Welschen zaubern und das Spiel gestalten lassen – dann hätten wir eine gute Mannschaft. So haben wir damals herumspekuliert.« Das schweizerische Dreamteam blieb ein Hirngespinst der Magglinger Fußballintellektuellen. Aber immerhin sollte Siegenthaler einen Teil seiner Träume beim deutschen Sommermärchen 2006 und vor allem bei den Zaubernächten im südafrikanischen Winter von 2010 verwirklicht sehen.

KAPITEL 3

Der (zu) nette Herr Löw
oder: Aufstieg und Demontage eines Trainer-Neulings

1995/96 war die erste Bundesliga-Spielzeit, in der es drei Punkte pro Spiel gab. Es waren drei statt zwei Auswechslungen erlaubt. Die Spieler trugen erstmals feste Rückennummern. Und es war die Saison, in der Joachim Löw als Co-Trainer des VfB Stuttgart sein Debüt gab. Auf diesem Posten war er die Wunschbesetzung des neuen VfB-Coaches Rolf Fringer. »Ich kannte seine Einstellung, seine Seriosität und seinen Willen, sich zu verbessern«, begründete Löws Schaffhausener Ex-Trainer seine Wahl. Außerdem sei er »ein ganz vernünftiger Kerl und kein Blender«. Der Kontakt war nach seinem Weggang in Schaffhausen nie abgerissen. »Als dann das Angebot von Stuttgart kam«, schildert Fringer die damalige Situation, »habe ich mich dafür eingesetzt, dass er bei seinem damaligen Verein FC Frauenfeld aus dem laufenden Vertrag kommt.« Also zog Löw von Frauenfeld in das 2.500-Seelen-Örtchen Strümpfelbach im Remstal, von wo aus er das Trainingsgelände des VfB mit dem Auto in einer halben Stunde erreichen konnte. Nächsten Sommer, erklärte er im August bei seinem Amtsantritt als Co-Trainer, wolle er in der Schweiz noch seinen letzten Trainerschein machen. Dann sei er auf dem Stand des Fußball-Lehrers des DFB. Denn: »Klar ist mein Ziel, Cheftrainer zu werden.«

Die VfB-Führung um den mächtigen Präsidenten Gerhard »MV« Mayer-Vorfelder versprach sich viel vom Schweiz-Import Fringer. Denn mit Trainern aus dem südlichen Nachbarland – Helmut Benthaus (Meister 1984) und Jürgen Sundermann (Aufstieg 1977, Vizemeister 1979) – hatte man schon durchaus gute Erfahrungen gemacht. Fringer hatte mit dem FC Aarau 1993 einen Meistertitel geholt; warum sollte ihm das, so wurde spekuliert, nicht auch in Stuttgart gelingen. Schließlich galt der Mann, der am Spieltag stets mit Anzug und Krawatte erschien, als ein Meister der Taktik. In der Führungsetage war man überzeugt davon, dass er der unter anderem mit Spielmacher Krassimir Balakov und Abwehrchef Frank Verlaat wesentlich verstärkten Mannschaft einen modernen und erfolgreichen Fußball beibringen würde.

Fringer führte die Viererkette und die Raumdeckung ein und forderte von seinen Spielern die bedingungslose Unterordnung unter das System. In der Umsetzung seiner Neuerungen wurde er von seinem Assistenten tatkräftig unterstützt. Joachim Löw, so zeigte sich rasch, war kein Hütchenaufsteller, sondern ein selbstbewusster Teamarbeiter. Er war stets loyal, hatte aber auch eine eigene Meinung und trug mit seiner akribischen Arbeitsweise viel zur Trainings- und Spielvorbereitung bei. Die Ergebnisse freilich, die das innovationsfreudige Trainerteam aus der Schweiz generierte, waren zunächst irritierend. Geschwächt nicht zuletzt durch das Fehlen eines erfahrenen Torwarts – Eike Immel war zu Beginn der Saison verkauft und durch den jungen Marc Ziegler ersetzt worden –, flog der VfB im Pokal gegen den SV Sandhausen raus (13:14 im Elfmeterschießen) und musste in der Bundesliga deprimierende Niederlagen hinnehmen: am 5. Spieltag ein 1:4 im Heimspiel gegen Leverkusen, am 6. Spieltag ein 3:6 in Dortmund, das der »Kicker« als »taktische Trauervorstellung« beschrieb. Doch die Rehabilitation folgte nur eine Woche später, als der VfB die Borussia aus Mönchengladbach mit 5:0 überrannte. In diesem Spiel zeigte die Fringer-Mannschaft ihr großes Potenzial, vor allem in der Offensive, wo das »magische Dreieck« mit Balakov, Bobic und Elber erstmals seine Zauberkünste aufblitzen ließ. Das Team mit dem roten Ring auf der Brust spielte nun konstanter und überzeugte mit erfrischender Spielweise, selbst wenn die Ergebnisse nicht immer stimmten. Eine 3:5-Niederlage in München Ende Oktober kommentierte der Fringer-Assistent Joachim Löw mit den selbstbewusst-süffisanten Worten: »Jetzt haben wir wenigstens dafür gesorgt, dass auch die Münchner mal ein attraktives Spiel gesehen haben.« Zur Winterpause lagen die Stuttgarter hinter den Bayern auf Rang drei.

Doch dann folgte in der Rückrunde der Einbruch, unter anderem bedingt durch den mehrwöchigen Ausfall von Abwehrchef Verlaat. Der VfB rutschte in der Tabelle immer weiter nach unten, am 22. Spieltag musste er mit dem 0:5 gegen Borussia Dortmund die höchste Heimniederlage der Vereinsgeschichte hinnehmen. Das Trainerteam stand machtlos am Spielfeldrand. Während der Co-Trainer mit der Prinz-Eisenherz-Frisur sich hinter seinem dichten schwarzen Haar, das ihm wie ein Visier vor der Stirn stand, zu verstecken schien, bildete sich im Gesicht des rotblonden Chefs, der vorne gezwungenermaßen offen trug, das schiere Entsetzen ab. Am Ende reichte es immerhin noch für den zehnten Platz.

Als Ursache für den Absturz diagnostizierte der »Kicker« die instabile Defensive – 62 Gegentreffer waren die zweitmeisten der Liga, zurückzuführen waren sie unter anderem auf den zu Beginn der Saison vollzogenen Torwartwechsel – sowie die nie gelösten Konflikte des Trainers mit wichtigen Führungs- und Stammspielern. Fringers Rauswurf schien schon vor dem Saisonende nur noch eine Frage der Zeit. Einer Kündigung stand jedoch die schwierige finanzielle Situation des Vereins entgegen, und so herrschte eine gewisse Ratlosigkeit. Als der angeschlagene Fringer schließlich vier Tage vor Saisonbeginn, am 13. August 1996, verkündete, dass er Nationaltrainer in der Schweiz zu werden gedenke, atmete der VfB-Präsident auf. Man werde ihm, ließ er verlauten, keine Steine in den Weg legen. Zum vorläufigen Nachfolger wurde der bisherige Assistent Joachim Löw bestimmt. Der stets loyale Co kommentierte den Journalisten in die Notizblöcke, er sei »sehr traurig« gewesen, als sein Chef in die Schusslinie geraten war. Aber da er nun seinen Dienst vorzeitig quittiert hatte, wolle er sich diese Chance natürlich auch nicht entgehen lassen. Wobei er sich allerdings keine allzu großen Hoffnungen machen durfte: Mayer-Vorfelders Wunschtrainer hieß Nevio Scala. Man hatte den beim AC Parma unter Vertrag stehenden Italiener bereits kontaktiert und wartete nur noch auf das Okay von seinem bisherigen Arbeitgeber.

Der Interimstrainer

Der 36-jährige Cheftrainer-Neuling Joachim Löw hatte zur Vorbereitung des ersten Saisonspiels gegen Schalke 04 ganze drei Tage Zeit. In dem zum Spieltag erschienenen Stadionheft versuchte Löw den Schulterschluss mit den Fans. Seit seiner Zeit als Spieler sei er immer eng mit dem VfB verbunden geblieben, er sei »gerne beim Verein« und wolle »auch gerne hierbleiben«. Wer wollte, konnte hier durchaus eine Bewerbung für den Posten des Cheftrainers herauslesen. Um eine Chance zu haben, musste er aber erstmal Erfolge vorweisen.

Vor dem Anpfiff des Schalke-Spiels machte Löw seine Spieler heiß. »Ganz Deutschland schaut auf euch. Jeder erwartet, dass ihr verliert. Geht raus und beweist, dass ihr als Mannschaft noch lebt!« Und wie die Mannschaft lebte! Am Ende hieß es 4:0, und das ganze Stadion tobte. Was für ein Einstand! Der potenzielle VfB-Trainer Nevio Scala sah es auf der Tribüne und rieb sich verwundert die Augen: »Wieso braucht diese Mannschaft eigentlich einen neuen Trainer? Die spielt doch einen wunderbaren Fußball.« Auch im Umfeld des Vereins kamen Gedanken auf, dass man den sympathischen und im Team respektierten Neuling durchaus behalten könnte, wenn es ihm gelänge, auch die nächsten Spiele ähnlich erfolgreich zu gestalten. Tatsächlich folgten zwei weitere überzeugende Siege – 2:1 gegen Bremen und 4:0 in Hamburg –, die bei Fans und Kommenatoren für Euphorie sorgten. Die »Bild«-Zeitung stellte die rhetorische Frage: »Der nette Herr Löw: Ist er besser als alle Star-Trainer?« Der »Kicker« kürte den Stuttgarter Interimstrainer gar zum Mann des Monats August. »Der 36-Jährige hat die Chance, die er ursprünglich gar nicht hatte, beim Schopf gepackt.« 9:0 Punkte und 10:1 Tore – das konnte selbst der Löw-kritische »MV« nicht ignorieren. »Möglich, dass die Variante Löw eintreten kann«, begann er zu überlegen. Verlockend war die Variante in jedem Fall aus finanziellen Gründen, denn mit seinem Monatsgehalt von 15.000 DM lag der Ex-Assistent nur bei einem Zehntel dessen, was Branchengrößen wie Hitzfeld und Daum verdienten.

Mayer-Vorfelder stand nun unter Druck, selbst ohne konkrete Forderungen des Cheftrainer-Kandidaten. Die Erfolge, die Begeisterung der Fans, die nun sogar zum Training in Massen kamen, und nicht zuletzt die positive Stimmung der Spieler sprachen für sich. Während Fringer den psychologischen Fehler begangen hatte, die Cliquenwirtschaft in der Mannschaft nicht zu unterbinden und sich damit einige Spieler zum Feind gemacht hatte, schien Löw einen neuen Teamgeist entfacht zu haben. Der frustrierte Bulgare Krassimir Balakov, der den Verein bereits hatte verlassen wollen, lebte wieder auf. Den von Fringer als Störenfried aussortierten Thomas Berthold gliederte er ohne Vorbehalte wieder ein. »Wir können nur gemeinsam Erfolg haben«, lautete die Losung des Trainers. Und die Spieler verstanden sie. »Alle haben begriffen, dass sie ihr Ego zurückstecken müssen«, ließ sich Fredi Bobic vernehmen, außerdem mache das Training endlich wieder Spaß, »weil der Jogi die Mannschaft viel mit einbindet«. Löw legte Wert darauf, die Spieler in langen Gesprächen von seinen Ideen und Maßnahmen zu überzeugen. »Ich glaube, dass es das Wichtigste ist, dass die Mannschaft die fachliche Seite anerkennt«, begründete er sein Vertrauen auf die Kraft der Überzeugung. Eine weitere Erklärung für seinen Erfolg sah er darin, dass er die nach dem Weggang von Fringer unter Zugzwang geratene Mannschaft in die Verantwortung genommen und sie bei ihrer Ehre gepackt hatte. »Das hat eine Eigendynamik entwickelt.«

Vor dem Auftritt des VfB am 4. Spieltag in Köln fragte die »Stuttgarter Zeitung«: »Schafft es der freundliche Herr Löw mit dem vierten Sieg auf den Chefsessel?« In der Frage schwang ein leichter Zweifel mit. Diesem so jugendlich wirkenden Jogi, diesem Kumpeltyp, der seine Spieler duzte und locker mit ihnen plauderte, diesem sperrigen Moralisten, der sich gegen die Gepflogenheiten der Branche sperrte, der auf das übliche Ballyhoo verzichtete und sich weigerte, bei Interviews das Südmilch-Label an den Hemdkragen zu pappen, weil er keine »Litfaßsäule« sein wollte, der nicht wie ein Zampano, sondern zuweilen eher wie ein Sozialarbeiter wirkte – diesem so gar nicht in das übliche Trainerklischee passenden Mann traute man irgendwie nicht so recht die nötige Autorität zu, um ausgebuffte Profis dauerhaft zu zähmen. Zwar versuchte sich Löw in martialisch klingenden Sprüchen – »Ich verlange von allen Spielern Disziplin, da kenne ich keinen Spaß«, »Wer sich nicht in den Dienst der Mannschaft stellt, fliegt sofort raus« –, doch wirkten solche Worte im badischen Idiom eher niedlich-bemüht als wirklich überzeugend.

Der nette Herr Löw schaffte seinen vierten Sieg. 4:0 gegen Köln! Nun konnte er locker über sein Image und das Duzen reden. »Die Frage der Autorität und des Durchsetzungsvermögens hängt nach meiner Ansicht nicht von Etiketten und Formalien ab. Wenn der Chef durch Leistung, durch Ideen und durch ein erfolgreiches Konzept überzeugt, dann ist es völlig egal, ob er von seinem Team geduzt oder gesiezt wird. Entscheidend ist allein das Ergebnis.« Und nach weiteren Erfolgen – 1:1 in Dortmund und 2:0 in Karlsruhe – konnte er mit dem Etikett des etwas langweiligen Brävlings ziemlich relaxt umgehen. »Am Anfang hat mich das schon gestört, dass ich da gleich in eine solche Schublade hineingeschoben worden bin, eben nach dem Motto, der ist lieb und nett und auch ein bisschen naiv. Mittlerweile stört es mich aber auch nicht mehr, und es ist ja auch gar nicht so. Ich weiß für mich persönlich, dass ich ganz anders bin und auch einmal kompromisslos durchgreifen kann.« Schließlich sei festzuhalten: »Wenn man es schafft, die Mannschaft mit fachlich guter Arbeit und klaren Vorstellungen zu überzeugen, folgt die Autorität zwangsläufig.«

Löws Bilanz nach sechs Spieltagen war phänomenal: 16 Punkte, 17:3 Tore – Tabellenspitze! Er hatte den launischen Stuttgartern die Flausen ausgetrieben und sie nicht nur siegen, sondern auch noch schönen Fußball zaubern lassen. Worauf war der Erfolg zurückzuführen? Der

Schweizer Nationaltrainer Fringer, der soeben das WM-Qualifikationsspiel in Aserbaidschan mit 0:1 verloren hatte, ärgerte sich:»Ich kann nicht mehr ernten, was ich gesät habe«. Aber wie viel Fringer steckte in Löws VfB?»Fringer hatte hervorragende Ideen vom Fußball«, konstatierte Löw.»Nach seinem Abschied war es aber nötig, das vorhandene große Potenzial zu wecken.« Er hatte Poschner und Berthold in die erste Elf zurückgeholt, dem gesamten Team eine gehörige Portion Aggressivität eingeimpft, und schließlich hatte er auch taktisch einige Umstellungen vorgenommen. Statt 4-4-2 ließ er ein 3-5-2 spielen. In der Standard-Dreierkette verteidigte Berthold links, Schneider auf rechts und in der Mitte agierte Verlaat im Stile eines Liberos. Davor sicherten mit Poschner und Soldo zwei defensive Mittelfeldspieler den Spielmacher Balakov ab. Legat und Hagner besetzten die Außenbahnen, ganz vorne sorgten Elber und Bobic für die Tore. Prunkstück des Teams war natürlich das»magische Dreieck« in der Offensive.»Perfekter als zwischen uns drei kann ich mir ein Offensivspiel nicht vorstellen«, meinte Fredi Bobic über sein oftmals brillantes Zusammenspiel mit Balakov und Elber. Wichtig war sicherlich auch, dass Löw zwar ein System vorgab, zugleich aber die Kreativität der Spieler nicht durch sture taktische Vorgaben einengen wollte. Ohne Grundordnung geht nichts, aber ohne die Fähigkeit der Spieler, sie auszugestalten, taugt sie nichts, lautete sein Motto.»Bei uns darf jeder alles machen – wenn die Ordnung stimmt.« Die bündigste Formel für das»Prinzip Löw« fand später Fredi Bobic: »Der Trainer hat sich unsere Stärken angeschaut, sie miteinander verzahnt und uns dann unsere Freiheiten gelassen.«

Neuer Chef in Stuttgart

Präsident Mayer-Vorfelders lang anhaltende Skepsis gegenüber einem Cheftrainer Löw hatte ihre Ursache nicht zuletzt in der Furcht, selbst in die Kritik zu geraten, falls das Experiment mit dem Nobody auf der Trainerbank im Laufe der Saison doch noch fehlschlüge. Aber nun war die Erfolgsbilanz derart angewachsen, dass selbst»MV« eine offizielle Beförderung des ehemaligen Assistenten nicht mehr zu verhindern vermochte. Umfragen hatten ergeben, dass sich über 90 Prozent aller VfB-Fans einen Cheftrainer Löw wünschten. Am Samstag, den 21. September 1996, war es dann endlich so weit. Mannschaftsrat, Verwaltungsrat und Vorstand gaben einträchtig ihre Zustimmung ab. Mayer-Vorfelder, der zu dem Neuen immer noch kein Vertrauen hatte fassen können und weiterhin insgeheim von einem (laut)starken Macho-Trainer à la Christoph Daum träumte, hatte für den Fall eines künftigen Absturzes vorsorglich sämtliche Vereinsgremien in die Verantwortung für den Trainerneuling mit eingebunden. »Der spektakuläre Aufstieg eines Unauffälligen«, wie die »Badische Zeitung« titelte, hatte damit einen vorläufigen Abschluss und Höhepunkt gefunden.

Natürlich kam es dann, wie es kommen musste. Der von seinen Ergebnissen her aktuell beste Trainer der Liga verlor noch am selben Tag sein erstes Spiel als Cheftrainer. Im heimischen Neckarstadion unterlag der VfB der Fortuna aus Düsseldorf durch zwei Gegentreffer in der Schlussphase des Spiels mit 0:2. Prompt unkte der Journalist Martin Hägele, dass es für den Neu-Cheftrainer sehr schnell gefährlich werden könnte, wenn die Kugel öfters so dumm laufen sollte wie gegen Fortuna Düsseldorf. »Irgendwann muss sich ein Cheftrainer durchsetzen. Und das wird für Joachim Löw von nun an schwieriger. Wer auf dem Chefstuhl sitzt, verschafft sich automatisch Gegner.« Formal, so muss an dieser Stelle ergänzt werden, war Joachim Löw allerdings gar nicht der Chef. Denn er war ja nach wie vor nicht im Besitz einer für den Profibereich gültigen Fußball-Lehrer-Lizenz. Die brachte sein Assistent Rainer Adrion mit, den er noch aus seiner Zeit als Spieler beim VfB kannte. In dem sieben Jahre älteren Fußball-Lehrer, der zuvor bei Vereinen wie Ludwigsburg (Aufstieg in die Oberliga) und Unterhaching (Aufstieg in die 2. Liga) erfolgreich gearbeitet hatte, stand Löw ein zuverlässiger und – wie sich bald erweisen sollte – auch in Krisenzeiten loyaler Mitarbeiter zur Seite.

Ein Pokalsieger mit Glatze

Joachim Löw dachte nicht daran, als Cheftrainer seinem bis dahin bewährten Führungsstil untreu zu werden. Er ließ die Peitsche weiterhin im Schrank, setzte auf sanfte Kooperation und bemühte sich wie zuvor, seine Spieler mit guten Argumenten zu überzeugen. »Sie müssen sehen, dass alles, was der Trainer ihnen vermitteln will, logisch und nachvollziehbar ist«, argumentierte er und betonte, dass eine erfolgreiche Zusammenarbeit ohne gegenseitigen Respekt und Vertrauen nicht möglich ist. Erste Ansprechpartner in der Mannschaft waren für den neuen Chef die Führungsspieler Verlaat, Balakov und Bobic. Sie waren nicht nur als Autoritäten anerkannt, sondern darüber hinaus auch in der Lage, die anderen Spieler mit ihrer Erfolgsbesessenheit anzustecken.

Die Mannschaft bot meist ansehnlichen Fußball, leistete sich jedoch zwischendurch immer wieder mal einen Ausrutscher. Nach einer 1:3-Niederlage in Duisburg wetterte der Cheftrainer: »Uns fehlt Cleverness, Abgeklärtheit. Wir spielen zu emotional. Eiskalt zuschlagen, so wie die Bayern, das geht uns ab.« Nach einer weiteren Niederlage am 17. Spieltag (0:2 in Bielefeld), die den VfB seiner guten Ausgangsposition als Verfolger von Leverkusen und Bayern beraubte, kritisierte er das »lethargische und pomadige« Spiel seiner Mannen. Es war klar, dass er keinen »Kühlschrankfußball« à la FC Bayern wollte, dass er weiterhin einstand für eine kombinationsfreudige Spielkultur, attraktiv und mit Risiko. Allerdings sei er auch »nicht der Feingeist, der nur ein schönes Spiel sehen will«. Das hieß ganz banal: Das Ziel ist der Sieg – und der kann nicht immer mit künstlerischen Mitteln erreicht werden.

Es kam die Winterpause, in der Löw den Konflikt zwischen den Leitwölfen Verlaat und Balakov zu beschwichtigen versuchte, den zum Bankdrücker gewordenen ehemaligen Stammspieler Franco Foda endgültig aussortierte und zugleich anderen Spielern, die bislang in der zweiten Reihe gestanden hatten, Mut zusprach. Harmonie herstellen, lautete das zentrale Stichwort, Unstimmigkeiten bereinigen und auch dem letzten Ersatzmann noch zeigen, dass er wichtig und Teil des Teams ist. Und indem Löw in dieser Weise über den Jahreswechsel entschlossen die Zügel anzog, begann sich sein Image zu wandeln. »Ein Mann gewinnt Format«, titelte das »Fußballmagazin« im Januar 1997. Und Mayer-Vorfelder wurde mit dem Satz zitiert: »Der Jogi ist unheimlich cool. Er lässt sich nicht von einer Euphorie anstecken und wird auch nicht in die Tiefe gerissen, wenn etwas schiefläuft.« Begann der Präsident seinem Trainer nun endlich zu vertrauen? Löw blieb vorsichtig. »Tatsache ist, dass man mir im Verein, im Umfeld und auch durch die Medien mit Skepsis begegnet ist. Das ist auch heute noch so. Ich bin nun mal auf dem Prüfstand.« Beinahe drohend fügte er hinzu: »Wenn ich etwas wirklich will, dann versuche ich, es mit jeder Faser meines Körpers, meines Geistes auch durchzusetzen.«

Joachim Löw spürte, dass ihm vom Vorstand nach wie vor nicht das Vertrauen entgegengebracht wurde, das er eigentlich verdient hatte. Als nach einem 2:2 in Bremen zum Rückrundenauftakt schon wieder Kritik aufkam, meinte Torwart Wohlfahrt: »Mit guten Ergebnissen wollen wir darauf pochen, dass der Trainer bleibt.« Tatsächlich waren die Ergebnisse unter dem Strich auch gar nicht so schlecht. Der VfB stand in der

Bundesliga auf Platz vier. Außerdem hatte er das Halbfinale im DFB-Pokal erreicht. Gut, man hatte sich da eher hingeschlichen, die Siege gegen Fortuna Köln und Hertha BSC (jeweils im Elfmeterschießen) sowie gegen den FSV Zwickau (2:0) und den SC Freiburg (erneut im Elfmeterschießen) waren so wenig berauschend gewesen, dass kaum jemand darüber sprach. Die Fakten einmal genannt haben wollte der Cheftrainer aber dennoch: »Der VfB stand seit Jahren nicht mehr so gut da wie jetzt.«

Und es sollte noch besser werden. Denn es begann der »goldene März«. 4:1 gegen den HSV, 5:1 beim 1. FC Köln. Mit Traumfußball. Und mit einem noch selbstbewusster gewordenen Löw. »Fußball ist ein Schaugeschäft, und die Darsteller spielen ihre lauten, schrägen, schillernden Rollen darin«, konstatierte er. »Und zu mir sagt man fast vorwurfsvoll: Sie sind ja so normal.« Aber die aktuellen Siege würden ja nun wohl zeigen, dass er bei seinen Erfolgen zu Saisonbeginn nicht nur das Glück des Debütanten auf seiner Seite gehabt hatte, sondern dass auch normale Menschen gute Trainer sein können. So gut, dass deren Ergebnisse sogar beinah unnormal werden konnten. Der VfB fegte den amtierenden Meister Borussia Dortmund mit 4:1 vom Platz. »Ich bin überwältigt und sprachlos«, sagte der »normale Trainer« nun. »Die Mannschaft ist in einer überragenden Spiellaune und unberechenbar geworden.« Aber was heißt unberechenbar? Sie gewann erwartungsgemäß weiter, nun mit 4:0 in Düsseldorf. Die Mannschaft zeigte alles, was den Fußball-Feinschmecker erfreut: Spielfreude, balltechnische Brillanz, Herz und Emotionen, aber auch Disziplin und taktische Raffinesse, und natürlich tolle Tore. Die Euphorie der VfB-Fans war riesig und die Kritik sich einig: Keiner spielt in Deutschland schöner Fußball als der VfB.

Selbst der unermüdliche Löw-Skeptiker Mayer-Vorfelder schien endlich überzeugt. »Joachim Löw ist nah an der Mannschaft, spricht die Sprache der Spieler, hat aber eine natürliche Autorität«, lautete jetzt die präsidiale Einschätzung. »Er verfügt über eine sehr gute analytische Gabe. Alles, was er sagt, trifft später im Spiel ein. Er weiß, dass Fußball Freude machen muss – auch wenn die Spieler nur ihrem Beruf nachgehen. Er hat zwar noch nicht viel Erfahrung, aber er hatte ein Jahr Zeit, um zu beobachten, wie man's nicht macht. Er ist ein gescheiter Kerl und hat daraus gelernt.« Die These vom zu jungen und zu braven Trainer, vom höflichen, netten und stets unterschätzten Herrn Löw, schien nun endlich zu den Akten gelegt.

Zur Meisterschaft reichte es trotzdem nicht mehr. In den letzten Spielen ließ die Kraft nach, es gab unglückliche Punktverluste und jede Menge Verletzungspech. Vor dem 28. Spieltag lag der VfB auf Platz drei, mit einem Punkt Rückstand auf Leverkusen und sechs auf Bayern. Weil gleich vier Leistungsträger ausgefallen waren (Verlaat, Schneider, Soldo, Legat), verlor der VfB das entscheidende Spiel in Leverkusen mit 1:2. Am Ende landeten die Stuttgarter »nur« auf dem vierten Platz. Aber in ganz Deutschland war man sich einig: Die Stuttgarter mit ihrem »magischen Dreieck« hatten den attraktivsten Fußball der Liga gespielt. »VfB« müsse jetzt neu definiert werden, schrieb der »Kicker«: »Verein für Ballzauber«.

Und es gab ja noch den Pokal. Mitte April hatte man im Halbfinale den HSV mit 2:1 besiegt. Gegner am 14. Juni 1997 im Finale von Berlin war der Zweitligaufsteiger aus Cottbus. Das sollte eigentlich kein Problem sein, zumal man für den Fall der Fälle in dem österreichischen Nationaltowart Franz Wohlfahrt einen in den Pokalspielen gegen Hertha BSC und Freiburg bestens bewährten Elfmetertöter in seinen Reihen wusste. Wohlfahrts Qualitäten waren dann gar nicht gefordert. Der VfB gewann durch zwei jeweils von Balakov aufgelegte Elber-Tore locker mit 2:0. Bei der Pokal-Siegesfeier im Hotel Esplanade mischten sich unter die Freude freilich auch ein paar Tränen der Trauer, da der Wechsel des famosen Giovane Elber zum FC Bayern bereits beschlossene Sache war. Für Löw stand trotzdem fest, dass diese Saison für ihn nicht nur Genugtuung, sondern Ansporn zugleich bedeutete. Als die Pokalsieger auf dem Marktplatz in Stuttgart von 20.000 jubelnden VfB-Fans begrüßt wurden, erschien der Erfolgstrainer mit einer Glatze, die ihm Gerhard Poschner verpasst hatte. Für Thomas Berthold, der in dieser Saison noch einmal aufgeblüht war, stand fest, wen man zum Trainer des Jahres küren musste: Joachim Löw. Seine Begründung: »Wir sind Pokalsieger, haben lange um den Titel mitgespielt und schließlich nur wegen Verletzungen und Sperren den Anschluss verpasst. Er hat alle eines Besseren belehrt und bewiesen, dass er besonders im psychologischen Bereich allen was vormachen kann.«

Führungsmangel und Winterkrise
Voller Zuversicht ging der junge Stuttgarter Coach in seine zweite Saison als Verantwortlicher an der Seitenlinie. »Ich bin heute der Ansicht, dass es viel schöner ist, Trainer zu sein statt Spieler«, ließ er sich in der Som-

merpause vernehmen. »Der Trainer hat eine komplexere und vielseitigere Aufgabe. Als Trainer gibt es keinen Stillstand, man ist stets gefordert.« Einige Monate später hätte er sich sicherlich gewünscht, etwas weniger gefordert worden zu sein als in dieser prekären Saison. Aber erst einmal sah ja alles noch gut aus. Er hatte einen Titel geholt und sich bewährt. Er hatte schwierige Profis ins Team eingebunden und schwächelnden Spielern neues Selbstbewusstsein verpasst. Und am Ende, so schien es, hatte er sogar den hyperkritischen Präsidenten von sich überzeugt.

Es gab also durchaus Anzeichen, dass die Saison 1997/98 ähnlich erfolgreich verlaufen könnte wie die vorherige. Zwar war das »magische Dreieck« durch den Abgang von Elber gesprengt, aber Löw hatte vielversprechende Neuzugänge klargemacht. Elbers Rolle sollte Jonathan Akpoborie übernehmen, der in Rostock eine starke Saison gespielt hatte. Und als Verstärkung für das Mittelfeld kam von den Grasshoppers Zürich der als hochtalentiert geltende »türkische Schweizer« Murat Yakin. Ihm eilte zwar der Ruf eines lauffaulen Exzentrikers voraus, aber er sei, so Löw, ein fast perfekter Spieler. Dass er mit dieser Verpflichtung eine Lawine ins Rollen bringen würde, konnte er freilich zu diesem Zeitpunkt nicht ahnen.

Der VfB startete mit wechselhaften Leistungen in die Saison. Es gab einige klare Siege, aber ebenso leb- und erfolglose Auftritte. Wie in der zurückliegenden Spielzeit wurde von etlichen Beobachtern moniert, dass sich der Trainer von den erfahrenen Spielern wie Balakov und Verlaat zu sehr in seinen Job hineinreden lasse. »Ich bin kein Diktator«, wehrte sich Löw. »Ich lasse andere Meinungen zu, schließlich habe ich es mit mündigen Bürgern zu tun. Dass ich den Rat von erfahrenen Profis einhole, heißt aber nicht, dass ich den auch befolge. Die Aufstellung, die Taktik, das System bestimmt letztlich ausschließlich der Trainer.« Als die Stuttgarter am 15. Oktober beim 3:3 in München gegen den FC Bayern ihr spielerisches Vermögen teilweise aufblitzen ließen, wurden die Töne wieder versöhnlicher. Die »Stuttgarter Zeitung« schwärmte von einem neuen magischen Dreieck »mit Yakin als Eckpunkt«. In der 15. Minute hatte er einen doppelten Doppelpass mit Balakov gespielt und per Kopf das 1:1 erzielt. Yakin hatte also durchaus was drauf. Unter dem Strich jedoch sollten seine Leistungen ziemlich durchwachsen bleiben.

Im Europapokal überstand der VfB die ersten Runden gegen IB Vestmannaeyjar und Germinal Ekeren mühelos, aber dennoch nicht souverän. Vor allem gegen die Belgier, die sie im Hinspiel mit 4:0 abgefertigt hatten, lieferten die Stuttgarter dann im Rückspiel, als sie nach einer 2:0-Führung noch vier Gegentore kassierten, eine grauenvolle Vorstellung ab. Löw kehrte vor dem nächsten Bundesligaspiel beim VfL Bochum aus. Hagner blieb zu Hause, Haber und Akpoborie mussten auf die Bank.

»Einige brauchen offenbar die harte Hand«, begründete er seine Maßnahmen. Und sie wirkten offensichtlich. Ein forsch agierender VfB gewann mit 2:0. Es folgten Siege gegen Rostock und Karlsruhe sowie ein Auswärtspunkt in Bremen. Die Halbzeitbilanz: zwar ein deutlicher Abstand zu Kaiserslautern und Bremen (zehn bzw. sechs Punkte), aber immerhin ein dritter Platz. Man hätte also durchaus einigermaßen zufrieden sein können. Doch nachdem es am 20. Dezember ein deprimierendes 1:6 in Leverkusen gesetzt hatte, deutete sich eine unruhige Winterpause an.

Wie sehr es beim VfB gärte, zeigte sich bereits im Januar 1998 während des Trainingslagers in Dubai. Im Fünf-Sterne-Hotel Chicago Beach Resort beschloss der Mannschaftsrat mit Verlaat, Balakov, Bobic und Wohlfahrt, vom Vorstand die Einstellung eines Teammanagers zu fordern, der sich intensiv um die Belange der Spieler kümmern solle. Balakov hätte gern seinen Berater Bukovac auf diesem Posten gesehen, die anderen jedoch votierten für Hansi Müller. Weil der aber als Berater zu eng mit den Spielern verbandelt war, sperrte sich jetzt der Präsident und setzte mit Karlheinz Förster einen Kompromisskandidaten durch.

Die Forderung nach einem Teammanager hätte man schon für sich allein als Misstrauensvotum gegen den Trainer auslegen können. Ins Zentrum der Krise rückte schließlich der Konflikt zwischen der »Diva« Balakov und dem vom Rest der Mannschaft isolierten Yakin. Balakov trat zunächst aus Protest gegen die Ablehnung seines Beraters Bukovac aus dem Mannschaftsrat zurück. Nur wenig später drohte er dann in der »Bild« seinen Wechsel an, falls es beim VfB keine grundlegenden Veränderungen gebe. »Entweder Poschner spielt hinter mir, oder ich spiele nicht mehr für den VfB«, forderte er. Der Bulgare wusste, dass auch andere Spieler, vor allem Verlaat und Berthold, seine Forderung unterstützten. Zielscheibe der Kritik war der ungeliebte Neuzugang Yakin. Löw hatte an seinem Wunschspieler bislang stets festgehalten, obwohl seine Leistungen nicht wirklich hatten überzeugen können. Balakov monierte vor allem, dass er von Yakin geschnitten werde und nicht genügend Unterstützung in der Offensive erhalte. Es wäre nun an Löw gewesen, in der Sache ein Machtwort zu sprechen. Stattdessen versuchte er, auf die Forderungen der Spieler einzugehen. Der geniale Balakov war noch nie pflegeleicht gewesen. Nun aber, nachdem er im Sommer einen Vertrag mit 6 Mio. DM Jahresgehalt ausgehandelt hatte und damit zum bestbezahlten Profi der Bundesliga aufgestiegen war, hatte der Bulgare noch mehr Sonderrechte für sich beansprucht. Der Großverdiener war noch überheblicher geworden, und natürlich war auch der Neid der Mitspieler gewachsen.

Die »Diva« Balakov wollte keinen anderen neben sich glänzen lassen, so dass der zum Schönspielen neigende Außenseiter Yakin schon aus diesem Grund als sein natürlicher Feind prädestiniert war. Der technisch exzellente, aber nicht besonders laufstarke Defensivmann war ein Spieler, der auch selbst mal mit einer Einzelaktion brillieren wollte, und sah seine Rolle keineswegs als bloßer Erfüllungsgehilfe des Bulgaren. Das war der zentrale Konflikt im Team. Und er würde weitere generieren, wenn er den mauligen Poschner wieder auf seiner angestammten Position einsetzen würde. Denn wohin dann mit Yakin? Der Libero-Posten wäre für ihn in Frage gekommen, aber den besetzte ein anderer Platzhirsch: Frank Verlaat.

So mühte sich Löw nach dem Start der Rückrunde, die divergierenden Interessen unter einen Hut zu bringen. Im Konflitkfeld Balakov-Yakin ergab sich dabei ein uneinheitliches Bild. Yakin kam in der Rückrunde zehnmal zum Einsatz, davon aber nur dreimal auf der Poschner-Position. Es zeigte sich: Das Problem bestand weniger darin, dass Yakin auf der Position von Poschner nicht stark genug gewesen wäre; sondern der VfB fand, bedingt durch permanente personelle und taktische Umstellungen, nie zu einer Konsolidierung des Spiels, die ihn im Vorjahr ausgezeichnet hatte. Dem Trainer gelang es nicht, seiner Elf eine funktionierende Mischung aus Sicherheit und Kreativität beizubringen. Auch die Stimmungsprobleme bekam er nicht in den Griff, ständig war er damit beschäftigt, die aus mangelndem Teamgeist entstanden Risse im Mannschaftsgefüge zu kitten. So war es denn kein Wunder, dass ansprechende Leistungen weitgehend ausblieben und darob die Autorität des Trainers immer weiter zerbröselte. Nach zwei Niederlagen in der Bundesliga (in Dortmund und gegen Kaiserslautern) verloren die Stuttgarter am 17. Februar das Pokal-Halbfinale in München. Bei diesem 0:3 waren sie von den Bayern regelrecht vorgeführt worden, und hernach brüllten sich die Spieler beim Gang in die Kabine gegenseitig an. Löw schaute ratlos zu.

Demontage eines Trainers

Beim Präsidenten schrillten nun die Alarmglocken: bereits fünf Spiele in Folge ohne Sieg, Champions-League-Teilnahme nicht mehr möglich und ein Trainer, der die Truppe ganz offensichtlich nicht mehr unter Kontrolle hatte. Nach der Rückkehr von einer Reise mit der Nationalmannschaft deutete Mayer-Vorfelder an, dass es eine grundlegende Änderung geben könnte: einen neuen Trainer.»Löw auf der Kippe«, schlagzeilte die»Sport-Bild« umgehend, und die anderen Printmedien sammelten Argumente für die Entlassung des in die Schusslinie geratenen Coaches: Löw habe keine Rückendeckung mehr bei den Spielern, die nur noch stänkern und ihm auf der Nase herumtanzen würden; das Gekicke der Mannschaft sei nur noch unattraktiv, ein klares Konzept sei nicht erkennbar; die von ihm geholten Neuen seien entweder nicht integriert (Akpoborie, Yakin) oder schlicht untauglich (Becker, Spanring, Stojkovski). Selbst das Erscheinungsbild des schmächtigen Trainers wurde nun ein Gegenstand von gehässigen Kommentaren. Bei Löw hänge das Schlüsselbein, konnte man in der»Stuttgarter Zeitung« lesen, er sei halt»nun mal kein Löwe«.

Dann kam der März 1998, der zunächst mit einem 2:1 gegen Wolfsburg erfolgreich begann. Mayer-Vorfelder versicherte gegenüber den Vertretern der Presse, dass man noch mit keinem anderen Trainer verhandelt habe. Es folgte ein 0:0 beim HSV und schließlich ein erneutes 0:3 im Heimspiel gegen den FC Bayern. Nichts habe gestimmt, weder die Einstellung noch die Taktik des Teams, moserte»MV« nun:»Jetzt ist der Trainer gefordert.« Natürlich sei er maßlos enttäuscht gewesen nach dem Spiel, kommentierte Löw. Aber:»Noch können wir aus eigener Kraft einen UEFA-Cup-Platz schaffen.« Außerdem hatte man im Europapokal der Pokalsieger soeben gegen Slavia Prag den Einzug ins Halbfinale geschafft, und dort wartete mit Lokomotive Moskau ein durchaus schlagbarer Gegner. Wenn man beides schaffe, Platz fünf in der Bundesliga und die Teilnahme am Europacup-Endspiel, dann sei »die ganze Saison doch zufriedenstellend« verlaufen, lautete Löws Beschwichtigungsformel. Vorsichtshalber sagte er jedoch erstmal einen lange geplanten Trainerlehrgang in der Schweiz ab. Es war ihm in dieser Situation zu gefährlich, Stuttgart zu verlassen.

Der größte Teil der Traineraufgabe, sagte er in diesen Tagen in einem Interview mit der »FAZ«, sei die psychologische Komponente. Aber was folgte aus dieser Erkenntnis in der Praxis? Wie sollte er die Mannschaft in den Griff bekommen? Verteidiger Thomas Schneider sollte Jahre später in einem Interview von »ein paar Idioten« berichten, die sich damals beim Präsidenten Gerhard Mayer-Vorfelder »ausgeweint« hätten. Das konnte für die Autorität des Trainers nicht förderlich sein. Wenig dienlich war auch, dass er in den Zeitungen permanent wegen seines angeblich zu weichen und zu inkonsequenten Führungsstils angeprangert wurde.

Warum etwa hatte er Murat Yakin nicht bestraft, der vor dem Spiel gegen die Bayern noch um Mitternacht in einem Lokal gesehen worden war? Yakin habe nur Nudeln gegessen und Mineralwasser getrunken, hatte Löw hernach die Aufstellung des türkischstämmigen Schweizers gerechtfertigt. Warum suspendierte er nun andererseits die Spieler Haber und Poschner, die unter der Woche bis halb drei morgens in Stuttgarter Bars gesehen wurden, für das nächste Spiel? Warum ließ er zu, dass die Spieler Bobic und Verlaat mit öffentlichen Äußerungen an seiner Autorität kratzten? Bobic hatte kritisiert, dass die Mannschaft »viel zu einfach auszurechnen« sei, und Verlaat wurde mit der Aussage zitiert, dass die Probleme beim VfB ausschließlich »sportlicher Natur« und damit also »Sache des Trainers« seien.

Als das nächste Spiel in Berlin trotz neuformierter Mannschaft mit 0:3 kläglich in die Hose gegangen war, würdigte »MV« seinen Trainer nach dem Abpfiff keines Blickes und meckerte vor den Mikrofonen: »Wir sind gegen eine durchschnittliche Mannschaft total eingebrochen.« Am Tag darauf fiel die Presse über den glücklosen Trainer her, diesen Sonderling, der in Interviews von so seltsamen Dingen wie Respekt, Anstand und Moral redete oder von »ehrlicher Arbeit«, die seine Profis in Zeiten hoher Arbeitslosigkeit abzuliefern hätten. Der Trainer, so hieß es nun wenig überraschend, habe in seiner Gutmütigkeit viel zu lange viel zu viel toleriert. Zwar sei er ein anständiger Kerl, richtig lieb sogar, aber eben wahrscheinlich nicht hart genug für das Geschäft, sondern zu grün, zu weich, kurz: zu nett. Die »Stuttgarter Zeitung« druckte das gnadenlose Urteil: »Der Trainer ist gescheitert. An sich und seinem Charakter. An den maßlosen Stars. Und an den absolutistischen Machtstrukturen im Verein. Übrig bleibt: ein trauriger Held mit liebenswerten Schwächen, der sich im Sommer wohl einen neuen Arbeitsplatz suchen muss.«

Während die Vorwürfe auf Joachim Löw herabprasselten, brodelte zugleich die Gerüchteküche. Kaum ein bekannter Name fehlte auf der Liste der in den folgenden Tagen und Wochen gehandelten Nachfolgekandidaten: Arie Haan, Klaus Toppmöller, Jupp Heynckes, Felix Magath, Ottmar Hitzfeld und als Wunschkandidat Mayer-Vorfelders vor allem Winfried Schäfer, der kürzlich beim KSC entlassen worden war. Als durchsickerte, dass sich Mayer-Vorfelder mit Hitzfeld und Schäfer getroffen hatte, um die Möglichkeit einer zukünftigen Zusammenarbeit abzuchecken, schienen die Würfel gefallen. Den öffentlichen Beteuerungen »MVs« – »Wir ziehen die Saison mit Löw durch« – schenkte kaum ein Beobachter mehr Glauben. Auch der Noch-VfB-Trainer ahnte natürlich, was hinter den Kulissen lief. »Ich habe keine Angst vor der Zukunft«, bemerkte er. »Ich bin seit 17 Jahren im Geschäft. Ich weiß, dass es immer irgendwie weitergeht.« Noch ging es beim VfB unter seiner Regie weiter. Am 11. April gewann ein selbstbewusst auftretendes Team aus Stuttgart in Gelsenkirchen mit 4:3. Fünf Tage später folgte ein 1:0 in Moskau, das den Einzug ins Europacup-Finale perfekt machte. Den 2:1-Heimsieg im Hinspiel zwei Wochen zuvor hatten allerdings nur 15.000 Zuschauer sehen wollen.

Ende mit Finale

Trotz aller Querelen war im Saisonendspurt Fakt: Man hatte in der Bundesliga wieder Erfolg und man stand im Finale eines Europacups! Löw hatte den kompletten Kader nach Moskau mitgenommen, um die Gelegenheit des langen Trips nach Russland für die Stärkung des Zusammenhörigkeitsgefühl zu nutzen. Er vertraute nach wie vor auf die Wirksamkeit seines kooperativen Führungsstils, er wollte auch in der Krise seine Überzeugungen nicht verraten. Mayer-Vorfelder freilich verfolgte parallel ebenso konsequent sein Vorhaben, den jungen Trainer von seiner Verantwortung zu entbinden. »Ich mag den Jogi, seine Ehrlichkeit und Offenheit«, behauptete der Präsident und fügte zweideutig hinzu: »Er ist halt noch sehr jung. Aber er hat bei uns so viele Erfahrungen gesammelt, dass er bestimmt ein ausgezeichneter Trainer wird.« Jetzt, so sollte das wohl heißen, war er es noch nicht.

Dummerweise gewann der angeblich noch nicht ausgezeichnete Trainer dann auch noch das nächste Match (2:0 gegen den VfL Bochum am 19. April). Innerhalb von einer Woche hatte er damit drei wichtige Spiele gewonnen. Entertainer Harald Schmidt witzelte, dass der

Jogi jetzt vielleicht als Europacupsieger entlassen werde. »MV« hatte ein stetig anwachsendes Problem: Wie sollte er die geplante Entlassung Löws begründen, wenn die Mannschaft weiterhin siegen sollte? Der Wind drehte sich immer mehr gegen Mayer-Vorfelder. In seiner Ausgabe vom 4. Mai kürte der »Kicker« den Stuttgarter Trainer zum Mann des Monats April. Die Begründung: Er habe den VfB in der Bundesliga im Rennen um den UEFA-Cup-Platz gehalten, zudem habe er sich für das Finale im Europapokal der Pokalsieger qualifiziert. Wie zur Bestätigung gewann der VfB dann sein letztes Saisonspiel gegen Werder Bremen mit 1:0 und sicherte sich damit die Teilnahme am UEFA-Cup. Am Rande des Spiels gab es jede Menge Protestplakate von VfB-Fans, die für ein Bleiben von Löw plädierten (»Alle gegen Schäfer«. »Löw ist o. k., MV zum KSC«). Verantwortung zu tragen sei schwerer, als Plakate zu schreiben, kommentierte ein sichtlich genervter »MV«.

Löw, dessen 1997 geschlossener Zwei-Jahres-Vertrag ja immer noch für ein Jahr gültig war und der nach wir vor keine offizielle Mitteilung des Vereins erhalten hatte, dass man nicht mehr mit ihm plant, machte gute Miene zum bösen Spiel. Tag für Tag hatte der Trainer in den Zeitungen lesen müssen, dass er nur noch befristet geduldet war. Und er blieb immer noch freundlich und nett. Kein böses Wort über seinen Präsidenten kam ihm über die Lippen. »Ich gehe davon aus, dass ich meinen Vertrag bis 1999 erfülle«, erklärte Löw im »Kicker«. Er wollte Haltung zeigen. Und wenn er dennoch gehen musste, dann wollte er vorher auf jeden Fall den größten Erfolg der Vereinsgeschichte unter Dach und Fach bringen. Ein Abschied im Triumph, als moralischer Sieger von der VfB-Bühne abtreten – das wenigstens sollte es sein.

Vor der Finalnacht am 13. Mai in Stockholm gegen den FC Chelsea machte das Team des VfB einen konzentrierten Eindruck. Die Spieler waren guter Stimmung und zuversichtlich. Der Trainer habe »es super verstanden, störende Einflüsse von der Mannschaft fernzuhalten«, meinte Fredi Bobic. Der VfB erwischte keinen glanzvollen Abend, hielt aber gegen die Stars aus London gut mit. Er begann mutig und hatte einige Torchancen, erst allmählich gewann dann Chelsea die Oberhand. Die Entscheidung fiel in der 71. Minute. Nur 17 Sekunden nach seiner Einwechslung markierte Gianfranco Zola das 1:0. Dabei blieb es. Löws Resümee fiel zwiespältig aus: »Eine Siegchance gab es, wenn wir vor der Pause eine der gut herausgespielten Chancen genutzt hätten. Mit hohen Bällen, wie später, hatten wir gegen diese Chelsea-Deckung keine Chance.«

Nach dem Spiel erschien »MV« nicht einmal mehr in der Kabine. Es war der letzte Auftritt von Joachim Löw als Trainer des VfB. Mitgeteilt hatte ihm die vorzeitige Vertragsauflösung freilich noch immer keiner.

Nachrufe und Lehren

Das Ende des VfB-Trainers Löw wurde in der Presse mit durchaus unterschiedlichen Betonungen kommentiert. Die »Sport-Bild« resümierte, dass selten zuvor ein Trainer derart böse über Monate hinweg auf Raten demontiert worden sei. »Löws ›Todesurteil‹ war, dass er immer an das Gute im Menschen glaubte«, schrieb die »Bild« über den Trainer, der zeitweise den »schönsten und attraktivsten Fußball in Deutschland« habe spielen lassen und sicherlich als einer der besten Trainer der Vereinsgeschichte bezeichnet werden müsse. »Es ist die alte Geschichte vom Lehrling, der zum Meister wurde«, hieß es in der »Stuttgarter Zeitung« deutlich unfreundlicher. »Die Mannschaft hat den ehemaligen Co-Trainer in ihrer Euphorie mit hochgespült. Und Spielern weh zu tun, denen er seinen Karrieresprung zu verdanken hat, entspricht nicht Löws Naturell.«

Joachim Löw selbst haderte hernach vor allem mit dem ihm chronisch schlecht gesonnenen Präsidenten. »Es ist für jeden Trainer unheimlich wichtig, dass er von den Chefs absolute Rückendeckung bekommt«, meinte er. »Jeder macht mal Fehler, muss in Kauf nehmen, dass er Schrammen davonträgt. Doch man kann Autoritätsverluste zurückholen, wenn man von oberster Stelle unterstützt wird.« Große Wunden aber seien dennoch nicht zurückgeblieben. Trotz aller Irritationen sei es eine schöne Zeit gewesen, in der er viel gelernt habe. Vor allem, dass ein Trainer »eine Machtposition ausfüllen muss«. Nachhaltig verstimmt blieb er über die gegen ihn betriebene Kampagne »netter Herr Löw«. Das sei »von gewissen Teilen der Presse und einigen Leuten im Verein« gezielt gesteuert worden, war er überzeugt, um seine Entlassung beim VfB zu provozieren. »Ich weiß genau, dass ich nicht zu nett war«, stellte er schon beinahe trotzig fest. Eventuell, gab er zu, habe er manche Entwicklung zu spät erkannt. »Da habe ich vielleicht den Fehler gemacht, dass ich mich zu lange schützend vor manchen Spieler gestellt habe, gerade in der Öffentlichkeit.« Er habe die Konflikte innerhalb der Mannschaft als Kinderkram eingestuft, deswegen nicht wirklich ernst genommen und laufen lassen; sicher hätte er da früher eingreifen müssen. Vielleicht, sollte er Jahre später selbstkritisch sinnieren, war der Schritt zum Cheftrainer für ihn ein paar Jahre zu früh gekommen.

Stolz konnte er jedenfalls auf seine Bilanz sein: Innerhalb von zwei Spielzeiten hatte er mit dem VfB den DFB-Pokal gewonnen, war ins europäische Pokalsieger-Endspiel gelangt, und zudem hatte er zweimal die Qualifikation für den UEFA-Pokal erreicht. Sowas sollte ihm erstmal einer nachmachen. Winfried Schäfer, der seinen Job zum 1. Juli 1998 offiziell angetreten hatte, schaffte es nicht. Der als »harter Hund« angekündigte Löw-Nachfolger wurde bereits im Winter wegen Erfolglosigkeit entlassen. Vom »Wir-Gefühl« hatte er gesprochen, das er wiederherstellen wolle; gezeigt hatte er dann aber lediglich Egozentrik, Führungsschwäche und schlechte Ergebnisse. Bereits nach fünf Monaten hatte der Patriarch Mayer-Vorfelder genug und riss das Ruder heftig herum. Mit dem jungen Konzepttrainer Ralf Rangnick verpflichtete er einen Bundesliga-Neuling für die nächste Saison; bis dahin sollte Rainer Adrion als Interimstrainer die vom Abstieg bedrohte Mannschaft aufrichten und zugleich auf das Spielsystem seines designierten Nachfolgers vorbereiten.

»Eine größere Kehrtwende kann man wohl nicht machen«, kommentierte Joachim Löw schmunzelnd. Das ebenso turbulente wie erfolglose Intermezzo mit dem »Traditionalisten« Schäfer hätte man sich sparen können, sollte das heißen, denn wenn jetzt mit Rangnick wieder ein innovativer Ansatz gefragt war, dann hätte man auch gleich den Trainer Löw behalten können. Er selbst jedenfalls hatte durch das unrühmliche Ende beim VfB den Glauben an seine Fähigkeiten nicht verloren. Und es gab auch noch einige andere, die ihm für die Zukunft durchaus einiges zutrauten. Etwa den VfB-Verteidiger Thomas Schneider. »Ich bin mit Jogi gut ausgekommen, er war menschlich einer der besten Trainer, die ich je hatte«, meinte der; sicherlich werde er »noch von sich reden machen«.

EINWURF

Die Fußballprofessoren aus Baden-Württemberg

Mir Ralf Rangnick hatte Gerhard Mayer-Vorfelder einen Trainer verpflichtet, der mit neuen Ideen und Methoden in die Schlagzeilen geraten war. Der im schwäbischen Backnang geborene Fußball-Lehrer hatte dem Nobody SSV 1846 aus Ulm eine frische und moderne Spielweise verpasst und zum Durchmarsch von der Regionalliga in die 1. Liga angesetzt. Rangnicks überraschender Erfolg wurde viel bestaunt, manche Trainer-Kollegen waren jedoch nicht besonders erfreut, als er den Fernsehzuschauern im »Aktuellen Sportstudio« oberlehrerhaft die Vorteile der Viererkette erklärt hatte. Nun, als Chef beim großen VfB, sah sich der nassforsche Fußballintellektuelle am Ziel. Er träumte von einem Fußballunternehmen nach dem Vorbild Ajax Amsterdam, von einem Profiteam, das die Gegner mit Viererkette, ballorientierter Raumdeckung und einstudiertem Tempo-Offensivspiel das Fürchten lehren und alljährlich von nach Plan aufgezüchteten Jungprofis ergänzt werden würde. Rangnick rettete die Stuttgarter vor dem Abstieg und erreichte in der darauffolgenden Saison den UEFA-Pokal. In der folgenden Spielzeit aber kam der Verein sportlich und auch wirtschaftlich ins Schlingern. Der immer wieder wegen seines überbordenden Reformeifers kritisierte Rangnick überlebte zwar den autokratischen Präsidenten Mayer-Vorfelder, der am 30. Oktober 2000 zurücktrat und einen hochverschuldeten Verein hinterließ. Durchsetzen aber konnte er sich letztendlich nicht. Im Februar 2001 musste er Felix Magath Platz machen.

So weit zur Entwicklung beim VfB nach der Ära Löw. Interessanter ist die Vorgeschichte. Denn Ralf Rangnick war in Stuttgart kein Unbekannter. Ab 1990 war er vier Jahre lang A-Jugendtrainer und hatte zusammen mit dem Jugendleiter Helmut Groß den Unterbau des Vereins nach modernsten Kriterien umgekrempelt. Die beiden Trainer sind die Aushängeschilder einer südwestdeutschen Trainer-Connection, die damals ausgezogen war, das Spiel zu revolutionieren. Es war von daher wohl auch kein Zufall, dass die Stuttgarter 1995 mit Rolf Fringer einen in der Schweiz ausgebildeten Trainer verpflichtet hatten, der in

Methodik und Ansatz mit diesen jungen deutschen Fußballintellektuellen manche Gemeinsamkeit aufwies. Darüber hinaus kann man den Eindruck gewinnen, dass der vom heutigen Bundestrainer Joachim Löw vertretene Fußballstil dem dieser baden-württembergischen »Fußballprofessoren« in der einen oder anderen Hinsicht ähnelt.

Zentrale Figur und »Mastermind« dieser zunächst auf einige kleine württembergische Vereine beschränkten Fußballrevolution ist der einem größeren Kreis von Fußballinteressierten allenfalls als Rangnicks Scout und Taktikflüsterer in Hoffenheim bekannt gewordene Helmut Groß. Doch Rangnick und junge Trainer wie der Mainzer Thomas Tuchel halten den passionierten Taktiktüftler für einen der hellsten Köpfe im deutschen Fußball überhaupt. 1981 übernahm Groß im Alter von 34 Jahren das Training der ersten Mannschaft des baden-württembergischen Verbandsligisten SC Geislingen und stieß dort umwälzende Neuerungen an. Der junge Trainer war frustriert vom altväterlichen deutschen Fußballspiel mit seiner tumben Stopper-Philosophie. Ihm war klar geworden: Manndeckung, Libero und deutsche Tugenden wie Kampf- und Willenskraft – das allein konnte die Fußballwahrheit nicht sein. Viererkette, Raumdeckung, Pressing – das waren die Ideen, aus denen Groß etwas Neues entwickeln wollte. Trainer wie Gyula Lorant, Pal Csernai und Ernst Happel waren damals die ersten in der Bundesliga, die sich von der alles dominierenden Manndeckung distanzierten und eine Raumdeckung spielen ließen. »Durch Raumdeckung«, erklärt Groß, »kann man ökonomischer agieren, weil die Spieler Kraft sparen, indem sie nicht unsinnig dem Gegner hinterherlaufen müssen.« Dieser Ansatz war richtig, doch Groß wollte noch weitergehen. Man müsste, so seine Überlegung, die gesparte Kraft sofort ummünzen in ein aggressives Pressing. Agiert man dabei mit kluger Raumaufteilung, so kann man den Gegner schließlich dazu zwingen, Fehlpässe zu produzieren. Ansätze zu dieser Spielweise zeigte damals Ernst Happel mit der niederländischen Nationalmannschaft. Aber auch das ging Groß noch nicht weit genug. Seine Vorstellung war, »dass man den Ball so schnell es geht erobern sollte«. Das war die Grundidee der ballorientierten Raumdeckung. In den Worten von Groß: »Bei gegnerischem Angriff müssen sich die Spieler so verschieben, dass sie – so weit entfernt vom eigenen Tor wie möglich – in Überzahl den ballführenden Gegenspieler angreifen und ihm so den Raum und die Zeit nehmen für eine vernünftige Aktion, um selbst Konter einzuleiten.« Es ging jetzt also nicht mehr nur darum, den Gegner durch Raumverengung zu Fehlern zu zwingen, sondern das Ziel war die möglichst schnelle Rückeroberung des Balles, um mit schnellen Pässen in die geöffneten Räume hinein einen Tempo-Gegenstoß zu starten. Das gut organisierte aggressive Pressing wurde damit konstruktiv als eine Art Vorspiel für die eigene Offensive.

Nach seinen ersten Versuchen mit dem SC Geislingen wechselte Groß zum gleichklassigen VfL Kirchheim/Teck, wo er in der Region mit erstaunlichen Erfolgen für Furore sorgte. Kirchheim stieg mit seinem revolutionären Spielsystem 1986 in die Oberliga auf und wurde zweimal württembergischer Meister. Ihre denkwürdigsten Spiele lieferten die Teckstädter Ende der 1980er Jahre in zwei Testspielen gegen das mit internationalen Stars wie Oleg Blochin und Oleg Protassow gespickte Team des Europapokalsiegers Dynamo Kiew. Die von dem berühmten russischen Nationaltrainer Valerij Lobanowski mit wissenschaftlicher Akribie getrimmten Ukrainer, die ein ballorientiertes Spiel auf allerhöchstem taktischen Niveau pflegten, hatten damals ihr Wintertrainingslager in der Sportschule Ruit aufgeschlagen, um so den allzu frostigen Temperaturen in der Heimat zu entgehen. Das erste Kräftemessen im Februar 1987 verloren die Oberliga-Spieler nur knapp mit 2:4. Das zweite Spiel im Januar 1988 – ausgetragen übrigens, wie ein Chronist überliefert, ausgerechnet bei »sibirischer Kälte« – endete sensationell mit 1:1.

Die Deutschen staunten über die Disziplin der Staatsamateure von Dynamo. Wenn Trainer Lobanowski nach dem Essen seinen Wodka getrunken hatte und sich erhob, standen auch die Spieler stracks auf und folgten ihm – gleich, ob da noch was auf ihrem Teller lag. Umgekehrt waren die Spitzenspieler aus der Ukrainischen Sozialistischen Sowjetrepublik erstaunt, dass eine unterklassige Mannschaft aus Deutschland einen taktisch derart fortgeschrittenen Fußball beherrschte, dass sie sogar die mit individuellen Könnern gespickte Passmaschine des Fußballingenieurs Lobanowski ins Stottern hatten bringen können.

Neben Groß war damals auch Ralf Rangnick, der junge Spielertrainer des Verbandsligisten Viktoria Backnang, von dem ballsicher und oft nahezu perfekt zelebrierten Rasenschach der Ukrainer fasziniert. Sein erstes Aha-Erlebnis hatte er im Winter 1984/85, als die Dynamo-Stars, die als Gastgeschenk ganz standesgemäß Kaviar im Gepäck hatten, auf verschneitem Kunstrasen brillierten und sein Team mit 7:2 besiegten. Intensiv studierte Rangnick, wie die Lobanowski-Truppe mit kollektiven Verschiebeaktionen den Ballführenden des Gegners ständig unter Zeitdruck setzte und in der Vorwärtsbewegung mit einstudierter Überzahlbildung sowie nahezu reibungslos funktionierenden Passstafetten den Gegner scheinbar mühelos ausspielte.

Als Rangnick, der bereits als 28-Jähriger kurzzeitig das Training der Stuttgarter Amateure übernommen hatte, später in den Trainerlehrstab des württembergischen Fußballverbands eintrat und dort auf Groß traf, war ein schlagkräftiges Duett der Modernisierer perfekt. In nächtelangen Videositzungen und Taktikdiskussionen perfektionierten die beiden ihr Wissen. Neben den Niederländern und den Lobanowski-Teams studierte man vor allem die Spiele des AC Milan, als dieser mit einer von Arrigo Sacchi ausgetüftelten Raumdeckungsvariante den europäischen Fußball dominierte. »Ich habe damals ein sündhaft teures Videogerät gekauft«, so Groß. »Das modernste auf dem Markt, für 3.000 Mark. Aber das ging schnell kaputt, weil wir die Bänder so oft vor- und zurückgespult haben, um alle Details in der Taktik von Sacchi und anderen Toptrainern zu erkennen.« Aus ihren Erkenntnissen entwickelten sie ein Lehrsystem, um die ballorientierte Raumdeckung den Jugend- und Amateurtrainern des Verbands näher zu bringen. So höhlte sich langsam der Stein, auch wenn in Rest-Fußballdeutschland zunächst kaum jemand etwas von diesen Vorgängen mitbekam.

Im Jahr 1989 wurde Helmut Groß Jugendkoordinator des VfB Stuttgart und erarbeitete eine einheitliche Spielphilosophie mit Grundlagen wie Viererkette und, natürlich, ballorientierter Raumdeckung. Das alles erinnert sehr stark an die von Urs Siegenthaler in der Schweiz vorangetriebenen Reformen in der Trainerausbildung. Und vielleicht ist es kein Zufall, dass man von beiden Fußballintellektuellen kaum etwas weiß. Wie Siegenthaler blieb auch dessen schwäbisches Pendant Groß ein stiller Brüter, den es nie vor die Kameras drängte. Und wie der Schweizer betonte auch der Schwabe, sehr zufrieden zu sein mit seiner beruflichen Unabhängigkeit. Da muss es einen kaum mehr verwundern, dass der schwäbische Taktik-Großmeister in derselben Branche seine Brötchen verdiente wie der Schweizer Mastermind der Spielanalyse. Nämlich als Bauingenieur, Spezialgebiet Brückenbau.

Rangnick war zwischenzeitlich freiwillig zwei Schritte zurückgegangen, um in der Provinz beim SC Korb mit allen Freiheiten seine Ideen weiterzuentwickeln. Schließlich kehrte er nach Stuttgart zurück, um als Trainer der A-Jugend Groß' Konzept von einer einheitlichen

Spielsystematik exemplarisch umzusetzen. Inzwischen waren die neuen Ideen jedoch nicht mehr nur auf den württembergischen Raum beschränkt. 1991 hatte der Norddeutsche Volker Finke seine 16 Jahre währende Tätigkeit beim SC Freiburg begonnen, während der er seine eher autodidaktisch entwickelten Vorstellungen vom ball- und raumorientierten Spiel immer klarer umsetzen sollte. Mit Viererkette, ballorientierter Raumdeckung und aggressivem Pressing wurde ab 1995 auch in der Hauptstadt von Rheinland-Pfalz gespielt, in Mainz. Der FSV 05 war der erste deutsche Zweitligist überhaupt, der so spielen ließ. Trainer Wolfgang Frank, natürlich ein Schwabe, hatte diesen Ansatz aus der Schweiz importiert, war aber auch von der baden-württembergischen Schule inspiriert. 1992/93 hatte er als Trainer des FC Winterthur auch den Badener Joachim Löw als Spieler unter seinen Fittichen. Und einer seiner Spieler in Mainz, der gebürtige Stuttgarter Jürgen Klopp, sollte später als Trainer die grundlegenden Konzepte aufnehmen und weiterentwickeln. Als Klopp 2001 Trainer in Mainz wurde, tauschte er sich in seiner ersten Zeit als Coach auch häufig mit Ralf Rangnick aus. Während Frank sein Team nach dem Vorbild Sacchi noch recht statisch hatte agieren lassen, wurden Klopps Mainzer immer dynamischer: mit aggressivem Pressing durch weit vorn attackierende Außenverteidiger und Mittelfeldspieler sowie mit extrem schnellem Umschalten nach der Balleroberung. In feinster Präzision und teilweise nahezu perfekter Weise sollte dann diesen Ansatz das Meisterteam von Borussia Dortmund in der Saison 2010/11 demonstrieren.

Jürgen Klopps Nachfolger in Mainz, der vormalige FSV-05-Jugendtrainer Thomas Tuchel, ist der vorerst Letzte in der Reihe der schwäbischen Fußballintellektuellen. Tuchel war beim SSV Ulm unter Rangnick Spieler und erlernte danach das Trainerhandwerk in der Nachwuchsabteilung des VfB Stuttgart, wo er unter anderen dem späteren Topspieler Sami Khedira die Grundlagen des Spiels vermittelte. Er coachte zunächst die U14/U15 und war dann Co-Trainer bei den A-Junioren unter Hansi Kleitsch, der wiederum einst Co-Trainer von Helmut Groß in Kirchheim war. »Als Ralf Rangnick und Helmut Groß in Stuttgart Ende der 1980er, Anfang der 1990er Jahre ein neues VfB-Spielsystem installiert haben, hatte es Vorbildcharakter für die ganze Region«, sagt Tuchel. »So entstand in Baden-Württemberg eine Keimzelle, aus der sich vieles entwickelt hat und von der ich in meiner Zeit als VfB-Juniorentrainer inspiriert und geprägt wurde.« Allerdings darf man in der

Entwicklung nicht stehen bleiben. Zu Rangnicks Zeiten in Ulm war die Raumdeckung in Deutschland Neuland. »Mittlerweile«, so Tuchel, »hat man durch sie keinen Wettbewerbsvorteil mehr.«

Keinen Vorteil aus den Anregungen, die er in und um Stuttgart herum hätte haben können, zog Joachim Löw. Denn entgegen dem Eindruck, der sich einem Außenstehenden aufdrängt, bestreitet er auf Nachfrage heftig, mit der beschriebenen Fußballschule, in deren Dunstkreis er sich jahrelang bewegt hat, irgendetwas zu tun zu haben. Er habe sich von Groß & Co. allein schon deswegen nicht inspirieren lassen können, weil er einen grundsätzlich anderen Stil vermittle: Er setze seinen Schwerpunkt nicht im Spiel gegen den Ball, sondern eben im Spiel mit dem Ball. Das muss man dann so stehen lassen. Dessen ungeachtet bleiben diese überregional nur wenig bekannten Vorgänge in der schwäbischen Provinz aber natürlich interessant und bemerkenswert. Denn sie zeigen, dass nicht nur in der Schweiz, sondern auch im Südwesten Deutschlands in Sachen »Modernisierung des Fußballs« seinerzeit ein außerordentliches Klima der Innovationsfreudigkeit herrschte. Und zumindest davon hat sich wohl auch der Trainer-Novize Löw anstecken lassen.

KAPITEL 4

Reise ins Ungewisse
oder: Erfahrungstrips zwischen Bosporus und Alpenrepublik

Die Entlassung in Stuttgart, betont Joachim Löw heute, verbinde er im Nachhinein kaum noch mit negativen Erinnerungen. Denn in der Nachbetrachtung überwiege die positive Konsequenz: Sie hatte ihm die Möglichkeit eröffnet, ins Ausland zu wechseln und ganz neue Erfahrungen zu sammeln. Vor allem von seinen Erfahrungen in Istanbul, die sich unmittelbar an seine Stuttgarter Zeit anschlossen, habe er enorm profitiert, diese Erlebnisse hätten ihn in seiner »Entwicklung als Mensch und Trainer« weitergebracht. Umgekehrt haben ihn die Türken ebenso in allerbester Erinnerung behalten, auch wenn er sich am Bosporus sehr ruhig und »untürkisch« – also ohne Geschrei und Gestentheater – präsentiert hatte. Daher muss man sich nicht wundern, dass in den türkischen Medien immer wieder Meldungen über eine angeblich kurz bevorstehende Rückkehr des verlorenen Sohnes zu lesen sind.

Vor dem EM-Halbfinale 2008, in dem die deutsche Elf auf die Türkei traf, wurde in einer Istanbuler Tageszeitung gemeldet, dass soeben Kisten mit persönlichem Hab und Gut des Bundestrainers in einer repräsentativen Villa am Bosporus angeliefert worden seien. Der Deutsche, so hieß es, werde nach der EM als neuer Trainer von Fenerbahçe vorgestellt. So ganz unglaubwürdig war das nicht, denn zwei Tage vor dem Spiel hatte Löw vor der Presse ausführlich über seine positiven Erfahrungen in der Türkei berichtet. Das Halbfinale gegen die Türken war für ihn ein ganz besonderes Spiel. Aufgrund seiner Vergangenheit sah er sich gleichsam in der Rolle eines Botschafters des deutsch-türkischen Freundschaftsverhältnisses und wünschte sich ein Spiel ohne Provokationen. »Was ich in der Türkei erlebt habe als Ausländer, war unheimlich positiv«, sagte er zwei Tage vor dem EM-Halbfinale. »Das hat mich fürs Leben geprägt.«

Ganz ähnlich lief es Mitte Oktober 2009 ab. Als der in der WM-Qualifikation gescheiterte Nationaltrainer Fatih Terim als Coach der türkischen Nationalelf zurückgetreten war, kursierten in der türkischen Presse tagelang Gerüchte über einen angeblichen neuen Nationaltrainer der Türkei. »Die Löw-Überraschung« oder »Ein alter Freund kommt« lauteten Überschriften. Als erfolgreicher Ausländer mit Türkei-Erfahrung fiel Löw zwar genau ins Anforderungsprofil des Verbandes, aber natürlich war an den Gerüchten, dass er nach der WM 2010 eine neue Herausforderung anstrebe, nichts dran. Als Kenner der türkischen Szene, so Löw, wisse er, dass in solchen Situationen täglich neue Namen gehandelt werden; es liege aber keine Anfrage vor.

Harun Arslans großer Deal

Elf Jahre zuvor, nach seiner Entlassung als VfB-Cheftrainer im Sommer 1988, war Joachim Löw in die türkischen Gepflogenheiten noch nicht eingeweiht. Er wusste lediglich, dass er keine Lust mehr hatte, irgendwo einen Posten als Co-Trainer zu übernehmen, dass er eher noch eine oder zwei Klassen tiefer arbeiten würde. Es wurde dann kein Zweit- oder Drittligist in Deutschland, sondern ein riesengroßer Klub im Ausland: Fenerbahçe Istanbul.

Initiator der Geschichte war Harun Arslan, ein türkischer Einwanderer, der bereits 1971 im Alter von 15 Jahren mit seinen Eltern nach Hannover gekommen war. Eine Schule konnte Arslan in Deutschland nicht besuchen. Er musste Geld heranschaffen und nahm daher alle Jobs an, die er bekommen konnte. Er schuftete in Fabriken, später versuchte er sich mit einem Restaurant, und in seiner spärlichen Freizeit widmete er sich seiner großen Leidenschaft, dem Fußball. Arslan kickte bei einem im Raum Hannover legendären türkischen Amateurverein, dem 1975 gegründeten SV Damla Genc. So vergingen die Jahre mit viel Arbeit und viel Freude beim Kicken. Als er die 40 überschritten hatte und damit zu alt geworden war für das ernsthaft betriebene Spiel, kam er auf die Idee, sein Hobby zum Beruf zu machen. 1998 erwarb Arslan die FIFA-Lizenz als Spielervermittler und gründete die ARP Sportmarketing-Agentur mit Sitz in der Hannoveraner Georgstraße. Die große Frage war nun, wie er zu seinen ersten Klienten kommen könnte. Arslan nutzte den Vorteil, dass er über das Geschehen in zwei wichtigen Fußballländern gut informiert war. Im Sommer 1998 waren ihm unter anderen zwei Fakten bekannt: Fenerbahçe Istanbul suchte einen Trainer; und in Stuttgart hatte man gerade einen entlassen. Was liegt da näher, dachte sich Arslan, als einfach mal anzurufen? Den geschassten jungen Trainer, der womöglich noch gar kein ernsthaftes Angebot hat, und den Präsidenten von »Fener«, von dem er annehmen kann, dass er nicht abgeneigt ist, wenn man ihm einen deutschen Trainer empfiehlt? Denn deutsche Trainer hatten einen guten Ruf am Bosporus, seit der ehemalige Bundestrainer Jupp Derwall 1987 und 1988 mit Galatasaray zwei Meistertitel errungen hatte. Als Meister mit Galatasaray reüssiert hatten darüber hinaus Kalli Feldkamp (1993) sowie Rainer Hollmann (1994), Christoph Daum war 1995 mit Beşiktaş Meister geworden. Es war einen Versuch wert, denn zu verlieren hatte Arslan ja nichts. Dagegen jede Menge zu gewinnen. »Wenn man einen Trainer zu Fenerbahçe transferiert hat«, das wusste er, »dann ist man wer.« Jedenfalls in der Türkei.

Arslan rief also an, als Nobody ohne jeden Arbeitsnachweis in der Branche. Und es war wie im Märchen. Die Sache funktionierte, der Vertrag kam zustande. Joachim Löw, dem auch eine Anfrage von AEK Athen vorlag, reizte das Abenteuer, beim »FC Bayern der Türkei« in Istanbul zu arbeiten. Arslan war im Geschäft und um eine Weisheit reicher (»Je weniger man weiß, je mutiger agiert man«). Dazu gab es eine dicke Provision. Auch Löws Verdienst stieg einige Etagen höher: Im Vertrag war ein Gehalt von 3 Mio. DM im Jahr fixiert, dazu ein Mercedes mit Chauffeur sowie eine luxuriöse 350-qm-Wohnung mit Meerblick als Trainerresidenz.

Harun Arslans Coup war der Beginn einer bis heute andauernden Verbindung. Von Anfang an sei er beeindruckt gewesen, »mit welcher Offenheit, Klarheit und Seriosität Harun Arslan die Verhandlungen angegangen ist«, meint Löw. Auch danach, als der erste Vertrag in trockenen Tüchern war, habe er ihm geholfen, sich in Istanbul zurechtzufinden und mit der ganz anderen Mentalität vertraut zu werden. Geschäftspartner Arslans loben seine Tugenden wie »Gradlinigkeit und Verlässlichkeit«, beschreiben ihn gar als »deutscher als viele Deutsche«. Wer ihm einmal gegenübersitzt, ist freilich vor allem von seinem Charme beeindruckt, von dem intensiven und wachen Blick, mit dem er sein Gegenüber mustert, und von seinem gewinnenden Lächeln. Joachim Löw lernte denn auch vor allem die ausgeprägte emotionale Intelligenz und das enorme Fingerspitzengefühl des Wahl-Hannoveraners kennen und schätzen. Bis heute ist der Türke, der inzwischen die halbe Mannschaft von Hannover 96 und natürlich zahllose türkische Spieler betreut, sein persönlicher Berater und Karrierebegleiter. »Ich schätze Harun Arslan menschlich und fachlich außerordentlich«, beteuert der Bundestrainer Joachim Löw. »Es war und ist gut, ihn an meiner Seite zu wissen. Er gehört zu meinen besten Freunden.« Vom besten

Freund hört man umgekehrt nichts anderes. »Aus einer professionellen Geschäftsbeziehung«, sagt Arslan, »ist eine echte Freundschaft zwischen Jogi und mir geworden.«

Abenteuer Istanbul

Joachim Löw ging das Abenteuer zusammen mit dem von ihm ausgewählten Co-Trainer Frank Wormuth an. Der hatte seine Karriere gerade als Spielertrainer in Nimburg und beim FC Teningen ausklingen lassen, war wie sein Chef Jahrgang 1960 und mit ihm zusammen einst Spieler beim SC Freiburg. Die beiden Deutschen traten in eine völlig neue Fußballwelt. Am Bosporus war der Fußball – und ist er bis heute – eine Religion. Vor allem »Fener«. 25.000 Fans erschienen allein zur Saisoneröffnung, auf rund 25 Millionen Anhänger in der ganzen Türkei konnte der Klub insgesamt zählen, selbst in einer Stadt wie Ankara hielt die große Mehrheit der Fußballfans zu Fenerbahçe. Das hieß: Fast ein Drittel der Bevölkerung des Landes stand mit allem Herzblut hinter dem gelbblauen Team. Als Trainer von Fener war Löw automatisch eine der wichtigsten Personen in der Türkei, als wichtiger galten allenfalls noch der Staatspräsident und der Präsident von Fener. »Du wirst geboren als Fenerbahçe-Anhänger, und das bleibst du für immer«, erfuhr Löw und erkannte: »Druck gibt es überall, aber hier ist alles extremer.« Bereits Platz zwei würde von den Fans als Riesenenttäuschung empfunden werden, zumal in den letzten Jahren der Stadtrivale Galatasaray Meister geworden war. »Ich muss absolut erfolgreich sein«, wusste er. Und das bedeutete: die Meisterschaft holen und die Derbys gegen Galatasaray und Beşiktaş gewinnen.

Auch Präsident Aziz Yildirim machte Druck. Der ehrgeizige Geschäftsmann, der Fenerbahçe zum florierenden Wirtschaftsunternehmen und alleinigen Rekordmeister (18 Titel) formen sollte – und schließlich im Juli 2011 wegen des Verdachts von Spielmanipulationen in Haft kommen wird –, saß damals noch nicht fest im Sattel. Erst im April 1998 war der 46-jährige Yildirim nur ganz knapp in sein Amt gewählt worden und hatte sich vieler Konkurrenten zu erwehren. Der bereits zu dieser Zeit steinreiche Baulöwe lechzte nach dem maximalen Erfolg. Garantieren sollten ihn der deutsche Trainer und die Millionen aus seinem Privatvermögen, die er in die Mannschaft investierte.

Joachim Löw war hingerissen von der fremden Kultur, von den Farben, Tönen und Gerüchen des Orients, von der faszinierenden Metropole Istanbul und der unendlichen Fußballbegeisterung im Lande des Halbmonds. Er erlebte das Spiel in emotionalen Dimensionen, die mit den baden-württembergischen Verhältnissen nicht einmal ansatzweise zu vergleichen waren. »Jeder, aber wirklich jeder Türke interessiert sich für Fußball. Auch die Frauen wissen, welcher Spieler welche Rückennummer trägt. Und im Sommer wird noch nachts um zwei Uhr in der ganzen Stadt Kleinfeld-Fußball unter Flutlicht gespielt.«

Allenthalben war eine ungezügelte Passion für den Fußball zu spüren. Nach seinen ersten Erfolgen wurde er von der »unglaublichen Gastfreundschaft, Menschlichkeit und Herzlichkeit« der Türken regelrecht überwältigt: »Leute, die mich nur aus dem Fernsehen gekannt haben, auch arme Leute, haben mich zum Essen eingeladen.« Da habe man dann plötzlich mit wildfremden Leuten am Tisch gesessen und miteinander gefeiert wie im Familienkreis. Der neue Fener-Trainer wurde buchstäblich auf Händen getragen, und erstaunlicherweise konnte der im Grunde seines Wesens eher zurückhaltende Badener sehr gut damit umgehen, wenn ihn emotionalisierte Fans spontan heftig umarmten und herzten, wenn er mit Geschenken bedacht wurde oder wenn ihm stolze Väter ihre Kinder in den Arm drückten. Der in Stuttgart in seinem Auftreten so Schüchterne zeigte sich offen gegenüber diesen Bräuchen und wurde dafür noch mehr geliebt. Er ging auf die Leute zu, fasste sie an und küsste sie, wie das üblich ist, links und rechts. War dieses Verhalten echt? »Ich versuche, immer authentisch zu bleiben«, sagt Löw über sich selbst. »Mein Verhalten folgt nicht einer gewissen Strategie, ich benehme mich so, wie ich es für richtig halte und wie ich erzogen wurde.« Sein Assistent Wormuth, der nicht ganz so locker mit den örtlichen Gepflogenheiten umgehen konnte und deutlich reservierter geblieben war, bestätigt diese Selbsteinschätzung. Löw habe da nicht aus Kalkül gehandelt. »Jogi ist ein typischer Wassermann. Wassermänner machen nichts, um die Erwartungen anderer zu erfüllen. Das kam bei ihm von innen heraus.«

»Es ist unglaublich, was hier passiert«, vermeldete der beim VfB einst Geschasste den Lesern der »Stuttgarter Nachrichten«. »Wenn wir gewinnen, vergöttern uns die Leute wie ihre Heiligen.« Ein Stuttgarter Reporter berichtete im Oktober als Augenzeuge in die Heimat: »Die unendliche Verehrung bringt sein Gesicht zum Leuchten. Wenn er durch die Gassen von Istanbul oder Bursa schlendert, teilt er die Massen wie Moses das Meer. Alle wollen ihn berühren. Jeder schaut zu ihm auf.

Der Mann hat Kultstatus am Goldenen Horn.« Es tat ihm sichtlich gut, nach all den deprimierenden Erlebnissen in Stuttgart.

Aber es gab natürlich auch das krasse Gegenteil. »Die Leute hier denken nur mit dem Herzen und nicht mit dem Kopf. Es gibt nur Himmel oder Hölle – und nichts dazwischen. Nach einer Niederlage kann alles aus dem Ruder laufen.« Die überbordende Gastfreundschaft schlug oft urplötzlich um in heillose Wut. »Wenn du verlierst oder nur unentschieden spielst«, hatte er schon nach den ersten Pleiten erleben müssen, »geht dir dieselbe Hand, die dich vorher getragen hat, im übertragenen Sinne an die Gurgel.« Christoph Daum hatte ihn gewarnt: »Wenn du dort ein wichtiges Spiel verlierst, gibt's nur eins: Rollläden runter und eine Woche Dosenfutter.« Der ehemalige Galatasaray-Trainer Reinhard Saftig hatte 1995 nach einigen Niederlagen zu viel seine Spieler kaum mehr auf den Platz gebracht. Weinend und händeringend hätten sie darum gebeten, nicht mehr antreten zu müssen; und am Ende hatte er schließlich selbst bei Nacht und Nebel aus dem Land fliehen müssen.

So lernten die beiden deutschen Trainer in Istanbul neben der ausufernden Euphorie auch den türkischen Fanatismus kennen. Fahrten zu den Auswärtsspielen bei den Lokalrivalen Beşiktaş und Galatasaray glichen einem Überlebenstraining. »Als wir zu Galatasaray fuhren«, so Löw, »flogen Steine durch die Busscheiben. Da habe ich es doch mit der Angst zu tun gekriegt.« Die Türken allerdings hätten das als völlig normal empfunden. Fener benutzte mit Bedacht keinen eigenen Mannschaftsbus, sondern wechselte immer das Unternehmen. Ein anderes Mal kam die Mannschaft mit einer Niederlage im Gepäck von einem Auswärtsspiel zurück. Der gesamte Fenerbahçe-Tross wurde im Flughafengebäude zurückgehalten, weil draußen angeblich ein wütender Mob auf die Mannschaft wartete. Es stellte sich dann heraus, dass es nur ein paar versprengte Protestierer gab. Auch das gehöre zur Türkei, stellt Frank Wormuth fest: »Es wird halt gern mal ein bisschen übertrieben.«

Die allgegenwärtige Präsenz der Medien war neben der – im Positiven wie im Negativen – totalen Hingabe der Menschen an den Fußball der vielleicht größte Kulturschock. Als der neue Fener-Trainer aus dem Flieger stieg, warteten mehr als hundert Journalisten, die alle eine eigene Story wollten. Dreimal pro Woche musste er eine Pressekonferenz geben, zu jedem Training erschienen die Reporter in Massen. Wenn er in seiner Freizeit irgendwo einen Spaziergang machte, scharten sich sofort Reporter und Kamerateams um ihn, und wenn er sich ins Auto setzte, preschten ihm gleich mehrere Paparazzi hinterher. Der Informationsbedarf schien unendlich. Die Leser von Istanbuler Zeitungen erfuhren alles über das Remstal, wo Löw zuletzt gewohnt hatte, oder über den Schluchsee im Schwarzwald, als man dort das Trainingslager abhielt. Es war einfach ein Wahnsinn. Joachim Löw musste erkennen, dass er sich dem Geschehen nicht entziehen konnte, und außerdem, dass es in einem Land, in dem die auflagenstärkste Sportzeitung den Titel »Fanatik« trägt, eigentlich völlig gleichgültig ist, was man sagt. »Da gibt es kein Pardon«, so Löw. »Du lebst als Trainer von Tag zu Tag. Hier ist alles extremer.« Die Journalisten schrieben, was sie wollten. Ständig wurden irgendwelche frei erfundenen Transfers – Jeremies, Elber, Jancker, Suker, Kluivert, Karembeu – als bereits perfekt verkündet, Interviews wurden schamlos getürkt. »In den ersten Wochen hat sich Jogi noch alles übersetzen lassen, was in den Zeitungen stand«, erzählt Frank Wormuth. »Es sind Interviews mit ihm erschienen, die er gar nicht gegeben hatte. Auch wurden Aussagen verdreht oder ganz anders wiedergegeben, als er sie gemacht hatte.« Es waren Verhältnisse, wie man sie sich vorher nicht hat ausmalen können. Anfangs habe der Jogi noch versucht, das richtigzustellen, so Wormuth. »Aber nach einer Zeit war ihm das egal. Du konntest ohnehin keinen Einfluss darauf nehmen, was die Journalisten geschrieben haben.«

Als Fener noch vor dem Anpfiff der Saison in einem Vorbereitungsturnier ausgerechnet gegen die Stadtrivalen Beşiktaş und Galatasaray verlor, war das ein denkbar schlechter Auftakt. Die Sportblätter begannen zu hetzen, dabei angeheizt von den Feinden des Präsidenten Yildirim. Aber auch ohne die Intrigen der Neider im 16-köpfigen Fener-Präsidium war es schwierig genug.

Perfekte Arbeitsbedingungen

Grenzenloser Enthusiasmus, große Ungeduld, übertriebene Erwartungen, uferlose Enttäuschung, heftigste Wut – Joachim Löw erlebte die Türkei als ein Land der Extreme. Ruhe fand er nur in der von einem Sicherheitsdienst abgeschotteteten High-Society-Wohnanlage, die der Verein gemietet hatte. Dort, im asiatischen Teil Istanbuls, ganz in der Nähe des Yachthafens, wohnte er in einer schmucken Villa mit Swimmingpool. Sein Nachbar war Mustafa Dogan, in Duisburg aufgewachsener Profi mit türkischen Wurzeln und zu dieser Zeit mit einem

Vertrag beim Großklub Fenerbahçe ausgestattet. Löw sei ein sehr guter Nachbar gewesen, so Dogan. Einmal sei es bei einem Grillfest spät am Abend recht laut gewesen. Da habe Löw sich nicht beschwert, sondern er sei einfach rübergekommen und habe Kartoffelsalat mitgebracht. Man verstand sich gut, es war ein freundschaftliches Verhältnis. Am nächsten Tag aber, auf dem Trainingsplatz, gab es dennoch keine Sonderrechte für den Nachbarn. Der Chefcoach habe das sehr gut trennen können, so Dogan. Löw sei »ein Super-Fachmann«, lobte er. »Fenerbahçe bedeutet Druck. Und Löw hat das immer gut hinbekommen. Ich habe nie gesehen, dass er die Nerven verloren hat.«

Die Rahmengeschehnisse in Istanbul waren gewöhnungsbedürftig, die Arbeitsbedingungen aber waren außergewöhnlich gut, nahezu perfekt. »Fenerbahçe hat ein Klubhaus, in dem jeder Spieler sein eigenes Zimmer hat, Kraftraum, Sauna, Whirlpool, Arztzimmer, medizinische Abteilung«, klärte der deutsche Trainer das heimische Publikum auf, »die Infrastruktur ist vorzüglich.« Anders als in der Bundesliga bestand der Job der Profis hier nicht nur aus Übungen mit dem Ball. Nach dem Training wurde gemeinsam gegessen, viele verbrachten den ganzen Tag auf dem Gelände. Die Spieler nahmen ihren Beruf sehr ernst. Sie besaßen die Technik von Straßenfußballern, waren willensstark und erledigten ihre Arbeit äußerst diszipliniert. Auch die Sprachprobleme erwiesen sich nicht als gravierend. »Wenn du als Trainer im Ausland arbeitest, solltest du auch versuchen, die Sprache zu lernen«, ist Frank Wormuth überzeugt. »Aber«, so fügt er hinzu, »wir mussten damals nicht Türkisch sprechen. Die meisten Spieler haben Englisch oder Deutsch verstanden. Dazu hatten wir noch einen Dolmetscher.« So lernte man nur ein paar türkische Brocken: Weitermachen! Auf geht's! Angriff! – Devam etmek! Hadi! Saldiri!

Trotz perfekter Arbeitsbedingungen nach modernstem Standard war aber natürlich auch das Training nicht frei von kulturellen Besonderheiten. Gewöhnungsbedürfig war zum Beispiel, dass sich die Spieler, wohl aus religiösen Gründen, nie nackt duschten, sondern immer in Sport- oder Badehosen. Das erschien den deutschen Trainern kurios, es hatte aber keine fußballrelevanten Konsequenzen. Als recht hinderlich für die sportliche Entwicklung erwies sich hingegen das in der Türkei sehr stark ausgeprägte Hierarchiedenken. Nicht nur die Trainer galten als Respektspersonen, sondern auch die älteren Spieler. Deswegen fehlte ein leistungsfördernder Konkurrenzkampf: Die Jüngeren traten bereitwillig gegenüber den Älteren zurück. Dazu war die athletische Ausbildung mangelhaft. Die Spieler waren ein langsames, technisches Spiel gewöhnt, ein schnelles Umschalten von Defensive auf Offensive war nahezu unbekannt. Dazu musste Löw nach seiner ersten Begutachtung erkennen, dass der Kader nicht ausgewogen genug besetzt war. Daher habe er in den ersten Wochen acht Spieler »eliminiert«, denen er einen Leistungssprung nicht zutraute. »Acht Spieler!«, betonte der in Stuttgart immer als »zu weich« kritisierte Coach. »Es ging relativ geräuschlos, ich wollte es so.«

Die Art, wie das vor sich ging, beeindruckte Frank Wormuth nachhaltig. Löw bringe es fertig, so seine Beobachtung, »dass er einen rauswirft und es ihm noch so erklärt, dass der nicht böse ist«. Im Verlauf der Saison habe er am Beispiel des Cheftrainers immer wieder studieren können, wie Diplomatie funktioniert. Löw haue nie mit der Faust auf den Tisch, er bekämpfe und bezwinge Kritiker nicht, sondern er zähme sie. »Er lässt einen im Gespräch einfach durchs rote Tuch rennen, wenn man auf ihn zugestürzt kommt, wie ein Torero.« Irgendwann rege man sich dann ab. »Und dann geht Jogi ruhig auf den anderen ein, und am Ende haben beide einen Konsens.« Was er wirklich fühlt und denkt, könne man allerdings kaum einmal erkennen, stellt Wormuth fest. Irgendwie bleibe er immer unverbindlich, auch wenn es verbindlich wirke. Und so empfand es der damalige Co-Trainer geradezu als »Highlight«, wenn der Jogi im privaten Gespräch mal ein bisschen in sich hineinblicken ließ.

Ein tolles Jahr mit »normalem« Ende

Dem neuen Fener-»Antrenör« Löw stand nach den vielen Rauswürfen nurmehr ein ziemlich ausgedünnter Kader zur Verfügung. Ausländer konnte er nämlich nur begrenzt holen, da er nach dem türkischen Regelwerk nur vier in einem Spiel aufbieten durfte. Taugliche türkische Spieler aber gab es nur bei den großen Rivalen, und für die wäre ein Wechsel zu Fener geradezu einem Selbstmord gleichkommen. Das rigorose Durchgreifen hatte also ein großes Risiko mit sich gebracht, aber der von seinen Maßnahmen überzeugte Löw hatte es dennoch gewagt. Der Kader war schmal, aber immerhin standen ihm auch einige hochkarätige neue Spieler zur Verfügung: Der Portugiese Dimasz, der Rumäne Moldovan und sein Lieblingsspieler aus der Stuttgarter Zeit, Murat Yakin.

Der deutsche Trainer versprach den Fener-Fans zu Saisonbeginn nicht nur viele Siege, sondern auch »attraktiven, offensivorientierten Fußball«. Tatsächlich hielt er Wort. Die Mannschaft spielte nicht nur schön, sondern auch erfolgreich. Fast immer. Als Fener im September das UEFA-Cup-Heimspiel gegen Parma mit 1:0 gewann, waren die Straßen bis zum nächsten Morgen voll mit jubelnden Fans; als das Rückspiel mit 1:3 verloren ging, herrschten entsprechend Wut und Frust. Aber in der Liga lief es rund. Fenerbahçe ging als Herbstmeister in die Winterpause. Der Präsident war begeistert und bot eine Vertragsverlängerung bis zum Sommer 2000 an, die Fans waren aus dem Häuschen und pilgerten zu Tausenden zum Wintertrainingslager nach Antalya. Besonders spürbar wurde das Ausmaß der Euphorie in einer Schule, die der Trainer zusammen mit Torwart Rüstü besuchte. »Die Aula war voll mit Hunderten von Kindern. Als wir reinkamen, stiegen alle auf ihre Stühle und begannen minutenlang zu singen. Der Direktor hat sie einfach nicht ruhig gekriegt.«

Den Fußballfachmann aus Deutschland beschlich darüber allmählich ein etwas mulmiges Gefühl. »Die Stimmung überträgt sich auf die Mannschaft«, befürchtete er. »Ich muss momentan eher ein wenig auf die Euphoriebremse treten, damit sich keiner überschätzt.« Als hätte er es geahnt, folgten in der Rückrunde bittere Dämpfer. Für die Fans einer veritablen Katastrophe gleich kam im April die 1:2-Niederlage gegen Beşiktaş auf eigenem Platz. Es war viel Pech dabei. Es gab ein Handspiel im Sechzehner mit Strafstoß und Platzverweis, dazu zog sich Abwehrchef Okechukwu einen Beinbruch zu. An die Meisterschaft war nach dem Debakel praktisch nicht mehr zu denken: Bei acht noch ausstehenden Spielen hatte Fener acht Punkte Rückstand auf Galatasaray und fünf auf Beşiktaş.

Am Ende hatte das für seinen attraktiven Fußball allgemein gelobte Team noch zwei Punkte auf den neuen und alten Meister Galatasaray aufgeholt und ein genauso gutes Torverhältnis wie dieser (84:29). Aber was half alles Lob? »Wir sind am Ende eben nur Dritter geworden – da ist es hier egal, ob viel Pech dabei war.« Es war ja von vornherein klar gewesen: Das schöne Spiel war nicht mehr als eine Dreingabe, was bei Fener wie bei anderen Großvereinen mit großen Ansprüchen zuletzt allein zählte, war der Meistertitel.

So war die tolle Zeit in Istanbul bereits nach einem Jahr schon wieder vorbei. Zwei Stunden vor dem letzten Spiel kam der Dolmetscher zu den beiden deutschen Trainern und machte sie sachte darauf aufmerksam, dass dies ihr letzter Auftritt an der Seitenlinie sein würde. Nach dem Abpfiff wurde ihnen kurz und knapp mitgeteilt, dass sie nun ihre Sachen zusammenpacken und nach Hause fahren könnten. Die Entlassung kam einerseits völlig überraschend, denn schließlich waren die Verträge von Löw und Wormuth erst im Januar verlängert worden. In Anbetracht der türkischen Gepflogenheiten war sie jedoch alles andere als ungewöhnlich. Löws Vorgänger Guus Hiddink und Leo Beenhakker waren jeweils nur drei Monate im Amt gewesen. Und in der gesamten Liga waren während der Saison 1998/99 von den 18 Vereinen insgesamt 24 Trainer verschlissen worden. Durchgehalten hatten nur zwei: Fatih Terim von Galatasaray, der Meistertrainer, der später als hochemotionaler Nationaltrainer der Türkei international bekannt werden sollte, und eben Joachim Löw. Es war also schon eine gewisse Leistung, unter den verschärften Bedingungen der »Süper Lig« überhaupt so lange im Amt geblieben zu sein.

Obwohl der dritte Platz der extremen Erwartungshaltung nicht entsprochen hatte, war man im Prinzip mit der Arbeit des Trainerteams aus Deutschland keineswegs unzufrieden gewesen. Berater Harun Arslan erzählt noch heute voller Begeisterung von dem positiven Ruf, den Löw im Fenerbahçe-Anhang hinterlassen hatte. Unter ihm habe das Team den besten Fußball der vergangenen zwei Jahrzehnte gespielt. Der Fener-Präsident Yildirim sollte die Entlassung des späteren deutschen Bundestrainers sogar als größten Fehler seiner Amtszeit bezeichnen. Wenn es allein nach ihm gegangen wäre, hätte Löw vielleicht sogar weiterarbeiten können. Doch gegen den Druck seiner Konkurrenten und der Öffentlichkeit hatte Yildirim keine Chance.

Joachim Löws persönliche Bilanz fiel indes durchaus positiv aus. Er habe »viele extrem positive«, aber auch »viele extrem negative Dinge« erlebt. In der Türkei habe er erfahren, »was es heißt, sich mit einem Verein zu identifizieren«, und diese Emotionalität habe ihn nachhaltig beeindruckt. Aber auch durch die harsche Kritik nach Niederlagen habe er viel gelernt. »Dadurch habe ich ein dickeres Fell bekommen.« Er wisse heute viel genauer, so der Bundestrainer, was er sich zutrauen könne, er sei viel entschlussfreudiger geworden und zudem in der Lage, seine Machtposition auch mal auszuspielen. Vielleicht haben sich in der Türkei die Grundlagen jener »Coolness« herausgebildet, die später zu seinem Markenzeichen werden sollte. »Wenn man als Trainer die

Türkei überstanden hat«, meint jedenfalls Frank Wormuth, »steht man ein bisschen über den Dingen.«

Als Wunschkandidat in Karlsruhe

Nach dem turbulenten Jahr in Istanbul wollte Joachim Löw in seiner badischen Heimat eigentlich erst einmal entspannen und in aller Ruhe die Fülle seiner Erfahrungen verarbeiten. Dort hatte man ihn aber unterdessen noch keineswegs vergessen. Der Zweitligist Karlsruher SC, der 1998 nach elf Jahren Bundesliga-Zugehörigkeit abgestiegen war, und dann den angestrebten direkten Wiederaufstieg nicht geschafft hatte, wollte ihn unbedingt verpflichten. Der immer noch sehr junge Trainer, der sich nach seinem durchaus einträglichen Engagement bei Fenerbahçe keineswegs in finanziellen Nöten befand, zierte sich jedoch zunächst. Die Situation beim KSC, wo einst Winfried Schäfer zur Trainerikone aufgestiegen war, stellte sich äußerst unübersichtlich dar. Ob sich aus dem hochverschuldeten Zweitligisten in absehbarer Zeit ein Aufsteiger und tauglicher Erstligist würde formen lassen, war schwer einzuschätzen. Erst einmal würde es darum gehen, den totalen Absturz, das heißt den Abstieg in die Regionalliga, zu verhindern. Er lehnte das Angebot zunächst ab, ließ sich wenig später dann aber umstimmen. »Die Hartnäckigkeit, mit der Präsident Schmider und Guido Buchwald versuchten, mich zu verpflichten, war beeindruckend«, begründete er seinen Sinneswandel. Und Präsident Roland Schmider freute sich, dass er seinen »Wunschkandidaten« Ende Oktober nun doch noch zu einem Engagement im Badischen hatte überreden können.

Als Löw die Mannschaft nach dem 9. Spieltag von seinem Vorgänger Rainer Ulrich übernahm, lag sie auf dem 13. Platz. Ganze neun Punkte hatte sie bis dahin gesammelt (zwei Siege, drei Unentschieden, vier Niederlagen), der Abstand zu einem Abstiegsplatz betrug gerade mal einen Punkt. Der vom Präsidenten Schmider und dem Sportdirektor Buchwald mit einem enormen Vertrauensvorsprung ausgestattete Trainer traute sich die Aufgabe zu. »Die Situation ist prekär, aber nicht hoffnungslos«, erklärte er bei seinem Amtsantritt. »Bis zur Winterpause müssen wir genügend Abstand nach hinten haben, und dann sehen wir weiter. Mittel- und langfristig hat der KSC gute Perspektiven.«

Die Perspektiven sollten sich freilich rasch verdüstern, statt einen allmählichen Aufschwung gab es eine ungebremste Talfahrt. In den ersten sieben Spielen unter Löws Regie blieben die Profis aus dem Wildpark sieglos und holten nur vier Punkte. Ergebnis: vorletzter Tabellenplatz und bereits vier Punkte Rückstand auf einen Nichtabstiegsplatz. Joachim Löws Analyse fiel geradezu grauenerregend aus. Er sah »individuelle Fehler«, »technische Schwächen«, »Defizite im Spiel ohne Ball«, »fehlendes Selbstvertrauen«, zudem würden etliche Spieler »körperlich nicht an die Leistungsgrenze« gehen. Kurzum: Es gab Mängel in allen Bereichen: kämpferisch, läuferisch, taktisch, technisch. Wo so viele »elementare Dinge« fehlen, schloss er, müsse erstmal Basisarbeit geleistet werden.

Es werde schwer, unter diesen Umständen die Liga zu halten, bekannte der Trainer nun. Für die prekäre Situation, die inzwischen auch die Zuschauerzahlen in den Keller hatte sacken lassen, machte er vor allem das vor seiner Zeit betriebene Missmanagement verantwortlich. »Beim KSC sind in der jüngsten Vergangenheit bestimmt 20 Spieler gekommen und gegangen. Da kann keine gewachsene, harmonische Mannschaft auf dem Platz stehen.« Ständig wechselnde Köpfe in der Mannschaftsführung hatten die sportliche Misere immer dramatischer und den Schuldenberg immer höher werden lassen. Auch der aktuelle Sportdirektor Guido Buchwald stand heftig in der Kritik. Der Mann, der noch drei Jahre zuvor als Japan-Rückkehrer beinahe unter dem Trainer Löw in Stuttgart gekickt hätte – wenn der den Altstar damals nicht abgelehnt hätte –, war ein Neuling in dem Job. Seine Tauglichkeit hatte er noch nicht so recht beweisen können, jedenfalls war seine Transferpolitik bis dahin recht unglücklich ausgefallen. Eine Rettung könne nur gelingen, ließ sich der Trainer Löw zum Ende der Hinrunde vernehmen, wenn man einige Verstärkungen hole.

Freche Fragen und nur ein einziger Sieg

Angesichts der desolaten Situation musste sich der Trainer immer kritischere Fragen der Journalisten anhören. Manche waren ganz schön frech. »Sind Sie ein Fußballfachmann?«, fragte etwa der Reporter der »Heilbronner Stimme«. »Ja!«, antwortete der KSC-Trainer schlicht und musste sich die nächste Frage anhören. »Aber wie kann ein Fußballfachmann einen Kader wie den des KSC übernehmen?« Die Mannschaft sei nicht so schlecht, wie sie momentan stehe, behauptete er im Widerspruch zu seiner eigenen Analyse. »Das Potenzial für einen Platz im Mittelfeld ist sicher vorhanden.« Und er habe bereits kleine Fortschritte gesehen. Die Jungs würden versuchen, im Spiel das umzusetzen, was man im Training geübt habe. Zweifellos sehe man schwierigen Zeiten entgegen. Es gehe nun vor allem darum, die Blockaden zu lösen. Aufgeben werde er nicht, und Spekulationen, dass er sein Engagement beim KSC bereits bereue, entbehrten jeder Grundlage. »Fehler macht jeder«, sagte er, »auch ich. Aber es ist jetzt hypothetisch zu sagen, die Aufstellung von diesem oder jenem wäre besser gewesen.« Außerdem bringe es nichts, jetzt auf die Spieler auch noch öffentlich einzuschlagen.

Zu Beginn der Winterpause führte Löw intensive Einzelgespräche mit seinen Sorgenprofis. Er plante, sich von einigen »Egoisten« zu trennen, anderen kündigte er die Vorbereitungszeit als »Bewährungsprobe« an. Jeder müsse sich nun einordnen, appellierte er, damit sich endlich eine »echte Mannschaft« bilde. Neue Spieler konnte der klamme Verein allerdings nicht kaufen. Immerhin gelang es Sportdirektor Buchwald, einige junge Spieler wie den schwedischen U21-Nationalspieler Erik Edman und den Schweizer Nationalstürmer Patrick de Napoli auszuleihen, um damit den Druck auf die Arrivierten zu erhöhen. Es gelte nun, einen »knallharten Existenzkampf« zu bestehen, appellierte Joachim Löw an die Moral seiner Schützlinge. Es werde schwer, klar, aber dennoch: »Ich bin mir absolut sicher, dass wir es schaffen werden.«

Nicht besonders glücklich war es, dass er gerade in den entscheidenden Wochen Anfang Januar die Arbeit seinen Assistenten Walz und Pezzaiuoli überlassen musste, da er in dieser Zeit den ersten Abschnitt des Sonderkurses zum DFB-Fußball-Lehrer in Hennef absolvieren musste. Trotzdem zog er seinen akribisch ausgearbeiteten Trainingsplan durch, analysierte jede Einheit, bereitete die Spieler minutiös auf den nächsten Gegner vor. Es nützte nichts. Zählbare Erfolge wollten sich einfach nicht einstellen. Nach einem 1:4 gegen Borussia Mönchengladbach am 28. Februar hatte sich die Negativ-Bilanz auf elf Spiele ohne Sieg summiert. Joachim Löw zeigte sich »enttäuscht« und »verärgert«. Die Mannschaft spielte immer grauenvoller – den ersten Torschuss gegen Gladbach gab es in der 71. Minute –, ihr Trainer wirkte immer hilfloser. »Wir können uns nichts vorwerfen«, meinte er. Aber bei neun Punkten Rückstand zum rettenden Ufer musste allmählich ein Wunder her, um das Ziel Nichtabstieg zu erreichen.

Ein 1:2 beim Tabellen-Vorletzten, den Stuttgarter Kickers, bedeutete schließlich bereits am 17. Spieltag so viel wie das endgültige Aus. Beobachter wollten dabei gar einen Klassenunterschied zwischen dem Vorletzten und dem Letzten ausgemacht haben. Und Löw platzte nun der

Kragen. »Für diese Vorstellung fehlt mir das Verständnis«, wetterte der sonst immer so diplomatische Trainer. »Einige von uns können nichts, gar nichts. Die haben die Bezeichnung Profi nicht verdient.«

Er suspendierte einige Spieler, probierte es noch zehn Spiele lang, aber es gelang nur ein einziger Sieg (2:1 gegen Fortuna Köln am 19. März). Nach einer 1:3-Heimniederlage gegen Hannover 96 am 27. Spieltag hatte er schließlich genug und warf das Handtuch. Der KSC war nun Tabellen-Schlusslicht mit zwölf Punkten Rückstand auf einen Nichtabstiegsplatz. »Ich kann mir keine Vorwürfe machen. Aber ich konnte den Niedergang nicht stoppen und will für einen Neuanfang Platz machen«, erklärte Löw nach seinem Rücktritt. Seine Bilanz in nackten Zahlen: 177 Tage im Amt, 18 Punktspiele, ein einziger Sieg. Eine Abfindung wollte er nicht, weil ihm das schamlos vorgekommen wäre. »Klar, das Image leidet darunter«, meinte er. »Aber vielleicht ist dieser Misserfolg für meine persönliche Entwicklung gut.«

Hautnah dabei war damals der Schweizer Stürmer Patrick de Napoli. »Löw hat mit dem KSC das nötige Glück gefehlt«, sagt er heute. »Er hat taktisch hervorragend gearbeitet und mit uns Spielern viel gesprochen.« Und de Napoli hat den Eindruck, dass der heutige Bundestrainer tatsächlich Positives aus dem Misserfolg gezogen hat: »Löw hat in jener Saison viel gelernt, vor allem im Umgang mit den Medien und Vereinsverantwortlichen.«

Der Trainer war in diesem KSC-Katastrophenjahr 2000 nicht der Einzige, der das sinkende Schiff verlassen wollte. Präsident Roland Schmider, 26 Jahre im Amt, kündigte seinen Rücktritt zur Hauptversammlung am 2. Mai an. Es könne doch jetzt nicht jeder einfach abhauen, jammerte der wegen seiner Fehleinkäufe selbst stark in der Kritik stehende Sportdirektor Guido Buchwald. Das Training übernahm zunächst Co-Trainer Marco Pezzaiuoli, der dann bereits im nächsten Spiel einen Sieg landen konnte (1:0 gegen Cottbus), aber den programmierten Abstieg natürlich auch nicht mehr abzuwenden vermochte.

Flucht nach Adana

Beim KSC hatte den Trainer Löw ein geradezu brutaler beruflicher Misserfolg ereilt. Woran war er gescheitert? Sicher, die extrem unsolidarischen Medien hatten ihn heftig angeschossen – aber war das wirklich die Hauptursache für sein Scheitern, wie Präsident Schmider meinte? Ziemlich sicher hatte es eher daran gelegen, dass der als »risikofreudiger Analyst« titulierte Trainer einer Mannschaft anspruchsvollen Fußball hatten spielen lassen wollen, die dazu schlicht nicht in der Lage gewesen war. Einer limitierten Mannschaft, die im Abstiegskampf steht, ein vorwärtsgerichtetes Kreativspiel zu verordnen – das kann schon vom Prinzip her nicht gutgehen. Kurzum: Joachim Löw hatte zu stur an seinem Konzept festgehalten, auf Kompromisse hatte er sich nicht einlassen wollen. »Wahrscheinlich hätte ich das Team hinten reinstellen und nur noch zerstören lassen müssen«, sollte er sich mit einigem zeitlichen Abstand einsichtig geben, »ab und zu muss man auch mal einen Ball auf die Tribüne hauen.« So traurig es war – immerhin hatte er zuletzt dann doch noch etwas gelernt aus seiner persönlichen Katastrophe beim KSC: »Ich habe gelernt, dass man vielleicht als Trainer auch mal ein kleines Stückchen von der eigenen Philosophie abrücken muss.«

Der gescheiterte KSC-Retter war jetzt erstmal vom großen Trainerkarussell heruntergefallen. Der katastrophale Misserfolg in Karlsruhe hatte seinen guten Ruf, dem bis dahin selbst Entlassungen nichts hatten anhaben können, weitgehend ruiniert. Er hatte nun zwar Zeit, in aller Ruhe seine Ausbildung zum Fußball-Lehrer beim Sonderlehrgang in Hennef zu beenden. Nur: Vorerst gab es keinen irgendwie interessanten Verein, der ihn hätte beschäftigen wollen. Über ein halbes Jahr blieb er arbeitslos; lange genug, um Zweifel an einer gedeihlichen Fortsetzung seiner Karriere zu hegen. Kein Wunder also, dass der aufs Abstellgleis geratene Trainer dann Ende Dezember 2000 sofort zugriff, als ein eigentlich wenig verlockendes Angebot eintrudelte. Adana, ein Abstiegskandidat aus der türkischen Provinz. Freiwillig würde dort wohl kein Trainer von einigem Format anheuern. Es war eine Adresse nur für solche, die sich an den letzten Strohhalm klammern mussten.

Man sollte denken, dass Joachim Löw nach den irritierenden Erfahrungen in Istanbul das Trainerdasein in der Türkei hätte satthaben können. Dem war aber nicht so. Denn er wollte als Trainer weitermachen. Unbedingt. Notfalls, wenn sich nichts anderes ergab, eben auch beim wenig ruhmreichen Klub Adanaspor in der nahe der syrischen Grenze gelegenen fünftgrößten Stadt der Türkei. Wenn er einen krassen Abstiegskandidaten der »Süper Lig« retten konnte, so hoffte er wohl, würden sich wieder bessere Angebote ergeben. Die Brüder Uzan, zwei Medienmogule mit Residenz in Istanbul, waren die Chefs des zuletzt elfmal in Folge sieglosen Vereins, und sie immerhin trauten dem ehemaligen Fener-Trainer zu, das sinkende Schiff vor dem Untergang zu retten.

Joachim Löw ging den Abenteuertrip zusammen mit seinem Karlsruher Co-Trainer Armin Walz und einem eigenen Dolmetscher an, den ihm Harun Arslan vermittelt hatte: dem Berliner Adnan Akbaba, Absolvent der Sporthochschule Köln, zuletzt Trainer eines Verbandsligisten und heute Jugendleiter bei Türkiyemspor in Berlin. In Adana traf Löw auf einen weiteren Deutschen, den Torwart Sven Scheuer, ehemaliger Ersatzmann von Olli Kahn beim FC Bayern. Schließlich überredete er noch seinen ehemaligen Schützling beim VfB, Thomas Berthold, ihm in die türkische Provinz zu folgen.

Die deutsche Rettungsmannschaft startete mit drei Niederlagen, dann gab es endlich den ersten Punkt. Der Abstand zum rettenden 15. Platz betrug inzwischen fünf Zähler. Es war eigentlich noch nicht völlig aussichtslos, aber der Mäzen Cem Uzan hatte wegen Erfolglosigkeit bereits alle Zahlungen an die Spieler und Trainer eingestellt. Der Torwart Sven Scheuer packte jetzt sein Bündel, Löw drohte ebenfalls damit, den Verein zu verlassen. Schließlich flog er aber nach Istanbul, um mit Uzan zu verhandeln. »Löw ist kein Typ, der aufgibt«, kommentierte Thomas Berthold. »Und die Leute hier erkennen, dass er keine Schuld trägt, sondern dass wir Verletzungspech haben und keine personellen Alternativen zur Verfügung stehen.« Doch der Verhandlungsversuch fruchtete nicht. Zum 4. März wurde der deutsche Trainer entlassen.

»Was der Vorstand von ihm und der Mannschaft erwartete, war leider nicht realistisch«, resümiert der Dolmetscher Akbaba. »Die ersten Spiele waren nicht erfolgreich, aber man hätte ihm mehr Zeit geben müssen.« Thomas Berthold drückt es drastischer aus. »Wir waren der Willkür undurchsichtiger Geschäftsleute ausgeliefert«, meint er, »in dem Verein tobte das völlige Chaos.« Der Erfolg ließ sich denn auch danach nicht mehr erzwingen, der türkische Provinzklub stieg am Ende als 18. und Tabellenletzter ab.

Nachdem der Versuch gescheitert war, über den Umweg Adana in die Erfolgsspur zurückfinden, saß Joachim Löw nun wieder in der heimatlichen Provinz – wie zuvor ratlos und ohne Job. In Karlsruhe hatte sich sein Schicksal verdunkelt, mit seinem Scheitern in der türkischen Provinz schien er vollends ins Abseits geraten. Viel bitterer konnte es jetzt eigentlich nicht mehr kommen. »Einsam in Strümpfelbach«, beschrieb »Sonntag aktuell« seine Situation. »Es gab Tage, da habe ich schon überlegt, wie es weitergehen soll«, bekennt er. »Da sitzt du da, bist motiviert, und es passiert nichts.«

Triumph in Tirol

Desaster beim KSC, über ein halbes Jahr Arbeitslosigkeit, Chaos in Adana, dann wieder arbeitslos – man kann nicht behaupten, dass die Karriere des jungen Trainers Joachim Löw in den Jahren von 1999 bis 2001 unter einem glücklichen Stern gestanden hätte. Man mag sich vorstellen, wie sehr er aufgeatmet hat, als ihn Anfang Oktober 2001 eine Anfrage aus Innsbruck erreichte. Es war zwar kein Top-Engagement, denn Österreich mit seiner international wenig renommierten »Operettenliga« war für einen jungen Trainer nicht unbedingt das optimale Terrain, um sich weiter zu profilieren. Außerdem hatte sein Vorgänger, der beliebte österreichische Ex-Nationalspieler Kurt Jara, der als besonders clever galt – »knitz«, wie man in Tirol sagt –, mit zwei Meistertiteln in den Vorjahren hohe Maßstäbe gesetzt. Der neue Trainer aus Deutschland war also mit einer enormen Erwartungshaltung konfrontiert: Er sollte aus dem Schatten des erfolgreichen Vorgängers heraustreten und mit einem nicht von ihm zusammengestellten Team ad hoc den Titelgewinn wiederholen. Joachim Löw musste aber trotz aller möglichen Probleme – zu denen sich, was er da allerdings noch nicht absehen konnte, auch noch wirtschaftliche gesellen sollten – nicht lange überlegen. Innsbruck versprach Zukunftsoptionen: Schließlich hatte Jara von hier aus den Sprung zum Hamburger SV in die deutsche Bundesliga geschafft. Es folgte ein kurzer Termin, und am 10. Oktober, nur wenige Tage nach der Anfrage, war Joachim Löw der neue Trainer des FC Tirol.

Das nun bereits fünfte Engagement des inzwischen 41-Jährigen als Cheftrainer begann unter bedrohlichen Vorzeichen. Finanziell stand dem FC Tirol, der seine Meistertitel mit einer überteuerten Mannschaft erkauft hatte, das Wasser bis zum Hals. Präsident Martin Kerscher hatte dies zwar immer wieder dementiert und vollmundig angekündigt, den Verein mit einem revolutionären Finanzierungsmodell (»Cross-Boarder-Leasing«) zu sanieren. Erfolge freilich hatte er nicht zu verzeichnen. Sein angeblich geniales Rettungsprogramm war im Grunde nichts anderes als eine simple Kreditaufnahme, und selbst die war schließlich noch schiefgelaufen. Bei der in Florida ansässigen Firma Parker Leasing wollten die Tiroler über einen Mittelsmann einen Kredit in Höhe von rund 18 Mio. Euro aufnehmen, der innerhalb von 15 Jahren zurückgezahlt werden sollte. Geld floss dann aber nur in die »falsche« Richtung: Die Vermittlungsprovision von 850.000 Euro verschwand ebenso wie der dubiose Vermittler.

Kurz vor dem bereits von Joachim Löw begleiteten UEFA-Cup-Hinspiel beim AC Florenz warf Kerscher das Handtuch, sein Nachfolger wurde der Reifenhändler Othmar Bruckmüller, bis dahin Finanzreferent im Vorstand der Tiroler, der nun einen rigorosen Sparkurs ausrief. Da an großartige Neueinkäufe wegen der Finanzsituation nicht zu denken war, nahm Löw dem neuen Präsidenten das Versprechen ab, keinen der wichtigen Spieler zu verkaufen. Die zentralen Figuren des Teams waren der polnische Stürmer Radoslaw Gilewicz, die Innenverteidiger Michael Baur und Marco Zwyssig sowie der deutsche Mittelfeldspieler Markus Anfang. Im Tor hätte Löw gern den Ex-VfB-Keeper Marc Ziegler gesehen, doch der musste zu Austria Wien abgegeben werden, als Ausgleich für den Mittelfeldspieler Patrick Jezek, der nicht bezahlt werden konnte. So musste der Altmeister Stanislav Tschertschessow nochmal ran.

Insgesamt stand Löw eine im österreichischen Maßstab sehr gute Mannschaft zur Verfügung, der eine Titelverteidigung durchaus zuzutrauen war. Für die Tiroler Fans war diese »eh kloahr«. »Kloahr« war allerdings zunächst nur, dass man auf der obersten Etage des internationalen Fußballs nicht mitmischen durfte. Noch unter Jara war der FC Tirol in der Qualifikation zur Champions League an Lokomotive Moskau gescheitert, unter Löw schied er nun in der Vorrunde des UEFA-Cups gegen den AC Florenz aus (0:2, 2:2). Mit zwei Siegen und einem Unentschieden entsprach immerhin der Start in die Liga den Erwartungen. Der deutsche Trainer war beeindruckt von der guten Stimmung und hohen Motivation im Team. »Wir mussten wegen Nebels im 220 Kilometer entfernten Linz landen, einen Bus chartern und in einer Autobahnraststätte essen«, berichtete er über das erste Auswärtsspiel unter seiner Regie, das in Wien angesetzt war. »50 Minuten vor Spielbeginn waren wir im Stadion. Andere Mannschaften hätten das als Ausrede benutzt und rebelliert, meine Spieler sagten: Trainer, wir gewinnen trotzdem. Und wir haben 2:0 bei Admira/Wacker gewonnen.«

Bis zur Winterpause holten die Tiroler als Tabellenführer einen Vorsprung von neun Punkten heraus, wobei noch zwei Nachholspiele ausstanden. Sportlich war die Situation also äußerst zufriedenstellend, finanziell jedoch stellte sie sich zunehmend katastrophal dar. Seit Wochen standen die Gehaltszahlungen für die Spieler wie für den Trainer aus. Ende März 2002 gab es immer noch kein Geld, einige Profis drohten daraufhin mit dem sofortigen Ausstieg aus ihren Verträgen. Doch Joachim Löw hielt den Laden zusammen. »Viele haben geglaubt, dass wir unter diesen Bedingungen wanken«, stellte er befriedigt fest. »Jetzt sind sie beeindruckt, wie unbeeindruckt das Team spielt und mit 14 Punkten die Tabelle anführt.« Die Spieler gaben alles, und auch der Trainer kam nicht auf die Idee, die Brocken hinzuschmeißen. Man war auf dem Weg zum Meistertitel, und der sportliche Erfolg besaß für ihn »absolute Priorität«. Am Verhungern war er nicht, konnte er doch auf die aus seiner Istanbuler Zeit herrührenden Rücklagen zurückgreifen. Seine Ehre als Trainer zurückzugewinnen war ihm in diesem Moment weitaus wichtiger. »Es ist ein großer Reiz«, bemerkte er, »als Psychologe bei einer Mannschaft dieses Jetzt-erst-recht-Gefühl zu wecken.«

Die Rahmenbedingungen gestalteten sich nun immer skurriler. Am 23. März musste die Partie gegen Austria Salzburg wegen dichten Schneetreibens unterbrochen werden, Ordner räumten den Platz. Das moderne, kaum zwei Jahre alte Tivoli-Stadion verfügte zwar über eine Rasenheizung – aber der FC Tirol konnte die Stromrechnung nicht mehr bezahlen. »Verkaufen wir doch einfach die Rasenheizung, die brauchen wir eh nicht«, schlug der Trainer nach dem 1:0-Sieg seines Teams als Sanierungsmaßnahme vor. Aber selbst das hätte zu diesem Zeitpunkt keinen Cent gebracht, denn die Spieleinnahmen holte sich inzwischen bereits der Gerichtsvollzieher ab. Es war schon seltsam kurios: Der Verein war pleite und stand gleichzeitig schon als Meister fest. Der Vorsprung vor dem Tabellenzweiten betrug inzwischen 17 Punkte, und so war das Titelrennen bereits sechs Wochen vor Saisonende entschieden. Am Ende sollte der FC Tirol mit zehn Punkten Vorsprung vor Sturm Graz die Ziellinie passieren.

Die Pleite des Meisters

Vor dem Hintergrund des sportlichen Erfolges ging der Kampf um das finanzielle Überleben des Vereins in die letzte Runde. Anfang April schoss die Raiffeisen-Landesbank Tirol (RLB) 700.000 Euro zu, um den Liquiditätsengpass kurzfristig zu überbrücken. Der Spielbetrieb konnte damit vorläufig aufrechterhalten werden, doch zu Optimismus gab es keinen Anlass. »Es müsste ein Wunder geschehen«, kommentierte der RLB-Chef nach Durchsicht der Finanzbücher. »Der Verein benötigt dringend 15 Mio. Euro.« Doch Präsident Bruckmüller und Manager Robert Hochstaffl dementierten immer noch, dass die Insolvenz unmittelbar bevorstand. Am 6. Juni verweigerte die österreichische Bundesliga dem FC Tirol die Lizenz, der Protest des Vereins wurde am 17. Juni endgültig abgewiesen, am darauffolgenden Tag folgte, bei einem Schuldenstand von geschätzten 36 Mio. Euro, der Insolvenzantrag.

Beim Meistertrainer Löw mischte sich Bitternis in die Freude über den Titel. Die Skrupellosigkeit, der Unwille und die Inkompetenz der Verantwortlichen, die über Wochen wider besseres Wissen die Rettung des Klubs versprochen haben, hatten ihn enttäuscht und ernüchtert. In Innsbruck als Trainer des am 21. Juni neu gegründeten FC Wacker Tirol weiterzumachen kam für ihn nicht in Frage. Der neue Verein sollte in einer Spielgemeinschaft mit dem von der Firma Swarowski gesponsorten Klub WSG Wattens einen Neustart in der 3. Liga beginnen (ohne die Fusion hätte man in der letzten Spielklasse neu beginnen müssen). Löw schien es aussichtslos, unter den gegebenen Bedingungen eine Mannschaft zusammenzustellen, mit der man nach zwei Jahren wieder in der österreichischen Bundesliga würde mitmischen können. Mindestens fünf Spieler des Meisterteams hätte er halten wollen, aber dafür standen die finanziellen Mittel nicht zur Verfügung. Damit war für ihn das Thema erledigt. »Ich bin nach allen Seiten offen«, gab er vor Journalisten zugleich mit der Absage seine Bewerbung ab. Und markierte seine Bedingungen: »Aber klar ist, dass ich nicht in ein ganz fremdes Land oder zu einem kleinen Verein gehe.«

Das Nachspiel in Innsbruck sollte sich wie folgt gestalten: Die Spielgemeinschaft Wacker/Wattens erringt 2002/03 die Meisterschaft in der Regionalliga West und wird danach wieder aufgelöst. Unter dem Namen Wacker sichert sich die ehemalige Wattens-Mannschaft in der zweitklassigen 1. Liga den Meistertitel und damit den Aufstieg in die Bundesliga. Gegen alle Befürchtungen des deutschen Ex-Trainers schafft man also die schnellstmögliche Rückkehr in die Erstklassigkeit, Tirol hat nur zwei Jahre nach dem Untergang des FC Tirol wieder einen Bundesligisten. Das juristische und finanzielle Nachspiel nimmt mehr Zeit in Anspruch als das sportliche: Der Manager des FC Tirol, Robert Hochstaffl, wird am 6. Juni 2002 unter dem Vorwurf des schweren Betruges verhaftet und fünf Jahre später zu vier Jahren Haft verurteilt. Meistertrainer Löw erhält im Januar 2009 aus der Konkursmasse zehn Prozent seiner Ansprüche zugewiesen und kommentiert dies mit den Worten. »Ich hätte nie geglaubt, dass ich noch jemals Geld kriege.«

Von der Arbeitslosigkeit in die Milliardärsfalle

Im Sommer 2002 stand Joachim Löw trotz sportlichen Erfolges also wieder einmal ohne Verein da. Die Arbeitslosigkeit sollte sich diesmal, weil interessante Angebote ausblieben, länger hinziehen als jemals zuvor. In einem Artikel Ende Januar 2003 berichtete der »Kicker«, dass der in Deutschland inzwischen fast schon vergessene Trainer Angebote als Nationalcoach von Abu Dhabi und Georgien abgelehnt habe. Einige Monate später fand er dann endlich doch noch einen neuen Arbeitgeber. In Deutschland war sein Erfolg in Innsbruck nahezu unbemerkt geblieben, in Österreich aber zählte der durchaus etwas, nur waren dort die freien Stellen bei interessanten Vereinen zu dieser Zeit rar. So dauerte es bis zum 4. Juni 2003, bis dem Meistertrainer des FC Tirol endlich wieder ein neuer Job angeboten wurde: Joachim Löw unterschrieb beim aktuellen Double-Sieger Austria Wien als Nachfolger von Christoph Daum einen Zwei-Jahres-Vertrag.

Die Ausgangssituation war ganz ähnlich wie in Innsbruck: Wieder übernahm er einen Verein, der soeben Meister geworden war; und wieder fand er schwierige Rahmenbedingungen vor, diesmal nicht in Form einer herannahenden Pleite, sondern in der Person des Austria-Alleinherrschers Frank Stronach. Der austro-kanadische Milliardär engagierte sich seit Ende 1999 bei den »Violetten« aus dem Wiener Arbeiterbezirk Favoriten und wollte sie in die Champions League hieven. Seine Firma Magna, die er vom Hauptsitz in Kanada aus steuerte, war Hauptsponsor der Austria, und der Magna-Chef selbst hatte sich im Verein mittels Betriebsführungsvertrag die Kontrolle über die »Kampfmannschaft« (so heißt das in Österreich) übernommen. Stronach, der zur selben Zeit auch Präsident der österreichischen Fußball-Bundesliga war und eine Fußballakademie zur Ausbildung von Nachwuchsfußballern betrieb, bekleidete also kein offizielles Amt bei der Austria, hatte aber in allen Belangen das Sagen. Seine bisherige Bilanz: rund 100 Mio. Euro Investitionsvolumen, 54 Spielerverpflichtungen, acht Trainer angeheuert und wieder gefeuert, deren Verweildauer sich in einem Rahmen von 27 Tagen und maximal acht Monaten (Christoph Daum) bewegt hatte.

Der neunte Trainer der Ära Stronach fand viel unerledigte Arbeit vor. »Hier stehen fast 40 Spieler unter Vertrag, die zum Teil ausgeliehen sind und zurückkommen«, stellte er fest. »Man muss einen Schnitt machen: Qualität statt Quantität.« Außerdem gelte es, »eine Vereinsphilosophie zu entwickeln. Man muss eine Kontinuität reinbringen, so dass eine Mannschaft da ist, mit der sich der Fan identifizieren kann.« Es war ein buntgemischter Haufen, den es nun zu struktieren galt. Da gab es die Neuen wie den bei den Fans umstrittenen – weil vom Konkurrenten Sturm Graz geholten – Ivica Vastic sowie die Bundesliga-Auslaufmodelle Frank Verlaat und Sean Dundee. Als weitere Spieler standen Löw Tirols Ex-Sturmführer Radoslav Gilewicz, der nigerianische Verteidiger Rabiu Afolabi und der norwegische Torjäger Sigurd Rushfeldt zur Verfügung.

Die Mannschaft war überaltert, es gab zu viele allenfalls durchschnittliche Spieler, die Stimmung im Team war schlecht, das Umfeld der Austria galt als ein »intrigantes Biotop«. Trotzdem gab sich Löw zuversichtlich: »Wir wollen den Titel natürlich bestätigen.« Und er legte los, um im Schnellverfahren eine leistungsförderliche Atmosphäre herzustellen. Im Rahmen eines Streitgesprächs, in dem knallhart Klartext geredet wurde, versuchte er den egozentrischen Möchtegern-Stars ein entsprechendes Sozialverhalten einzuimpfen. Die Aufgabe sei reizvoll, behauptete er frohen Mutes, und auch wenn es im Umfeld »gewisse Strömungen« gebe, die seine Arbeit nicht erleichtern würden, sei er optimistisch, alles in den Griff zu bekommen.

Der Auftakt entsprach den hochgesteckten Erwartungen des Kampfmannschaft-Betriebsführers Stronach freilich keineswegs. Unter seinem neuen Trainer scheiterte der 22-malige österreichische Meister Austria Wien im August in der Qualifikation zur Champions League mit 0:1 und 0:0 an Olympique Marseille. Nun galt es, in der Vorrunde des UEFA-Cups die Borussia aus Dortmund zu besiegen. Doch erneut gab es den sofortigen K.o. nach zwei recht mageren Vorstellungen (1:2, 0:1). In der Liga lief es hingegen gut, die Austria lag lange auf Platz zwei und eroberte am 19. Spieltag sogar die Tabellenspitze. Nach einer 0:2-Niederlage beim Tabellenletzten FC Kärnten am 21. März aber krachte es heftig. Zwar lagen die »Violetten« zusammen mit dem punktgleichen Grazer AK noch immer in Führung, doch der Vereinschef Stronach, der soeben mal wieder aus Kanada eingeflogen war, hatte das Vertrauen in den Trainer bereits verloren. »Er hat ein Jahr Zeit gehabt«, bewertete er mit spürbarer Unzufriedenheit das zu diesem Zeitpunkt knapp zehn Monate währende Engagement Löws, »aber er hat uns nicht weitergebracht.« War es schon schlimm genug, dass er dem Milliardär regelmäßig telefonisch hatte Bericht erstatten müssen, so war das neueste Ansinnen des Magna-Magnaten schlicht nicht mehr tolerierbar. Künftig, so verkündete Stronach, solle der Sportdirektor Günter Kronsteiner die Austria führen – mit einem hinsichtlich Aufstellung und Taktik weisungsgebundenen Übungsleiter. Wenn er diese Bedingung akzeptiere, so Stronach weiter, könne dieser Übungsleiter auch Löw heißen; falls er sie jedoch nicht akzeptiere, werde er entlassen. Joachim Löw wollte sich nicht zum Weisungsempfänger degradieren lassen. »Gut«, sagte er, »dann gibt es eine Entlassung.« Denn: »Alle Entscheidungen trifft am Ende des Tages nur der Cheftrainer.«

Immer wenn Stronach in Wien weilt, wurde schon lange hinter vorgehaltener Hand getuschelt, gebe es eine Trainerentlassung. Erfolgreich war diese nicht, der Wiener Traditionsklub landete am Ende auf dem zweiten Platz hinter dem Grazer AK. Die weitere Entwicklung sollte so aussehen: Die Austria schafft mit Stronach 2006 noch einmal eine Meisterschaft, anschließend steigt der Magna-Chef aus, gründet mit der Profilizenz des SC Schwanenstadt den FC Magna Wiener Neustadt, der seit der Saison 2008/09 in der österreichischen 1. Liga spielt und seitdem den Erfolg herbeizwingen will.

Und Joachim Löw? Der konnte sich einerseits auf die Schulter klopfen, weil er gradlinig und kompromisslos geblieben war, andererseits aber war er nach wenigen Monaten schon wieder in der ihm inzwischen sattsam bekannten Situation des arbeitslosen Trainers ohne konkrete Perspektive. Hätte er also nicht doch ein wenig kompromissbereiter sein sollen? Nein, sollte er Jahre später im Rückblick bekennen, er sei froh darüber, dass er sich damals nicht hatte verbiegen lassen. Für einen, der sich zum Zeitpunkt dieser Aussage schon längst als beliebter und erfolgreicher deutscher Bundestrainer etabliert und sich ein ziemlich luxuriöses Trainerparadies geschaffen hatte, sagt sich das dann natürlich leicht. Im Moment seiner Entlassung in Wien jedoch, im Frühjahr 2003, sah seine Zwischenbilanz nicht gerade rosig aus. Die einzigen Erfolge, die in der großen Fußballwelt richtig ernstgenommen wurden, hatte er beim VfB Stuttgart erzielt: Pokalsieg, Qualifikation für das europäische Pokalsieger-Finale, zweimal Tabellenvierter in der Bundesliga. Dazu noch ein Meistertitel mit dem FC Tirol – aber das war eben nur ein Ösi-

Titel, der zum Trainer-Renommée praktisch nichts beitragen konnte, weniger noch als ein dritter Platz mit Fenerbahçe in der türkischen Liga. Ansonsten standen in seiner Vita fünf vorzeitig beendete Engagements und ein Abstieg aus der 2. Liga. Das war nicht eben geeignet, um mit einer Bewerbung bei namhaften Vereinen Erfolg zu haben.

Hausieren gehen konnte er eigentlich nur mit seiner Fußballphilosophie, die er phasenweise in Stuttgart und Istanbul hatte umsetzen können: Da hatten seine Teams einen attraktiven und teils sogar brillanten Offensivfußball geboten. Von seinem Traum allerdings, ein Team zu bauen, das nicht nur siegen und in der europäischen Spitze mithalten kann, sondern zugleich mit durchdachtem und schwungvollem Spiel überzeugt, war er jetzt extrem weit entfernt; viel weiter noch als zu Beginn seiner Trainerkarriere. Ein Ottmar Hitzfeld, der 2001 mit Bayern München die Champions League gewonnen hatte, oder ein Klaus Toppmöller, der 2002 mit Leverkusen erst im Finale an Real Madrid gescheitert war, bewegten sich als Trainer in einer ganz anderen Dimension. Obwohl er alles andere als ein Großer in der Branche war, blieb Joachim Löw aber dennoch von seinen Ideen und Ansichten überzeugt. Das, was deutsche Teams im Europapokal boten, war seiner Meinung nach – trotz der augenblicklichen Erfolge – fußballerisch keineswegs das Nonplusultra und weit entfernt vom anzustrebenden taktischen und spielerischen Höchstniveau. Die Spitzenvereine in anderen Ländern – in Italien, England, Spanien und Frankreich vor allem – waren seiner Erfahrung nach in der theoretischen und praktischen Durchdringung des Spiels der deutschen Bundesliga um einiges voraus. Von ihnen galt es zu lernen.

EINWURF

Der Blick über den Tellerrand und die Datenbank

Trainer-Praktika gehören heute zum guten Ton. Fast alle Bundesligatrainer haben mal im Ausland hospitiert, besonders eifrig etwa Mirko Slomka oder Ralf Rangnick. »Offenbar gehen alle zu Arséne Wenger und fühlen sich hinterher alle als kleine Wengers«, erzählt der Meistertrainer Felix Magath, der damit allerdings keine bemerkenswerten Erfahrungen machen konnte. »Ich gebe zu: Ich bin auch zu Wenger gegangen, auch beim FC Liverpool bin ich gewesen. Und als ich zurückgekommen bin und nachgedacht habe, was es gebracht hat: nichts.« Den meisten aber geht es anders, und auch Joachim Löw möchte seine Erfahrungen als Praktikant nicht missen. Seine Auszeiten, zumal die vielen Monate als arbeitsloser Trainer, hat er immer wieder dazu genutzt, sich Anregungen zu holen. So habe er zwar, wie er heute meint, nach dem Aus bei Austria Wien »keine großen Pläne« gehabt. Aber er habe eben auch nicht daumendrehend auf die nächste Chance warten, sondern die Pause als Chance zur Weiterbildung nutzen wollen.

Schon sehr früh beobachtete der spätere Bundestrainer beispielsweise italienische Jugendspieler beim Training. Seine Erkenntnis: »Die sind gewohnt, viel mehr taktische Disziplin zu leisten als in Deutschland. Die machen das sehr schematisch, manchmal über Stunden, wenn sie sich in der Formation aufstellen, die Bälle zuwerfen und mit Seilen verschieben. Die haben für Fußballtaktik eine ganz andere Sensibilität.« Er hospitierte in den Niederlanden bei Kerkrade und Ajax, nach dem Aus beim FC Tirol zog es ihn nach Südeuropa, um die dort üblichen Trainingskonzepte zu studieren. In San Sebastian schaute er Raynald Denoueix über die Schulter, vormals Trainer bei der Jugendakademie in Nantes und Entdecker der späteren Weltmeister Deschamps und Desailly. In Bilbao informierte er sich über die Trainingsmethoden von Jupp Heynckes. Auch beim FC Barcelona schaute er vorbei, wo zu dieser Zeit Radomir Antic, der spätere Nationaltrainer Serbiens, als Cheftrainer tätig war, und beim FC Porto, wo der damals noch nicht so berühmte José Mourinho das Zepter schwang. Porto wurde in dieser Saison 2002/03 Meister und sollte im Jahr darauf die Champions

League gewinnen. Löw konnte also beurteilen, auf welchen Methoden Mourinhos Erfolg beruhte.

Erzwungene Auszeiten, erkannte Löw, können für die Entwicklung eines Trainers sehr wichtig sein. Denn bei einem Verein steckt man andauernd in der Knochenmühle des Ligabetriebs, es fehlen die Zeit und die Muße für eine Weiterentwicklung. Die vielen Erfahrungen als Hospitant im Ausland taten ihm gut, er konnte viel über das Spiel lernen. Auch als Assistent bei der Nationalmannschaft wird er reichlich Gelegenheit finden, sich Anregungen für die konzeptionelle Arbeit zu holen: »Mit dem Einstieg bei der Nationalmannschaft konnte ich mich aus dem Tagesgeschäft herausziehen und aus der Vogelperspektive auf den Fußball schauen.« Löws Motto: Wer den Job des Trainers ernst nimmt, darf mit dem Lernen nie aufhören. »Auch ich kann in einigen Bereichen sicher noch dazulernen«, wird er konsequenterweise unmittelbar nach seiner Ernennung zum Bundestrainer bekennen. Ständige Fortbildungen, etwa bei Spitzenklubs wie dem FC Arsenal, dem Aushängeschild des One-Touch-Fußballs, oder dem FC Chelsea, dem Vorreiter in Sachen Tempo- und Powerspiel, seien sehr wichtig. »Dass ich von Arsène Wenger und vom FC Barcelona gelernt habe, hat viel zu meiner Entwicklung beigetragen und mein Bild vom Fußball vervollständigt.«

Immer wieder bestätigte sich als wichtigste Erkenntnis: Alle Spitzenklubs trainieren unermüdlich spielgerechte Situationen. Bei Chelsea, Arsenal oder Manchester werden die im Spiel abzurufenden Abläufe »im Training permanent bei unglaublich hohem Tempo wiederholt – bis diese Dinge in Fleisch und Blut übergehen«. Oder Barcelona. Hier, wo bis heute in der berühmten Jugendakademie »La Masia« die weltweit beste Nachwuchsarbeit geleistet wird, war der Hospitant Löw fasziniert von der bewundernswerten Konsequenz in den Trainingsabläufen. Als er dort zu Gast war, stand über Tage immer wieder dieselbe Übung an: »Ein Abwehrspieler spielt einen 20-Meter-Flachpass ins Mittelfeld, ein Mittelfeldspieler nimmt den Ball an, aber natürlich nicht mit dem Rücken zum Tor, und spielt ihn direkt weiter in die Spitze, scharf und flach. Der Stürmer nimmt den Ball an, macht eine Finte und schießt. Wenn diese Aktion abgeschlossen ist, geht's hinten wieder los, und das machen die hundertmal. Hundertmal. Und im Spiel kommt der Ball dann eben nicht auf die Brust oder ans Knie, sondern eben flach.«

Beim FC Barcelona, so Löw, habe er gelernt, wie wichtig es ist, bei der Trainingsarbeit an den grundlegenden Dingen konsequent dranzubleiben. Als er während der Saison 2011/12 wieder einmal beim FC Barcelona vorbeischaute, konnte er die Ergebnisse exzellenter Nachwuchsarbeit sogar schon in einem Spiel der U11 (!) beobachten: »Sie spielen schnell, bewegen sich gut ohne Ball, kombinieren gut, passen immer auf den richtigen Fuß, da stimmen die Details. Hervorragend!«

An Arsène Wenger bewunderte er vor allem dessen Gespür für die Entwicklungsfähigkeit von Talenten. Begabung im Umgang mit dem Ball allein reiche nicht aus, der Charakter sei noch wichtiger. »Wenger hat mal zu mir gesagt, er hätte alle Titel nur mit intelligenten Mannschaften gewonnen. Er meinte damit eine Intelligenz im Sinne von Interesse am Fußball, Offenheit für Neues und die Bereitschaft zu gutem Lebenswandel.« Weil er diejenigen herausfiltern und führen könne, die in diesem Sinne lernfähig sind, sei er wie kaum ein anderer Trainer in der Lage, junge Spieler besser zu machen.

Inzwischen ist Joachim Löw selbst ein begehrtes Studienobjekt von Hospitanten. So war etwa der ehemalige FC-Tirol-Abwehrspieler Walter Kogler, der unter Löw 2002 österreichischer Meister geworden war, für den Erwerb der UEFA-Pro-Lizenz bei der deutschen Nationalmannschaft zu Gast. Wie schon damals als Spieler in Innsbruck zeigte er sich auch jetzt wieder vom Trainer Löw begeistert. »Wie er motivieren kann, welche Weitsicht er konzeptionell hat, wie gut strukturiert bei ihm alles aufgebaut ist«, das sei schon beeindruckend, berichtete Kogler über seine Erfahrungen.

Die Ideensammler unterwegs

»Ich denke, dass es eine unserer Stärken ist, die Lampe etwas höher zu hängen und zu schauen, was im Weltfußball passiert« – mit diesen Worten flankierte Löw-Assistent Hansi Flick im Januar 2011 die vom Bundestrainer seit Jahren vorgetragenen Ansichten. »Das ist nichts anderes als in einer Firma, die den Markt sondiert und schaut, wohin die Entwicklung geht.« Chefscout Siegenthaler auf Erkundungstour bei der Afrikameisterschaft, in Südamerika und in den Nachwuchszentren Frankreichs, Assistent Flick als Hospitant bei Spitzenklubs in England und Spanien – das DFB-Trainerteam ist ständig unterwegs, um von überall her Eindrücke, Ideen und Konzepte zu sammeln.

Bis heute ist zumeist Siegenthaler derjenige, der als »globaler« Ideengeber auftritt. Durch die Weitsicht, die er auf seinen Reisen bei Spielen und am Rand der Trainingsplätze von Topteams in aller Welt erworben hat, sei er ein enorm wichtiger Faktor im Gesamtkonzept, betont Löw, »unersetzlich für unsere gesamte Entwicklung«. Viele seiner Anregungen und Tipps flössen in die Trainingsgestaltung ein. Die pure Kopie von Erfolg, mahnt Siegenthaler freilich, sei für die eigene Entwicklung eher hemmend. Wenn Barcelona etwa mit drei Stürmern erfolgreich ist, müsse man dem nicht unbedingt hinterherrennen. Es komme vielmehr darauf an, Anregungen in der für das eigene Team angemessenen Weise zu nutzen.

Die meisten Ideen für das eigene Spiel holte man sich bisher in der englischen Premier League. Manchmal ergab sich eine Anregung quasi nebenbei. Im April 2010 war das gesamte Trainerteam zur Ballack-Beobachtung beim Premier-League-Spiel Chelsea gegen Stoke City zu Gast. Man sah ein grandioses 7:0 und war beeindruckt. Chelsea hatte selbst dann, als das Spiel praktisch entschieden war, nicht aufgehört, Druck zu machen. Dies war genau jenes leidenschaftliche Spielethos, wie man es gerne auch bei der Nationalmannschaft sehen wollte. Joachim Löw wird daraus einen Slogan für sein WM-Team von 2010 entwickeln: Fußball spielen und nicht verwalten.

Aber die Spielbeobachtung blieb nicht die einzige Anregungsquelle. So fand man im Ausland etwa auch für die Idee einer professionellen Rundum-Betreuung der jungen Nationalspieler vorbildhafte Lösungen. Nicht nur in der technisch-taktischen Betreuung seien viele Klubs der Bundesliga voraus, konstatierte Löw im Sommer 2007, sondern auch »in der emotionalen Ausbildung«. Da würden, etwa bei Arsenal, bereits die 15- bis 17-Jährigen in ihrer intellektuellen und sozialen Entwicklung ganz gezielt gefördert. »Da gibt es Intelligenztests, Persönlichkeitsschulungen. Da wird ein Spieler systematisch aufgebaut. In allen Bereichen. Das geht hin bis zur Karriereplanung.« Auch diese Beobachtung sollte Löw in einen Slogan umsetzen: Jeder Spieler muss seine eigene Firma werden.

Schließlich und nicht zuletzt konnte man sich in Sachen Verbandsorganisation etwas abschauen. Etwa bei der Fédération Francaise de Football. Die Franzosen hatten bereits 1988 eine der Lieblingsideen von Löw und seinem Trainerteam verwirklicht: nämlich ein nationales Trainingszentrum, in dem alle Auswahlteams ganztägig und damit effizient ausgebildet und betreut werden können. Die Generation um Zinedine Zidane, die Weltmeister von 1998, hatten sicherlich nicht unwesentlich davon profitiert. Beim DFB griff man die Idee eines zentralen Stützpunktes etwas zögerlich auf, erst Ende 2008 besuchte eine deutsche Delegation das »Centre Technique National« des französischen Fußballverbandes im 50 Kilometer südwestlich von Paris gelegenen Clairefontaine. »Die Franzosen machen eine sehr gute Ausbildung und haben eine klare Philosophie im gesamten Verband«, betont Joachim Löw und unterstützt den Nationalmannschaftsmanager Oliver Bierhoff in seinem Bestreben, es den Franzosen nachzutun. Beim DFB war man von der Idee lange Zeit nicht begeistert, denn schließlich konnte man 22 Sportschulen nutzen, darunter so bekannte wie Hennef, Malente und Kaiserau. Aber vielleicht wird es ja doch noch etwas mit dem nationalen Leistungszentrum, in dem man alle Kräfte bündeln kann. Es existiert inzwischen bereits ein Modell für Duisburg-Wedau – mit vier, fünf Trainingsplätzen, Übernachtungsmöglichkeiten für bis zu 70 Personen und ausgestattet mit modernster Technologie –, von dem man sich in der DFB-Spitze im Prinzip durchaus angetan zeigt.

Die Wahrheit der Daten

Während seiner Forschungsaufenthalte im Ausland konnte Joachim Löw nicht nur zahlreiche praktische Erfahrungen sammeln, sondern überdies die Vorteile eines wissenschaftlich und statistisch gestützten Trainings studieren. Für die innovativsten Trainer war der Laptop zur taktischen Vorbereitung und Verfeinerung genauso unverzichtbar geworden wie einst für den alten Schleifer die Trillerpfeife. Denn je besser man die eigenen Fähigkeiten und die des Gegners kennt, desto zielgerichteter kann man die vielversprechendste Aufstellung wählen und sich taktisch entsprechend auf den nächsten Gegner einstellen. In den ausländischen Topligen wurden bereits zu einem Zeitpunkt digitale Spielanalysen erstellt, als man bei vielen deutschen Vereinen in der Taktik-Lehrstunde gerade mal von Schiefertafeln auf Flipcharts umgestellt hatte. Im Laufe der 1990er Jahre waren auf dem Markt der Spielanalyse immer mehr Firmen tätig geworden, die eine taugliche Software anbieten konnten. Etwa das 1995 in Nizza gegründete Unternehmen Sport Universal Process, das heute Hauptgesellschafter des 2001 in Düsseldorf gestarteten deutschen Marktführers MasterCoach ist, oder die 1996 in London gegründete Firma Opta Sports, deren Dienste die DFL nutzt.

Schalke 04, Hertha BSC oder auch Rapid Wien (mit dem Trainer Lothar Matthäus!) orderten 2001 von MasterCoach das Spielanalysesystem »Enterprise«. Auch die Nationalelf der Schweiz bediente sich zur EM 2004 der Hilfe von MasterCoach. Genutzt hat es den von Köbi Kuhn trainierten Schweizern freilich nicht viel. Sie erreichten in drei Spielen lediglich ein Unentschieden und schieden als Gruppenletzter bereits nach der Vorrunde aus. Im Jahr 2005 entschied sich schließlich auch der DFB für eine Zusammenarbeit mit der Düsseldorfer Firma MasterCoach. Der Analyst Christofer Clemens, zuvor bereits für die Schweizer tätig, wurde ins Team von Chefscout Siegenthaler übernommen. Das Trainerteam wurde mit einem mobilen Analysesystem namens »PosiCap« ausgerüstet. Wichtigstes Instrument aber war die bis heute in Nachfolge-Versionen genutzte Analyse-Software »AmiscoPro«. Mittels spezieller Kameras werden da zum Beispiel Laufwege, Standardsituationen sowie individuelle Stärken und Schwächen aufgezeichnet. Mit Hilfe des Programms können zudem aussagekräftige Filmsequenzen aufbereitet oder bestimmte Aspekte mit grafischen Darstellungen verdeutlicht werden. Beispielsweise kann man sich mit der sogenannten »Heatmap«, in Rotstufen gefärbten Hitzefeldern, den Bewegungsradius der Spieler anzeigen lassen.

Ende 2006 wurde der Aufbau einer umfassenden Datenbank – mit Statistiken, Grafiken und Videosequenzen – der Nationalspieler und künftigen Nationalspieler bis hin zur U15 durch den Löw-Assistenten Hansi Flick in Angriff genommen. Erfasst werden seitdem nicht nur die Laktatwerte und medizinische Daten, sondern auch die Ergebnisse in Leistungstests – Schnelligkeit, Ausdauer, Kraft, Koordination sowie die Entwicklung der Vielseitigkeit und die Fortschritte im technisch-taktischen Anforderungsbereich – kurz: der gesamte Werdegang. »Wir wollen nicht nur über den ersten und zweiten Mann auf einer Position alles wissen«, so Flick, »sondern auch über den dritten und vierten.« Flick gilt als der Computerfreak in der Führungsebene der DFB-Auswahl und betreibt seine Aufgabe, die auch die Erstellung von speziellen Übungs-DVDs beinhaltet, mit großem Eifer. »Ich bin der Meinung, dass man möglichst alles wissen sollte«, sagt er. »Fußball ist das komplexeste Spiel, das es gibt. Du hast 22 Mann auf dem Platz, jeder mit seinen eigenen Problemen, Stärken und Schwächen. Von daher ist Fußball unglaublich schwer vorhersehbar.« Je mehr man also weiß, so der Schluss, desto mehr lässt sich das Unbekannte und Unwägbare reduzieren.

Seit Anfang 2009 ist das System für alle DFB-Trainer nutzbar. Sie können nun auf sämtliche nur denkbaren Informationen zurückgreifen, die zudem ständig aktualisiert werden. Der Bundestrainer erhofft sich von diesem Analyseinstrument objektive Antworten auf nahezu all seine Fragen: »Was muss ein Jugend-Nationalspieler mitbringen, um später Nationalspieler zu werden? Wie ist das Anforderungsprofil? Oder: Welche Fähigkeiten braucht ein Stürmer, damit er den Sprung schafft?«

Die Fragen zeigen, dass eine Datenbank, in der nur die DFB-Spieler allein erfasst sind, nicht viel nützen würde. Um einen Maßstab zu haben, muss man auch wissen, was in bestimmten Bereichen die internationalen Spitzenstandards sind. Auch hierfür kann man natürlich die Datendienste der professionellen Anbieter nutzen. Es sei keine optische Täuschung, dass in England schneller gespielt werde als in der Bundesliga, konnte Löw dann beispielsweise die deutschen Vereine mahnen – und sogleich belegen, dass in der Saison 2008/09 die Stürmer in der englischen Liga 700 bis 800 Meter mehr pro Spiel gelaufen waren und zudem bis zu 15 Spurts mehr pro Spiel durchzogen hatten als die Stürmer der Bundesliga. Um aussagekräftige Daten zu bekommen, hätte das deutsche Trainerteam im April 2011 also nicht unbedingt zur Live-Beobachtung des FC Chelsea nach England fliegen müssen. Der emotional gefärbte Blick auf das »echte« Spiel ist jedoch offensichtlich selbst im digitalen Zeitalter noch nicht überflüssig geworden: Denn da nicht alles in Daten aufgeschlüsselt werden kann, mag selbst der innovativste Trainer nicht auf den unmittelbaren und intensiven Live-Gesamteindruck verzichten.

KAPITEL 5

Der WM-Sieg als Projekt
oder: Der Revolutionär Klinsmann
und sein Fußball-Lehrer

Im Sommer 2004, nach dem Vorrunden-Aus bei der EM und der Abdankung des Volkshelden Rudi Völler, lag Fußball-Deutschland am Boden. Der Blick in die jüngere Vergangenheit war enttäuschend, die Analyse der Gegenwart deprimierend, die Hoffnung auf eine rosige Zukunft praktisch nicht vorhanden. Der Blick in die Vergangenheit: Seit fünf Jahren hatte es keinen Sieg mehr gegen einen der Großen gegeben, gegen England, Frankreich, Italien, Brasilien, Argentinien, Niederlande. Die Analyse der Gegenwart: In der Weltrangliste jenseits von Platz zehn, in punkto Fitness hatte man den Vorsprung gegenüber anderen Ländern eingebüßt, technisch waren die Nationalspieler limitiert, mit Ballack hatte man gerade mal einen einzigen Spieler mit Weltklasseniveau, in taktischer Hinsicht war man völlig abgehängt. Fehlanzeige Zukunftshoffnung: Neue Talente zeichneten sich kaum ab, da viel zu wenig junge deutsche Spieler in der Bundesliga zum Einsatz kamen und die seit 2001 eingeleiteten Förderungsmaßnahmen im Nachwuchsbereich in den nächsten Jahren für den Profibereich noch nicht relevant sein konnten. Es war ein schlimmer Sommer, in dem es eine desorientierte »Trainerfindungskommission« des DFB nicht einmal zu schaffen schien, einen neuen Bundestrainer zu installieren.

In diesem Sommer des Jahres 2004 also, als alles darniederlag und beim DFB das große Chaos herrschte, war der ehemalige Bundestrainer Berti Vogts mit seinem Sohn Justin in Kalifornien mit dem Camper unterwegs. »Wir haben Jürgen Klinsmann besucht und eine ganze Nacht lang Gespräche geführt«, so Vogts. Der frühere Bundes-Berti war begeistert von den vielen Ideen, die Klinsmann dabei entwickelte. Als das Thema Nationalmannschaft auf den Tisch kam, fragte Vogts seinen ehemaligen Nationalmittelstürmer: »Kannst du dir nicht vorstellen, Bundestrainer zu werden?« Klinsmann antwortete: »Vorstellen schon. Aber dazu müsste sich vieles ändern.« Am Morgen danach rief Vogts DFB-Generalsekretär Horst R. Schmidt an und erklärte ihm, »wie wichtig Jürgen für den DFB werden könnte, wenn man sich mit seinen fußballerischen Ideen auseinandersetzen würde«. Schmidt war angetan. Schließlich wurde vereinbart, dass sich Schmidt und DFB-Präsident Mayer-Vorfelder zwei Tage später in New York mit Klinsmann treffen sollten, um die Sache zu besprechen. Klinsmann erarbeitete bis dahin zusammen mit Warren Mersereau und Mick Hoban, deren Sportmarketing-Firma »Soccer Solutions« er sich drei Jahre zuvor angeschlossen hatte, einen Anforderungskatalog. »Die beiden Herren haben gemerkt«, berichtete Klinsmann dann über das Treffen in New York, »der Klinsmann ist sehr, sehr gut vorbereitet auf dieses Gespräch. Ich habe ihnen ein Konzept überreicht, wie ich mir so eine Arbeit grob vorstellen könnte. Die Frage des Geldes war Nebensache, die war in einer Stunde erledigt. Mir ging es um Inhalte, den Kompetenzbereich, die Zusicherung, Leute nach meiner Vorstellung ins Boot holen zu können.« Hätten sich die beiden seinen Vorstellungen verschlossen, hätte er den Job sicher nicht übernommen, erklärte er. Die beiden verschlossen sich nicht. Sie zeigten sich zwar etwas verwundert, aber zugleich auch sehr offen gegenüber seinen Wünschen, denn sie waren froh, endlich einen vorzeigbaren Kandidaten gefunden zu haben; einen Kandidaten zudem, dessen Euphorie geradezu ansteckend war.

Am Mittwoch, den 28. Juli 2004, 35 Tage nach dem Rücktritt von Rudi Völler und einen Tag vor seinem 40. Geburtstag, wurde Jürgen Klinsmann in Frankfurt als neuer Bundestrainer vorgestellt. Sein Ziel sei es, erklärte er den staunenden Pressevertretern, bei der Heim-WM in zwei Jahren Weltmeister zu werden. »Es gab nur eine logische Zielsetzung«, begründete er später sein forsches Vorgehen. In jedem Management-Konzept sei es üblich, am Anfang Visionen zu formulieren. Die Klinsmann'sche »Mission« (englisch ausgesprochen) war also klar, nun mussten noch die Schritte eingeleitet werden, und auch dafür hatte der im Gebrauch von Anglizismen versierte Neo-Kalifornier weitere »Messages« in petto. Man müsse, meinte er, den DFB von seinen Verkrustungen befreien und eine radikale Umstrukturierung in Gang bringen. »Im Prinzip«, spitzte er seine Ansichten zu, »muss man den ganzen Laden auseinandernehmen.« Der Verband befand sich seiner Ansicht nach in einer Art Lähmungszustand und drohte an seinen überholten und unbeweglichen Strukturen schier an sich selbst zu ersticken. Altes wegräumen und zugleich Neues einführen, lautete seine Devise, eine Entschlackung und Reformierung des DFB sei unabdingbar, wenn man das große Ziel erreichen wolle.

An Selbstzweifeln litt der Welt- und Europameister, der seine Karriere in Stuttgart begonnen hatte, bei seinen zahlreichen Stationen im Ausland (Inter Mailand, AS Monaco, Tottenham Hotspur) Weltläufigkeit gewonnen und nun mit seiner Frau Debbie und zwei Kindern südlich von Los Angeles Quartier bezogen hatte, nicht im Mindesten. Er fühle sich der Aufgabe »absolut gewachsen«, er sei vertraut mit den Bedürfnissen der jungen Spieler und könne mit ihnen umgehen, er habe ganz genaue Vorstellungen, außerdem werde er sich von ausgewiesenen Spezialisten in verschiedenen Aufgabenbereichen unterstützen lassen, für Fitness und Schnellkraft etwa, so wie das bei Großvereinen wie Milan, Barcelona oder Chelsea bereits gang und gäbe war.

Einen dieser »Spezialisten« hatte er gleich mitgebracht: Oliver Bierhoff. Der Europameister von 1996 wurde als Teammanager inthronisiert und ersetzte damit nicht nur den bisherigen Organisator Bernd Pfaff, sondern war zugleich mit einem ganzen Paket weiterer Kompetenzen ausgestattet. Er sollte, ausgestattet mit einem aus dem DFB ausgegliederten Büro, nicht nur Organisator und Vermarkter sein, sondern zudem als Kontaktperson zwischen Nationalelf und Presse sowie Bundesliga und Nationalelf fungieren. Diese Position hatte es zuvor beim DFB noch nicht gegeben. Bereits die Ernennung Bierhoffs machte deutlich, dass Klinsmann die Nationalmannschaft gleichsam unabhängig vom DFB organisieren wollte. Der Verband sollte künftig nicht viel mehr sein als ein lockeres Dach für das Führungsteam der Nationalelf, das weitestgehend eigenständig zu operieren gedachte.

Der Teammanager Bierhoff hatte im »System Klinsmann«, das in den folgenden Wochen Stück für Stück installiert wurde, neben seinen organisatorischen Aufgaben auch die Funktion, dem Chef den Rücken freizuhalten und gegenüber der kritischen Öffentlichkeit den Prellbock zu spielen. Die zweite wichtige Position, für die Klinsmann nun die richtige Person finden musste, war der Assistent. Da er selbst keine Erfahrungen mitbrachte, wollte er einen Mann, der nicht nur loyal und ein guter Adjutant, sondern auch in der Lage sein würde, die eigentliche Trainingsarbeit eigenständig zu übernehmen. Mit dem von Franz Beckenbauer vorgeschlagenen Holger Osieck hatte er sich nicht auf eine Zusammenarbeit einigen können. Bei der Vorstellung der neuen Nationalmannschaftsführung waren die Namen Ralf Rangnick, Asgeir Sigurvinsson und Joachim Löw als mögliche Kandidaten gefallen. Klinsmann sagte da noch nichts, hatte aber bereits eine Vorentscheidung getroffen.

Er wusste schon seit Tagen: Der Viererketten-Erklärer von damals in Hennef, der wäre eine gute Wahl.

Alles andere als ein Hütchenaufsteller

Am Mittwochnachmittag – also kurz nach der Pressekonferenz in Frankfurt, wo er bereits als möglicher Kandidat genannt worden war – klingelte Joachim Löws Handy, während er gerade in den heimatlichen Wäldern beim Joggen war. Ob er sich nicht vorstellen könne, sein Assistent zu werden, fragte Klinsmann. Er habe erst gezögert, berichtete Löw später, denn eigentlich habe er es sich nicht vorstellen können, noch einmal Co-Trainer zu werden. Dann aber wurde ihm rasch klar, was für eine Riesenchance dieses Angebot bedeutete. Er lief rasch nach Hause, packte seine Sachen und fuhr nach Como. Klinsmann hielt sich dort gerade privat auf und wollte nun, ohne Belästigung durch Neugierige und Journalisten, mit seinem neuen Assistenten die Eckpunkte ihrer Zusammenarbeit ausarbeiten.

»Ich habe meinen Wunschkandidaten gefunden«, erklärte Klinsmann schließlich am Freitag der Presse und erzählte die Geschichte mit der Viererkette. »Der Jogi ist für mich alles andere als nur ein Hütchenaufsteller. Ich werde ihm viel Verantwortung übergeben und bin mir absolut sicher, dass sie bei ihm in den richtigen Händen ist.« Löw werde voll verantwortlich sein für Trainingslehre und -ausführung und könne seine, Klinsmanns, Defizite in punkto Mannschaftsführung und Trainingssteuerung ausgleichen. Was Spielphilosophie und Erneuerung der Organisation angehe, liege man vollkommen auf einer Wellenlänge. Darüber hinaus hob Klinsmann hervor, dass ihm auch die Auslandserfahrungen von Löw wichtig seien. Er habe verschiedene Strukturen kennengelernt und könne daher viele Anregungen einbringen.

Die »Bild« meldete in ihrer Samstagsausgabe: »Spätzle-Connection perfekt«. Denn es war ja in der Tat erstaunlich: Sämtliche Hauptprotagonisten – DFB-Präsident Mayer-Vorfelder, Bundestrainer Klinsmann und der Assistent Joachim Löw – waren einst beim VfB. Und natürlich wurde gefragt: »MV« und Löw – wie passt das denn zusammen nach den Vorfällen im Jahr 1998, als der damalige VfB-Trainer vom Stuttgarter Präsidenten auf unschöne Weise gemobbt worden war? Er habe keinerlei Probleme mit »MV«, bemerkte Löw kurz und knapp, denn er hatte keine Lust, die ollen Kamellen wieder aufzuwärmen. Viel wichtiger war es ihm, über den Bundestrainer und seine neue Position zu sprechen. »Ich komme hier nicht als Hütchenaufsteller«, griff er Klinsmanns Formulierung auf. »Meine Berufung sehe ich als eine große Ehre für mich an. Jürgen und ich haben die gleiche Philosophie von offensivem und aggressivem Fußball.« Inhaltlich liege man also sowieso auf einer Linie, aber Klinsmann habe ihm auch »absolut« den Eindruck vermittelt, die »Nummer eins für diese Position« zu sein. Er könne sich mit dieser riesigen Aufgabe »absolut identifizieren« und stehe als Assistent für »absolute Loyalität«. Schließlich lobte er seinen neuen Chef. Dadurch, dass er alle großen Turniere gespielt hatte, bringe er eine »immense Erfahrung« mit; und außerdem habe er im Trainerkurs, den man ja gemeinsam absolviert hatte, »alle Fragen hervorragend bewältigt«. Klinsmann besitze eine ungeheuer »positive Energie und Dynamik«, er sei geradezu prädestiniert für den Job des Trainers. Seine eigene Aufgabe als Assistent sehe er vor allem darin, all das im Lauf seiner Trainerkarriere angesammelte Wissen einzubringen: »Ich weiß, wie man da zu arbeiten hat.«

So war sie also zustande gekommen, die Beförderung des arbeitslosen und von der Öffentlichkeit schon beinahe vergessenen Übungsleiters zum Assistenten des Bundestrainers. Der Zufall hatte dabei kräftig mitgespielt. Bekanntschaft mit Klinsmann hatte Löw zwar bereits 1999 bei dessen Abschiedsspiel in Stuttgart geschlossen, doch zur entscheidenden Begegnung war es beim Sonderlehrgang in Hennef gekommen. Daraus folgt: Hätte er seine Trainerausbildung wie geplant beendet, hätte er niemals die Möglichkeit gehabt, sich dem späteren Bundestrainer als Experte zu empfehlen. »Ich glaube nicht, dass es nur eine glückliche Fügung war«, kommentiert Joachim Löw heute die Vorgänge. Schließlich habe er Jürgen Klinsmann »in diesem Lehrgang überzeugt«. Dadurch hatte sich für ihn unverhofft eine Chance aufgetan. Und die wollte der neue Assistent, dem hier und da eine gewisse Skepsis entgegentrat, nun unbedingt nutzen. Ganz gegen seine Art brüllte er bei seiner ersten Trainingseinheit laut über den Platz – so, also wollte er sich erstmal Respekt verschaffen.

Spielphilosophie, Fußballkultur und allerlei Superlative

»Unsere Grundidee war damals, dass wir eine andere Fußballkultur brauchen«, erinnerte sich der Bundestrainer Joachim Löw im Jahr 2010 an den Beginn der »Klinsmann-Revolution« im Jahr 2004. »Dass wir agieren, den Gegner unter Druck setzen, nicht nur reagieren.« Die deutschen Nationalspieler sollten sich an einer Art Fußball versuchen, die man in diesem Land lange nicht gesehen hatte: dem offensiven Tempofußball. Statt Lethargie sollte Aggressivität herrschen. Nicht mehr in der eigenen Hälfte verstecken und dort auf Kontertore lauern, sondern mit jugendlichem Sturm und Drang überzeugen – so lautete der Auftrag. »Deutschland muss im Fußball wieder an die Weltspitze kommen«, forderte Klinsmann. Und der Weg dorthin sollte über eine Spielphilosophie führen, »die schnell, nach vorn ausgerichtet und voller Engagement ist«. Mit durch Kampf und Krampf ermauerten Siegen könne man keine Begeisterung auslösen. Der Fan, »gewissermaßen unser Kunde«, wolle »ein offensives und aufopferungsvolles Spiel sehen«.

Wenn man ein großes Ziel angehen wolle, meinte Klinsmann, müsse man diesen typisch deutschen Pessimismus hinter sich lassen. »Die amerikanische Kultur hat mir die Angst vor dem Versagen genommen«, erklärte er und wünschte zugleich unausgesprochen, dass es ihm seine Zuhörer sofort nachtäten. Natürlich könne man immer scheitern, räumte er ein, aber diese Möglichkeit dürfe einen nicht lähmen. Sein Credo: »Try and you will see.« Habt Mut zum Powerfußball mit »Aggressivität, Agieren, Offensive und Risikobereitschaft«, lautete seine Botschaft, denn dann werde man auf jeden Fall gewinnen – gleich, wie das Projekt 2006 dann ausgeht. »Man muss auch Dinge beginnen«, war er überzeugt, »von denen man nicht weiß, wie sie enden. Die Philosophie muss größer sein als der Trainer.«

Im Hintergrund der Klinsmann'schen Fußballphilosophie leuchtete so etwas wie eine neue Identität auf. Ein anderes, neues Deutschland, das im Spiel der Nationalelf Gestalt gewinnen sollte. Nicht ein missmutiges und griesgrämiges, sondern ein mutiges und fröhliches Deutschland; nicht ein verdrucktes, an alt-teutonische Tugenden sich klammerndes, sondern ein offenes und tolerantes. Durch die WM, so Klinsmann, habe man »die Möglichkeit, Deutschland neu zu definieren: eine Marke, einen ›Brand‹ zu schaffen«. Dazu gehöre dann auch, dass deutsche Nationalspieler inzwischen Nachnamen wie Owomoyela, Asamoah oder Neuville tragen. Darauf könne man ruhig auch mal stolz sein, meinte er. »Und diesen Stolz dürfen die Deutschen dem Ausland ruhig zeigen.«

Der Ansatz Klinsmanns ging also weit über das rein Fußballerische hinaus. Die Revolution bei der Nationalelf sollte sich letztlich ausweiten zu einer kulturellen Revolution. Als eine Art Geburtshelfer fungierte dabei das neo-kalifornische Lebensgefühl des Bundestrainers, das sich in bis dahin bei Angestellten des DFB noch nie gehörten Tönen Ausdruck verlieh. Wenn er fortan die Fortschritte seiner Mission kommentierte, war der Euphoriker Klinsmann nie um positive Superlative verlegen. Stets waren die Vorstellungen der Spieler »super« und »absolut« toll, stets zeigte er sich »sehr, sehr« zufrieden mit den Entwicklungen und war »ganz, ganz« begeistert, wie die Neuerungen einschlugen.

Und Joachim Löw? Machte alles mit und wirkte in seinen Statements zuweilen wie ein Echo Klinsmanns. Auch er war mit- und hingerissen von der Größe der Aufgabe und gab sich unerschütterlich überzeugt, das Riesenprojekt stemmen zu können. In verschiedensten Varianten konnte man von ihm in den ersten Monaten der Klinsmann-Ära etwa Folgendes hören: Der Druck sei natürlich »extrem hoch«, aber die Spieler würden ihre Aufgaben »sehr, sehr konsequent« angehen, sie seien im Training »sehr, sehr verbissen«. Seine eigene Rolle passe ihm »absolut«, die Aufgabe sei »absolut« begeisternd, mit der Umsetzung seiner Vorgaben sei er »absolut zufrieden«, aber natürlich müssen man noch »viel, viel« an den taktischen Details feilen. Klinsmann fand seinen fleißigen Assistenten ebenfalls super, echt super sogar, und lobte ihn beinah täglich öffentlich. Er selbst sei, trotz seiner Erfahrung als Spieler, nicht immer in der Lage, von der Seitenlinie aus ein Spiel zu lesen und taktische Details zu erkennen. Aber da vertraue er ganz auf Jogi Löw. »Durch seine Arbeit als Cheftrainer hat er eine taktische Erfahrung, die meiner weit überlegen ist«, betonte er immer wieder. »In Sachen Taktik lerne ich jeden Tag von ihm«.

Crashkurs in der Taktik-Grundschule

Joachim Löw lernte von Klinsmann, drei große Ziele zu verinnerlichen: »Weltmeister werden«, dem deutschen Team und damit Deutschland überhaupt ein »positives Image« zu verpassen, und schließlich, »den deutschen Fußball zu verbessern«. Die ersten beiden waren abhängig vom dritten. Das dritte war einerseits langfristig angelegt, betraf also grundlegende Änderungen in der Nachwuchsarbeit in den Vereinen und beim DFB, andererseits musste es auch kurzfristig umgesetzt werden, wollte man Ziel eins erreichen. Für die Kurzfrist-Realisierung war in erster Linie nicht der Herold Klinsmann zuständig, sondern der Praktiker Joachim Löw. Ihm kam die undankbare Aufgabe zu, dem erklärten Willen per Schnelllehrgängen in nur wenigen Trainingseinheiten das Können hinzuzufügen. Wie aber sollte das vonstatten gehen? Wie sollte er aus Rudis Rumpelfüßlern, die sich bei der EM 2004 so blamiert hatten, in nur zwei Jahren ein Team formen, das fähig sein würde, den WM-Titel zu erobern? Außerdem war bis zur WM, weil Deutschland ja als Gastgeber automatisch qualifiziert war, kein einziger richtiger Härtetest möglich – wie also sollte man in Freundschaftsspielen den tatsächlichen Leistungsstand des Teams auf dem Weg zum Turnier überprüfen? Völlig unklar war etwa die Aussagekraft des 3:1-Sieges am 18. August in Wien gegen Österreich, dem ersten Länderspiel des Trainerduos Klinsmann/Löw.

Sicher war: Man benötigte neue und junge, körperlich und geistig frische Spieler; und man benötigte eine in konkrete Anleitungen übersetzte Spielphilosophie, an der sich die Lehrlinge in Fußballschuhen würden orientieren können. »Da war das meiste neu, die Arbeit im körperlichen Bereich, das verstärkte Taktiktraining. Für viele Spieler war das ja absolutes Neuland,« erinnert sich Löw an die ersten Monate als Co-Trainer. Während Klinsmann in der Öffentlichkeit den neuen Kurs der Nationalmannschaft erklärte, übernahm er im Hintergrund die Kärrnerarbeit. Grundsätzlich hatte der Assistent ähnliche Vorstellungen wie sein Chef. Schon bei seinem Antritt als VfB-Trainer 1996 hatte sich Löw als ein Freund des offensiven Spiels geoutet und zur Erläuterung seiner Vorstellungen bedeutungsträchtige Substantive wie »Spielkultur«, »Kreativität« und »Risikofreudigkeit« verwendet. Aber auch »Tempo«, »Präzision« und »Disziplin« waren für ihn zentrale Begriffe. Sture taktische Vorgaben hatte er allerdings abgelehnt, stattdessen »Spontaneität« und »Flexibilität« eingefordert. Auch in Istanbul hatte er sich dagegen verwahrt, die Frage nach dem »richtigen« System zu verabsolutieren. Denn »über internationale Spitzenklasse entscheidet nicht das System, sondern die Summe der qualitativ besseren Einzelspieler«. Nun war es aber so, dass es in der Nationalmannschaft außer Ballack kaum einen Spieler gab, der allerhöchstes Niveau repräsentierte. Dieser Mangel konnte nur über das bessere Funktionieren des Systems kompensiert werden. So fand Joachim Löw seine vordringlichste Aufgabe darin, dessen Grundlagen einzuüben und die einzelnen Elemente möglichst perfekt aufeinander abzustimmen. Kreativität, meinte er, kann erst dann etwas nützen, wenn die banalen Abläufe stimmig sind.

In den folgenden Monaten lernten die Spieler den Assistenten als unerbittlichen Taktiklehrer kennen. Da stand er dann an der magnetischen Tafel, um seinen Nachhilfeschülern das kleine Viererketten-Einmaleins beizubringen. »Wir orientieren uns nicht am Gegner, sondern an unserem Mitspieler. Wir verschieben uns im Kollektiv.« Alles klar, Mertesacker, Lahm, Friedrich? »Im Kol-lek-tiv!« Aber auch die interessierte Öffentlichkeit durfte den Klinsmann-Assistenten immer mehr und immer häufiger als Taktik-Dozenten kennenlernen, der von unbekannten Welten sprach, die viele allenfalls vom Hörensagen kannten. Die Rolle als Fachmann gefiel ihm, und er garnierte sie gern mit nachdrücklichen Gesten: die Hand zur Faust geballt oder zum Hohlraum gewölbt, Zeigefinger und Daumen der rechten Hand kennerisch aneinandergepresst, sämtliche Finger gespreizt und dann an den Spitzen zusammengeführt. »Eine Teamleistung setzt sich aus verschiedenen Komponenten zusammen«, brachte er das Grundsätzliche auf den Punkt. »Man braucht physische Voraussetzungen, um eine Taktik durchzubringen, man braucht eine gewisse Technik, also Passgenauigkeit und Präzision. Aber eine klare taktische Vorgabe ist das Wichtigste für unsere Mannschaft.« Grundsätzlich stand fest: Mit Fighten, Kämpfen, Grasfressen allein war es nicht mehr getan; der geruhsame Aufbau mit vielen Quer- und Rückpässen über einen klassischen Spielmacher sollte zu den Akten gelegt werden; als vornehmstes Ziel wurde ausgegeben, unabhängig vom jeweiligen Gegner Sicherheit und Klarheit im eigenen Spiel zu finden. Dazu galt es zunächst, sich für ein System zu entscheiden, das die Gesamtstrategie tragen konnte und in das sich die einzelnen Taktikelemente einfügen ließen.

Joachim Löw präferierte das 4-4-2-System als Standardformation. Meist vertraute er auf eine Raute im Mittelfeld. Der Grund: Sie ist einfach zu verstehen, jeder Spieler hat eine klare Aufgabe und Position, es gibt wenig Verschiebungen. Vor der Vierer-Abwehrkette spielt zentral ein defensiver Mittelfeldspieler, der sogenannte »Sechser« (benannt nach der Rückennummer 6 im alten W-M-System), der als »Staubsauger« vor der Abwehr absichert und darüber hinaus bei Ballbesitz die erste Station für den Spielaufbau ist. Diese Position gilt als zentral für das schnelle Umschalten von Defensive auf Offensive und umgekehrt. Die Spitze der Raute bildet ein offensiver Mittelfeldspieler, der »Zehner«, der teilweise die Rolle des althergebrachten klassischen Spielmachers übernimmt, indem er sich hinter den zwei Stürmern positioniert und sie mit Vorlagen füttert. Die äußeren Mittelfeldspieler sollen sich über die Halbpositionen (das heißt, sie spielen halb zentral und halb außen) am Spielaufbau beteiligen. Nominell sind in diesem System also fünf Spieler offensiv ausgerichtet. Es kommen aber noch die beiden Außenverteidiger hinzu, die über die Außenbahn viel nach vorne agieren sollen und damit die Abspieloptionen im Mittelfeld erhöhen. Bei Ballbesitz schieben sie weit nach vorne, sie sind in praktisch jeden Angriff mit eingeschaltet.

Das System ist prädestiniert für schnelles Kurzpassspiel und eröffnet in der Offensive viele Möglichkeiten. Es hat aber beim Umschalten auf die Defensive gravierende Nachteile: Die Mittelfeldspieler sind zu weit auseinander, um sich rasch zu einer zweiten Viererkette vor der Abwehr formieren zu können; und weil die Außenverteidiger so oft vorne sind, kann man über die Außen leicht ausgekontert werden.

Solche Taktikdiskussionen sollten Joachim Löw im Lauf der Zeit immer intensiver beschäftigen. In der öffentlichen Wahrnehmung ging es allerdings zunächst um anderes und andere, nämlich um die Frage nach der konditionellen Grundausstattung der deutschen Spieler und um diejenigen, die sie perfektionieren sollten: die Fitness-Gurus aus Übersee.

Entengang und Gummitwist

Im September 2004, vor dem Spiel in Berlin gegen Brasilien, ließ Klinsmann das Team erstmals von US-Fitnesstrainern auf Vordermann bringen. Das unbescheiden formulierte Vorhaben lautete, gestützt auf individuelle Leistungsdiagnostik bis zur WM aus den Spielern das Maximum an physischen Ressourcen herauszuholen. Ausdauer, Schnelligkeit und Kraft hießen die entscheidenden Stichworte, und die waren bekannt. Manche Maßnahmen allerdings, die nun von dem Spezialistenteam zum Standard erhoben werden sollten – Funktionsdiagnostik, biomechanische Laufanalyse, Koordinations- und Stabilisationsübungen – hatten den Anstrich des Neuen. Und so wurde die deutsche Fußballdebatte um Begriffe erweitert, die ihr bis dahin fremd waren.

Experten gab es bei der Nationalmannschaft schon lange – etwa den Mannschaftsarzt Dr. Müller-Wohlfahrt, den Physiotherapeuten Klaus Eder oder den Koch Salviero Pugliese –, die amerikanischen Fitness-Fachleute bildeten aber nun den Auftakt für einen Ausbau des Betreuerteams, durch den das Spezialistentum zum Prinzip erhoben wurde. Leiter des US-Teams war der einem Army-Drillsergeant ähnelnde Mark Verstegen, Chef des renommierten Instituts »Athletes' Performance«, das Weltklasse-Athleten vieler Sportarten aufsuchten, um ihre Fitness zu verbessern oder nach Verletzungen wieder in Form zu kommen. Bei seiner Firma in Arizona hatte Verstegen etwa 25 Spezialisten mit Erfahrungen in verschiedenen Sportarten und mit verschiedenen Tätigkeitsschwerpunkten (Ausdauer, Schnellkraft, Ernährung) unter Vertrag. Zusammen mit seinen Mitarbeitern Shad Forsythe und Craig Friedman sorgte er in Berlin mit neuen Übungsformen für Aufsehen. Und bald war der sogenannte »Gummitwist«, bei dem die Spieler mit blauen Gummibändern um den Beinen wie Enten über den Platz watscheln mussten, zu einer Art Markenzeichen der bei der Nationalmannschaft angewandten neuen Methoden geworden.

Viele Beobachter schüttelten pikiert die Köpfe. Klinsmann wusste jedoch genau, was er wollte. Er wollte die besten Experten für die gezielte individuelle Betreuung, um auch noch das letzte mögliche Quäntchen aus den Athletenkörpern herauszupressen. »Wenn ich gezielt an der Sprungkraft eines Mittelstürmers arbeite, macht der vielleicht zwei, drei Kopfballtore mehr im Jahr«, meinte er, »und das könnte ein Tor bei der WM sein.« Und führte sich selbst als Beispiel an: »Wenn ich persönlich nicht mit 20 Jahren ein spezielles Schnelligkeitstraining mit einem Sprinttrainer gemacht hätte, wäre ich ewig die 100 Meter in 12,0 gelaufen statt in 11,0.« Auch Joachim Löw hatte am eigenen Leib erfahren, wie wichtig individuelles Training ist. Vielleicht hätte aus ihm mit solchen Fitnessexperten mehr werden können als nur ein guter Zweitligaspieler. Dass diese Experten aus Amerika kamen – was war daran störend? Die Verantwortlichen in der Bundesliga freilich begannen zu grummeln. Denn stand hinter der Anstellung dieser Fitnesstrainer nicht der unausgesprochene Vorwurf, die Spieler hätten massive körperliche Defizite und würden in der Bundesliga bei ihren Vereinen nicht richtig trainieren? Die Kritik an den Fitnesstrainern und vor allem an den nun obligatorischen Fitnesstests, die zuweilen zu unglücklichen Zeitpunkten angesetzt wurden – zum Beispiel im Oktober 2005 nur wenige Tage vor dem dann (natürlich, so die Kritiker) verlorenen Testspiel in der Türkei –, sollte bis zum Anpfiff der WM nicht mehr verstummen.

Für Klinsmann und Löw jedenfalls war klar, dass ihr Team nur mit einer außergewöhnlich guten Physis eine Chance auf den WM-Titel haben würde. Und zwar nicht deswegen, weil man ein permanentes Drauflosstürmen gefordert hätte. Im Zentrum der Überlegungen stand vielmehr die gezielte Tempoverschärfung im Moment nach der Balleroberung. »Wie kann ich möglichst schnell zum Abschluss kommen, wenn der Gegner nicht organisiert ist?« – diese Frage hatte Joachim Löw als die entscheidende erkannt. Man musste möglichst schnell in die Gefahrenzone des Gegners kommen. Immer nur quer zu spielen sei nicht mehr zeitgemäß, stellte er fest, denn dann könne sich der Gegner wieder organisieren. Als großes Vorbild für modernen, vertikalen Fußball nannte er den von José Mourinho trainierten FC Chelsea. Der benötige »vom Ballgewinn an nur zwei Sekunden, um in den gegnerischen Strafraum einzudringen«. Wenn sich der Gegner aber erst einmal mit zehn Mann hinter der Mittellinie organisiert habe, dann komme man selbst gegen Mannschaften wie Lettland nicht weit. Je mehr Spieler sich nach der Balleroberung beteiligen, das Spiel ohne Ball verinnerlicht haben und sich richtig freilaufen, desto größer ist die Chance, sich mit Hilfe von Überzahlbildung rasch in den gegnerischen Strafraum zu kombinieren und sich Chancen zu erarbeiten. Dem Gegner keine Atempause lassen, schnell spielen nach der Balleroberung, Tempo, Tempo und nochmals Tempo, so wie in der englischen Premier League, war also das wesentliche Credo. Eben deswegen waren in diesem Konzept Fitness und Schnelligkeit wichtig, extrem wichtig sogar.

Asienreise mit Psychologe

Mitte Dezember 2004 startete der DFB-Tross zu einer dreiteiligen Asienreise. Auf dem Trip mit dabei war neben dem neuen Torwart-Trainer Andy Köpke, der bereits Ende Oktober die Stelle des nach Klinsmanns Meinung zu sehr auf Oliver Kahn fixierten Sepp Maier übernommen hatte, der Sportpsychologe Hans-Dieter Hermann. Auch jetzt lächelten die Beobachter wieder und taten so, als sei da ein Scharlatan verpflichtet worden. Tatsache war, dass im Ausland bereits etliche Fußballteams auf die Hilfe von Psychologen vertrauten. Hermann sollte Einzelgespräche mit den Spielern führen und bot an, sie bei persönlichen Problemen zu beraten. Es ging aber mehr noch um die Unterstützung bei sportspezifischen Problemen wie übergroßer Nervosität vor dem Anpfiff eines Spiels oder der Unsicherheit, die nach schlechten, mit Buhrufen quittierten Aktionen auftreten kann. Therapien im engeren Sinne sind da in der Regel nicht nötig, wichtig ist aber zum Beispiel die Vermittlung von Entspannungstechniken. Joachim Löw hatte in dieser Hinsicht selbst gute Erfahrungen gemacht. »Schon als Spieler habe ich die Macht des

Unterbewussten entdeckt. Mit autogenem Training kann man negative Erlebnisse besser verarbeiten.«

Darum ging es aber nicht allein. Sportpsychologie, so Hermann, sei vorrangig Training. »Training im Kopf und für den Kopf – zur Leistungsoptimierung.« In erster Linie werden also kognitive Fertigkeiten trainiert. »Konzentration auf den Punkt, eine Situation neu bewerten, umschalten, es geht auch um Selbstbewusstsein, den Stresslevel, kurzfristige Selbstmotivation nach Fehlern.« Zudem konnten die Trainer die Dienste des Psychologen nutzen. Unter anderem gab Hermann Tipps für die richtige Form der Ansprache gegenüber den Spielern. »Zum Beispiel das Wort ›nicht‹ nicht zu häufig zu verwenden«, erläuterte Joachim Löw. »Besser ist es, Ziele und Anforderungen positiv zu fomulieren.« Und dann war da noch die Förderung des Teamgeistes. Zum Beispiel in Form der eindrucksvollen »Wir-sind-ein-Team«-Rufe der im Kreis zusammenstehenden Spieler, die Hermann in Absprache mit dem Fitnesstrainer Mark Verstegen als Ritual einführen wird.

Beim »Lernbaustein« (Klinsmann) Asien-Winterreise befand sich Hermann freilich erst auf seiner Einführungstour und trat noch nicht mit großartigen Maßnahmen in Erscheinung. Psychotricks spielten weder beim 3:0-Sieg in Japan eine positive noch beim 1:3 in Südkorea, der ersten Niederlage in der Ära Klinsmann, eine negative Rolle. In Seoul hatte die Nationalelf schwach gespielt, aber auch Pech gehabt – dreimal hatten sich die Koreaner beim Torschuss versucht, dreimal hatten sie getroffen, die deutschen Spieler hatten es auf 19 Torschüsse gebracht. »Wir haben gesagt, dass wir eine offensive Spielweise entwickeln wollen. Und die Mannschaft hat abgesehen von den ersten 15 Minuten immer versucht, nach vorne Druck zu machen«, erklärte Assistenztrainer Löw und sah keinen Grund zum Jammern. In Thailand verblüffte er die Spieler dann mit einem Bericht über eine einst mit dem FC Winterthur unternommene Vietnamreise, wo er in einem Schnapsglas das frische Blut einer Kobra serviert bekam: »Es war noch warm, als wäre es Yasmin-Tee.« Der standesgemäße 5:1-Sieg gegen das thailandische Nationalteam kam dann auch ohne solches Doping zustande.

Die propagierte offensive Spielphilosophie sei im Team angekommen, konstatierte das Trainerteam nach der Reise befriedigt. Die Ergebnisse freilich waren nicht besonders aussagekräftig. Genauso wenig wie die zuvor (1:1 gegen Brasilien in Berlin, 3:0 gegen den Iran in Teheran, 3:0 gegen Kamerun in Leipzig) wie die danach (jeweils

2:2 gegen Argentinien und Russland sowie ein 1:0 in Slowenien und ein 4:1 in Nordirland). Richtigen Aufschluss über die Spielstärke des DFB-Teams würde es erst beim Confed-Cup geben, der im Juni 2005 in Deutschland ausgetragenen WM-Generalprobe. Damit da möglichst nichts schiefging, holte man sich einen Mann ins Boot, den Joachim Löw als Trainer-Lehrling kennengelernt hatte: Urs Siegenthaler. Der vom Assistenten vorgeschlagene und nach einigen Gesprächsrunden vom Bundestrainer für gut befundene Schweizer sollte als Chefspion die Gegner auspähen, ihre taktische Ausrichtung durchschauen, ihre Stärken und Schwächen sezieren, um dann Strategien zu entwickeln, wie man sie am besten würde bekämpfen können.

Siegenthalers Vorgehen: So wie der Arzt einen Krankheitsherd deckt er die Besonderheiten eines Teams auf, in denen sich der Schlüssel zum Sieg verbergen könnte. Das Erkannte dampft er sodann auf ein paar prägnante Punkte zusammen, so dass man es in der Spielvorbereitung kompakt und auf einige wenige Sätze reduziert an die Mannschaft weitergeben kann. Zu viele Informationen wären nämlich von den Spielern gar nicht zu verarbeiten und würden nur die Konzentration stören. »Er besitzt die Gabe, dass er viele Informationen mitbringt, uns aber nur wenige gibt«, brachte Joachim Löw Siegenthalers Fähigkeiten auf den Punkt. Ein, zwei entscheidende Schwächen des Gegners, ein, zwei Stärken – das kann man sich merken und das kann dann auch im Spiel umgesetzt werden.

Mit Chefscout im Confed-Cup

»Wer Weltmeister werden will«, gab DFB-Boss Theo Zwanziger als Losung für den Härtetest Confed-Cup aus, »sollte dieses Turnier gewinnen.« Als erster Vorrundengegner in dieser Mini-WM der kontinentalen Meister wartete der wenig furchterregende Ozeanien-Champion Australien. »Ein Sieg zum Start ist enorm wichtig für den Turnierverlauf«, scheute sich Joachim Löw nicht vor Plattitüden. »Wir haben unsere Spielphilosophie klar definiert, und die geht nach vorne«, meinte Klinsmann, das werde man auch in Anbetracht der Tatsache fortsetzen, dass man im Confed-Cup unter erhöhtem Erfolgsdruck stehe. Das Spiel gegen die Aussies geriet etwas holprig, aber Deutschland gewann mit 4:3. Mängel, vor allem in der Defensive, waren zwar überdeutlich, aber Schönredner Klinsmann zeigte sich selbst mit dem in der Sportpresse heftig kritisierten Jungverteidiger Robert Huth »sehr, sehr zufrieden«.

Er gehe davon aus, dass der Jürgen schon auch noch kritischer werde, sobald die Mannschaft etwas gefestigter sei, erläuterte Oliver Bierhoff Klinsmanns Verhalten.»Aber er hat jetzt noch das Gefühl, dass viele junge Spieler einfach den Schutz brauchen gegen Kritik von außen.«

Vor dem zweiten Spiel, gegen Tunesien, sollte Urs Siegenthaler seine Erkenntnisse der Mannschaft erstmals persönlich vortragen. Er war einigermaßen nervös, denn er hatte die Tunesier vorab nur ein einziges Mal beobachten können. Entgegen seinen Gepflogenheiten konnte er also nicht ein gut abgehangenes Urteil vortragen, sondern nur ein paar wenige erste Eindrücke. Seine Anweisungen lauteten: bei Ballverlust immer nachsetzen; in die Schnittstellen der Abwehr spielen, also genau dort hinein, wo die Deckungskreise der Abwehrspieler sich überschneiden und Lücken entstehen, wenn die Abstimmung, so wie eben bei den Nordafrikanern, nicht optimal ist; vor Überraschungen keine Angst haben, denn die Tunesier würden immer sehr systemtreu spielen. Das Spiel endete 3:0, und Siegenthaler freute sich, vor allem über die beiden ersten Tore.»Das Schöne nach dem Spiel war, dass einige Spieler im Kabinengang zu mir kamen, mich abklatschten und diese Stichworte sagten: ›Schnittstellen‹, ›nachsetzen‹ – so wie die beiden ersten Tore entstanden sind. Wenn Ihnen das Spieler nach 90 Minuten sagen«, schloss er ohne falsche Bescheidenheit,»dann haben Sie einfach einen Superjob gemacht.«

Vor dem nächsten Spiel gegen den Ex-Weltmeister Argentinien machte er die deutsche Elf auf die routinisierte Spielweise der Gauchos aufmerksam. Deren System – also wie sie die Räume eng machen, wie sie umschalten auf Angriff – laufe seit Jahren nach dem gleichen Schema ab. Die deutsche Elf war wieder gut präpariert und legte beim 2:2 einen allseits gelobten Auftritt hin.»Wir waren nicht so schlecht, wie uns viele gemacht haben«, kommentierte Joachim Löw beinahe trotzig.»Und jetzt sind wir nicht so gut, wie wir von vielen gesehen werden.« Robert Huth habe im Australien-Spiel auch deshalb schlecht ausgesehen, weil das Mittelfeld nicht mitgespielt habe; jetzt habe die Mannschaft besser verschoben und die Löcher geschlossen, und daher habe auch Huth viel besser ausgesehen.

»Das Spiel ohne Ball in der Offensive, das schnelle Spiel in die Spitzen gewinnt immer mehr an Bedeutung«, brachte Löw vor dem Halbfinale gegen Brasilien einen der entscheidenden Eindrücke aus seinen letzten Spielbeobachtungen auf den Punkt. Besten Anschauungsunterricht, wie das aussehen musste, hatte der nächste Gegner der Deutschen in seinem Spiel gegen Japan geliefert. Ein Musterbeispiel war das von Ronaldinho vorbereitete Tor von Robinho. »Solche Laufwege sind einstudiert«, schwärmte der Bundestrainer-Assistent, das habe mit den individuellen Stärken der Brasilianer im Grunde gar nichts zu tun. Genau so etwas wollte er auch von seinen eigenen Jungs sehen. Wieder gab der Chefspion Siegenthaler die Anweisungen: Die Mittelfeldspieler und Stürmer sollten versuchen, den Brasilianern bereits kurz vor der Mittellinie den Ball wegzuschnappen, um dann blitzschnell zu kontern. Tatsächlich eroberten die deutschen Spieler immer wieder den Ball. Aber dann nutzten sie die Chance nicht zum schnellen Vorstoß, sondern verlangsamten das Spiel. Einmal spielte Kevin Kuranyi den Ball zurück, ein anderes Mal versäumte es Torsten Frings, nach dem Abspiel gleich nach vorn zu sprinten, um sich wieder anzubieten. Das Ergebnis: Deutschland hatte sich wacker gehalten, aber mit 2:3 verloren. So blieb nur das Spiel um Platz drei gegen Mexiko, eine Begegnung, die wie schon manches Mal zuvor zwischen mutigen Offensivaktionen und wackeliger Defensivorganisation eigentümlich oszillierte. Der Endstand nach Verlängerung lautete 4:3.

Kritik und Gegenkritik

Der Confed-Cup war passabel verlaufen. Aber war es gut genug, was man da gezeigt hatte? Die Fans waren angetan vom Offensivgeist und der Euphorie, die das Team verströmte. Die Neuerungen hatten eingeschlagen, vor allem vom Scouting war man überzeugt. Zur Unterstützung Siegenthalers wurde jetzt auch der Düsseldorfer Spielanalyse-Anbieter Mastercoach fest in die Arbeit des Scouting-Teams integriert. Der Analyst Christofer Clemens übernahm als rechte Hand Siegenthalers die professionelle Aufbereitung der Daten. Für die Grundlagenarbeit sorgte das »Team Köln«, eine Gruppe von Studenten des Fußballdozenten Jürgen Buschmann, die bis zur WM sämtliche relevanten Daten der Gegner der deutschen Mannschaft sammeln sollte.

Es ging also weiter voran. Die Kritiker allerdings waren nicht verstummt. Die personellen, strukturellen und inhaltlichen Neuerungen hatten von Anfang an viel Unwillen hervorgerufen – im DFB selbst, bei Vertretern der Bundesliga und bei Experten aller Art. Es war ja auch durchaus nachvollziehbar, dass sich altgediente Fachleute, die sich ihr Leben lang mit nichts als Fußball beschäftigt haben, durch die flinken

Neuerer auf der Kommandobrücke der Nationalmannschaft auf den Schlips getreten fühlten und allergisch reagierten: Da kam einer, der bisher als Trainer noch gar nicht in Erscheinung getreten war, aus Amerika angeflogen und wollte ihnen erklären, wie der Fußball funktioniert – das musste einfach Widerstand provozieren. Darüber hinaus hatten die Kostenexplosion (Nobelhotels statt Sportschulen, Charterflieger, Honorare für die Spezialisten) und die sogenannte »Wohnort-Debatte« ständig für Aufregung gesorgt. Hoeneß, Beckenbauer und andere griffen den Bundestrainer auch jetzt noch immer wieder an, weil der sich konsequent nur kurz in Deutschland aufhielt und sich dann wieder in seinen Wohnort Huntington Beach nach Kalifornien verzog. Aus der Distanz könne er viel besser – nämlich unbehelligt – arbeiten, rechtfertigte sich Klinsmann, es sei also durchaus von Vorteil, wenn er nicht immer in Deutschland sei, außerdem gebe es ja noch den Joachim Löw und andere, die vor Ort die Bundesligaspiele akribisch beobachteten.

Der bislang selbst nur im Windschatten der Kritik stehende Assistent hatte sich stets im Schulterschluss mit Klinsmann geübt. Typisch war etwa seine Aussage vor dem Confed-Halbfinale gegen Brasilien: »Bei allem Respekt für die ehemaligen Nationalspieler oder Experten: Deren Kritik aus der Ferne sieht man immer mit einem Lächeln. Wir laden jeden herzlich gerne ein, bei uns vorbeizuschauen. Es ist doch absurd, wenn uns Breitner vorwirft, wir würden Leichtathleten ausbilden. Genau das tun wir nicht. Und wenn dann jemand fragt, was Amerikaner (Fitnesstrainer) oder Schweizer (Wettkampfbeobachter) uns beibringen können, ist das despektierlich. Diese Arroganz steht uns als Deutschen nicht zu. Zu sagen, wir könnten alles, wir sind die erfolgreichste Nation und brauchen nicht über die Landesgrenzen hinausschauen – das ist absolut arrogant.«

Je mehr er sich profilierte, desto mehr bekam neben Klinsmann dann auch Löw sein Fett ab. Zwar hatte er sich von Anfang an in Bescheidenheit geübt und immer wieder hervorgehoben, dass es noch viel zu tun gebe und er daher verstärkt den Kontakt zu den Klubs und den Gedankenaustausch mit den Vereinstrainern suchen wolle. Hängen geblieben sind aber meist nur die kritischen Töne. Vor allem die wiederholte Kritik an der angeblich mangelnden Fitness und dem falschen Training in Deutschland wiesen die Verantwortlichen in der Bundesliga empört zurück. Unter anderen meldete sich Uli Hoeneß zu Wort: »Ich würde bei diesem WM-Projekt gern mal das Wort ›wir‹ hören. Wir – dazu gehört die Liga. Jeder einzelne Trainer muss mit infiziert werden von dieser Euphorie und das Gefühl haben, er gehört dazu. Aber wenn ein Trainer hört, bei jedem seiner Nationalspieler sei eine Leistungssteigerung von 20, 30 Prozent drin, dann muss er sich vor den Kopf gestoßen fühlen, von einem Herrn Löw, der so viel auch noch nicht gewonnen hat in seinem Leben.« Das saß. Und konnte eigentlich nur mit guten Ergebnissen der Nationalmannschaft gekontert werden. Die aber wollten sich nicht so recht einstellen. Die Ergebnisse nach dem Confed-Cup lauteten bis Oktober: ein respektables 2:2 in den Niederlanden, ein 0:2 in der Slowakei, ein 4:2 gegen Südafrika, ein deprimierendes 1:2 in der Türkei. Das war sehr durchwachsen. Nach einem mäßigen 1:0 in Hamburg gegen China probierten Klinsmann und Löw dann am 12. November 2005 beim letzten Länderspiel des Jahres in Paris gegen Frankreich eine taktische Variante aus. Kapitän Ballack war zwar nominell hinter den Spitzen aufgestellt – entsprechend der üblichen Raute –, ließ sich aber vor allem anfangs weit zurückhängen, um die Defensive zu stärken und das Spiel von hinten anzukurbeln. Das Ergebnis: Meist war vor der eigenen Abwehr, wo nun zwei Sechser operierten, eine deutsche Überzahl gegeben, die Defensive stand sicher und damit auch die Null; allerdings war die Offensive nun geschwächt, so dass auch vorne keine Tore fielen. 0:0 also, wenig Chancen auf beiden Seiten – das war einerseits gut, andererseits aber auch nicht das, was man anstrebte.

Die Idee mit dem Technischen Direktor

Im Februar 2006 entschied sich endlich auch die letzte noch offene Frage in den Personaldiskussionen rund um die Nationalelf. Die Klinsmann-Entourage bestand jetzt aus Joachim Löw (Assistent), Oliver Bierhoff (Teammanager), Urs Siegenthaler (Chefscout), Andy Köpke (Torwarttrainer), Hans-Dieter Hermann (Psychologe) sowie den Fitnesstrainern und Physiotherapeuten. Fehlte noch ein Technischer Direktor. Bereits kurz nach seinem Amtsantritt hatte Klinsmann gefordert, die neue Position einzurichten, damit die Spielphilosophie und die Ausbildungsrichtlinien langfristig und auf breiter Basis durchgesetzt werden könnten. Zunächst galt Berti Vogts als erste Wahl, dann der Hockey-Nationaltrainer Bernhard Peters. Der DFB stimmte der Einrichtung des Amtes zu, besetzte es aber nun mit einem Mann, der kein Wunschkandidat Klinsmanns war: Matthias Sammer.

Wie er sich die Zukunft mit einem Technischen Direktor in etwa vorstellte, erläuterte der Klinsmann-Assistent Joachim Löw am Beispiel der argentinischen Pekerman-Schule. Der spätere Trainer der A-Nationalmannschaft hatte von 1982 bis 2004 die Jugendarbeit des Fußballverbandes von Argentinien revolutioniert. In seine Ära fallen unter anderen drei Junioren-Weltmeistertitel. Fast alle späteren Nationalspieler wurden durch seine taktische Grundausbildung geprägt. »Da weiß ein U17-Spieler, wenn er in die U20 kommt, welche taktischen Grundvoraussetzungen von ihm verlangt werden«, so Joachim Löw. »Da ist von unten bis oben in die A-Mannschaft eine durchgängige Philosophie vorhanden.« Genau so etwas bräuchte man auch in Deutschland. Im Fingerschnippen ließ sich das aber nicht erledigen. Und so sollte sich den folgenden Jahren zeigen, dass das Thema Neuausrichtung des Nationalmannschafts-Unterbaus inklusive entsprechende Kompetenzverteilungen und Personalfragen viel Konfliktstoff in sich birgt.

Klinsmann war einigermaßen verschnupft, dass er seinen Wunschkandidaten Peters nicht hatte durchsetzen können. Denn der war nicht nur als Organisationsexperte kompetent. Er hätte auch seine Erfahrungen und sein Wissen zu den Themen »Emotionale Führung« und »Persönlichkeitsbildung« einbringen sollen. Rat und Betreuung eines Spitzensportlers, so Peters Ansatz, sollen sich auf die gesamte Persönlichkeit, also auch auf das Private erstrecken. Profis sollen sich ununterbrochen und in allen Bereichen, nicht nur den rein sportlichen, zu verbessern suchen, sollen sich auch intellektuell weiterentwickeln, um ihre Karriere mit größerer Eigenverantwortung vorantreiben zu können.

Immerhin konnte man auch ohne Peters in Sachen Horizonterweiterung und Persönlichkeitsbildung der »Generation Spielkonsole & iPod« durchaus Angebote unterbreiten. In Istanbul hatte man eine Bosporusfahrt unternommen, in Teheran den Saad-Abad-Palast besucht, in Berlin den Kunstsinn in einer Ausstellung des Museum of Modern Art gestärkt. Solche Aktionen, dazu Trainingseinheiten mit Spitzenvertretern aus anderen Sportarten, Infoabende über die Kultur eines Gegnerlandes oder interessante Vorträge, etwa von einem Unternehmensberater oder einem Extrembergsteiger – Dinge dieser Art wurden unter Klinsmann zum gewohnten Bild, und womöglich wurde damit sogar der eine oder andere Lerneffekt erzielt. Letztlich waren diese Zusatzprogramme aber nicht mehr als kleine Abwechslungen.

Entscheidend war etwas anderes: dass die Spieler lernen sollten, ihre Karriere selbst in die Hand zu nehmen.

Jürgen Klinsmann sprach von einem »neuen Denkprozess«, den er anstoßen wolle und an dessen Ende der mündige, selbstbestimmte Bundesligaprofi stehen sollte. Die Leistungsanforderungen an einen Profi seien heute so anspruchsvoll – mehr Fitness, bessere Technik, komplexere Taktik –, dass der entsprechende Übungsbedarf letztlich nur in Eigenverantwortung erfüllt werden könne. Oder in den Worten Joachim Löws: »Die Spieler sollen sich fragen: Wie kann ich jeden Tag ein bisschen besser werden?« Damit waren nicht nur die Bereiche Fitness, Technik und Taktik angesprochen. Auch in punkto Regeneration, Ernährungs- und Lebensstil dürfe sich ein Nationalspieler heute keinerlei Laxheiten mehr erlauben und müsse sich entsprechend konsequent verhalten. Kurz: Die Fähigkeit, sich selbstbestimmt ein profigerechtes Leben aufzuerlegen, mache den modernen Nationalspieler aus, und nur Kandidaten, die diesen Anspruch erfüllen könnten, sollten eine Berufung erhalten.

Dem Vertrauen in die eigenverantwortlich betriebene Fitnesssteigerung während nationalmannschaftsfreier Tage widersprachen allerdings im Prinzip die im Vorfeld der WM 2006 konsequent durchgezogenen Fitnesstests. »Dank der Ergebnisse aus diesen Fitnesstests haben wir es schwarz auf weiß vorliegen«, konstatierte Joachim Löw. »Da sehen wir genau, wer sich verbessert hat.« Das hieß im Umkehrschluss: Wer sich nicht verbessert hatte, war kein mündiger Profi. Und wenn man glaubt, kontrollieren zu müssen – sei es durch Tests oder durch »Spione« im Vereinstraining, die man sporadisch einsetzte – geht man eigentlich davon aus, dass es viele potenzielle schwarze Schafe gibt.

Italien-Desaster und Klinsmann-Frage

Das Führungsteam der Nationalmannschaft mühte sich auf allen Ebenen und gab sich überzeugt, dass Erfolge nur eine Frage der Zeit seien. »Die Rückendeckung der Nation wird mit dem ersten guten Auftritt bei der WM schon kommen«, meinte Joachim Löw Ende Februar 2006. Das war, ausgerechnet, nur wenige Tage vor dem katastrophalen 1:4 in Florenz gegen Italien, vor dem peinlichsten Auftritt also, den seine Jungs sich bis dahin geleistet hatten. Angetreten war man mit Lehmann im Tor, in der Viererkette mit Friedrich, Mertesacker, Huth und Lahm, in der zentralen Defensive mit Frings (defensiv) und Ballack (offensiv), auf den Außenbahnen mit Deisler und Schneider und im Sturm mit Klose und Podolski. Das war eigentlich, zusammen mit den zwei potenziellen WM-Stammspielern, die später eingewechselt wurden – Schweinsteiger (für Schneider) und Metzelder (für Mertesacker) – das Beste, was man aufbieten konnte. Und dennoch: Die deutsche Mannschaft zeigte sich unmotiviert und desorientiert, vor allem in der Rückwärtsbewegung. Die Abwehr war wie ein Hühnerhaufen, im Mittelfeld herrschte keine Ordnung, leichtfertig wurden Bälle verloren, in der Spitze waren Podolski und Klose harmlos. Bereits nach sieben Minuten lag die deutsche Elf, in der etliche Spieler kaum Ligapraxis hatten (Mertesacker, Huth, Metzelder, Deisler, Schweinsteiger) mit 0:2 hinten, und danach hatte sie keine Chance, das Spiel noch zu wenden.

Die Presse schlug auf Klinsmann und seinen Assistenten ein. Die Mannschaft sei zu jung und zu unerfahren, meldeten sich Kritiker lautstark zu Wort, der Bundestrainer habe mit seiner Verjüngungskur zu viel riskiert, er habe das Spiel der Mannschaft zu offensiv ausgerichtet. Doch Klinsmann, der am Tag nach dem Spiel Journalisten zu einem Gespräch in die DFB-Zentrale in Frankfurt einlud, verteidigte seine Mission, assistiert von Löw. Mit so einem Rückschlag habe man rechnen müssen, meinte der Bundestrainer, aber man vertraue dieser Mannschaft dennoch, die Planungen würden sich dadurch nicht ändern, man hoffe bereits im nächsten Spiel auf eine Reaktion.

Vom taktischen Gesichtspunkt her war es eigentlich überraschend, dass sich die deutsche Abwehr gegen Italien derart löchrig gezeigt hatte. Denn Joachim Löw hatte in Konsequenz der guten Erfahrungen gegen Frankreich eine defensivere Variante vorgeschlagen, indem er im Mittelfeld nicht mehr mit einer Raute, sondern mit einer »Doppelsechs« hatte agieren lassen. In der Grundformation hatte Ballack also nicht hinter den Spitzen agiert, sondern auf einer Höhe neben Frings. Diese Aufstellung hätte eigentlich eine Stabilisierung der Defensive bewirken müssen. Allerdings hatte die nötige Abstimmung gefehlt. »Beim zweiten Tor der Italiener spielt Deisler im Mittelfeld einen Fehlpass«, analysierte Löw. »Das darf er zu diesem Zeitpunkt nicht machen, wir lagen ja schon 0:1 zurück. Aber jetzt ist ein italienischer Spieler am Ball, mit freiem Blick zu unserem Tor. Kein Gegenspieler weit und breit. Das muss ein Signal für alle vier Abwehrspieler sein, sich sofort nach hinten fallen zu lassen. Wir aber sind auf einer Linie kurz hinter der Mittellinie stehen geblieben.« Wenn Gefahr drohe und der Gegner ohne Bedrängnis

Verehrung in der Heimat: Beim FC Schönau, für den Jogi Löw als Kind kickte, würdigte man das prominente Mitglied mit einem eigenen Schaukasten. Das Schwarz-Weiß-Foto zeigt ihn zusammen mit einem seiner Brüder.

Jogi-Festtage: Bei wichtigen Spielen der Nationalmannschaft trifft man sich im »Pit-Stop« zum Public Viewing. Die Vereinsgaststätte des FC Schönau wird von Joachim Löws jüngstem Bruder Peter (»Pit«) betrieben.

Talent mit Zukunftshoffnungen: Als 18-jähriger Stürmer begann Joachim Löw seine Profikarriere beim SC Freiburg in der 2. Liga.

Prominente Mitspieler: Mit der U21-Nationalelf trat Löw im November 1979 gegen die Sowjetunion an (und verlor 1:2). Von links: Jürgen Willkomm, Pierre Littbarski, Lothar Matthäus, Rudi Völler, Thomas Allofs, Joachim Löw, Jonny Otten, Bernd Klotz, Rigobert Gruber, Eike Immel und Thomas Kruse.

Im Fußball-Oberhaus: 1980 streifte sich Joachim Löw das Trikot des VfB Stuttgart über.

Tor gegen die Bayern: Im Münchner Olympiastadion erzielt Joachim Löw das 0:1 für seine Frankfurter Eintracht. Bayerns Keeper Junghans schaut frustriert, doch seine Elf gewinnt am Ende 3:2 (Oktober 1981).

Konzentriert ins Bundesligaspiel: Joachim Löw und seine Frankfurter Mitspieler Ralf Falkenmayer, Bruno Pezzey und Werner Lorant (v.r.).

Erfolgreichster Torjäger der Vereinsgeschichte: Für den SC Freiburg, bei dem er dreimal unter Vertrag war, traf Joachim Löw 81-mal ins gegnerische Netz. Das Foto zeigt ihn im Mai 1989 beim Zweikampf mit dem Berliner Blau-Weiß-Stürmer Thorsten Schlumberger im Dreisam-Stadion.

Früher Trainererfolg: Mit dem VfB Stuttgart gewann Joachim Löw 1997 in seiner ersten Saison als Bundesligatrainer gleich den DFB-Pokal.

Zwei Deutsche in der Türkei: Mit dem Istanbuler Verein Fenerbahçe wurde Joachim Löw 1999 Dritter der Süper Lig. Gegen seinen Kollegen Karl-Heinz Feldkamp (links) und dessen Verein Beşiktaş ging das Lokalderby mit 1:2 verloren.

Trainer-Engagements ohne Fortüne: Beim Karlsruher SC litt Joachim Löw gemeinsam mit Sportdirektor Guido Buchwald an einer Niederlagenserie (oben, 1999); bei Austria Wien mochte er nicht akzeptieren, dass Vereinsboss Frank Stronach ihm die Kompetenzen beschneiden wollte (unten, 2003).

einen Pass spielen könne, dann müssten die Abwehrspieler automatisch zurückweichen.«Das sind elementare Dinge«, meinte er, taktisch gebe es nach wie vor eine Menge zu tun. Das Defensivverhalten und die konstruktive Spieleröffnung müssten noch intensiver geschult werden, das kollektive Verhalten müsse noch mehr automatisiert werden.

»Man muss ehrlich sagen: Unser Spiel damals war desolat«, gibt Joachim Löw heute unumwunden zu. »Wir waren naiv, ohne eine gute Organisation.« Aber man habe dann schonungslos die Fehler klarmachen und noch rechtzeitig vor der WM etwas ändern können. »Wir hatten zuvor viel Zeit für das offensive Spiel verwendet, wir mussten uns nach der Niederlage dann entscheiden, stärker an der defensiven Organisation zu feilen.« Man musste die richtige Balance finden und das schnelle Umschalten auf die Defensive üben. Vor allem die Stürmer und Mittelfeldspieler waren nun gefordert, aufmerksamer mitzuarbeiten, damit man entstehende Lücken rechtzeitig schließen könnte. So wie in der Offensive bei Ballgewinn müssten entsprechend bei Ballverlust sofort alle zehn Spieler defensive Aufgaben übernehmen. Das hieß: schnelles gedankliches Umschalten, möglichst eng beieinander stehen, um den Ball möglichst schnell und möglichst weit vorne wiederzugewinnen.

Nach der deftigen Niederlage wehte Klinsmann heftiger Wind entgegen. Als er wenig später einer WM-Arbeitstagung der FIFA in Düsseldorf fernblieb, zu der über 20 Trainer von WM-Teilnehmern anreisten, kochten die alten Debatten noch einmal hoch. »Der soll hierher kommen und nicht ständig in Kalifornien rumtanzen und uns hier den Scheiß machen lassen«, tobte Bayern-Manager Uli Hoeneß. Allgemein wurde es als Affront empfunden, dass sich der Bundestrainer durch seinen Assistenten vertreten ließ. Der freilich gewann darüber ein immer besseres Standing. Mit der sportlichen Kritik am Spiel in Italien habe er sehr gut umgehen können, erklärte der zum Chef-Erklärer mutierte Klinsmann-Adjutant in aller Ruhe. »Ich empfinde es nicht als Stress und kann nachts sehr gut schlafen. Ich finde noch immer, dass die WM eine Wahnsinnsaufgabe ist mit dieser Mannschaft im eigenen Land.« Und so veranstaltete er wie gehabt in den nächsten Trainingseinheiten weiter seine Übungen in der Hoffnung, dass man sich defensiv verbessern würde, ohne dabei die bereits erreichten offensiven Stärken zu verlieren. Vor allem die Abstimmung zwischen den offensiven und defensiven Aufgaben hatte ja die größten Probleme bereitet. Es sei sein

Ziel, erklärte er, das System bis zum Start der WM – also innerhalb von grade mal drei Monaten – noch derart zu verfeinern, dass es am Ende so passgenau sitze »wie ein Paar alte Schuhe«. In den bisherigen Spielen hatte es gleichwohl oftmals so gewirkt, als seien die Schuhe, die man den Nationalspielern verpasst hatte, eher ein paar Nummern zu groß. Die Wahrheit lag auf dem Platz – und die hatte leider viel zu oft die Limitiertheit der deutschen Kicker an den Tag gebracht.

Eine Rehabilitation war dringend nötig. Und tatsächlich gelang am 22. März gegen die USA in Dortmund ein überzeugendes 4:1, das die Kritiker fürs Erste wieder besänftigte. Bei einer Niederlage, erklärte Klinsmann selbst, hätte er es für »gut möglich« gehalten, selbst kurz vor der WM noch entlassen zu werden. Völlig beruhigt waren die Gemüter freilich noch nicht. Daher startete das »Team Nationalmannschaft« mit dem Triumvirat Klinsmann, Löw und Bierhoff an der Spitze fünf Wochen vor der WM zu einer Goodwill-Tour durch Deutschland, um vor Medienvertretern und ausgewähltem Publikum die Errungenschaften ihrer Amtszeit noch einmal mit allem Nachdruck in ein gutes Licht zu stellen.

KAPITEL 6

Sommermärchen mit Chef-Duo
oder: Der Bundestrainer 1b
als Taktikflüsterer

In einem ziemlich verregneten Monat Mai ging die WM-Vorbereitung in die heiße Phase. Am 15. Mai stellte Klinsmann in Berlin sein Aufgebot vor. Am 16. Mai startete das Fitness-Trainingslager auf Sardinien. Am 23. Mai folgte das Taktik-Trainingslager in Genf. Am 31. Mai bat das Nationalteam in Düsseldorf zum öffentlichen Training, 42.000 meist jugendliche Zuschauer kamen. Am 2. Juni gab es dann schließlich in Leverkusen den letzten Test gegen Kolumbien. Mit 3:0 verlief er unfallfrei, genauso wie die beiden vorherigen Übungs-Länderspiele gegen Luxemburg (7:0) und Japan (2:2). Einen endgültigen Aufschluss über die wahre Spielstärke des deutschen Teams hatte man damit immer noch nicht. Das Team Deutschland blieb bis zum Start der WM eine Wundertüte. Niemand hatte eine genaue Vorstellung davon, was im Ernstfall drin sein würde. Der Positivmensch Klinsmann hegte nichtsdestotrotz keinerlei Zweifel, dass die »großen Linien«, die er vorgegeben hatte, im Prinzip die richtigen waren. Und auch Joachim Löw war überzeugt, dass man die richtigen Spieler ausgewählt hatte, sie auf einen optimalen Fitnessstand gebracht und auf das unter den gegebenen Umständen bestmögliche taktische Niveau gebracht hatte. Die Themen »Spielerauswahl« und »Trainingslager« lohnen dennoch eine eingehendere Betrachtung.

Nominierungspuzzle mit Überraschungen
Bei der Auswahl der Nationalspieler setze das Duo Klinsmann/Löw einen Kriterienkatalog an, wie er nicht bei allen Trainern üblich ist. Denn nicht nur das Sportliche sollte zählen, sondern ebenso charakterliche Werte wie Zuverlässigkeit, Aufrichtigkeit, soziale Kompetenz und Teamfähigkeit. »Mich persönlich widern zwei Dinge unheimlich an«, betonte Joachim Löw: »Wenn jemand unprofessionell ist oder wenn er arrogant ist, selbstgefällig gegenüber Mitspielern, Mitmenschen, Fans oder Medienvertretern.« Die Profis müssten wieder zurückfinden »zu einer gewissen Dankbarkeit, zu Demut und Bescheidenheit«. Wichtig

sei zudem, dass die Ergänzungsspieler nicht ausscheren und im Vorhinein deutlich machen, dass sie ihre Nebenrolle akzeptieren. Es wurde also weniger Wert auf den Einzelnen gelegt, sondern vor allem darauf, ein gut funktionierendes Team auf die Beine zu stellen, in dem die Charaktere und Spielertypen gut ineinandergreifen.

Der größte Pechvogel war Oliver Kahn. Scheinbar ohne Not hatte das Trainerteam die Rotation mit Jens Lehmann ausgerufen und sowohl die Öffentlichkeit wie die beiden Kandidaten selbst extrem lange darüber im Unklaren gelassen, wer das Rennen nun machen würde. Erst Anfang April 2006 entschied das Trainerteam nach einer zwei Jahre andauernden Diskussion: Lehmann ist die Nummer eins. Für informierte Beobachter hatte das in der Luft gelegen, da Klinsmann/Löw einen fußballerisch starken und in der Spieleröffnung (Abwürfe, Abschläge) schnellen und präzisen Keeper vor Augen hatten, der in der Lage ist, sich als erster Offensiv- und letzter Defensivspieler vorausschauend einzuschalten – und in diesem Anspruchsschema hatte Lehmann klare Vorteile gegenüber dem auf der Linie glänzend reagierenden und mental unverwüstlichen Kahn. Erstaunlicherweise gab das Alphatier Kahn danach nicht den Wüterich, sondern sollte sich bei der WM als Mutter der Kompanie in der Etappe bewähren.

Möglicherweise war das Bedürfnis, Rangkämpfe mehrerer Platzhirsche zu vermeiden, ein weiterer Grund für die Degradierung des machtbewussten Kahn, der sich bei der WM 2002 den Status eines germanischen Supermanns erhechtet und erfaustet hatte. Im Zuge der Torwart-Rotation war Kahn konsequenterweise auch seines Kapitänsamtes enthoben worden. Zum neuen Häuptling wurde Michael Ballack erkoren. Der einzig anerkannte deutsche Weltklassespieler auf dem Feld sollte als »Capitano« eine klare Hierarchie ins Team bringen. Ballack sollte also den Chef geben, unterstützt von den Unterhäuptlingen Torsten Frings, Bernd Schneider und Christoph Metzelder. Vor allem von Metzelder war Joachim Löw überzeugt. Der Innenverteidiger war wegen seiner reifen Persönlichkeit im Team hoch angesehen und außerdem, »in der Lage, die Defensive zu führen, den Organisator zu spielen«.

Neben Schneider und Metzelder hielt man auch an einigen anderen mehr (oder manchmal auch weniger) bewährten Kräften wie Miroslav Klose, Sebastian Kehl, Arne Friedrich, Gerald Asamoah und Tim Borowski fest. Ansonsten wurde der große Generationswechsel ausgerufen. Junge und unverbrauchte Spieler wie Philipp Lahm, Bastian

Schweinsteiger, Per Mertesacker und Lukas Podolski etablierten sich als Stammkräfte. Andere wie Schulz, Fahrenhorst, Sinkiewicz, Engelhardt oder Owomoyela, den Löw auf der üblicherweise nicht als Nationalmannschaftsrevier verdächtigen Bielefelder Alm entdeckt hatte, erschienen zeitweilig als Option und verschwanden dann wieder, Marcell Jansen blieb in zweiter Reihe in Lauerstellung.

Am erstaunlichsten war, dass plötzlich einige bis dahin völlig unbekannte deutsche Talente im Ausland entdeckt wurden. Thomas Hitzlsperger (Aston Villa), Moritz Volz (FC Fulham) und der Reserve-Verteidiger Robert Huth vom FC Chelsea tauchten plötzlich im Kader auf. Und zwei von ihnen – Hitzlsberger, der Mann mit der tierischen Kraft und dem Hammerschuss, sowie Huth, den Klinsmann als Maxi-Ausgabe von Karlheinz Förster vorstellte – durften dann auch bei der WM mitmischen, obwohl ihre Leistungen recht durchwachsen blieben und sie sich vor allem in der Defensive zuweilen äußerst wackelig präsentiert hatten.

»Unsere Zuversicht besteht darin, dass wir eine große Stärke in der Breite besitzen«, kommentierte Klinsmann nach einem halben Jahr Bundestrainer-Daseins die Ergebnisse seiner WM-Kandidaten-Schürfarbeit. Und Joachim Löw, der Hauptkundschafter an der Spieler-Beobachtungsfront, fügte mahnend hinzu, dass die Auswahl sicher noch viel größer ausfallen könnte, wenn die Trainer in der Bundesliga den jungen Talenten endlich mehr Chancen geben würden. »Ich würde mir wünschen, wenn die deutschen Klubs mehr den Weg mit Nachwuchsspielern gehen würden.« Nachwuchs-Leistungszentren gebe es ja schließlich jetzt überall, man müsse sie nun endlich nutzen und sich zudem im Sinne der Talentförderung Gedanken machen über eine Ausländerbeschränkung in der Bundesliga.

Aber das war Zukunftsmusik. Vorerst musste man mit dem durchwachsenen »Material« auskommen, das gerade zur Verfügung stand, und notgedrungen musste man auch akzeptieren, dass es einige der in Betracht kommenden Spieler in ihren Vereinen nicht zum Status von Stammspielern gebracht hatten. Wackelkandidaten gab es in beträchtlicher Zahl, und so wurden im Countdown zur Heim-WM allwöchentlich Wasserstandsmeldungen zum vermutlichen Kader abgegeben. Klinsmann tat kund, wer gerade »das Näschen vorn« hatte und wer »einen Tick hinten« lag, und selbstverständlich vergaß er dabei nie zu betonen, dass die Stimmung insgesamt »natürlich super« sei. Allmählich schrumpfte so der Kreis der potenziellen WM-Helden immer mehr zusammen.

Erstes prominentes Opfer war der Verteidiger Christian Wörns. Der 66-malige Nationalspieler hatte sich wegen seiner Nicht-Nominierung für mehrere Test-Länderspiele öffentlich darüber beschwert, dass das von Klinsmann immer wieder beschworene Leistungsprinzip offensichtlich nicht zähle – und wurde daraufhin Ende Februar 2006 kurzerhand aus dem WM-Kader gestrichen. Man habe klar gesagt, dass es eine öffentliche Kritik nicht geben dürfe, kommentierte Joachim Löw. »Wenn Regeln nicht eingehalten werden, sind wir absolut konsequent.« Man habe damit leider eine Alternative weniger, fügte er hinzu, »doch unsere Priorität sind Spieler, die zielorientiert arbeiten und sich charakterlich astrein verhalten«. Fakt war aber natürlich auch, dass Wörns, ein klassischer Manndecker alter Mannheimer Schule, wegen seiner Schwächen im Spielaufbau eigentlich den Anforderungen gar nicht entsprach. Dasselbe traf auch auf den defensiven Mittelfeldspieler Didi Hamann vom FC Liverpool zu. Der Routinier war als notorischer Tempoverschlepper verrufen und hatte wohl vor allem deswegen keine Chance auf eine Nominierung.

Als Klinsmann am 15. Mai 2006 seinen 23-köpfigen WM-Kader benannte, gab es einige hängende Köpfe. Der Bremer Verteidiger Patrick Owomoyela und zwei Schalker, der Mittelfeldspieler Fabian Ernst und der Stürmer Kevin Kuranyi, wurden trotz ihrer respektablen Länderspiel-Erfahrung nicht nominiert. Besonders überraschend war die Nichtberücksichtigung Kuranyis, der unter Klinsmann und Löw in den Jahren 2004 und 2005 praktisch immer gesetzt war. Einem Gerücht zufolge soll er dem »geheimen« Beobachtungssystem der DFB-Trainer zum Opfer gefallen sein: Angeblich war Kuranyi das Training auf Schalke recht locker angegangen und hatte somit ein wesentliches Anforderungskriterium – nämlich unbändigen Fleiß – nicht erfüllt.

Auf der anderen Seite erhielten Ergänzungsspieler wie Mike Hanke, der junge Marcell Jansen und dazu alte Haudegen wie Jens Nowotny und Oliver Neuville ein WM-Ticket. Die größte Überraschung beim Nominierungspuzzle stellte aber zweifellos David Odonkor dar. Mit dem Dortmunder Flügelsprinter wurde ein bis dahin völlig unbeschriebenes Blatt berufen, das kein Experte ernsthaft auf der Rechnung hatte. Assistent Löw begründete die Entscheidung: Odonkor habe bei der Borussia immer gespielt, man habe ihn in mehr als 15 Spielen beobachtet und sei zu dem Ergebnis gekommen, dass er mit seiner enormen Schnelligkeit »eine Hilfe sein könnte«.

Nun galt es noch, aus den nominierten Spielern eine erste Elf herauszufiltern. Alle Spieler müssten über drei Wochen eine positive Stimmung bewahren, mahnte Löw, keiner der Nichtberücksichtigten dürfe das große Ziel mit seinem Frust gefährden, alle Ersatzspieler inklusive den Torhütern Nummer zwei und drei (Kahn und Hildebrand) müssten positiv ins Turnier gehen. »Wir wollen den Konkurrenzkampf auf dem Platz«, gab er als Parole für die letzte Etappe der WM-Vorbereitung aus, »allerdings muss jeder das Gefühl haben, dass er gebraucht wird.« Aber ganz gleich, wer nun am Ende das Rennen machen würde, eines stand für ihn schon vor dem Anpfiff des ersten Spiels fest: »Nur wenn alle über sich hinauswachsen, können wir Weltmeister werden. Ich meine damit wirklich alle, von der Nummer eins bis zur Nummer 23, uns Trainer und das gesame Umfeld.«

Fitnesseinheiten und Taktikstunden

Anders, als es früher üblich war, blieben DFB-Funktionäre und deren Gäste bei den Trainingslagern außen vor; die würden nur, so hatte Klinsmann bereits zu Beginn seiner Amtszeit entschieden, Ruhe und Konzentration der Spieler stören. Dass in den ersten fünf Tagen auf Sardinien, ein Novum in der DFB-Geschichte, die Familien der Spieler mit dabei sein durften, hielt er dagegen für eine angemessene Motivationsmaßnahme. Weitere Entspannungsmomente gab es am Hotelpool und bei einem Go-Kart-Rennen. Aber Urlaubs-Feeling sollte freilich nicht aufkommen. Täglich gab es harte Einheiten, die der gesamte Betreuerstab akribisch durchgeplant und genauestens aufeinander abgestimmt hatte.

Das Konditions-Trainingslager auf Sardinien folgte dem Klinsmann-Motto: »Wir sind keine Brasilianer. Doch wenn die körperlichen Voraussetzungen stimmen, kann man viel bewegen.« Mittels verschiedener Leistungstests hatte sich die sportliche Leitung – die übrigens selbst mit gutem Beispiel voranging und ein tägliches Fitnessprogramm durchzog – ein genaues Bild über Schwächen und Stärken der Spieler verschafft. Insgesamt waren bis zum Beginn des Trainingslagers vier Tests durchgeführt worden, in denen man neben den Laktatwerten auch Kraft und Beweglichkeit gemessen hatte. Es zeigte sich, dass ungefähr die Hälfte der Spieler eine positive Fitnessentwicklung durchgemacht hatte und die andere Hälfte in etwa gleich geblieben war. Es sei daher zu

»vermuten, dass ungefähr die Hälfte der Mannschaft regelmäßig etwas getan hat«, so der vom FC Bayern München an die Nationalmannschaft ausgeliehene Fitnesstrainer Oliver Schmidtlein. Bei Kraft-, Beweglichkeits- und Stabilitätstests, die nach einem Scoring-System mit maximal 28 Punkten durchgeführt worden waren, hatte man im Durchschnitt deutliche Fortschritte erzielt. Der Anfangsdurchschnitt von 19 hatte sich auf 22 Punkte gesteigert. Auf Sardinien selbst legte man nun sein Augenmerk insbesondere auf die Steigerung der Ausdauer. Selbst in einer so kurzen Zeit wie zwei Wochen seien, so die Überzeugung der Fitnesstrainer, bei durchtrainierten und belastbaren Leistungssportlern signifikante Steigerungen möglich, wenn man die Programmpunkte gut aufeinander abstimmt, die notwendigen Erholungsphasen einhält und somit Überlastungen vermeidet.

Konditionsbolzerei war das eine Rezept zur Kompensation der balltechnischen Limitiertheit, taktischer Feinschliff das andere. Für den war nun im zweiten Trainingslager in Genf Joachim Löw zuständig. Im Stadion von Servette stand er auf dem Platz und forderte mit badischem Zungenschlag »höggschde« Disziplin, damit alles einwandfrei funktionieren würde – sowohl im Fall, »wenn dr Gegner den Ball hätt«, als auch dann, »wenn wir den Ball hän«. Mehr als ihm lieb sein konnte – siehe auch den »Einwurf« nach Kapitel 2 dieses Buches – musste er sich dabei nach wie vor mit elementaren Mechanismen beschäftigen, um die Mannschaftsteile im 4-4-2 – Vierer-Abwehrkette, vier Mittelfeldspieler und zwei Stürmer – in allen Spielsituationen zu einer betriebssicheren Einheit zu formen. Wie vielen anderen Trainern schien ihm die Mittelfeld-Raute inzwischen zu riskant. Zur Sicherung der Defensive entschied er sich dafür, den offensiven Mittelfeldspieler nach hinten zu ziehen. Das ergab dann die bereits erprobte Doppelsechs, also zwei zentrale Defensivspieler. Komplettiert wurde das Mittelfeld durch zwei hochstehende Außenbahnspieler mit vorwiegend offensiven Aufgaben. Das taktische Herzstück der Mannschaft bildeten die beiden Sechser Torsten Frings und Michael Ballack. Bei gegnerischem Ballbesitz mussten sie auf einer Linie einen kompakten Block bilden, bei eigenem Ballbesitz sollte Ballack im richtigen Moment nach vorne rücken und sich in den Spielaufbau einschalten.

Gern hätte Joachim Löw mit hoher Intensität komplette Schach-, Spiel- und Winkelzüge einüben lassen – aber allzu viele Übungseinheiten konnte er für solche Finessen nicht entbehren, da selbst das kollektive Verschieben im Abwehrverbund immer noch nicht reibungslos funktionieren wollte. Auf das Einüben von Standardsituationen – Freistöße, Eckstöße – musste man sogar fast komplett verzichten, es blieb einfach keine Zeit dafür; Schweinsteiger, Ballack & Co. würden das auch so hinkriegen, hoffte er.

Im Zweifel galt ja überhaupt das »positive thinking« als generelles Allheilmittel. Auch der Psychologe Hermann machte sich in dieser Hinsicht verdient. Er unterrichtete die Spieler darin, wie man sich durch das Vorsagen von Merksätzen mit positiven Botschaften selbst motivieren oder wie man das Selbstbewusstsein durch die Bewältigung einer Drucksituation steigern kann. Eine Einheit beim Elfmetertraining lief so: Der Schütze musste dem Trainer und den Teamkameraden laut ankündigen, dass er den Ball gleich »ganz sicher« verwandeln werde. So ließ sich also ein verstärktes Selbstbewusstsein als Elfmeterschütze herbeiführen – mit der kleinen, aber nicht unwesentlichen Einschränkung, dass das natürlich nur für den Fall des Torerfolgs galt.

Die Lehre von Costa Rica

Nach letzten Testspielen, die keine bedeutenden Aufschlüsse mehr gebracht hatten, wurde es Anfang Juni ernst. Man zog nach Berlin in das gleich neben den Blau-Weiß-Trainingsplätzen gelegene Schlosshotel in den Grunewald. Dort ging es, wie schon zuvor auf Sardinien und in Genf, luxuriös zu. Eine Vorbereitung unter spartanischen Bedingungen wie einst in der Sportschule Malente war nicht mehr zeitgemäß, man hatte sogar spezielle Umgestaltungen vorgenommen, etwa einen Extra-Lounge-Bereich eingerichtet. Die Spieler hatten es aber nicht nur gemütlich, sondern sie waren hier in Berlin auch mitten drin im Fußballfieber – dem »positiven Energiefeld«, wie das Klinsmann ausdrückte. Tatsächlich sollte das WM-Quartier während des Turniers ständig von Fans umlagert sein. So wird die Mannschaft, wie von der Teamleitung beabsichtigt, sich während des Turniers mitreißen lassen von dem unfassbaren Fan-Enthusiasmus. Und umgekehrt wird sie die Menschen auch teilhaben lassen am Innenleben des Teams, dem Katalysator dieser Begeisterung: Der Regisseur Sönke Wortmann sollte das Team durch das gesamte Turnier begleiten, um hernach, egal mit welchem Ausgang, einen Film über das »Projekt 2006« in die Kinos zu bringen.

Der Countdown lief nun. Es gab lange Diskussionen um Kapitän Ballack. Er war verletzt, wollte aber trotzdem im Eröffnungsspiel gegen

Costa Rica auflaufen. »Natürlich möchte jeder Spieler gerne das Eröffnungsspiel einer WM spielen«, äußerte Joachim Löw Verständnis. Dann aber entschieden sich Bundestrainer und Assistent gegen seinen Einsatz. »Er würde das Risiko eingehen, wir nicht«, begründete Löw die Maßnahme. »Wir brauchen ihn noch für das Turnier.« Am 7. Juni machte der oberste Fan, die Bundeskanzlerin Angela Merkel, im Schlosshotel ihre Aufwartung und wünschte viel Glück. Die Meteorologen prophezeiten eine stabile Hochwetterlage. Und am 8. Juni hatte Urs Siegenthaler seinen Auftritt. Die Taktik Costa Ricas stand nicht im Zentrum seines Vortrages. Sondern er zeigte eine DVD, die Landschaftsbilder präsentierte (Vulkane, Naturschutzgebiete), über die Lebensfreude der Menschen berichtete und über deren geringe Bereitschaft, sich zu quälen. Eine Idee, was das bringen sollte, hatte eigentlich niemand so recht, aber immerhin wusste man nun, dass die »Ticos« ein recht gemütliches Völkchen sind. Dann endlich, am Freitag um 18 Uhr in München: der Anstoß.

Deutschland ging nach einem mit Rechts abgeschlossenen herrlichen Solo von Linksverteidiger Lahm in Führung, Costa Rica glich zum 1:1 aus, das DFB-Team zog durch zwei Klose-Tore auf 3:1 davon, die Mittelamerikaner verkürzten auf 3:2, Frings sorgte für den Endstand von 4:2. Fazit: Die Offensive hatte gut funktioniert, die Defensive hatte gewackelt. Siegenthaler war zufrieden: »Nachher sagten mir deutsche Spieler, sie hätten an meine Worte gedacht. Bei beiden Gegentoren behielten sie ein Gefühl der Sicherheit, weil sie wussten: Die Ticos nehmen es nicht ganz so ernst, sie lassen uns spielen, das wird schon.« Es folgte dennoch eine Schulung anhand von Spielszenen, um weiter an den vor allem im Defensivbereich teilweise in erschreckender Weise aufgetretenen Fehlern zu arbeiten. Paulo Wanchope, Stürmer und bester Mann Costa Ricas, hatte bei seinen beiden Toren die Schnittstellen im deutschen Abwehrverbund derart brutal offengelegt, dass hier unbedingt nachjustiert werden musste. Klinsmann und Löw entschieden sich, das Team fortan im Mittelfeld mit einer »flachen Vier« antreten zu lassen. Das hieß: Die beiden bislang »hoch« stehenden, also nach vorne gezogenen Außenbahnspieler, sollten fortan in der Grundformation defensiver spielen, nämlich auf einer Linie mit den beiden zentralen Sechsern. Mit zwei eng stehenden Viererreihen würde die Mannschaft nun in der Defensive nur noch schwer verwundbar sein, allerdings mussten in dieser Formation die Außenbahnspieler sehr aufmerksam sein und noch mehr Laufarbeit verrichten.

Die Umstellung sollte das erfahrenste Tandem im deutschen Spiel stärken: Michael Ballack und Torsten Frings, den »Capitano« und den »Lutscher«. Ballack, der im nächsten Spiel wieder auflaufen würde, hatte schon lange massiv darauf gedrängt, die Defensive zu stärken. Als zentrales Organisations-Tandem sollten sich die beiden fortan als die unumstrittenen Leader im deutschen Spiel profilieren.

Der DFB-Zug kommt ins Rollen

Im Spiel gegen Polen startete die DFB-Elf von Beginn an einen Angriff nach dem anderen, doch das Tor des Gegners war wie vernagelt. In der 64. Minute wurde schließlich die von Joachim Löw ausgeguckte Geheimwaffe eingewechselt: Flügelsprinter Odonkor kam für Verteidiger Friedrich, kurz darauf ersetzte Neuville den glücklosen Podolski. Dann auch noch Glück für das deutsche Team, als der Pole Sobolewski nach einem Foul an Klose mit Gelb-Rot vom Platz musste. Die deutsche Elf erhöhte ihre Schlagzahl noch einmal, Polens Keeper Boruc verrichtete Schwerstarbeit und hatte Glück bei zwei Lattentreffern. In der Nachspielzeit schließlich Odonkors großer Moment: Auf Pass von Schneider sprintete er allen Gegnern davon, passte von rechts scharf in die Mitte – und Neuville vollstreckte zum 1:0. Die Einwechselspieler hatten es rausgerissen, die Trainer alles richtig gemacht. Vor allem war ihre Idee voll aufgegangen, die bei der Nominierung kaum jemand hatte nachvollziehen können: nämlich mit dem pfeilschnellen David Odonkor eine Spezialwaffe für den Notfall im Köcher zu haben.

Die deutsche Elf hatte sich mit diesem Sieg bereits für das Achtelfinale qualifiziert. Aber man wollte sich nun im letzten Gruppenspiel gegen Ecuador auch nicht blamieren. Die Südamerikaner spielten das klarste 4-4-2, warnte Joachim Löw. »Sie kombinieren schnell. Wie an einer Schnur gezogen. Machen die Räume unheimlich eng. Verschieben gut.« Das Spiel verlief nicht perfekt – der deutschen Elf gelang es nicht, das Tempo hoch zu halten, zwischen Abwehr und Mittelfeld klafften immer wieder große Lücken, aber der Gegner war erstaunlich harmlos, und so sprang am Ende ein nie gefährdetes 3:0 heraus. Voller Zuversicht verkündete Klinsmann, dass seine Mannschaft »keinen Gegner der Welt fürchten muss, wenn sie an ihre Grenzen geht«.

Vor dem Achtelfinale gegen Schweden setzte der Bundestrainer seine Jungs in der Kabine richtig unter Feuer. Die taktische Vorbereitung von Joachim Löw war da schon gelaufen. Gegen Ecuador hatte er es noch einmal mit der offensiveren Raute probiert, nun wählte er die im Ansatz bereits gegen Polen gewählte Formation mit einer tiefergelegten »flachen Vier« im Mittelfeld. Kapitän Ballack, der sich mit seinem Dauer-Plädoyer für mehr Absicherung in der Defensive bereits etwas unbeliebt gemacht hatte, dürfte für die Umstellung einen nicht unerheblichen Anstoß gegeben haben.

Es folgte ein überzeugendes Spiel: hohes Tempo, gute Kombinationen, souveräne Zweikämpfe, 63 Prozent Ballbesitz. Bereits nach zwölf Minuten war die Sache durch zwei Podolski-Tore mit 2:0 entschieden. Man habe den Gegner in seine Einzelteile zerlegt, freute sich Joachim Löw, zum ersten Mal sei alles aufgegangen, was man vorher besprochen hatte. Das Geheimnis für das nun funktionierende deutsche Spiel lag nicht zuletzt in der Zurücknahme Ballacks in das defensive Mittelfeld. Er unterstützte den zuvor oft alleine überforderten Torsten Frings und gab damit der in den vorherigen Spielen immer wieder recht wackeligen Innenverteidigung mit Metzelder und Mertesacker den notwendigen Halt. »Die Abwehr steht jetzt sicher, weil sie nur noch selten spontan angegriffen wird, das ist eine Erleichterung für sie«, erläuterte der Assistent. »Michael hat sich sehr gut in das Mannschaftswesen eingereiht, seine Position hilft uns, Stabilität zu erlangen, denn wenn er in der Raute gespielt hat, konnte er nicht so schnell zurückkommen. Jetzt steht das Mittelfeld eng beieinander, alle sind wahnsinnig diszipliniert.« Für den taktisch nicht versierten Beobachter war der Wandel allerdings kaum zu erkennen, weil die gut aufgelegten Podolski und Klose vorne für viel Wirbel sorgten; und auch Ballack war immer wieder in vorderster Front aufgetaucht, hatte bei seinen zahlreichen Versuchen aber stets im schwedischen Torwart Isaksson seinen Meister gefunden.

Zitterpartie und Halbfinal-K.o.

Im Viertelfinale erwiesen sich die von Joachim Löws Vorbild José Pekerman trainierten Argentinier als eine enorm harte Nuss, die kaum zu knacken war. Die taktisch klug verschiebenden Gauchos dominierten das Spiel (58 Prozent Ballbesitz) und gingen in der 49. Minute auch mit 1:0 in Führung. Doch die deutsche Elf hielt verbissen dagegen und entdeckte ihre alten kämpferischen Tugenden wieder. In der 80. Minute gelang Klose der Ausgleich zum 1:1. Es folgte eine torlose Verlängerung und dann das Elfmeterschießen. Keeper Lehmann, durch einen Zettel von Torwarttrainer Köpke über die Vorlieben der Argentinier informiert, hielt zweimal – Deutschland war weiter. Erneut hatten die Statistiker ihren Verdienst am Erfolg: Denn auch die Infomationen über die argentinischen Elfmeterschützen, die auf Köpkes Zettel standen, hatte Siegenthalers »Team Köln« recherchiert. Joachim Löw brannte sich die Szene, als Lehmann den zweiten Elfmeter gegen Argentinien hielt, für immer ein: »Da war so eine Freude und ein Feuer in uns, wie ich sie im Fußball noch nie erlebt habe.«

Die Freude wurde allerdings nach dem Schlusspfiff durch die Folgen eines überflüssigen Gerangels etwas getrübt. Die FIFA hatte nach Auswertung der TV-Bilder einen Schubser von Torsten Frings gegen einen Argentinier als Tätlichkeit gewertet und mit einer Sperre geahndet. So durfte im Halbfinale gegen Italien einer der Schlüsselspieler nicht mitwirken. Ob die Deutschen mit Frings besser ausgesehen hätten, weiß niemand – fest steht, dass sie ohne ihn von ihrem Angstgegner deutlich die Grenzen aufgezeigt bekamen. Nur 43 Prozent Ballbesitz und 2:10 Torschüsse sprachen eine deutliche Sprache. Dennoch fiel die Entscheidung erst in der zweiten Hälfte der Verlängerung. In der 119. Minute zerschnitt ein Traumpass von Pirlo auf Grosso die deutsche Abwehr und es stand 0:1. Damit war das Spiel entschieden, das 0:2 durch del Piero kurz vor dem Abpfiff hatte nur noch statistischen Wert.

Grossos Tor erlebte Joachim Löw als Einbruch des puren Grauens. »Der Moment, in dem der Ball im Netz zappelt, war ein Schock für mich. Es war, als ob mein Blut gefriert, ein Stich ins Herz. Das Zappeln des Netzes habe ich wochenlang vor Augen gehabt.« Man hätte Pirlo vor dem Treffer den Passweg zustellen müssen, kritisierte er. »Das haben wir versäumt – und dieser Fehler hat zum Tor der Italiener geführt.« Man hätte sich zurückziehen und versuchen müssen, das Spiel über die Zeit zu bringen. »Im Elfmeterschießen hätten wir gute Chancen gehabt. Aber wir hatten diese Mentalität, das Spiel vorher entscheiden zu wollen.« Noch monatelang ging ihm dieses Spiel durch den Kopf. Er spulte es vor und zurück, in der Erinnerung und auch auf dem Bildschirm. »Warum konnten wir uns im Verlauf des Spiels nicht entscheidend durchsetzen? Warum konnten wir die Italiener nicht zu Fehlern zwingen?« Irgendwann musste er sich die brutale Wahrheit eingestehen: »Wir sind in diesem Moment an unsere Grenzen gestoßen. Wir haben keine Mittel gefunden, diese Mannschaft ins Wanken zu bringen.« Deutschland war in diesen 120 Minuten einfach nicht stark genug gewesen, um als Sieger den Platz zu verlassen. Nur mit Glück, also im Elfmeterschießen, wäre ein Weiterkommen möglich gewesen. Es blieb nur, dieses Spiel zu vergessen und zu versuchen, es künftig mit neuen Spielern unter neuen Bedingungen besser zu machen.

Die Bilanz: Fröhlich am Rand des Wahnsinns
Zum Abschluss eines begeisternden Turniers gab es ein lockeres 3:1 gegen Portugal im Spiel um Platz drei mit zwei phänomenalen Schweinsteiger-Toren sowie eine ausgelassene Party am Brandenburger Tor in Berlin. Joachim Löw wird seine Erinnerungen später so zusammenfassen: »Der Fußball treibt einen schon manchmal an den Rand des Wahnsinns, was die Emotionen betrifft. Das ist auch das Schöne am Fußball. Du erlebst den Sieg in der 93. Minute gegen Polen, das Elfmeterschießen gegen Argentinien, und dann in der 118. Minute gegen Italien wirst du in ein Tal der Tränen gerissen, mit einem unglaublichen Gefühl der Leere. Das lässt sich nicht beschreiben. Man weiß gar nicht, wie man damit umgehen soll. Es ist innerhalb weniger Tage unglaublich emotional. Damit fertig zu werden, ist nicht einfach.« Trotz allem sei es aber eine WM gewesen, bei der das deutsche Team guten Fußball gezeigt habe. Gegen Schweden »überzeugend«, gegen Argentinien »sehr gut«, gegen Italien sei es immerhin »taktisch sehr interessant« gewesen. Man habe sich nicht durchgemogelt, sondern man habe offensiv gespielt und die Menschen begeistert.

Den deutschen Fußball hatte man voranbringen wollen, ein fröhliches Deutschland hatte man präsentieren wollen, Weltmeister hatte man werden wollen. Letzteres hatte nicht geklappt, insgesamt aber, so Joachim Löw, würden »die positiven Eindrücke überwiegen: wie die Identifikation mit den Fans aufgebaut wurde, diese Nähe, dieser Spielstil, dieses friedliche Fest WM, dieser Eindruck, den das Ausland gewonnen hat: Deutschland ist friedlich, freundlich, kann feiern, sechs Wochen schönes Wetter.« Jürgen Klinsmann hatte die Sonne aus Kalifornien nach Deutschland holen wollen. In dieser Hinsicht jedenfalls war sein Projekt vom Erfolg gekrönt. »Ich wollte die Menschen tanzen und lachen sehen. Ich wollte, dass wir ein Deutschland zeigen, das mulitkulturell, mehrsprachig und wiedervereinigt ist. Ein neues, anderes Deutschland, und die Menschen haben diesen Gedanken aufgenommen.« Auch DFB-Präsident Zwanziger war begeistert und feierte die WM vor allem als größten Beitrag für die Integration in Deutschland. »Die WM hat gezeigt, was der Fußball auf diesem Feld leisten kann. Menschen aus allen Kulturen haben zusammen ein Fest gefeiert. Die Türken haben in ihren Gaststätten die deutschen Fahnen aufgehängt, es gab keine Barrieren mehr.«

Wohl kaum zu bestreiten ist, dass der Euphoriker Klinsmann eine entscheidende (Auslöser-)Rolle gespielt hat für die riesige Begeisterung, die in diesen Wochen ganz Deutschland ergriffen hatte. Schwerer zu bestimmen ist der konkrete Anteil des großen Motivators an der täglichen Kleinarbeit. Er habe doch viele Experten, die vieles besser könnten als er, meinte er, daher müsse er sich zurücknehmen. Für Fitnessübungen seien eben Mark Verstegen und Oliver Schmidtlein zuständig, und fürs Erklären der taktischen Finessen Joachim Löw. Vielleicht sei er auch gar kein klassischer Bundestrainer mehr, antwortete er auf eine entsprechende Frage der »Süddeutschen Zeitung«, vielleicht sei er eher so etwas wie ein Projektleiter. »Ich sehe es als meine Aufgabe an, dass jeder im Stab seine Stärken zum Tragen bringt, das sind ja an die 20 bis 25 Leute: Mediziner, Physiotherapeuten, Sportpsychologe, Fitnessleute. Das läuft alles bei mir zusammen.« Die Aufgaben eines Cheftrainer-Projektleiters seien heute derart komplex, dass es vor allem darum gehe, eine Gruppe von Spezialisten zu führen und zu organisieren.

Ein Chef im eigentlichen Sinn war Jürgen Klinsmann nie, eher war er ein Chef-Ideengeber und -Anreger. Seine spezielle Fähigkeit, so Oliver Bierhoff, habe in der Fähigkeit gelegen, seinen Antrieb auf andere zu übertragen. »Er hat manchmal auch einfach Dinge in den Raum geworfen und erwartet, dass man da irgendwas draus macht.« Besonders viel daraus gemacht hat sein nomineller Adjutant, der Taktik- und Trainingsexperte Joachim Löw, dessen hoher Anteil am »Projekt 2006« im Lauf der Zeit immer deutlicher geworden war und schließlich in der Titulierung als »Bundestrainer 1b« seinen Ausdruck gefunden hatte. Mit dem Bundestrainer, so Joachim Löw, habe ihn von Anfang an ein enges Vertrauensverhältnis verbunden – nicht im Sinne einer »Kumpanei«, sondern im Sinne einer »sehr guten Symbiose«.

Ohne den enthusiastischen Beginner Klinsmann wäre das Sommermärchen 2006 nicht auf den Weg gebracht worden. Aber ohne den akribischen Arbeiter Joachim Löw, der in seinen Taktikschulungen unerschütterlich den heiklen Spagat zwischen Grundschul-ABC und wissenschaftlichem Seminar erprobte und aushielt, hätte es sich nicht unfallfrei vollziehen können. Wer diese Rollenverteilung heute noch einmal nacherleben will, kann dies – sofern er sich von der enervierenden Dauerwerbung für die Firmen Mercedes und Adidas nicht allzusehr ablenken lässt – jederzeit tun: einfach die DVD mit Sönke Wortmanns Film »Deutschland, ein Sommermärchen« einlegen.

II. TEIL

Der Bundestrainer und seine Turniere

KAPITEL 7

Der logische Klinsmann-Erbe
oder: Auf dem Weg zum selbstverständlichen Chef

Als die Ära Klinsmann erfolgreich zu werden begann, also nach dem Einzug ins Viertelfinale der WM 2006, wollte sich DFB-Präsident Theo Zwanziger nicht so recht einen anderen Bundestrainer vorstellen als Klinsmann selbst. Der hingegen brachte just zu diesem Zeitpunkt seinen Assistenten als möglichen Nachfolger ins Spiel. »Jogi kann diese Aufgabe ohne Probleme übernehmen, das ist gar kein Thema«, meinte er. Aber es gab große Vorbehalte gegenüber dem Assistenten. »Ich kann mich noch gut an die Skepsis beim DFB erinnern, als ich den Namen Joachim Löw als möglichen Nachfolger für Jürgen Klinsmann hinterlegt habe«, erzählt Teammanager Oliver Bierhoff. »Nicht, dass sie ihm das nicht zugetraut hätten – aber der DFB war eben immer große Namen wie Beckenbauer, Völler oder Klinsmann gewohnt.« Tatsächlich wäre Löw nach Otto Nerz und Erich Ribbeck erst der dritte Bundestrainer gewesen, der selbst nie A-Nationalspieler war. Es war also nicht weiter erstaunlich, dass Theo Zwanziger zunächst noch auf ein Weitermachen Klinsmanns hoffte und die Lösung Löw allenfalls als »eine Plan-B-Überlegung« bezeichnete – zumal der Assistent selbst betonte, am liebsten in der gewohnten Konstellation weiterzuarbeiten, als zweiter Mann hinter einer starken Persönlichkeit.

Der Assistent wird Chef

Während Klinsmann sich zierte und seine Zukunft im Ungewissen ließ, wurde immer deutlicher, dass die Spieler sich durchaus den Assistenten als neuen Chef vorstellen konnten. Einen entscheidenden Vorstoß machte Torwart Jens Lehmann, der nach dem Spiel um Platz drei auf Theo Zwanziger zuging und sagte, dass der als Stratege bereits bewährte Löw für den Fall, dass Jürgen Klinsmann nicht weitermache, »der Beste« sei. Nun begann sich auch der DFB-Präsident mit der Beförderung des Assistenten anzufreunden. Am 11. Juli war's dann endlich heraus. Klinsmann teilte mit, dass er sich »ausgebrannt« fühle und zu seiner Familie nach Kalifornien zurückkehren wolle. Er bestätigte nochmals den Vorschlag Löw, dann trafen sich alle entscheidenden Personen – Löw, Klinsmann, Bierhoff und vom DFB Präsident Zwanziger und Generalsekretär Niersbach – in Stuttgart, um die Angelegenheit in trockene Tücher zu bringen. Im Hotel Schlossgarten handelte man einen Zwei-Jahres-Vertrag bis zur EM 2008 aus. Mit einem Gehalt von geschätzt 2 Mio. Euro (der DFB veröffentlicht keine Gehaltszahlen) lag er deutlich unter dem von Klinsmann, das um etwa eineinhalb Millionen höher gelegen haben soll. Außerdem wurde festgeschrieben, dass die Nationalmannschaft in jeder Weise nach der in den vergangenen Jahren praktizierten Philosophie weitergeführt wird.

Am Mittwoch, 12. Juli 2006, wurde der neue Chef in der Zentrale des Deutschen Fußball-Bundes in Frankfurt/Main als zehnter Bundestrainer in der Geschichte des DFB vorgestellt. Zuerst redete Jürgen Klinsmann, enthusiastisch wie immer. Er sei glücklich über Löws Beförderung, sie sei im Sinne der Fortführung des Begonnenen und Weiterentwicklung der Spielphilosophie die »einzig sinnvolle und logische« Konsequenz. Löw habe ja bereits in den letzten zwei Jahren seine Qualitäten unter Beweis gestellt, und dies nicht als ein Assistenztrainer, sondern als ein in Trainingsgestaltung und Taktik federführender Partner. »Ich selbst hatte eher die Funktion eines Supervisors, der schaute, dass eins ins andere greift. Die eigentliche Arbeit hat er verrichtet.«

Theo Zwanziger begründete die Entscheidung mit den Worten: »Es herrschte in unserem Präsidium Einigkeit, dass ein Höchstmaß an Garantie vorhanden ist, dass die Spielphilosophie fortgesetzt wird. Deswegen war es klar, dass wir den Weg mit Joachim Löw weitergehen wollen.« Oliver Bierhoff bestätigte dieses Statement mit teilweise beinahe identischen Worten, und der im Scheiden begriffene DFB-Zweitpräsident Gerhard Mayer-Vorfelder bekannte gar, dass »der Löw« in seinem Herzen »schon lange drin« sei. Während alle auf diese Weise ihr Vertrauen, ihre Loyalität, ja sogar ihre Zuneigung bekundeten, saß Joachim Löw stumm und ab und zu nickend daneben. Als Letzter ergriff dann auch er das Wort. In seiner leisen, ruhigen Art versuchte er vorsichtig, in die Fußstapfen seines Vorgängers zu treten. »Du hast vor zwei Jahren auf diesem Stuhl gesessen, Jürgen«, wandte er sich an Klinsmann, »und gesagt: Wir wollen Weltmeister werden. Und ich sage klar, es ist auch unser Ziel – von Oliver Bierhoff, Andy Köpke, meines und ich denke auch der DFB-Spitze –, dass wir Europameister werden wollen.«

Und dabei versuchte er, etwas zart, eine Geste der Stärke, indem er seine Faust ballte. Seinen eigenen Stil als Chef, so wurde da deutlich, würde er noch finden müssen. Vorläufig hatte er sich erstmal kleidungsmäßig emanzipiert. Vier Wochen lang hatte er stets das Gleiche getragen wie Klinsmann – ganz Deutschland hatte über die weißen Strenesse-Hemden des Trainer-Duos gesprochen –, nun unterschieden sie sich auf diesem Podium in der Halle der DFB-Zentrale erstmals: Löw trug ein dunkles Sakko, Klinsmann hatte ein helles Poloshirt an. Inhaltlich, erklärte der Mann im Sakko, werde sich nicht viel ändern. Er werde die Philosophie seines Vorgängers selbstverständlich weiterbetreiben und natürlich werde er das bewährte Team mit Torwarttrainer Köpke, den Fitnesstrainern, Chefscout Siegenthaler und Psychologe Hermann übernehmen.

Die Journalisten eröffneten wieder einmal eine Rätselrunde. Es war ein wenig so wie zwei Jahre zuvor, als er zum Assistenten ernannt worden war. Damals war nicht allzu viel über diesen Löw bekannt; jetzt wusste man zwar einiges, aber dennoch war immer noch nicht so recht klar, was man von ihm halten sollte. Wer ist dieser Löw eigentlich? Ein intelligenter Trainer, sicherlich, ein exzellenter Analytiker, der gründlich an den taktischen Grundlagen feilt und seine im Grunde nüchtern-sachlichen Wortbeiträge auch mal griffig zuspitzen kann. Er hat neben Klinsmann nie wie ein Untergebener ausgesehen. Aber hat er das Format zum Chef? In der Öffentlichkeit ist er immer zurückhaltend, wirkt ruhig und gelassen, unverkrampft und locker. Aber ist er das auch wirklich oder tut er nur so? Er wirkt glaubwürdig. Aber würde er auch Glauben erzeugen können?

Für die Journalisten war der »Mixed-Zonen-Jogi« ja bereits ein guter Bekannter als der von früh bis spät freundliche, gut gelaunte und auskunftsfreudige Assistent, der sich im Gegensatz zu seinem Chef stets und ständig bereit zeigte, vor die Mikrofone zu treten. Als immer ansprechbar und verbindlich hatten sie ihn erlebt, aber zugleich auch als eigenartig ungreifbar. Die Person Jogi Löw ließ sich irgendwie kaum fassen, sie entglitt beim journalistischen Zugriffsversuch wie ein glatter Fisch. Es bleibe der eigentümliche Eindruck zurück, schrieb der Reporter der »Süddeutschen Zeitung« nach der Ernennung des Neuen, »dass die deutsche Nationalelf zum ersten Mal in ihrer Geschichte nicht von einem Bundestrainer, sondern von einer Philosophie trainiert wird«.

Wie einst in Stuttgart sah sich der neue Chef genötigt, sich wegen seiner zurückhaltenden Art, die ihn wenig konturiert und oft ein wenig langweilig wirken ließ, rechtfertigen zu müssen.« »Löw kennt den Vorwurf, er sei zu weich für das Geschäft«, wurden in der »Zeit« die alten Themen aufgewärmt, »zu zurückhaltend, zu bescheiden, zu uncharismatisch.« Und so stellten die Journalisten wieder die alten Fragen. Nennen ihn die Spieler eigentlich auch »Jogi«? »Nein, die sagen ›Trainer‹.« Traut er sich zu, den siegesgierigen und mitreißenden Motivator Klinsmann zu ersetzen? »Ich musste früher als Cheftrainer auch schon Spieler motivieren.« Fürchtet er den Schatten des Vorgängers? »Ich werde meinen eigenen Weg gehen und niemanden imitieren, auch nicht Jürgen Klinsmann. Man muss authentisch bleiben.« Wie kommt er, nach der grandiosen WM, mit dem Erfolgsdruck zurecht? »Das Niveau zu halten ist nicht einfach, aber machbar.« Wird man bei ihm auch so viele Emotionen sehen wie bei Klinsmann? »Beim Jubeln besaß er die Lufthoheit.« Und auf die Frage, von wem er was gelernt habe, nannte er die Namen Klinsmann, Heynckes sowie Daum und endete mit dem Satz: »Letzten Endes treffe ich meine Entscheidungen aber immer selbst.«

War Löw nur »eine Art Klinsi in klein«, wie die »Süddeutsche Zeitung« despektierlich schrieb, oder war er »mehr als eine Kopie«, wie die »Welt« mutmaßte? Für den »Spiegel« stand sowieso bereits seit Langem nicht mehr in Frage, dass er als der »taktisch-strategische Kopf in der Klinsmann-Ära« angesehen werden musste, und für die »Frankfurter Allgemeine«, die für ihn einst die Stellenbeschreibung »Bundestrainer 1b« erfunden hatte, stand fest, dass er als Chef »sein eigenes Profil ohne jede eitle Zugabe schnell sichtbar machen« werde.

Klar war, dass es einen sanften Übergang geben würde. Joachim Löw stand für die Weiterführung des lustvoll vorgetragenen und damit attraktiven Offensivspiels, er stand für die Beibehaltung flacher Hierarchien, für offene Kommunikation und Teamwork in einem personell weitestgehend gleichbleibenden Team, er stand für einen zwar zentral gesteuerten, ansonsten aber stark individualisierten, vom Knowhow zahlreicher Spezialisten unterstützten Trainingsprozess. Klar war aber auch, dass sich der Stil nun ändern würde: weg vom marktschreierisch-lauten und auffallenden, mit markanten Sprüchen jonglierenden Motivator hin zum melancholisch-leisen und unauffälligen Pädagogen, zum sorgfältig arbeitenden Strategen und Taktiktüftler. Es würde auf der Kommandobrücke also ruhiger werden. Bei den Spielern, das hatte Löw bereits bewiesen, kam sein sanfter Ton gut an, in der Zeit als Klinsmann-

Assistent hatte er sich allseits fachliche Anerkennung und menschlichen Respekt erarbeitet. Ob er auch allein die nötige Führungsqualität würde zeigen können, ob er – wie das DFB-Team bei der WM – mit der Aufgabe wachsen oder ob er am alten Vorwurf scheitern würde, »zu nett« für einen echten Chef zu sein – das musste sich nun erweisen.

Der Hansi als neuer Jogi

Die erste Kabinenansprache des neuen Bundestrainers, am 16. August vor dem Freundschaftsspiel gegen Schweden im Gelsenkirchen, fiel knapp aus: »Wir wollen die totale Dominanz auf dem Platz.« Die gab es dann tatsächlich und drei Tore dazu, der neue Chef ballte bei jedem Treffer die Faust. »Das Kapitel Klinsmann ist abgeschlossen«, verkündete er beherzt, man befinde sich jetzt »auf einer neuen Reise«. Eine Reise, für die er aber noch einen treuen Passepartout benötigte. Am Ende der Pressekonferenz in Frankfurt hatte er auf die Frage, ob er schon einen Assistenten wüsste, die neckische Antwort gegeben: »Ich habe zwar noch keinen, aber ich habe mich mit Jürgen Klinsmann zum Essen verabredet, vielleicht kann ich ihn für uns gewinnen.« Löw hatte gegrinst, alle im Saal hatten freundlich mitgelacht. Als er dann am 23. August den neuen Mann vorstellte, der mit Verlässlichkeit und Kompetenz den Job verrichten sollte, den er bis vor Kurzem selbst innegehabt hatte, glotzte das Fachpublikum etwas ungläubig. Es war fast so wie damals vor zwei Jahren, als Jürgen Klinsmann ihn, Joachim »Jogi« Löw, den beinahe vergessenen Ex-Trainer des VfB Stuttgart, aus dem Hut gezaubert hatte. Er hatte sich für einen Mann entschieden, der gleich seinem künftigen Chef auch ein »i« am Ende seines Vornamens trug: Hansi Flick. Der 41-Jährige war zwar nicht sonderlich bekannt und wie sein neuer Chef auch nie Nationalspieler gewesen, in Fachkreisen jedoch war er als überaus kompetent anerkannt. »Ich wollte Hansi Flick, weil er frische Ideen hat und ein akribischer Arbeiter ist«, begründete Joachim Löw seine Entscheidung. »Er vertritt, so wie es das Anforderungsprofil an den neuen Assistenten vorsah, eine offensive Fußballphilosophie und hat in seiner bisherigen Trainertätigkeit bereits neue Wege beschritten.« Flick gab sich in seiner ersten Stellungnahme bescheiden und kämpferisch zugleich. »Jetzt will ich meinen Teil dazu beitragen, dass wir eine erfolgreiche EM-Qualifikation spielen und dann den Titel gewinnen, so wie es Joachim Löw als Ziel ausgegeben hat.«

Die Verbindung Flick-Löw hatte im Sommer 1985 begonnen. Da beerbte Joachim Löws Bruder Markus beim baden-württembergischen Oberligisten SV Sandhausen das vielversprechende Mittelfeld-Talent Hans-Dieter »Hansi« Flick. Der 19-Jährige hatte soeben einen Vertrag beim FC Bayern München unterschrieben, für den er 104 Spiele bestreiten sollte. Nach seiner Profikarriere war Flick zunächst beim FC Bammental als Trainer tätig, bevor er im Jahr 2000 den Oberligisten TSG Hoffenheim übernahm. Er führte die Kraichgauer in die Regionalliga Süd, scheiterte aber anschließend in mehreren Anläufen an dem vom Mäzen Dietmar Hopp anvisierten Aufstieg in die 2. Liga. Nach fünfeinhalb Jahren intensiver Aufbauarbeit wurde er entlassen. Sein Nachfolger Ralf Rangnick schaffte schließlich den vom SAP-Milliardär mit kräftigen Geldspritzen ermöglichten Durchmarsch in die 1. Liga.

Flick bekannte, dass ihn diese Entlassung hart getroffen habe und er lange daran hatte knabbern müssen. Er konnte sich damit trösten, dass auch seine Karriere letztlich noch eine Wende zum Guten nahm. Nach einem Zwischenstopp im Trainerstab von Red Bull Salzburg, wo damals Giovanni Trapattoni und Lothar Matthäus das Führungsduo bildeten, gelang ihm der große Sprung zum Assistenten des neuen Bundestrainers. Den hatte er bereits im Sandhausener Vereinsheim als großen Bruder vom Markus kennengelernt. So genau kann er sich aber nicht mehr erinnern. Denn der schmächtige und zurückhaltende Jogi war neben seinem kräftig gebauten jüngeren Bruder Markus, der als redseliger Spaßvogel gerne die Unterhaltungsszene beherrschte, kaum aufgefallen.

Entscheidend für das spätere Engagement war wohl ein Treffen in Hoffenheim im Jahr 2004. Damals war Joachim Löw zusammen mit Jürgen Klinsmann auf Einladung des Mäzens Dietmar Hopp im Kraichgau, um sich einen Einblick bei dem als Zukunftswerkstatt des deutschen Fußballs geltenden Verein zu verschaffen. »Da haben wir uns das letzte Mal getroffen«, so Flick, »bevor ich schließlich zwei Jahre später beim DFB landete.« Der Klinsmann-Freund Hopp soll in dieser Runde einen bemerkenswerten Satz geäußert haben: »Dort steht der aktuelle Bundestrainer, hier der neue.« Er meinte damit nicht Löw, sondern Flick. Rausgeschmissen hat er den Mann, auf den er so große Stücke hielt, wenig später freilich trotzdem.

Der in der Öffentlichkeit kaum bekannte Flick galt in Expertenkreisen als ein richtig guter, intelligenter und innovativer Trainer. Als der gelernte Bankkaufmann 2003 seinen Trainerschein erwarb, wurde er gemeinsam mit Thomas Doll als Jahrgangsbester ausgezeichnet. Und obwohl er in Hoffenheim nur unterklassig tätig gewesen war, hatte er dort einen Fußball modernster Prägung spielen lassen: Offensiv, kombinationsfreudig, mit Viererkette, systematischem Verschieben und Pressing. Die Qualität seiner Arbeit definierte er mit dem prägnanten Satz: »Die Zuschauer sollen am Spiel erkennen können, welche von beiden Mannschaften die TSG Hoffenheim ist.« Auch in seiner Trainingsarbeit hatte Flick Maßstäbe gesetzt: Lange vor Klinsmann und Löw hatte er Stabilisationsübungen mit Gummiseilen durchführen lassen, mit Spezialisten gearbeitet und mit seinem Team komplette Angriffsschemata eingeübt. Der für alle neuen Entwicklungen offene Flick, der am Ende seiner Profikarriere unter Morten Olsen in Köln sein Faible für die Trainingsarbeit entdeckt hatte, nennt den damals bei Ajax Amsterdam tätigen Louis van Gaal als eines seiner großen Vorbilder. »Als ich damals nach Hoffenheim gegangen bin, habe ich wie van Gaal bei Ajax die Viererkette eingeführt und den Spielern ein Handbuch gegeben, in dem zum Beispiel stand, wie man sich in der Kette und als Mannschaft zu verschieben hat.«

Jetzt beim DFB sollte er sich nicht nur um die Trainingsarbeit, sondern auch um das Scouting sowie um die Einrichtung einer Spieler-Datenbank kümmern. »Wie ich Fußball sehe, so wird hier auch gearbeitet. Ich musste mich nicht mal umstellen, was die Trainingsarbeit angeht«, gab der Neue zu Protokoll, als er zu seinen ersten Eindrücken befragt wurde. Hansi Flick war also ein geradezu perfekter Löw-Assistent. Und zudem passte er nicht nur inhaltlich genau ins Anforderungsprofil, sondern auch charakterlich und menschlich. Der wie sein Chef ebenfalls aus dem badischen stammende Trainer – seine ersten Fußballschritte hatte er nahe Neckargemünd beim BSC Mückenloch unternommen – war ein zurückhaltender und gewissenhafter Arbeiter. Löw durfte sich sicher sein, dass der neue Assistent ihm gegenüber genauso loyal sein würde, wie er selbst es zuvor gegenüber Klinsmann gewesen war.

Das neue Führungstandem der Nationalmannschaft feierte sein Pflichtspieldebüt am 2. September 2006 in der EM-Qualifikation gegen die Auswahl Irlands – ausgerechnet an Löws alter Wirkungsstätte in Stuttgart, wo die Fans dem »Rückkehrer« einen freundlichen Empfang bereiteten. Im Vorfeld hatte es heftigen Ärger gegeben, der den neuen Bundestrainer jedoch nur am Rande betraf: Die Vorreiter Jens Lehmann und Miroslav Klose hatten das seit Jahrzehnten geltende Monopol des DFB-Ausrüsters Adidas zu Fall gebracht und durften in diesem Spiel erstmals mit Schuhen ihrer Wahl auflaufen. Die Vorstellung des DFB-Teams war nicht eben überragend. Immerhin reichte es zu einem knappen 1:0, sichergestellt in der 57. Minute per Freistoß mit einem Adidas-Schuh am linken Podolski-Fuß. Es sei nicht so einfach gewesen, diktierte hernach der neue Bundestrainer den Journalisten in die Blöcke, der Sieg jedoch in jedem Fall verdient durch eine insgesamt recht ansprechende Leistung.

»Mehr als Klinsmanns Schattenmann«

Die ersten Wochen der Amtszeit des Bundestrainers Joachim Löw verliefen vielversprechend. In der EM-Qualifikation gab es ein 13:0 in San Marino und ein 4:1 in Bratislava gegen die Slowakei. Zusammen mit zwei Siegen in Freundschaftsspielen gegen Schweden und Georgien kam Löw damit auf eine Anfangsbilanz von fünf Siegen in fünf Spielen bei einem sagenhaftem Torverhältnis von 23:1. Damit avancierte er zum DFB-Trainer mit dem erfolgreichsten Start überhaupt. Vor allem das Spiel gegen die Slowaken war ansehnlich geraten und ziemlich nahe dran an der Idealvorstellung der Offensiv-Philosophie, geprägt von zielstrebigen Aktionen mit schnellen Ballpassagen.

Sein anfängliches Imageproblem, als Nobody mit magerer Bilanz zu seinem Job gekommen zu sein, war damit schon beinahe hinweggefegt. Sicher hatte er als Vereinstrainer nicht allzu viel vorzuweisen. Er hatte sich auf den Posten des Bundestrainers auch nicht wirklich hochgearbeitet. In seiner Karriere hatte immer wieder der Zufall mitgespielt. Aber er war ja auch nicht aus dem Nichts gekommen. Er hatte sich ständig weiterentwickelt und war daher im entscheidenden Moment so vorbereitet, als ob er den Ruf erwartet hätte. »Mehr als Klinsmanns Schattenmann«, urteilte somit die »Süddeutsche Zeitung« durchaus zu Recht über den Mann, der seine große Chance mit Herz und Verstand am Schopf gepackt hatte. In einer ersten Zwischenbilanz Anfang November meinte der neue Bundestrainer, dass die zwei Jahre als Assistent für seine Entwicklung sehr wichtig gewesen seien. Zuvor, als Vereinstrainer, habe er sein ganzes Denken und Tun zu sehr dem kurzfristigen Erfolg unterordnen müssen. »Dieser Druck ist weggefallen. Ich konnte auf Trends und Tendenzen gucken und nicht nur auf den

Linksverteidiger des nächsten Gegners. Ich habe im Ausland viele Spiele in entspannter Atmosphäre gesehen, und ich habe gelernt, Spiele noch analytischer zu betrachten.« Er könne nun, dozierte er, die Puzzleteile viel schneller zusammenfügen und zielsicher Lösungen finden. Das klang äußerst selbstbewusst. Die Bodenhaftung allerdings, das wusste er und sagte er auch, würde er darüber sicher nicht verlieren. »Dafür habe ich zu viele Höhen und Tiefen innerhalb kürzester Zeit erlebt.«

Bei einem kleinen Presseempfang am 15. November vor dem Spiel gegen Zypern in Nikosia, plauderte ein entspannter Joachim Löw bei Bier und Häppchen unaufgeregt mit den Journalisten. Die meisten der versammelten Berichterstatter waren sehr angetan von der Nonchalance des Gastgebers. »Vier Monate nach dem Rücktritt von Jürgen Klinsmann lässt sich gar nicht mehr vorstellen, dass auch ein anderer Trainer die Nachfolge des Reformers hätte antreten können«, attestierte etwa die »Frankfurter Allgemeine« und erfand den Begriff des »selbstverständlichen Bundestrainers«. Es gab jetzt keine plakativen Schönredner-Phrasen kalifornischer Provenienz mehr, sondern den puren und kühlen Sachverstand eines badisch-praktisch geerdeten Taktikgehirns. Die Zyprer, dozierte Löw, seien eine spielstarke Elf, die von ihrer Euphorie lebe; gegen diese starke Mannschaft müsse man geduldig, gut organisiert und so präzise vorgehen »wie ein Schweizer Uhrwerk«. Sein Versuch, den Gegner starkzureden, verfing freilich nicht so recht, alle waren nur gespannt, wie hoch das deutsche Team gewinnen würde. Tatsächlich aber streuten die erstaunlich agilen Zyprer am Tag darauf auf dem Platz einigen Sand in das stotternde deutsche Timing, so dass das Spiel nur 1:1 endete. Was hinterher allerdings keiner so recht zu entscheiden wusste: Waren die Zyprer nun wirklich so stark – oder die Deutschen einfach doch noch nicht so gut, wie man sie schon gesehen hatte?

Ein Drama jedenfalls war dieses Unentschieden nicht. Über die Weihnachtszeit, als es etwas ruhiger wurde, konnte Joachim Löw endlich mal ausspannen. Jetzt erst bemerkte er, wie dicht sich die Ereignisse in den zurückliegenden Monaten gedrängt hatten, wie schnell alles gegangen war. Der immense Druck bei der WM, die Ernennung zum Bundestrainer und gleich wieder Volldampf in der EM-Qualifikation – das war schon hart: »Nie nachlassen, niemals nachlassen. Wahnsinn!« Er habe sich, verriet er, nach dem Sommer 2006 von einem »Coach« beraten lassen, um ein besseres Gespür für seine Gefühle zu entwickeln, um mit seinen Emotionen klarzukommen, sie auch ausleben zu können. Vielleicht gehörte zu diesem Bewältigungsprogramm auch, dass er sich während der Winterpause zu Hause in aller Ruhe die WM-Aufzeichnungen ansah. Um da erst so richtig zu begreifen, was da passiert war »mit dem ganzen Land, von den Fanmeilen bis hin zum Trubel vor unseren Hotels. Wahnsinn!«

Der geplante Sieg

Das neue Spieljahr begann am 7. Februar 2007 mit einem nüchternen 3:1 im Freundschaftsspiel gegen die Schweiz. Dann stand am 24. März wieder »Wahnsinn« an, nämlich der mit einem enormen Erwartungsdruck verbundene Höhepunkt in der EM-Qualifikation: das Spiel in Prag gegen den Hauptkonkurrenten Tschechien um die Klassespieler Rosicky, Koller und Baros. Der Auftrag hieß: Mit Selbstbewusstsein und Dominanz einen Auswärtssieg einfahren! Und tatsächlich gewann die deutsche Mannschaft in beeindruckender Weise durch zwei Tore des eigentlich nur als Klose-Ersatz aufgebotenen Kevin Kuranyi mit 2:1. Sie hatte damit nicht nur einen großen Schritt in Richtung EM 2008 gemacht, sondern auch mit einem tollen Spiel überzeugt. Joachim Löw hatte seine erste wirkliche Bewährungsprobe als Bundestrainer bestanden.

Der Sieg war ein Musterbeispiel gelungenen Gegner-Scoutings. »Die Charakteristik einer Mannschaft zu erfassen und dann vor den Spielern auf den Punkt zu bringen«, das, so Löw, sei eine seiner Hauptaufgaben. Jedem Spiel gehen lange Sitzungen des Trainerteams voraus, in denen die Spielweise des Gegners analysiert wird und Taktiken entworfen werden, wie man seine Stärken neutralisieren und seine Schwächen ausnutzen kann. Im Detail sah das etwa so aus: »Ich schaue mir zunächst das letzte Spiel noch einmal auf DVD an, aber nicht in einem Stück. Ich stoppe immer wieder, lasse Szenen zurücklaufen und mache mir Gedanken, was man auf welche Weise in unserem Spiel verändern könnte – und schreibe es auf.« Es folgt das gemeinsame Videostudium der letzten Spiele des Gegners zusammen mit dem Assistenten Hansi Flick. Sind die Eindrücke auf den Punkt gebracht, wird Kontakt zu Urs Siegenthaler aufgenommen, um die Ergebnisse mit dessen Erkenntnissen abzugleichen, die er aus der Livebeobachtung gewonnen hat. »Danach arbeiten wir gemeinsam eine Strategie aus, wie wir vorgehen«, so Löw. »Das dauert dann einige Tage, bis wir sagen können: So sieht die Lösung aus.«

Im Falle Tschechien hatte Urs Siegenthaler rasch den Schlüssel zum Sieg gefunden. Die Lösung ging über Jan Koller, den Zwei-Meter-Riesen im Tschechen-Sturm, der als Ball-Ableger für die nachrückenden Offensivspieler eine zentrale Rolle spielte. Siegenthalers Vorschlag: »Den Koller decken wir nicht. Weil der immer mit dem Rücken zum Gegenspieler den Ball abschirmt und versucht, Freistöße herauszuholen, muss man ihn erst mal gewähren lassen. Er fühlt sich total unwohl, wenn plötzlich kein Gegenspieler auf Tuchfühlung ist.« Dazu erstellte das Trainerteam dann noch eine DVD für die Sechser Ballack und Frings, die ihnen aufzeigte, wie Rosicky & Co. bei solchen »zweiten Bällen« vorgingen. »Die Tschechen konnten dieses Mittel nicht mehr nutzen«, frohlockte Löw. Darüber hinaus gab es zur Vorbereitung neben einer allgemeinen DVD für die gesamte Mannschaft auch noch weitere Spezial-DVDs. Der Abwehr wurde vorgeführt, wie man das Angriffsdreieck Koller, Rosicky, Baros aus dem Spiel nehmen muss. Und die Stürmer und offensiven Mittelfeldspieler erhielten Bildmaterial, das ihnen die besten Wege zum Knacken der tschechischen Defensive aufzeigte.

»Ich hatte auf der Bank das Gefühl, dass es ein unheimlich schnelles Spiel war«, berichtete der Bundestrainer nach dem Abpfiff über sein Spielerlebnis. »Von Beginn an war kein Taktieren zu spüren, beide Mannschaften sind ein hohes Tempo gegangen. Die Abwehr stand wie eine Mauer, im Mittelfeld haben wir sehr intelligent gespielt und im Angriff sind die Spieler wie Giftpfeile in die gegnerische Abwehr gestoßen.« Er zeigte sich nicht nur äußerst zufrieden, dass man die Defensivaufgabe gegen die tschechische Koller-Taktik perfekt gelöst hatte, sondern er freute sich auch ganz besonders über das Gelingen der im Training intensiv eingeübten Spielzüge.

Da gab es zum Beispiel eine feine Szene in der 20. Minute, als die deutschen Spieler einen Spielzug abspulten, den sie in der Vorbereitung stundenlang geübt hatten – »bis zur völligen Automatisierung«, so Löw. »Es stand zu diesem Zeitpunkt noch null zu null in Prag«, kommentierte die »Zeit« das Geschehen elegisch, »da zirkulierte plötzlich, wie von einem unsichtbaren Magneten gezogen, der Ball durch die Reihen: präzise, zuverlässig, einem Uhrwerk gleich. Auch die Spieler kreuzten und querten den Rasen wie ferngesteuert und zelebrierten jene rare Kunstform, die Fachleute One-Touch-Football nennen, weil der Ball direkt weitergeleitet wird, mit nur einer Berührung pro Spieler.« Der Spielzug über Frings, Jansen, Schweinsteiger, Jansen, Podolski, Jansen,

Schneider und wiederum Jansen wurde zwar nicht ganz zu Ende gebracht, weil dann die Flanke des letzten Mannes der Ballstafette, Jansen, zum Eckball abgeblockt wurde. Aber es war trotz diesen finalen Makels ein Spielzug von jener nahezu perfekten Automatik, wie sie einen Konzepttrainer à la Löw restlose Befriedigung verschafft. Der Bundestrainer freute sich am Spielfeldrand unbändig, fast mehr noch als später bei den eher nüchternen Kopfballtreffern von Kuranyi in der 41. und 62. Minute. Er empfand es als das Allergrößte, wenn er im Spiel das gelungene Resultat der Trainingsanstrengungen sehen durfte, wenn sich die Mühsal der Detailarbeit wie von Zauberhand in scheinbar mühelos zelebrierte Leichtigkeit verwandelte. Für Joachim Löw, den Taktiktüftler, war dieses Erleben schlicht und einfach: pures Glück.

Aber natürlich gab es für einen Perfektionsten selbst bei diesem Spiel noch etwas zu bemängeln. Man hatte es versäumt, frühzeitig das 3:0 zu erzielen. Man hatte in der 76. Minute ein Gegentor zugelassen. Und man hätte natürlich in der einen oder anderen Situation auch noch etwas zielstrebiger und schneller agieren können, ja müssen. Kurzum: Dieses 2:1 gegen Tschechien war gut, aber noch nicht sehr gut, von Perfektion gar nicht zu sprechen. »Bei der Analyse haben wir falsche Laufwege gesehen, unpräzise Pässe, dazu noch im falschen Moment gespielt«, erläuterte der Fußball-Feinschmecker Löw etwas hyperkritisch. »Es gab einfach zu viele Situationen, in denen wir uns taktisch falsch verhalten haben. Das kann ich nicht schönreden.« Man komme also nicht umhin, weiter intensiv an den »Basics« zu arbeiten, um die viel zu hohe Fehlerquote zu senken. »Einfache Dinge perfekt beherrschen – das ist das Entscheidende.«

Der Projekt-Vollender

Die erste Niederlage in der Ära Löw gab es am 28. März 2007 in einem Testspiel gegen Dänemark (0:1), als sich sechs Neulinge im Nationaltrikot hatten versuchen dürfen. Allzu ernst musste man die Schlappe nicht nehmen, denn es folgten danach wieder Siege in den Qualifikationsspielen. Vor einem prestigeträchtigen Test gegen England am 22. August in London hatte der Bundestrainer eine Gesamtbilanz von neun Siegen in elf Spielen und sah sein Team bereits auf »Augenhöhe mit Mannschaften wie Italien, Frankreich, Portugal oder England«. Tatsächlich gelang gegen die »Three Lions« ein erfreulicher 2:1-Sieg, und das trotz großer Personalnot. Löw hatte im Vertrauen auf sein geschultes

Taktikauge den Außenverteidiger Philipp Lahm auf der Sechser-Position vor der Abwehr eingesetzt, und dieser hatte voll überzeugt. Nach drei weiteren Siegen in der Euro-Gruppe D hatte sich das deutsche Team am 13. Oktober mit einem 0:0 in Dublin gegen Irland bereits vorzeitig für die EM qualifiziert. Es folgte vier Tage darauf in München eine seltsam schwache und kraftlose Vorstellung gegen Tschechien, die nicht nur im Ergebnis – 0:3 – peinlich war. Die Pfiffe der Fans machten deutlich, wie rasch der Bonus eines insgesamt erfreulichen Spieljahres aufgebraucht sein kann. Negative Konsequenzen konnte diese ersten Pflichtspielniederlage in der Ära Löw, nach der sich Deutschland am Ende hinter Tschechien auf den zweiten Platz einreihen musste, freilich nicht mehr haben.

Mühelos qualifiziert, mit etlichen tollen, vielen passablen und nur einigen wenigen schlechten Spielen – Joachim Löws vorläufige Bilanz konnte sich durchaus sehen lassen. Mindestens genauso wichtig für ihn persönlich war aber, dass er auf dem Weg zur EM 2008 sein Profil hatte schärfen können und damit nun endgültig aus dem Schatten Jürgen Klinsmanns herausgetreten war.

Wen auch immer die Reporter befragten – fast immer erhielten sie positive Rückmeldungen. Der ehemalige VfB-Profi Thomas Schneider etwa äußerte die Ansicht, dass der heutige Bundestrainer schon damals in Stuttgart ein absoluter Fachmann gewesen sei. Seine Ansprache sei zwar »noch nicht ausgereift« gewesen, aber inzwischen habe er sich ja »rhetorisch enorm verbessert«. Jens Nowotny vermeldete, dass der ehemalige Assistent bereits während der WM 2006 damit begonnen habe, seine Meinung zunehmend resoluter und kompromissloser zu vertreten. Lukas Podolski erklärte, dass es für ihn »schon 2006 zwei Bundestrainer« gegeben habe; der Unterschied von 2008 gegenüber 2006 bestehe also lediglich darin, dass der fehle, »der manchmal ein bisschen lauter geworden ist«. Und DFB-Präsident Theo Zwanziger belegte sein Urteil über den neuen Bundestrainer schlicht und einfach mit dessen bisheriger Erfolgsbilanz: »Es hat ja immer nur geheißen, dass Löw großen Anteil am Wunder Klinsmann hatte. Jetzt sieht man es.«

Joachim Löw selbst blieb indessen bescheiden. Eigentlich habe sich doch gar nicht viel geändert gegenüber 2006. Er habe ja immer schon mit der Mannschaft direkt zu tun gehabt und die taktischen Vorgaben erarbeitet. Und insofern würden die Spieler jetzt dem Chef nicht anders begegnen als wie zuvor dem Assistenten. Geändert hatte sich natürlich, dass jetzt der stille Taktikexperte im Mittelpunkt der Öffentlichkeit stand – und nicht mehr der, der manchmal ein bisschen lauter geworden ist. Angst vor der Messlatte Klinsmann, meinte Joachim Löw, habe er aber überhaupt nicht. »Ein Bundestrainer wird immer an irgendetwas gemessen. Es macht mir also gar nichts aus, an einem meiner Vorgänger gemessen zu werden – auch nicht an Jürgen Klinsmann.«

Grundsätzlich war zudem die Frage zu stellen, ob die Messlatte Klinsmann überhaupt Sinn machte. Denn folgt man Urich Bröckling, der in der Intellektuellen-Zeitschrift »Leviathan« die Welt des Jürgen K. zu erklären versuchte, hätte Klinsmann den Job seines Nachfolgers niemals bewältigen können. In Klinsmanns »projektbasierter« Welt, in der die »Euphorie des Beginnens« niemals endet, in der unentwegt Impulse gesetzt werden müssen, hätte die alltägliche Arbeit an der Perfektionierung des Details keinen Platz gefunden. Ohne sich Bröcklings Diagnose anzuschließen, stellte Joachim Löw fest: Klinsmann sei der ideale Mann gewesen, um »all die kurzfristigen Maßnahmen« durchzusetzen – Fitnesstrainer, Fitnesstests, den Scout aus der Schweiz etc. Aber jetzt gehe es um »die dauerhafte Perspektive«. Die Verfestigung und konsequente Umsetzung des Angestoßenen – das war nun sein Job. Und als »Projekt-Vollender« war er mit der ihm eigenen Geduld und Akribie sicher besser geeignet als der »Projekt-Initiator« Klinsmann.

Der coole Jogi

Mit Joachim Löw, so hielt der Nationalmannschaftsmanager Oliver Bierhoff fest, gehe man gut gerüstet in eine Zukunft, die auch die Europameisterschaft überdauern werde: »Die Mannschaft folgt dem Trainer, alle ziehen an einem Strang. Selbst ein möglicher Misserfolg bei der EM würde daran nichts ändern.« Und eben dieser Bierhoff sollte auch sogleich spüren, welche Führungsqualitäten der Gepriesene inzwischen entwickelt hatte. Als der Manager vor der Presse erläuterte, dass der in die Jahre gekommene Torhüter Jens Lehmann nach dem Turnier Geschichte sein werde, meinte Löw trocken: »Der Oliver Bierhoff hat ja in sportlichen Fragen relativ wenig Einfluss.« Ein harter Satz, aber grinsend vorgebracht und damit gleich wieder etwas entschärft. Da hatte ein cleverer, selbstbewusster und smarter Mann gesprochen. Es wurde immer deutlicher: Der einst so leise Assistent mutierte immer mehr zum eigentlichen Star der deutschen Nationalelf. Das leidige Image vom »zu netten Herrn Löw« hatte er inzwischen abgestreift. Höflich war er immer noch. Aber eben nicht mehr zu weich, sondern lässig und entspannt. Oder wollte er seine Bravheit und Unsicherheit nur hinter der Maske des stets Lockeren und Unerschütterlichen verbergen? Jedenfalls demonstrierte Joachim Löw nun als Chef eine moderat aufgetragene Selbstsicherheit. »Autorität und Erfolg hat man erst, wenn man selbst sicher ist«, lautet eines seiner zunehmend prägnanter gefassten Statements. Über viele Misserfolge und tiefe Selbstzweifel hinweg hatte er sich zu einem Spielversteher von hohen Graden entwickelt. Wovor also sollte er Angst haben, jetzt, da seine Trainingseinheiten zu wirken begonnen hatten und der Erfolg sich eingestellt hatte? »Er hat nicht versucht, Jürgen zu kopieren«, meinte Oliver Bierhoff, »sondern er hat die Mannschaft auf seine ganz eigene Art nach vorn gebracht.« Auf eine ruhige Art, die durch und durch »cool« wirkte.

In einem »Spiegel«-Interview behauptete der »coole Jogi«, dass ihm das Gefühl der Aufregung geradezu fremd sei. Er würde »jede Wette« eingehen, meinte er, dass er sogar beim Elfmeterschießen gegen Argentinien bei der WM 2006 »einen Puls von 60 hatte«. Nun, als trainierter Ausdauersportler hatte er sicher einen niedrigen Puls. Den Joachim Löw allerdings, den man bei diesem nervenaufreibenden Elfmeterschießen am Spielfeldrand hatte beobachten können – mit verkrampftem Oberkörper, aufeinandergepressten Lippen, gestresstem Blick und zum Zerreißen gespannter Gesichtshaut –, der sah nach ganz anderen Pulswerten aus. Aber Joachim Löw fuhr nun ganz offensichtlich die Strategie, das Image des »Coolen« auf- und auszubauen. Und so beantwortete er auf einer Pressekonferenz kurz vor dem Start der EM 2008 all die großen Fragen nach dem großen Druck und der großen Verantwortung mit einer riesengroßen Seelenruhe, die beinahe schon grotesk wirkte. Die Anspannung nehme nun zwar kontinuierlich zu, meinte er, eine innere Unruhe verspüre er aber ganz und gar nicht, quälende Ängste hinsichtlich eines frühen Ausscheidens kenne er nicht, er könne sogar umso besser schlafen, je näher das Turnier rücke. »Ganz ehrlich: Ich habe nicht das Empfinden, unter besonderem Druck zu stehen.« Er freue sich auf den Moment, wenn das erste Spiel endlich angepfiffen wird. »Und, ganz ehrlich, diese Freude ist bei mir viel größer als die Anspannung.« Er fühle überhaupt keine besondere Belastung, als Cheftrainer in sein erstes Turnier zu gehen, betonte er mit demonstrativer Gelassenheit, schließlich habe er sich unter Jürgen Klinsmann »genauso in der Verantwortung gefühlt«.

Dieser immer gut eingekleidete und eingecremte, stets korrekt frisierte Mann mit dem dichten schwarzen Haar brachte es fertig, noch den kleinsten Verdacht auf Nervosität und Unsicherheit in seiner verbindlich-unverbindlichen Art an sich abperlen zu lassen. Seine Person schien hinter den gestanzten Sätzen beinahe zu verschwinden. »Es sind klassische Löw-Momente«, schrieb der Reporter der »Brigitte«: »Wer versucht, ihn zu fassen zu kriegen, greift daneben. Da ist Fußballsachverstand, da ist Bescheidenheit, Verbindlichkeit, aber was da nicht ist, ist ein Löw, den man verstehen oder erklären könnte.«

Aber dieser Ungreifbare, der von Manager Bierhoff aus Gründen der Seriosität vorübergehend nur noch »Joachim« genannt worden war und inzwischen längst wieder offensiv den »Jogi« heraushängen ließ, war beliebt im ganzen Land. Sehr beliebt sogar. Das war eigentlich schon ein bisschen erstaunlich, denn abgesehen von der EM-Qualifikation hatte er ja noch kaum etwas erreicht in seiner Bundestrainer-Karriere. Gut, der Stil, den er seiner Mannschaft verordnet hatte, der mutige Angriffsfußball, der war sicherlich zumeist schöner anzusehen als das, was seine Vorgänger produziert hatten. Aber reichte das allein aus zur Erklärung der Sympathiewelle, die er im ganzen Land ausgelöst hatte?

Zum »Fußballprofessor« hatte ihn die »Zeit« ernannt. »Bundesvorwärtstrainer« (»Frankfurter Rundschau«) oder »Oberspielleiter« (»Berliner Zeitung«) waren weitere nette Titel. »Wie ein bildender Künstler«, meinte die »FAZ«, feile der Bundestrainer am perfekten Team; er habe sich zum »Vorleser der Nation« aufgeschwungen, urteilte die »Süddeutsche«; in der »Welt« erschien eine Eloge auf »den Lässigen mit dem Tunnelblick«, und der »Stern« titelte schlicht: »Diesem Mann vertraut das Land.« Jogi Löw war ein Idol geworden. Genauso lautete denn auch der Titel eines Songs der Schlagerband »Die Kolibris«, der pünktlich zur EM erschien. Es handelte sich um einen alten Klassiker der Lords (Michael), umgeschrieben zu einer Hymne auf Jogi Löw: »Ja wir haben ein Idol – Jogi Lööööw / Wer ist unser Fußballheld?? – Jogi Lööööw.« Egal, wer er denn nun wirklich war – ein Idol war er nun zweifelsohne, der Jooogi Lööhööhöööw. Wer sollte den Pokal nach Deutschland holen können – wenn nicht er?! Oder wie die »Bild« schrieb: »Der coolschte ist er schon – wird er jetzt Europameischter?«

Aber kann man nur mit Coolness Europameister werden? »Ob ich cool bin«, erklärte der Bundestrainer auf Nachfrage mit gewohnter Lässigkeit, »weiß ich nicht. Wenn man es in Verbindung bringt mit dynamisch und durchsetzungsfähig – dann ja.« Dynamisch? Durchsetzungsfähig? Waren das nicht eher Eigenschaften, die auf den Klinsmann von 2006 zutrafen? Die »Zeit« hegte gewisse Zweifel, dass dieser Löw, wenn es im Spiel einmal nicht so lief, wie einst Klinsmann eine frustrierte Mannschaft würde motivieren können. Konnte man sich diesen Löw, der trotz aller Coolness immer noch ein wenig schüchtern wirkte, als veritablen Krisenmanager vorstellen? Auf die Frage des »Zeit«-Reporters, wie sich denn seine Ansprachen in der Kabine so anhören würden, nannte er als beispielhafte Sequenz: »Du weißt, was du kannst. Jetzt, ich würde mal sagen: Lass das Tier in dir raus.« Nun denn – da blieben doch ein wenig Zweifel, könnte man hier mal sagen, ob auf solche Art herausgelockte Tiere Schrecken verbreiten können.

EINWURF

Jogis Coolness – Lässiger Genuss, Stilbewusstsein und Lust am Risiko

Der ungreifbare, coole Jogi Löw – was weiß man eigentlich wirklich über ihn? Was treibt ihn um, was macht ihm Spaß? Fangen wir mal mit den berühmten Fragen an, die in der Sport-Unterhaltungspresse so beliebt sind. Da werden immer wieder mal sogenannte »Steckbriefe« publiziert mit den wichtigsten Daten und Vorlieben der Stars. Natürlich auch über Joachim Löw. Familienstand: verheiratet. Sternzeichen: Wassermann. Seine Hobbys: Reisen, Lesen (vor allem zur Ablenkung und Entspannung am Abend) und natürlich Sport. Der Musikgeschmack wechselte, als Lieblingsinterpreten nennt er über die Jahre unter anderen: Whitney Houston, Celine Dion, Lighthousefamily, Amy Macdonald, Udo Jürgens, Herbert Grönemeyer, Xavier Naidoo (mit dem Song »Dieser Weg«, dem Hit zur WM 2006) oder schlicht Rock-Pop, italienische Musik, kubanische Musik, Lateinamerikanisches – je nach Situation. Joachim Löw ist offensichtlich kein ausgeprägter Musikliebhaber. Dafür spricht auch, dass er sich seinen iPod lange Zeit von Patenkind Charline bespielen ließ. Was mag er sonst noch? Lieblingsfarbe: Blau. Lieblingsschauspieler(in): Jack Nicholson, Demi Moore (zu seiner Zeit als VfB-Trainer), Karoline Herfurth (2014). Lieblingsessen: türkische Vorspeisen. Lieblingsgetränk: Mineralwasser, italienischer Rotwein. Schwächen (früher, als er noch nicht gelernt hatte, mit einem Computer umzugehen): »Alles, was mit Technik zu tun hat.« Auf Facebook und Twitter verzichtet er bis heute aus Überzeugung, er will seine Ruhe haben.

Es ist bekannt, dass Joachim Löw die Bundeskanzlerin Angela Merkel sehr schätzt und einen guten Kontakt zu ihr pflegt – ein- bis zweimal im Jahr trifft man sich zum Essen –, mit dezidierten politischen Bekenntnissen und Aussagen ist er jedoch nie aufgefallen. Nur dann, wenn er unbedingt muss, lässt er sich eine Äußerung abringen. So sagte er etwa vor der EM 2012 zur Situation in der Ukraine, dass er die Menschenrechte zu den höchsten Gütern überhaupt zähle, und bekannte: »Wir setzen uns ein für Menschenrechte, Meinungsfreiheit und auch die Rechte von Frau Timoschenko.« Und vor der WM 2014 in Brasilien bemerkte er, dass er »viel Armut« gesehen habe und »Demonstranten,

die völlig zu Recht Straßen blockieren«. Er könne die Proteste im Vorfeld der WM gut nachvollziehen und verstehe auch, wenn die Rolle der FIFA kritisch gesehen werde. »Was die FIFA mit ihren Geldern macht, was der brasilianische Staat macht, wer korrupt ist – vielleicht ist es ja gut, dass diese Probleme nun weltweit angesprochen werden.«
Besonders cool klingt das alles nicht, eher zurückhaltend und nicht wirklich engagiert. So äußert sich einer, der vor allem bemüht ist, nirgendwo anzuecken. Wenig überraschend ist daher, dass Joachim Löw noch nie besondere Klatschgeschichten geliefert hat. Er ist zwar eine öffentliche Person, das aber nur in seiner Funktion als Bundestrainer. Sein Privatleben schottet er ab. Zu außersportlichen Ereignissen nimmt er praktisch nie Stellung, er bleibt stur auf seinem Terrain. »Ich möchte alles meiden, was nicht zu meinem Job gehört«, sagt er. »Ich mache vielleicht mal was für einen guten Zweck, aber ich will nicht in politischen Talkshows herumsitzen. Jeder sollte da bleiben, wo er hingehört. Ich möchte glaubwürdig bleiben.« Talkshow-Anfragen bei »Kerner«, »Beckmann« oder »Maybrit Illner« lehnte er stets ab. Nur einmal hat es eine Ausnahme gegeben, da war er bei »Wetten dass?«. Das war im April 2007 in Freiburg. Höhepunkt des Abends: Ein kleiner Tanz des Bundestrainers mit dem als »Drag Queen« verkleideten Thomas Gottschalk.

Joachim Löw macht es dem Schreiber, der nach etwas »Lebensfleisch« an dem Mann sucht, nicht leicht. Aber immerhin hat er ein kleines Laster zu bieten. Außerdem seinen Modefimmel. Und seinen Spaß an Extremsportarten. Da wird's dann schon deutlich cooler.

Der Raucher

Das Rauchen vor allem war das Jogi-Laster, das die Öffentlichkeit – vor allem via »Bild« – immer wieder bewegt hat. Ende Juli 2006 erschien in der Zeitung mit den großen Buchstaben ein Foto des 46-jährigen Klinsmann-Nachfolgers. Ein lässiger Löw beim WM-Urlaub in Porto Cervo auf Sardinien: nackter, nahezu haarloser Oberkörper, auf dem Kopf eine Mütze im Army-Stil, auf der Nase eine teure Sonnenbrille, im Ohr den Stöpsel für den iPod, Armbanduhr am rechten Handgelenk (er ist Linkshänder), im Mund eine Kippe. Titel des Fotos: »Joachim cool«. »Bild«-Kommentar: »Hätten Sie sich Joachim Cools Vorgänger Berti Vogts oder Jupp Derwall so vorstellen können?!«

Der Genussmensch Löw ist ein Raucher. Reporter fanden seine Gewohnheiten heraus: Nach dem Mittagessen ein, zwei Espressi und eine Marlboro Gold oder Light. Und am Abend ein Glas Rotwein – am liebsten italienischen Tiagnello oder spanischen Rioja – plus Zigarette. Bei Pressekonferenzen und schwierigen Verhandlungen: Espresso, vielleicht ein Stückchen Kuchen dazu oder ein Stück Schokolade oder Eis, vielleicht noch ein Espresso, hernach vor der Tür eine Zigarette. In manchen Phasen hat er auch Lust, mehr zu rauchen. Und fragt dann höflich, bevor er sich eine ansteckt, ob das jemanden störe.

»Ich bin auch nur ein Mensch, der Stärken und Schwächen hat«, rechtfertigte er sich. »Ich rauche eben manchmal eine Zigarette oder trinke am Abend ein Glas Rotwein.« Natürlich habe er auch eine Vorbildfunktion, gab er zu. Die sehe er aber vor allem bei der Arbeit mit der Mannschaft. »Dort versuche ich Konzentration, leidenschaftlichen Optimismus, Ehrgeiz oder Bescheidenheit vorzuleben. Ich möchte ein motivierendes Vorbild sein.« Im Rauchen sah er offensichtlich kein gravierendes Problem. Er würde es in Maßen auch bei Spielern akzeptieren, meinte er sogar. Jeder habe zum Beispiel gewusst, dass einer der WM-Helden von 2006, Bernd Schneider, ab und zu eine Marlboro rauchte. »Aber deswegen war er kein bisschen schlechter.«

Manchmal hörte er für eine Weile auf mit dem Rauchen, dann fing er wieder an: Joachim Löw, der Jo-Jo-Raucher. Man müsse das richtig verstehen mit diesen Pausen, meinte er vor der EM 2008. »Ich scheitere ja nie bei dem Versuch aufzuhören, sondern lege immer mal wieder ganz bewusst Pausen ein. Nach der EM werde ich versuchen, bis Jahresende nicht zu rauchen.«

Joachim Löw achtet aber auch, trotz Rauchen, auf seine Gesundheit. Er ernährt sich bewusst, isst wenig Fleisch, viel Gemüse und Obst. Jeden Tag geht er eine Stunde joggen oder betreibt einen anderen Sport. Er wirbt für die Bewegungs- und Ernährungsinitiative »Gut für Dich« der MetroGroup mit dem Slogan: »Gut für dich ist, wenn du die Strategie für einen gesunden Lebenstil kennst.« Der schlanke und sportliche Löw wirkte auch bei einem Werbespot zur Vorsorgeuntersuchung gegen Darmkrebs mit. Der Merksatz: »Hören Sie nicht auf Ihren Bauch.« Ein Spot zur Untersuchung gegen Lungenkrebs hätte nicht so gut gepasst. Doch als Gutmensch benötigte Joachim Löw offensichtlich einen Ausgleich für das lässliche Laster. So begann er sich sozial zu engagieren, unter anderem für SOS-Kinderdörfer und für ein Waisenhaus in Tansania. Seit 2000 ist er Vizepräsident der im Anschluss an den Sonderlehrgang in Hennef von ehemaligen Nationalspielern initiierten

Stiftung Jugendfußball, die ein Internetportal für junge Fußballfans betreibt und »streetfootballworld«, ein globales Netzwerk von sozialen Fußballprojekten, unterstützt.

Die Stilikone

Als er das Amt des Bundestrainers übernahm, befand sich Joachim Löw in seinem fünften Lebensjahrzehnt und wirkte immer noch jugendlich. Bis heute sind die dichten schwarzen Haare nicht gefärbt, füllig und stets top frisiert. Vorne leicht gescheitelt, hinten etwas länger. Bubikopf nannte man früher diesen Stil, von Pilzkopf-, Beatnik- oder Beatles-Frisur sprach man etwas später, heute heißt es trendig »Texture Crop«. Die volle Frisur sieht immer verblüffend gleich aus, so dass schon der Verdacht aufkam, er trage eine Perücke. »Nein, nein«, meint Starfriseur Udo Waltz, »das würde ich sehen, dann wäre das Haar stumpfer. Er ist ein eitler Mensch, benutzt wahrscheinlich ein gutes Haarspray.« Ein eitler Mensch? Ein bisschen eitel sicherlich. Joachim Löw, optisch als Paul McCartney des deutschen Fußballs daherkommend, trägt kein Toupet. Aber er geht regelmäßig zum Friseur, zu immer demselben, der seine Haare immer gleich schneidet. Er habe da keine große Wahl, sie wüchsen leider nach vorne, verriet er. »Ich könnte sie gar nicht zurückkämmen. Darum habe ich, seit ich denken kann, die gleiche Frisur, mal ein bisschen länger, mal ein bisschen kürzer.« Einzig denkbare Lösung: ganz kurz oder alles weg. Doch Kahlscheren, so wie nach dem Pokalsieg 1997, das würde er inzwischen nicht mehr machen. Wenn es bei einem Spiel allerdings stark regnet, so wie bei der WM 2014 gegen die USA, kann man freilich nichts dagegen machen, dass dann die Haare eng am Kopf kleben bleiben.

Joachim Löw ist ein gepflegter Mann. Dreitagebart hasst er, deswegen rasiert er sich täglich. Er cremt sich gerne ein, allein schon wegen seiner trockenen Haut, er benutzt auch gerne mal ein Parfüm von Lagerfeld oder Armani (»Der Duft verfliegt, der Eindruck bleibt«, verriet er der »Welt«-Journalistin Dagmar von Taube). Vor allem aber hatte er schon immer einen Sinn für Stil. Seinen ersten Werbevertrag schloss er 1988 mit dem Modehaus Bollerer in Freiburg. Als Lohn für die Fotos wollte er kein Geld, sondern die neuesten Klamotten. Zum modischen Trendsetter avancierte er während der WM 2006, als er zusammen mit Chef Klinsmann in weißen, taillierten Hemden von »Strenesse« auftrat. Damals sei das ein »No Go« gewesen, erklärt Gerd Strehle, Geschäftsführer des heutigen DFB-Ausrüsters »Strenesse«. »Damals hatten alle gut gekleideten Trainer ein Sakko an, der Rest trug Trainingsanzug. Und plötzlich saßen die beiden mit ihren eng anliegenden Hemden da, waren damit die bestangezogensten Trainer und haben für Furore gesorgt.« Klinsmann sei das alles eher gleichgültig gewesen, so Strehle, in modischer Hinsicht habe Löw die Richtung vorgegeben und ihn mitgezogen. »Der Jürgen und ich wollten einheitlich auftreten«, erklärt Löw selbst. »Wie die Spieler im gleichen Trainingsanzug bilden auch wir Trainer eine Einheit. Das ist heute mit Hansi Flick nicht anders.«

So wird das perfekt sitzende weiße Hemd, das »Jogi-Hemd« mit dem großen Kragen und den zwei charakteristischen Nähten auf der Vorderseite, auch noch 2008 seinen Dienst tun und zum Verkaufsschlager werden. Da fragt man sich dann schon, ob der »Strenesse«-Mann Gerd Strehle die ganze Kampagne nicht doch von langer Hand geplant hat. So etwas könne man nicht planen, meint Strehle unschuldig. »Wir haben das Glück, das Jogi Löw ein Typ mit klarem Stilgefühl ist, der Wert auf seine Kleidung legt.« Und sich seine Lieblingsstücke dann stilsicher unter beratendem Beistand der Strehle-Tochter Viktoria, der Kreativdirektorin der Linie »Strenesse Blue«, stets selbst aussucht: »Ich trage gern das, was mir persönlich gefällt.« Irgendwann wird er dann auch zu einem schicken neonblauen Baby-Kaschmir-Pullover mit V-Ausschnitt greifen, der Geschichte machen sollte.

Privat bevorzugt der Bundestrainer bis heute meist dunkle Kleidung in Schwarz, Blau oder Grau. Favorisiert: schmale schwarze Hosen, dazu häufig Stiefeletten, als Oberbekleidung Pullis und Schals in dezenten Farben. Sowohl das legere Outfit – mit offen getragenem Hemd und Jeans von Louis Vuitton – als auch das edlere mit dunklen Premium-Anzügen passt wie angegossen. Im Winter sind Rollkragenpullis sein Markenzeichen, oft trägt er ein Halstuch oder auch einen Schal, mal braun-beige, mal weiß. »Ich bin empfindlich bei feuchtem, kühlem Wetter, bei Wind«, begründet er seine Vorliebe, »da bekomme ich leicht Verspannungen.«

Als Bundestrainer avancierte der modebewusste Joachim Löw zur Stilikone. Vom Dressman am Spielfeldrand war die Rede, die »Frankfurter Allgemeine« kürte ihn im Oktober 2007 gar zum »am besten angezogenen Promi in Deutschland«. Bei ihm sitze jedes Detail, zudem verstehe er es, seinem »Outfit eine eigene Note zu verleihen.« Zum Beispiel mit einem Seidenhalstuch. Löw trage es lässig, ohne dabei »dandyhaft und altväterlich zu wirken«. Dadurch, dass er es »wie einen Wollschal« knote, werde es »zum selbstverständlichen Accessoire, das ihn trotzdem unverwechselbar macht«. Auch die »Süddeutsche Zeitung« untersuchte die Angelegenheit genauer: »Der Schal ist zum modischen Markenzeichen von Bundestrainer Jogi Löw geworden. Und der Männerschal damit auch wieder salonfähig. Löws Wickeltechnik ist so ausgefeilt, dass es aussieht, als wäre das Accessoire ganz beiläufig übergeworfen. So einfach ist das aber nicht. Einmal um den Hals gewickelt, vorne zum Knopf gebunden – das bedarf schon einer gewissen Drapage-Fertigkeit.«

Ob Halstuch oder Schal – doppelt gelegt, um den Hals gewickelt und vorn durchgesteckt –, bei Joachim Löw hat alles Stil. Die »Bild« vermutete gar, dass der Bundestrainer-Dressman mit dem ausgeprägten Geschmack mitverantwortlich sei für das zunehmende Interesse der Frauen am immer »sexier« daherkommenden Fußball. Vor dem Hintergrund solcher Interpretationen wird es durchaus verständlich, dass den zur Stilikone Erhobenen das Gewese, das er ja letztlich selbst provoziert hatte, irgendwann nervte. Seit Sommer 2008 sind von ihm Kommentare zu Modefragen kaum mehr zu bekommen. Was ihn aber nicht hindert, sich weiterhin elegant zu kleiden. Sei es mit Klamotten von »Strenesse« (beim DFB) oder von »Boss« und anderen Marken (privat).

Der sportliche Extremist

Am Spielfeldrand trägt Joachim Löw nie einen Trainingsanzug. Beim Training hat er aber schon mal einen an, und natürlich auch dann, wenn er selbst Sport treibt. Regelmäßig joggt er im Wald oder er steigt in einem Fitnessstudio auf das Laufband, manchmal macht er auch bei einem Wettkampf mit – im April 2005 lief er einen Halbmarathon in Freiburg in 2:07 Stunden –, im Sommer fährt er mit dem Mountainbike durch den Schwarzwald, und auch in den Trainingslagern der Nationalmannschaft gibt es täglich eine Stunde Sport mit dem Trainerteam. Joachim Löw ist nicht besonders muskulös – Krafttraining mag er nicht –, aber er ist schlank und fit. Nur im Privaturlaub lässt er es, seit er Bundestrainer ist, etwas langsamer angehen und sucht bei seinen Kurztrips im Sommer vor allem Erholung und Entspannung – etwa auf Sardinien, in der Toscana, auf Sylt oder im Luxusresort Danai Beach auf der Chalkidike in Nordgriechenland. Früher, als er noch mehr Zeit hatte, reiste er gerne auch weiter, um andere Kulturen kennenzulernen. Neugierde trieb ihn, aber auch der Wunsch, das eigene Leben zu relativieren. Vor allem aber war er angestachelt von einer Lust auf extreme Erfahrungen. An erster Stelle sind hier Bergtouren der etwas anspruchsvolleren Art zu nennen. 2003 bestieg er mit einem Freund den knapp 6.000 Meter hohen Kilimandscharo. Das sei bisher der Höhepunkt seines Lebens gewesen: »Wir nahmen einen schwierigen Aufstieg, über fünf Tage, und in der letzten Nacht geriet ich körperlich und psychisch an meine Grenzen. Wir waren tagsüber bereits zwölf Stunden gegangen und marschierten, nach einer nur kurzen Pause, bei minus 30 Grad über Eis und Stein durch die Dunkelheit. Ich wollte permanent umkehren, aber irgendwas trieb mich weiter. In dieser Nacht passierten Dinge in meinem Kopf, die ich nicht für möglich gehalten hätte. Bei Sonnenaufgang waren wir auf dem Gipfel. Und ich spürte dieses Glücksgefühl, dass man fast alles schaffen kann auf der Welt.«

Etwas zu lernen über sich, über den Willen, eine Grenze zu erreichen, zu überschreiten und dann das Gefühl der Freiheit zu spüren – so etwas würde er nur allzu gerne häufiger machen, immer mal wieder ans Limit stoßen, körperlich und geistig. »Ich möchte Grenzen spüren und mich in eine Situation begeben, wo man die Normalität verlässt.« Wenigstens einmal noch in seinem Leben würde er gern die große Herausforderung eines solchen Berges bewältigen, »es muss ja nicht gleich wie bei Reinhold Messner in die Todeszone gehen – aber an die persönliche Grenze«. Südamerika wäre ein schönes Ziel. »Ich würde gerne mal drei, vier Wochen mit dem Rucksack durch die Anden, durch Chile, Peru wandern – einfach, um eine extreme Erfahrung zu machen.« Die Zeit dafür kann es freilich erst geben, wenn er nicht mehr als Trainer arbeitet. So begnügt er sich vorläufig damit, in der Winterpause, wenn er etwas Ruhe hat, den 1.500 Meter hohen Feldberg vor seiner Haustüre zu bewältigen.

Man muss sich in Anbetracht solcher Tourenwünsche nicht wundern, wenn Joachim Löw über sich selbst sagt: »Ich bin risikofreudig.« Damit meint er nicht nur, dass er sich beim Bergwandern Risiken aussetzt oder dass er schon mal eine Spielbank besucht und einen Einsatz beim Roulette gewagt hat. Und schon gar nicht, dass er beim Autofahren gerne mal auf die Tube drückt – zweimal schon hat er den Schein verloren, als er mit mehr als 30 Stundenkilometern über dem Limit unterwegs war. Seine Lust am Risiko lebt er auch in luftiger Höhe aus. »Mein Kindheitstraum war Pilot«, sagt er. »Ich habe eine Vorliebe fürs

Fliegen.« Und so stieg er denn immer wieder mit Begeisterung in die Lüfte. »Das Gefühl der Freiheit da oben ist wunderbar. Ich habe fast alle Möglichkeiten der Fliegerei ausprobiert. Hubschrauber, Paragliding, Ultraleicht-Flug.« Als ein geplanter Tandem-Fallschirmsprung mit Ex-Turnweltmeister Gienger wegen schlechtem Wetter ausfiel, schwor er sich, das unbedingt noch nachzuholen.

Bleibt die Frage, ob es einen Zusammenhang gibt zwischen dieser Lust am Risiko und der Lust am Trainerjob, der, wie Joachim Löw schon oft genug erfahren hat, voller Unwägbarkeiten steckt. Hier wie dort muss man die Möglichkeit des Scheiterns ins Kalkül ziehen und damit leben lernen, dass es anders kommen kann als gedacht. Demjenigen, der in einem ohnehin stets gefährdeten Job auch noch auf riskanten Offensivfußball setzt, wird man also durchaus eine gewisse Lust am Risiko attestieren dürfen.

KAPITEL 8

Auf Bergtour
oder: Stresstest für den Konzepttrainer

Bei seiner Vorstellung als Bundestrainer hatte Joachim Löw ganz klar den Europameistertitel als Ziel seines Strebens angegeben. Einige Monate vor Beginn des Turniers ruderte er etwas zurück: »Ich kann den Titel nicht versprechen, aber eine europameisterliche Vorbereitung.« Für ihn zähle vor allem, meinte er kurz vor dem Anpfiff des ersten Spiels, dass seine Spieler unbedingten Siegeswillen und mitreißende Vorstellungen zeigen. Er wollte, so schien es, einem eventuellen Scheitern vorbauen. Dann aber bestätigte er als Gast im »Aktuellen Sportstudio« mit verschmitzter Miene doch noch seinen Anspruch. »Wir werden versuchen, die ersten sechs Spiele zu gewinnen, dann sehen wir mal weiter.« Einige Zuschauer kicherten. Sie hatten den Witz bemerkt: Nach sechs Siegen wäre Deutschland Europameister.

Rücktrittsgedanken bei einem etwaigen Misserfolg – damit hielt er sich nicht auf. »Ich schalte das weg, damit ich unvoreingenommen in die Spiele gehen kann.« Im Übrigen sei er von der Richtigkeit seiner Philosophie überzeugt. »Das heißt, dass ich zu meiner Linie als Trainer stehe, auch wenn es Kritik geben sollte oder ein Spiel verloren geht. Denn wir bei der Nationalmannschaft sind überzeugt von der Philosophie, die wir derzeit verfolgen.« Er wisse, dass er alles nur Erdenkliche getan habe, und das gebe ihm eine gewisse Sicherheit und Gelassenheit. Überzeugt von seiner Arbeit gaben sich auch die Fans. In einer ZDF-Umfrage beurteilten 76 Prozent der Befragten seine Arbeit als gut oder sehr gut.

Der öffentlich am deutlichsten wahrnehmbare Aspekt der Bundestrainerarbeit ist sicherlich die Auswahl eines Turnierkaders. In seinem ersten Amtsjahr hatte Joachim Löw insgesamt 35 Spieler eingesetzt und damit in diesem Zeitraum so viele wie keiner seiner Vorgänger. Während etwa Rudi Völler in seinem ersten Jahr sechs Neue getestet hatte, brachte es sein Nachfolger auf 13 Debütanten. Die Personallage hatte sich in der Nach-WM-Saison also deutlich verbessert. »Wir haben mehr Alternativen als vor einem Jahr«, konstatierte Löw und bescheinigte unter anderen den Stuttgartern Tasci und Khedira sowie dem Leverkusener Castro eine gute Entwicklung. Im Laufe der Qualifikation spielten sich noch weitere junge Spieler in den Vordergrund – etwa Trochowski, Rolfes, Fritz, Kießling und Gomez –, so dass die Auswahlmöglichkeiten des DFB-Trainerteams trotz einer größeren Anzahl von mittlerweile Ausgeschiedenen und Aussortierten – Asamoah, Ernst, Kehl und Huth – erfreulich groß waren.

Je näher jedoch die EM kam, desto mehr zeichnete es sich ab, dass Joachim Löw weiterhin vor allem den bewährten Spielern vertrauen würde, selbst wenn diese in ihren Vereinen öfter mal auf der Bank saßen oder nur schwankende bis schwache Form aufwiesen – wie Lehmann, Metzelder, Friedrich und Frings oder die mehr oder weniger schwächelnden Bayern-Spieler Schweinsteiger, Podolski und Klose.»Wer bei der WM zum Stamm gehörte, wird im Normalfall auch bei der EM dabei sein«, gab er bekannt, und dieser Stamm sollte dann punktuell ergänzt werden. Auch die Auswahlkriterien unterschieden sich nicht wesentlich von denen im Jahr 2006: Neben dem Können waren natürlich wieder charakterliche Eigenschaften gefragt, insbesondere Turnier-Tugenden wie Willenskraft, Durchhaltevermögen und die Fähigkeit, nach Rückschlägen wieder aufzustehen.

Der Zugspitz-Kader

Passend zur Bergwander-Leidenschaft des Kilimandscharo-Bezwingers Joachim Löw hatte die Führungsspitze der Nationalmannschaft entschieden, den bevorstehenden Angriff auf den EM-Titel in den Alpenländern Österreich und Schweiz metaphorisch als »Bergtour« zu vermarkten. Die Idee hatte man bei einer Klausurtagung des Teams entworfen. Psychologe Hans-Dieter Hermann zu den Hintergedanken des Mottos: »Damit machen wir deutlich: Es wird steinig und schwer, es gibt ein Basislager, vielleicht auch mal schlechtes Wetter, es kommt auf jeden Einzelnen an. Wichtig ist, dass alle das eine Ziel haben: am Ende auf dem Gipfel zu stehen.« Joachim Löw betonte, man habe vor allem zeigen wollen, »dass man Schwierigkeiten überwinden kann, wenn man es denn will«. Es galt, die nun schon zwölf Jahren andauernde Sieglosigkeit der deutschen Nationalmannschaft bei Europameisterschaften endlich zu beenden; es galt, in einem Starterfeld mit enormer Leistungsdichte zu bestehen; kurz: es galt, das laut Löw »schwierigste Turnier aller Zeiten« zu gewinnen. Für Manager Oliver Bierhoff zählte indes zunächst vor allem der Marketing-Coup: Die Nationalmannschaft, in historischem Bergsteiger-Outfit ästhetisch anspruchsvoll in Szene gesetzt, schaffte es in fast allen Gazetten auf den Titel. Das war schon mal perfekt.

Am 16. Mai 2008 benannte der Bundestrainer in der Panorama-Lounge auf der Zugspitze in 2.962 Metern Höhe den vorläufigen Kader von 26 Spielern. Der Bundestrainer war damit einem Ratschlag seines Assistenten gefolgt, der es für sinnvoll erachtet hatte, zunächst drei zusätzliche Spieler mit ins Trainingslager zu nehmen. Alle anderen, die nicht berücksichtigt wurden, wussten da bereits Bescheid. Das politisch stets korrekte Trainerteam hatte vorab mit allen in Frage kommenden Spielern abgeklärt, in welchem Zeitraum sie telefonisch erreichbar sein sollten: Man wollte nicht in die Verlegenheit kommen, die Absage auf der Mailbox zu hinterlassen.

Es war ein ziemlich großes Brimborium um ein letztlich wenig überraschendes Endergebnis. Insgesamt berief Löw 15 Spieler aus dem WM-Kader von 2006. Den Kern bildeten erfahrene Spieler wie Frings, Metzelder, Klose, Friedrich, Lehmann und natürlich Ballack. Dazu kamen dann junge Spieler wie Lahm, Schweinsteiger, Podolski, Mertesacker und Jansen, die allesamt bereits eine stattliche Anzahl von Länderspielen vorweisen konnten. Selbst Wackelkandidaten wie Neuville, Borowski und Odonkor, mit denen nicht unbedingt zu rechnen war, fanden Berücksichtigung. Rechnete man die drei Torhüter und den Rückkehrer Kuranyi nicht mit, so nominierte der erstaunlich konservativ gesinnte Bundestrainer mit Fritz, Rolfes, Gomez, Westermann, Trochowski, Jones, Marin und Helmes letztlich nur acht »frische« Spieler für seinen vorläufigen Kader.

Ein Händchen für Neue, einen »Riecher« habe er, hatte ihm die »tz« bescheinigt, aber kurz vor dem Ziel war Joachim Löw offensichtlich der Mut abhanden gekommen. Traute er den Jungen nicht zu, dass sie in der »Nervenschlacht« eines solchen Turniers konstante Spitzenleistungen würden abrufen können? Jedenfalls hielt er lieber an bewährten Spielern fest, selbst wenn die nicht in Bestform waren. Dass für ihn die Erfahrung das letztlich entscheidende Kriterium war, sollte sich dann auch nach dem ersten Trainingslager auf Mallorca zeigen, als er den endgültigen Kader von 23 Spielern benannte. Mit Jones, Marin und Helmes wurden drei der »Frischlinge« nach Hause geschickt.

Für diese drei muss es eine geradezu traumatische Erfahrung gewesen sein, so kurz vor dem Ziel noch aussortiert zu werden. Er habe da »schon eine gewisse Sensibilität«, meinte Löw und erinnerte an den vormaligen Stammspieler Kevin Kuranyi. Für den sei eine Welt zusammengebrochen, als er vor der WM 2006 die Absage erhielt, das habe ihn schon »sehr berührt«. Trotz aller Tränen müsse man in solchen Entscheidungen als Trainer konsequent und emotionslos vorgehen. »Da kann ich kein Mitleid zeigen, weil es um den Erfolg geht.« Oder um im metaphorischen Bild zu bleiben: Als Bundestrainer muss man die emotionslose Sensibilität eines Bergführers beweisen, der all diejenigen, denen er den Aufstieg zum Gipfel nicht zutraut, im Basislager zurücklässt.

Perfektes Trainingslager

Am 19. Mai begann die insgesamt dreiwöchige Vorbereitung mit einem Trainingslager auf Mallorca, für den letzten Feinschliff sollte im Tessiner EM-Quartier gesorgt werden. Für die ersten vier Tage durften, was nun schon gute Gewohnheit war, zur Entspannung die Frauen und Freundinnen der Spieler mit ins »Arabella Sheraton Golf Hotel Son Vida«. Jeder Tag und jede einzelne Übung war genauestens durchgeplant, wobei vor allem Hansi Flick seine besonderen Stärken in der Gestaltung abwechslungsreicher Trainingsinhalte eingebracht hatte. Es gab einen kompletten Ernährungsplan, selbst auf die Gestaltung des Quartiers hatte man Einfluss genommen: Aus Deutschland waren eigens sündhaft teure, per Fernbedienung auf den individuellen Härtegrad einstellbare Spezialmatratzen eingeflogen worden, und in der Hotellobby hatte man eine Großbildleinwand installiert sowie Flipper und Tipp-Kick aufgestellt. Für die Freizeit der Spieler war also gesorgt, auf dem Trainingsplatz aber sollte natürlich höchste Konzentration garantiert werden. Aus diesem Grund wurde das Team sowohl auf Mallorca wie auch später in Ascona konsequent von der Öffentlichkeit abgeschirmt. »Unsere Aufgabe ist es, die Fans beim Turnier zufriedenzustellen und nicht im Trainingslager«, wies der Bundestrainer alle Kritik daran zurück, schließlich gelte es, sich in aller Ruhe und mit der nötigen Ernsthaftigkeit vorzubereiten.

Im Training wurde das inzwischen allseits bekannte und daher nicht mehr bestaunte Fitnessprogrammm durchgezogen – Herzfrequenzmesser und sogenannte »Spiro-Tiger« zur Kräftigung der Atemmuskulatur wurden eingesetzt, man sprang über Hürden und nutzte Spinningbikes –, dann stand das technisch-taktische Training im Vordergrund:

Abstimmung der Laufwege, Spielzüge mit Torabschluss, Einüben kollektiver Automatismen in Defensive und Offensive. Weil es bei einer EM im Gegensatz zur einer WM keine Zeit gibt, sich einzuspielen – denn da warten bereits in den Gruppenspielen sehr spielstarke Gegner –, legte Joachim Löw besonderen Wert darauf, die Spieler auf mögliche Negativszenarien einzustellen. Das hieß etwa: keine Panik, wenn man einen Rückstand hinnehmen muss; ruhig nach dem einstudierten Notplan weiterspielen, wenn man durch einen Platzverweis plötzlich in Unterzahl gerät. Der Bundestrainer Löw wollte auf alle Eventualitäten eine vorbereitete Antwort haben. Und umgekehrt selbst den Gegnern möglichst viele Fragen aufgeben. Unentwegt tüftelte er zusammen mit Hansi Flick an der Taktik und sann über Spielzugvarianten. Doch trotz allen Arbeitens und Räsonierens war Joachim Löw am Ende eines Tages nur selten zufrieden. »Wenn ich abends ins Bett gehe, frage ich mich, was ich noch durchgehen muss, was im Training war und ob ich alles gemacht habe. Man beschäftigt sich rund um die Uhr mit dem Turnier.« Ein wenig Entspannung war da nötig. Das Trainerteam machte daher täglich auch selbst Sport. Auf Mallorca trafen sich der Bundestrainer und sein Assistent täglich um sieben Uhr früh im Fitnessraum des Hotels, um auf dem Laufband oder dem Spinning-Bike zu schwitzen, in Ascona gab es täglich vor dem Abendessen eine Schwitzeinlage mit Fußball, Laufen oder Fahrradfahren. Abschalten, wieder frei im Kopf werden, lautete die Devise. Für die EM hatte er zudem zwei, drei Bücher im Gepäck – über Geschichte, und eines von Paulo Coelho – um abends im Bett beim Lesen mal auf andere Gedanken zu kommen.

Insgesamt wurden in der Vorbereitung 19 Trainingseinheiten absolviert, dazu gab es zwei Vorbereitungsspiele gegen Weißrussland (2:2) und Serbien (2:1). Erstaunlich relaxt gab sich der Bundestrainer nach dem 2:2 gegen Weißrussland – ein Testspielergebnis, das eigentlich zu heftigen Zweifeln hätte Anlass geben können. Er war sichtlich matt, weil erkältet, und hatte eine Partie mit teilweise erschreckenden Abwehrfehlern zu rechtfertigen. Er müsse sich durchbeißen, so wie die Spieler eben auch, erklärte er Monica Lierhaus, die sich nach seiner Gesundheit erkundigte. Natürlich sei es enttäuschend, dass die Spieler eine 2:0-Führung noch hergegeben haben, natürlich müsse noch einiges verbessert werden bis zur EM, aber man habe den Spielern eben auch ihre Müdigkeit angesehen – und natürlich könne er versprechen, dass alle Spieler zum Start der EM in einer viel besseren Form sein würden. Das war cool, jede Kritik mit derart offensiv-selbstkritischer Freundlichkeit bereits im Keim zu ersticken, und Lierhaus bohrte auch gar nicht weiter. Nach dem Serbien-Test brauchte sich Joachim Löw nicht großartig zu rechtfertigen. Die Serben hatten ganze drei Chancen, nur einmal hatte die Abwehr gewackelt. Vor allem von seinem Kapitän Michael Ballack, der wie gewünscht zugleich in der Defensive präsent war und in der Offensive Akzente setzte, zeigte sich Löw angetan.

Ein Drama in Klagenfurt

Vor dem ersten Gruppenspiel gegen Polen in Klagenfurt sah man am Spielfeldrand einen deutschen Chefcoach mit verspanntem Gesicht. Die krampfende Muskulatur zeugte davon, wie sehr ihn die Frage quälte, ob im nun anstehenden Ernstfall all das aufgehen würde, was er geplant hatte. Deutschland trat ohne Schweinsteiger an, dafür mit dem im Training überzeugenden Podolski. Die Defensive wackelte ein paar Mal, aber das blieb ohne Konsequenzen. In der Offensive gab es einige prächtige Aktionen, bereits in der 20. Minute sorgte das 1:0 für erste Lockerung auf der Trainerbank. Es entsprang einem einstudierten Spielzug: Lahm passte auf Gomez, der brachte einen Steilpass auf Klose; Klose passte nach innen auf den freigespielten Vollstrecker Podolski. Als Podolski, wiederum auf Vorarbeit von Klose, in der zweiten Halbzeit auf 2:0 erhöhte, sprang ein plötzlich federleicht gewordener Bundestrainer voller Triumphgefühl meterhoch in die Luft. »Wir sind jetzt in der Lage, zu agieren, nicht nur zu reagieren«, hatte er vor dem Spiel behauptet; und im Spiel hatte die Mannschaft wie gewünscht den Beweis geliefert. Jetzt war er extrem erleichtert und durfte erstmal tief durchatmen.

Der nächste Gegner, wiederum in Klagenfurt, hieß Kroatien. Joachim Löw hatte sein Sakko zu Beginn am Dach über der Trainerbank aufgehängt. Er wirkte angespannt, aber ruhig. Später stand er im weißen Designer-Hemd ratlos am Spielfeldrand, das Sakko in der Hand. Dazwischen: ein Mann im weißen Hemd, nervös hin- und herlaufend, die Arme verzweifelt von sich werfend; nach dem 0:1 mit einer Mimik des Entsetzens, verbissen auf den Lippen kauend; nach dem 0:2 konsterniert, dann vornübergebeugt, sich die Schuhe bindend; nach dem Anschlusstreffer von Podolski wild entschlossen, mit erneuertem Ausdruck von Konzentration und Willensstärke im Gesicht; wenig später, bei der Einwechslung der letzten Waffe Kuranyi, intensive Beschwörungsgesten in den Klagenfurter Himmel schickend. All der emotionale

Aufwand nutzte nichts. Deutschland verlor kurz vor Schluss auch noch Schweinsteiger durch einen Platzverweis, es blieb beim 1:2.

Im Interview danach wirkte ein sichtlich ermatteter und enttäuschter Löw etwas kleinlaut. Bei kritischen Nachfragen bohrte sich seine Zunge in die Wangen. Das deutsche Spiel sei zusammengebrochen, urteilten die Kritiker, das Zusammenspiel habe überhaupt nicht funktioniert. Philipp Lahm wird drei Jahre später Klartext reden und das Team als egoistischen und »zerstrittenen Haufen« charakterisieren. Es sei »ein Durcheinander und Gemecker« auf dem Platz gewesen. Eine »ordnende Energie, die den Spielern etwas zum Anhalten gibt«, habe gefehlt, wird er monieren und damit offensichtlich auf die Führungsspieler Ballack und Frings zielen. Damals, unmittelbar nach dem Spiel, erklärte der Bundestrainer zur desolaten Vorstellung seines Teams lediglich: »Die Kommunikation auf dem Platz war verbesserungsfähig, jeder hat in erster Linie mit seinem Spiel gekämpft. Sturm, Mittelfeld, Abwehr – jede Reihe war für sich isoliert.« Auch die Stimmung hatte gelitten, die Chefs Ballack und Frings hatten die Jungen zusammengestaucht. Und Löw musste einsehen, dass auch er selbst Fehler begangen hatte. Die Einwechslung des Konterspielers Odonkor für Jansen in der 46. Minute zum Beispiel: In einem Spiel, in dem man Druck aufbauen muss, gibt es in der Regel keine Konter.

Am Tag nach der Niederlage gegen Kroatien kamen die Frauen und Kinder der Spieler ins Mannschaftshotel. Das war von Anfang an so geplant, und man wollte auch jetzt nach der Niederlage nicht umdisponieren. Alle vergnügten sich und relaxten also – bis auf einen. Michael Ballack war extrem sauer, dass man nicht sofort das katastrophale Spiel aufarbeitete. Der »Capitano« war unzufrieden mit einigen seiner Mitspieler, hatte das auch schon während des Spiels deutlich gemacht. Gleichzeitig waren auf Seiten der jüngeren Spieler ein gewisser Trotz und Widerstand gegen die Chef-Allüren Ballacks nicht zu übersehen. »Ich habe nach dem Spiel den Ansatz – wirklich nur den Ansatz – von gegenseitiger Schuldzuweisung gespürt«, meinte Joachim Löw. Dieser »Ansatz« hatte dann aber doch genügt, um Michael Ballack und Jens Lehmann aufzusuchen und aufzufordern: »Setzt euch doch zusammen und klärt es mal untereinander. Macht eine Aussprache ohne Trainer, in der ihr euch mal gegenseitig die Meinung sagt, ohne dass es eine öffentliche Selbstzerfleischung gibt.« Und so setzte man sich also zusammen. Auf einen gemeinsamen Nenner, wird Philipp Lahm später erzählen, sei man aber nicht gekommen. Manche Spieler hätten kein Hehl gemacht aus ihrer Abneigung gegen andere, wirklich ausgeprochen aber habe man sich nicht. Einzig das Ziel, ein Erfolg gegen Österreich, habe das Team noch zusammengehalten.

Und Joachim Löw? Auch er führte Gespräche: mit Schweinsteiger, der nach seinem Platzverweis von der Presse zerrissen worden war; und mit seinen Vertrauten Harun Arslan und Roland Eitel, um in der schwierigen Situation selbst ein wenig Beistand zu erhalten.

Platzverweis in der Coaching-Zone

Das dritte und letzte Spiel gegen Österreich musste nun gewonnen werden. Gedanken an einen möglichen Rücktritt schossen Joachim Löw durch den Kopf. Ein Vorrunden-Aus für Deutschland, wie schon 2000 und 2004 – er wäre in diesem Fall als Bundestrainer kaum zu halten gewesen. Aber dann, als er am nächsten Morgen aufwachte, sagte er zu sich selbst: »Okay, natürlich müssen wir diese Österreicher schlagen. Warum sollen wir mit komischen Gedanken nach Wien reisen? Wir werden das Spiel gewinnen, egal wie.« Angeblich brachte sich bereits ein Schattenkabinett um Sportdirektor Sammer in Stellung. DFB-Boss Theo Zwanziger erklärte allerdings in der Öffentlichkeit: »Egal was passiert, Löw bleibt Bundestrainer.«

Vor der Presseschar zeigte sich der in die Kritik geratene Coach der deutschen Auswahl entschlossen und zuversichtlich: »Wenn ich vor dem Spiel schon überlege, was ich bei einer Niederlage machen würde – dann wäre das so, als würde ein Autofahrer schon vorher überlegen, in welches Krankenhaus er bei einem Unfall geht.« Nein, er sei weiterhin von seiner Arbeit überzeugt und lasse sich auch durch ein verlorenes Spiel und die damit verbundenen Mäkeleien und Anschuldigungen nicht von seinem Weg abbringen. Er ärgerte sich immens über den abrupten Wechsel von Lobeshymnen zu Untergangsfantasien, denn es konnte doch nicht sein, dass nach einer einzigen Niederlage auf einmal alles schlecht sein sollte, was ein paar Tage zuvor noch gut gewesen war. Die Situation sei nicht einfach, klar, aber sie sei eben auch eine Herausforderung. »Mitunter ist es ganz gut, wenn man in eine solche Drucksituation gerät«, stellte er mit forschem Selbstbewusstsein fest. »Wenn man eine solche Niederlage wie die gegen Kroatien erst einmal verdaut und eine entsprechende Reaktion gezeigt hat, gibt das noch einmal Kraft für die nächsten Aufgaben.« Das in der Presse – ganz im Sinne von Ballack – teilweise scharf kritisierte Krafttanken durch den Familienbesuch im Hotel verteidigte er mit vollster Überzeugung. »Diese Dinge sind abgesprochen und werden eingehalten, unabhängig, ob man gewinnt oder verliert.« Auch nach einer Niederlage dürfe man sich mal erholen, und im Übrigen wisse er ganz genau, wann Druck aufgebaut werden muss.

Der Ausgangspunkt vor dem letzten Vorrundenspiel der Gruppe B war eindeutig: Deutschland musste zumindest ein Unentschieden gegen Gastgeber Österreich erreichen, um sich für die folgende Runde zu qualifizieren. Aber ein Sieg war nach dem Desaster gegen Kroatien eigentlich moralische Pflicht. Die Herausforderung war ihm eine Lust – jedenfalls suggerierten das seine Aussagen. Vor so einem Spiel, meinte er, »spürt man die Verantwortung, den Druck, aber das ist doch schön. Im Fußball gibt es diese Extremsituationen, und ich liebe sie ja auch in meiner Freizeit.« Und so konnte der Fußballtrainer Löw genau die gleichen Worte benutzen wie der Kilimandscharo-Bezwinger und Gleitschirmflieger Löw: »Ich bin risikofreudig und möchte immer wieder ans Limit kommen.«

Es war eine Herausforderung, aber es wurde kein schönes Spiel. Deutschland zeigte statt Spielkunst Kampf und Krampf. Löw und sein österreichischer Kollege Josef Hickersberger sprangen in ihren Coaching-Zonen wild gestikulierend herum und trieben ihre Teams an. Immer wieder preschte der vierte Offizielle, Damir Skomina, heran und mahnte den deutschen Bundestrainer: »Go back, go back, go back.« Der Mann, den er später als »Papagei« verspötteln sollte, ging Joachim Löw extrem auf die Nerven. Als der FIFA-Mann dann auch noch seinen Kollegen Josef Hickersberger übereifrig in Richtung Trainerbank zurückdrängte, griff er ein. »Da bin ich hingegangen und habe gesagt, er möge uns bitte in Ruhe unsere Arbeit machen lassen«, berichtete Löw hernach über den weiteren Verlauf, beleidigt aber habe er ihn keineswegs. Dass Skomina daraufhin Kontakt mit dem Schiedsrichter aufgenommen und beiden Trainern die Rote Karte gezeigt hatte, sei also völlig ungerechtfertigt gewesen. Ob gerechtfertigt oder nicht – beide Trainer mussten ab der 40. Minute auf der Tribüne sitzen.

Die Entscheidung im Spiel, das jetzt Assistent Hansi Flick coachte, fiel vier Minuten nach dem Anpfiff der zweiten Halbzeit durch einen mit brachialer Wucht, explosiver Wut und dem Mut der Verzweiflung abgefeuerten Freistoß-Hammer von Michael Ballack. Wilde Entschlossenheit lag in dem Blick, mit dem der Kapitän den Flug des Balles verfolgte, bis der im Torwinkel einschlug. Was würde aus dieser Nationalmannschaft werden, dachte man da, wenn er nicht wäre, der »Capitano« und Leitwolf, der stets voranmarschiert, der seinen fahrigen Mitspielern immer wieder in den Arsch tritt, und dann, wenn scheinbar gar nichts mehr geht, mit unbändigem Willen die Sache selbst übernimmt und entscheidet.

Hernach bewertete Joachim Löw das enge Spiel als einen »gewissen Ausnahmezustand«, der »extreme Zähigkeit« abverlangt habe. Es war weder ruhmvoll noch attraktiv gewesen, aber man hatte immerhin einen hart erkämpften 1:0-Sieg errungen. »Es ging ums Weiterkommen, sonst wäre es eine Mega-Blamage gewesen. Da ist nachher auch von mir eine Last abgefallen. Dass ich aber nicht zufrieden war, ist auch klar. Ich habe der Mannschaft gleich gesagt: ›Leute, der Fußball, den wir nun zweimal gespielt haben, der gefällt mir nicht.‹ Es muss sich etwas ändern, sonst schaffen wir es im K.o.-System nicht mehr.«

Der Bundestrainer hinter Milchglas

Für die folgende Begegnung im Viertelfinale gegen Portugal wurde Löw wegen seines Verhaltens gegenüber dem Vierten Offiziellen im Österreich-Spiel von der Kontroll- und Disziplinar-Kommission der Europäischen Fußball-Union auf die Tribüne verbannt. »Joachim Löw darf das Spiel nur von der Tribüne aus verfolgen«, hieß es im Urteil. »Vor und während des Spiels ist seine Anwesenheit in den Umkleidekabinen, im Spielertunnel sowie in der technischen Zone untersagt. Weder vor noch während des Spiels darf er mit der Mannschaft in Kontakt treten.« Ein Einspruch dagegen war nach den Regeln der UEFA nicht möglich, und so ließ der Bundestrainer wieder mal Gelassenheit walten. »Ich hätte mich zwei Tage ärgern können, aber das nützt ja nichts. Wenn ich mich ärgere, dann möchte ich was ändern. Aber hier war nichts zu ändern.« DFB-Präsident Zwanziger gewann der Sache sogar etwas Positives ab: »Das Urteil kann einen Motivationsschub für die Mannschaft bewirken. Sie will doch in diesem Turnier weiterspielen – mit Löw auf der Bank im Halbfinale.« Auf der musste aber nun erstmals Hansi Flick alleine Platz nehmen und dort auch ohne durch Zettel, Bote oder Handy übermittelte Informationen auskommen.

Erstmals rückte somit der trotz seiner 43 Jahre immer noch jungenhaft wirkende Assistent in den Vordergrund, der in der Öffentlichkeit bis dahin eigentlich nur durch seine Halbzeitinterviews wahrgenommen worden war. Wenn er da, mit schüchtern ausweichendem Blick, vor den Fernsehkameras erläutern sollte, wieso und warum ausgewechselt wurde (oder warum eben noch nicht), hatte man immer den Eindruck, als seien solche Auftritte dem blonden Mann mit den leuchtend blauen Augen äußerst unangenehm. »Ich bin niemand, der immer in der ersten Reihe stehen muss«, bekannte der zurückhaltende Badener denn auch wiederholt. Nicht einmal die Fachjournalisten vermochten sich daher ein genaueres Bild von seiner Funktion und Rolle im Führungsteam der Nationalmannschaft machen. Als er nach dem Auftaktsieg gegen Polen bei der obilgatorischen Pressekonferenz Rede und Antwort hatte stehen müssen, hatte ein ARD-Journalist die Gelegenheit ergriffen, ihn einmal direkt zu fragen: »Sie arbeiten so im Hintergrund, dass Sie die Öffentlichkeit außer bei Pressekonferenzen und bei Länderspielen kaum wahrnimmt. Können Sie uns anhand von zwei, drei konkreten Beispielen schildern, wie Ihre tägliche Arbeit neben Spielerdatenbank und Gegnerbeobachtung aussieht?« Flicks Antwort war recht hilflos ausgefallen. Er arbeite in einem Team, wo jeder seine Aufgaben habe, aber »wo man einfach auch die Freiheiten hat, wo man auch sich einbringen kann und so. Das macht wahnsinnig viel Spaß, deswegen ist für mich die Frage, wer welche Kompetenzen hat und wie das nach außen rüberkommt, zweitrangig.«

Flicks Stellungnahme trug zwar zur Klärung seines Tätigkeitsprofils nicht eben viel bei. Klar war jedoch, dass er innerhalb des Teams eine hohe Wertschätzung genoss, insbesondere beim Bundestrainer selbst, der ihn fortwährend als »absoluten Experten« und »idealen Partner« lobte. Nun also musste dieser trotz aller Hochschätzung bislang so unauffällig Gebliebene mal alleine an die Front. Freilich: Einen »richtigen« Chef mit voller Entscheidungskompetenz, so wie er das in Hoffenheim gewesen war, musste er jetzt ja gar nicht geben. Denn natürlich wurden alle Eventualitäten vorab mit Löw besprochen und – soweit das möglich war – entsprechende Reaktionen festgelegt: Was zu tun ist, wenn ein Spieler Rot erhält; wenn Cristiano Ronaldo nicht zu stoppen ist; wer beim Elfmeterschießen antritt. Dass Bastian Schweinsteiger wieder spielen durfte, kündigte Löw noch selbst an. »Als er beim Polen-Spiel nicht in der ersten Elf war, war er unglaublich enttäuscht«, sollte er später erläutern. »Wirklich unglaublich enttäuscht. Das war für ihn schwer zu verarbeiten, deshalb musste ich ihn aufbauen und heranführen. Aber nach dem Kroatien-Spiel war die Situation anders: Da musste man ihn nicht aufbauen, sondern ihm klarmachen, dass er uns allen geschadet hat. Nach Österreich habe ich seinen Einsatz angekündigt, weil ich wusste, dass wir ihn brauchen, als frischen Spieler auf dieser Position.«

Es musste sich auch taktisch etwas ändern. Ballack hatte bereits nach dem Kroatienspiel gefordert, mehr auf die Defensive zu achten. Auf dem Rückflug von Wien ins EM-Quartier nach Ascona hatten sich die Trainer mit Chefscout Urs Siegenthaler besprochen. Der Plan: Im defensiven Mittelfeld mit der Doppelsicherung Hitzlsperger und Rolfes das Mittelfeld so verdichten, dass der Gegner erst gar nicht ins Spiel finden würde; bei Ballbesitz ruhiger und nicht zu riskanter Aufbau durch die beiden Sechser; über einen weiter vorn postierten Ballack mit vollem Offensiv-Aktionsradius für Gefahr sorgen; über die Außen Druck entwickeln mit Podolski (links) und Schweinsteiger (rechts); und Klose als einzige Spitze sollte für die nachrückenden Spieler die Räume schaffen. Damit hatte man nun auch ein neues System, nicht mehr 4-4-2, sondern 4-5-1. Löw liebte es eigentlich nicht, mit nur einer Anspielstation in der Spitze spielen zu lassen. Aber vielleicht fiel ihm die Entscheidung für diese Variante etwas leichter, weil sich Gomez in den Spielen zuvor in äußerst schlechter Verfassung präsentiert und er damit sowieso keinen Zwei-Mann-Sturm zur Verfügung hatte, der seinen Vorstellungen entsprach.

Auf dem Rasen in Basel wurde dann zwar nicht alles so glänzend und perfekt umgesetzt, wie man sich das gedacht hatte. Aber das Zugucken machte wieder Spaß. Durch die Umstellung auf das neue System lief das deutsche Spiel flüssiger, Podolski spielte auf seiner neuen Position erfrischend dynamisch, Schweinsteiger brillierte mit feiner Technik. Die schönste Szene war das Tor zum 1:0 in der 22. Minute: Podolski stürmt auf dem linken Flügel los, Doppelpass mit Rolfes, Doppelpass mit Ballack, kurzer Blick, Ball flach nach innen – Schweinsteiger grätscht die Kugel ins Netz. Das Tor war geradezu exemplarisch für die Möglichkeiten des neuen Systems. Der in der Grundformation auf dem rechten Flügel agierende Schweinsteiger hatte die Situation erkannt und war nach innen gestürmt, um die Flanke von Podolski aus einer klassischen Mittelstürmerposition heraus zu verwandeln. Es folgten noch zwei weitere deutsche Tore, beide per Kopfball (Klose, Ballack) nach perfekten Schweinsteiger-Freistößen erzielt. Richtig gefährdet war der Sieg nicht, auch wenn die Portugiesen nach einem Zwischenstand von 1:2 kurz vor dem Ende auf 2:3 hatten verkürzen können. Zu verdanken war der Erfolg letztlich nicht nur der Systemumstellung, sondern auch der Tatsache, dass man im Training fleißig Freistöße geübt hatte, so dass aus der sonst so stumpfen Waffe ein scharfes Schwert geworden war.

Nach dem Spiel wurde von den Journalisten lang und breit die Frage diskutiert, wer denn nun hautpverantwortlich für die Systemumstellung gewesen sei. Ballack, der Veränderungen angemahnt hatte? Der Ideengeber Siegenthaler? Oder doch der als Taktikfuchs bekannte Bundestrainer allein? Hansi Flick, der den gesperrten Löw nicht nur an der Seitenlinie vertreten hatte, sondern auch danach bei der Pressekonferenz auf dem Podium saß, antwortete ausweichend. »Wir arbeiten als Team zusammen, von wem letztlich die Idee kam, ist egal. Das sollte man so akzeptieren.« Joachim Löw freilich nahm später eindeutiger Stellung. Er sprach nicht nur mit sichtlichem Stolz davon, dass er in Sachen Schweinsteiger das richtige Näschen gehabt hatte (»Dass ein Spieler ein gutes Spiel machen wird, das spürt man halt manchmal«), sondern er reklamierte darüberhinaus auch die Urheberschaft der Systemumstellung für sich: »Es ist eine große Art der Befriedigung, wenn man sich eine neue Strategie ausdenkt und das Spiel gewinnt. Für solche Momente leben wir Trainer.« Klar, Urs Siegenthaler habe »einige wichtige Details beigetragen«. Aber auf die Frage, ob nicht Michael Ballack den entscheidenden Vorstoß gemacht habe, antwortete er: »Ich habe ihn informiert.« Der Kapitän sei ein wichtiger Ansprechpartner für ihn, »aber über Veränderungen der taktischen Marschroute, des Systems, entscheidet der Trainer«. Im Übrigen sei es auch keineswegs diese große Revolution gewesen, wie es die Journalisten in ihren Artikeln teilweise darstellt hätten, sondern eher eine Korrektur. Man sei in den Spielen gegen Österreich und Kroatien nicht in der Lage gewesen, das 4-4-2 mit derselben Wucht und Kraft durchzuziehen wie in vielen Spielen zuvor. »Jetzt ist viel über einen Systemwechsel geschrieben worden, aber die taktische Ausrichtung war dieselbe wie beim 4-4-2: schnell, geradlinig nach vorn spielen, nicht die Bälle ins Niemandsland schlagen. Alles das Gleiche wie vorher, nur mit einer anderen Raumaufteilung. Es gibt eben Momente, da muss man eine andere Lösung bieten.«

Der Ex-Nationalspieler Bernd Schneider kommentierte in der »Welt«: »Einen guten Trainer zeichnet aus, dass er auch mal von seiner eigentlichen Philosophie abrückt und offen ist gegenüber Änderungsvorschlägen. Genau das ist Joachim Löw, er hört zu, wenn man ihm einen konstruktiven Vorschlag macht. Er hat die Systemänderung in Absprache mit dem Kapitän umgesetzt.« Und der aktuelle Spieler Christoph Metzelder stellte klar, dass es sich bei der Umstellung keineswegs um einen Einzelfall gehandelt habe. »Betrachtet man eine Europameisterschaft wie eine Fußballmesse, ist es die Neuerung im Fußball, dass die Teams zunehmend auf ein verstärktes Mittelfeld setzen.« Das 4-5-1 bzw. 4-2-3-1 war schon fast so etwas wie der Standard bei der EM, die meisten Teams spielten es. Somit hatte es sich bei der Systemumstellung keineswegs um eine taktische Revolution gehandelt, sondern eher um eine (verspätete) Anpassung an eine in sämtlichen großen europäischen Ligen bereits vollzogene Norm.

Wie auch immer – Löw hatte seinen Spaß am Spiel wiedergefunden. »Bei allem Druck oder Stress bleibt für mich der Fußball vor allem eines: ein wunderbares Spiel.« Es gebe doch kaum etwas Schöneres als so ein Turnier, diese großen Spiele seien doch »vor allem Genuss«. Ein Genuss freilich, den er diesmal nicht auf der Trainerbank hatte miterleben dürfen, sondern abgeriegelt hinter der verspiegelten Glasscheibe einer VIP-Kabine. Die Kameras der Fernsehteams fingen den nur schemenhaft erkennbaren Bundestrainer ein, wie er da in dieser seltsamen Box im Basler St.-Jakobs-Park mitfieberte.

Die auf skurrile Weise umsichtige UEFA hatte für ihn zur Bekämpfung von Nervosität und Anspannung Baldrian und Aspirin bereitstellen lassen. Löw aber griff, sich unbeobachtet wähnend, zur Zigarette. Und paffte hektisch. Ein Bundestrainer, zwar nur verschwommen erkennbar, aber eben doch als öffentlich präsenter Raucher? Ging das denn? Der SPD-Hinterbänkler Lothar Binding beschwerte sich: »Mit der Macht, die Herr Löw durch seine Vorbildfunktion hat, sollte er sich auch seiner Verantwortung bewusst werden – nicht zuletzt für die Gesundheit von Jugendlichen.« Die Reaktionen in der Presse allerdings waren überwiegend positiv. Am überschwänglichsten fiel der Kommentar im »Tagesspiegel« aus: »Danke dafür, lieber Löw! Danke für diese Schwäche, die Sie so wahnsinnig liebenswürdig macht.« Sein Verhalten war politisch inkorrekt, aber menschlich verständlich, und so konnte er auf der Sympathieskala mehr Positiv- als Negativpunkte sammeln. Im Halbfinale gegen die Türkei freilich, wenn er wieder auf der Bank sitzen würde, musste er auf das Rauchen verzichten. »Kann ich problemlos«, antwortete er auf eine entsprechende Frage. »Da denke ich während des Spiels nicht dran.« Vor dem Spiel, das erneut in Basel angesetzt war, musste er sich aber natürlich Gedanken machen, wie sein Team die Männer aus dem Land des in vielfältigsten Aromatisierungen angebotenen Serbetli-Tabaks würde schlagen können.

Über die Türken nach Wien

Die Türken hatten sich bei der EM bisher als ballsicheres und technisch beschlagenes, zudem kampfstarkes und moralisch schier unverwüstliches Team erwiesen. Vor allem aber war die Mannschaft von Fatih Terim, der in der Vorbereitung auf die Hilfe von amerikanischen Fitnesstrainern gesetzt hatte, enorm konditionsstark. Dreimal hatte sie ein Spiel noch kurz vor Schluss gedreht. Die Türkei sei »ein immens unangenehmer Gegner«, dozierte der deutsche Bundestrainer. »Sie hat technisch sehr gute Spieler. Wenn sie zwei, drei Spiele gewinnt, ist ihre Euphorie groß und sie ist extrem überzeugt von ihrem Können. Türken haben eine bewundernswerte Mentalität, sind selbstbewusst und können immer zurückschlagen.« Es sei sehr schwer, sich auf dieses Team vorzubereiten. Bei den Portugiesen habe man sich auf eine klar strukturierte Spielanlage einstellen können. Die Türken hingegen seien wegen ihrer Emotionalität und ihrem Hang zu kreativer Improvisation unberechenbar, zudem blieben sie durch ihre Willensstärke bis zur letzten Sekunde gefährlich. Aber sie hatten natürlich auch ihre Schwächen, etwa das Abwehrverhalten bei Standardsituationen. Darauf konnte man sich im Training mit Hilfe einer entsprechenden Aufzeichnung vorbereiten. Ansonsten gab der Bundestrainer die Devise aus: »Gegen Portugal ging es um Struktur und Strategie. Gegen die Türkei sind Emotionen und Strategie gefragt, alles gepaart mit Leidenschaft und Wille.«

Wohlan denn! Deutschland trat in Basel mit demselben System an wie gegen Portugal. Heiß gemacht wurde die Mannschaft mit einem kurzen Motivationsfilm, der Szenen von den Fanmeilen und jubelnden Zuschauern zeigte. Millionen von Deutschen stehen hinter euch, sollte das heißen, auch wir haben heißblütige Fans, nicht nur die Türken. Es wurde dann tatsächlich ein Spiel voller Emotionen, mit wenig erkennbarer Struktur und teils vogelwilden Aktionen. Die Türken begannen dominant, kombinierten mit ihren ballsicheren Spielern im dichtbesetzten Mittelfeld, die Deutschen wirkten unkonzentriert, rannten hinterher und leisteten sich zahlreiche Schnitzer in der Abwehr. Ein geregelter Spielaufbau fand kaum statt. Die Männer in den roten Trikots mit dem weißen Halbmond gingen nach 22 Minuten völlig verdient in Führung, aber die in den weißen mit dem schwarzen Adler hatten Glück, als nur wenig später Schweinsteiger aus der ersten Chance seines Teams einen Treffer machte. So ging es in die Halbzeitpause. In der 79. Minute brachte ein Klose-Kopfball nach Lahm-Flanke die Führung. Erleichterung auf der deutschen Bank. Doch sieben Minuten später musste sich Joachim Löw wieder verzweifelt die Haare raufen: Der Galatasaray-Spieler Sabri düpierte Lahm, passte auf Fener-Star Semih, und der schob den Ball Lehmann durch die Hosenträger. Alles deutete auf eine Verlängerung hin, doch schließlich war es der willensstarke Lahm, der – beseelt von dem Wunsch, seinen Lapsus wieder wettzumachen – in der letzten Spielminute mit einem beherzten Solo für den Siegtreffer sorgte.

Die Deutschen hatten ganz schön viel Dusel gehabt in Basel. Es war eine Zitterpartie gewesen, nichts für schwache Nerven. »Es war ein aufreibendes Spiel, geprägt von einer unglaublichen Spannung«, kommentierte Löw. »Es war ein Wahnsinnsfight, den uns die Türken geliefert haben, es stand bis zum Schluss auf der Kippe.« Das tolle Tor von Philipp Lahm sollte ihn noch lange als Bild im Kopf begleiten. »Wir hatten uns nach dem 2:2 bereits mit der Verlängerung beschäftigt, und dann fiel doch noch dieses Tor. In diesem Moment wusste ich, dass wir im Finale sind. Nach dem Schlusspfiff bin ich in die Kabine, um ein paar Minuten allein zu sein und den Augenblick zu genießen. Was dann in einem vorgeht, ist die tiefste Form von Freude.« Das i-Tüpfelchen auf diese tiefste Freude wäre jetzt natürlich am 29. Juni ein Finalsieg in Wien gegen Spanien gewesen.

Chancenlos gegen »Tiqui-taca«

Schon vor dem Anpfif des Finales stand fest: Um die technisch perfekten Kurzpass-Könige aus Spanien schlagen zu können, die beim 3:0 im Halbfinale gegen die starken Russen ihre ganze Klasse demonstriert hatten, würde das deutsche Team über sich hinauswachsen müssen. Wenn sie einmal im Ballbesitz waren, gaben ihn die iberischen Ballkünstler kaum einmal wieder her. Sicheres Direktspiel auch unter Druck, hohe Geschwindigkeit der Passfolgen, und irgendwann zwangsläufig sich ergebende Torchancen: Das war das spanische »Tiqui-taca«. Nach dem Anpfiff stellte sich rasch heraus: Die Deutschen hatten dem nicht viel entgegenzusetzen, ein Matchplan war nie wirklich sichtbar. Nur in den ersten 15 Minuten sah das Spiel noch einigermaßen offen aus, dann rannten die Löw-Schützlinge nur noch hinterher. Erst den spanischen Ballstafetten, dann den spanischen Ballstafetten und dem 0:1-Rückstand, für den in der 33. Minute Torres gesorgt hatte, begünstigt durch eine Unaufmerksamkeit Lahms. Löw versuchte, frische Impulse zu setzen. Doch es half nichts, dass er mit Kuranyi einen zweiten Stürmer brachte (58.) und zuletzt auch noch für den harmlosen Gomez den schon so oft als Torgaranten bewährten Klose einwechselte. Die Spanier zelebrierten weiter ihr Spiel, bis zum Schlusspfiff konnte sich das deutsche Team keine einzige klare Chance erarbeiten und war schließlich mit dem 0:1 am Ende sogar noch gut bedient. Einzig ein extremer Glückstreffer hätte am Ergebnis etwas ändern können.

Während die Spanier jubelten, wandelten die deutschen Verlierer mit hängenden Köpfen über den Platz. Immerhin war man Vize-Europameister geworden, aber so recht freuen konnte sich darüber keiner. Die Stimmung war mies. Der Bundestrainer, der im Moment des Abpfiffs unter dem Schock einer vor allem spielerisch frustrierend deutlich ausgefallenen Niederlage ziemlich derangiert ausgesehen hatte, war tapfer um souveräne Größe bemüht. Nach der obligatorischen Gratulation für den Sieger Luis Aragones ging er umher, um jedem einzelnen seiner deprimierten Spieler einen tröstenden Klaps und ein aufmunterndes Wort zu schenken. Noch bis spät in der Nacht, nach dem Abschiedsessen im Wiener Phoenix-Club, wohin er auch seine Frau Daniela mitgebracht hatte, versuchte er sich als Stimmungsaufheller. Er schritt zum DJ, ließ Udo Jürgens' Hit »Aber bitte mit Sahne« auflegen und bat zum Tanz. So wurde noch bis in den Morgen gefeiert und dabei irgendwann die Losung ausgegeben: Wir waren Dritter bei der WM 2006, jetzt Zweiter bei der EM; bei der WM in Südafrika werden wir Erster.

Es folgte am Tag nach dem Finale ein Empfang in Berlin am Brandenburger Tor, wo Tausende den deutschen Nationalspielern zujubelten. Die Sache war Oliver Bierhoffs Idee und sorgte für Kritik, unter anderem bei DFB-Sportdirektor Matthias Sammer: Solche Feierlichkeiten nach Endspiel-Niederlagen könnten die falschen Signale aussenden und den Siegeswillen manches Junioren-Nationalspielers beeinträchtigen. Nach der offiziellen Sprachregelung hatte man sich freilich gar nicht als Vize-Europameister feiern lassen wollen; man habe sich lediglich, im Sinne eines kleinen Dankeschöns für die Fans, noch einmal kurz zeigen wollen.

Mit dem Abstand zum Ereignis wich schließlich der Frust über die Finalniederlage immer mehr der Freude über das Erreichte. Ab und an kam er dann zwar doch wieder, der Gedanke an das hilflose Scheitern gegen die Spanier, und bereitete grimmiges Bauchweh. Es war aber weniger die Niederlage als solche, was schmerzte, sondern die Art und Weise, wie sie zustande gekommen war. »Der große Vorteil der Spanier ist«, analysierte Joachim Löw bei einer seiner zahlreichen Rekapitulationen, »dass sie permanent und damit auch unter Druck in der Lage sind, spielfähig zu sein. Da stimmt die Passgenauigkeit, die Ballan- und -mitnahme. Da ist Perfektion im Spiel, genährt aus der Grundfertigkeit jedes einzelnen Spielers am Ball.« Deswegen seien sie allen anderen Mannschaften einen Tick überlegen gewesen. Zuletzt eben auch der seinen.

Die Überlegenheit der Spanier war keineswegs zufällig, sondern sie hatte sich lange angekündigt. Sie war Ausdruck und Ergebnis einer seit 20, 30 Jahren mit aller Konsequenz betriebenen Ausbildung. Das deutsche Team, dessen Spielern die langjährige Ausbildung der Spanier fehlte, war an seine Grenzen gestoßen. Nicht einmal ansatzweise hatte es ein Mittel gefunden, den Gegner zu gefährden. Das konnte und durfte so nicht bleiben. Joachim Löw sann auf Revanche: »Beim nächsten Mal wollen wir den spanischen Stier an den Hörnern packen.«

Unter dem Strich ließ sich indes dennoch eine durchaus zufriedenstellende Bilanz ziehen. Deutschland hatte bei der EM als einziger der vier WM-Halbfinalisten wieder im Halbfinale gestanden, war sogar bis ins Finale vorgedrungen in einem Turnier, das auf Topniveau stattgefunden hatte. Das sprach für eine gewisse Substanz. Die Mannschaft habe sich in den letzten zwei Jahren stabilisiert, konstatierte der Fußball-Lehrer Löw und fügte im Gedenken an spanische Künste hinzu: »Aber es gibt noch einiges zu verbessern und Spielzüge zu automatisieren.« Als Positivum konnte zudem festgehalten werden, dass das deutsche Spiel flexibler geworden war. Es gab jetzt zwei Systeme, 4-4-2 und 4-5-1, man würde folglich in Zukunft weniger berechenbar sein. Dass er sich selbst nicht gleich flexibel genug gezeigt hatte, war natürlich ärgerlich. Man hätte im Halbfinale gegen die Türkei besser mit einem 4-4-2 spielen sollen als mit einem Fünfer-Mittelfeld, meinte Joachim Löw. »Wir hätten so mehr Druck ausüben können und nicht so lange zittern müssen.« In Bezug auf das Finale gab es in dieser Hinsicht allerdings nichts zu hadern, denn auch eine andere Strategie hätte an der fußballerischen Unterlegenheit kaum etwas geändert.

Es war nicht alles rund gelaufen bei diesem Turnier, aber in ihren Resümees waren die Kommentatoren im Großen und Ganzen durchaus zufrieden. Der Chefcoach des DFB, der am Spielfeldrand immer so eine gute Figur machte, hatte sich in den Augen der meisten Kritiker durchaus bewährt. Joachim Löw, so etwa die »Süddeutsche Zeitung«, habe sich im Verlauf der Endrunde von einem Konzepttrainer zu einem Turniertrainer gewandelt, von einem, der nur nach Plänen handeln kann, zu einem, der situativ lernfähig und entscheidungsfreudig ist.

EINWURF

Werbestrategie und Imagemanagement

Löw hat die Viererkette in der Nationalmannschaft zum funktionierenden Standard gemacht. Für sich selbst setzt er auf eine Dreierkette. Seit Jahren kümmern sich die Berater Roland Eitel und Harun Arslan sowie der Rechtsanwalt Christoph Schickhardt um alle seine Belange. Sie halten ihm den Rücken frei, sie verhandeln für ihn, sie beraten ihn in allen Lebenslagen, sie setzen für ihn die Verträge auf. Eitel kümmert sich um sein Image in der Öffentlichkeit und wählt die Journalisten aus, die an seinen Klienten herandürfen, Arslan hat die Rolle eines freundschaftlichen Wegbegleiters, Schickhardt kümmert sich um das Feintuning der Verträge. In manchen Bereichen überschneiden sich die Funktionen auch, etwa in Sachen Werbeverträge, an denen Eitel und Arslan gemeinsam stricken.

Der entscheidende Mann für die Modellierung des Löw-Images ist Eitel, ein Schwabe Jahrgang 1958 aus Ludwigsburg, einstmals Sportredakteur bei der »Stuttgarter Zeitung« und später Pressesprecher des VfB Stuttgart. Seit dessen Profizeit beim VfB fungiert er als Klinsmann-Berater; Löw lernte er 1995 kennen, als der Co-Trainer in Stuttgart wurde. Mit beiden Trainern ist er bis heute gut befreundet. Er sei kein Manager, sagt Eitel, es gehe ihm nicht um Geld, sondern um Inhalte. Seine Hauptaufgabe sieht er darin, seine Klienten in der Öffentlichkeit gut dastehen zu lassen, ihnen ein gutes Image zu verpassen. Das funktioniert ganz offensichtlich nur dann glaubwürdig, wenn der Imagegestalter von dem, was er da tut, auch selbst überzeugt ist. Eitel will seinen Klienten keine öffentliche Maske überziehen; er will sich auf Retuschen ihres Erscheinungsbildes beschränken.

Wenn Eitel über Joachim Löw spricht, verwischt indessen eigentümlich umstandslos jeder Unterschied zwischen dem »echten« Löw und dem »Image-Löw«. Joachim Löw werde niemals arrogant, sagt er zum Beispiel, denn er habe »einfach ein gutes Herz«. Joachim Löw habe sich noch nie groß mit Karriereplanung beschäftigt, sagt er zum Beispiel, der »geht in jedem Job voll auf« und »macht sein Ding«, notfalls auch bei einem Zweitligisten. Joachim Löw sei stets gelassen und unaufgeregt, sagt er zum Beispiel, er bleibe selbst unter größter Anspannung und unter schärfstem Kritikbeschuss jederzeit ruhig und gelassen. Für Eitel ist Joachim Löw »ein total positiv denkender Mensch, humorvoll und ausgeglichen, mit Respekt gegenüber jedem« – letztlich also ein dermaßen idealer Klient, dass Imagekorrekturen eigentlich gar nicht nötig sind.

Dass sich das öffentliche Bild des Joachim Löw im Lauf der Zeit gewandelt hat, scheint dennoch kein Zufall. Das Ursprungsimage des »netten Herrn Löw« war kein großer Brüller, und vielleicht lag das ein wenig daran, dass es eben noch nicht von Eitel modelliert war. Sachlich, immer etwas ernsthaft, manchmal ein wenig schüchtern, gar traurig wirkend, aber immer freundlich – das war das Jogi-Bild der Stuttgarter Zeit. Holger Gayer von der »Stuttgarter Zeitung« scheiterte, als er ein tolles Porträt schreiben wollte; »bei dem Typen musst du auf der Glatz' Locken drehen«, meinte er genervt. Als Bundestrainer-Assistent war er laut »FAZ« immer noch ein »unauffälliger Liebhaber« des Spiels, sein Charisma, so die »Süddeutsche Zeitung«, sei die Taktiktafel. Der Mann, der es als schlechten Stil erachtet, seine Umgebung mit Launen zu belästigen, galt nach wie vor als etwas langweilig.

Im Herbst 2006 urteilte Hartmut Zastrow, Vorstand des Kölner Marktforschungsinstituts »Sport+Markt«, über das Image des Bundestrainer-Assistenten: »Löw ist nicht der Reißer, nicht so spektakulär wie etwa Klinsmann. Aber er kommt authentisch rüber, wirkt verlässlich. So könnte er perfekt für eine seriöse Geldanlage oder eine Versicherung werben.« In seinen ersten beiden Bundestrainer-Jahren lehnte Joachim Löw alle Angebote aus der Werbung ab, erst nach der EM 2008 schlug er schließlich gezielt zu. Löw-Berater Roland Eitel entwickelte dafür einen 14-seitigen Strategieplan zur Image-Produktion seines Klienten, dessen Mangel an Ecken und Kanten inzwischen als so »cool« wahrgenommen wurde, dass man eigentlich bereits in dieser Entwicklung nicht nur einen Reifungsprozess, sondern auch eine bewusste Strategie vermuten kann.

Darüber, ob sie aufgeht, kann man natürlich streiten. Roland Eitel gibt vor, die »unglaubliche Gelassenheit«, die sein Klient von Natur aus ausstrahle, ehrlich zu bewundern. Löws Weggefährte aus jungen Jahren, Wolfgang Keller, bekennt, dass der Jogi sich »brutal« verändert habe, dass die Gesten und die Rhetorik des Bundes-Jogi aber dennoch »nicht gekünstelt« wirkten. Der Sozialpsychologe Rolf van Dick hingegen stellte im Frühjahr 2014 fest, dass Löw auf ihn »oft einen verklemmten, nicht authentischen Eindruck« mache. Eine gute Führungskraft aber, so van Dick weiter, »sollte Charisma haben und so reden, dass die Leute überzeugt und auch begeistert sind. Ich finde, bei Löw passt das, was er sagt, oft nicht mit seiner Mimik und seiner Körperhaltung zusammen. Komisch, dass es ihm nie einer sagt.«

Vor allem bei Pressekonferenzen und Interviews vor großen Spielen wird van Dicks Einschätzung nachvollziehbar. Wenn Löw da zum Beispiel behauptet – und das macht er fast immer – »komplett tiefenentspannt« zu sein, dabei aber den Körper versteift und in seiner typischen Weise, nämlich angespannt, die Luft zwischen seine Zähne presst – schsch ... – dann ist die Differenz von Aussage und Ausdruck nicht zu übersehen.

Immerhin: Diese Ungereimtheiten verhinderten nicht, dass Löw gut ankam, bei einer Forsa-Umfrage zur Ermittlung des »symphatischsten Deutschen« eroberte er 2008 sogar den Spitzenplatz. Und seltsamerweise kommt Löw in seinen Werbeclips besser rüber als in Pressekonferenzen und Interviews. Es scheint fast, als wäre ihm die Repräsentationsrolle des Bundestrainers immer fremder geblieben als die Rolle einer auf seine Persönlichkeit zugeschnittenen Werbefigur.

Kernpunkte des Jogi-Images für die geplante Werbeoffensive waren: Er ist glaubwürdig und authentisch, er ist zuverlässig, genau und kompetent in der Arbeit, er kann motivieren und sorgt für Disziplin, er ist erfolgreich und stilbewusst, dabei immer bescheiden und, natürlich, sympathisch. Mehr geht eigentlich nicht. Und so sind im Prinzip nicht viele Produkte vorstellbar, die perfekt zu diesem Image passen. Die Löw-Berater lehnten etliche Angebote ab. »Man muss sich genau angucken, ob das Produkt zu der Persönlichkeit des Sportlers passt«, betont Harun Arslan, vom Geld dürfe man sich da nicht beeindrucken lassen. Man entschied sich schließlich für drei Werbeverträge: mit der Deutschen Vermögensberatung, mit TUI und mit Beiersdorf (Nivea). Immerhin: Diese drei Engagements sollten Löw nach nicht bestätigten Schätzungen Zusatzeinnahmen von rund 1,5 Mio. Euro jährlich sichern.

Im November 2008 startete Löws Kampagne als »Urlaubsberater« des Reiseveranstalters TUI. »Diesem Mann vertraut Deutschland künftig nicht nur in Fußballfragen, sondern auch bei der Urlaubsberatung«, verkündeten die Werbestrategen von TUI. Zu seinen eigenen Urlaubspräferenzen sagte der Bundestrainer: »Ich bin ein sehr vielseitiger Urlauber.« Mal stehe ihm der Sinn nach Cluburlaub und einem breiten Sportangebot, mal nach einem Abenteuer mit körperlichen und psychischen Herausforderungen, mal nach einem Städtetrip mit Kulturprogramm.

Im Januar 2011 drehte er einen 45-Sekunden-Spot in zwei Luxushotels in Thailand. Szene eins: Der Urlaubs-Jogi kommt an. Fährt mit dem Golfcart durch den Hotelpark. Zieht die Balkontür seiner Suite auf und das Sakko aus. Blick aufs Meer, tief durchatmen – Entspannung pur an einem traumhaften Ort. Szene zwei mit seinem Gegenspieler, dem Business-Mann Jogi. Der Manager-Jogi mit dem Handy am Ohr und dem Laptop am Strand im Dialog mit dem Lebenskünstler-Jogi, der darüber sinniert, was Leben eigentlich ist: »10.000 Tage schlafen, 9.000 Tage arbeiten, 5.000 Tage warten.« Seine Konsequenz: »Für mich ist Leben auch einfach mal richtig Loslassen.« Und dann hechtet der entspannte Jogi elegant in den Pool. Botschaft: Der Manager-Jogi, der viel arbeitet, möchte im Urlaub das Nichtstun deshalb umso intensiver genießen. Der echte Jogi erklärt: »Der schöne Sonnenuntergang in Thailand oder die Bergwanderung mit Freunden bleiben mir viel stärker im Gedächtnis als die Zeit, die ich im Büro verbracht habe.« Dass er also im Urlaub keine Kompromisse machen will – wer möchte es ihm nicht glauben?

Und möchte man es ihm nicht auch nachmachen? Ach ja, da gibt es ja noch den anderen Spot, gedreht auf Mauritius, wo er von einem sechsjährigen Jungen verfolgt wird, der ihm alles nachmacht: bei der Massage am Pool, beim Joggen am Strand, bei der Fahrt im Golfcart. Als Jogi ihn fragt, was er denn da mache, antwortet der Junge: »Papa hat doch gesagt, jetzt machen wir mal genauso Urlaub wie der Jogi Löw!« Und das kann man tun, denn bei TUI gibt es für jeden den vollen Service. Das weiß man aus einem weiteren Spot: Jogi kommt in seinem Urlaubshotel an und wird ständig bedient: Ungefragt wird ihm ein Drink auf der Terrasse serviert, eine Obstschale im Zimmer kredenzt, ein Handtuch gereicht, als er aus dem Meer steigt. Da geht er zur Rezeption und sagt: »Das ist ja alles sehr lieb. Aber wegen mir bitte keine Extrawürste.« Die lächelnde Dame antwortet: »Welche Extrawürste, Herr …?«

Extrawurst-Qualität gibt's bei TUI für jeden Kunden, und bei Nivea gibt's die Extra-Creme für den mode- und trendbewussten modernen Mann. Eine Marke mit Tradition zudem, als Klassiker seit 1911 auf dem Markt. Im Fernsehen klärt ein aufgeräumter Jogi Löw das Publikum darüber auf, was er auf Reisen in seinem Kulturbeutel mit sich führt und wie viele Pflegeprodukte in seinem Badezimmer stehen; er erläutert, dass er im Winter, wenn die Haut austrocknet und spröde wird, gerne Feuchtigkeitscreme benutzt; und dass er im Bad jeden Morgen 15 bis 20 Minuten benötigt. Man weiß das alles, weil der Bundestrainer seit Dezember 2008, nachdem er sein Team auf höchstes Niveau gebracht hatte, endlich Testimonial für Nivea sein durfte. Löw und Nivea-Creme – das passte so perfekt wie Gottschalk und Haribo-Gummibärchen. »Mit Nivea identifiziere ich mich zu 100 Prozent«, kommentierte er die Zusammenarbeit, mit der er zugleich jede Erinnerung an eine eventuelle Benutzung von »Bübchen« aus seinem Gedächtnis tilgte. »Wir Kinder, meine drei Brüder und ich, sind praktisch mit der blauen Dose aufgewachsen – die Handcreme, die man für alles benutzt hat, die Sonnencreme im Freibad.« Kein Problem also, auch heute zu Nivea zu stehen. Und jetzt, da jeder Spieltag für ihn eine große Bühne sei, sei es für ihn eine Selbstverständlichkeit, sich nicht nur gut zu kleiden, sondern auch gut zu pflegen – mit Produkten zur Gesichts-, Körper- und Haarpflege von Nivea.

Ab April 2009 trat er in den von Regisseur Detlef Buck humorvoll in Szene gesetzten Werbespots als Coach im Pflegeseminar auf. Thema: der perfekte Pflegeauftritt – im Zweikampf der Geschlechter, beim Überraschungsangriff im Kino, bei der Verlängerung im Job. Zur WM 2010 wurde im Zusammenhang mit einer gleichzeitig in den Läden gestarteten Verkaufsaktion ein 26-Sekunden-Spot gesendet: Jogi Löw stellt vor einer Einkaufskulisse mit 20.000 Produkten seine persönliche Pflege-Elf vor. Tolle Spots, glaubwürdig, wunderbar passend. Alles könnte also absolut super sein. Nur: Alles erscheint dann doch allzu glatt und geleckt. Joachim Löw wirkt intelligent und sympathisch, ist charmant und gepflegt. Aber was ist er sonst noch?

Auch eine im WM-Jahr 2014 publizierte Studie der Marktforscher von Celebrity Performance, derzufolge Löw vor allem in der Rolle des »weisen Fürsorglichen« sehr gut rüberkomme – wie etwa in den Nationalmannschafts-TV-Spots der Commerzbank –, hilft nicht wirklich weiter, um den echten Löw hinter dem Werbe-Löw auszumachen. Und wenn der »Spiegel« vor der WM in Brasilien über die Marketingaktivitäten von Oliver Bierhoff mäkelte, die Nationalmannschaft werde in einem Stil präsentiert, der an die Ästhetik von »Schöner Wohnen« erinnere, lässt sich der Werbe-Löw sogar als Beispiel für einen Trend interpretieren, in dem alles, was aus Fleisch und Blut ist, unter dem Firnis der klinisch-sauberen Werbeästhetik verschwindet: Traten die Fußballstars einst im Dienste eines Produkts auf, so haben die Werbe-Testimonials heute eine derartige Präsenz, dass der »echte« Spieler kaum mehr erkennbar ist.

Freilich: Es gibt noch jemanden wie Thomas Müller oder Bastian Schweinsteiger, die man als »Typen« wahrnimmt. Ein Joachim Löw aber entzieht sich immer wieder dem Versuch, seine Persönlichkeit schlüssig zu beschreiben, er bleibt so glitschig wie die dick eingecremte Werbefigur. Allein die Live-Kameras, die bei den Spielen der Nationalmannschaft den Pflegecoach in unverstellten Situationen ins Großbild rücken, gewähren einen Blick auf den natürlichen Löw. Das enervierende Drama im K.o.-Spiel, der Moment, in dem es um alles geht – das ist manchmal derselbe Moment, in dem sogar der absolute Pflegeprofi zum Opfer der natürlichen Körpersekrete werden kann. Da sieht man ihn dann, wie er in den Ausschnitt seiner Designer-Klamotte reinschnüffelt oder sich unter die Achseln greift, um die Wirkung seines Deodorants zu überprüfen. Der auf perfektes Outfit und makellose Erscheinung bedachte Nivea-Mann muss da aufpassen, dass sich die Werbefigur im Kontrollverlust der Anspannung nicht selbst persifliert. Andere, die Vertreter des männlich-herben Underdressing zumal, haben es da einfacher. So kann etwa ein Slaven Bilic (Kroatien) wie ein Rocker ungeniert mit loser Krawatte und heraushängendem Hemd im derangierten Anzug wild herumzucken, und ein wütender Testosteron-Bulle wie Fatih Terim (Türkei) darf sich ohne Scham in Hemden mit Schweißflecken-Garantie präsentieren. Ein Jogi Löw dagegen wirkt selbst noch bei einen Regenspiel so, als führe er die neueste Sexy-Wet-Look-Kollektion auf dem Laufsteg vor.

Trotz möglicher Pflegemängel bildete Joachim Löw mit seinem Assistenten Hans-Dieter Flick selbst in engen Umarmungsszenen ein stimmiges Duo an der Seitenlinie. Mangels breit gestreuter Werbespots ist das – inzwischen auch schon wieder beendete – Engagement der beiden bei der Deutschen Vermögensberatung dem großen Publikum dagegen nicht so bekannt. Die Firma setzte auf das Image seriösen und respektvollen Teamworks, für das der Bundestrainer und sein Assistent zeugen sollten. »Große Erfolge erreicht man nur gemeinsam«, hieß es in einem Werbetext. »Deshalb setzen Joachim Löw und Hans-Dieter Flick zuallererst auf Teamgeist. Wie ihr Partner, die Deutsche Vermögensberatung.« An einer Vermarktung als alleinige Werbefigur zeigte Flick kein großes Interesse. »Auch der Assistent des Bundestrainers steht in der Öffentlichkeit und spricht bestimmte Zielgruppen an«, erklärte er. »Aber in der Partnerschaft mit Joachim Löw fühle ich mich ausgesprochen wohl – auch in der Werbepartnerschaft.«

KAPITEL 9

Eine Mannschaft wird geboren
oder: Leistungssteigerung durch Jugendkraft

Nach der Europameisterschaft kündigte sich ein Generationswechsel an. In die Jahre gekommene Leistungsträger wie Torwart Jens Lehmann und der »deutsche Brasilianer« Bernd Schneider beendeten ihre Nationalmannschaftskarriere. Andere wurden vorläufig aussortiert oder auf den Prüfstand gestellt. Christoph Metzelder schien durch ständige Verletzungen inzwischen so weit zurückgeworfen, dass ein Wiedererreichen seines alten Niveaus immer unwahrscheinlicher wurde. Auch der Ballack-Adjutant Torsten Frings, bislang immer eine Bank, war nicht mehr unumstritten. Andere, jüngere Spieler drängten nach und sollten jetzt ihre Chance erhalten. Joachim Löw wollte Spieler der zweiten Reihe wie Trochowski, Hitzlsperger, Rolfes noch mehr fordern und fördern, um echte Alternativen zu haben. Zudem kündigte er an, ab sofort verstärkt Neulinge zu testen. Diese Experimentierphase sollte dann Ende 2009 vorbei sein. Dann musste ein neuer, für die WM tauglicher Kaderkern gefunden sein.

Die anvisierte Umstrukturierung des Kaders ging natürlich nicht ohne Misstöne vonstatten. Löws Wortwahl, dass künftig allein das Leistungsprinzip zählen solle, war etwas irritierend. Denn hieß das nicht im Umkehrschluss, dass für die Auswahl der EM-Spieler möglicherweise andere Kriterien wichtiger gewesen sein könnten? Um den Begriff des »Leistungsprinzips« sollte es jedenfalls einigen Zoff geben, vor allem bei der sich über Monate hinziehenden und erst im Januar 2010 endgültig beschlossenen Ausbootung des ehemaligen Leistungsträgers Torsten Frings, der unter dem Sonderschutz von Kapitän Michael Ballack stand. Aber auch Ballack selbst geriet über die Umstrukturierungen im Kader, die zwangsläufig eine Veränderung der Hierarchie mit sich brachten, zunehmend in die Schusslinie. So stand eine von vielen Konflikten begleitete WM-Qualifikation an, an deren Ende sich eine Mannschaft mit ganz neuem Gesicht abzeichnen wird. Dass dann auch die Rollen im Team ganz neu verteilt sein sollten, war vom Bundestrainer ebenfalls durchaus beabsichtigt und sogar geplant: Bereits unmittelbar nach der

EM hatte er Spieler wie Lahm und Schweinsteiger aufgefordert, »dass sie jetzt in eine Führungsrolle reinwachsen sollen«.

Holpriger Start in die WM-Qualifikation

In die WM-Qualifikation startete die Löw-Elf mit einem standesgemäßen 6:0 in Liechtenstein, dem ein maues 3:3 in Helsinki gegen Finnland folgte. Als der kesse Moderator Johannes B. Kerner die Vorstellung als »schon arg« bezeichnete, antwortete der Bundestrainer erst gar nicht und garnierte sein Schweigen mit einem tadelnden Gesichtsausdruck. Und als Kerner nach Löws Versuch, den Verlust der »Linie« im deutschen Spiel zu erklären, noch eins draufsetzte – »Wenn ich jetzt ganz grob wäre, würde ich fragen: welche Linie?« – verfiel er erneut ins Schweigen und konnte seine Wut kaum noch verbergen. Auf beinahe schon hämische Kritik dieser Art reagierte Löw stets allergisch. In diesem Fall hätte er freilich ehrlicherweise zugeben müssen, dass es durchaus ein recht mühsamer Start in die WM-Qualifikation war. Immerhin: Nach zwei zumindest teilweise überzeugenden Siegen gegen Russland und Wales (2:1 bzw. 1:0) lag man auf klarem Kurs: Deutschland war Erster in der Gruppe 4 und damit auf einem guten Weg, sich direkt zu qualifizieren.

Für eine nachhaltige Stimmungseintrübung sorgten jedoch ein mieser Jahresabschluss 2008 – 1:2 gegen England in Berlin – und ein ebenso mieser Jahresbeginn 2009 – 0:1 gegen Norwegen in Düsseldorf. Ohne die erfahrenen Lahm, Frings und Ballack und mit zwei Innenverteidigern auf den Außenpositionen (Compper und Friedrich) hatte sich das deutsche Team gegen England ohne funktionierende Struktur und drucklos im Spiel nach vorn gezeigt, Jones und Rolfes waren in der zentralen Defensive ohne jede Führungskraft geblieben. Für »Typen« wie Ballack und Frings, so schien es, gab es keinen angemessenen Ersatz. Gegen Norwegen, als neben Frischlingen wie Westermann, Beck, Tasci und Helmes auch die »Alten« Lahm, Frings und Ballack wieder mitwirkten, fiel das Ergebnis jedoch keinen Deut besser aus. Im Gegenteil, heraus kam das schlechteste Länderspiel in der bisherigen Amtszeit Löws. Der Bundestrainer versuchte zwar, in gewohnter badischer Gelassenheit die Sache herunterzukochen – er sprach von einer »gewissen Unzufriedenheit« mit den gezeigten Leistungen –, doch DFB-Präsident Theo Zwanziger war dermaßen erbost über diese müden Vorstellungen, dass er gar einen »Imageschaden« befürchtete und seinem Trainer den Rat gab, die Lage nun »genau zu analysieren«. Das tat der freilich sowieso und gab die nicht eben neue Erkenntnis zum Besten, dass die Konzentration bei Testspielen eben nicht so hoch sei, wie das wünschenswert wäre.

Offensichtlich deutlich höher war sie in den folgenden Qualifikationsspielen gegen Liechtenstein (4:0) und gegen Wales (2:0), um dann Ende Mai/Anfang Juni 2009 bei den Testspielen während der umstrittenen Asienreise wieder abzufallen. In Shanghai gegen China gab es ein wenig erhebendes 1:1, und in Dubai gegen die Emirate ließ man gar zwei Gegentreffer zu, traf jedoch auch selbst siebenmal. Diese Reise, die als Unterstützung einer Werbeoffensive der DFL gedacht war und dem DFB im Gegenzug das Zugeständnis erbracht hatte, im Winter Fitnesstests durchführen und WM-Werbespots drehen zu dürfen, hatten keinen größeren sportlichen Wert. Immerhin war es eine Gelegenheit, einige Perspektivspieler zu nominieren und näher unter die Lupe zu nehmen; und daneben ergab sich natürlich für den Bundestrainer die seltene Möglichkeit, mit seinen Problemkindern mal wieder zu intensiven Einzelgesprächen zu kommen.

Mitte August musste man in der WM-Qualifikation erneut weit fliegen, nämlich nach Baku, in die Hauptstadt Aserbaidschans. Die Leistung gegen die von Berti Vogts trainierten Kaukasier, die leidenschaftlich kämpften, blieb eher mäßig, zwei Tore von Schweinsteiger und Klose sorgten immerhin für einen ingesamt ungefährdeten Erfolg.

Der Beschluss zum Systemwechsel

Die bei der EM gegen Portugal spontan und erfolgreich angewandte Aufstellungsvariante mit nur einem Stürmer, die man dann auch gegen die Türkei im Halbfinale und gegen Spanien im Finale beibehalten hatte, war zunächst eine vorübergehende Episode geblieben. Weil das deutsche Team gegen die Türken nicht überzeugt hatte und gegen die Iberer praktisch chancenlos geblieben war, hatte der Bundestrainer nach der EM zunächst wieder dem 4-4-2 den Vorzug gegeben – so war man etwa in Baku mit Ballack/Hitzlsperger auf der Doppelsechs sowie dem Standard-Sturm Klose/Gomez angetreten –, doch schließlich hatten die spielerisch wenig befriedigenden Ergebnisse ein grundsätzliches Überdenken der Systemfrage provoziert. Anfang September schloss sich das Trainerteam für drei Tage im Hotel Engel in Baiersbronn ein. Man analysierte, bewertete und diskutierte die zurückliegenden Spiele. Ergebnis: Ein Systemwechsel wurde verkündet, vom 4-4-2 zum 4-3-3. Das Ziel war, mit den Außenbahnspielern Schweinsteiger und Podolski bzw. dem jungen Gladbacher Marko Marin, der sich in den Vordergrund gedribbelt hatte, das Flügelspiel zu stärken. Als erste Wahl für die Rolle der hängenden Spitze in der Zentrale hatte sich das hochgehandelte Bremer Nachwuchstalent Mesut Özil empfohlen. Die Systemumstellung wurde auf den Trainingsplätzen in Köln und Hannover (Sportschule Barsinghausen) eingeübt und im Testspiel gegen Südafrika erprobt. Özil und Marin waren dabei erstmals in der Startformation aufgeboten.

Dass Löw von einem 4-3-3-System sprach, war etwas eigenartig. Denn es handelte sich um kein echtes 4-3-3 niederländischer Prägung mit klassischen Flügelstürmern, sondern um ein System mit drei offensiven Mittelfeldspielern, also um das bereits erprobte 4-5-1 bzw. 4-2-3-1. Die verwirrende Etikettierung beruhte wohl auf Imagegründen. Ein System mit drei Stürmern klang offensiver und entsprach somit seiner Philosophie besser. Aber wie immer man es nun nannte – klar war, dass Löw ein Signal setzen wollte, weil es spielerisch, wie er meinte, zuletzt »nicht so harmonisch« gelaufen war. Zum Opfer der Umstellung auf das Ein-Stürmer-System wurde Miroslav Klose. In München, wo van Gaal ebenfalls auf ein als 4-3-3 bezeichnetes 4-5-1 umgestellt hatte – mit Gomez zentral sowie Ribéry und Robben auf den Außen – saß er auf der Bank, nun durfte er, zum ersten Mal seit Jahren, auch in der Nationalmannschaft nicht ran.

Der durch Tore von Gomez und Özil mit 2:0 gewonnene Test gegen Südafrika wurde als gelungen bewertet. Die neue strategische Grundausrichtung sollte – und konnte – das deutsche Spiel beleben. Gegenüber dem 4-4-2 hat das 4-5-1 den Vorteil, dass es sehr flexibel ist und sich leichter ein personelles Übergewicht und damit Kontrolle und Dominanz im Mittelfeld herstellen lässt. Mit fünf Mittelfeldspielern entsteht eine hohe Kompaktheit in der Defensive, die Schnittstellen für die gegnerischen Vertikalpässe lassen sich besser zustellen. Bei Ballbesitz des Gegners werden die Spieler auf den offensiven Halbpositionen zu Verteidigern und bilden mit den beiden Sechsern eine zweite Viererkette vor der Abwehr, die Formation lautet nun 4-4-1-1. Auch in der Offensive lässt sich wegen der kürzeren Wege leichter eine zahlenmäßige Überlegenheit in Ballnähe erzielen. Die offensiven Außen können abwechselnd in die Spitze aufrücken und dadurch den Gegner in Zuordnungsschwierigkeiten bringen. Gehen sie gleichzeitig auf dem Flügel vor, spielt man praktisch in einem 4-3-3.

Der größte Vorzug des 4-2-3-1 ist die optimierte Raumaufteilung. Ist die Mannschaft in der Defensive, kann jeder der Sechser mit jeweils zwei Verteidigern ein Dreieck bilden, um so den ballführenden Spieler gemeinsam zu bedrängen. Genauso ergeben sich in der Offensive ohne allzu große Laufwege Passdreiecke für das schnelle Kombinationsspiel auf engem Raum. Für das System spricht zudem seine situative Variabilität: Wenn es entsprechend eingeübt wird, können Positionswechsel in zahlreichen Varianten sehr schnell durchgeführt werden.

Offiziell hieß es, dass man lediglich eine weitere taktische Option eingeübt habe, von einem Systemwechsel wollte man noch nicht reden. Kapitän Ballack, stets Anwalt einer verstärkten Defensive, war ein strikter Befürworter der Umstellung. Dass sich mit fünf Mittelfeldspielern tatsächlich ein strukturierteres und zugleich flexibleres Angriffsspiel aufziehen lässt, zeigte bereits das Rückspiel gegen Aserbaidschan. Gomez spielte erneut in der Spitze, das Flügelduo bildeten diesmal Schweinsteiger und Podolski. In der ersten Halbzeit lief es noch nicht besonders rund, Ballack sorgte per Elfmeter für eine 1:0-Führung. In der zweiten Hälfte präsentierte sich die deutsche Elf dann aber mit gefälligen Kombinationen, der für Gomez eingewechselte Klose zeigte altbekannte Qualitäten und erzielte zwei Treffer, für den Endstand von 4:0 sorgte Podolski.

Bewährungsprobe auf Kunstrasen

Im Oktober 2009 stand schließlich das entscheidende Spiel in Moskau gegen Russland an. Würde man auf dem dortigen Kunstrasen gegen die lauf- und kombinationsstarken Schützlinge von Guus Hiddink verlieren, drohte der zweite Platz und damit eine nervenzerreißende Verlängerung in zwei Play-off-Spielen. Das deutsche Team bereitete sich in Mainz, wo auf dem ungewohnten Kunstrasen trainiert werden konnte, gewissenhaft auf seine Aufgabe vor. »Der Kunstrasen darf kein Alibi sein«, meinte der Bundestrainer und forderte seine Mannen auf, auch in diesem schwierigen Spiel mit Finalcharakter unbedingt die Chance zum Sieg zu suchen. Klose erzielte in der 34. Minute das 1:0 nach herrlicher Vorarbeit von Özil, der nach einem Dribbling in den Strafraum vorgedrungen war, ein Doppelpass mit Podolski gespielt und einen Schuss angetäuscht, dann aber blitzsauber vorgelegt hatte. Je länger das Spiel andauerte, desto mehr überwog jedoch der Druck der laufstarken Russen, die sich nach einem Platzverweis gegen Rechtsverteidiger Boateng in der 70. Minute – er sah wegen wiederholtem Foulspiel Gelb-Rot – auch noch in Überzahl befanden. Löw brachte Friedrich für Özil, um die Abwehr wieder zu komplettieren, dennoch war weiterhin ein in überragender Form aufspielender Torwart Adler nötig, der schon vorher einige Großchancen der Russen unschädlich gemacht hatte. So hielt das Ergebnis bis zum Schluss. Einerseits war ein wenig Glück dabei, andererseits hatte den Russen die letzte Durchschlagskraft gefehlt. Letztendlich war es ein verdienter, ein vor allem taktisch überzeugender Sieg, mit dem Deutschland das Ticket nach Südafrika gelöst hatte.

Joachim Löw habe die Nationalelf, »vom Ereignisfußball unter Klinsmann hin zu einem kühler kalkulierten Ergebnisfußball getrimmt«, analysierte die »Frankfurter Rundschau«. Der Auftritt des deutschen Teams war ansehnlich ausgefallen, so dass sich der Bundestrainer über einen neuen Popularitätsschub freuen konnte. »Jogi, we löw you«, titelte die »Bild«. Man liebte ihn nun auch aufgrund des enormen emotionalen Engagements, das er während der 90 nervenaufreibenden Minuten als ein Spiegelbild der prickelnden Spannung am Spielfeldrand gezeigt hatte: das Gesicht schmerzhaft verzerrt, der Körper zuckend, bei brenzligen Situationen immer wieder durchgeschüttelt wie ein Dummy beim Crashtest, selbst nach dem 1:0 immer noch verkrampft und kaum entspannt – mitfiebernd und mitleidend eben. Nicht nur bei diesem Spiel, sondern schon seit der EM in Österreich und der Schweiz war der coole Jogi allmählich immer mehr zu einem impulsiven Feuerkopf am Spielfeldrand mutiert: nicht mehr kühl und souverän wie einst, sondern wild gestikulierend, grimassierend, schimpfend, kopfschüttelnd, anfeuernd.

Der Rest der Qualifikation war nur noch Formsache. Ein mageres 1:1 gegen Finnland in Hamburg genügte, um die Qualifikationsgruppe 4 mit vier Punkten Vorsprung vor Russland als Erster zu beenden. Zehn Spiele, acht Siege, keine Niederlage, siebenmal zu null gespielt, 26:5 Tore – die Bilanz las sich herausragend.

Tod eines Torwarts

Zum Abschluss des Jahres 2009 waren noch zwei Testspiele anberaumt, am 14. November gegen Chile in Köln und vier Tage später gegen die Elfenbeinküste in Gelsenkirchen. Dann wurde das Spiel gegen Chile kurzfristig abgesagt. Der Grund: Am 10. November hatte Hannovers Torwart Robert Enke Selbstmord begangen. Es war eine erschütternde

Nachricht, ein beispielloses Geschehen in der Geschichte des deutschen Fußballs.

Löw hatte Enke erst zu Jahresbeginn zum vorübergehenden Stammtorhüter ernannt, um auf dieser Position wenigstens vorläufig »Ruhe zu haben«, wie er meinte. Enke bestritt drei Qualifkationsspiele hintereinander, zuletzt am 12. August in Aserbaidschan, trat danach aber wegen einer »bakteriellen Infektion« nicht mehr an. Tatsächlicher Grund waren seine Depressionen, wie erst nach seinem Tod bekannt wurde. Und natürlich wurde nun gerätselt, ob dieser Suizid etwas zu tun haben könnte mit dem enormen Leistungsdruck und dem knallharten Konkurrenzkampf um den Platz im deutschen Tor, den sich Enke mit dem aufstrebenden René Adler zu liefern hatte.

Löw beriet sich mit dem Psychologen Dr. Hans-Dieter Hermann, um angesichts des tragischen Ereignisses die richtigen Worte für seine Spieler zu finden. Man müsse die Betroffenheit durch die Vermittlung positiver Gedanken auffangen, lautete der Rat des Fachmanns. »Gefühle und Schmerzen lassen sich nicht einfach verdrängen«, sagte der Trainer schließlich zu seinen Spielern, »aber die Trauer muss irgendwann ein Ende haben. Wir müssen uns gerade jetzt auch an die schönen Momente mit Robert erinnern.« Während der Trauerfeier am 15. November im Stadion von Hannover und bei der anschließenden schweigsamen Rückfahrt ins Quartier herrschten freilich dennoch betrübliche Gedanken vor.

Einen Tag später herrschte für die Spieler bereits wieder Alltag, denn im Stadion von Düsseldorf war ein Training angesetzt. Ein sichtlich erschütterter Joachim Löw gab eine Pressekonferenz, die der Erinnerung an Robert Enke gewidmet war. Er sei »nicht nur ein außergewöhnlich guter Torhüter« gewesen, meinte er, »sondern auch ein außergewöhnlich guter Mensch«. Einer, für den Werte wie Fairness und Teamorientierung nicht nur Floskeln waren, einer, der Fehler verzeihen, der aufmuntern und Hilfestellungen geben konnte. Aber allzu lange dürfe man sich mit dem Gedenken an den Gestorbenen nicht aufhalten, meinte er. Denn selbstverständlich müsse es weitergehen, und damit es weitergehen könne, dürfe man sich keine Vorwürfe machen. Man lebe in einer Leistungsgesellschaft, und dazu gehöre eben auch der hohe Druck im Profifußball. »Der Kampf um die Plätze in einer Mannschaft ist wichtig. Das wird auch in Zukunft so sein, das verlangen wir alle.« Als eine Aufgabe für die Zukunft sei es aber aufgegeben, ein wenig mehr

»Mut zur Menschlichkeit« und Bereitschaft zum Zuhören zu zeigen und einzufordern.

Zwei Tage später begann die Partie gegen die Elfenbeinküste in Gelsenkirchen mit einer Trauerminute, dabei liefen Bilder aus der Karriere und dem Leben Enkes über die Videoleinwand. Auf der Bank zwischen den Ersatzspielern lag Enkes Trikot, die Spieler auf dem Platz trugen Trauerflor. Beide deutschen Tore zum 2:2-Endergebnis erzielte Lukas Podolski, und beide Male reckte er danach seinen Arm gen Himmel – zu Robert, der vielleicht von oben zuguckte.

Löw sollten die Gedanken an Enke noch monatelang verfolgen. Nach der WM in Südafrika wird er feststellen: »Er war ein wichtiger Bestandteil unserer Mannschaft, auch menschlich, Robert fehlt uns allen.« Und er wird die Hoffnung aussprechen, dass der tragische Tod des Torwarts zu einer höheren Sensibilität für die Stimmungen von Spielern geführt haben möge. Daran, dass der Fußball immer eine harte Leistungsgesellschaft bleiben würde, ließ sich freilich nichts ändern. Mit der Behauptung, dass Enke seine Depression auch hätte offenlegen können, ohne damit seine Chancen auf einen Platz im WM-Team zu verlieren, zeigte sich Joachim Löw zwar als Mensch mit besten Absichten – der harte Nominierungsalltag hätte so etwas aber sicherlich kaum zugelassen.

Der vorläufige Kader für Südafrika

Vor allem in den Freundschaftsspielen der Jahre 2008 und 2009 hatte der Bundestrainer zahlreiche junge Spieler getestet, die seinen Grundanforderungen – taktisch flexibel, gute Technik und hohe Grundschnelligkeit – entsprachen. Dabei hatte er allmählich die tauglichen Alternativen herausgesiebt, die zusammen mit den Etablierten den WM-Kader bilden sollten. Sehr viele der Getesteten waren aus Hoffenheim und Stuttgart oder in Stuttgart ausgebildet: Compper, Weis, Tasci, Khedira, Cacau, Träsch, Gentner, Beck. Der Rest der Bundesliga war mit Spielern wie Schäfer, Helmes, Marin, Riether, Boateng, Adler und Özil vertreten, später kamen dann noch Aogo, Kroos, Müller und Neuer dazu.

Die Konkurrenz werde ständig größer, jubelte Löw im Sommer 2009. »Die Situation in Deutschland wird immer besser. Ich sehe viele gute Spieler, die vehement in Richtung A-Mannschaft drängen. Ihr Vorteil im Gegensatz zu der Zeit vor der WM 2006 ist, dass sie teilweise Stammkräfte in den Klubs sind.« Er meinte damit vor allem Top-Talente wie Boateng (HSV), Khedira (Stuttgart) oder Özil (Bremen).

Sie gehörten allesamt zu den vielversprechenden Spielern, die bei der U21-EM in Schweden den Titel geholt und sich damit in den Vordergrund gespielt hatten. Während Khedira und Boateng »Produkte« der traditionell starken Jugendarbeit des VfB Stuttgart bzw. von Hertha BSC waren, hatte sich der auf Schalke zum Profi gereifte Özil zwischen 2000 und 2005 das Fußball-Einmaleins bei einem ebenfalls für hervorragende Jugendarbeit gelobten Traditionsklub angeeignet, dem damaligen Drittligisten Rot-Weiss Essen. Alle drei stehen somit nur mit einer gewissen Einschränkung für den Erfolg jener Arbeit, die seit 2001 in den neuen Nachwuchsleistungszentren der Bundesliga geleistet wird. Gleichwohl dokumentieren ihre Karrieren die inzwischen enorm gestiegene Wertschätzung deutscher Talente, die immer selbstbewusster und immer früher einen Platz im Spitzenfußball einforderten. Diese neuen Talente seien nicht nur begabt, lobte Joachim Löw, sondern auch sehr professionell und sehr zielgerichtet. »Sie sind selbstbewusst, ohne dass sie dabei arrogant wirken. Sie bleiben bescheiden.« Über diese junge Spielergeneration wäre jeder Trainer glücklich, frohlockte er, mit solchen Qualitätsprofis komme ein ganz frischer Wind in die Nationalmannschaft.

Mitte April 2010 wurde bei einem dreitägigen Treffen des Trainerteams (Löw, Flick, Köpke, Siegenthaler), wieder einmal im Fünfsterne-Hotel Engel in Baiersbronn, der vorläufige WM-Kader für Südafrika ausgewählt. Bekannt gegeben wurde er am Donnerstag, den 6. Mai, auf einer diesmal völlig unspektakulären Pressekonferenz im Mercedes-Benz-Museum in Stuttgart. Mit seiner Entscheidung könne er es natürlich nicht jedem recht machen, erklärte der Bundestrainer, sich präventiv entschuldigend, aber das ließe sich nun mal nicht vermeiden.

Insgesamt benannte er 27 Spieler, darunter sieben Akteure des Deutschen Meisters Bayern München und noch acht Spieler, die bei der Weltmeisterschaft 2006 in Deutschland dem Kader angehört hatten. Darüber hinaus wurden einige Perspektivspieler benannt, die in der darauffolgenden Woche bei einem Testspiel gegen Malta die noch fehlenden Stammspieler ersetzen sollten. Neben Michael Ballack, der mit Chelsea das englische Pokalfinale bestritt, handelte es sich um die Spieler der deutschen Pokalfinalisten Bremen und München. Die Bayern-Profis würden wegen des Champions-League-Finales am 22. Mai sogar noch später zum Kader stoßen, der bereits am 15. Mai auf Sizilien mit der WM-Vorbereitung beginnen sollte.

Mit stillem Hinweis auf den bereits aussortierten Schalker Torjäger Kuranyi stellte Löw fest, dass es nicht um die Berufung der aktuell besten Spieler gehe, sondern um die Zusammenstellung des besten Teams. Der Kader, den er nun benenne, versicherte er den anwesenden Journalisten, sei das Ergebnis einer intensiven und jahrelang andauernden Beobachtung und Analyse. In die Spieler, die nun das Rennen gemacht hätten, habe man absolutes Vertrauen. Trotz der kurzfristigen Absage von zwei gesetzten Spielern – René Adler (Rippenverletzung) und Simon Rolfes (Knieverletzung) – bot die Nominierung für kundige Beobachter keine allzu großen Überraschungen.

Das Motto bei der Zusammenstellung des Teams für Südafrika war klar ersichtlich. Löw verzichtete tendenziell auf erfahrene Leute – nach Torsten Frings und Kevin Kuranyi sortierte er nun auch noch Thomas Hitzlsperger aus –, vielmehr entschied er sich vorwiegend für junge Spieler, die erst wenige Einsätze im DFB-Trikot bestritten hatten. Torwart Manuel Neuer oder Sami Khedira hatten bis zur Nominierung ganze drei Länderspiele bestritten, Thomas Müller und Holger Badstuber gar erst eines. Sechs Spieler des Kaders hatten im Vorjahr die U21-Europameisterschaft gewonnen, das Durchschnittsalter lag unter 25 Jahren. Der Bundestrainer setzte auf zwar noch nicht ausgereifte, aber fußballerisch gut ausgebildete Spieler. Talent geht vor Erfahrung, hatte er als Devise ausgegeben. Tatsächlich hatte es schon lange kein DFB-Team mehr gegeben mit derart vielen dribbelstarken und technisch versierten Könnern, denen man zutrauen konnte, Löws Vorstellungen vom Kombinationsfußball mit jugendfrischer Dynamik in ein formschönes Spiel umzusetzen.

Den harten Kern des Teams bildete neben Michael Ballack – dem absoluten Chef im Mittelfeld, dem Anführer und seit Jahren einzigen wirklichen Weltklassemann –, ein bewährtes Trio: Philipp Lahm, der als Außenverteidiger – ob auf links oder auf rechts – seit Jahren konstant Klasseleistungen ablieferte, in seiner Persönlichkeit weiter gewachsen war und bei seinen Mitspielern absolut Vertrauen genoss; der inzwischen charakterlich wie spielerisch gereifte Bastian Schweinsteiger, der bei den Bayern im defensiven Mittelfeld eine Position gefunden hatte, die ihm auf den Leib geschneidert war; schließlich Miroslav Klose, dem in München schwächelnden Angreifer, an dem Löw trotz aller Kritik stets festgehalten und der dieses Vertrauen auch immer mit guten Leistungen bestätigt hatte.

Das also war die zentrale Achse. Zu der gehört normalerweise auch ein Torwart, aber bei dieser Position wollte sich Löw zum Zeitpunkt der Kaderbekanntgabe noch nicht auf eine Nummer eins festlegen. Nach Adlers Ausfall berief Löw wie erwartet den erfahrenen Jörg Butt als dritten Torhüter. Als weitere Mitfahrer gesetzt waren Tim Wiese sowie der bei den letzten Länderspielen zum Einsatz gekommene Manuel Neuer. Der reaktionsschnelle Schalker galt als Favorit auf den Stammplatz, weil er als Prototyp des modernen, mitspielenden Torwarts überzeugte. Die Top-Eigenschaften auf seiner Visitenkarte: enorm ruhiges Agieren, exzellente fußballerische Qualitäten, hervorragende Antizipation und extrem schnelle Spieleröffnung durch punktgenaue Abschläge und Abwürfe.

Die größte Überraschung gab es in der Abwehr mit der Berufung von Bayerns Holger Badstuber und Dennis Aogo vom HSV. Der Bayern-Verteidiger spiele hinten sachlich und ruhig, außerdem sei er taktisch sehr gut, sagte Löw zu seiner Entscheidung. Die Berufung Aogos begründete er mit dessen hohen technischen Fähigkeiten sowie der Länderspielerfahrung aus der U21. Der umsichtige, stets seriös agierende Organisator Arne Friedrich (Hertha) und Per Mertesacker (Bremen), von Löw für saubere Zweikampfführung und sicheres Passspiel gelobt, waren die erfahrensten Spieler in der Defensive. Beiden Spielern bescheinigte Löw eine innere Ruhe, die sie in den Stand setze, auch unter Druck ihre Leistung abzurufen. Der zweikampf- und kopfballstarke Defensiv-Allrounder Heiko Westermann und der technisch hochbegabte und offensivstarke, aber taktisch noch unreife Verteidiger Jérôme Boateng – der eine ein künftiger, der andere ein ehemaliger HSV-Spieler – hatten gute Chancen auf einen Stammplatz. Als Alternativen waren der ballsichere Stuttgarter Innenverteidiger Serdar Tasci, der bienenfleißige und inzwischen bereits zum Routinier gereifte HSV-Linksverteidiger Marcell Jansen sowie als Rechtsverteidiger der stets engagierte Hoffenheimer Andreas Beck nominiert.

Im Mittelfeld bot der Bundestrainer zwei junge Spieler auf, die ihn in den zurückliegenden Monaten immer wieder ins Schwärmen gebracht hatten. Den Stuttgarter Sami Khedira lobte er als einen Defensivorganisator mit »unglaublichem Potenzial«, der »Symmetrie ins Spiel« bringe. Mit seiner seltenen Kombination von Athletik, Eleganz und strategischer Klarheit konnte der U21-Europameister eine Qualität entwickeln, die diejenige eines Hitzlsperger, Rolfes oder auch Frings deutlich überstieg. Den Bremer Ballkünstler Mesut Özil beschrieb Löw als einen »Meister der Einfachheit«, der »die entscheidenden Bälle perfekt getimt in die Spitze« bringe. Er spiele nicht spektakulär, aber enorm wirksam: »Einen solchen Spieler in diesem Alter zu haben, ist ein Glücksfall.« Als Alternativspieler bekamen der emsige Stuttgarter Christian Träsch (defensives Mittelfeld), der Hamburger Schusskünstler Piotr Trochowski (rechts offensiv) sowie der Münchner Edeltechniker Toni Kroos (defensives und offensives Mittelfeld) das Vertrauen des Bundestrainers. Dazu kam noch der Bremer Dribbler Marko Marin, in dem Löw einen typischen Joker sah, der nach seiner Einwechslung ohne Verzug auf Betriebstemperatur kommt.

Die Besetzung für den Angriff bestand neben dem Dauerbrenner Miroslav Klose aus dem Münchner Mario Gomez, einem klassischen Stoßstürmer, zu dem es trotz Formschwäche kaum eine Alternative gab. In dem spätberufenen Stuttgarter Cacau sah Löw einen kombinationsstarken Angreifer, der seine Qualitäten hinter einem Stoßstürmer wie Klose oder Gomez entfalten kann. Dazu gesellte sich mit dem jungen Bayern-Talent Thomas Müller ein laufstarker Spieler, der mit weitem Anlauf von hinten kommt und den Torabschluss sucht. Müller sollte den rechten Offensivpart übernehmen, die linke Seite war für das ewige Sorgenkind reserviert, den inzwischen wieder in Köln spielenden Lukas Podolski. Wie im Fall Klose vertraute Löw auch »Poldi« trotz meist wenig überzeugender Leistungen in der Liga; wenn er sein Potenzial abrufe, seine Dynamik und seine Schussstärke, hatte er oft geäußert, sei er eine »Rakete«. Nur als Ergänzung für den Notfall schließlich war der laufstarke Leverkusener Stefan Kießling gedacht, obwohl der sich 2009/10 in der Bundesliga mit 21 Toren als treffsicherster deutscher Stürmer erwiesen hatte.

»Schleusentage« und Spielerausfälle

Am 15. Mai begann Joachim Löw mit einem 15-köpfigen Rumpfkader die WM-Vorbereitung auf Sizilien, bei der in den ersten Tagen nach inzwischen eingespieltem Brauch die Frauen der Spieler wieder dabei sein durften. Alles war bis ins kleinste Detail ausgearbeitet. »Da ist nichts dabei, was mal eben so aus dem Bauch heraus entschieden wurde. All das gibt mir eine ungeheure Ruhe und Gelassenheit«, meinte er. Die Zeit auf Sizilien bezeichnete er in einer eigenartigen Wortwahl als »Schleusentage«, in denen es gelte, die Spieler individuell aufzubauen, den vorläufigen 27-Mann-Kader bis zum 1. Juni auf 23 Mann zu reduzieren und eine titelreife Stammelf zu finden.

Harte Entscheidungen mussten nicht getroffen werden, denn das Aufgebot reduzierte sich durch mehrere Ausfälle von selbst. Kapitän Ballack fällt aus, lautete die größte Hiobsbotschaft, die der ARD sogar einen »Brennpunkt« wert war. Infolge einer Attacke von Kevin-Prince Boateng, dem Halbbruder des DFB-Nationalspielers Jérôme, hatte sich der Chelsea-Profi im englischen Pokalfinale eine Sprunggelenksverletzung und einen Riss des Innenbandes zugezogen. Aufgeregte Kommentatoren taxierten nun die deutschen WM-Chancen bereits nahe null, doch der Bundestrainer gab sich erstaunlich gelassen, wollte von Nachnominierungen und einer eventuell anstehenden Systemänderung nichts wissen. Durch die weiteren Ausfälle von Träsch (Kapselverletzung) sowie von Westermann (Kahnbeinbruch) musste Löw am Ende nur noch einem einzigen Spieler das Ticket wegnehmen. Am Abend des 1. Juni gab er in Südtirol, wo man das zweite Trainingslager abhielt, seine Entscheidung bekannt: Es traf den Hoffenheimer Abwehrspieler Andreas Beck.

Enkes Tod, dann die Verletzungen von Adler und Rolfes, von Ballack, schließlich auch noch die von Träsch und Westermann – es war eine lange Liste von Ausfällen. Rolfes, Träsch und Westermann zählten zwar nicht zwingend zur ersten Formation; allerdings würden die Möglichkeiten bei weiteren Ausfällen vor allem im defensiven Mittelfeld allmählich knapp. Joachim Löw gab sich dennoch gewohnt unaufgeregt. Selbst durch den Ausfall Ballacks seien seine Pläne nicht über den Haufen geworfen worden. »Michael ist jemand, der unser Spielsystem optimal umsetzen kann, deshalb, aber auch wegen seiner Persönlichkeit und Erfahrung, ist er schwer zu ersetzen, das gilt für andere wenige auch. Aber die Grundordnung, also die Art, Fußball zu spielen, müssen wir nicht verändern oder umstellen. Meine Vorstellungen sind da ganz klar, ob mit oder ohne Ballack.« Er war optimistisch. Denn schließlich galt: Jeder Ausfall eines altbewährten Spielers bedeutete auch eine Chance für einen Neuanfang mit einem jüngeren Spieler, der das Vertrauen des Bundestrainers bereits besaß und jetzt Gelegenheit haben würde, seine Qualitäten unter Beweis zu stellen.

Das Vorbereitungsprogramm lief bereits auf Hochtouren. Die Mannschaft musste dabei nicht nur physisch und taktisch, sondern auch psychisch auf Vordermann gebracht werden. Die Bremer hatten das DFB-Pokalfinale gegen die Bayern verloren und mussten wieder aufgerichtet werden; dasselbe galt für die Bayern-Spieler, die zwar einen Pokalsieg eingefahren, danach aber das Finale in der Champions League gegen Inter Mailand verloren hatten; Herthas Arne Friedrich war wegen des Abstiegs seiner Berliner geknickt. Und schließlich gab es noch die übliche Unsicherheit in Sachen Podolski und Klose: Podolski hatte in Köln nie so recht seine Form gefunden, und Klose steckte der Frust einer Saison als Standby-Spieler in der Psyche.

Man durfte gespannt sein, wie Löw seine Auswahl in der Kürze der verbleibenden Zeit in einen WM-tauglichen Zustand bringen würde. Schießlich galt es nicht nur eine Antwort auf die altbekannten Fragen zu finden – wie zum Beispiel die, ob Klose und Podolski rechtzeitig in Form kommen, oder die, ob der Viererkette genügend Zeit zum Einspielen bleibt. Am meisten diskutiert wurde, dass es nach dem Ausfall von Ballack keinen echten Leitwolf mehr im Team gab. Neuer Kapitän war nun Philipp Lahm. Die Rolle des Anführers, des »emotionalen Leaders«, sah Löw jedoch bei Bastian Schweinsteiger. Der Bundestrainer hatte sich lange dagegen gesträubt, seinen Außenbahnspieler in die Defensivzentrale zu stellen, wo er bei den Bayern unter Louis van Gaal einen ganz neuen Glanz entwickelt hatte. Ballsicher, immer anspielbereit und mit enormer Präsenz kommandierte und ordnete er nun auch das Spiel der Nationalelf und war zu einem Schlüsselspieler geworden, an dem sich die anderen orientierten und aufrichteten. Viel hing also davon ab, ob Schweinsteiger in Zusammenarbeit mit Khedira die Rolle würde erfüllen können, die Löw von ihm erwartete. Ein weiteres entscheidendes Fragezeichen betraf Özil. Würde sich der hochbegabte Özil als Kreativspieler in vorderster Front bewähren können? Und überhaupt: Würden die zahlreichen jungen Spieler, von denen sich auch Müller und Kroos berechtigte Hoffnungen auf einen Stammplatz machen konnten, dem enormen Erwartungsdruck standhalten?

Spürbar war während der Vorbereitung in Südtirol: Die Mannschaft, die da beflissen übte, war nicht nur jung und begabt, sondern auch ehrgeizig und sehr fokussiert. Und sie war fit. Denn inzwischen wurde überall in der Bundesliga mit ausgewiesenen Spezialisten nach Methoden gearbeitet, die Klinsmann angestoßen hatte und dereinst belächelt worden waren. In mehreren Leistungstest hatte Löw die Ausdauer und die Spritzigkeit seiner Schützlinge testen lassen und entsprechend Hausaufgaben verteilt. Die Fitness, war er überzeugt, werde bei der WM eine entscheidende Rolle spielen, nicht nur in punkto Ausdauer, sondern auch in punkto Schnelligkeit: Die Beobachtung und Analyse des internationalen Fußballs hatte ergeben, dass mit einer WM zu rechnen war, »bei der mit viel Tempo gespielt werden wird«. Zudem waren in Südafrika besondere Anforderungen zu bewältigen: die Höhenunterschiede zwischen den Spielorten, ein durch die großen Entfernungen nicht unerheblicher Reisestress sowie natürlich das winterlich-kühle Wetter. »Wir haben den Spielern aufgrund der krassen Temperaturunterschiede empfohlen, sich stets warm anzuziehen und ihre Haare nach dem Duschen zu fönen«, sollte Hansi Flick während der Vorrundenspiele die interne Erkältungsprophylaxe erläutern. Auch das Trainerduo hatte sich Pullover eingepackt, besonders flauschig-kuschelige Kaschmirpullover sogar.

Die Mannschaft würde also konditionell stark und spritzig genug sein, um die im Fußball so entscheidenden kurzen Sprints für sich zu entscheiden. Das jedenfalls war die Überzeugung des Trainerteams. Aber würde das für den Titel reichen? Würde die Mannschaft ihren Auftrag so wie gewünscht, nämlich taktisch überzeugend und zugleich mit spielerischem Glanz, lösen können? Wenn es denn gelingen würde, so viel stand jetzt bereits fest, würde es eine Bestätigung für den in seinen Entscheidungen weitaus mutiger gewordenen Bundestrainer sein.

Nach der Europameisterschaft hatte Joachim Löw eine tiefe Zäsur vollzogen. Vor der EM 2008 hatte er lediglich fünf Feldspieler nominiert, die noch ohne Turniererfahrung waren. Jetzt hatte er sich getraut, gleich elf Neulinge (plus drei neue Torhüter) zu berufen. Vom EM-Kader hatten lediglich neun Spieler überlebt, darunter sieben »alte Hasen«, die bereits bei der WM 2006 das deutsche Trikot getragen hatten. Das Team für Südafrika bestand also aus einer Mischung von einigen bewährten Korsettstangen und zahlreichen jungen und hungrigen Talenten, die sich erst noch bewähren mussten. Der Bundestrainer hatte den zwei Jahre zuvor angekündigten Umbruch – weg von Alter und routinierter Erfahrung, hin zu Jugend und talentierter Unbekümmertheit – zielstrebig umgesetzt. Er setzte auf begabte Jungprofis, denen zuzutrauen war, technisch wie spielerisch auf einem höheren Niveau zu agieren als ihre Vorgänger. Auch im strategisch-taktischen Bereich durfte man für das anstehende Turnier eine Steigerung erwarten. Das deutsche Team war jetzt in verschiedenen Systemen erprobt und sollte daher in der Lage sein, auf unterschiedliche Anforderungen flexibel zu reagieren. Schließlich hatte Joachim Löw seit der Europameisterschaft jede Gelegenheit genutzt, um Automatismen einzuschleifen und komplette Spielzüge einzuüben. In Kombination mit dem gestiegenen Begabungspotenzial des Kaders gaben die solchermaßen erhöhten Trainingseffekte durchaus zu der Hoffnung Anlass, dass es in Südafrika attraktive, spielerisch wie taktisch überzeugende Auftritte der deutschen Nationalelf geben könnte.

Viele Gelegenheiten, ihren wahren Leistungsstand zu überprüfen, hatte die Nationalelf in der Zeit zwischen dem Abschluss der Qualifikation und dem Abflug nach Südafrika allerdings nicht mehr. Das Spiel gegen Argentinien, das mit einer weiteren Niederlage gegen einen »Großen« endete (0:1), war wenig erhebend, das gegen Malta (3:0) aufgrund der fehlenden Spitzenkräfte wenig aussagekräftig. Doch die bei den letzten zwei Testspielen gezeigten Leistungen nährten die Zuversicht. Beim 3:0 im Test gegen Ungarn am 29. Mai in Budapest hatte das gut organisierte deutsche Team gefällig kombiniert. Trotz des nachlässigen Umgangs mit den zahlreichen Chancen zeigte sich Joachim Löw sehr zufrieden, denn die jungen Spieler, auf die er gesetzt hatte – Khedira, Özil, Kroos und Badstuber –, hatten mit ihrer technisch und taktisch versierten Spielweise sein Vertrauen bestätigen können. Am 3. Juni beeindruckte die DFB-Elf in Frankfurt gegen Bosnien-Herzegowina, als sie nach einem Rückstand in der zweiten Halbzeit in bemerkenswerter Weise zurückkam. Drei schöne Treffer, zahlreiche weitere Torchancen, eine starke Zentrale (Khedira, Schweinsteiger), ein kreativer Ballverteiler (Özil) und überzeugende Offensivalternativen (Cacau, Müller) lieferten eindrucksvollen Stoff für Fußballerträume. Dieses Team, da waren sich Verantwortliche und Beobachter einig, hatte großes Potenzial. Nach den letzten Übungseinheiten im Trainingslager von Südafrika, die besonders gelungen waren, sagte Philipp Lahm im Brustton der Überzeugung: »Das ist die beste Nationalmannschaft, in der ich je gespielt habe. Es gibt mehr Qualität als noch vor der WM 2006 und der EM 2008.« Und Joachim Löw äußerte kurz und knapp und voller Selbstvertrauen: »Ich habe ein gutes Gefühl und bin sehr optimistisch.«

KAPITEL 10

Viele Sternchen in Südafrika
oder: Über die Kunst, auch ohne Titel zu erfreuen

Einige Wochen vor Beginn der Vorbereitung hatte Joachim Löw die Nase voll: Was sollte dieses dauernde Gerede vom Titelgewinn und dem vierten Stern? Ging es nicht vor allem um guten Fußball? Und so hörte er auf, vom Titel zu reden. Sondern breitete sich aus über das, was er von der Mannschaft erwartete und glaubte, erwarten zu dürfen, nämlich Spielfreude, Spielintelligenz und Spielkultur, »eine attraktive Spielweise mit gutem Fußball, der Emotionen weckt, und nicht auf Verwalten ausgerichtet ist«. Titel konnte er nicht garantieren. Aber ein begeisterndes Spiel seiner Mannschaft – das wollte er unbedingt versprechen. Seine Jungs, da war er sich sicher, würden in der Lage sein, ihre Gegner spielerisch in Verlegenheit zu bringen. Wichtig war ihm darüber hinaus das Auftreten seiner Spieler, das Image neben dem Platz, kurz: dass das deutsche Team sympathisch rüberkam, mit einer positiven und angenehmen Ausstrahlung.

Letztlich reiste die DFB-Auswahl aber doch nicht nur als moralisch einwandfreier Botschafter der neuen deutschen Spielkultur, sondern eben auch als potenzieller Titelkandidat nach Südafrika. Und natürlich plante der wie stets bei Turnieren äußerst konzentrierte und fokussierte Joachim Löw nicht, seine Mannschaft in Schönheit sterben zu lassen, sondern möglichst bis ins Finale vorzudringen. Auf dem Weg dorthin mussten zunächst einmal die Gruppengegner Australien, Serbien und Ghana ausgeschaltet werden. Alle seien ernstzunehmen, analysierte der Bundestrainer. Die Australier: gut organisiert, körperlich robust, gute Charaktere, die sich nie hängen lassen. Die Serben: technisch beschlagene Individualisten, listige Charaktere, die den Ball raffiniert und schnell laufen lassen. Die Ghanaer: U20-Weltmeister von 2009, physisch beeindruckend, leidenschaftliche Charaktere, laufstark und bereit zum ausdauernden Kampf. Es war keine einfache Gruppe. Aber sie würde machbar sein.

Löw vertraute nach wie vor dem inzwischen oft erprobten 4-2-3-1. Zum Auftakt gegen Australien am 13. Juni bildeten Lahm, Mertesacker, Friedrich und Badstuber die Viererkette vor Torwart Neuer. Auf der Doppelsechs sollten Schweinsteiger und Khedira die organisatorischen Akzente setzen. Der geniale Kurzpassspieler Özil war als »falsche Zehn« dazu auserkoren, hinter dem einzigen Stürmer Klose die Regie in der Offensive zu führen. Podolski und Müller hatten den Auftrag, wann immer möglich im Doppel mit den Außenverteidigern, Druck über die Flügel machen.

Das Spiel in Durban verlief wie gemalt. Es gelang ein geradezu berauschendes 4:0, teilweise mit Spielzügen, die so wirkten, als seien sie auf dem Reißbrett entworfen. Podolski auf Vorlage von Müller, Klose nach Flanke von Lahm, Müller auf Vorarbeit von Podolski, der für Klose eingewechselte Cacau nach Zuspiel von Özil – fertig war der Kantersieg. Vor allem Özil hatte immer wieder als Spielmacher geglänzt und die australische Abwehr mit messerscharfen Pässen durchschnitten. Fast alles hatte gepasst, der Ball war so flüssig gelaufen wie gewünscht. Wer vermisste da noch Ballack? Der Diplomat Joachim Löw enthielt sich in dieser Frage eines Kommentars. Der niederländische Spielmacher Wesley Sneijder hingegen erklärte rundheraus, dass Deutschland ohne Ballack besser funktioniere; denn ohne ihn, meinte er, habe sich das Spieltempo der DFB-Elf erheblich erhöht.

Im balkanischen Tal des Jammers

Es folgte wie schon bei der EM der Dämpfer in Gestalt eines Teams aus dem ehemaligen Vielvölkerstaat Jugoslawien. Diesmal waren es die Serben, die für Frust im deutschen Lager sorgten. Löws Team fand überhaupt nicht ins Spiel. Vorne passierte nicht viel, hinten wackelte das Innenverteidigerpaar Mertesacker/Friedrich, Linksverteidiger Badstuber sah meist nur die Hacken seines Gegners. Dann dezimierte sich das deutsche Team auch noch unnötig selbst: Der bereits verwarnte Klose sah in der 37. Minute nach einem überflüssigen Foul Gelb-Rot und musste vom Platz. Kurz darauf fiel der Führungstreffer für Serbien. Doch die deutsche Mannschaft ließ sich nicht schockieren. Trotz Unterzahl fand sie allmählich besser ins Spiel, in der zweiten Halbzeit erarbeiteten sie sich zahlreiche Chancen, es fehlte jedoch das Glück im Abschluss. Schließlich verschoss Podolski in der 60. Minute auch noch einen Handelfmeter. Es war einfach zum Haareausraufen. Oder zum Flasche-auf-den-Boden-Donnern.

Einen derart emotionalen Bundestrainer hatte man bis dahin noch nicht gesehen. Der einst so coole Jogi mit dem maskenhaften Gesicht, der sich seit der EM ganz allmählich zu einem mimischen und gestischen Seismografen des Spielgeschehens entwickelt hatte, war im Verlauf dieses serbischen Desasters zum wütenden Rumpelstilzchen mit dickem Hals mutiert. Der Spielfilm mit der Löw-Kamera: Ungläubig und ohnmächtig, verzweifelt und traurig, allmählich immer mehr in Rage geratend und schließlich voller leidenschaftlichem Zorn musste er zusehen, wie das deutsche Spiel immer zäher wurde, wie sein Ideal vom flüssigen Kombinationsfußball immer wieder in ergebnislosen Aktionen zerbröselte. Dank der Lippenleserin Julia Probst, die manche am Fernsehschirm abgelesene Bundestrainer-Äußerung im Internet publizierte, weiß man sogar, wie er das Gesehene kommentierte: »Scheiße, das gibt es doch nicht.«

Nach dem verschossenen Elfmeter wandte er sich vom Spielgeschehen ab – grenzenlos enttäuscht, hilflos, mühsam den fürchterlichen Jammer niederhaltend; doch es war ja eigentlich zum Aus-der-Haut-Fahren, und deswegen kribbelte und krabbelte es in seinem Bauch zunehmend bedrohlicher, denn da war eine ungeheure Wut; sie wuchs, diese Wut, immer mehr – bis sich der riesenhaft angeschwollene Unwille endlich, mit dem Abpfiff, explosiv entlud. Mit unbändiger Wucht schmetterte er eine Wasserflasche auf den Boden, sodass sich deren Inhalt munter sprühend auf dem Rasen ergoss. Beinahe wirkte es ein wenig wie Hohn und Spott auf das, was man nicht gesehen hatte: ein spritziges deutsches Spiel.

Noch während der Pressekonferenz war der 50-Jährige sichtlich angeschlagen, wovon nicht nur seine vom Schock gezeichneten Gesichtszüge kündeten, sondern auch seine Stellungnahmen. Zum unnötigen Platzverweis für Stürmer Miroslav Klose äußerte er: »Man muss sagen, dass man in der Platzhälfte von Bosnien nicht so reingehen muss.« Und in Bezug auf die Chancen des Gegners hielt er fest: »Ich hatte das Gefühl, dass die Kroaten auch noch ein paar Möglichkeiten hatten.« Enttäuschung und Wut, so lernten die anwesenden Journalisten, kann zu geografischer Desorientierung führen.

Vermutlich hätte Joachim Löw nach dem elenden Spiel am liebsten kräftig abgeledert. Aber er wollte sich beherrschen und dem Flaschenwurf nicht noch einen weiteren Kontrollverlust folgen lassen. Das Ausflippen war ja nie seine Sache gewesen. Er hatte mal gegen eine Kabinentür getreten, eine wegwerfende Geste gemacht oder einen müden Querpass eines seiner Schützlinge knackig beschimpft (»Herrgottsack, diese Scheißbälle da!«) – aber derart heftig ausgerastet wie beim Serbien-Spiel war er noch nie.

Beim Publikum und vor allem bei den deutschen Fans kam der unbeherrschte Bundestrainer gleichwohl gar nicht mal so schlecht an. Im ungehemmten Herausplatzen des angestauten Ärgers wirkte er plötzlich viel menschlicher. Wann hatte man schon mal mitbekommen, was unter der glatten Oberfläche des stets kontrollierten, coolen und stylishen Jogi wirklich vorgeht? Es war wie eine Offenbarung seiner »echten« Befindlichkeiten. Und im Grunde genommen kündete dieses ungezähmte Herauslassen von Gefühlen auch nicht von einem Mangel an Souveränität, wie man unterstellen könnte, sondern eher vom Gegenteil. Wer sich so offen zeigen kann, der muss Selbstsicherheit nicht mehr vortäuschen – denn der ist so selbstsicher, dass er keine Maske mehr benötigt. Und wer seinen Ärger nicht verkrampft in sich hineinfrisst, sondern ihn zur besten Fernsehzeit vor einem Millionenpublikum auf eine auch ästhetisch beeindruckende Weise herauslässt – der hat das Zeug zu einem Liebling der Nation.

Aber, die Emotionen mal beiseite – hätte Löw etwas besser machen können? Nun, niemand hätte es ihm verübelt, wenn er den sichtlich überforderten Badstuber nicht erst in der 77. Minute, sondern schon viel früher vom Platz genommen hätte. Und die Auswechslung von Müller und Özil hatte auch nicht viel Sinn gemacht. Sämtliche Joker – Marin, Cacau, Gomez – hatten enttäuscht. Andererseits wurde in einer Videoanalyse deutlich, dass das deutsche Spiel unter dem Strich keineswegs grottenschlecht war. Man hatte lange in Unterzahl spielen müssen, vieles hatte dennoch gepasst, über weite Strecken hatte man das Spiel sogar dominiert, einiges war unglücklich gelaufen.

Aber das Ergebnis stimmte natürlich nicht. Die Konsequenz? Den Kopf nicht hängen lassen, auf die eigenen Qualitäten vertrauen, in die Hände spucken, weitermachen. »Wir haben es noch in der eigenen Hand, das Achtelfinale zu erreichen.«

Irgendwie war es, als wiederholte sich die Situation, die man zwei Jahre zuvor bei der EM hatte überstehen müssen: Gegen einen Vertreter Ex-Jugoslawiens verloren, um dann gegen einen vom Heimspielfaktor begünstigten Außenseiter mit dem Rücken zur Wand zu stehen. Den Part Österreichs übernahm in Südafrika Ghana. Obwohl Joachim Löw seine Spieler vorab mit einer Rugby-Trainingseinheit auf die Härte der Aufgabe speziell vorbereitet hatte, zeigten diese – ganz ähnlich wie einst gegen Österreich – eine matte, wenig überzeugende, um nicht zu sagen schlechte Leistung. Zweimal musste Philipp Lahm in höchster Not retten. Aber Deutschland hatte wie vor zwei Jahren einen willensstarken Vollstrecker. Der hieß diesmal nicht Ballack, sondern Özil. In der 60. Minute hämmerte er den Ball zum 1:0 ins Netz. Dabei blieb es, und damit war es geschafft. Viel mehr gibt es über dieses Spiel nicht zu berichten, und auch Löw wollte in keine tiefe Analyse einsteigen. »Man hat gemerkt, dass ein großer Druck auf der jungen Mannschaft lastet. Aber auch solche Spiele muss man erstmal gewinnen.« Hauptsache, man hatte es überstanden und war für das Achtelfinale qualifiziert. Im Übrigen, tat der Bundestrainer kund, sei er nach wie vor von den Qualitäten der Mannschaft überzeugt und dewegen ganz ruhig. Aber natürlich kam er nicht um die Feststellung herum: Da lag noch einiges im Argen, vor allem die Organisation in der Defensive war noch längst nicht perfekt.

Deutsche Geparden jagen Albions Löwen

Das Spiel gegen Ghana war nervenaufreibend, aber nur eine Pflicht. Jetzt stand die erste Kür an, das Achtelfinale gegen einen Großen, gegen Albions Stolz, die »Three Lions«. Nun war Löw wieder in seinem Element. Ein Klassiker wie der gegen England, das war eine tolle Herausforderung. Als »Kampftrainer« hatte er sich im WM-Sonderheft des »Kicker« selbst beschrieben, als einen, der die Extremsituationen mit höchster Anspannung haben möchte, der dann alle äußeren Einflüsse und alles Störende abschüttelt, der sich mit dem berühmten Tunnelblick voll und ausschließlich auf das eine Ziel konzentriert: den Kampf gewinnen, die Herausforderung bestehen! Jetzt war die Situation da, die er in den Interviews vor dem Turnier in immer neuen Wendungen als seine Lieblingssituation beschrieben hatte: »Je größer der Druck, je wichtiger die Spiele, um so mehr liebe ich diesen Job.« – »Ich möchte Wettkampfsituationen mit unglaublicher Brisanz, da fühle ich mich am wohlsten.« – »Sie können mir glauben: Mir macht das Spaß. Spiele, in denen es um alles geht, das ist genau mein Ding, da bin ich wirklich in meinem Element.« Gegen Argentinien bei der WM 2006, gegen Portugal bei der EM 2008, gegen Russland in der Qualifikation, jetzt gegen England: Das waren die Situationen, denen er entgegenfieberte, für die er als Trainer lebte. Alles oder nichts!

In Bloemfontein, an der »Blumenquelle« also, sollte die Entscheidung über das weitere Schicksal des deutschen Teams fallen, das sich wie stets bei dieser WM auf der Fahrt zum Stadion mit Bushidos Song »Fackeln im Wind« – von dem einzig der Bundestrainer nicht restlos begeistert war – in Stimmung gebracht hatte. Mangaung hieß der Ort auf Sesotho, der Sprache der Einheimischen, was soviel bedeutet wie »Platz der Geparden«. Das war recht passend für das Spiel der deutschen Mannschaft, die vom Anpfiff weg wie ein Rudel junger Raubtiere die Engländer gnadenlos hetzte.

Die »Three Lions« besaßen mit Rooney einen Weltklassestürmer und mit Lampard oder Terry robuste und athletisch gut ausgebildete Defensivspieler. Joachim Löw erkannte eine zentrale Schwäche des von Fabio Capello trainierten Teams in der taktischen Organisation, einem klassischen 4-4-2 mit zwei Sechsern. Seine Idee: Man würde die Mannschaft von der Insel mit schnellen Tempo-Gegenstößen in Verlegenheit bringen können, da sie in der Rückwärtsbewegung systembedingt relativ viel Zeit benötigten, um ihren Defensivverbund zu organisieren. Ob es klappen würde, war natürlich nicht sicher. Zu Beginn des Spiels wirkte der deutsche Chef-Taktiker – im blauen Baby-Kaschmir-Pulli und grauem Anzug – extrem abgespannt. Als sei er in Trance versetzt, popelte er gedankenverloren in der Nase und nahm die Ansprache seines Assistenten kaum wahr. Nach dem bereits in der 20. Minute erzielten Führungstreffer lockerte er sich, und dann wurde er immer mehr mitgerissen vom begeisternden Spiel der Jungs im DFB-Trikot. Auf einstudierten Laufwegen stießen seine flinken Schützlinge immer wieder in die Lücken, die ihnen von den Engländern präsentiert wurden. Schweinsteiger lenkte, Özil zauberte, Müller rannte und rannte, der eben 33 Jahre alt gewordene Klose zeigte sich spritzig wie ein Frischling. Und der Bundestrainer durfte mehrmals mit formvollendeten Jubelsprüngen glänzen.

Das 1:0 in der 20. Minute entsprang einer Absprache zwischen Neuer und Klose. Der Abstoß des Torhüters flog extrem weit und unglaublich präzise in die Schnittstelle der englischen Innenverteidigung. Dort lauerte schon Klose, der die Kugel mit dem rechten Fuß an James vorbei ins Netz schlenzte. Podolski erhöhte nach Vorlage von Müller per Linksssschuss auf 2:0. England kam wieder ins Spiel, hatte nur eine Minute nach dem Anschlusstreffer Pech, als ein regulärer Treffer nicht anerkannt wurde. Der von der Latte abgelenkte Ball hatte hinter der Linie aufgeschlagen, Neuer hatte ihn geistesgegenwärtig sofort wieder ins Spiel gebracht, das Schiedsrichterteam hatte nichts bemerkt. Endlich Rache für Wembley, grinste da so mancher deutsche Fan in sich hinein – und rieb sich wenig später staunend die Augen, als das deutsche Team, insbesondere in Gestalt des wahrlich gepardengleich über den Platz jagenden Thomas Müller, auch in der zweiten Hälfte das Geschehen leichtfüßig dominierte und schließlich den in den entscheidenden Momenten zu behäbigen »Three Lions« den Todesstoß versetzte. 67. Minute: pfeilschneller Konter nach Freistoß England, Stafette Müller-Schweinsteiger-Müller, überlegter Abschluss – 3:1. 70. Minute: Langer Pass Klose, Özil setzt sich über links durch, passt quer zu dem heranrauschenden Müller – der Ball zischt zum 4:1 in die Maschen.

Joachim Löw hatte eine »grandiose Leistung« seines Teams gesehen, und niemand konnte und wollte da widersprechen. Es war imponierend, wie glatt alles funktioniert und dabei auch noch so mühelos gewirkt hatte. Alles, was man geplant und eingeübt hatte, war aufgegangen: Bälle ohne Foulspiel erobern und sofort zum Gegenstoß ansetzen; den Konterplatz im Mittelfeld insbesondere dann sofort nutzen, wenn Gerrard und Lampard weit vorne stehen und nicht mehr auf Defensive umschalten können; den Angriff mit drei, vier, fünf Mann im vollen Tempo und mit präzisem Passspiel ohne Zögern und nach Schema durchziehen; in den Raum stoßen, der sich öffnet, wenn Klose sich hat zurückfallen lassen und Bewacher Terry ihm gefolgt war. Alle hatten wunderbar ihre Aufgaben erfüllt, allen voran der vollkommen unverkrampft auftretende und unglaublich kaltschnäuzige Youngster Thomas Müller: »Unnachahmlich«, so Löw, sei dessen Auftritt gewesen. Seinem mit zahlreichen Zuckerpässen glänzenden Spielmacher Özil bescheinigte er gar »Genialität«.

Auf schönste Weise fand sich der Bundestrainer in seiner Entscheidung bestätigt, bei dieser WM auf die Jugend zu setzen statt auf Erfahrung. »Wenn deren Qualität stimmt, arbeiten junge Mannschaften grundsätzlich erfolgversprechender«, meinte er in einer WM-Zwischenbilanz, Erfahrung spiele bei einem Turnier heutzutage eine untergeordnete Rolle. Junge Spieler seien enorm belastbar, die Intensität der Trainingseinheiten könne mit ihnen im Laufe eines Turniers sogar gesteigert werden. »Ihre Regenerationsfähigkeit ist viel besser ausgeprägt. Mit älteren Spielern ist das nicht so einfach.« Je geringer also der Altersdurchschnitt, so seine Formel, desto höher die Erfolgschance. Und dann müsse natürlich noch der entscheidende Ehrgeiz dazukommen, die Gewinnermentalität. Zusammengefasst hieß das: »Qualität ist das

Wichtigste, dann hohe Belastbarkeit und die Fähigkeit, diesen Siegeswillen zu entwickeln. Das alles geht vor Erfahrung, eindeutig.« Das bereits schimpflich ausgeschiedene Team Italiens bestätige das voll und ganz, meinte er: Viel Erfahrung und Spielkontrolle, aber kein Biss und keine Fähigkeit, über 90 Minuten hohes Tempo zu gehen – die minimalistischen Azzurri, die vergeblich auf den einen entscheidenden Treffer spekulierten, seien völlig zu Recht nicht mehr dabei.

Wirbelsturm über Weiß-Himmelblau

Einen derart zufriedenen Bundestrainer hatte man zuvor kaum einmal gesehen. Gegen die Engländer war alles perfekt so aufgegangen, wie er es sich ausgemalt hatte. Jetzt galt es für den Fall vorzubeugen, dass es im Viertelfinale gegen Argentinien vom Ergebnis her womöglich nicht mehr ganz so perfekt laufen würde. Natürlich, sagte er, man wolle unbedingt weiterkommen, »aber wir könnten auch mit einer Niederlage gegen Argentinien leben«. Dann nämlich, wenn man wieder auf ähnlich gelungene Weise wie gegen England sein spielerisches Können demonstriert hätte.

Aber musste man überhaupt Angst haben vor den »Albicelestes«, den Weiß-Himmelblauen aus Argentinien? Gut, da war der Weltfußballer Lionel Messi. Der musste ausgeschaltet werden, und zugleich würde man darauf zu achten haben, darüber dessen Mitspieler nicht zu vergessen. Die technische Qualität war bei allen Südamerikanern sehr hoch, ihre körperliche Robustheit war gefürchtet, man musste also stets aufpassen und durfte sich von Rüpeleien nicht provozieren lassen. Aber in der Defensive, so hatten monatelange Analysen von Scout Siegenthaler und seinem Team ergeben, waren die mit nur einem Sechser und zwei Stürmern agierenden Argentinier oft schlecht organisiert. Sie machten im Gesamtverbund Fehler, etliche Offensivspieler waren lauffaul, klinkten sich aus, arbeiteten nach hinten nicht mit. »Sie sind eine zweigeteilte Mannschaft«, brachte Löw die entscheidende Schwäche des Gegners auf den Punkt. »So entstehen Lücken, wenn man mit Tempo kommt.«

Also sagte er seinen Spielern: »Ihr seid jünger, ihr seid schneller, ihr seid ausdauernder.« Er machte ihnen Mut mit allen Argumenten, die er greifen konnte. Dazu holte er noch einen simplen Trick aus der Motivationskiste. Im Hotel hängte er die »Bild«-Seite mit jubelnden deutschen Fans und der Schlagzeile auf: »Wir glauben an euch!« Obendrein durften sich die Spieler ein Filmchen ansehen über die Fanmeilen zu Hause und den Jubel in Deutschland. Es waren fantastische, mitreißende Szenen, ein exzellenter Ansporn. Und natürlich, auch wenn er öffentlich die Erwartungshaltung herunterzuschrauben versuchte, wollte er jetzt einen Sieg sehen – und nicht nur eine Mannschaft, die sich, wie er das seltsam geschraubt ausdrückte »in dem, was wir als Drehbuch vorgegeben haben, gut bewegt«.

Tatsächlich zelebrierten die jungen deutschen Spieler am 3. Juli in Kapstadt einen fantastischen Auftritt voller Dynamik. Immer waren sie einen Schritt schneller als ihre Gegner, manchmal schien es so, als seien zwei, drei Deutsche mehr auf dem Platz. Immer wieder eroberten sie den Ball und schalteten blitzschnell auf Offensive um. Angriff um Angriff brandete gegen das argentinische Tor. Müller legte nach einem Schweinsteiger-Freistoß per Kopf bereits in der 3. Minute den ersten Treffer vor. Trotz überzeugenden Spiels dauerte es bis zur 68. Minute, ehe Klose das 2:0 gelang. Als dann Friedrich nur sechs Minuten später nach einem Solo von Schweinsteiger erneut erhöhte, war das Ding gelaufen. Kloses zweiter Treffer zum Endstand von 4:0, volley erzielt nach Sahne-Vorlage von Özil, war das i-Tüpfelchen eines in dieser Weise nie für möglich gehaltenen Triumphes.

Am Spielfeldrand hatte der Bundestrainer, wieder gewandet im blauen Glückspulli, die Galavorstellung seiner Jungs mit Jubel-Veitstänzen choreografisch abgerundet. Argentiniens Trainer Diego Maradona musste hernach völlig geplättet zugeben: »Die deutsche Mannschaft hatte mehr Ideen und eine viel bessere Ballkontrolle.« Getrieben von einem immensen Willen habe seine Mannschaft vor allem in der zweiten Halbzeit Druck gemacht und die Tore »wunderschön herausgespielt«, stellte Joachim Löw mit großer Genugtuung fest. Seine Spieler hätten seit der Vorbereitung im Training enorme Fortschritte gemacht. Und sie seien nun in der Lage, das Einstudierte nahezu perfekt auf dem Platz umzusetzen. »Vielleicht ist das ja auch eine Leistung der Trainer, dass wir versucht haben, sie von dem, was wir von ihnen wollen, zu überzeugen«, meinte er. »Damit sie das mittragen und einen Sinn darin sehen.« Man habe die Trainingseinheiten aufgezeichnet und immer wieder mit den Spielern analysiert. Zwar könne man den einen perfekten Spielzug letztlich nicht trainieren, schränkte er ein. »Aber es gibt Mechanismen und Abläufe, die immer gleich sind.« In manchen Trainingseinheiten seien seine Vorgaben nahezu perfekt umgesetzt worden.

Teile davon habe man nun auch im Spiel gesehen, so wie zuvor bereits gegen England.

Alles habe natürlich nicht geklappt, mäkelte der Bundestrainer dann noch; denn ein perfektes Spiel, das gab es ja nicht. »Man kann immer Dinge besser machen, wir haben vor und nach der Halbzeit einige Bälle verloren, das musste nicht sein.« Solcher Jammer auf derart hohem Niveau war aber schon fast etwas verwegen. Da hatte sein Team die beste Leistung einer deutschen Mannschaft seit der legendären Europameisterschaft von 1972 geliefert – und Löw fand immer noch etwas zu bekritteln. Da konnte man doch, sollte man meinen, einfach mal losjubeln, da durfte man den Korrekturstift mal stecken lassen. Nicht so aber Löw, der akribische Perfektionist. Angela Merkel, die den Spielern nach dem Abpfiff in der Kabine gratuliert hatte, den Fans – nicht nur den deutschen – und den Kritikern in allen Ländern war's egal. Die ganze Welt war begeistert von dieser fulminanten deutschen Mannschaft und ihrer berauschenden Spielweise. Besonders schön fiel das Bild aus, das die französische Zeitung »Le Parisien« für dieses Spielereignis fand: »Deutschland auf einem anderen Planeten.« Ja, so schien es wirklich beinahe zu sein. Allein: Dieser Planet wurde auch noch von den Spaniern bewohnt. Die hatten – als Nationalmannschaft und ebenso im Vereinsfußball mit dem FC Barcelona – den Fußball in den letzten Jahren dominiert und warteten jetzt im Halbfinale. Im Finale der EM war man gegen diesen Gegner chancenlos geblieben. Jetzt gab es also die Möglichkeit zur Revanche, jetzt war die Gelegenheit, den ultimativen Qualitätsbeweis abzuliefern.

Spanien wieder Endstation

Ein schwierigerer Gegner als Spanien war kaum vorstellbar. Wie England und Argentinien hatte das Team herausragende Einzelkönner. Xavi und Iniesta – das war im Mittelfeld das Beste, was der Weltfußball zu bieten hatte. Dazu kam aber noch, dass das gesamte Team technisch nahezu perfekt war und mit einer überragend funktionierenden Systematik zu agieren wusste. Bei den traumwandlerisch ballsicheren Spaniern ließen sich »Spielfluss, Offensivkraft und ein durchdachtes Spiel wie sonst bei keiner anderen Mannschaft erkennen«, konstatierte Joachim Löw voller Respekt. Urs Siegenthalers Analyse lautete: »Die spanische Mannschaft hat eine perfekte Ordnung auf dem Platz, sie ist kaum aus dem Konzept zu bringen, das Team ist selbstsicher, aber nicht überheblich. Die Spanier wissen, was sie können.« Die seit Jahren eingespielten und wie eine gut geölte Maschine funktionierenden Spanier waren der dickste vorstellbare Brocken. Geheimnisvoll war ihr Spiel freilich schon lange nicht mehr, man wusste alles über sie. Aber nützte das etwas?

»Wir haben genug Selbstbewusstsein«, machte Joachim Löw sich selbst und seinen Spielern vor dem Halbfinal-Knüller Mut. »Wir wissen auch, dass wir sehr viel Kraft und Kreativität haben. Wenn wir es schaffen, die Spanier in ihrem Spiel zu stören, haben wir gute Chancen.« Es galt, das Passgewebe der Spanier zu unterbrechen, jeden Webfehler zu nutzen und blitzartig vorzustoßen. In der Aufgabe, die Passwege der Spanier zuzustellen und Druck auf die spanischen Strategen auszuüben, so der Plan, sollte die Doppelsechs Schweinsteiger/Khedira noch mehr als sonst unterstützt werden, etwa von einem etwas defensiver agierenden Özil. Zudem sollte sich das gesamte Mittelfeld zunächst etwas weiter zurückfallen lassen, damit sich die Spanier, so die Hoffnung, mit erfolglosen Ballstafetten etwas müde spielen würden.

Abgesehen von solchen Nuancen unterschied sich die taktische Vorgabe im Prinzip nicht von den erfolgreichen Spielen zuvor. Vielleicht quälten den Bundestrainer doch leichte Zweifel, dass das genügen würde. Jedenfalls wollte er sicherheitshalber auch auf der textilmetaphysischen Ebene nichts unversucht lassen. Und so zog er am Spieltag wieder seinen schicken Baby-Kaschmir-Pullover mit V-Ausschnitt an. Der bereits zum Kult gewordene Glückspulli hatte dem DFB-Team immer vier Tore beschert. Gegen Australien, gegen England, gegen Argentinien. »Ich darf ihn nicht mal mehr waschen«, meinte er, den Siegesschweiß geradezu beschwörend. Bei der deprimierenden Niederlage gegen Serbien hatte er eine dunkle Strickweste getragen, darunter ein weißes T-Shirt, im Zitterspiel gegen Ghana bei empfindlicher Kälte eine dunkle Jacke mit Doppelknöpfen, dazu einen dicken Schal. Jetzt also wieder der blaue Glückspulli, sogar im Doppelpack, denn Hansi Flick trug selbstverständlich auch einen.

Wir machen's wie bisher und bleiben erfolgreich, lautete die Botschaft des Pullis.

Zur zusätzlichen Motivation gab es noch ein neues Video, diesmal präsentierten sich sämtliche Betreuer mit einem kleinen Aufsager. Vor dem Anpfiff folgten die eingespielten Rituale: kurze Ansprache von Fitness-Coach Shad Forsythe, sein Schrei »Power!«; die Antwort der

Mannschaft »Within!«; Nationalhymne; kurzer Verschwörungskreis auf dem Platz – und los.

Leider wollte das bewährte Rezept, sich nach der Balleroberung möglichst rasch in die Spitze zu kombinieren, an diesem 7. Juli in Durban nicht so recht funktionieren. Die Deutschen spielten diesmal zu langsam und ihre Gegner nicht mit. Nur für kurze Zeit wirkte das Spiel offen, dann bekamen es die Spanier immer besser in den Griff. Die deutsche Mannschaft kickte zunehmend verhalten und behäbig, wirkte teilweise fast wie gelähmt. Der Plan, Spanien mit schnellen Gegenstößen zu überwinden, gelang nicht einmal im Ansatz. Das Umschalten klappte nicht, es war kein Tempo in den Aktionen, die Bewegung im deutschen Spiel fehlte. Schier pausenlos, so hatte man den Einruck, zirkulierte der Ball mit geradezu traumwandlerischer Sicherheit durch die spanischen Reihen. Die Deutschen rannten mit hängender Zunge hinterher, wurden immer müder, und wenn sie mal den Ball erobert hatten, war er im nächsten Augenblick schon wieder verloren. Es war ein Spiel, in dem Löws Elf ihre Grenzen aufgezeigt bekam. Schmerzlich wurde der laufstarke Müller vermisst, der wegen einer Gelbsperre nicht dabei war. Trochowski mit seiner Neigung zur Tempoverschleppung und später der gehemmt wirkende Kroos konnten ihn nicht ersetzen. Nur fünf Torschüsse brachte das deutsche Team zustande, ganze zwei davon gingen aufs spanische Tor, und nur einer – von Kroos in der 69. Minute – hatte die Qualität einer Großchance. Vier Minuten später machten die Spanier, die bis dahin etliche Möglichkeiten hatten liegen lassen, den Sack zu. Die Szene: Eckball von Xavi, der stämmige Abwehrchef Puyol stürmt unbedrängt heran und verwandelt mit Wucht per Kopf. Eigentlich war das keine Aktion, wie man sie von derart feinen Technikern erwartet, und entsprechend ärgerte sich Löw über dieses auf viel zu billige Weise erzielte Tor. Trotz aller Dominanz des Gegners hatte man ja bis dahin mit viel Glück standgehalten. Dass man am Ende deswegen verlor, weil einmal die Zuordnung bei einer Standardsituation nicht gestimmt hatte, das war einfach nur bitter.

»Das Halbfinale hat mich ein wenig an das EM-Finale von 2008 erinnert«, stellte ein zerknirschter Bundestrainer fest. »Auch dort waren wir chancenlos und sie haben uns beherrscht. Sie haben auch diesmal einen fantastischen Fußball gespielt. Davor muss man einfach seinen Hut ziehen. Wir haben es einfach nicht geschafft, sie in ihrem Spiel zu unterbrechen.« Den Spaniern war es gelungen, dem deutschen

Team mit ihren ewig langen Ballpassagen den Wind aus den Segeln zu nehmen. Gleich stolzen Matadoren hatten sie die deutschen Stiere immer wieder ins Leere laufen lassen, um ihnen schließlich durch Puyol kühl und ungerührt den Todesstoß zu versetzen.

Was für eine selbstbewusste, jeden Gegner enervierende Spielweise! Diese Spanier waren nicht auf einen schnellen Torerfolg aus, sondern entfalteten mit ihrer kollektiven Perfektion im rasend schnellen und nahezu fehlerlosen Passspiel einen zermürbenden Druck, der sie im Lauf des Spiels immer überlegener werden ließ. Kaum einmal kamen die deutschen Spieler in die Zweikämpfe, und wenn sie den Ball erobert hatten, fehlte der Mut, sich schnell zu lösen und sofort auf einen Abschluss zu gehen. »Wir waren froh, dass wir den Ball hatten, dann hat es zwei, drei Sekunden gedauert«, stöhnte ein deprimierter Bundestrainer, »und dann waren sie wieder organisiert.« Die Spanier, hieß das, waren also nicht nur offensiv eine gute Mannschaft, sondern jederzeit auch defensiv. »Wenn sie einen Ballverlust hatten, haben sie sofort ein Gegen-Pressing eingeleitet«, analysierte Löw. Weil das so perfekt klappte, hatten die Seinen den Ball oft wenige Sekunden nach der Balleroberung schon wieder verloren. Was also hätte man machen können?

Wenigstens ansatzweise hatte Paraguay im nur knapp und unglücklich verloren gegangenen Viertelfinale vorgemacht, wie man die Spanier vielleicht hätte in Bedrängnis bringen können. Sie hatten den Spielfluss der Iberer mit einer taktisch hervorragenden Defensivorganisation gestört und ihnen damit beinahe den Zahn gezogen. Paraguays konzentrierte Aggressivität plus deutsche Tempoperfektion im Umschaltspiel – das wäre wohl der Schlüssel gewesen. Noch Monate später sollte der unentwegt über einen künftigen Schlachtplan sinnierende Joachim Löw immer wieder das Thema Spanien aufgreifen. Sein Credo: Man dürfe sich vom ewigen Ballbesitz der »Seleccion« nicht zermürben lassen. »Das muss man als gegnerische Mannschaft erst mal akzeptieren, dass man einfach nicht an den Ball kommt. Natürlich kann man daraus auch einen Plan ableiten: Lass die Spanier ruhig am Ball sein, wir lauern auf die paar Ballverluste und greifen dann an. Aber diese Geduld und Nervenstärke muss man als Gegner erst mal haben.«

Jetzt in Südafrika blieb für die enttäuschte deutsche Mannschaft, wie schon bei der Heim-WM 2006, nur das kleine Finale um den dritten Platz als Trostpflaster. Sie ließ sich nicht hängen und erkämpfte sich gegen eine starke Auswahl von Uruguay um den zum besten Spieler der WM gewählten Diego Forlan nach einem 1:2-Rückstand einen verdienten 3:2-Sieg. Der große spielerische Glanz fehlte zwar, aber es war ein beherzter Auftritt der Löw-Schützlinge und ein doch noch einigermaßen versöhnlicher Schlusspunkt eines Turniers, bei dem der deutsche Fußball auf der ganzen Welt neue und bis dato ungeahnte Sympathien gewonnen hatte. Denn anders als noch 2006 hat man nicht nur mitreißend aufgespielt, sondern teilweise auch taktisch nahezu perfekt.

Die WM-Bilanz: Ohne Titel, aber voller Freude

»Wir haben zwar keinen Titel gewonnen, aber es ist eine Befriedigung für uns alle, dass wir die Fans auf der Welt mit unserem Fußball in Südafrika begeistert haben«, bilanzierte Joachim Löw. »Das macht uns stolz und ist eine große Ehre.« In ihren besten Spielen gegen England und Argentinien hatte die Mannschaft eine Leichtigkeit in ihren Aktionen, wie man das bei deutschen Fußballern kaum je einmal gesehen hatte. »Wir haben einen unglaublich guten Tempofußball gespielt, auch technisch gut«, äußerte Löw befriedigt. »Unser Fußball war von attraktiven, schnellen Ballpassagen geprägt, von einer effektiven Organisation und einer guten Abstimmung in der Offensive. Und die Laufwege ohne Ball waren von einigen Spielern ebenfalls genial.« Die Welt hatte geschmeidige Ballkünstler im deutschen Trikot gesehen, die druckvoll agierten und in ihren besten Momenten in der Lage waren, den Gegner blitzschnell mit einstudierten Angriffszügen von nahezu chirurgischer Präzision zu zerlegen. Kurzum: Die Mannschaft hatte eine insgesamt hervorragende Vorstellung abgeliefert und sich so spielstark wie noch nie in der Ära Löw gezeigt. Die Saat von 2004 war also aufgegangen, selbst wenn man die Ernte noch nicht hatte einfahren können. Darüber hinaus hatten die multikulturellen Deutschen – von den 23 Spielern, die Löw zur WM berufen hatte, hätten elf zu einem früheren Zeitpunkt für ein anderes Land spielen können! – in ihrem Auftreten überzeugt: Immer freundlich-harmonisch mit tollem Teamgeist hatten sie die propagierten Werte wie Respekt und Toleranz mit Leben gefüllt.

Die Mannschaft hatte alle Unruhen im Vorfeld der WM und alle Rückschläge durch Verletzungspech weggesteckt und dann über ihr attraktives Spiel die Emotionen der Fans herausgekitzelt. Einige Spieler hatten einen riesigen Entwicklungssprung gemacht, junge Spieler bewiesen, dass sie auf Topniveau mithalten können.

Bastian Schweinsteiger, so Löw, habe auf der Schaltstelle zwischen Defensive und Offensive den Spielrhythmus bestimmt und dabei Weltklasseniveau erreicht, er habe viel Verantwortung übernommen und sich als »große Persönlichkeit« präsentiert; Mesut Özil sei »im Spiel ohne Ball überragend« gewesen; der freche und frappierend lockere Thomas Müller, mit fünf Treffern und drei Torvorlagen WM-Torschützenkönig, habe »auf allerhöchstem Niveau« agiert; Manuel Neuer habe »als Torhüter modernster Prägung« überzeugt; Sami Khedira habe unspektakulär und taktisch fast fehlerfrei das Spiel geordnet; Philipp Lahm habe sein hohes Niveau bestätigt; Friedrich eines gezeigt, das man ihm vorher nicht zugetraut hatte; bei Mertesacker habe der Spielaufbau zwar manchmal fehlerhaft gewirkt, aber er hatte von allen Innenverteidigern die beste Quote von 93 Prozent bei vertikalen, angekommenen Pässen.

All das sei weder Glück noch Zufall gewesen, fügte Urs Siegenthaler hinzu, sondern Ergebnis eines akribisch umgesetzten Plans. »Wenn man gezielt, mit einem Konzept, wenn man strategisch arbeitet, so wie es der Bundestrainer macht, dann macht man auch Fortschritte.« So wie bei allem anderen, etwa dem Erlernen einer Sprache, verhalte es sich eben auch beim Fußball. »Seitdem Löw bei uns ist, sind wir viel stärker geworden«, bestätigte Bastian Schweinsteiger. Tatsächlich hatte Löw, der nun bereits seit 56 Länderspielen seinen Lehrlingen als sanfter Diktator das planvolle Spiel einimpfte, mit einem Schnitt von 2,23 Punkten die erfolgreichste Bilanz aller bisherigen Nationaltrainer vorzuweisen. Seine Mannschaft war bei allen großen Turnieren immer vorne dabei gewesen. Das sprach für eine gewisse Leistungskonstanz. Zudem war die Mannschaft, bei gleichzeitiger Integration vieler junger Spieler, fußballerisch sukzessive besser geworden und hatte die beste Turnier-Gesamtleistung der Ära Löw hingelegt. »Wir haben durch eine aggressive, offensive Spielweise gewisse Emotionen geweckt«, freute sich der Bundestrainer über die positiven Kritiken für seine Mannschaft.

In fast allen wichtigen Parametern – Passschnelligkeit, Balleroberung, Umschalttempo – hatte sich das deutsche Team die Spitzenposition gesichert.

Joachim Löw: »Wir hatten von allen Nationen die wenigsten Foulspiele. Wir hatten zudem die meisten Ballgewinne im Zweikampfverhalten und kamen am schnellsten zum Abschluss. Die Ballkontaktzeiten waren auf dem höchsten Niveau. 2005 dauerte es von der Ballannahme bis zum Abspiel jedes unserer Spieler im Schnitt noch 2,8 Sekunden. Das Spiel war langsam und in die Breite mit viel Zeitverlust angelegt. 2008 bei der EM haben wir uns auf 1,8 Sekunden verbessert, und 2010 waren es noch 1,1 Sekunden. Gegen England und gegen Argentinien sind wir auf Werte unter einer Sekunde gekommen, auf 0,9. Nur die Spanier waren im Schnitt etwas besser. Auch in der Gesamtlaufleistung lagen wir gemeinsam mit Spanien und Uruguay in der Spitze, im Schnitt erreichten unsere Spieler 12,8 Kilometer.«

Die ständige spielerische Steigerung machte den Bundestrainer zuversichtlich. Schließlich hatten sich auch die Spanier erst über Jahre eingespielt, bevor sie nun reif für die großen Titel geworden waren. Als großes Plus des Weltmeisters bewertete er, dass die Spieler, inklusive solcher Größen wie Xavi und Iniesta, immer bescheiden geblieben waren und ohne jede Überheblichkeit beständig an sich weiterarbeiteten. Diese Beharrlichkeit über Jahre hinweg, so Löw, sei der Schlüssel zum Erfolg. Und deswegen machte er sich größte Hoffnungen, dass es sein Team nach weiteren Jahren intensiven Übens den Spaniern würde nachmachen können. Eine hervorragende Basis sei nun vorhanden, grundlegende Umstrukturierungen müsse man nicht mehr vornehmen. In zwei oder spätestens in vier Jahren werde diese Mannschaft ausgereift und auf dem Höhepunkt ihres Leistungsvermögens angelangt sein. »Die nächsten Jahre könnten wahnsinnig viel Spaß machen«, meinte er. Und: »Mein Bauchgefühl sagt mir, dass unser Team in der Lage ist, 2012 oder 2014 einen Titel zu holen.«

Aber man durfte, wenn sich dieses Bauchgefühl bestätigen sollte, nicht stehen bleiben. Man hatte aufgeholt und viele andere, mit der Ausnahme Spaniens, spielerisch sogar überholt. Nun musste ein weiterer Schritt folgen. Urs Siegenthalers WM-Analyse ergab, dass das individuelle Können künftig wieder eine größere Rolle spielen müsse. Die Organisation, vor allem in der Defensive, sei bei fast allen Teams gut gewesen. Aber er habe viele Schwächen gesehen in der Ballbehandlung und im Zweikampf. »Mein Eindruck ist, dass der Einzelne in den vergangenen Jahren gegenüber dem Kollektiv vernachlässigt wurde. Alle verschieben gut, doch die richtige Individualtechnik ist verkümmert.« Es werde von daher also wieder wichtiger, welches Team die besseren Einzelspieler mit Mut zu Einzelaktionen hat. Das Dribbling sollte wieder eines der wichtigsten Ausbildungs- und Trainingsziele werden.

Pläne, Ehrungen und Tränen
Mit etwas Zeitverzögerung durften Joachim Löw und sein Team schließlich den angenehmen Nachhall des Turniers auskosten. Das titellose, aber überaus ruhmvolle WM-Jahr 2010 klang mit einem Reigen von Ehrungen aus. Es zeigte sich, dass die Strahlkraft des Fußballs weit über den Sport hinaus wirkte: Im Oktober zeichnete Bundespräsident Christian Wulff den Bundestrainer Joachim Löw mit dem Bundesverdienstkreuz aus, die Nationalmannschaft erhielt das Silberne Lorbeerblatt. Deutschlands Fußballer hätten eine fantastische Arbeit geleistet, so der Bundespräsident, das Team, dessen bunte Zusammensetzung »ein Spiegel der tatsächlichen Gesellschaft unseres Landes« sei, habe einen »neuen und leichten Patriotismus« vorgelebt. Löw, der die Ehrung insbesondere als eine Auszeichnung für die bei der Nationalmannschaft gelebten Grundwerte wie Respekt, Toleranz und Teamgeist sah, war das überschäumende Lob fast schon ein wenig peinlich. »Wir sind kein Teil einer Imagekampagne«, stellte er die Verhältnisse lässig klar, »wir sind so aus Überzeugung.«

Aber vielleicht entsprachen die Ehrungen ja durchaus ehrlichen Überzeugungen. Vollkommen außerhalb jeder Kampagne stand jedenfalls die Wahl des deutschen Bundestrainers zum »Manager des Jahres« durch die renommierte französische Sporttageszeitung »L'Équipe«. Diskutieren ließ sich, welche Bedeutung die Verleihung des »Bambi« in der Kategorie »Ehrenpreis der Jury« für Joachim Löw und sein Trainerteam zukam – einfach nur schön und niedlich war aber zweifelsohne die symphatisch-schüchterne Rede des Laudators Mesut Özil. Einfach nur selbstverständlich war schließlich die Komplettierung des Ehrungsreigens mit der Wahl des Nationalteams zur Mannschaft des Jahres.

Erst zur Weihnachtszeit war der Hype endlich abgeebbt, so dass Joachim Löw im gewohnten Rückzugsgebiet Freiburg ein wenig Muße zur inneren Einkehr finden konnte. Wie schon 2006 überkam ihn die Rührung. Als er zum Ausklang dieses erfolg- und ereignisreichsten Jahres seiner Karriere alle wichtigen Spiele noch einmal in Büchern und auf dem Bildschirm nacherlebte, kamen die Emotionen erst so richtig hoch. »Wenn ich sehe, was alles passiert ist, von Sizilien über Südtirol nach Südafrika, dann bekomme ich immer wieder eine Gänsehaut, und manchmal schießen mir sogar Tränen in die Augen.« Das war eigentlich ein Grund, eine Flasche Rioja aufzumachen und dazu eine Zigarette zu rauchen. Doch dann fasste er einen Vorsatz fürs neue Jahr: »Ab Neujahr will ich mit dem Rauchen aufhören. Mal wieder.« Natürlich war es wie immer die Frage, wie lange der Vorsatz halten würde. »Ich brauche da jetzt die absolute Konsequenz«, entschied er im besten Nationaltrainer-Jargon.

Ansonsten gab es nichts zu korrigieren, nichts zu mäkeln. Völlig utopisch war es einst gewesen, dass er einmal Bundestrainer würde werden können. Ein Anruf und zwei Jahre Assistenzzeit hatten genügt, um ihn nach ganz oben zu bringen. Und in vier Jahren Amtszeit hatte er die Grundlagen dafür geschaffen, um jetzt völlig unumstritten und allseits anerkannt zu sein. Besser hätte es kaum kommen können.

KAPITEL 11

Durchmarsch und forsche Töne
oder: Den Titel fest im Visier

Die Erfolgsgeschichte der Nationalelf setzte sich in der Qualifikation zur EM 2012 in Polen und der Ukraine nahtlos fort. In den Spielen gegen Belgien in Brüssel (1:0), gegen Aserbaidschan in Köln (6:1), in Berlin gegen die Türkei (3:0) und in Astana gegen Kasachstan (3:0) legte die deutsche Elf eine makellose Bilanz von vier Siegen bei 13:1 Toren hin. Viel mehr ging eigentlich kaum. Der Bundestrainer war rundum zufrieden. Es sei gelungen, den »Qualitätsfußball made in Germany«, mit dem man sich bei der WM weltweit großen Respekt verschafft habe, nahtlos in die EM-Qualifikation zu übertragen. Tatsächlich war diese glänzende Leistung nach den enormen Belastungen des Turniers keineswegs selbstverständlich.

Höhepunkt der ersten Qualifikationsphase war am 8. Oktober 2010 das »Auswärts-Heimspiel« gegen die Türkei vor 74.000 meist türkischen Zuschauern im Olympiastadion von Berlin. Löw hatte den Gegner als »qualitativ beste Mannschaft« in der deutschen Gruppe identifiziert, als eine Mannschaft, die mit ihrer Technik und Raffinesse gar »extrem gefährlich« sei. Große Sorgen machte er sich freilich dennoch nicht, selbst als er den Ausfall Schweinsteigers kompensieren musste – für ihn kam Kroos – und eine Lösung auf der linken Abwehrseite benötigte – er entschied sich für die wieder genesene Allzweckwaffe Westermann. Seine Elf kam nur schleppend ins Spiel, steigerte sich dann jedoch koninuierlich, um in der zweiten Halbzeit teilweise eine Vorstellung zu bieten, die an die besten Momente bei der WM in Südafrika erinnerte. Am Ende gab es einen verdienten 3:0-Sieg (zweimal Klose, einmal Özil) gegen eine türkische Mannschaft, die offensiv weniger zustande gebracht hatte als erwartet. Höhepunkt war das 2:0 von Özil, der nach einem Steilpass von Lahm nervenstark vollstreckt und sich dann ganz still gefreut hatte, um die vielen Landsleute auf den Rängen nicht zu provozieren, die ihn gerne als »ihren« Nationalspieler gesehen hätten.

Durch den »Fall« Özil war das neue, bunte Gesicht der Nationalelf ganz besonders stark in den Fokus gerückt. Kein Zufall war es wohl, dass der prominenteste Fan der Nationalelf, Bundeskanzlerin Angela

Merkel, nach dem Spiel in die deutsche Kabine eilte, um dort das Gespräch mit Özil zu suchen, der ihr mit nacktem Oberkörper begegnete. »Gerade Özil hatte es schwer an diesem Tag«, sagte sie, ganz Integrationskanzlerin. »Aber er ist mit der Belastung und den ständigen Pfiffen großartig umgegangen.« Auf die Nachfrage, ob Merkel bei solchen Aktionen nicht die Nationalmannschaft zur Werbung in eigener Sache missbrauche, gab sich der Bundestrainer politisch korrekt. Sie gehe mit den Spielern eben ganz normal um, da sei nichts gespielt. »Sie ist seit der WM 2006 zum richtigen Fan unserer Mannschaft geworden. Das ist ein schönes Kompliment für uns alle.« Und Özils Verhalten war ein schönes Kompliment für die Rolle des DFB als Vorreiter der Integration von Migranten. Der Verband besaß inzwischen mit Gül Keskinler nicht nur eine Integrationsbeauftragte (»Beim DFB spielt die Herkunft keine Rolle«), sondern mit dem Herkunfts-Brasilianer Cacau zudem einen Integrationsbotschafter.

Die nächste Generation

Das Türkei-Spiel hatte zudem deutlich gemacht, dass das Reservoir der Nachwuchsspieler eine Menge tauglicher Alternativen bot. Selbst der Ausfall eines Schlüsselspielers wie Schweinsteiger musste den Bundestrainer keine schlaflose Nacht mehr kosten. Sein Ersatz, der 20-jährige Toni Kroos, hatte seine Sache ordentlich gemacht. Kroos zählte zum bereits bekannten »zweiten Anzug« der Nationalmannschaft, der beim Testspiel im August gegen Dänemark (2:2) zum Einsatz gekommen war. Doch die Spieler, die da aufgelaufen waren – Marin, Tasci, Schäfer, Träsch, Gentner, Helmes, Riether – waren inzwischen keineswegs mehr als »Backups« für die erste Elf gesetzt. Zum freundschaftlichen Jahresabschluss gegen die Defensivspezialisten aus Schweden (0:0) durften die jungen Talente der in der Bundesliga aktuell überragenden Teams aus Dortmund und Mainz ran: Hummels, Schmelzer, Großkreutz und Götze sowie Holtby und Schürrle. Aufgeboten war damit die zweitjüngste Anfangsformation der DFB-Geschichte: 23 Jahre und 217 Tage.

Das Ergebnis im Spiel gegen Schweden interessierte Joachim Löw nicht weiter. Wichtiger war ihm anderes: »Ich habe bei unseren Spielern großes Engagement gesehen, vor allem mit den jungen Spielern war ich absolut zufrieden. Wir haben das Spiel überwiegend kontrolliert und kaum Chancen zugelassen.« Die jungen Dortmunder und Mainzer hätten über weite Strecken überzeugt: Hummels in der Innenverteidigung »souverän«, Schmelzer als linker Außenverteidiger »gut«, von den ballsicheren Technikern Holtby und Götze zeigte er sich »sehr beeindruckt«. So konnte er zufrieden zusammenfassen: »Mit Blick auf 2012 und 2014 haben wir Spieler, die den Konkurrenzkampf weiter fördern.«

Löw forcierte seinen vor der WM eingeschlagenen Kurs, Qualität und technische Fertigkeiten über Erfahrung stellen. »Mir ist es egal, ob einer 18 Jahre jung ist und nur zehn Bundesligaspiele gemacht hat wie Götze. Ich messe einen Spieler daran, was er kann und welche Möglichkeiten ich bei ihm sehe.« Über die neue Generation junger Spieler gab er folgendes Urteil ab: »Ich sehe Hummels sehr selbstbewusst und sehr reif für sein junges Alter, auch in seiner Persönlichkeit, sich zu exponieren. Schürrle ist ein Spieler, der mit viel Tempo und viel Frechheit ausgestattet ist. Holtby ist technisch sehr gut und vom Typ her wie Özil. Überraschende, tödliche Pässe, enge Ballannahme, ein Auge, wo der Ball hin muss – das zeichnet ihn aus. Vor allem aber Götze: Mit 18 Jahren hat er mit einer Selbstverständlichkeit bei uns trainiert, wie ich es bei einem Spieler, der neu zur Nationalmannschaft kommt, noch nie erlebt habe. Er agierte, als wäre er schon seit zwei, drei Jahren dabei: selbstbewusst, ballsicher, ideenreich. Ich war beeindruckt. Er ist sicher eines der größten Talente der vergangenen Jahre und hat die Perspektive einer ganz großen Zukunft. Die anderen sind sehr talentiert, aber eine WM gegen Argentinien, Brasilien, Spanien ist ein anderes Level als die Bundesliga. Vielleicht sind auch Sam oder Reus in drei oder vier Jahren so weit, dass sie Leistungsträger in der Nationalmannschaft sind.«

Das massierte Auftauchen dieser zum Teil hochveranlagten Spieler war einerseits Ergebnis der nach dem Katastrophenjahr 2000 vehement verbesserten Jugendarbeit in den Vereinen und beim DFB – Stichworte: Nachwuchsleistungszentren, Stützpunkttraining, Einführung der Junioren-Bundesliga, verbesserte Trainerausbildung –, andererseits aber war es die logische Folge einer, so Löw, besseren »Verknüpfung«. Früher waren die ersten Profijahre meist verlorene Jahre gewesen, weil die der A-Jugend entwachsenen Spieler zu lange auf Einsätze in der Bundesliga hatten warten müssen, und über die Wartejahre war dann deren Talent sehr oft verkümmert. Nun gaben viele Vereine jungen Spielern immer häufiger und immer früher eine Chance, sich zu beweisen, Nachwuchs und Spitzenfußball waren also besser »verknüpft«. Von diesem Umdenken bei den Vereinen profitierte nun die Nationalmannschaft. Man hatte nicht nur quantitativ mehr junge Spieler, sondern auch qualitativ bessere, die in der Basisausbildung, Handlungsschnelligkeit und in der Spielintelligenz schon viel weiter entwickelt waren als ihre Altersgenossen in den Jahren zuvor. Im Unklaren blieb einzig, wie all diese Hochbegabten sich in der Nationalmannschaft etablieren sollten. Denn während der Andrang immer größer wurde, wuchsen die Plätze bei der DFB-Auswahl ja nicht mit.

Die Talente dieser neuen Generation würden erst noch beweisen müssen, dass sie »zu den Besten der Welt« gehören, dass sie auch gegen Topteams wie England und Argentinien würden bestehen können. Eben dies hatten die WM-Spieler bereits bestätigt. Es war also jetzt, anders als zu der Zeit des Talentemangels vor der WM 2006, für die Neuen viel schwieriger, in die Mannschaft zu kommen, denn es waren da ja Spieler wie Özil, Khedira, Badstuber oder Müller, die verdrängt werden mussten und die ihren Zenit noch längst nicht erreicht hatten. Im Sinne einer Steigerung des Leistungsdrucks war das Nachdrängen der Jungen ausdrücklich zu begrüßen. Die Etablierten, betonte der Bundestrainer, »dürfen nicht das Gefühl haben, dass sie auf Jahre hinweg gesetzt sind und keinen Konkurrenzkampf fürchten müssen«. Und undenkbar war es ja auch keineswegs, dass die ganz Jungen tatsächlich zur ernsthaften Bedrohung für die selbst ja noch immer jungen Stammspieler werden könnten. Schließlich lautete eine der wesentlichsten Erkenntnisse Joachim Löws aus der zurückliegenden WM: »Gerade junge Spieler sind oft risikofreudig und ungezwungen, selbst bei großen Turnieren.«

Die WM-Mannschaft 2010 hatte einen Altersdurchschnitt von knapp 25 Jahren und war damit gut drei Jahre jünger als die Final-Elf bei der EM 2008. Joachim Löw hatte also eigentlich keinen Grund, aufgrund der Altersstruktur große Veränderungen vorzunehmen. Der Einsatz der Jüngeren hatte daher zunächst vor allem den Zweck, Druck auf die Etablierten auszuüben. Wenn es heute 19-Jährige gebe, die 23-Jährigen Druck machen können, dann sei das doch »die beste Situation für einen Trainer«, das entspreche seiner Wunschvorstellung. Es war gut, eine große Auswahl zu haben – aber Löw hatte nun auch einen verschärften Konkurrenzkampf zu moderieren. Spieler, die in die zweite Reihe geraten waren – Trochowski etwa, Tasci oder Rolfes – würden nun einen sehr schweren Stand haben, denn sie spielten auf Positionen, für die es zahlreiche Alternativen gab. Nur auf der Position des Linksverteidigers und im Sturm sah es mit dem Talentenachwuchs mager aus. Seit Lahm auf rechts mit Müller als perfekt funktionierendes Duo gesetzt war, hatte man auf der linken Seite immer wieder improvisieren müssen. Im Sturm sah es mit Klose, Gomez, Podolski, Müller, Cacau und Kießling ebenfalls recht dünn aus. Daran würde sich in absehbarer Zeit nichts ändern. Denn in der U21, U20 und der U19 waren ebenfalls keine überragenden Linksverteidiger und Stürmer zu finden.

Während also zu erwarten war, dass es im Sturm nicht zu großen Fluktuationen kommen würde, war ein Spieler inzwischen komplett ins Abseits geraten: Michael Ballack. Eine Verletzung hatte ihn um die WM-Teilnahme gebracht, im Spieljahr danach hatte der inzwischen nach Leverkusen gewechselte und um seine Form ringende einstige Leitwolf der Nationalmannschaft kein Länderspiel mehr gemacht. In Löws Planungen spielte der in die Jahre gekommene Ex-Weltklassemann ganz offensichtlich auch keine Rolle mehr.

Zwischen Wunsch und Wirklichkeit

Manch ein Kommentator war der Meinung, dass ein Spieler von der Mentalität Ballacks in entscheidenden Momenten nach wie vor eine Hilfe sein könnte. Gegen Spanien im Halbfinale hatte man den flinken Müller schmerzlich vermisst, aber ebenso einen Energiemenschen à la Ballack. Der wäre womöglich in der Lage gewesen, die Mannschaft noch einmal entscheidend nach vorne zu peitschen. Denn eines war ja klar, nach zwei dritten (2006, 2010) und einem zweiten Platz: Irgendwann musste Deutschland wieder mal einen Titel gewinnen, aber dafür hatte dem DFB-Team in den entscheidenden Momenten der letzten beiden Turniere die nötige Wettbewerbshärte gefehlt. Es sei ihm schon klar, meinte Joachim Löw, dass er letztlich an Titeln gemessen werde. »Aber«, fügte er wie einen Trostspruch für sich selbst hinzu, »unsere Titelchancen werden besser.«

Ein »bloßer« Titel indes erschien ihm nach wie vor wenig erstrebenswert. Und so verteidigte er wie gewohnt gebetsmühlenartig seine Philosophie vom attraktiven, ehrlichen und Emotionen weckenden Offensivspiel. »Ich strebe beides an, Titel und Begeisterung. Die Entwicklung einer Mannschaft, ihr Auftreten, ihre Spielweise ist für mich enorm wichtig. Einen Titel gewinnen, der durch Fußballverhindern zustande käme, würde mir nicht gefallen und wäre für mich auch nicht befriedigend.«

Gut, gut, das wissen wir nun schon alles, möchte man da antworten. Aber wie lange müssen wir auf einen Titel warten? Schöne Spiele haben wir nun einige gesehen. Aber 2012, wenn der Bundestrainer dann bereits acht Jahre an maßgeblicher Stelle tätig sein wird, dürfte es dann schon mal mehr sein. Bei Borussia Dortmund hat es ja schließlich auch nicht so lange gedauert. Im Sommer 2009 hatte Jürgen Klopp das Training beim BVB übernommen und innerhalb von drei Jahren ein titelreifes Team aufgebaut. Ein Team zudem, dessen Spielweise vom Ansatz her durchaus mit der DFB-Elf verglichen werden kann.»Schon im letzten Jahr war zu erkennen, dass Dortmund am besten nach Ballgewinn sehr schnell zum Abschluss kam«, hatte Joachim Löw die Borussia gelobt, als sich diese auf dem Weg zur Meisterschaft befand. »Die Mannschaft hat aber häufig unentschieden gespielt. Jetzt gewinnt sie diese Spiele.« Könnte also der Weg Dortmunds nicht zum Vorbild für die Nationalmannschaft werden? Zumal inzwischen immer mehr Dortmunder in der Auswahl des DFB Berücksichtigung fanden? Wäre nicht ein Block aus Dortmunder Spielern, ergänzt mit den etablierten Bayern-Profis, eine Lösung für die Zukunft? Dann hätte man eine Situation ähnlich der in Spanien, wo die Spieler von Barcelona numerisch und von der Spielphilosophie her die Nationalelf dominieren. »Da viele Spieler aus Barcelona die spanische Nationalmannschaft prägen, kann auch sie auf diesem Niveau spielen«, hat der Bundestrainer selbst einmal bemerkt. »Die Mannschaft hat die gleiche Philosophie wie Barcelona.« In der Meisterschaft hatte Barça den Dauer-Konkurrenten Real Madrid Ende November 2010 mit 5:0 vom Platz gefegt. Laut Löw war es ein Spiel »nahe an der Perfektion«, ein besseres habe er in den letzten Jahren kaum gesehen. »Dass eine starke Mannschaft gegen eine andere starke Mannschaft, gegen Real Madrid, das selbst dominant auftritt, bei fast jeder Aktion eine Torchance herausspielt, ist perfekt. Besser geht es eigentlich nicht.« Wenig später hatte Dortmund in der Bundesliga mit überragendem Konterspiel 3:1 in München gewonnen. War das nicht ein Wink mit dem Zaunpfahl?

Vorläufig hinkte die Wirklichkeit dem oft geäußerten Anspruch, einen Titelkandidaten zu formen, der mit schönem Spiel überzeugen konnte und in der Lage sein würde, die Spanier zu schlagen, ein gutes Stück hinterher. Da gab es zu Beginn des Jahres 2011 zunächst eine zwar zufriedenstellend, aber keineswegs überragend erledigte Pflichtaufgabe im Qualifikations-Heimspiel gegen Kasachstan (4:0) sowie zwei Freundschaftsspiele, die keineswegs dazu angetan waren, in Euphorie zu verfallen. Beim 1:1 gegen Italien hatte eine in Stammbesetzung angetretene deutsche Elf gut begonnen und dann stark nachgelassen, nach dem mit 1:2 verlorenen Testspiel gegen Australien wurde eine auf vielen Posten mit jungen Perspektivspielern besetzte deutsche Elf mit Pfiffen und Buhrufen aus dem Mönchengladbacher Borussia-Park verabschiedet. Der Bundestrainer jedoch wollte sich davon nicht irritieren lassen. Er könne die Fans ja schon irgendwie verstehen, meinte er, aber schlussendlich sei diese Niederlage nicht allzu dramatisch. »Ich kenne das seit vielen, vielen Jahren, dass über den Sinn oder Unsinn der Spiele gesprochen wird. Ich sehe 2005, 2007, 2009, 2011 in Testspielen immer mal wieder einen Rückschlag. Das wird auch 2013 oder 2015 so sein, in diesen Zwischenjahren. Diese Zwischenjahre sind dazu da, Dinge auszuprobieren, um zu sehen, welche Spieler schaffen es Richtung Turnier.« Auch wenn man es nicht immer auf den ersten Blick sehen könne – solche Tests seien nicht sinnlos, sondern sehr wichtig für die Weiterentwicklung der Spieler.

Umbruch mit höchstem Anspruch

Rund ein Jahr vor dem Start der EM 2012 sah die Situation bei der Nationalelf etwa so aus: Es gab mit Neuer, Özil, Lahm, Schweinsteiger, Müller oder Khedira einen engen Kern von Stammspielern, deren Plätze kaum einer Bedrohung ausgesetzt zu sein schienen; der »alte« zweite Anzug mit Spielern wie Trochowski, Jansen, Marin, Tasci, Kießling, Beck oder Westermann schien jedoch bereits der Vergangenheit anzugehören; »neue« Spieler wie Hummels, Götze, Bender, Großkreutz, Schmelzer, Schürrle, Holtby, Reus und Höwedes waren auf dem Sprung, sie zu verdrängen. Die Spieler, die sich in den zurückliegenden Jahren nicht so recht hatten durchsetzen können, standen also zur Disposition. Natürlich musste man jeden Einzelfall betrachten. Ganz offensichtlich war jedoch, dass Joachim Löw verstärkt auf frisches Blut setzte. »Wenn man 19-Jährige hat, die im Verein schon Leistungsträger sind und trotzdem Entwicklungspotenzial haben – dann gibt man ihnen natürlich eine Chance. Das ist schon eine Art Umbruch.« Die besten 18- und 19-Jährigen von heute seien vom Kopf her noch weiter entwickelt und noch zielorientierter als ihre Vorgänger, stellte er begeistert fest und fügte hinzu: »Sie wissen, was sie wollen und leben entsprechend. Sie versuchen sofort, im Training wie im Spiel Akzente zu setzen. Man spürt, dass sie lernen wollen und Spaß daran haben, die Herausforderung Nationalmannschaft anzunehmen.«

Aber sie würden sich nun in ihren Vereinen auf hohem Niveau bewähren müssen. So wie das ein Sami Khedira und ein Mesut Özil bereits getan hatten. »Ich bin gespannt, wie sich die Dortmunder nächste Saison in der Champions League schlagen, was Schürrle in Leverkusen macht. Da wird sich herausstellen: Wer geht mit uns zur EM? Es kann gut sein, dass der eine oder andere nicht alles schafft.« Der Sprung von einem Bundesligaspiel zur internationalen Spitze sei enorm, so Löw. Eine Chance auf die Nominierung würden nur diejenigen haben, die ihre Qualitäten im Stresstest eines Turniers bereits gezeigt hätten – wie seine WM-Stammspieler –, sowie diejenigen, die sich in der laufenden Saison auf allerhöchstem Champions-League-Niveau noch bewähren sollten. Aus der Sicht des Cheftrainers einer Nationalmannschaft mit allerhöchsten Ambitionen machte es keinen Sinn, die Messlatte tiefer zu hängen. »Wenn Deutschland gegen Spanien spielt, ist die Qualität unglaublich hoch, so extrem wie höchstens noch in der Spitze der Champions League. Auf diesem Niveau bewegen wir uns mit der Nationalelf, das hat meine Ansprüche extrem steigen lassen. Ich weiß jetzt, wie gut man sein muss, um die Spanier zu schlagen. Diesen Anspruch werden nicht alle unsere jungen Spieler erfüllen.«

Dieser hohe Anspruch konnte letztlich nur in ein Ziel münden: den Titel zu holen. »Wir wollen in Europa die Nummer eins sein«, sprach es Joachim Löw endlich unmissverständlich aus.

Zwischenbilanz nach optimaler Punktausbeute

In den letzten drei Spielen der Saison 2010/11 ging die deutsche Elf auf dem Zahnfleisch. Das mit 2:1 gewonnene Freundschaftsspiel gegen Uruguay fiel noch gut aus. Als ernsthafte Alternative für Podolski präsentierte sich dabei vor allem der technisch starke, enorm schnelle und zielstrebig agierende André Schürrle auf der linken Seite, der nach dem 1:0 des wiedererstarkten Gomez mit schönem Schlenzer ins lange Eck auf 2:0 erhöht hatte. Dann, als es am 3. Juni in Wien gegen Österreich wieder ernst wurde, sah es schon nicht mehr so gut aus. Das Spiel endete dank zweier Gomez-Tore mit 2:1, aber der Sieg war sehr glücklich zustande gekommen. Es war ein schlampiger, leidenschaftsloser, fehlerbehafteter und müder Auftritt, während dem man sich phasenweise von den erstaunlich munteren Österreichern sogar hatte dominieren lassen müssen. Wie schlecht das deutsche Spiel war, hatte man auch an Joachim Löws Trainerfrust-Performance ablesen können: Das waren

90 Minuten mit pausenlosem Herumbrüllen und Fäusteballen, zornigem Fordern mit gestrecktem Arm, Hände-vor-den-Kopf-Schlagen, verächtlichen Wegwerfgesten und verzweifeltem Sich-ans-Geländer-Klammern. Nach dem Abpfiff jedoch präsentierte sich der eben noch Wutentbrannte erstaunlich milde. Die Spieler seien nach einer langen Saison am Ende ihrer Kräfte, stellte er fest und fügte hinzu: »Letztendlich muss ich der Mannschaft ein Kompliment machen.«

Es folgte noch ein zwar nie gefährdeter, aber letztlich doch nicht wirklich souveräner 3:1-Sieg in Aserbaidschan, erzielt von der mit einem Durchschnittsalter von 23,08 Jahren jüngsten DFB-Elf aller Zeiten. Nach dem glanzlosen Pflichtsieg gegen die Vogts-Truppe in Baku zeigte sich der Bundestrainer versöhnlich, in Anbetracht der schwierigen Rahmenbedingungen hatte er schon vor dem Anpfiff keinen Glanz, sondern lediglich einen sicheren Sieg annonciert. »Es war der 24. Tag nach Bundesliga-Ende«, bilanzierte er nach dem schwierigen Kraftakt. »Wir hatten drei Länderspiele in dieser Zeit und haben alle drei gewonnen. Ich wusste, dass der Zeitpunkt dieser Spiele nicht ideal ist und die Spieler mit den Kräften am Limit sind. Es war klar, dass die Mannschaft nicht mehr diese Dynamik und manche Spieler nicht mehr diese Power hatten.« Gemessen an den Umständen könne man aber durchaus stolz auf die Leistung der Mannschaft sein. »Die Spieler haben sich ihren Urlaub absolut verdient.«

Tatsächlich las sich die Bilanz eindrucksvoll. Deutschland führte nach sieben Spielen völlig souverän mit der Maximalausbeute von 21 Punkten (22:3 Tore) die Tabelle in der Qualifikationsgruppe A an. Das EM-Ticket war damit praktisch gelöst und gleichsam nebenbei befand man sich auf dem Weg zu einem historischen Rekord in Qualifikationsspielen: Mit acht Siegen würde man die bisher gültige Bestmarke aus der Quali zur WM 1982 einstellen. Äußerst positiv war zudem, dass die Harmonie in der Mannschaft, wie sie sich in den letzten Spielen gezeigt hatte, bereits einer EM würdig war. »Ich kann mich immer auf die Spieler verlassen und habe stets das Gefühl, diese Mannschaft ist ein Team, ein richtiges Team. Alle helfen sich untereinander, gehen mit allen anderen wahnsinnig respektvoll um.« Auch die neu hinzugekommenen jungen Spieler hätten sich gleich sehr gut integriert. Seit der WM in Südafrika, als jüngere Spieler in die Verantwortung genommen worden waren, habe sich der Teamgeist in der Nationalmannschaft enorm entwickelt, meinte er. Diese »große innere Stärke« war also eine Qualität, auf die man weiterhin würde zählen können. Wie aber sah es mit der spielerischen Stärke aus?

Ein nüchterner Betrachter musste im Sommer 2011 feststellen: Die von Löw postulierten höchsten Ansprüche hatte die Nationalmannschaft in der Nach-WM-Saison einzig im Spiel gegen die Türkei erfüllt. Die fünf Testspiele – mit nur einem Sieg, drei Unentschieden und einer Niederlage – waren mit der Ausnahme Uruguay allesamt unbefriedigend verlaufen, die Bilanz in der Qualifikation war zwar makellos, die Leistungsanalyse allerdings gab Raum für kritische Anmerkungen. Oft hatte die Ordnung gefehlt, die Passgenauigkeit war meist mangelhaft, zuweilen, wie vor allem gegen Österreich, war ein etwas irritierender Mangel an Willenskraft deutlich geworden. Kurzum: Das bei der WM gezeigte spielerische Niveau hatte man nie erreicht, geschweige denn weiterentwickelt; und die Mannschaft hatte allenfalls ansatzweise jene Mentalität gezeigt, die nötig ist, um unter den harten Stressbedingungen eines EM-Turniers zu bestehen. Wozu sie also letztendlich, nach einer intensiven Vorbereitung, in der Lage sein würde – das konnte man als Zuschauer nicht so richtig einschätzen. Aus den in den zwölf Spielen seit der WM gezeigten Leistungen jedenfalls ließ sich nicht so ohne Weiteres folgern, dass beim nächsten Aufeinandertreffen mit den Spaniern ein Sieg fällig sein würde.

Plötzlich gab es jedoch einen großen, so nicht erwarteten Lichtblick: Der am 10. August mit einigem spielerischen Glanz erreichte Sieg gegen Brasilien – der erste nach 18 Jahren und erst der vierte überhaupt! – schien jeder Skepsis die Grundlage zu entziehen. Gut, die Kicker vom Zuckerhut waren bei diesem Freundschaftsspiel vielleicht nicht ganz so hoch motiviert, außerdem war dieses Brasilien, das bereits bei der Copa América enttäuscht hatte, nicht das Brasilien früherer Jahre. Dennoch zeigte das deutsche Team eine überzeugende und teilweise geradezu grandiose Leistung. Ohne die Real-Stars Özil und Khedira war man in ungewohnter 4-1-4-1-Taktik angetreten – mit Schweinsteiger auf der »Sechs«, Müller und Podolski auf den Außenbahnen, Götze und Kroos zentral offensiv und Gomez als Spitze. In dieser Formation demonstrierte die Löw-Elf flüssigen Spielaufbau und überraschende Dominanz. Neben dem überragenden Ballverteiler Kroos brillierte vor allem der junge Götze immer wieder mit brasilianisch anmutender Kunstfertigkeit. Auf das gute Spiel folgten in der zweiten Hälfte auch die Tore. Am Ende hatte Deutschland durch Treffer von Schweinsteiger (Foulelfmeter), Götze und Schürrle überraschend mühelos mit 3:2 gewonnen. Der Bundestrainer war hernach restlos zufrieden, nicht zuletzt, weil man endlich in einem der stets umstrittenen Freundschaftsspiele eine absolut überzeugende Leistung abgeliefert hatte. »Wenn man sieht, mit welcher Freude und Lust gerade die Jungen heute gespielt haben, dann sieht man, dass solche Spiele die Mannschaft weiterbringen. Das Freundschaftsspiel ist ja im Vorfeld viel kritisiert worden. Aber unsere Mannschaft hat mit viel Engagement und Dynamik gespielt. Das hat Spaß gemacht. In der zweiten Halbzeit haben wir dann das Tempo nochmal hochgefahren und sind mit wirklich sehr schönen Toren belohnt worden. Es war ein Freundschaftsspiel auf einem super Niveau.«

Für die schönste Szene, das 2:0 in der 67. Minute, hatten Kroos und Götze verantwortlich gezeichnet: Kroos schiebt den Ball in die Nahtstelle der brasilianischen Abwehr, der freigespielte Dortmunder Youngster schnappt sich den Ball, umkurvt noch Schlussmann Cesar und trifft elegant aus spitzem Winkel. Als hätte er die bevorstehende Klasseleistung erahnt, hatte Joachim Löw den jungen Dortmunder bereits vor dem Spiel ungewohnt enthusiastisch gelobt. »Er hat diese Genialität am Ball. Er ist für sein Alter relativ weit, ist unheimlich präsent.« Nach dem Abpfiff sah er sich in seinem Urteil bestätigt. »Mario Götze hat außergewöhnliche Orientierungsmöglichkeiten. Er findet immer Lösungen. Es sind die einfachen Dinge, die ihn so stark machen.«

Von diesem Spiel aus betrachtet und mit Blick auf Toptalente wie Götze und Schürrle durfte man zuversichtlich in die Zukunft blicken. Tatsächlich folgte die Bestätigung auf dem Fuß, und zwar mit einem fulminanten 6:2 im EM-Qualifikationsspiel gegen Österreich. Bei diesem nun schon achten Pflichtspielsieg in Folge, der das EM-Ticket auch rein rechnerisch endgültig sicherstellte, präsentierte sich wieder einmal Mesut Özil als überragender Dreh- und Angelpunkt des deutschen Angriffsspiels. Aber auch die erst spät eingewechselten Götze und Schürrle leisteten mit je einem Treffer ihren Beitrag zum tollen Erfolg.

Joachim Löw konnte zufrieden sein. Der wachsende Fundus an sehr guten jungen Nationalspielern gebe ihm »ein gutes Gefühl«, meinte er denn auch. »So können auch mal Spieler wie Özil oder Khedira zu Hause bleiben.« Es sei immer sein Ziel gewesen, dass der Kader in der Breite an Qualität gewinne, und so werde er auch weiterhin versuchen, junge Spieler an das A-Team heranzuführen. Joachim Löw, der stets weit in die Zukunft vorausdenkende Planungstrainer, hatte sich erst wenige Wochen vor dem Brasilien-Spiel mit der nächsten Spielergeneration ausführlich beschäftigt. Bei einem Treffen mit den Trainern der Junioren-Nationalmannschaften hatte er sich informiert, wem aus der Generation der 17- bis 19-Jährigen man demnächst einen großen Sprung zutrauen könnte. Die Qualifikation für die EM 2012 war noch nicht abgeschlossen, aber der Bundestrainer dachte da schon an Spieler, die vielleicht erst für die EM 2016 interessant werden würden.

Mit zwei Siegen – 3:1 gegen die Türkei in Istanbul sowie 3:1 gegen Belgien in Düsseldorf – beendete Deutschland das Pflichtspieljahr. Die Bilanz war makellos. Die Löw-Jungs hatten sich mit der Maximalausbeute von 30 Punkten aus zehn Spielen bei einem Torverhältnis von 34:7 in absolut überragender Manier für die EM qualifiziert. Die Mannschaft, die zu Beginn der Qualifikationsrunde zwar gesiegt, aber kaum einmal richtig überzeugt hatte, hatte sich enorm gesteigert. In der zweiten Hälfte des Jahres 2011 hatte sie nicht nur optimale Ergebnisse geliefert, sondern auch manches Offensivspektakel hingelegt und dabei gezeigt, dass sie in der Lage war, höchstes Tempo mit technischer Präzision und taktischer Disziplin zu verknüpfen. »Wir sind noch spielsicherer, systemtreuer und selbstbewusster geworden«, freute sich der Bundestrainer.

Der neuerliche Verjüngungsprozess, den er nach der WM eingeleitet hatte, hatte Früchte getragen. Spieler wie Kießling, Jansen, Tasci, Trochowski, Marin, Westermann und Beck waren aussortiert worden. Müller, Khedira, Badstuber und Neuer hatten sich voll etabliert. Neu dazugekommen waren Hummels, Götze und Schürrle. Als weitere Alternativen boten sich Höwedes, Reus, Gündogan, Zieler und die Bender-Zwillinge an. Kurz: Die Auswahl an Top-Spielern war noch größer geworden. Ob nun Özil und Podolski oder Götze und Schürrle aufliefen – an der Qualität des Spiels schien das nicht viel zu ändern. Die Mannschaft war in der Breite ausgeglichener geworden. Konsequenterweise wollte Löw daher den Begriff »Stammspieler« ab sofort nicht mehr gelten lassen. Denn er hatte ja weit mehr als elf Spieler mit Stammspieler-Potenzial und dementsprechend viele Möglichkeiten zu variieren.

Bereit für Spanien

Das Spieljahr 2011 endete mit zwei freundschaftlichen Treffen im November. In Kiew wagte Löw ein Experiment mit einer Abwehr-Dreierkette. Es missriet gründlich, die deutsche Elf erreichte nach einem 1:3-Rückstand gerade noch ein 3:3. Für große Aufregung sorgte die Sache jedoch nicht, zumal nur vier Tage später in Hamburg ein überragendes 3:0 gegen die Niederlande folgte. Es war – nach dem 3:2 gegen Brasilien, dem 6:2 gegen Österreich und dem 3:1 in der Türkei – bereits das vierte fußballerische Highlight des Jahres. Nicht nur der Bundestrainer zeigte sich hocherfreut über die spielerische Leistung der DFB-Elf. Auch andere Trainer sparten nicht mit Lob. »Schnell umschalten konnten die Deutschen schon immer«, meinte etwa der aktuelle Bondscoach Bert van Marwijk, »aber jetzt können sie auch Fußball spielen.« Der niederländische Trainer-Star Guus Hiddink versicherte, dass das deutsche Team nicht mehr eines sei, vor dem man nur Respekt habe: »Sondern alle freuen sich auf diese Mannschaft, die einen sehenswerten und spektakulären Fußball präsentiert.« Und Spaniens Weltmeister-Trainer Vicente del Bosque bezeichnete Löws Leistung schlicht und einfach als »großartig«.

Als Anfang Dezember die Auslosung der EM-Vorrunde für Deutschland eine »Todesgruppe« mit Portugal, den Niederlanden und Dänemark ergab, war Löw nicht bange: »Es wird sehr schwer, aber jeder hat das Gefühl, dass wir es schaffen können.« Der »Kicker«, der die deutsche Elf schon längst zu einem Top-Favoriten auf den EM-Titel erklärt hatte, wartete zum Jahresende mit besonderen Vorschusslorbeeren auf: Er kürte den Bundestrainer, der (noch) ein »König ohne Krönung« sei, zum »Mann des Jahres 2011«. Es sei ihm gelungen, »aus der Vielzahl hochbegabter Talente eine Nationalmannschaft zu formen, die mit ihrem herzerfrischenden offensiven Kombinationsfußball die heimischen Fans begeistert und sich in aller Welt Respekt und Anerkennung zurückerobert hat«. Auch Löw selbst war nun auf dem Gipfel der Anerkennung. Laut einer Untersuchung des Marktforschungsinstituts Imas belegte er im Ranking der beliebtesten Deutschen Rang drei. Vor ihm lagen nur noch Günter Jauch und Altkanzler Helmut Schmidt. Dass der Hochgelobte nur ein halbes Jahr zuvor – nach dem äußerst knappen, unansehnlichen und ziemlich unverdienten 2:1-Sieg gegen Österreich Anfang Juni – noch heftig kritisiert worden war, war nun völlig vergessen. Aber so rasch konnte es im schnelllebigen Fußballgeschäft eben gehen.

»Die Sehnsucht nach einem Titel ist bei uns allen groß wie nie«, bekannte Löw zur Jahreswende, man sei »sehr, sehr hungrig«. Andererseits gehe die Welt nicht unter, wenn man keinen Titel gewänne, ruderte er im März 2012 in einem großen Interview mit der Zeitschrift »11 Freunde« wieder etwas zurück. »Denn selbst wenn wir nicht Europameister werden, wird die Mannschaft sehr gut gewesen sein, und wir werden alle stolz auf sie sein können.« Denn man sei nun bereit für die große Herausforderung, auch die in den zurückliegenden Jahren tonangebenden Spanier zu schlagen. Sein Rezept lautete: »Man muss fußballerisch besser sein als sie, nur mit Aggressivität und Härte wird man sie nicht in die Knie zwingen können. Fußballerisch zu überzeugen ist die einzige Lösung, wenn man sich nicht auf das Glück verlassen will, das man in einem einzelnen Spiel sicher mal haben kann.«

Fußballerisch zu überzeugen – das bedeutete nicht zuletzt, möglichst viele taktische Optionen zu besitzen. Es hatte sich im zurückliegenden Jahr gezeigt, dass die deutsche Mannschaft nicht mehr allein auf Umschaltspiel und Konter-Überfälle vertrauen musste. Sie hatte sich hinsichtlich Positionsspiel und Passsicherheit deutlich verbessert und verstand es inzwischen, selbst bei extrem defensiv eingestellten Gegnern erfolgreich zu agieren. Das Mittel dazu war, den zweiten »Sechser« umzuinterpretieren: keine Doppelsechs mehr, sondern einen klassischen Sechser und einen offensiveren Spieler als Verbindungsmann zu den Stürmern. Löw prägte dafür den Begriff »Zwischenspieler«. Den idealen Vertreter für diese Position hatte er auch schon gefunden: Toni Kroos.

KAPITEL 12

Im Übermut verzockt
oder: Trainerschelte nach der EM 2012

Auf dem Weg zur unmittelbaren EM-Vorbereitung gab es nur ein Testspiel in Bremen gegen Frankreich, es ging am 29. Februar 2012 mit 1:2 verloren. Zum ersten Trainingslager vom 11. bis 18. Mai auf Sardinien versammelte sich lediglich eine Rumpftruppe. Nur elf der 27 Spieler, die Löw kurz zuvor in sein vorläufiges Aufgebot für die EM-Endrunde berufen hatte, waren dabei. Die 16 übrigen Spieler mussten noch (End-)Spiele mit ihren Vereinen bestreiten. Selbst der Bundestrainer fehlte zu Beginn, da er sich am 12. Mai in Berlin das Pokalfinale zwischen dem FC Bayern und dem BVB – und damit das Gros seiner Stammspieler – ansehen wollte. Die Münchner hatten zudem eine Woche später noch ihr »Finale dahoam« in der Champions League gegen Chelsea zu bestreiten.

Als die Bayern-Spieler mit einer bitteren Niederlage im Gepäck – sie waren im Elfmeterschießen an den Londonern gescheitert – im südfranzösischen Tourettes zur Mannschaft stießen, war ihre Stimmung nicht gerade die allerbeste. Noch mehr Sorgen bereitete, dass etliche der etablierten Stars – etwa Klose, Mertesacker und Schweinsteiger – nicht in Top-Form waren. Nach der Erfahrung, die er bei nun schon drei Turnieren gesammelt hatte, war Löw aber zuversichtlich, alles noch rechtzeitig hinzubiegen. Schließlich stand ihm wie immer ein großer Tross an Helfern zur Verfügung. Mehr als zwei Dutzend Spezialisten sorgten sich um das Wohl der Profis. Zu den ungewöhnlicheren Angeboten zählten Yoga und Übungen zur Hirnaktivierung durch den Kinesiologen Eftimios Kompodietas. Selbst nachts hörte die Betreuung nicht auf, denn man hatte spezielle Klimadecken angeschafft, die das Schwitzen verhindern und so die Regeneration beschleunigen sollten. Abwechslung gab es ebenfalls genug. So kamen etwa die beiden Formel-1-Piloten Nico Rosberg und Michael Schumacher mit zwei neuen Mercedes-A-Klassenwagen vorbei und drehten mit einigen Spielern ein paar Runden auf der 18 Kilometer langen Rundstrecke »Haute-Provence«.

Natürlich wurde auch auf dem Platz intensiv trainiert. Der Trainingsschwerpunkt lag auf dem noch schnelleren Umschalten bei Ballverlusten nahe dem gegnerischen Tor. Das möglichst frühe Pressing, den Gegner im eigenen Drittel festnageln – das sei, erläuterte Hansi Flick, »das High End«. Und so übten sie denn auf einem kleinen, 20 x 30 Meter messenden Feld immer wieder das Ballerobern und das anschließende Halten des Balles im Dribbling oder mit Kurzpass-Kombinationen. In der taktischen Grundausrichtung wollte man äußerst flexibel sein. Herzstück sollten die drei Spieler im Zentrum sein. Sie sollten »ein fließendes Dreieck« bilden, also ihre Rolle sowohl defensiv als auch offensiv ausüben, so dass etwa ein Özil oder Götze auch mal in der Rolle Schweinsteigers auftauchen konnte und umgekehrt. Auf eine ständige Absicherung nach hinten wollte man der größeren Offensivkraft wegen verzichten. Man müsse hinten eben auch mal eins gegen eins bestehen, lautete die Antwort auf allfällige Einwände, außerdem habe man ja einen Manuel Neuer, der die langen Bälle jederzeit ablaufen könne. Für das Üben von Standardsituationen blieb einmal mehr keine Zeit.

Am 28. Mai, zwei Tage nach einer etwas irritierenden 3:5-Testspiel-Niederlage seines »Reserveteams« in Basel gegen die Schweiz, berief Löw seinen endgültigen Kader. Berufen hatte er mit Neuer, Badstuber, Lahm, Boateng, Schweinsteiger, Kroos, Müller und Gomez nicht weniger als acht Bayern-Spieler. Ergänzt wurden sie von den vier Dortmundern Schmelzer, Hummels, Gündogan und Götze, den beiden Madrilenen Khedira und Özil, den Leverkusenern Schürrle und Lars Bender sowie den »Einzelkämpfern« Mertesacker (FC Arsenal), Höwedes (Schalke 04), Reus (Borussia Mönchengladbach), Klose (Lazio Rom) und Podolski (1. FC Köln). Die geringsten Einsatzchancen besaßen die Ersatztorhüter Tim Wiese (Werder Bremen) und Ron-Robert Zieler (Hannover 96). Aus dem vorläufigen Kader gestrichen waren der Schalker Draxler, der Gladbacher ter Stegen, der Dortmunder Sven Bender und der Stuttgarter Cacau.

Am 31. Mai folgte in Leipzig ein wenig aussagekräftiges 2:0 im letzten Testspiel gegen Israel, anschließend ging es ins ruhige und vornehme Quartier »Olivenhof« vor den Toren Danzigs. Hier könne man sich wohlfühlen, hatte Löw die von Manager Bierhoff getroffene Quartierauswahl begrüßt. Hier gebe es genug Möglichkeiten, um »Aggressionspuffer und Frustrationshalden« zu schaffen, in diesem Ambiente könne man sich trotz aller Arbeit auch »eine gewisse Leichtigkeit« bewahren. Positive Energie sollten Glücksarmbändchen verbreiten, die an alle Nationalspieler verteilt wurden. Ein wenig plump wirkte allerdings die im Quartier errichtete »Suggestions-Säule«, auf der das Trainerteam Motivationssprüche hatte anbringen lassen: »Wir sind Teamgeist. Wir sind Begeisterung. Wir sind Spielfreude. Wir sind Siegeswille. Wir sind bereit.«

Treffer eines »Wundgelegenen«

Leicht war die Aufgabe zum Auftakt nicht. Anders als bei einer WM, wo man sich bei entsprechender Auslosung gegen einen schwächeren Gegner warmspielen konnte, ging es im ukrainischen Lwiw (Lemberg) gleich gegen das Spitzenteam um den Weltfußballer Cristiano Ronaldo, gegen Portugal. Und die deutsche Elf tat sich ziemlich schwer. In der ersten Hälfte hatte sie zwar deutlich mehr Ballbesitz, verstand es aber nicht, gegen die kompakte Abwehr der Portugiesen viele Chancen herauszuspielen. Dafür stand immerhin die eigene Abwehr, zuvor ja so oft die Achillesferse, sehr sicher.

In der zweiten Hälfte wurden die deutschen Offensivbemühungen nicht viel zielstrebiger, auf der anderen Seite aber kamen nun die Portugiesen wiederholt gefährlich vor den Kasten von Torwart Manuel Neuer. Ausgerechnet der bis dahin wirkungslose Mario Gomez, dessen Auswechslung bereits vorbereitet wurde, erzielte in der 73. Minute auf Flanke von Khedira per Kopfball die Führung. Hätte er vier Minuten später eine Hereingabe von Müller nicht knapp verpasst, wäre sogar das 2:0 fällig gewesen. So kam es noch zum großen Zittern, als sich den Portugiesen bei ihrer Schlussoffensive zahlreiche Chancen boten. Am Ende war es ein knapper und auch etwas glücklicher Arbeitssieg.

Gegen die Niederlande zeigte die deutsche Elf in der ersten Hälfte eine kompakte und effektive Leistung. Mario Gomez, der nach dem Portugal-Spiel vom Fernsehexperten Mehmet Scholl noch ätzend kritisiert worden war (»Ich hatte zwischendurch Angst, dass er sich wund liegt und mal gewendet werden muss«), glänzte mit zwei tollen Toren. Beim 1:0 veredelte er eine perfekte Schweinsteiger-Vorlage mit einer sehenswerten Pirouette und schloss mit strammem Schuss sicher ab. Auch beim 2:0 in der 38. Minute vollstreckte er, wieder von Schweinsteiger in Szene gesetzt, in souveräner Torjägermanier. Der Zwei-Tore-Vorsprung führte jedoch nicht zu der erhofften Souveränität im deutschen Spiel. Vielmehr geriet die nun etwas tiefer stehende Löw-Elf gegen die immer engagierter zu Werke gehenden Oranjes in der zweiten Hälfte zunehmend unter Druck. Nach van Persies Anschlusstreffer in der 74. Minute musste wieder gezittert werden, doch es gelang Lahm & Co., die knappe Führung recht souverän über die Zeit zu retten.

Die Kommentatoren sprachen hernach einhellig von einer neuen Sachlichkeit, die sich die Löw-Truppe angeeignet habe. Sie spiele nicht mehr so aufregend und verwegen wie noch im Jahr zuvor, dafür aber deutlich stabiler. Der Bundestrainer hatte seinen Spielern eingebläut, schon während der Ballbesitzes daran zu denken, dass nach einem Ballverlust sofort auf Defensivarbeit umgeschaltet werden muss. Der stark auftretende Mats Hummels fasste die neue Philosophie in folgende Worte: »Wir spielen mit etwas weniger Leuten in der Offensive und sind noch etwas mehr auf Absicherung bedacht.«

Neben den Gomez-Toren war gegen die Niederlande eine kleine Szene am Rande der größte Hingucker: Zwischendurch wurde eingeblendet, wie ein offensichtlich völlig entspannter Joachim Löw sich an einen Balljungen heranschlich, ihm den unterm Arm eingeklemmten Ball wegstupste und dann dem darob Erschrockenen mit einem freundschaftlichen Klaps auf die Schulter tröstete. Es war freilich keine Livszene vom Spiel. Die Sache hatte sich noch vor dem Anpfiff ereignet und war später von der Regie eingespielt worden.

Gruppensieg und Zauberhändchen

Im letzten Gruppenspiel gegen Dänemark begann die deutsche Elf druckvoll und ging bereits in der 19. Minute durch Podolski mit 1:0 in Führung. Doch die Dänen, bis dahin noch ohne jede echte Torchance, schafften nur fünf Minuten später nach einer trickreich ausgeführten Ecke den Ausgleich. In der Folge ließen die abwehrstarken Skandinavier nicht mehr viel zu. Da die Portugiesen in der 74. Minute des Parallelspiels gegen die Niederlande durch einen Treffer von Cristiano Ronaldo mit 2:1 in Führung gingen, entwickelte sich die Sache noch zu einer Zitterpartie. Denn nun war klar, dass Deutschland bei einer Niederlage gegen die Dänen ausscheiden würde. Entsprechend groß war das Aufatmen, als der für den gelbgesperrten Boateng als Rechtsverteidiger aufgebotene Lars Bender nach einem Konter in der 80. Minute zum 2:1-Siegtreffer vollstreckte.

Deutschland erreichte somit ohne Punktverlust und als Gruppensieger das EM-Viertelfinale. Das sah auf dem Papier souveräner aus, als es eigentlich war. Und natürlich fanden sich unter den Journalisten nun giftige Nachbohrer. Auf die Frage, ob er sich vom Romantiker zum Realisten gewandelt habe, antwortete Löw etwas pikiert: »Diese Fragestellung bedeutet ja jetzt fast schon, dass Sie denken, wir hätten eine Abkehr von unserem Kombinationsfußball, das würde ich nicht so sehen.« Dass der ganz große Offensivwirbel ausgeblieben war, erklärte er mit der defensiven Einstellung der Gegner. »Letztendlich haben die Gegner sich immer weiter zurückgezogen. Selbst Holland hat defensiver gespielt als sonst. Bei einem Turnier ist es nun mal wichtig, die Balance zwischen sicherer Abwehr und gefährlichem Angriff zu finden.« Offensive sei aber weiterhin der Schwerpunkt seiner Auswahl, ergänzte er – und fügte dem gleich noch eine neue Fußballweisheit hinzu: »Nicht der Pass bestimmt den Laufweg, der Laufweg bestimmt den Pass.« Sollte heißen: Auch ein genialer Ballverteiler wie Mesut Özil kann seine Qualitäten nur dann ausspielen, wenn seine Mitspieler die richtigen Wege gehen. Es musste also noch intensiver an der Bewegung ohne Ball gearbeitet werden. Sami Khedira, bis dahin der auffälligste Spieler und wesentlich präsenter und laufstärker als der von seiner Topform sichtlich entfernte Schweinsteiger, sprach davon, dass man »mannschaftstaktisch cleverer und intelligenter« hätte agieren müssen.

»Mir ist klar, wo es gehapert hat, und die Lösungen sind auch klar«, bilanzierte Löw etwas salopp seine Erkenntnisse aus der Vorrunde. Was er ersonnen hatte, sah man dann beim Viertelfinalspiel gegen Griechenland. Statt Müller, Podolski und Gomez durften Reus, Schürrle und Klose von Beginn an ran. Die drei Neuen sollten den Kombinationsfluss in der Offensive ankurbeln. Nach drei Siegen drei neue Spieler in der Startelf zu bringen – das war eine einigermaßen unkonventionelle Entscheidung. Doch sie wirkte. Trotz ihrer massierten Defensive standen die Griechen von Anfang an unter Druck. Schürrle über links, Reus über rechts und Klose als mitspielende Spitze, alle meist von Özil präzise eingesetzt, brachten die hellenische Abwehr gehörig durcheinander. Mehrmals lag die Führung in der Luft, lediglich an der Treffsicherheit haperte es zunächst noch. Für die überfällige Führung sorgte in der 39. Minute der als Linksverteidiger mit nach vorne gestoßene Philipp Lahm, als er einen Pass von Özil mit der Brust herunterstoppte, dann nach innen zog und den Ball aus 18 Metern präzise versenkte. Als die Griechen zehn Minuten nach dem Wiederanpfiff einen Ballverlust zu einem schnellen Konter nutzten, den Samaras mit dem Ausgleichstreffer abschloss, war der Spielverlauf allerdings auf den Kopf gestellt. Die deutsche Elf fing sich jedoch rasch wieder. In 61. Minute sorgte der stets entschlossen agierende Khedira mit einem sehenswerten Volleyschuss für das 2:1, sieben Minuten später erhöhte Klose per Kopf zum 3:1. Reus' Treffer zum 4:1 und der Anschlusstreffer der Griechen zum 4:2-Endstand kurz vor Schluss – Boateng war im Strafraum unglücklich an der Hand getroffen worden, Salpingidis hatte den fälligen Elfmeter sicher verwandelt – war nur noch für die Statistik von Belang.

Die mutig neuformierte Elf hatte einen auch spielerisch überzeugenden Sieg hingelegt. Und Löw hatte bei seinen Wechseln ein Zauberhändchen bewiesen. Seine Idee, neuen Schwung in die Offensive zu bringen, war voll aufgegangen. »Die Griechen haben aus einer Chance zwei Tore gemacht, sie haben nur Fußball verhindert«, kommentierte er. Und dennoch habe seine Elf so viele Chancen herausgespielt, »dass die Tore fast zwangsläufig gefallen sind«.

Einziger Wermutstropfen war, dass der Aufstellungscoup bereits Stunden vor dem Spiel an die Öffentlichkeit gedrungen war. »Das kann ich mir nicht genau erklären, woher das kommt. Die Spieler reden mit ihren Beratern, vielleicht gibt das da einer weiter«, kommentierte Löw den Vorgang. »Das ist nicht in meinem Sinne und nicht so gut, wenn die Karten so früh auf dem Tisch liegen.« Es war ärgerlich, zumal bereits vor den ersten beiden Gruppenspielen ein »Maulwurf« tätig gewesen war. Großen Einfluss auf den Verlauf der Spiele hatten die Ausplaudereien indes nicht. Allerdings hätte sich die deutsche Delegation ihre unentwegt an den Tag gelegte Geheimnistuerei wohl sparen können. So hatte man am Trainingsplatz neben dem EM-Quartier noch nach Turnierbeginn die Sichtschutzplanen erhöht, um sich vor ungebetenen Blicken zu schützen.

Ein vercoachtes Halbfinale

Vor dem Halbfinale gegen Italien strotzte Löw vor Zuversicht: »Wir sind uns unserer Stärken bewusst. Wir haben eine sehr, sehr starke Mannschaft, die absolut in der Lage ist, auch Italien zu bezwingen.« Italien zu schlagen – das wäre wahrlich etwas ganz Besonderes. In den bisherigen sieben Aufeinandertreffen bei WM- und EM-Endrunden hatte es nie einen Sieg gegen den Angstgegner gegeben, zuletzt hatte Deutschland das WM-Halbfinale von 2006 verloren. Der Bundestrainer wollte den Fluch endlich brechen. Er vertraute dabei nicht nur seinem Glücksarmbändchen, das er seit Turnierbeginn trug, sondern seinem bewährten glücklichen Händchen. Er setzte nämlich wieder auf eine Veränderung. Statt mit Reus, Klose und Schürrle, die gegen Griechenland so überzeugt hatten, probierte er es nun wieder mit Podolski und Gomez, außerdem setzte er Kroos erstmals von Beginn an ein.

ARD-Experte Mehmet Scholl fand die Entscheidungen in Ordnung. Podolski sei ein bewährter Spieler, vor Gomez hätten die Italiener großen Respekt. Allerdings gelang Podolski dann fast gar nichts, Gomez war kaum am Ball und praktisch völlig ausgeschaltet. Und Kroos? Der war offensichtlich als Sonderbewacher von Italiens Rückraum-Spielmacher Andrea Pirlo vorgesehen und sollte dessen gefürchtete weite Pässe unterbinden. Kroos mühte sich redlich, Pirlo das Leben schwerzumachen, ganz ausschalten konnte er ihn freilich nicht. Außerdem: Da Kroos in die Mitte gerückt war, stand er dort Özil auf den Füßen, die deutsche rechte Mittelfeldseite dagegen blieb oft verwaist.

Das taktische Heft behielten die Italiener in der Hand. Vor allem über ihren linken Flügel, wo ihnen die Deutschen so viel Platz gelassen hatten, kamen sie gefährlich nach vorne. Vor Balotellis 1:0 setzte sich Cassano mit feiner Einzelleistung durch und ließ dabei Mats Hummels schlecht aussehen. Vor Balotellis 2:0 passte niemand auf den Torschützen auf; Philipp Lahm verschätzte sich und konnte den von Montolivo geschlagenen Pass nicht mehr erreichen. Das deutsche Team hatte sich zwar – vor allem zwischen beiden Toren, also zwischen der 20. und 36. Minute – redlich bemüht, hatte dabei aber kaum einmal wirklich zwingend agiert. So endete die erste Halbzeit, in der Balotelli nicht nur mit seinen Treffern, sondern auch mit seinem im Triumph entblößten Oberkörper beeindruckt hatte, mit 0:2.

Joachim Löw sah man während der ersten 45 Minuten das Leiden an. Er schleuderte eine Flasche fort, die fast auf dem Spielfeld gelandet wäre. Und immer wieder kaute er nervös auf seinen Fingernägeln herum. Er wirkte erschrocken und seltsam ratlos. Zur zweiten Hälfte zog er endlich Konsequenzen: Klose kam für Gomez und Reus für Podolski. Tatsächlich spielte die deutsche Elf nun schneller und zielstrebiger, die italienische Abwehr geriet mehrmals ins Wanken. Doch nach 20 Minuten, als Italiens Trainer Prandelli mit zwei Wechseln die Defensive gestärkt hatte, war es mit dem deutschen Angriffsschwung nicht nur vorbei, sondern nun hatten die Italiener wieder mehr und bessere Chancen. Als der eingewechselte di Natale in der 82. Minute im deutschen Strafraum frei zum Schuss kam, sank Löw mit abwesendem Blick in seinen Sitz zurück. Özils Elfmeter-Tor zum 1:2 in der Nachspielzeit fiel zu spät, um noch einmal Hoffnung zu wecken. Nach dem Abpfiff musste jeder neutrale Beobachter anerkennen, dass die abgezockten Italiener zu Recht gewonnen hatten. Das Ergebnis war sogar zu knapp ausgefallen und spiegelte das Geschehen nicht korrekt wider. Die deutsche Elf hatte sich phasenweise geradezu vorführen lassen und durfte letztlich sogar von Glück reden, dass es nicht noch schlimmer gekommen war.

In der Pressekonferenz nach dem Spiel gab sich Löw kühl und ungerührt. Es war seine bis dahin schlimmste Niederlage, und er trug daran mit seiner gewagten Aufstellung und Taktik die Hauptschuld. Der Mann, dem eine offensive und initiative Spielidee stets das Wichtigste war, hatte sein Team zu defensiv und zu vorsichtig eingestellt. Sein Verhalten war in seiner Widersprüchlichkeit irgendwie seltsam. Einerseits signalisierten seine Entscheidungen eine Furcht vor der Spielweise der Italiener, andererseits dokumentierten sie zugleich einen gewissen Übermut im Stolz auf die eigene taktische Brillanz. Als der Schachzug mit Kroos nicht aufging, zeigte sich, dass ein Plan B nicht existierte.

»Wir waren zweimal in der Abwehr unaufmerksam«, sagte Löw lakonisch. Die Tore seien aus individuellen Fehlern entstanden, danach sei es eben schwer geworden, den Rückstand aufzuholen. Er würde wieder genauso aufstellen, denn Gomez und Podolski seien im Training »sehr gut drauf gewesen«, außerdem habe man mit den beiden die ersten drei Spiele gewonnen. Und Kroos? »Ich wollte die Zentrale mit Toni stärken und das Spiel der Italiener – sie haben da mit Pirlo und de Rossi starke Leute – etwas unterbinden.« Löw wirkte ernüchtert, behielt aber verbal die Offensive. Bis vor Kurzem war der schwungvolle Spielstil seines Teams in ganz Europa gelobt worden. Sollte das alles jetzt, nach einem einzigen verlorenen Spiel, nicht mehr gelten? »Wir sollten nicht den Fehler machen, jetzt alles zu hinterfragen«, meinte er, »ich werde jetzt nicht alles kritisieren.« Vielmehr wolle er in zwei Jahren einen neuen Anlauf nehmen. »Die Mannschaft hat unglaublich viel Qualität und ist noch jung, sie wird sich weiterentwickeln, sie wird erwachsener werden.«

Ermüdende Kritik

Die wohl bitterste Niederlage seiner bisherigen Trainerkarriere wirkte nach. Da war nicht nur die Enttäuschung, da waren auch die unangenehmen Nachfragen. Nach dem Rückflug wurde ihm noch auf dem Flughafen von Frankfurt von einem »Bild«-Reporter die Frage gestellt:

»Spielen Sie mit dem Gedanken, den Job des Bundestrainers hinzuwerfen?« Joachim Löw war etwas überrascht und wusste wohl nicht so recht, wie er antworten sollte. »Generell habe ich einen Vertrag«, sagte er dann. »Solche Dinge sind mir nicht durch den Kopf gegangen. Unser Weg war schon auch sehr, sehr gut. Aber jetzt muss man mal ein bisschen Abstand gewinnen, um zu sehen, was für neue Reize da sind.« Während sich Löw für mehrere Wochen aus der Öffentlichkeit zurückzog, karteten seine zahlreicher gewordenen Kritiker erbarmungslos nach. Es ging längst nicht mehr nur um den Vorwurf, dass er sich bei Aufstellung und Taktik gegen Italien verzockt hatte. Da war ja zum Beispiel auch der Fakt, dass er entgegen seiner Aussage, nur Spieler in absolut guter Verfassung aufstellen zu wollen, an dem erkennbar angeschlagenen Bastian Schweinsteiger festgehalten hatte. Auch die altbekannte Klage, dass der Mannschaft ein Leitwolf alter Prägung fehle, wurde wieder angestimmt, gefolgt von der nicht minder antiken These, dass es den rundum verwöhnten Spielern grundsätzlich an Willen und Leidenschaft fehle, an den klassischen deutschen Tugenden eben, ohne die man keinen Titel gewinnen könne. Den breitesten Raum nahm eine Behauptung ein, deren Neuigkeitswert ebenfalls bereits abgenutzt war. Die nämlich, dass sich etliche Spieler wohl zu wenig mit Deutschland identifizieren würden. Als Beleg dafür musste die Tatsache herhalten, dass vor allem die Spieler mit Migrationshintergrund beim Abspielen der Nationalhymne nicht mitsingen. Alle Vorwürfe kulminierten schließlich in der ganz großen Frage: Ist Löw überhaupt noch der richtige Bundestrainer? Kann man mit dem Mann, der regelmäßig kurz vor dem Ziel scheitert, jemals einen Titel gewinnen?

Erst vor dem Freundschaftsspiel gegen Argentinien Mitte August, 46 Tage nach dem Halbfinal-Aus, meldete sich Löw wieder zu Wort. Er lud die Medienvertreter in ein weißes Zelt vor dem Frankfurter Stadion ein und tat in einer etwa halbstündigen, offensichtlich gut vorbereiteten Rede seine Meinung kund. Ernst, entschlossen, angriffslustig und mit manchmal schneidend scharfer Stimme nahm er die Hymnen-, Leidenschafts- und Leitwolf-Kritiker aufs Korn. »Ich halte diese Kritik für nicht zielführend, und sie ermüdet mich auch. Ich bin es leid, darüber zu reden«, meinte er. »Sie glauben doch nicht, dass bei unseren Spielen viele Millionen Menschen zu Hause vor den Fernsehern sitzen und in den Public-Viewing-Zonen stehen, wenn wir keine Siegertypen hätten.« Und es sei doch »kein Beleg für die Qualität eines

Spielers und seine Unlust zu kämpfen, wenn er nicht mitsingt«. Bei ihm werde es auch künftig keine Hymnenpflicht geben. Zur Führungsspieler-Diskussion bemerkte er nur lapidar: »Viele Mannschaften mit ihren klassischen Führungsspielern sind bei der EM lange vor uns nach Hause gefahren.«

Die sportliche Kritik dagegen nehme er an, »mit allem Verständnis und mit aller Demut«. Dass er beim Halbfinale schwerwiegende Fehler gemacht hatte, wollte er freilich immer noch nicht ganz eingestehen. Der Vorwurf, er habe sich gegen Italien zu sehr nach dem Gegner gerichtet, stimme nicht: »Ich hatte einen klaren strategischen Plan und war zu 100 Prozent von ihm überzeugt. Ich war mir auch des Risikos bewusst, eine erfolgreiche Mannschaft zu wechseln. Im Nachhinein muss man sagen, dass es nicht geklappt hat.« Und, ja, irgendwie müsse man natürlich zugeben: »Wir haben nicht mit den eigenen Waffen gekämpft und unser eigenes Spiel durchgezogen.«

Mehr Selbstkritik war ihm nicht zu entlocken. Vehement verteidigte er seinen Weg. Es gebe keinen Grund, alles grundsätzlich neu zu bedenken. An seinem langfristig angelegten Konzept seien allenfalls »kleine Korrekturen« vorzunehmen. Insgesamt sei die Entwicklung positiv, wie ein Vergleich der EM zur WM 2010 zeige: mehr Torchancen, mehr Torabschlüsse, höhere Ballbesitzzeiten, weniger Torchancen für die Gegner. Einzig in der Chancenauswertung habe man nachgelassen. Es sei aber »immer noch ein kleiner Schritt von der Weltklasse zur Weltspitze«.

Ein Problemfeld freilich hatte er gar nicht erwähnt: die Stimmung in der Mannschaft. Bereits während des Turniers war getuschelt worden, dass es mit dem Teamgeist – trotz »Siegessäule« im Quartier »Olivenhof« und trotz Glücksarmbändchen – nicht zum allerbesten stand, nicht nur wegen der erwähnten »Maulwurf-Affäre«. Ende September ließ sich Bastian Schweinsteiger in einem Interview mit der »Süddeutschen Zeitung«, in dem es eigentlich um den FC Bayern ging, über atmosphärische Störungen bei der DFB-Auswahl aus. »Wir haben gerade einen wirklich guten Geist in der Mannschaft«, beschrieb er die aktuellen Münchner Verhältnisse, »das spürst du ja zum Beispiel, wenn ein Tor fällt: Springt da die komplette Bank auf? Bei uns springt sie auf, das ist vielleicht ein kleiner Unterschied zur Nationalmannschaft bei der EM. Da sind nicht immer alle gesprungen.« Auch in diesem Problemfeld würde der Bundestrainer also in Zukunft mindestens »kleine

Korrekturen« vornehmen müssen. Er würde Mittel ersinnen müssen, Hierarchiekämpfe möglichst schon im Ansatz zu unterbinden und zu verhindern, dass sich die Mannschaft in Grüppchen aufspaltet.

KAPITEL 13

Die Qualifikation ist nicht genug
oder: Ein Unentschieden als Stimmungskiller

Die Qualifikation zur WM 2014 begann im September mit einem 3:0-Pflichtsieg gegen die Färöer, es folgte ein mühevoller und letztlich glücklicher 2:1-Sieg gegen Österreich in Wien, der sofort wieder die Kritiker auf den Plan rief. Der »Kicker« titelte: »Ratlos. Hilflos. Führungslos«. Es sei ja schön, hieß es dann in dem für die Gepflogenheiten des Fachblattes ungewöhnlich scharf formulierten Artikel, wenn man im Fußball ein ästhetisches Ideal verfolge. »Aber es gehören auch die handwerklichen Elemente dazu. Und es ist fast peinlich, wenn Pressing oder frühes Stören als Stilmittel angekündigt, aber von den Österreichern praktiziert wird. Die jetzige, so verheißungsvolle deutsche Generation hat viel Vertrauen und Vorschuss bekommen, allmählich muss sie liefern.«

Am 12. Oktober gewann die deutsche Elf in Irland souverän mit 6:1, vier Tage später führte sie im Olympiastadion von Berlin die Schweden vor und lag bis zur 56. Minute mit 4:0 vorne. Da ein Spiel aber 90 Minuten dauert, lautete das Ergebnis schließlich ganz anders. Einer 60-minütigen Dominanz und Weltklasseleistung folgte nach Ibrahimovic' Anschlusstreffer ein unerklärlicher Einbruch. Deutschland kassierte noch weitere drei Treffer und lief am Ende sogar Gefahr, das Spiel noch zu verlieren. Wie schon gegen Italien sah Löw dem Geschehen hilflos und fingernägelkauend zu.

Und dann traf er ziemlich unkonventionelle Entscheidungen. Nach dem 4:2 wechselte er zwei Stürmer ein – Götze für Müller und Podolski für Reus –, statt die Defensive zu stärken und das Ergebnis zu verteidigen. Erst viel später wird er zugeben: »Vielleicht wäre es richtiger gewesen, zwei Abwehrspieler reinzustellen, um das 4:2 zu verteidigen.« Aber damals habe er eben die Gefahr nicht gesehen: »Im Nachhinein ist man immer klüger.« Jedenfalls verhinderten die Einwechslungen nicht, dass sich die deutschen Spieler fortan fast dümmer verhielten, als es das Spiel eigentlich erlaubt. Fast alle wirkten wie paralysiert, manche bewegten sich fast gar nicht mehr. Entsprechend fielen die Schlagzeilen aus: »Löw-Elf erst wie entfesselt, am Ende entzaubert«, »Erst Gala, dann Rumpel-Anfall«, »Mensch Jogi, war das dämlich«, »Siegst du noch? Oder verlierst du schon?«. Am knappsten fiel die Schlagzeile der »Süddeutschen Zeitung« aus: »Schön, doof«.

Joachim Löw selbst war nach dem historischen Ereignis entsetzt wie nie: »Ich befinde mich in Schockstarre«, sagte er kurz nach dem Abpfiff und berichtete, dass in der Kabine Totenstille herrsche. Auch seine weiteren Äußerungen dokumentierten Ratlosigkeit. »Dass wir uns so aus dem Rhythmus bringen lassen, hätte ich auch nicht für möglich gehalten. Wir haben alles vermissen lassen.« So etwas dürfe nie mehr passieren. »Wir müssen daraus lernen, dass man das Spiel auch konsequent zu Ende bringt, wenn man führt. Wenn wir konzentriert sind, können wir auf unglaublich hohem Niveau spielen. Aber nur dann. Wenn wir nachlassen, passieren eben solche Dinge. Es soll uns eine Lehre für alle Zeiten sein.«

Das Spieljahr endete Mitte November mit einem freundschaftlichen 0:0 gegen die Niederlande in Amsterdam. Das deutsche Team konnte also auch mal die Null halten. Die Erinnerungen an den Einbruch gegen Schweden und an Balotellis Triumphgeste nach seinem zweiten Treffer im EM-Halbfinale konnte der müde Kick freilich nicht vertreiben. In seinen nun schon traditionellen Interviews zum Jahreswechsel gab der Bundestrainer jetzt sogar zu, dass er nachts immer wieder von unliebsamen Bildern verfolgt wurde. »Das waren viele Abende, wo man im Bett liegt und aufwacht, so richtig hochschreckt, dann fallen einem einzelne Szenen ein, die kommen nach und nach bruchstückhaft aus dem Unterbewusstsein hoch.« Es sei fast schon ein »Horror«, die Partie im Traum immer wieder zu verlieren. Und endlich gestand er ein, dass er gegen Italien mit seinen Personalentscheidungen falsch gelegen hatte: »Mit dem Wissen von heute würde ich gegen Italien wahrscheinlich eine andere Aufstellung wählen.« In den ersten zwei, drei Monaten nach der EM habe ihm vielleicht etwas die Lockerheit im Umgang mit den Kritikern gefehlt. Auch das 4:4 gegen Schweden sei natürlich »nicht das Gelbe vom Ei« gewesen. »Meine Spieler strotzen vor Spielfreude, aber manchmal spielen sie sich in eine gewisse Euphorie hinein und vergessen dann, die gelbe Warnlampe einzuschalten«, meinte er. Eine Lampe, die sagt: »Wir müssen jetzt clever und sachlich weiterspielen. Wir müssen nicht immer glänzen.«

Löw sah seine Mannschaft für die WM 2014 in Brasilien dennoch »auf einem guten Weg«. 2012 sei »ein Jahr der Lehre« gewesen. »Nun gilt es für alle, die richtigen Schlüsse daraus zu ziehen.« Man habe gesehen, dass die Mannschaft Probleme bekommt, wenn der Gegner hoch steht oder während eines Spiels das System ändert. Daran müsse man arbeiten. Zudem müsse die Mannschaft lernen, auch nach einer Top-Performance nie nachzulassen, immer nachzusetzen. »Wir überlegen auch«, fügte er hinzu, »wie wir hinsichtlich der Körpersprache etwas ändern können, wenn es in einem Spiel eng wird.« Aber alle Rückschlage hätten ja auch etwas Positives: »Manchmal müssen Dinge richtig wehtun, damit man lernt.«

Das Jahr 2013 startete am 6. Februar mit einem 2:1 in einem Freundschaftsspiel gegen Frankreich in Paris, am 22. März wurde die WM-Qualifikation mit einem lockeren 3:0-Auswärtssieg in Kasachstan fortgesetzt. Auch die restlichen Pflichtspiele verliefen problemlos. Österreich wurde im Rückspiel locker mit 3:0 abgefertigt, im zehnten und letzten Qualifikationsspiel gab es am 15. Oktober in Schweden einen 5:3-Erfolg. Die deutsche Mannschaft hatte ihre Aufgabe souverän gelöst: neun Siege und nur ein Unentschieden, acht Punkte Vorsprung vor den zweitplatzierten Schweden bei einer Tordifferenz von +26. Wer wollte da noch immer an das 4:4 im Hinspiel denken? Nun ja, meinten ewige Nörgler: Beim Spiel in Solna hatte die Löw-Elf drei Treffer kassiert, hatte sogar mit 0:2 zurückgelegen – und Ibrahimovic hatte beim Gegner gar nicht mitgespielt. Und dann war da ja auch noch ein peinliches 3:4 Anfang Juni in Washington DC bei einem WM-Testspiel gegen die von Jürgen Klinsmann trainierte Auswahl der USA. Dieses Spiel sowie ein 3:3 Mitte August in Kaiserslautern gegen Paraguay ließen – wie das 4:4 gegen Schweden – erneut altbekannte Kritiken aufkommen: Löw lasse zu offensiv spielen, der Mannschaft fehle die Balance, ohne defensive Stabilität werde es nie was mit dem Weltmeistertitel. Wie auch immer man dazu stehen mochte: Zumindest leichte Zweifel am tatsächlichen Leistungsvermögen der Löw-Elf – zumal dann, wenn es gegen wirklich starke Gegner gehen sollte – schienen nach wie vor nicht unangebracht.

Strapazen-Prophylaxe und Wohngruppen

Die kleine Juni-Reise in die Vereinigten Staaten, die mit einem 4:2-Sieg gegen Ecuador noch ganz erfreulich begonnen hatte, war in gewisser Weise ein Ersatz für den wenig später in Brasilien stattfindenden Confed Cup. Für den waren die deutschen EM-Halbfinalverlierer ja nicht qualifiziert. Die brasilianischen Gastgeber beeindruckten mit starken Vorstellungen, vor allem mit einem deutlichen 3:0-Sieg im Finale gegen den amtierenden Europameister Spanien.

DFB-Chefscout Urs Siegenthaler hatte das Turnier natürlich genau beobachtet und analysiert. Er warnte: »Ich habe beim Confed Cup kaum Mannschaften gesehen, die Power-Fußball spielen konnten.« Nicht nur die Gegner, auch die besonderen Bedingungen im Gastgeberland würden die Europäer also vor große Herausforderungen stellen: »Wenn wir die falsche Gruppe erwischen und nach Manaus müssen und vielleicht noch um die Mittagszeit spielen«, meinte er in einem Interview mit der »SZ«, »dann kann man sich von dem Fußball, den wir normalerweise spielen, fast schon verabschieden.« Siegenthaler sah die südamerikanischen Teams bei den in vielen Spielorten zu erwartenden klimatischen Bedingungen – hohe Temperaturen, hohe Luftfeuchtigkeit – grundsätzlich im Vorteil: »Die Körper werden ausgelaugt sein durch die Spiele, und die zentrale Frage wird sein: Wie erhole ich mich? Da könnten Mannschaften einen Vorteil haben, die diese klimatischen Verhältnisse gewohnt sind.« Da die Spielorte in dem riesigen Land weit auseinanderlagen, werde man auch abrupte Klimawechsel und erhebliche Reisestrapazen zu bewältigen haben.

Nachdem das Länderspieljahr mit zwei Freundschaftsspielen im November – einem 1:1 in Mailand gegen Italien sowie einem 1:0-Erfolg in London gegen England – ausgeklungen war, kam es Anfang Dezember zur WM-Auslosung. Sie bescherte Deutschland in der Vorrundengruppe G die USA, Portugal und Ghana als Gegner. Die Spielorte der deutschen Mannschaft – Fortaleza, Recife und Salvador – lagen allesamt im Nordosten Brasiliens und damit in der tropischen Klimazone. Trotz brasilianischen Winters war dort während des Turniers ein sehr heißes und feuchtes Klima zu erwarten. Eine weitere Erschwernis brachten die frühen Anstoßzeiten, nämlich 13 Uhr und 16 Uhr (18 bzw. 21 Uhr in Mitteleuropa). Man musste sich also auf Temperaturen von über 30 Grad und eine schweißtreibende Luftfeuchtigkeit von über 80 Prozent einstellen sowie auf nicht unerhebliche Belastungen durch die langen Anreisen. Es werde eine »WM der Strapazen«, eine »WM des unbedingten Willens«, warnte Löw. Immerhin: Beim DFB war man auf die enormen Belastungen gut vorbereitet. Rund 40 Betreuer würden mitfahren und sich darum kümmern, dass sich die Spieler zwischen den Hitzespielen wirksam erholen. Ein Erfolgsgeheimnis würde die

Belastungssteuerung sein, also die richtige Balance zwischen Be- und Entlastung. Der Internist Tim Meyer, bereits seit 2001 in Diensten der Nationalelf, gab zu Protokoll, zur Regeneration unter anderem auf Eisbäder setzen zu wollen. Dann könne man, wie von Löw gewünscht, auch im Training noch Reize setzen.

Trotz der hervorragenden Betreuung schien sich der Bundestrainer im Vorfeld über diese extremen Bedingungen mehr Sorgen zu machen als über die Gegner. Ursprünglich hatte er ein im klimatisch angenehmeren Süden, in Itu unweit Sao Paulo, ein Quartier nehmen wollen. Aber nachdem er das Großstadtchaos erlebt hatte und zudem klar war, dass alle Gruppenspiele im Nordosten stattfinden würden, wurde umdisponiert. Gesucht wurde nun ein Standort mit ähnlichen klimatischen Bedingungen, der zudem die Reisestrapazen möglichst kleinhalten würde. Die Wahl fiel auf eine noch im Bau befindliche Anlage in Santo André an der Atlantikküste, einem Ort knapp 30 Kilometer nördlich des Badeorts Porto Seguro und des Flughafens der Stadt im brasilianischen Bundesstaat Bahia. Die noble Unterkunft namens »Campo Bahia« wurde von einem deutschen Immobilienkonsortium errichtet. »DFB-Quartiermeister« Oliver Bierhoff sah in dem dorfähnlichen Sportresort ein perfektes Basislager und versprach die pünktliche Fertigstellung – samt Trainingsplatz und Pressezentrum. Zwar war das Campo nur mit einer kleinen Fähre zu erreichen, doch es schien perfekt. Es war alles gegeben, was Löw wollte – und er wollte bei einem Mannschaftsquartier eigentlich immer das Gleiche, nämlich Ruhe, Regenerationsmöglichkeiten, einen guten, vom Publikum abgeschirmten Trainingsplatz sowie einen kurzen Anfahrtsweg zum Flughafen.

Außerdem hielt Campo Bahia noch einen besonderen Clou bereit: Erstmals in der DFB-Geschichte sollten die Spieler nicht getrennt in Zimmern, sondern in kleinen Wohngemeinschaften zusammenleben. Ziel war, damit den Zusammenhalt zu fördern, keine Konflikte zwischen den Spielern unterschiedlicher Vereine aufkommen zu lassen und vor allem auch die Spieler besser zu integrieren, die nicht zum Einsatz kommen würden. Konflikte wie bei der EM 2012 zwischen Bayern- und Dortmund-Spielern sowie zwischen Stammkräften und Ersatzspielern sollten im Keim erstickt werden. Joachim Löw bestimmte vier »Hausmeister« – Kapitän Lahm, Vize-Kapitän Bastian Schweinsteiger, Per Mertesacker und Miroslav Klose –, die möglichst bunt gemischte Wohngruppen zusammenstellen sollten.

Indes lief die sportliche Vorbereitung weiter. Am 5. März traf die DFB-Elf in Frankfurt auf Chile. Götze erzielte bereits in der 16. Minute das 1:0, danach lief praktisch gar nichts mehr. Die Chilenen spielten mit einer Abwehr-Dreierkette, standen hoch und stellten die Deutschen vor unlösbare Probleme. Sie waren in allen Belangen überlegen – außer beim Toreschießen. Das deutsche Spiel hingegen war geprägt von erschreckend vielen hilflosen Aktionen. Als Boateng einmal den Ball in höchster Not einfach wegdrosch, sprang Löw voller Wut auf und fuchtelte wild herum. So etwas wollte er nicht sehen. Aber war Boateng daran schuld, dass während der gesamten 90 Minuten die Grundstruktur im deutschen Spiel nicht stimmte und er deswegen nichts Produktives mit dem Ball anfangen konnte?

Es wurde ein höchst glücklicher 1:0-Sieg, über den sich niemand freuen konnte, da er den Spielverlauf in keiner Weise widerspiegelte. »Wir waren nicht in der Lage, Dominanz auszustrahlen«, gab Löw hernach zu. Überrascht hätten ihn die Chilenen freilich nicht, meinte er. Aber warum war dann im Spiel seiner Mannschaft keinerlei Plan erkennbar gewesen? Und warum war er nicht in der Lage gewesen, während des Spiels etwas zu ändern? Das Urteil der »FAZ« fiel hart aus: »Weil ihm ein Plan B fehlt, tritt die DFB-Elf seit zwei Jahren auf der Stelle.«

Sehnsucht nach dem Titel

In einer groß angelegten Befragung durch Prominente, die im Januar 2014 im »SZ-Magazin« publiziert wurde, wurde der Bundestrainer vom TV-Moderator Frank Plasberg mit einer schlau formulierten Frage konfrontiert: »Werden Titel im Fußball überschätzt?« Löw antwortete ungewohnt deutlich: »Nein. Titel sind das Wichtigste, für einen Trainer wie für die Fans. Nur Titel verschaffen vollkommene Zufriedenheit.« Aber Löw wäre wohl nicht Löw, wenn er dann nicht noch eine Einschränkung hinterhergeschoben hätte. »Für mich als Trainer gibt es aber auch jenseits von Pokalen eine große Befriedigung: Wenn ich das Gefühl habe, dass die Elf oder auch einzelne Spieler besser geworden sind. 2004 war Deutschland weit weg von den besten Mannschaften der Welt, die Nationalelf lag am Boden. Damals haben wir gesagt: Wir müssen unseren Spielstil umstellen, wir müssen die anderen auch mal fußballerisch, nicht nur kämpferisch vor Probleme stellen. Inzwischen gehören auch Kreativität, Technik und Spielwitz zu den deutschen Tugenden, und das gibt mir schon ein gutes Gefühl.«

Anfang Mai gab der Bundestrainer ein großes Interview im »Stern«. Vom Interviewer Arno Luik mit der Aussage konfrontiert, dass das deutsche Fußballvolk von ihm den WM-Titel fordere, antwortete er: »Ich weiß, dass diese Sehnsucht nach dem Titel da ist. Natürlich möchte ich diese Sehnsucht befriedigen. Wir sind alle ehrgeizig. Wir haben Chancen, den Titel zu holen. Aber auch andere Mannschaften haben ähnlich große Chancen wie wir, doch das will keiner hören.« Als »Muss« wollte er den Titel-Gewinn nach wie vor nicht ausrufen. Er wäre natürlich schon »die Krönung«, sein Seelenheil aber hänge davon nicht ab. In seinem Leben würden ganz andere Dinge zählen: Familie, Freundschaften, Werte. Und ganz grundsätzlich klebe er sowieso nicht an seinem Stuhl bis zum Gehtnichtmehr.

Der Erwartungsdruck sei eben ein elementarer Bestandteil seines Jobs, konstatierte Löw. »Als Trainer stehst du an der Wand. Nach Siegen wirst du als Messias gefeiert, als Heilsbringer fürs ganze Volk. Wenn du ein Spiel verlierst, bist du der Staatsfeind Nr. 1.« Es sei aber natürlich keine Frage, dass er am 13. Juli um 21 Uhr mitteleuropäischer Zeit, dem Tag des Endspiels um die Fußball-Weltmeisterschaft, am Spielfeldrand des Maracanã-Stadions in Rio de Janeiro stehen wolle. Und vielleicht träfe man dort ja auf Italien. »Bei einer WM haben wir noch nie gegen Italien gewonnen. Doch irgendwann kommt der Tag, an dem wir sie auch mal schlagen, da bin ich mir hundertprozentig sicher. Und im Finale wäre es natürlich am schönsten.«

Vorbereitung mit vielen Irritationen

Je näher die WM rückte, desto mehr wurde natürlich darüber spekuliert, wie der Kader aussehen könnte. Das Lazarett der Nationalmannschaft war besorgniserregend groß. Prinzipiell hatte man eine tolle Mannschaft beisammen. Aber viele von denen, die zu den tragenden Säulen zählten, waren nach Verletzungen weit entfernt von ihrer Topform: Klose, Khedira, Gomez, Schweinsteiger. Bei Gündogan bestand keine Chance, dass er noch rechtzeitig fit werden würde. Trotz der schwierigen Lage traf der Bundestrainer bei der Benennung seines vorläufigen, 30-köpfigen WM-Aufgebotes einige nicht zwingend nachvollziehbare Entscheidungen. So traute er es Mario Gomez explizit nicht zu, noch rechtzeitig fit zu werden. »Er war jetzt sieben Monate verletzt, hat seit September nur 280 Minuten gespielt. Von daher war ich der Meinung, dass er nicht in der Lage ist, bei den Bedingungen in Brasilien auch körperlich zu bestehen.« Vertrauen hatte er hingegen in Sami Khedira, obwohl der nach seinem Kreuzbandriss noch kaum Spielpraxis bei Real Madrid hatte sammeln können. »Seine Perspektive sehen wir sehr positiv, das hat Sami seinem Willen, seiner Disziplin und Zielstrebigkeit zu verdanken. Er gehört zu den Spielern, die eine große Bedeutung für das Team haben, auf und neben dem Platz. Natürlich haben wir die Hoffnung, dass wir ihn noch an die höchsten Belastungen, die eine WM mit sich bringt, heranführen können.« Khedira würde allerdings den ersten Teil des DFB-Trainingslagers nicht mitmachen können, da er mit Real im Finale der Champions League stand. Khedira, betonte Löw, habe einen »Mehrwert« fürs Team auch ohne hundertprozentige Fitness: »Fitness ist wahnsinnig wichtig in Brasilien, aber auch Charisma, Erfahrung und Selbstbewusstsein sind Attribute, die bei einem internationalen Großereignis zählen. Die besitzt Sami.«

Dass er von den gesunden Kandidaten den Leverkusener Stoßstürmer Stefan Kießling nicht berücksichtigen würde, war zu erwarten, denn schließlich hatte er den schon seit 2010 nicht mehr ins Kalkül gezogen. Überraschender war da schon die Nichtnominierung des Gladbachers Max Kruse, der 2013 immerhin sechsmal zum Einsatz gekommen und von Löw als schlauer und raffinierter Spieler mit guten Laufwegen und sehr gutem Abschluss gelobt worden war. Man habe, meinte er nun, genügend Spielertypen in der Mannschaft, wie etwa Müller, Reus oder Götze, die auf Kruses Position spielen können. Vorläufig nominiert waren hingegen der Augsburger Außenbahnspieler André Hahn und der weithin unbekannte Verteidiger Skhodran Mustafi von Sampdoria Genua. Vier weitere junge Neulinge – Erik Durm, Kevin Volland, Leon Goretzka und Max Meyer – stellte er mit den Worten vor : »Die Tür zur Nationalmannschaft ist immer auch ein Stück geöffnet. Diese vier Spieler hatten wir über die U-Nationalmannschaften und in der Bundesliga im Blick, sie haben sich die Chance verdient, sich in unserem Kreis zu präsentieren.«

Wie vor der EM 2012 traf sich ein Großteil der nominellen A-Nationalspieler beim DFB-Pokalfinale zwischen dem FC Bayern und Borussia Dortmund auf dem Rasen des Berliner Olympiastadions. Für das auf den 13. Mai terminierte Länderspiel in Hamburg gegen Polen nominierte Löw daher notgedrungen noch weitere Neulinge wie den Stuttgarter Antonio Rüdiger oder den Freiburger Oliver Sorg. Die Nachwuchsspieler zeigten sich recht brav, das Spiel endete 0:0 und warf keinerlei Erkenntnisse ab. Nach dem Länderspiel strich der Bundestrainer neben den Schalkern Meyer und Goretzka auch den Augsburger Hahn und den Hamburger Jansen aus dem Aufgebot. Neu hinzu kam der Mittelfeldspieler Christoph Kramer von Borussia Mönchengladbach. Mit einem 27-köpfigen Aufgebot ging es schließlich am 21. Mai ins Trainingslager nach Südtirol. Dort sollte die taktische Feinabstimmung für die WM vorgenommen werden. Das Trainerteam hatte sich dazu etwas Spezielles einfallen lassen, nämlich drei Testspiele gegen die deutsche U20-Nationalelf, die laut Trainer Frank Wormuth »verhaltenstaktische Dinge von potenziellen Gegnern« simulieren sollte.

Die Bedingungen waren alles andere als ideal. Das Wetter war schlecht, viele Spieler – Lahm, Schweinsteiger, Khedira – schienen weit entfernt von einer WM-Form und mussten individuell aufgepäppelt werden, für Torwart Manuel Neuer fiel das Training ganz aus, denn er musste wegen seiner im Pokalfinale erlittenen Schulterverletzung im Teamhotel behandelt werden. Eine Aufmunterung, wie sie der Skirennläufer Hermann Maier bei einem Vortrag vor der Mannschaft gab, war da sehr willkommen. Maier erzählte nämlich, dass er sich vor seinen Rennen selten in einem optimalen Zustand befunden habe. Es sei eine Herausforderung für ihn gewesen, unter eher schlechten Voraussetzungen optimale Leistungen abzurufen. Dem Leverkusener Lars Bender, der sich bei einer Trainingseinheit eine Muskel-Sehnen-Verletzung im rechten Oberschenkel zuzog, nutzten solche Erkenntnisse nichts mehr; er fiel für die WM aus.

Negative Presse gab es wegen einer Affäre um Kevin Großkreutz. Der Dortmunder hatte aus Frust nach dem verlorenen DFB-Pokalfinale in einem Berliner Hotel gepöbelt und schließlich in die Lobby gepinkelt. Der BVB hatte ihm daraufhin eine Geldstrafe aufgebrummt, beim DFB wollte man die Sache möglichst tief hängen. »Oliver Bierhoff und ich haben ein ernstes Gespräch mit Kevin geführt«, sagte Löw. »Nationalspieler sind in ganz besonderem Maße Vorbilder, auch neben dem Platz. Daran haben wir ihn erinnert und ihm klargemacht, dass so etwas nicht wieder vorkommen darf.« Aber man dürfe den Spieler, zumal er sich bereits entschuldigt habe, jetzt nicht total verurteilen. Er sei eben noch jung und sehr impulsiv.

Der Aufenthalt in Südtirol schien irgendwie verhext, denn zu allem kam noch ein schwerer Verkehrsunfall. Der Formel-1-Pilot Nico Rosberg und der DTM-Fahrer Pascal Wehrlein besuchten das Trainingslager der deutschen Nationalmannschaft und gingen im Rahmen eines Werbedrehs des Generalsponsors Mercedes-Benz, in dem die neuen PS-starken AMG-Sportwagen der C-Klasse vorgestellt werden sollten, mit den Fußballern Benedikt Höwedes und Julian Draxler auf eine abgesperrte Strecke. Rosberg/Höwedes fuhren vorne, Wehrlein/Draxler folgten dichtauf. Rosberg, so wurde hinterher erklärt, sei von einer Frau, die plötzlich auf der Strecke aufgetaucht sei, irritiert worden und habe daraufhin stark abgebremst. Der hinterherfahrende Wehrlein musste ausweichen und erfasste dabei einen Streckenposten und einen 63-jährigen deutschen Urlauber. Beide wurden mit schweren Verletzungen ins Krankenhaus gebracht.

Die Marketingaktion stand unter dem Motto »Fußballstar trifft Rennfahrer«. Sie war durch den Unfall, wie Teammanager Bierhoff später eingestehen musste, »natürlich zu einem Desaster geworden«. Zum Unglück gesellte sich auch noch ein unangenehmes Nebengeräusch: Erst kurz zuvor war bekannt geworden, dass der Bundestrainer wegen wiederholter Tempoüberschreitungen seine Fahrerlaubnis für ein halbes Jahr hatte abgeben müssen. »Wir werden mit unserem Generalsponsor sprechen, dass man Jogi nur noch Autos gibt, die tempolimitiert sind«, hatte Bierhoff zunächst noch gescherzt. Löw selbst gab sich schuldbewusst und gelobte Besserung. Und so schlimm sei er nun auch wieder nicht, meinte er etwas kleinlaut. Er sei ja nur nachts bei freier Autobahn schnell gefahren. »Ich bin keiner, der andere gefährden will.«

Der Aufenthalt im Passeiertal endete am 31. Mai mit der Anreise zum Länderspiel in Mönchengladbach gegen Kamerun. Es wurde ein schon ernsthafterer Probelauf, denn bis auf den weiterhin an seiner im Pokalfinale erlittenen Schulterverletzung laborierenden Manuel Neuer – für ihn stand Roman Weidenfeller im Kasten – waren endlich fast alle Stammspieler an Bord. In dem von Kamerun recht bissig geführten Spiel, das 2:2 endete, ließen Jogis Jungs zwar phasenweise bei einigen flotten Spielzügen ihr Können aufblitzen, am eher ernüchternden Gesamteindruck änderte das jedoch nicht viel.

Auch der Bundestrainer selbst schien weit von seiner Bestform entfernt. Denn vor dem Spiel hatte er mit einigermaßen seltsamen Aussagen für Verwirrung gesorgt. Er hatte Schweinsteiger und Schmelzer als voll einsatzfähig bezeichnet, obwohl sie das nicht waren und beim Spiel gegen Kamerun nicht einmal auf dem Spielberichtsbogen erschienen. Und er hatte gesagt, dass er seinen Torwarttrainer zum Feinschliff mit

Manuel Neuer fürs Armenien-Spiel nach München abkommandiert habe; dabei war Köpke nicht in München und Neuer gar nicht fähig, ein Torwarttraining zu absolvieren.

Am Tag nach dem Spiel strich Löw die Spieler Mustafi und Volland sowie überraschend auch Marcel Schmelzer aus dem vorläufigen Kader. Offensichtlich gab er Erik Durm, der sich in Dortmund nach dem verletzungsbedingten Ausfall von Schmelzer als Linksverteidiger bewährt hatte, den Vorzug. In Volland sah er wohl noch keine vollwertige Alternative, obwohl er mit dessen Nichtnominierung nun mit nur einem echten – und zudem immer noch nicht ganz fitten – Stürmer das Abenteuer Brasilien angehen musste: Miroslav Klose.

Am 6. Juni, kurz vor dem Abflug nach Brasilien, fand in Mainz der letzte Test gegen Armenien statt. Der gestaltete sich zunächst ziemlich zäh, am Ende aber gab es gegen den drittklassigen Gegner immerhin ein standesgemäßes 6:1. Es war eines jener Spiele, die man rasch wieder vergisst – hätte es nicht kurz vor dem Halbzeitpfiff einen riesigen Schock gegeben: Marco Reus, seit Wochen in Hochform, war bei einem Zweikampf mit dem linken Fuß unglücklich umgeknickt und hatte anschließend den Platz verlassen müssen. Die Diagnose bedeutete das WM-Aus für den Hoffnungsträger: Teilriss der Syndesmose am Sprunggelenk. »In unseren Überlegungen für Brasilien hat er eine zentrale Rolle gespielt«, sagte der erschütterte Bundestrainer. Als Ersatzmann nominierte er den eigentlich bereits aussortierten Innenverteidiger Shkodran Mustafi. Den darüber erstaunten Journalisten erklärte Löw: »Es ging uns nicht darum, Marco Reus eins zu eins zu ersetzen.« Die Qualität der Nationalmannschaft auf der Position hinter den Spitzen sei sehr hoch, er ziehe es daher vor, lieber eine weitere Option für die Abwehr zu haben.

Sechser Lahm und falsche Neun

Folgende Spieler stiegen in den Flieger nach Brasilien: Die Torleute Manuel Neuer, Roman Weidenfeller und Ron-Robert Zieler; die Abwehrspieler Jérôme Boateng, Philipp Lahm, Erik Durm, Kevin Großkreutz, Mats Hummels, Matthias Ginter, Benedikt Höwedes, Per Mertesacker und Shkodran Mustafi; die Mittelfeld-Akteure Julian Draxler, Mario Götze, Toni Kroos, Thomas Müller, Bastian Schweinsteiger, Christoph Kramer, Sami Khedira, Mesut Özil, Lukas Podolski und André Schürrle; und schließlich der nominell einzige und somit einsame Angreifer Miroslav Klose. Ein Glücksarmband wie zwei Jahre zuvor hatte diesmal keiner angelegt. Die Armbänder mit Zitronenduft, die DFB-Arzt Tim Meyer vor dem Abflug ausgeteilt hatte, sollten vielmehr die im WM-Quartier zu erwartenden Moskitos fernhalten.

»Die Mannschaft ist mit Beifall verabschiedet worden, es tut gut, dieses positive Gefühl mitzunehmen in den Flieger«, meinte Löw zum Abschied. Einen gut gelaunten Eindruck machte der Bundestrainer jedoch nicht. Die ganzen Wochen vor der Abreise hatte er nachdenklich gewirkt, sehr angespannt, sehr ernst, ab und an seltsam unkonzentriert. Löw wirke so, analysierte der »Kicker«, als ob er die Weltmeisterschaft »mehr als Last denn als Herausforderung« empfinde. Andere sahen ihn gar auf dem Weg in sein letztes Gefecht. Kritiker hatten ihm über Wochen heftig Gegenwind gegeben, das Vertrauen der Fans in die Mannschaft war so gering wie wohl nie zuvor in Löws Amtszeit, da mochte Philipp Lahm noch so oft betonen, dass kein Team besser sei als das deutsche. Dass die Erwartungen trotz aller Zweifel hoch waren, dass alles andere als ein WM-Titel fast schon als Misserfolg gewertet werden musste – Löw mochte das alles nicht mehr hören. »Nur der Weltmeister geht glückselig nach Hause«, hatte er in einem Interview für das WM-Sonderheft des »Kicker« geäußert, das war ja klar. Mit der großen Erwartungshaltung der deutschen Fans aber konnte er trotzdem nichts anfangen. In einem pünktlich zu WM-Beginn veröffentlichten »Spiegel«-Interview meinte er: »Die öffentliche Wahrnehmung ist: Wir sind wieder reif für einen Titel. Wir sind wieder dran.« Solche Aussagen nervten ihn inzwischen kolossal. Denn: »Was soll das bedeuten: Wir sind dran?« Er hatte keine Lust mehr, auf die überbordenden Erwartungen und all die Diskussionen einzugehen, die geführt wurden, über seine Auswahl, seine taktischen Grundideen und so weiter. Er werde all diese Dinge nicht im Koffer mit nach Brasilien nehmen, meinte er sarkastisch, sonst müsse er ja noch Übergepäck bezahlen.

Aber die Medien benötigten nach all dem Vorlauf gar keine weiteren Bundestrainer-Originalbeiträge mehr, um die Diskussionen am Köcheln zu halten. Die Verletzungs- und Formprobleme waren noch das weniger Dramatische. Dafür konnte ja Löw nichts. Aber wenn er in den Vorbereitungstests auf einen Spieler wie Özil setzte, der seit Wochen seiner Form hinterherlief, dann warf das natürlich Fragen auf. Am heftigsten kritisiert, ja geradezu mit Entsetzen quittiert wurde seine

Entscheidung, mit Klose nur einen einzigen echten Zentrumsstürmer mit nach Brasilien zu nehmen. Möglichkeiten hätte es ja mit Kießling, Kruse, Gomez, Volland oder Lasogga gegeben.

Aber Löws Ideal lautete ohnehin, nicht mit einem »echten« Stürmer, sondern mit einer »falschen Neun« anzutreten, also mit wechselnden Offensivspielern in der Sturmmitte. »Der Weltfußball auf höchstem Niveau hat sich entscheidend weiterentwickelt, und nur der, der diese Entwicklung erkennt und ihr begegnet, hat eine Chance«, begründete Löw seinen Entschluss, sich vom klassischen Mittelstürmer zu verabschieden. Im vorderen Bereich könnten vor allem kleine, wendige Spieler den Unterschied ausmachen: »Viele Defensivreihen sind mittlerweile wie ein Bollwerk zusammengestellt, mit großen, körperlich starken Spielern. Um dieses Bollwerk zu durchbrechen, ist es gut, wenn man kleine, flexible, wendige Spieler hat, mit besonderen technischen Fähigkeiten, gutem Orientierungsvermögen auf dem Platz, gutem Reaktionsvermögen.« Hohe Bälle in den Strafraum würden nicht viel bringen, man müsse es spielerisch versuchen, eben mit einer falschen Neun. Zudem sei Klose nun wirklich nicht der einzige Spieler in seinem Team mit Stürmerqualitäten, auch Götze, Özil, Schürrle, Müller und Podolski könnten im Wechsel ganz vorne reingehen. Die bisherigen Experimente ohne gelernten Zentrumsangreifer, bemerkte allerdings das Fachblatt »Kicker«, würden nicht den Schluss zulassen, »dass mit diesem Modell bei der WM viel zu holen ist«.

Löw musste erst noch beweisen, ob in der »falschen Neun« die Zukunft des Weltfußballs liegt. Und einen tauglichen Kandidaten für diese Rolle finden. War der flinke und wendige Mario Götze besser geeignet oder der laufstarke Raumdeuter und Instinktfußballer Thomas Müller? Aber war die Sache mit dem falschen Spiel im Sturm überhaupt richtig verstanden, wenn man die Positionen personenbezogen diskutierte? Lag nicht gerade in der Flexibilität das Geheimnis? So dass etwa auch Özil, wenn er als »falsche Zehn« hinter der Spitze eingesetzt wird, bei einer entsprechenden Spielsituation zu einer »falschen Neun« mutieren kann?

Kaum weniger intensiv als die Sturmdiskussion wurde die Defensivdiskussion geführt. Die Frage nach den Innenverteidigern war da noch die einfachste. Per Mertesacker, von Löw als ein wesentlicher Führungsspieler herausgestellt, galt als gesetzt. Den zweiten Mann würden Boateng oder Hummels geben, über beide gab es keine großen Zweifel. Auf der »Doppelsechs« galten Khedira und Schweinsteiger als gesetzt. Beide waren freilich vor dem Turnier nicht richtig fit. Insofern wäre die Entscheidung, zunächst nur einen von beiden spielen zu lassen, nachvollziehbar. Somit dürfte Lahm auf seiner Lieblingsposition spielen, die er ja bei den Bayern in der zurückliegenden Saison regelmäßig ausgefüllt hatte. Wer aber sollte dann hinten rechts verteidigen? Man konnte verstehen, wenn Löw klagte, dass er Lahm »am liebsten klonen« würde. Der Schalker Höwedes, der auf dieser Position schon oft ausgeholfen hatte? Hinten links schien alles auf Erik Durm hinauszulaufen, nachdem sein Vereinskollege Marcel Schmelzer hatte zu Hause bleiben müssen. Klar blieb in jedem Fall, dass die Mannschaft nach wie vor die Neigung hatte, zu viele Gegentore zu kassieren, und in der Defensive stabiler werden musste.

Auch für den zentralen Defensivbereich forderte Löw erhöhte Flexibilität, wie er in einem »Spiegel«-Interview erläuterte: »Ich möchte im Zentrum nicht den Abräumer, der nur defensive Aufgaben erfüllt und sonst nicht am Spiel teilnimmt. Ich möchte variable Spieler, die mal die Positionen tauschen können, auch mal mit in die Spitze gehen, die ballsicher sind, handlungsschnell. Sami Khedira ist auch im Offensivbereich ein technisch hochbegabter Spieler, mit seiner Dynamik. Und in der Balleroberung ist er ebenfalls gut.«

Neben allem Bemühen, die Optionsbreite und Flexibilität im deutschen Spiel zu erhöhen und verbessern, durfte man natürlich das bereits Gelernte nicht vergessen.

In seinen Analysen war das DFB-Trainerteam nämlich zu dem Ergebnis gekommen, dass das Tempo im Umschaltspiel, das bei der WM in Südafrika so gut funktioniert hatte, zuletzt etwas verloren gegangen war. »Gutes Umschalten mit dem Ziel, in wenigen Sekunden im gegnerischen Strafraum zu sein. Das haben wir in den letzten Monaten nicht mehr so geschafft.« Gerade in Brasilien sei das wieder wichtig. Bei den dort herrschenden extremen klimatischen Bedingungen könne man nicht über 90 Minuten ein Ballbesitzspiel betreiben. Gegen gut organisierte Mannschaften müsse man vorn im letzten Drittel des Spielfelds extrem viele Wege gehen, um eine Torchance herauszuspielen. Man könne dann auch bei Ballverlust nicht immer gleich vorne attackieren. Man müsse sich also immer wieder mal zurückfallen lassen und versuchen, den Gegner herauszulocken, um sich so Gelegenheiten für Konter zu schaffen.

Der Öffentlichkeit blieb bis zum letzten Moment verborgen, welche Elf Löw zum Auftakt in Brasilien präsentieren und welche taktische Marschrichtung er verfolgen würde. Wie auch immer er spielen lassen würde – der im Grunde paradoxen Erwartungshaltung würde er nicht entkommen: Obwohl ihm trotz souveräner Qualifikation kaum jemand den Titel zutraute, würde ihm alles andere als ein Titelgewinn als enttäuschendes Scheitern angekreidet.

KAPITEL 14

Triumph im Maracanã
oder: Die Sehnsucht endlich erfüllt

Vor der WM hätte die Frage, was Miroslav Klose, Toni Kroos, Roman Weidenfeller, André Schürrle, Mario Götze und Shkodran Mustafi gemeinsam haben, jeden Fan ratlos gemacht. Nach der WM wusste man, dass es sich dabei um eine der vier Spieler-WGs im Campo Bahia handelte. Die interessanteste war wohl die um »Hausmeister« Bastian Schweinsteiger. Denn dort mussten jeweils zwei Spieler aus verfeindeten Vereinen – zwei Bayern (eben Schweinsteiger und Manuel Neuer), zwei Dortmunder (Kevin Großkreutz und Matthias Ginter) sowie zwei Schalker (Julian Draxler und Benedikt Höwedes) sich bemühen, ein gedeihliches Zusammenleben zustande zu bringen. Es klappte in dieser wie auch in den anderen WGs offensichtlich ganz gut. Das Trainerteam jedenfalls zeigte sich begeistert, wie die Maßnahme der WG-Bildung im Sinne des Teambuildings fruchtete. Durch die bunte Zusammensetzung der Gruppen waren alle sonst üblichen Fraktionierungen auf genial einfache Weise unterlaufen. In vielen spontanen Gesprächen in kleinen Gruppen wuchs der Zusammenhalt. »Wir reden sehr viel miteinander, auf und neben dem Platz«, frohlockte Hansi Flick. »Das Team coacht sich selbst.«

Natürlich gab es wie üblich zur allgemeinen Ermahnung eine klassische Grundsatzerklärung des Bundestrainers. Er habe »keine Stammspieler« berufen, verkündete er, sondern »WM-Teilnehmer, 23, die alle jederzeit in Alarmbereitschaft sein müssen«. Auch diese Erklärung folgte erkennbar der Absicht, die Kluft zwischen Spielfeld und Bank zu überbrücken. Großen Wert legte das Trainerteam zudem darauf, dass bestimmte Verhaltensregeln im Umgang mit den Medien eingehalten wurden. Es galt, Vorkommnisse wie bei der EM 2012 zu verhindern, als die deutsche Aufstellung, offensichtlich von einem Maulwurf durchgesteckt, bereits vor dem Anpfiff der Spiele in der »Bild-Zeitung« zu lesen war. Im Campo Bahia musste jeder Spieler sein Privathandy abgeben und bekam ein DFB-Telefon überreicht. Für den Umgang mit Facebook und Twitter erhielten die Spieler genaue Vorgaben, was gepostet werden durfte und was nicht.

Neben dem Training gab es natürlich viele Möglichkeiten, mal abzuspannen. Ein beliebtes Motiv der Fotografen war der über den Strand joggende Bundestrainer, die meisten Spieler lungerten lieber am Pool herum. Ab und an durfte gefaulenzt werden, aber natürlich waren auch viele Freizeitveranstaltungen darauf ausgerichtet, einen Teil zum großen Ziel beizutragen. Am 10. Juni etwa machte der Extremsegler Mike Horn direkt vor dem Campo Station. Erst hielt er eine Motivationsrede über wahren Teamgeist und echten Siegeswillen, die alle Spieler schwer beeindruckte. Dann ging es in die Schlauchboote und rauf auf sein 35-Meter-Schiff, wo die Fußballer die drei riesengroßen Segel setzten, je zwei gemeinsam an einer Kurbel. Als sie aufgezogen waren, erschien darauf das deutsche (Mercedes-)WM-Motto: »Bereit wie nie«.

In ihrer Vorrundengruppe G galt die deutsche Mannschaft als klarer Favorit. Nicht einfach, aber durchaus machbar, lautete das einhellige Urteil der Experten. Unbequem und unberechenbar war Ghana. Joachim Löw schätzte das Team, in dem der Schalker Kevin-Prince Boateng eine Hauptrolle spielte, als stärkstes des afrikanischen Kontinents ein. Die vom ehemaligen Bundestrainer Jürgen Klinsmann trainierten Amerikaner würden sicher wie immer mit Athletik und Kampfkraft aufwarten. Das pikante Aufeinandertreffen mit dem Team seines ehemaligen Chefs hätte Löw natürlich gerne vermieden. »Aber egal, wie es ausgeht«, meinte er, »an unserer Freundschaft wird das nichts ändern.«

Zum deutschen WM-Start am 16. Juni ging es aber erst einmal gegen Portugal. Die Portugiesen stellten ein routiniertes, technisch versiertes Team und waren natürlich vor allem durch Cristiano Ronaldo, dem aktuellen Weltfußballer, immer gefährlich. Es war klar: Für den weiteren Verlauf des Turniers würde es eminent wichtig sein, gegen Ronaldo & Co. einen guten Start hinzulegen.

Die Vorrunde: Erst toll, dann ratlos, schließlich cool

Zum WM-Auftakt in Salvador da Bahia trat eine typische Löw-Elf an, also eine Elf mit personellen und taktischen Besonderheiten. In der Sturmspitze brachte er nicht Klose, sondern Müller als »falsche Neun«. Das konnte man noch erwarten. Überraschend war jedoch, dass links vorne weder Podolski noch Schürrle, sondern Götze stürmte. Auf der DoppelSechs lief Khedira neben Lahm auf. Schweinsteiger wies noch nicht die entsprechende Fitness auf, es war daher nachvollziehbar, dass er erst mal draußen blieb. Löw setzte offensichtlich fest auf Lahm und plante ein Jobsharing der beiden nicht komplett fitten »gelernten Sechser« Khedira und Schweinsteiger. Für das defensive Zentrum vertraute er auf das Duo Mertesacker/Hummels. Die beim BVB als Außenverteidiger bewährten Erik Durm und Kevin Großkreutz saßen auf der Bank, stattdessen liefen Boateng (rechts) und Höwedes (links) auf, so dass die gesamte hintere Viererkette aus gelernten Innenverteidigern bestand.

Es wurde ein ganz lockeres Spiel. Bereits in der 12. Minute zeigte der Schiedsrichter nach einem Foul von Pereira an Götze auf den Punkt. Müller verwandelte sicher unten links zum 1:0. Das war der Dosenöffner. Das 2:0 erzielte Hummels per Kopf nach einer Ecke von Kroos, und kein Berichterstatter versäumte es, darauf hinzuweisen, dass Löw bei diesem Turnier – nicht zuletzt auf Drängen seines Assistenten Hansi Flick – endlich auch die bisher geringgeschätzten Standards trainiert habe. Kurz vor dem Halbzeitpfiff erhöhte Müller mit einem Flachschuss aus elf Metern auf 3:0. Dies war schon die Entscheidung, denn die mutlos gewordenen Portugiesen mühten sich zwar, kamen aber kaum einmal gefährlich vor das deutsche Tor. Auch Cristiano Ronaldo blieb nahezu wirkungslos, Boateng gelang es, ihn weitgehend aus dem Spiel zu nehmen. Müllers Abstauber zum 4:0 in der 78. Minute rundete das Ergebnis noch ab.

Löw konnte zufrieden sein. Alle seine Maßnahmen, die im Vorfeld so kritisch beäugt worden waren, waren aufgegangen. Der Schachzug mit Götze in der Startelf war goldrichtig: Er holte den Elfmeter raus, den Müller verwandelte. Und Müller war der Knüller, wie die »Bild« schlagzeilte. Die ganze Diskussion um die »falsche Neun« schien mit einem Schlag erledigt. Dem ARD-Experten Mehmet Scholl war sie eh schon lange auf die Nerven gegangen. »Thomas Müller ist keine falsche Neun, sondern die wilde 13!«, erledigte er mit einem Satz das Gerede von gestern. »Er ist genial, torgefährlich, unorthodox, Weltklasse!« Um so einen Spieler, der sein Treffer-Konto bei WM-Turnieren nun schon auf acht erhöht hatte, werde Deutschland von der ganzen Welt beneidet. »Thomas hat es sehr gut vorne gemacht«, kommentierte auch Löw stolz und zufrieden. »Die Mannschaft war unheimlich kompakt, und wir haben kaum Konterchancen zugelassen. Wir haben schnell nach vorne gespielt. In der zweiten Halbzeit war es dann ein anderes Spiel, da ging es um das Ballhalten und darum, schnell zu kontern.«

Mit mutiger Taktik alle Skeptiker widerlegt – Löw hatte allen Grund, zu schmunzeln. Die passende WM-Formation schien gefunden, und so brachte er in Fortaleza gegen Ghana dieselbe Startelf. Doch es wurde ein ganz anderes Spiel. Es gab kaum Tempo und viele Querpässe, statt Dynamik und Aggressivität herrschten Trägheit und Laschheit. Vom zentralen Mittelfeldtrio mit Lahm, Khedira und Kroos gingen kaum Impulse aus. Ghana geriet nie wirklich unter Druck und hatte keine Mühe, sich immer wieder in der Abwehr zu formieren. Und die Afrikaner tauchten selbst immer wieder gefährlich vor Manuel Neuer auf. Sie waren in den ersten 45 Minuten eindeutig die bessere Mannschaft und kamen ganz offensichtlich auch mit den Bedingungen in Fortaleza – 30 Grad bei über 60 Prozent Luftfeuchtigkeit – besser zurecht.

Dass zur zweiten Hälfte Shkodran Mustafi für den zuverlässigen Boateng auflief, war keine taktische Maßnahme, denn der Münchner musste wegen muskulärer Probleme passen. Das Spiel wurde zunächst nicht viel besser, zumal sich Mustafi auf der rechten Abwehrseite als Unsicherheitsfaktor erwies. Dennoch gelang Götze in der 51. Minute nach Vorarbeit von Müller das 1:0. Die kuriose Art, wie er es erzielte – der Ball prallte vom Kopf aufs Knie und dann ins Netz – war irgendwie symptomatisch für das deutsche Spiel. Der Treffer hätte eigentlich etwas Sicherheit verleihen müssen.

Doch Ghana antwortete nach nur drei Minuten mit einem Vorstoß von Rechtsverteidiger Afful. Seine präzise Flanke köpfte André Ayew, den der unaufmerksame Mustafi fahrlässig hatte entwischen lassen, zum 1:1-Ausgleich ein. In der 63. Minute wurde es dann richtig ernst. Nach einem Fehlpass des indisponierten Lahm traf Gyan zur 2:1-Führung für Ghana! Löw reagierte nun, brachte mit Klose, dem Götze weichen musste, seinen einzigen echten Stürmer, für den schwachen Khedira durfte erstmals bei dieser WM Schweinsteiger ran.

Der Bundestrainer bewies damit einmal mehr sein Glückshändchen. Klose traf mit seiner ersten Ballberührung nach Eckball durch Kroos und Kopfballverlängerung durch Höwedes per Fluggrätsche zum 2:2. Der Oldie hatte seinen Wert bewiesen und war über seinen Treffer so erfreut, dass er sogar seinen berühmten Salto wagte (den er aus altersbedingtem Mangel an Geschmeidigkeit eigentlich bereits abgeschafft hatte, zu Recht, wie die wackelige Ausführung zeigte). In der 84. Minute hatte der von Kroos bediente Müller sogar noch den Siegtreffer auf dem Fuß, doch er zögerte etwas zu lange und wurde von Asamoah abgegrätscht.

Was waren die Lehren aus dem Spiel? Trotz langer Tüftelei waren Löws Pläne nicht aufgegangen. »Das Spiel hat sich irgendwie so entwickelt, obwohl das nicht so geplant war«, konstatierte er seltsam ratlos. Doch nicht nur das System hatte nicht funktioniert, auch einige Spieler hatten neben sich gestanden. Nach der Auswechslung von Boateng war die mit Mustafi besetzte rechte Abwehrseite zur Problemzone geworden. Auf der »Sechs« hatte Lahm überraschende Schwächen gezeigt, immer wieder waren ihm grobe Schnitzer unterlaufen. Überhaupt war das Zweikampfverhalten insgesamt sehr mangelhaft gewesen. »Wir waren nicht aggressiv genug, haben die Räume zu groß gemacht«, gab der Kapitän kleinlaut zu. Man musste hoffen, dass Mertesacker mit seiner Überlegung richtig lag: »Vielleicht hilft es ja für den weiteren Weg, dass wir den einen oder anderen Fehler zu viel gemacht haben.« Immerhin hatten Klose und Schweinsteiger gezeigt, dass sie in der Lage waren, das deutsche Spiel zu beleben.

Fest stand allerdings, dass nach dem 2:2 bereits ein Aus nach der Gruppenphase möglich war. Gegen die Amis musste im letzten Spiel ein Sieg her, um alle Risiken auszuschließen und nicht mit Spanien und England bereits die Heimreise antreten zu müssen. Das Spiel gegen Klinsmann hatte für Löw den Charakter eines Finales. Der Bundestrainer ließ sich jedoch keine Nervosität anmerken. Die ZDF-Reporterin Katrin Müller-Hohenstein geriet darob ganz aus dem Häuschen. »Am meisten bewundere ich Bundestrainer Joachim Löw«, flötete sie beim Talk am Pool des Campo Bahia. »Ich frage mich: Wie cool ist dieser Mann eigentlich?«

Wie cool dieser Mann wirken kann, sah man dann im Dauerregen von Recife. Klatschnass stand er am Spielfeldrand, der perückenhafte Bubikopf war weg, mit den im Gesicht klebenden Haaren und seinem mit Wasser vollgesogenen dunkelblauen Hemd bekam er einen Touch männlich-abenteuerlicher Verwegenheit. Als er beim Pfiff zur Halbzeitpause mit einer entschlossenen Geste sein triefendes Haar zurückstrich wie ein Westernheld, war die Internetgemeinde hin und weg. »Mmmmh, Löw auf dem Weg in die Kabine: nass, entschlossen, sexy«, twitterte etwa ein Redakteur des Fußballmagazins »11Freunde«. Und eine andere Userin zwitscherte gar frivol: »Löw ist feucht und 90 Prozent der Frauen im mittleren Alter sind es auch.« Als sich Löw zwischendurch die Haare mit einem schwarz-rot-goldenen Frotteetuch trocknete, sahen sich manche in einen Werbespot für einen neuen Herrenduft versetzt. Dass Löw dann zur zweiten Hälfte geföhnt und mit trockenem Hemd zurückkam, war für manchen Zuschauer wohl gar eine Enttäuschung. Aber es dauerte ja nicht lange, bis er wieder seinen verwegenen Wet-Look angenommen hatte.

Ach ja, es gab ja auch noch ein Spiel. Das bot weniger Stoff für phantasievolle Kommentare. Zur Pause stand es in der zwar intensiv geführten, aber doch irgendwie nie recht spannenden Partie 0:0. Deutschland hatte die Kontrolle und war gegen harmlose Amis nicht wirklich in Gefahr geraten. In der 55. Spielminute schoss Thomas Müller das 1:0, und dabei blieb es. Nach dem 2:1-Sieg Portugals gegen Ghana durften auch die Amerikaner jubeln, da sie als Gruppenzweite ebenfalls weiter waren.

Im 4-3-3 stand das deutsche Team gegen die USA defensiv kompakt, in der Offensive mangelte es allerdings an präzisen Hereingaben, der letzte Pass kam kaum einmal an, Dribblings waren nur selten erfolgreich, die Chancenverwertung war mangelhaft. Auf die nach dem Match erneut aufkommende Kritik an Höwedes, der allgemein als Schwachpunkt ausgemacht wurde, reagierte Löw bissig. Ihn müsse nicht jede Analyse interessieren, die in Deutschland von irgendwelchen anderen Leuten gemacht werde. »Höwedes hat defensiv seine Aufgabe erfüllt. An ihm ist sehr schwer vorbeizukommen.« Dass er in der Offensive Mängel aufweise, sei ja bekannt. Aber solche Spieler brauche man hier auf der Außenverteidigerposition nicht, man sei auch so offensiv stark genug. Ein Sonderlob gab es für Bastian Schweinsteiger. Erstmals in der Startelf, agierte er als Dreh- und Angelpunkt im Mittelfeld. Vorne war der Siegtorschütze Müller der Chef. Für den Gegner sei Müller immer »schwer zu berechnen, schwierig zu packen«, urteilte Löw, »er geht sehr, sehr weite, schlaue Wege und ist im Strafraum immer irgendwie da«. Von seiner Gefährlichkeit her sei er auf dem Niveau von Messi oder Neymar einzuordnen.

Kritik hin, Lob her ... jeder im Team wisse natürlich, so Löw, »dass wir besser spielen können«. Eine Elf, die in allen Bereichen richtig rund lief, hatte der Bundestrainer immer noch nicht gefunden. Auch wenn nicht alles Gold war, fiel Löws Bilanz positiv aus. »Wir haben bislang geliefert«, meinte er in einer Mischung aus Trotz und Erleichterung. »11-Freunde«-Chefredakteur Philipp Köster wagte schon einmal eine Prognose: Wenn sich eine Mannschaft finde, wenn sie Glück habe, wenn sie geeignete Anführer herausbilde, wenn sie Krisen während des

Turniers überwinde, »dann kann sie Weltmeister werden. Auch und gerade die deutsche Elf 2014.«

Ein Sieg des Willens

Köster schwante wohl, dass die Krise kurz bevorstand. Als Gegner für das Achtelfinale in Porto Alegre sollte es gegen den Zweiten der Gruppe H gehen. Das war Algerien. Die Nordafrikaner schienen von der Papierform ein denkbar leichter Gegner, selbst wenn sie in ihren bisherigen Spielen gegen Belgien, Südkorea und Russland mit überraschend starken Leistungen aufgewartet hatten. Ein Sieg gegen die Nummer 22 der FIFA-Weltrangliste war aber natürlich Pflicht, die Überlegenheit der deutschen Mannschaft schien übergroß. »Fliegt Löw mit seiner Mannschaft im Achtelfinale gegen Algerien raus«, konnte man auf »Focus online« lesen, »muss er gehen.«

Die Algerier legten eine überraschend souveräne Partie hin, freilich begünstigt durch deutsche Kicker, die sich erschreckend konfus präsentierten. Es war eine der schwächsten Vorstellungen der DFB-Elf überhaupt in der Ära Löw. In der Startformation fehlte Hummels, der mit Fieber im Hotel geblieben war. Löw bot eine Innenverteidiger-Viererkette auf mit Mertesacker und Boateng in der Mitte sowie Mustafi auf rechts und Höwedes auf links. Mustafi wirkte völlig überfordert, er wurde von seinen Mitspielern irgendwann kaum noch bedient, da das Risiko zu hoch schien. Höwedes bot auf links eine ähnlich miese Vorstellung. Aber auch viele andere Spieler standen neben sich. Lahms Aktionen wirkten blutleer, Schweinsteiger und Kroos brachten kaum etwas Produktives zustande, vorne war Götze beinahe ein Totalausfall. Die Abwehr unsicher, im Mittelfeld kein Tempo, im Angriff keine Torgefahr – es war erschreckend. Es hatte nichts genützt, dass sich Löw für einen Block aus sieben Bayern-Spielern entschieden hatte, von dem eigentlich ein funktionierendes Zusammenspiel zu erwarten war. Verblüffend einfach konnten sich die Algerier Chance um Chance erspielen. Nach der Balleroberung ein, zwei kurze Pässe, dann ein langer Ball nach vorne, meist auf die Flügel – und schon wurde es gefährlich. Es war einzig Manuel Neuer zu verdanken, der die Stellungsfehler der deutschen Abwehr mit waghalsigen Ausflügen als Torwart-Libero ausbügelte und mit Weltklasseparaden auf der Linie ein Tor der Algerier verhinderte.

Der nach Wiederanpfiff für Götze ins Spiel gekommene Schürrle war deutlich eifriger als sein Vorgänger, konnte jedoch am Gesamteindruck nicht allzu viel ändern. Deutschland blieb zwar Sieger in Sachen Ballbesitz, strahlte aber weiterhin zu wenig Torgefahr aus. Besser wurde es erst, als Mustafi in der 70. Minute nach einem Muskelfaserriss im linken Oberschenkel rausmusste. Für ihn kam Khedira, der nun mit Schweinsteiger die Doppel-Sechs bildete, während Lahm auf seinen alten Stammplatz als rechter Außenverteidiger rückte. Im Spiel der deutschen Elf war sofort mehr Zug, die Tore blieben gleichwohl immer noch aus. Beim Stand von 0:0 ging es in die Verlängerung.

Mit der Hacke seines linken Fußes machte Schürrle in der 92. Minute das erlösende 1:0. Es war neben Neuers Glanztaten die einzige von fußballerischem Genius getragene Aktion im bisherigen Spiel. In der 119. Minute erhöhte Özil auf 2:0. Da aber Djabou umgehend den Anschlusstreffer erzielte, wurde es in den letzten Sekunden noch einmal spannend. Als der Schiedsrichter endlich abpfiff, atmete man im deutschen Lager tief durch. Mit Ach und Krach hatten sich Jogis Jungs ins Viertelfinale gezittert, ganz knapp waren sie an einem Debakel vorbeigeschrammt.

Alle waren irgendwie erleichtert, aber freuen konnte sich niemand so richtig. Ein Interview des ZDF-Reporters Boris Büchler sollte schnell Kultstatus erreichen. Auf die Frage, warum es nicht so zufriedenstellend gelaufen sei, antwortete der erschöpfte und angefressene Mertesacker: »Was sind das denn für Fragen? Völlig egal wie, Hauptsache, wir sind im Viertelfinale. Unter den letzten 16 Teams sind doch keine Karnevalstruppen. Was wollen Sie? Wollen Sie eine erfolgreiche WM, oder wollen Sie, dass wir ausscheiden?« Joachim Löw, der in der ersten Phase des Spiels viel am Spielfeldrand getobt hatte und später eigenartig entrückt auf der Bank saß, musste in der anschließenden Pressekonferenz ähnliche Nörgeleien über sich ergehen lassen. »Täusche ich mich, oder wirken Sie gar nicht unzufrieden?«, fragte ein Journalist den anscheinend gutgelaunten Bundestrainer. »Soll ich nach dem Erreichen des Viertelfinales wirklich enttäuscht sein? Tief enttäuscht?«, fragte der cool zurück. Dann analysierte er das Spiel, gewohnt ruhig und sachlich. »Das war ein Spiel zum Durchschnaufen«, bilanzierte er. »Am Ende war es ein Sieg des Willens. In der ersten Halbzeit haben wir uns schwergetan und viele Bälle verloren, in der zweiten Halbzeit und der Verlängerung waren wir dann schon die bessere Mannschaft. Eigentlich mussten wir das Spiel in der regulären Spielzeit entscheiden. Wir hatten wahnsinnig viele Chancen. Khedira und Schürrle haben der

Mannschaft noch einmal einen Schub gegeben. Alle Spieler waren in der Verlängerung am Limit. Solch ein Spiel gibt es im Turnier mal, dass man sich durchkämpfen muss.«

Lauter maulende Journalisten

Die Kritiker interpretierten das Geschehen deutlich schärfer. Mit Frankreich, das sich durch ein überzeugendes 2:0 gegen Nigeria qualifiziert hatte, wartete eine harte Aufgabe. Vielleicht eine zu harte? »So fliegen wir am Freitag im Viertelfinale gegen die starken Franzosen raus!«, urteilte etwa die »Bild« und stand mit dieser Ansicht keineswegs allein. Man könne nur hoffen, meinte der »Kicker«, »dass Löw gegen Frankreich seine Linie wiederfindet und seinen einsamen Weg verlässt«. Schließlich war er ja in der 70. Minute des Algerien-Spiels, als Mustafi ausschied, zu seinem Glück gezwungen worden. Endlich spielte Lahm als Außenverteidiger und Khedira/Schweinsteiger auf der Doppel-Sechs – es war somit genau die Formation, die fast alle Fans und Experten hatten sehen wollen.

Löws Aufstellungen waren zum Teil nachvollziehbar. Solange Khedira und Schweinsteiger angeschlagen waren, hätte es ein zu großes Risiko dargestellt, beide zugleich zu bringen. Das Experiment mit Mustafi hingegen war kaum zu verstehen. Erst hatte er den Innenverteidiger von Sampdoria Genua aussortiert, dann doch mitgenommen und schließlich als rechten Außenverteidiger gesetzt. Ein Produkt langfristiger Planung konnte das also nicht gewesen sein. Der Einsatz Mustafis war wohl vor allem Löws Faible für extravagante Personalien – siehe Odonkor 2006 – zu verdanken. Hätte Mustafi sich nicht verletzt, hätte er womöglich in seinem Hang zur Sturheit weiterhin an ihm festgehalten in der Hoffnung, dass das Experiment irgendwann doch noch funktionieren würde.

Ebenfalls verwunderlich war, dass Löw im Gegensatz zu seiner Antrittsrede – alle 23 Spieler seien wichtig – die Möglichkeiten seines Kaders nicht ausschöpfte. Spieler wie Erik Durm, Christoph Kramer, Matthias Ginter oder Kevin Großkreutz fristeten ein Dasein als Ersatzspieler ohne realistische Aussicht, zu einem Einsatz zu kommen. Das ergab sich jedenfalls aus seiner sibyllinischen Aussage nach dem Algerien-Spiel: »Wir haben bei dieser WM 14, 15 Spieler, die wir bringen können.« Natürlich spüre man, dass der eine oder andere enttäuscht sei. »Trotzdem lässt keiner im Moment nach.« Wenn er sie aber nicht für stark genug hielt: Warum hatte er dann einen Durm oder Großkreutz überhaupt mitgenommen? Löw bitte »offenbar schon jetzt um Milde«, falls Deutschland im Viertelfinale ausscheide, kommentierte der »Kicker« – so etwa nach dem Motto: Was hatte ich denn für eine Wahl?

Seine Spieler wollten sich indes die gebotenen Leistungen nicht zu schlecht reden lassen. Er habe »ja fast das Gefühl, dass wir uns für das Weiterkommen ins Viertelfinale entschuldigen mussten«, beschwerte sich Thomas Müller. »Wir haben uns den Arsch aufgerissen, haben das Spiel gewonnen, und gut ist es«, sagte er und hielt den Journalisten ihren Hang zu übertriebener Kritik vor: »Wenn wir spielen wie die Ballerinas, dann heißt es doch, wir haben keine Typen in der Mannschaft.«

Irgendwie war es schon komisch. Da hatte sich Deutschland soeben für das Viertelfinale qualifiziert – mit einem Trainer, der nicht nur die beste, sondern auch die konstanteste Bilanz aller deutschen Auswahltrainer überhaupt aufweisen konnte; mit einem Trainer, der in jedem seiner Turniere mindestens das Halbfinale erreicht hatte; mit einem Trainer, der seiner Auswahl nach den Reformanstößen unter Klinsmann mit aller Konsequenz das moderne Spiel eingeimpft hat; mit einem Trainer, der sein Ideal des schönen und attraktiven Fußballs in zahlreichen Spielen auch tatsächlich hatte verwirklicht sehen können. Und doch, so sinnierte Alexander Osang im »Spiegel«, diskutierte das Land leidenschaftlich darüber, ob Löw gehen müsse, wenn er das nächste Spiel verliert. In eigentümlichem Übereifer sammelten die Journalisten alles, was sich irgendwie als negativ auslegen ließ. Osang hörte sich in Brasilien bei seinen Kollegen um und notierte, was die alles gegen den Bundestrainer vorzubringen hatten: »Er trägt die Uhr auf der falschen Seite. Er hat die Haare gefärbt. Die Pullover mit dem V-Ausschnitt. Es liegt an der Nivea-Werbung. Die Stimme. Die Stimme passt nicht zur Erscheinung. Diese Espresso-Trinkerei. Er ist stur, er ist arrogant, er ist hinterwäldlerisch. Er kann sich nicht entscheiden. Hansi Flick. Oliver Bierhoff. Vier Innenverteidiger. (...) Er hängt zu sehr an Klose. Er bringt Klose zu selten. Götze, Özil, Kroos. Er ist emotionslos. Er coacht nicht. Er spielt zu sehr wie Spanien. Er sieht von Weitem aus wie ein Lego-Männchen. Er spielt zu wenig wie Spanien. Er mag Dortmund nicht. Er ist Philipp Lahm hörig. Er zerstört Philipp Lahms Reputation. Er ist nicht authentisch.«

Zu den überzeugendsten Kritiken gehörte noch, dass er 2010 gegen Spanien und 2012 gegen Italien »Angsthasenfußball« habe spielen lassen oder dass er beim 4:4 gegen Schweden kein Gegenrezept gefunden habe. Ansonsten aber hatte es den Anschein, als könne es Löw überhaupt niemandem mehr rechtmachen. Mal spielte diese Nationalmannschaft zu brotlos schön, dann nicht schön genug. Lief es gut, lag es an der Mannschaft, lief es schlecht, lag es ausschließlich am Coach. Ja, der Bundestrainer Joachim Löw hatte es unter den 80 Millionen Hobby-Bundestrainern wahrlich nicht einfach. Vor dem Viertelfinale gegen Frankreich hatten viele Journalisten ihre Abdankungsforderungen bereits vorformuliert.

Ein Kraftakt gegen Frankreich

Joachim Löw spürte wohl, dass er seine bisherige Strategie ändern musste. Nach langen Diskussionen mit seinen engsten Mitarbeitern schickte er gegen Frankreich eine auf wesentlichen Positionen neu formierte Elf in die sengende Hitze von Rio de Janeiro. Lahm startete auf seiner altgewohnten Position auf der rechten Seite. In der Innenverteidigung besetzte der wiedergenesene Hummels den Platz von Abwehrchef Per Mertesacker. Das Mittelfeld bildeten Bastian Schweinsteiger und die beiden offensiveren Sami Khedira und Toni Kroos, und ganz vorne durfte Miroslav Klose erstmals von Beginn an ran. Es war im Grunde genommen jene Elf, die sich auch die meisten Fans wünschten.

Mats Hummels erzielte bereits in der 13. Minute nach einem Kroos-Freistoß per Kopf das 1:0. In der Folge kontrollierten die Deutschen meist recht souverän das Spiel. Lahm war ein Aktivposten, das Mittelfeld funktionierte leidlich, Klose allerdings entfaltete vorne nicht allzu viel Wirkung, Özil fand kaum ins Spiel. Hinten räumte der überragende Hummels fast alles weg, und wenn die Franzosen doch mal durchkamen, war Manuel Neuer im Stil eines Weltklassemannes auf dem Posten.

In der zweiten Halbzeit verstärkten die Franzosen ihre Bemühungen, kamen aber gegen die gut stehende deutsche Elf nur selten zum Abschluss. Löws Mienenspiel veriet, dass er gerne mehr Offensivbemühungen der Seinen gesehen hätte. In der 69. Minute reagierte er und brachte Schürrle für den inzwischen ziemlich erschöpften Klose. In der Schlussphase gab es noch Chancen auf beiden Seiten, Tore fielen jedoch keine mehr. Neuers Glanzparade gegen Benzema in der Nachspielzeit war der letzte Aufreger des Spiels.

Insgesamt war es ein zwar knapper, aber verdienter Sieg, bei dem die positiven Erkenntnisse überwogen. Gegen die stets munter mitspielenden Franzosen hatte das deutsche Team eine stabile Organisation gezeigt und auch mit Kampf- und Willensstärke überzeugt. Der enorm selbstbewusste und souveräne Mats Hummels hatte nicht nur in sensationeller Art, wie Löw lobte, seine Zweikämpfe bestritten, sondern er hatte sich mit diesem Spiel sichtbar auch als Führungsfigur etabliert. Vielleicht genauso wichtig war, dass der aussortierte Mertesacker gar nicht auf die Idee gekommen war, zu stänkern. Löw hatte ihm erklärt, dass er gegen die schnellen Franzosen auf ein flinkeres Innenverteidiger-Duo setzen wolle. Mertesacker hatte das angenommen und war so zu einem Paradebeispiel für den tollen Teamgeist des Kaders geworden. Kurzum: Der Auftritt gegen Frankreich war zwar nicht rundum großartig, aber überzeugend. Die Mannschaft hatte spürbar Selbstbewusstsein gezeigt und ihre Ambitionen unterstrichen. Irgendwie wirkten nach diesem Spiel alle wie befreit. Man hatte das Minimalziel erreicht. Man hatte angedeutet, sich noch steigern zu können. Und der Bundestrainer hatte gezeigt, dass die Chemie zwischen ihm und den Spielern intakt war und er nach wie vor als Autorität große Anerkennung genoss.

Ein spektakuläres »Jogi bonito«

»Wunderbar, spannend, genial« sei es, nun im Halbfinale von Belo Horizonte gegen den Gastgeber Brasilien antreten zu dürfen, kommentierte Löw. Deutschland konnte als Favorit gelten. Denn die Brasilianer hatten sich bis dahin mehr schlecht als recht durch das Turnier gekämpft, zudem mussten sie auf ihren Star Neymar verzichten, der bei einem rüden Foul im Viertelfinale gegen Kolumbien einen Wirbelbruch erlitten hatte. Der Bundestrainer aber warnte, dass gegen ein Brasilien ohne Neymar weitaus schwieriger zu spielen sei als gegen ein Brasilien mit Neymar. Auch das Fehlen des gesperrten Kapitäns Thiago Silva würden die Brasilianer sicher kompensieren können, stand doch mit dem Bayern-Star Dante ein hochkarätiger Ersatz bereit. Joachim Löw hatte keine Mühe, seinem Team höchste Konzentration abzuverlangen. Alle freuten sich über das vierte WM-Halbfinale in Serie, aber alle wollten auch den vom Trainer geforderten »nächsten Schritt machen«, nämlich den ins Finale. Spiele um den dritten Platz hatte die Generation Schweinsteiger & Lahm nun schon genug. »Toll, wir sind wieder im Halbfinale, das war unser großes Ziel, wieder da zu stehen«, hatte Lahm unmittelbar nach dem Sieg über die Franzosen geäußert. »Aber man will mehr, definitiv.«

Löw brachte dieselbe Aufstellung an den Start, die gegen die Franzosen erfolgreich war: Neuer – Lahm, Boateng, Hummels, Höwedes – Schweinsteiger – Khedira, Kroos – Müller, Özil – Klose. Als die Brasilianer ambitioniert starteten, sah alles noch nach dem erwarteten engen Spiel aus. Das dauerte aber nur wenige Minuten. Nach einem Kroos-Eckball in der 11. Minute musste der sträflich ungedeckte Müller nur den Fuß hinhalten, und es stand 1:0. Es war ein seltsam lapidares Tor: Was hatten sich die Brasilianer nur dabei gedacht, lediglich auf die am kurzen Pfosten postierten Kopfballspezialisten Hummels & Co. achtzugeben? Die geschockten WM-Gastgeber, die in den Spielen zuvor zwar nie geglänzt hatten, sich aber stets physisch präsent, widerborstig und ruppig gezeigt hatten, fanden fortan nicht mehr in die Spur. Sie wirkten verwirrt, beinahe panisch. Die Deutschen hingegen kombinierten hochkonzentriert und technisch sicher, temporeich und spielfreudig, kaltschnäuzig und mit Wucht, mit frappierender Selbstverständlichkeit und effektiv. Die hilf- und orientierungslosen, teilweise wie gelähmt wirkenden und jede Ordnung vergessenden Brasilianer wurden regelrecht zerlegt, und bald fielen die Tore wie reife Früchte. Zwischen der 23. und der 26. Minute schlug es dreimal ein. Erst traf Klose, der damit einen neuen WM-Allzeitrekord aufstellte – es war sein 16. WM-Tor –, dann netzte zweimal Kroos ein, und es stand 4:0. Auf den Rängen herrschte erst ungläubiges Entsetzen, dann vollkommene Fassungslosigkeit, schließlich weinten Tausende, die statt des erwarteten Fußballfestes den Untergang ihrer Seleção erleben mussten. Was auf dem Rasen geschah, wirkte irgendwie unwirklich. Als Khedira in der 29. Minute auf 5:0 erhöhte, bekam man selbst als deutscher Zuschauer Mitleid. Die deutschen Spieler ließen es denn fortan auch etwas langsamer angehen, fast hatte man den Eindruck, als schämten sie sich, den Gastgeber womöglich mit einer zweistelligen Niederlage zu demütigen. Nach der Pause durften die Brasilianer sogar mal Torwart Neuer testen. Doch dann hatte sich die Löw-Elf wieder sortiert, der für Klose eingewechselte Schürrle traf zweimal, in der Schlussminute hatte Özil das 8:0 auf dem Fuß, im Gegenzug erzielte Oscar den Ehrentreffer für Brasilien. So endete dieses denkwürdige Halbfinale mit einem sagenhaften Ergebnis: Deutschland 7, Brasilien 1.

Hernach herrschte das große Staunen. Was war das denn gewesen? Wie war so etwas möglich? War es ein Wunder? War die deutsche Mannschaft wirklich so stark, dass sie an diesem Tag jeden Gegner in Grund

und Boden gespielt hätte? Oder war das brasilianische Team so schwach, vom überhohen Erwartungsdruck nervlich in die Knie gezwungen und daher nicht ansatzweise in der Lage, eine weltmeistertaugliche Leistung abzurufen? Und was hatte Joachim Löw mit diesem Spiel zu tun? War es vielleicht gar kein Wunder, sondern vielmehr ein logisches Ergebnis einer konsequenten Trainerarbeit, von klugen Personalentscheidungen, von Führungsstärke und akribischer Vorbereitung?

Deutschland habe »mit einer beeindruckenden Organisation, mit taktischer Disziplin (...) und vor allem mit Entschlossenheit gespielt«, urteilte eine brasilianische Zeitung. Eine andere erklärte: »Die Abwesenheit von Thiago Silva und Neymar, die vernünftige Gründe gewesen wären, eine Niederlage zu rechtfertigen, reicht nicht, um das zu erklären, was man sah: die schlimmste Niederlage der Fünffachweltmeister in ihrer glorreichen Geschichte.« Nach dem »Maracanaco«, der traumatischen Niederlage gegen Uruguay bei der WM 1950, war es der zweite schreckliche Alptraum gewesen, den Brasilien auf heimatlichem Boden erlitten hatte.

»Statt jogo bonito heisst es jetzt Jogi bonito«, erging sich die Schweizer »Tageswoche« in fröhlichen Wortspielen. Genau in diesem Sinne gab die Berliner »taz« den vielleicht bemerkenswertesten Kommentar ab. Brasilien, hieß es da, sei »mit Jogi-Fußball« erniedrigt worden: »Dass Scolaris Team Probleme in der Rückwärtsbewegung hat und sich Räume ergeben, das war Löws Spielansatz gewesen«, wurde da analysiert, und dass die Deutschen diese Räume nicht einmal hatten suchen müssen, denn »sie hatten Platz ohne Ende«. Das größte Verdienst des Bundestrainers sei es aber, mit der deutschen Neigung, auf dem Gewohnten zu beharren, radikal gebrochen zu haben. »Als es galt, hat der Mann, der angeblich nicht coachen kann, einen mutigen Mix aus Strategie, Balance, Eleganz und Spektakel auf den Platz gebracht.« Der »Jogi-Fußball« definiere also diese WM. Das müsse man nun allerdings auch noch dem Gegner im Finale klarmachen.

In der Pressekonferenz nach dem Spiel präsentierte sich ein merklich mit frischem Selbstbewusstsein vollgetankter Bundestrainer, der es sich leisten konnte, mit kühl-besonnenem Understatement die Euphorie etwas herunterzuregeln. Seine Analyse des Spiels fiel knapp und klar aus: »Es war heute wichtig, dieser Leidenschaft und diesen Emotionen von Brasilien mit Ruhe, mit Abgeklärtheit zu begegnen, natürlich auch mit Mut und mit unserer eigenen Stärke. Das haben wir gut umgesetzt.

Dann haben uns natürlich unsere frühen Tore in die Karten gespielt. Brasilien war offenbar bereits nach unserem 2:0 geschockt und hatte keine Lösungen mehr. Wir haben diese Verunsicherung dann eiskalt ausgenutzt. Bei uns waren alle wahnsinnig gut und konzentriert.« Man freue sich natürlich über den Einzug ins Finale und den unglaublichen Sieg, müsse diesen aber auch richtig einordnen. »Man sollte das Ergebnis nicht zu hoch hängen. Wir wissen, dass Brasilien nicht seinen besten Tag hatte. Wir müssen Demut zeigen.«

Genau in diesem Sinne äußerte sich auch Thomas Müller in einem Interview mit dem ZDF: »Wir sollten die Kirche im Dorf lassen«, meinte er. Man dürfe sich nicht davon anstecken lassen, wenn die Mannschaft jetzt in den Himmel gelobt werde. »Wir müssen das jetzt noch einmal durchziehen, Vollgas geben, ackern um unser Leben, und dann wollen wir uns das Ding holen.«

Eine triumphale Schlacht gegen die Gauchos

Im Finale gegen Argentinien wollte Löw wieder mit seiner gegen Frankreich und Brasilien bewährten Erfolgself beginnen. Doch beim Aufwärmen klagte plötzlich Khedira über Wadenprobleme. Hans Flick meldete es sofort an seinen Chef in die Kabine. »Dann kam Hansi rein«, wird Löw hernach über diesen kritischen Moment berichten, »das ist eigentlich ungewöhnlich: Weil er mich gerufen hat, und das macht er normalerweise nie.« Er ahnte, dass irgendwas passiert sein musste, »und wir müssen jetzt wieder irgendeine Entscheidung treffen. Und da hat er mir gesagt: Khedira!« Nach kurzer Beratung entschied das Trainerteam, Christoph Kramer zu bringen.

Unbeeindruckt von der kurzfristigen Umstellung, bemühte sich die deutsche Mannschaft sofort, das Heft in die Hand zu nehmen, während die Argentinier ihr Glück in überfallartigen Kontern suchten. Die Südamerikaner waren dabei gefährlicher. Die größten Chancen vergab Higuaín. Einmal kam er nach einer verunglückten Kopfball-Rückgabe von Kroos an den Ball und zielte überhastet vorbei, wenig später traf er nach Flanke von Lavezzi ins Tor, der Treffer wurde aber wegen Abseits nicht anerkannt. Als dann Kramer, bereits in der 17. Minute in einem Zweikampf von Garays Schulter schwer am Kopf getroffen, schließlich mit Verdacht auf eine Gehirnerschütterung in der 31. Minute vom Platz musste, sah man Löw an, dass seine Nerven zu flackern begannen. »Das war dann irgendwie auch noch einmal eine Situation«, wird er später sagen, die man »irgendwie« habe meistern müssen. Er schickte Schürrle auf den Platz, der sich links vorne einreihte, Özil rückte dafür in die Mitte, Kroos übernahm Kramers Position.

Zeit zum Durchatmen blieb nicht. Vor allem Argentiniens Superstar Lionel Messi narrte seinen Bewacher, den diesmal etwas indisponierten Hummels, ein ums andere Mal und sorgte für Gefahr. Auf der anderen Seite machten die defensivstarken Argentinier die Räume geschickt zu, den Rest erledigten sie mit kompromisslosen Zweikämpfen. Doch die Deutschen mühten sich unverdrossen weiter und kamen durch Schürrle, Kroos und Höwedes auch zu Chancen.

Die zweite Halbzeit war kaum angepfiffen, da hatte Messi aus 13 Metern in halblinker Position die Gelegenheit zum ungehinderten Abschluss – er verzog nur knapp. Etwa zehn Minuten später musste Manuel Neuer an der Strafraumgrenze gegen Higuaín waghalsig und hart an der Grenze des Erlaubten retten, aber der Schiedsrichter zeigte sich großzügig. Es war vor allem dem umsichtigen und aufmerksamen Boateng zu verdanken, dass die deutsche Elf diese Drangphase der Argentinier schadlos überstand. Im letzten Viertel des Spiels fand die DFB-Auswahl schließlich wieder in die Spur. Klose, Schürrle, Höwedes und Kroos tauchten gefährlich vor Argentiniens Schlussmann Romero auf, doch ein sauberer und beherzter Abschluss wollte ihnen nicht gelingen. In der Nachspielzeit hatte der für Klose eingewechselte Götze den Siegtreffer auf dem Fuß, doch Romero konnte seinen Schuss parieren.

Die Verlängerung begann mit Chancen auf beiden Seiten. Erst schoss Schürrle nach Vorarbeit von Götze zu unplatziert, auf der anderen Seite konnte Palacio eine Großchance nicht verwerten. Dann ließen die Kräfte bei beiden Teams rapide nach. Der Nervenkrimi mutierte nun zu einem zähen Abnutzungskampf. Während die Deutschen unermüdlich das Kombinationsspiel ankurbelten, agierten die Argentinier oftmals hart an der Grenze des Erlaubten. Zum Sinnbild des Spiels wurde der bis zur restlosen Erschöpfung rackernde Schweinsteiger. Nachdem er erst rüde umgetreten worden war, dann eine heftig blutende Platzwunde abbekommen hatte und sich schließlich nach kurzer Behandlungspause wieder in die Schlacht warf, wirkte er wie ein antiker Sagenheld. Seine Körpersprache war wie ein Signal an alle anderen: Wir gehen hier nur als Sieger vom Platz!

Und tatsächlich hatte die willensstarke deutsche Mannschaft in der 113. Minute noch den einen genialen Moment in petto: Schürrle nahm ein letztes Mal sein Herz in die Hand, setzte sich mit einem unwiderstehlichen Sprint auf dem linken Flügel durch und flankte präzise nach innen auf Götze. Der nahm den Ball gekonnt mit der Brust an, lenkte ihn kontrolliert auf seinen linken Fuß und vollendete traumhaft sicher volley ins lange Eck. Es war eine Bewegung wie aus einem Guss, ein wunderschönes Tor. Und es bedeutete den WM-Titel. Die Argentinier rafften sich noch einmal zu allerletzten Angriffsversuchen auf, aber der bärenstarke Manuel Neuer war nicht mehr zu überwinden. Aus einem engen, packenden, mit größter Leidenschaft geführten Kampf auf des Messers Schneide war Deutschland mit dem nötigen Quäntchen Glück als Sieger hervorgegangen. 1954, 1974, 1990, 2014 – Deutschland war zum vierten Mal Weltmeister! Und Joachim Löw, der Mann, der sein Glück vielleicht weiterhin als Übungsleiter in der österreichischen Liga hätte suchen müssen, hätte ihn nicht im Jahr 2004 ein überraschender Anruf von Jürgen Klinsmann erreicht, dieser Joachim Löw war ein überglücklicher Weltmeister-Trainer, legitimer Nachfolger der Fußball-Legenden Sepp Herberger, Helmut Schön und Franz Beckenbauer!

Auch Mario Götze, der nach seinen durchwachsenen Auftritten zuvor sehr viel Kritik hatte einstecken müssen, hatte sich mit seinem Geniestreich auf ewig in die Fußball-Geschichtsbücher eingetragen. Neben ihm hatten Jérôme Boateng und Bastian Schweinsteiger als prägende Figuren des deutschen Spiels einen nachhaltigen Eindruck hinterlassen. Boateng war der große Rückhalt und Abwehrchef, der mehrmals in höchster Not zur Stelle war. Schweinsteiger war in der Defensivarbeit stets präsent und schob das Offensivspiel unermüdlich von hinten an. Vor allem seinem Bemühen war es zu verdanken, dass Deutschland wesentlich mehr Pässe gespielt und an den Adressaten gebracht hatte (641:329). An der Einheit und Willensstärke des deutschen Teams zerschellten letztlich auch die Künste des genialen Messi. Sicher hatte es auch Schwächen gegeben. Hummels hatte nicht seinen besten Tag erwischt, Kroos und Özil hatten dem Offensivspiel kaum Impulse verleihen können, die Torchancenverwertung war mangelhaft geblieben. Aber die deutsche Mannschaft hatte Selbstbewusstsein ausgestrahlt, hatte geduldig und beharrlich ihre Chance gesucht – und das Glück gefunden.

Als erste europäische Mannschaft, die in Südamerika den Titel holen konnte, hatte das deutsche Team einen historischen Triumph

Revolutionäres Dreigestirn: Joachim Löw, Jürgen Klinsmann und Oliver Bierhoff mischten ab 2004 die Strukturen beim DFB auf.

Moderne Methoden: Joachim Löw verfolgt den Fitnesstest des sprintenden Kevin Kuranyi.

Platzverweis: Bei der EM 2008 wurde Joachim Löw gemeinsam mit seinem österreichischen Kollegen Josef Hickersberger (rechts) auf die Tribüne verbannt.

Im Glaskasten: Das folgende Viertelfinalspiel gegen Portugal musste Löw in einer VIP-Kabine des Basler St.-Jakob-Parks verfolgen. Gemeinsam mit DFB-Spielebeobachter Urs Siegenthaler konnte er sich über einen feinen 3:2-Sieg freuen.

Wintermärchen: Bei der WM 2010 im kalten Südafrika begeisterte das Löw-Team die Fußballwelt mit attraktiver Spielweise. Die neue Generation mit technischen Könnern wie Mesut Özil glänzte auch beim 4:0 gegen Maradonas Argentinien.

Lächeln für die Fotografen: Als der verletzte »Capitano« Michael Ballack die deutsche Mannschaft im südafrikanischen WM-Quartier besuchte, arbeitete Stellvertreter Philipp Lahm bereits daran, ihn als Kapitän zu beerben.

Emotionen am Spielfeldrand: unbändige Wut, wenn die Mannschaft nicht umsetzt, was der Trainer von ihr erwartet …

… und überschäumende Euphorie, wenn schönes Spiel und Torerfolg zusammentreffen.

Der Weg auf den Gipfel 2014 verlief durch manches Tal, so beim Gruppenspiel gegen Ghana, als Oldie Miroslav Klose eingewechselt werden musste, um noch ein Unentschieden zu erzwingen.

Am Ende aber stand ein überzeugender Erfolg. Joachim Löw durfte im Kreis seiner Spieler den Weltmeisterpokal in die Höhe stemmen.

Der Bundestrainer und sein »emotionaler Leader«: Als ihn nach dem WM-Finale der vor Glück weinende Bastian Schweinsteiger umarmte, musste auch Löw mit den Tränen kämpfen.

Coole Sieger: Mit seinem Betreuerstab: (v. l.) Manager Oliver Bierhoff, Co-Trainer Hansi Flick und Torwarttrainer Andreas Köpke, zeigte sich Jogi Löw bei der Siegesfeier in Berlin den 400.000 begeisterten Fans.

Löws Heimatstadt Schönau feierte »ihren« Weltmeister nicht nur durch dieses Plakat. Der Gemeinderat beschloss auch, den Sohn des Ortes zum Ehrenbürger zu küren und den Sportplatz nach ihm zu benennen.

gelandet. Die Presse stimmte einhellig einen Lobgesang auf die Siegerelf und ihren Trainer an. »Bundestrainer Löw hat diese Auswahl der Hochbegabten souverän um die Klippen des Turniers gelenkt«, urteilte die »Süddeutsche Zeitung«. »Spiegel online« bezeichnete die Finalvorstellung als »perfekten Mix aus Hurra und Hauruck«. Andere schrieben vom »verdienten Lohn«, »vom verdienten Erfolg einer wahren Mannschaft« oder konstatierten, dass »die stärkste Mannschaft des Turniers«, die alles in allem »den wohl besten Fußball bei dieser WM« gezeigt hatte, sich völlig zu Recht die Trophäe gesichert habe. Bemerkenswert war zudem, dass in den Hymnen auf den frischgebackenen Weltmeister nicht nur dessen fußballerische Klasse Erwähnung fand, sondern fast immer auch auf den außergewöhnlichen Charakter des Teams hingewiesen wurde.

Und Joachim Löw? Dessen Urteil fiel ganz ähnlich aus: »Die Spieler sind über ihre Grenzen gegangen und haben so viel gegeben wie noch nie, um das mitzunehmen, was sie noch nie hatten. Es waren zehn Jahre harte Arbeit. Wir sind in dieser Zeit immer besser geworden. Das war einfach fällig. Für mich ist das auch ein toller Erfolg. Die Mannschaft war eine verschworene Einheit, die für den Titel gekämpft hat.« DFB-Teammanager Oliver Bierhoff meinte gar, dass er schon während der Vorbereitung in Südtirol gespürt habe, dass »etwas Besonderes« im Entstehen war.

Nämlich eine, wie Argentiniens Trainer Sabella nach dem Finale formulierte, »großartige Mannschaft«.

Den Triumph erzwungen

Wie kann man das Geschehen in Brasilien zusammenfassen? Die Auftritte des deutschen Teams waren nicht durchweg überzeugend, aber Jogis Jungs hatten einige grandiose Momente. Vor allem aber hatte die deutsche Mannschaft das gezeigt, was sie in den vorhergehenden Turnieren in den entscheidenden Momenten hatte vermissen lassen: stets erfolgshungrig zu bleiben, diszipliniert und fokussiert, den Punch zu haben, den absoluten Willen, eben dann, wenn es darauf ankommt, noch eine Schippe draufzulegen.

Die Mannschaft, deren Kern schon lange zusammen war, hatte an Reife gewonnen, hatte dazugelernt. Die alten Kämpen Miroslav Klose, Bastian Schweinsteiger, Philipp Lahm und Per Mertesacker standen für immense Erfahrung und den unbedingten Willen, im Herbst ihrer Karriere endlich ganz oben auf dem Treppchen zu stehen. Die U21-Europameister von 2009, Manuel Neuer, Jérôme Boateng, Benedikt Höwedes, Mats Hummels, Sami Khedira und Mesut Özil, allesamt im besten Fußballeralter, traten mit der Routine und dem Selbstbewusstsein bewährter und anerkannter Profis auf. Auch der vermeintliche Schwachpunkt Benedikt Höwedes – neben Lahm und Neuer einer der drei Spieler, die in allen Spielen von der ersten bis zur letzten Minute auf dem Platz standen – kämpfte sich in seine Aufgabe hinein und entwickelte sich zu einem defensiv stabilen Linksverteidiger. Thomas Müller war vorne fast immer der gewohnt giftige Unruheherd, Toni Kroos und Mario Götze spielten nicht gleichmäßig gut, hatten aber ihre großen Momente. André Schürrle bewährte sich als ein stets bereiter und enorm gefährlicher Joker der Extraklasse.

Auch Joachim Löw hatte, wie viele Experten bemerkten, dazugelernt. Er habe »sein höchst ehrenwertes Ideal vom schönen Spiel mit viel Pragmatismus angereichert, mit einem deutlichen Gebot zu mehr Defensive oder mit effizienten Standards«, schrieb beispielsweise Karlheinz Wild im »Kicker«. Allein die Tatsache, dass er durchgängig mit einer Viererkette aus Innenverteidigern angetreten war, hatte gezeigt, dass er schon zu Beginn des Turniers bereit gewesen war, von seinen ästhetischen Idealen etwas abzurücken. Sehr gut hatte Löw auch daran getan, seine langjährige Abneigung gegen das Üben von Eckbällen und Freistößen aufzugeben. Nach der Analyse des DFB fielen 30 Prozent aller Treffer bei der WM durch Standards. Deutschland lag mit sechs Standardtoren bei 18 Treffern insgesamt genau im Trend. Nimmt man nur die Spiele bis zum Halbfinale, wird die Bedeutung dieses spät eingeübten Stilmittels der deutschen Elf noch deutlicher: Denn nur fünf der zehn deutschen Treffer waren bis dahin aus dem Spiel heraus erzielt worden.

War Löw also der Hauptverantwortliche für den Erfolg? Viele Trainerkollegen stellen ein positives Zeugnis aus. Für Jupp Heynckes hatte er während des Turniers alles richtig gemacht. »Es war richtig, Philipp Lahm zunächst ins Mittelfeld zu stellen, weil Khedira und Schweinsteiger noch nicht fit waren.« Genauso richtig sei es gewesen, danach wieder eine Korrektur vorzunehmen und Lahm nach der Verletzung Mustafis wieder auf rechts einzusetzen. Zu unterstellen, dass Löw nach dem Ausfall Mustafis im Spiel gegen Algerien zu seinem Glück gezwungen worden sei, sei »bösartig«, meinte der »Kicker«.

Das DFB-Team setzte gerade in dem Spiel am stärksten auf Angriff, als es um alles ging: im Finale gegen Argentinien. 112 Minuten lang wollte einfach kein Tor fallen, obwohl Deutschland öfter in der Hälfte des Gegners stand als vor dem eigenen Tor. Löw hat in diesem Spiel außerdem den so oft gegen ihn erhobenen Vorwurf entkräftet, er könne nicht mehr aktiv eingreifen, wenn sein zuvor zurechtgelegter Plan fehlschlägt. Im Finale ersetzte Christoph Kramer den kurzfristig verletzten Sami Khedira. Als auch Kramer ausgewechselt werden musste, stellte Löw um, zog Toni Kroos nach hinten und brachte mit André Schürrle einen weiteren Stürmer. Das Ergebnis gab ihm recht: Der Joker bereitete den Siegtreffer vor.

Ottmar Hitzfeld lobte vor allem, dass der Bundestrainer es geschafft habe, die Spieler zu einer Einheit zu formen. Löws emotionale Führungsstärke, seine Fähigkeit, einen alle Spieler umfassenden Teamgeist zu erzeugen, war sicher ein wesentliches Element auf dem Weg zum Triumph.

Zur hohen Kunst des Coachings gehört es, Spielern klarzumachen, dass sie nicht zur ersten Elf gehören, und ihnen dennoch zu vermitteln, dass sie für die Mannschaft weiterhin wichtig sind. Klose, Schweinsteiger, Khedira, Mertesacker – keiner von ihnen wurde zum Stinkstiefel, als er wegen einer als mangelhaft erachteten Fitness oder aus taktischen Erwägungen auf der Bank bleiben musste. Während des gesamten Turniers war der Teamgeist herausragend, auch die Ersatzspieler waren auf der Bank immer voll dabei. Stellvertretend für alle Spieler lobte Bastian Schweinsteiger den Bundestrainer: »Er hat es geschafft, alle Spieler hinter sich zu bekommen, er ist vorneweg gegangen.«

Auch Joachim Löw selbst betonte, dass der Erfolg ohne diesen bemerkenswerten Zusammenhalt in der Mannschaft nicht möglich gewesen wäre, wollte sich das aber nicht als eigenes Verdienst anheften. »Diese Mannschaft hat einen Teamspirit entwickelt, wie es noch nie der Fall war, seit ich dabei bin.« Dieser unglaubliche Spirit sei auch der Schlüssel für den Sieg im Endspiel gewesen: »Man hatte das Gefühl, egal, was wir jetzt auch tun, diese Mannschaft verdient es sich auf dem Platz. Die ist so hungrig, die anderen fangen alles auf. Das lassen wir uns jetzt nicht nehmen.« Wichtig sei aber auch gewesen, dass man zwischen den Spielen viel Spaß miteinander gehabt habe. »Es war eine tolle Atmosphäre. Dieser Zusammenhalt, dieser Respekt untereinander und diese Offenheit. Ich glaube, das hat uns sehr geholfen.«

Nicht geplant war, dass der Teamgeist dann beim rauschenden Empfang auf der Fanmeile am Brandenburger Tor in Berlin ein wenig negativ zurückschlug. Die Campo-WG aus Miroslav Klose, Mario Götze, Toni Kroos, Shkodran Mustafi, André Schürrle und Roman Weidenfeller hatte sich nämlich einen besonderen Bühnenauftritt ausgedacht. »So gehen die Gauchos, die Gauchos gehen so«, sangen sie, dabei gebückt voranschreitend. Danach richteten sie sich auf und grölten: »So gehen die Deutschen, die Deutschen gehen so!« Der Spottgesang auf den unterlegenen Finalgegner Argentinien veranlasste einige verkniffene Medien-Gutmenschen dazu, strenge Rügen auszuteilen. Andere, Verständigere zuckten freilich nur mit den Schultern: Was war denn so schlimm an diesem harmlosen Auftritt nach der Melodie eines Kinderliedchens, zumal wenn es im Rausch eines Triumphes vorgetragen wurde?

Fest steht: Die Bewertung des Gaucho-Songs ist ebenso wie die Bewertung der Leistungen eines Fußball-Weltmeisters eine Frage der Einstellung, die man mitbringt. Es gibt keine absoluten moralischen Maßstäbe, und es gibt auch keine unumstößliche Logik, nach der ein Weltmeisterteam entsteht. Neben allem, was man planen kann, braucht es auch viel Unwägbares wie den Genius des Augenblicks und einen Moment des Glücks. Hätte zum Beispiel der Spanier David Silva im Spiel gegen die Niederlande bei seiner Großchance zum 2:0 kühl und schlicht abgeschlossen, statt zu versuchen, den Ball formschön ins Tor zu lupfen, hätten die Spanier vielleicht gewonnen, statt mit 1:5 unterzugehen. Und womöglich hätten sie dann im Turnier noch eine gute Rolle gespielt, eventuell gar Deutschland ein weiteres Mal geschlagen. Und hätte der Argentinier Higuaín im Finale seine klaren Einschussmöglichkeiten zum Führungstreffer genutzt, wäre Deutschland vielleicht nur Vize geworden – und alle hätten posaunt: War ja eh klar, dass wir mit diesem Bundestrainer nie Weltmeister werden. Joachim Löw aber ist jetzt Weltmeister. Und weil er es ist, hat er eben auf dem Weg zum Titel alles richtig gemacht. Wer daraus à la Beckenbauer 1990 schließen mag, dass nun eine neue Ära anbricht, die Ära einer auf Jahre hinaus unschlagbaren deutschen Nationalelf, soll das tun. Für das, was auf dem Platz geschehen wird, sind solche Aussagen völlig irrelevant. Keiner weiß das besser als Joachim Löw. Deswegen wird er auch künftig, selbst bei weiteren Erfolgen, eine im populistischen Gedröhne immer etwas fremd wirkende Gestalt bleiben.

Trainer des Jahres

Nach dem WM-Triumph war es eigentlich keine Frage mehr, dass Joachim Löw von den deutschen Sportjournalisten – als zweiter Bundestrainer nach Jürgen Klinsmann – zum Trainer des Jahres gewählt wurde. DFB-Präsident Wolfgang Niersbach gab den Laudator. Es habe ihn vor allem beeindruckt, meinte er, »mit welcher Souveränität Jogi das Team durch das Turnier geführt hat. Seine innere Ruhe, seine Klarheit und seine Entschlossenheit haben sich auf die Mannschaft und das Umfeld übertragen. Auch in schwierigen Phasen hat er nie diese Gelassenheit verloren. Es entstand nie der Eindruck, dass der Anführer wackelt. Als Bundestrainer hatte er einen klaren Plan.« Dass er der richtige Trainer ist, habe für ihn immer außer Frage gestanden, auch in Zeiten zunehmender Kritik. Er habe in Brasilien nicht nur hervorragend gecoacht, sondern es auch verstanden, »eine Einheit aus 23 Spielern zu formen«. Wenn er das Finale verloren hätte, schloss Niersbach seine Lobeshymne, wäre er vielleicht nicht gewählt worden: »Für mich wäre er auch dann der Trainer des Jahres gewesen.«

In seiner Reaktion auf die Ehrung übte sich Joachim Löw in gewohnter Bescheidenheit. Er freue sich sehr über die Auszeichnung, wolle aber hervorheben, dass es »eine Auszeichnung für alle Trainer im deutschen Fußball ist. Ohne die hervorragende, nachhaltige Jugendarbeit schon in den kleinen Vereinen und die gute Arbeit in den Bundesligavereinen hätte ich nie eine so gute Mannschaft mit so gut ausgebildeten Spielern führen können. Der WM-Sieg war eine Gemeinschaftsleistung. Unser Teamgeist war das Tüpfelchen auf dem ›i‹ zum Titel. Ich nehme diese Auszeichnung nur stellvertretend für alle an. Jedes Mitglied unseres Teams ist ein Stück vom Trainer des Jahres.« Was soll man da noch großartig kommentieren? Gut getan und gut gesprochen, Jogi!

III. TEIL

Die Nationalmannschaft als Firma Löw

KAPITEL 15

Der Löw'sche Verhaltenskodex
oder: Die Trainer-Autorität in
der Leitwolf-Probe

Als VfB-Trainer beschrieb Joachim Löw im Jahr 1997 die Faszination des Trainerberufs mit den Worten: »25 bis 30 völlig unterschiedliche Charaktere und Temperamente so zu steuern, dass ihre Individualität und damit ihre Klasse erhalten bleibt, und dennoch eine Einheit zu formen.« Daraus ergibt sich die Frage: Wie macht man das, welcher Führungsstil ist zur Bewältigung dieser Aufgabe der angemessene? Damals stand er im Ruf, ein friedlicher, netter, ausgeglichener und ausgleichender Charakter zu sein, dem eben deswegen das nötige Durchsetzungsvermögen fehle. Genau wegen dieser Softie-Eigenschaften hatten ihm etliche Kritiker noch bei der Ernennung zum Bundestrainer die Eignung für dieses Amt abgesprochen. Erst als sich diese soften Eigenschaften als durchaus tauglich zur Herstellung eines produktiven Betriebsklimas erwiesen hatten, waren die Vorbehalte allmählich abgebröckelt.

Bis heute scheint Joachim Löw seine Glaubwürdigkeit und Autorität in erster Linie der höchst intensiven Identifikation mit der Traineraufgabe zu verdanken. Wer ihn bei der Trainingsarbeit beobachtet, sieht einen passionierten Künstler am Werk. Da steht er auf dem Spielfeld in leicht vornübergebeugter Haltung, restlos in die Sache vertieft und total konzentriert, oder er schreitet ruhig vor sich hin mit auf dem Rücken verschränkten Armen, dann wieder eine Hand nachdenklich am Kinn reibend – und wenn er einen Fehler oder eine Nachlässigkeit sieht, bricht er urplötzlich ab, geht dazwischen und erklärt einem oder mehreren Spielern mit deutlichen Worten und nachdrücklichen Gesten, was gerade falsch gelaufen ist. Wenn dieser Trainer auf dem Platz arbeitet, gibt es kein Showgehabe, sondern es herrscht eine schöpferische Intensität ähnlich der im Atelier eines Bildhauers – es geht um den Feinschliff seines Kunstwerkes, dem schönen Spiel seines Teams. Genauso stellt man sich einen Feingeist des Fußballs vor, dem es ausschließlich um die Sache geht.

Der Teamplayer
Um seine Ideen möglichst perfekt umzusetzen, vertraut Joachim Löw einem Stab kompetenter und loyaler Mitarbeiter. Er gilt als absoluter Teamplayer. Mit Hansi Flick, seinem nach wie vor in der Öffentlichkeit meist unterbewerteten Assistenten, bildet er ein enges Führungstandem. »Wir haben dieselbe Philosophie, denken in vielen Dingen ähnlich. Und genauso wichtig ist, dass wir auch mal verschiedene Meinungen haben, über die wir kontrovers diskutieren können.« Der Computerfreak Flick, mit dem er nicht nur fachlich, sondern auch menschlich perfekt harmoniere, überzeuge immer wieder mit klaren Einschätzungen: »Auf sein Urteil kann ich mich verlassen.« Das gesamte Team – also das Duo Löw/Flick sowie Andi Köpke und Urs Siegenthaler – trifft sich regelmäßig alle ein bis zwei Monate für jeweils zwei bis drei Tage zu intensiven und meist produktiven Arbeitssitzungen. Da wird dann »knallhart« analysiert: »Haben wir die Ziele, die wir uns für die Länderspiele vorgegeben haben, erreicht? Hätten wir vielleicht andere Schwerpunkte setzen, hätten wir die Spieler anders ansprechen müssen?« Die letzten Länderspiele werden ausgewertet, gegebenenfalls wird die Philosophie modifiziert, Taktiken und neue Trainingsideen werden diskutiert, und nicht zuletzt werden Beobachtungen und Trends im Weltfußball, die vor allem der ständig umherreisende Siegenthaler mitbringt, besprochen. »Eine von Joachims größten Stärken ist, dass er sich mit Vertrauten umgibt und dann auch fähig ist, ihnen zuzuhören«, sagt Chefscout Urs Siegenthaler.

Löw selbst sagt über seinen »Inner Circle«: »Alle sind für mich menschlich und fachlich sehr wichtig. Wir reden über alles, haben großes Vertrauen untereinander. Ich brauche ihren Input, sie sind meine Energiegeber.« Durch die ausgesprochen gute Vertrauensbasis im Trainerteam wird es kein Problem, wenn die Energie beim Chef mal nachlässt oder er mal nicht mehr so recht weiter weiß. Er sei in solchen Momenten froh, betont Löw, Leute um sich zu haben, »die auch mal kritisch etwas hinterfragen, die mir sagen: Das geht jetzt in die falsche Richtung. Das ist unsere Stärke im Team.«

Von Klinsmann, so betont er immer wieder, habe er das Delegieren gelernt. »Früher habe ich geglaubt, immer alles selbst können und machen zu müssen. Inzwischen habe ich gelernt, Verantwortung zu delegieren. Ich weiß, dass es in meinem Stab Mitarbeiter gibt, die in manchen Bereichen besser sind als ich. Denen vertraue ich.« Das Vertrauen, viele Dinge in gute Hände legen zu können, gebe ihm zudem »Zeit und Ruhe, um in die Zukunft zu denken. Das fördert auch meine Kreativität.«

Der Umgangston im »Team Löw« ist freundschaftlich und locker. »Wir reden gern im Detail über Fußball und haben wirklich Spaß dabei«, sagt der Bundestrainer und gibt schelmisch zu, dass man es zuweilen vielleicht auch ein wenig übertreibe. Offensichtlich gibt es selbst bei ernsthaften Diskussionen kaum atmosphärische Störungen. Das praktisch konfliktfreie Verhältnis, das der einstige Assistent Löw und sein Chef Klinsmann vorgelebt hatten, blieb somit auch nach 2006 stilbildend. Es seien »noch nicht einmal die Fetzen geflogen«, bemerkte Assistent Hansi Flick nach zweijähriger Zusammenarbeit mit Löw. Beide hatten inzwischen Freundschaft geschlossen, sie waren sogar gemeinsam mit den Frauen in den Urlaub gefahren.

Köpke übt sich in der Kunst, überhaupt nicht aufzufallen, und verschwindet als Person beinahe hinter seiner Rolle als treuer Vasall. Siegenthaler schätzt Löws Offenheit ungemein und zeigt keinerlei Tendenz, aus dem Konsensverbund auszuscheren. »Gäbe es mehr Menschen wie Joachim Löw, dann wäre der Wunsch nach Weltfrieden vielleicht keine Illusion«, spöttelte die »Süddeutsche Zeitung« nach der EM in Österreich und der Schweiz über den badischen Gutmenschen auf dem Bundestrainer-Stuhl. Jedenfalls dürfte man Löw kaum, wie das bei Felix Magath 2011 auf Schalke geschah, »soziale Inkompetenz« vorwerfen können. Das System Löw steht für transparentes, kooperatives und empathisches Führen. Und insofern könnte sich im Erfolg Löws und anderer teamorientierter Trainer wie Klopp oder Tuchel auch andeuten, dass die Zeit der einsamen Chefs am Spielfeldrand, die Zeit von Autokraten wie Magath oder van Gaal, sich ihrem Ende zuneigt.

Alle strategischen und personellen Entscheidungen, etwa die Nominierung eines Länderspielkaders, werden in der Viererrunde des Trainerteams getroffen. Und natürlich bereitet man da auch die berühmten DVDs vor, die für die Spieler und die für einzelne Spielergruppen, sortiert nach Rubriken wie Organisation, Viererkette, Angriffsschemen. Sämtliche negativen Auffälligkeiten werden da aufbereitet. Wenn zum Beispiel die Abstände in der Viererkette nicht mehr ganz stimmen, dann werden den Abwehrspielern einige typische Fehlersituationen aufgezeigt. Dasselbe gilt für die anderen Mannschaftsteile. »Wir zeigen dem Mittelfeld Szenen, in denen hohe Anspiele ins Nichts gehen. Dann fragen wir: Wollten wir hoch spielen, wollten wir das? Nein, wollten wir natürlich nicht.«

Und so könnte man schließen: Die mit wissenschaftlicher Methodik und detailversessener Trainingsarbeit betriebene Entwicklung der Mannschaft, die im Zuge des immer ausgefeilteren Löw-Tunings sich immer weniger allein auf Fitness, Wille und Emotion verlassen muss, sondern auf eine zunehmend routinierte Betriebssicherheit vertrauen kann, schreitet stetig und ruhig voran. Ganz so ist es freilich nicht. Denn der Chef Joachim Löw muss immer wieder Widerstände überwinden. Er ist ein Chef, der sich im Konfliktfall meist mit eher leisen und subtilen Methoden zu behaupten weiß; im Zweifel kann er aber auch mal anders.

Konsensstil mit Grenzen

Um das Traineramt gut auszufüllen, genügt es nicht, nur ein Experte mit hoher Kompetenz zu sein. Ein Trainer benötigt nicht nur Qualitäten wie Entscheidungsfreude, analytische Begabung oder Beharrlichkeit. In hohem Maße ist er auch als Psychologe gefordert. Er muss sich durchsetzen können, ohne dabei zum Zwangsherren zu werden. Er muss ein exzellenter Motivator sein. Er muss im Sinne der Mannschaftspflichten Eigensinnigkeiten zurückdrängen, ohne die individuellen Qualitäten zu hemmen. Er muss eine Hierarchie aufbauen, die sich mit dem Teamgedanken nicht nur verträgt, sondern ihn sogar stärkt. Er muss ein Menschenkenner sein, der die jeweils passende Ansprache und Tonlage für unterschiedliche Charaktere in wechselnden Gefühlslagen zu finden versteht. Er muss Zweifelnde starkreden, Überhebliche zurechtstutzen, Stänkerer disziplinieren und Diven ins Kollektiv integrieren. Und schließlich muss er permanent, da er nie sämtliche Spieler eines Kaders zufriedenstellen kann, im Umgang mit unzufriedenen Spieler Moderationsfähigkeiten und Führungsqualitäten beweisen. Ein ausgeprägtes Fingerspitzengefühl ist insbesonders dann erforderlich, wenn es darum geht, einem Spieler mitzuteilen, dass er sich vorläufig mit einem Platz auf der Bank begnügen muss oder gar, dass er in den Planungen überhaupt keine Rolle mehr spielt. »Fußball ist mit Schicksalen verbunden, ich bin mir dessen sehr bewusst«, sagt Löw. »Es ist eine ganz, ganz emotionale und hochsensible Angelegenheit, vor einem Turnier einem Spieler zu sagen, dass er nicht mitdarf.«

Joachim Löw, der als zentralen und wichtigsten Aspekt all der an einen Trainer gestellten psychologischen Anforderungen die Kommunikationsfähigkeit nennt, scheint im direkten Umgang mit den Spielern seine Stärken besser entfalten zu können als vor den Mikrofonen der Medienvertreter. Kommunikationsfähigkeit, so betont er, bedeute nicht nur die Begabung, Lerninhalte mit Überzeugungskraft zu vermitteln, sondern auch das Vermögen, zuhören zu können. Nur wenn beides zusammengehe, könne man »Vertrauen bei den Spielern aufbauen« und sie stark machen. Viel kommunikatives Geschick und ein hohes Maß an Einfühlungsvermögen sei erforderlich bei dem Bestreben, sie in ihren Fähigkeiten positiv zu bestärken. Man müsse stets ein offenes Ohr haben und auf die Gedanken und Gefühle der Spieler intensiv eingehen, wenn man in die Lage kommen will, die eigene »gute Energie« weiterzugeben.

Die große Aufgabe eines Trainers, gleich einem Dirigenten aus einzelnen Stars ein harmonierendes Ensemble zu formen, kann nur von Erfolg gekrönt werden, wenn er auch all seine kleinen Aufgaben im individuellen Umgang mit den unterschiedlichsten Charakteren erfüllen kann. »Mit allen Spielern muss man sehr sensibel arbeiten«, so Löw, mit jedem auf die für ihn passende Weise, und die müsse er jeweils herausfinden: »Manche reagieren besonders auf Nähe und Vertrauen, andere auf klare, rationale Ansprache. Der eine braucht Freiraum, der andere strikte Anweisungen.«

Nach vier Jahren als Chefcoach glaubte er feststellen zu können, ein »sehr enges Verhältnis« zu seinen Spielern aufgebaut zu haben, ein Verhältnis, das geprägt sei »von großem Vertrauen und Respekt«. Er freue sich nicht nur über die Willigkeit und die Lernerfolge seiner Spieler, sondern auch über deren positiven Charakter, meinte er stolz. Umgekehrt kamen die Spieler, wenn sie nach einer Beurteilung ihres Trainers befragt wurden, zu ebenso positiven Bewertungen. Michael Ballack drückte es so aus: Der Bundestrainer sei »eine absolute Autorität«, es gebe wohl nur wenige Trainer, die ihre fußballerischen Vorstellungen so konsequent durchsetzten wie er. Lukas Podolski benötigte nicht viele Worte. »Wir lachen viel, doch Jogi schafft es, eine gewisse Konzentration aufzubauen.« Miroslav Klose fühlte sich, als er 2008 im Trainingslager seinen Geburtstag feierte, in der Nationalmannschaft aufgehoben wie in einer Familie. Auch zwei Jahre später empfand Arne Friedrich das Verhältnis zwischen dem Trainer und seinen Spielern als »nahezu perfekt«. Der Trainer sei eine »absolute Respektsperson«, die es trotzdem schaffe, Nähe zu zeigen. »Er ist der völlig unangefochtene Headcoach, der unser aller Respekt spürt. Er blickt nicht auf die Spieler herunter. Es ist ein freundschaftliches, respektvolles Verhältnis. Diese Mischung ist sehr positiv.« Ballacks Nachfolger Philipp Lahm betonte Löws »sehr enge Bindung zu den Spielern«. Er lege größten Wert auf Kommunikation, wolle von der Mannschaft stets ein Feedback bekommen.

Vor allem aber habe sich Löw von Anfang an als gewiefter Taktiker gezeigt. Zu jeder Position habe er etwas Interessantes zu sagen gewusst. Das habe ihn sehr beeindruckt, schrieb Lahm in seinem Buch »Der feine Unterschied«, zumal ihm bis dahin »kein Trainer Anregungen gegeben hat, wie er die Position des linken Verteidigers vielleicht interpretieren könnte«. Bastian Schweinsteiger sprach wohl für die meisten Nationalspieler, als er nach dem hervorragenden Länderspieljahr 2011 feststellte, die Fortschritte seit 2004 seien »ganz klar« ein Verdienst des Bundestrainers. Und dies war sicherlich nicht nur seinen überragenden Fähigkeiten als Taktiker zu verdanken, sondern eben auch seinen besonderen Fähigkeiten in der Menschenführung. Es ist wohl keineswegs selbstverständlich, wenn André Schürrle sich als Newcomer gleich gut aufgehoben fühlte und das »sehr gute Klima« in der Mannschaft lobte, gleichzeitig aber in aller Selbstverständlichkeit erklärte, unbedingt in die erste Elf und damit den langjährigen Stammspieler Lukas Podolski verdrängen zu wollen. Joachim Löw, schrieb der »Kicker« einmal, gelinge es, »ein Klima professioneller Konkurrenz« zu schaffen, das aber das auf den Gesamterfolg »fokussierte Wir-Gefühl nicht zu bedrohen scheint«.

Der Bundestrainer nutzt jede Möglichkeit zu Einzelgesprächen, und zugleich ist er stets auf das Funktionieren der ganzen Gruppe bedacht. »Keiner darf durch Nachlässigkeiten den Erfolg der Gruppe gefährden«, betont er. »Das verlangt: Respekt, Pünktlichkeit, Bereitschaft zur Kommunikation, gegenseitig Verantwortung übernehmen, Fehler eingestehen. Und Toleranz dem anderen gegenüber, wenn es mal nicht optimal gelaufen ist.« Tatsächlich scheint der gute Teamgeist ein Erfolgsgeheimnis der Nationalelf. 2010 gab es keine Grüppchen, die sich voneinander abschotteten, die Spieler mischten sich immer wieder neu, Gemeinsamkeit wurde großgeschrieben. Die neue Nationalelf, formulierte Oliver Bierhoff ganz im Sinne des Chefcoaches, stehe »für Freude, Teamgeist, Integration, für eine neue Art der Mannschaftsführung, Kommunikation unter den Trainern, Spielern und Betreuern, flache Hierarchien, kollegialen Austausch«.

Nachdem es bei der EM 2012 einen vor allem von Bastian Schweinsteiger heftig bemängelten Rückschritt in Sachen Harmonie gegeben hatte, sahen Löw und sein Trainerteam einen dringenden Bedarf, zur WM 2014 spezielle Maßnahmen zu errgreifen, um den Teamgeist zu fördern. Dass die dann zum Erfolg führten, hatte ganz wesentlich auch mit dem Mannschaftsrat zu tun. Seit 2010 gehörten dem neben Kapitän Lahm die erfahrenen Kämpen Schweinsteiger, Klose und Mertesacker an. Die vier Führungsspieler hatten in den berühmt gewordenen Wohngruppen des Campo Bahia mehr Verantwortung denn je übernommen und dafür gesorgt, dass sich Bierhoffs Worthülsen tatsächlich mit Leben füllten.

Äußerste Loyalität, absolut zuverlässige Pflichterfüllung und höchste Leistungsbereitschaft zu garantieren, ohne darüber zum Zuchtmeister zu werden – das ist wohl die Königdisziplin des Trainerberufes. »Es nutzt doch nichts, wenn man mit der Peitsche herumläuft und alles nur bestimmt«, meinte Joachim Löw schon zu seiner Zeit als VfB-Trainer, und bei dieser Meinung blieb er auch, als er dort gescheitert war. »Ich suche immer nach Lösungen im Konsens«, lautet bis heute eine seiner zentralen Devisen. Aber der Konsenswille hat seine Grenzen. Eine findet sich in seinem künstlerischen Streben nach dem Optimum. Seine fachliche, wissensbasierte Autorität steht über allem. Seine Kompetenz, so stellt er ohne jeden Anflug von Arroganz fest, sei »bei Weitem größer« als die der Spieler. »Der Trainer muss eine Einheit formen, er gibt die Inhalte vor und auch die Strategie«, und da sei *er* der Experte, nicht die Spieler, die im Gefüge der Mannschaft ihre individuellen Aufgaben erfüllen müssen. Was richtig ist, entscheidet letztlich er allein. Seine Ansprache bei den Spielern ist leiser als die des zur Theatralik neigenden Klinsmann, aber deswegen um nichts weniger eindringlich und bestimmt. In Einzelgesprächen ist er absolut schonungslos. Da kann seine Stimme eine beachtliche Schärfe annehmen, vor allem aber setzt er auf die Härte der Fakten. Mitleidslos präsentiert er dann mangelnde Sprintwerte, schlechtes Zweikampfverhalten, Stellungsfehler, falsche Laufwege, ungenaues Passspiel, Spielermängel aller Art – und das alles gibt es nicht nur per Ansprache, sondern auch noch auf DVD.

Auf dem Weg zur Verwirklichung seiner Ziele zeigt Joachim Löw unerschütterliche Konsequenz und Hartnäckigkeit. Er ist genau bis zur

Pedanterie und kann durchaus streng und ungehalten werden, wenn die Dinge sich seinen Vorstellungen nicht fügen wollen, wenn sich das Spiel der Mannschaft seiner Absicht versperrt, die Abläufe auf eine höhere Feinheitsstufe einzustellen. Und so wird er schon mal ziemlich laut, wenn ein elementarer Ablauf wiederholt danebengeht, wenn die anvisierte Automatik im Passspiel hässlich stottert, wenn seine Jungs nicht so können, wie sie sollen. Dieser Bundestrainer ist allergisch gegen Fehler, vor allem gegen einfache Fehler. Und wenn er mit Bequemlichkeit und Unwilligkeit konfrontiert wird, vor allem dann, wenn ein hochbegabter Spieler seine Qualitäten nicht abruft und damit den Erfolg der ganzen Mannschaft gefährdet, kann er für einen Augenblick sogar zum äußerst ungemütlichen Wut-Trainer werden und brüllen: »Herrgottsack!«

Keinerlei Humor kennt er bei Respektlosigkeit und Verweigerung einer Anweisung. Dann kann ein Spieler mit seiner sofortigen Demission rechnen. Dem würde es so gehen wie im Herbst 2003 dem Wiener Austria-Spieler Paul Scharner. Den wollte der damalige Austria-Cheftrainer Löw im Spiel gegen den Grazer AK als rechten Mittelfeldspieler in die Partie bringen. Doch Scharner verweigerte die Einwechslung, weil er lieber zentral auflaufen wollte. Löw suspendierte ihn umgehend, Scharners Karriere bei den »Violetten« war damit beendet. Auch im Konsensuniversum der Nationalmannschaft gibt es daher Grenzen, die nicht überschritten werden dürfen. »Es gibt klare Regeln, was die Disziplin angeht«, so Löw. Bei groben Fehltritten werde ohne theatralischen Auftritt im Gespräch eine Lösung gesucht, und falls das nichts gefruchtet habe, würden ganz kühl die Konsequenzen gezogen. »Die Spieler können vielleicht Wünsche äußern, aber keine Bedingungen stellen. Die Bedingungen stelle ich als Trainer«, sagt Löw mit nahezu drohendem Unterton, alle Entscheidungen treffe er allein und im Zweifel auch knallhart.

Tatsächlich hat Joachim Löw in seinen ersten beiden Jahren als Bundestrainer kaum Konflikte aushalten müssen. Mit allen Spielern kam er gut aus, selbst die Ersatzspieler fügten sich ein. Das blieb aber nicht so. Man musste nicht allzu genau hinhören, um zu merken, dass sich während und nach der EM 2008 der Umgangston in der Nationalelf geändert hatte. Erster öffentlich sichtbarer Ausdruck für den ungewohnten Unfrieden war eine heftige Auseinandersetzung zwischen Michael Ballack und Oliver Bierhoff nach dem Finale von Wien.

Der Ballack-Bierhoff Konflikt

Als Manager Bierhoff nach dem Abpiff des verlorenen EM-Endspiels zu Kapitän Ballack ging und ihn bat, mit einem Dankeschön-Plakat auf die Stadionrunde zu gehen und den Fans zuzuwinken, stieß ihn der Kapitän weg. »Lass' mich einfach mal in Ruhe«, blaffte er und schickte angeblich noch ein paar deftige Schimpfworte hinterher: »Obertucke«, »Pisser«. Daraufhin die angebliche Reaktion von Bierhoff (die er allerdings bestritt): »Du hast hier gar nichts zu sagen.« Vielleicht wäre es gar noch zu einer Keilerei gekommen, hätten nicht einige Schlichter eingegriffen.

Wer ein Dazwischengehen des Bundestrainers erwartet hatte, wurde enttäuscht. Erst fast zwei Monate nach dem Finale griff er das Thema auf. »Nach allem, was ich vernommen habe, war Michael Ballacks Wortwahl in diesem Augenblick nicht so ganz geschickt«, äußerte er mit sehr moderater Wortwahl. »Man muss sich als Kapitän nicht in diesem Maße und mit solchen Ausdrücken abreagieren.« Bei dieser sanften Kritik blieb es, später forderte er die beiden noch einmal öffentlich auf, sich nun auszusprechen und die Streitigkeiten beizulegen. Angeblich passierte das auch, doch die über die Presse lancierten Sticheleien gingen dennoch weiter. Als der Manager nach der sportlichen Bedeutung von Ballacks verletzungsbedingtem Ausfall in den ersten beiden WM-Qualifikationsspielen gefragt wurde, antwortete er: »Die Nationalmannschaft hat mit Michael Ballack gute Spiele gemacht, und sie hat ohne Michael Ballack gut gespielt. Sie ist also nicht so abhängig von ihm.« Ballack konterte daraufhin via Zeitungsinterview: »Die Nationalmannschaft hat schon gewonnen, als Oliver Bierhoff noch nicht ihr Manager war. Und auch zukünftig wird es für den Erfolg nicht entscheidend sein, ob Bierhoff Manager ist oder nicht.« Außenstehende mögen sich da gefragt haben, ob eine Freundschaft zwischen Manager und Kapitän nötig ist, damit die Mannschaft Erfolg hat.

Nötig für den Erfolg war aber eine hinreichend gute Stimmung im Team. Auch da haperte es seit der EM. Zwischen Ballack und einigen Mitspielern gab es einen schwelenden Konflikt, die »Sport-Bild« mutmaßte gar, der Kapitän sei wegen seines rüden Führungsstils im Team isoliert. Auch Joachim Löw musste nun Meinungsverschiedenheiten im Team einräumen und setzte sich mit seinem Kapitän zusammen, um einen etwas moderateren Stil der Kritik einzufordern. Zugleich begann er selbst in der Öffentlichkeit einen deutlich autoritäreren Ton anzuschlagen. Er kündigte eine Verschärfung des Konkurrenzkampfes an, der durch den vermehrten Einsatz jüngerer Spieler bewirkt werden sollte. Das bedrohte natürlich die älter gewordenen Führungsspieler, mit denen Löw bereits seit seiner Assistentenzeit per »du« verkehrte. Es gebe keine Stammplatzgarantien mehr, stellte er unmissverständlich fest – und betonte, dass von dieser Feststellung auch Frings und Ballack betroffen waren: »Ich werde nicht von vorneherein sagen, dass sie ihren Platz sicher haben.«

Das klang ganz anders als noch vor der EM. Da war Löw nie müde geworden, Ballacks Qualitäten als Chef und Antreiber anzupreisen: Der könne »die Mannschaft führen und beeinflussen«, lasse im Spiel nie nach und setze aus seiner Defensivposition heraus noch offensive Akzente. Nun aber, da der Konkurrenzdruck erhöht werden sollte und die jüngeren Spieler wie Lahm und Schweinsteiger ganz bewusst aufgefordert worden waren, mehr Verantwortung zu übernehmen, war der alleinige Führungsanspruch Ballacks in Frage gestellt. »Ich brauche mehrere Leader, das habe ich immer gesagt«, lautete nun das Credo des Bundestrainers. »Einer allein ist zu wenig. Gerade wenn es mal auf dem Platz nicht so gut läuft, muss die Verantwortung auf viele Schultern verteilt werden.« Verstimmungen ob dieser neu definierten Führungsphilosophie konnten nicht ausbleiben. Die gewohnte Hierarchie war als Zukunftsmodell abgeschafft. Ihre reale Abschaffung stand damit auf der Agenda, und das konnte eigentlich nicht ohne einen offenen Ausbruch von Konflikten abgehen.

Kuranyi-Flucht und Frings-Gemaule

Die erste kleine Explosion – die gleichsam die späteren großen Eruptionen ankündigte – erfolgte am Rande des WM-Qualifikationsspiels gegen Russland am 11. Oktober 2008 in Dortmund. Im Vorfeld dieses Kräftemessens mit dem stärksten Gegner in der Qualifikation machte der Bundestrainer unmissverständlich klar: »Ich will von jedem Spieler sehen, dass er körperlich und mental für dieses Spiel bereit ist. Sonst wird er nicht spielen.« Einer, der zu den Nichtspielern gehörte, war Kevin Kuranyi. Der gerade in einer Formkrise steckende Schalker durfte nicht einmal auf der Bank sitzen. Er musste auf die Tribüne. Das war für ihn, den bereits vor der WM 2006 Gedemütigten, zu viel des Frustes. Unentschuldigt verließ er das Stadion vorzeitig und erschien dann am nächsten Morgen auch nicht mehr zum Training. Eine deftige Abfuhr des erbosten Bundestrainers war die Folge: Kevin Kuranyi, erklärte er, werde nie mehr für die Nationalmannschaft auflaufen. Ein derartiges Verhalten sei völlig inakzeptabel, meinte er, auch wenn er Kuranyis Frust verstehen könne. »Ich bin nicht nur für einzelne Spieler verantwortlich, sondern dafür, dass die Mannschaft funktioniert.« Und tatsächlich sollte es kein Zurück mehr geben. Eineinhalb Jahre später, als der Schalker sich zu einer Hochform aufgeschwungen haben wird und zahlreiche Experten fordern werden, dass der aktuell beste Stürmer zur WM müsse, wird Löw immer noch konsequent den Kopf schütteln.

Aber Kuranyi war im Herbst 2008 erstmal seltsam schnell vergessen, denn andere stänkerten nun lauter und ließen damit die Risse in der bis dahin so glänzend-harmonischen Fassade der Nationalelf immer größer werden. Auslöser einer ganzen Welle von Streitereien war der zum Bankdrücker degradierte Torsten Frings. Gegen Russland hatte er nur sieben Minuten Einsatzzeit erhalten, gegen Wales vier Tage später hatte er sich nicht einmal mehr warmlaufen dürfen. Nach dem Wales-Spiel habe er ein »grundsätzliches« Gespräch mit Frings geführt, berichtete Löw. »Ich habe ihm meine Wertschätzung mitgeteilt«, betonte er und ergänzte: »Logischerweise sind Spieler unzufrieden, wenn sie nicht spielen. Aber das ist eine Situation, die ich möchte.« Er bescheinigte Frings einen »vorbildlichen« Umgang mit der für ihn neuen, unerfreulichen Situation und zeichnete ihm eine Perspektive bis zur WM 2010 auf: »Ich weiß, dass er seine Leistung noch bringen kann und bringen wird. Jetzt muss er diese Pille eben auch mal schlucken. Ich setze weiter auf ihn.«

Frings machte seinen Unmut gegenüber der »Bild« Luft. Am Freitag vor dem Spiel habe ihm Löw offenbart, dass er nicht zum Einsatz komme. »Er hat mir erzählt, dass er trotzdem auf mich baut, dass ich wichtig bin mit meiner Erfahrung und so weiter.« Aber dann habe er ihn, den 78-maligen Nationalspieler, noch nicht einmal warmlaufen lassen. »Das war für mich die Krönung, eine Demütigung!« Über die Konkurrenten, die statt seiner zum Einsatz gekommen waren, urteilte Frings: »Ich habe nichts gegen Simon Rolfes oder Thomas Hitzlsperger. Im Gegenteil. Ich weiß aber auch: Sie sind nicht besser! In der Nationalelf sollte doch immer noch die Leistung aus der Bundesliga entscheidend sein. Und selbst, wenn wir drei gleich stark sein sollten, erwarte ich vom Trainer mehr Rückendeckung, Vertrauen und Respekt.« Trotz der von Löw ausgedrückten Wertschätzung spüre er, wie seine Perspektiven schwanden. Selbst einen Rücktritt wollte er nicht mehr ausschließen. »Nicht, weil ich beleidigt bin, sondern weil mir die letzten Tage die Augen geöffnet haben.«

Der »Imperator« stutzt den Kapitän

Die Frings-Beschwerde glich der Wörns-Beschwerde von vor vier Jahren und war insofern nichts Besonderes. Alternde Spieler werden sich angesichts der drohenden Ausmusterung immer wieder beschweren über das angeblich nicht mehr angewandte Leistungsprinzip. Der Fall von Frings entwickelte sich aber nun insofern etwas anders, weil der Frings-Freund Ballack, in Chelsea wegen einer Fußoperation gerade außer Gefecht, in einem Interview mit der »FAZ« nachlegte. Ganz entgegen bisherigen Gewohnheiten, leitete der Chelsea-Profi seine Stellungnahme harmlos ein, habe sich der Bundestrainer nicht über den Gesundheitszustand seines Kapitäns erkundigt. Das sei schon seltsam, meinte er. Vor allem aber, fuhr er nun fort, wundere er sich darüber, wie der vom Bundestrainer geschürte Konkurrenzkampf in der Nationalmannschaft geführt werde, wie gestandene Leistungsträger plötzlich angegriffen und aufgefordert würden, sich zu »unterwerfen«. Torsten Frings, sprang er seinem Kameraden bei, spiele im Verein auf hohem Niveau und regelmäßig in der Champions League, trotzdem werde er in Frage gestellt. Er habe deshalb »ein ungutes Gefühl«, dass er diesen Konkurrenzkampf nicht gewinnen könne. »Wenn man einen nicht mehr will«, monierte er, »sollte man das ehrlich ansprechen. Respekt und Loyalität ist doch das Wenigste, was man als verdienter Nationalspieler erwarten kann. Ich denke da auch an den einen oder anderen Fall aus der Vergangenheit – zum Beispiel Oliver Kahn. Es war ein Konkurrenzkampf mit Jens Lehmann ausgegeben worden, den er in meinen Augen nie gewinnen konnte.« Frings habe nun die Zeichen erkannt. »Er ist ein erfahrener Spieler und spürt genau, was um ihn herum geschieht. Ich fände es schade, wenn Torsten zurücktritt, weil er glaubt, nicht mehr gebraucht zu werden.« Es gehe hier nicht um Erbhöfe. Natürlich solle und müsse die Leistung ausschlaggebend sein. »Und wenn der Bundestrainer fordert, die jungen Spieler sollen mehr Druck machen, dann ist das völlig in Ordnung. Wir dürfen das Spiel aber nicht zu weit treiben.«

Der derart angegriffene Bundestrainer reagierte äußerst barsch. Kurz, knapp und kühl fiel seine Reaktion auf Frings' Rücktrittsdrohung aus: »Über allem bei uns steht der Leistungsgedanke. Und wenn jemand glaubt, dass er nicht mehr für die Nationalmannschaft spielen will, werden wir ihn nicht dazu zwingen. Weder mit Waffengewalt noch mit Geld.« Die Sache mit Ballack war schwieriger. Er sei enttäuscht von seinem Kapitän, erklärte er, und setzte mit drohendem Unterton nach: »Ich werde mit ihm sprechen, das ist klar. Über die Vorgehensweise bin ich mir noch nicht bewusst. Jeder Spieler kennt bei uns die Regeln, was öffentliche Kritik angeht. Und Personaldiskussionen sind dem Trainer vorbehalten.«

In allen Gazetten und an allen Stammtischen wurde nun tage- und wochenlang über das Zerwürfnis zwischen Löw und Ballack diskutiert. Nachdem der angeblich noch nicht reisefähige Nationalmannschaftskapitän aus London zunächst recht schnippisch auf die öffentlichen Äußerungen Löws reagiert hatte (»Schön, dass der Bundestrainer mit mir wieder das Gespräch sucht«), ruderte er nach einem – offensichtlich in einem etwas schärferen Ton gehaltenen – Telefonat zurück. Löw, von manchem Oberlehrer öffentlich aufgefordert, sofort nach London zu fliegen und die Sache unter Männern zu regeln, wollte sich keine Blöße geben und zitierte seinen Kapitän zum Rapport nach Deutschland, sobald dessen Gesundheitszustand die Reise erlaube. Wenn andere mit seinem Vorgehen nicht einverstanden seien, meinte er, sei das für seine Linie nebensächlich.

Tatsächlich knickte Ballack ein und ruderte vorab schon mal öffentlich zurück. »Ich werde mich in kürzester Zeit mit Joachim Löw zusammensetzen, sobald es mein Gesundheitszustand zulässt, und werde mich für mein Verhalten bei ihm entschuldigen«, ließ er in einer Pressemitteilung verlauten und räumte ein, mit seinem Gang in die Öffentlichkeit »den falschen Weg gewählt« zu haben. Er habe nicht die Absicht gehabt, den Bundestrainer, den er im Übrigen sehr schätze, persönlich zu attackieren, sondern er habe lediglich Mitspieler in einer schwierigen Situation schützen und unterstützen wollen.

»Imperator Löw«, »Abschied vom netten Herrn Löw«, »Löw zeigt Profil«, »Der Trainer als Feldherr« lauteten nun die Schlagzeilen. »Eine Entmachtung von Kapitän Ballack ist wahrscheinlich, ein Rauswurf nicht mehr ausgeschlossen«, meinte die »FAZ«. Jedenfalls zeigte sich der Bundestrainer in seinem Handeln so entschlossen und konsequent, wie man es bis dahin noch nicht gesehen hatte – und wie es Frings und Ballack sicher auch nicht erwartet hatten.

Am Donnerstag, 30. Oktober 2008, saßen Trainer und Kapitän in der DFB-Zentrale Aug' in Aug' einander gegenüber. Zwei Stunden dauerte es, von 17 bis 19 Uhr, doch die Öffentlichkeit erfuhr erst am Abend des nächsten Tages per Pressemitteilung des DFB von den Ergebnissen. Als da waren: Ballack entschuldigt sich bei Löw, Löw nimmt die Entschuldigung an; Ballack darf weiterhin für die Nationalmannschaft spielen und bleibt auch Kapitän. Und dann stand da noch eine Rüge Löws: »Auch als Kapitän muss er sich an unsere Regeln halten. Alle sportlichen und personellen Entscheidungen werden von unserem Trainerteam getroffen – und dies habe ich Michael unmissverständlich deutlich gemacht.«

In das Ergebnis des »sehr offen« geführten Gesprächs dürfe keinesfalls ein irgendwie gearteter Autoritätsverlust hineininterpretiert werden, stellte Löw hernach noch klar. Ein Rauswurf des Kapitäns sei nie sein Ziel gewesen, sondern eine glaubhafte Entschuldigung und die unbedingte Anerkennung des für alle in gleicher Weise geltenden Verhaltenskodexes. »Es ist doch für alle am besten, wenn ein Spieler wie Michael Ballack seinen Fehler einsieht, sich entschuldigt und uns weiter zur Verfügung steht, wenn die Leistung stimmt. Was meine Autorität betrifft, mache ich mir überhaupt keine Gedanken. Ich habe meine Vorstellungen, das wissen alle, und die werden konsequent umgesetzt.« Und das hieß eben zuallererst, »bei allem Respekt vor Namen und Verdiensten«: uneingeschränkte Geltung des Leistungsprinzips. In diesem Sinne werde er auch Frings noch einmal deutlich machen, dass für seine Perspektiven in der Nationalmannschaft einzig »seine Leistung entscheidend sein wird«.

Es war nichts anderes als ein Machtkampf, was da stattgefunden hatte. Und über den Sieger konnte es keinen Zweifel geben. Der Bundestrainer hatte den Kapitän zum Bußgang gezwungen. Der aufmüpfige Ballack hatte sich ein blaues Auge abgeholt und würde fortan nicht mehr die bisherige Dominanz in der Mannschaft ausüben können. In der Absicht, Frings zu schützen, war er zudem nun selbst unter Druck geraten.

Verhaltenskatalog mit strengen Regeln

Was war der Kern des Konflikts Löw vs. Frings & Ballack? Zunächst einmal ging es schlicht darum, dass der alte Recke Torsten Frings seine Position als Stammspieler verloren hatte. Die Nationalelf hatte bei der EM gegen Portugal und in der Qualifikation gegen Russland auch ohne ihn ansprechende Leistungen gezeigt. Man brauchte ihn also nicht mehr unbedingt, und das war ja auch ganz normal, dass neue, junge Spieler die Etablierten, die ein gewisses Alter erreichen, bedrängen. Dazu hatten im Verlauf des von Löw ausgerufenen verschärften Konkurrenzkampfs, der nicht einmal dem Leitwolf Ballack Privilegien garantierte, junge Spieler wie etwa Schweinsteiger und Lahm an Selbstbewusstsein und Profil gewonnen. In Anbetracht des Alters von Ballack (32) und Frings (31) war Löw unbedingt gezwungen, junge Spieler zu stärken; und dies hatte zwingend zur Folge, dass sich die Hierarchien verschoben. Ballack hatte um seine exklusive Position gefürchtet und den Angriff auf seinen Adjutanten Frings als Vorspiel seiner eigenen Entmachtung interpretiert. Bei seinem Vorpreschen ging es aber sicher auch schlicht um verletzte Eitelkeit wegen der Zurückstufung vom Superstar mit Sonderrechten zum nur noch wichtigen Spieler ohne absolute Stammplatzgarantie.

Im Prinzip war das alles nichts Außergewöhnliches. Es war ein ganz üblicher Konflikt, wie er sich in der fortschreitenden Entwicklung von Mannschaften immer wieder ergibt. Aber es gab da doch noch eine besondere Note. In dieser Auseinandersetzung manifestierte sich nämlich, dass die Tradition der Leitwölfe à la Matthäus, Sammer und eben Ballack vielleicht an ihr Ende gekommen sein könnte. Schon während der EM hatte sich mannschaftsintern die Kritik am angeblich despotischen »Capitano« verstärkt, zumal er die von ihm beanspruchte Sonderstellung nicht durch herausragende Leistungen hatte bestätigen können. Und der Bundestrainer war ohnehin schon immer ein Freund von Schlagworten wie »flache Hierarchie« oder »Verantwortung im Kollektiv«, die Zeit der klassischen Führungsspieler hielt er für beendet. Schließlich, und das war letztlich auch das Entscheidende, ging es um die Autorität des Bundestrainers. Der konnte es nicht auf sich sitzen lassen, dass ihn sein Kapitän in der Öffentlichkeit nicht nur sachlich kritisiert, sondern letztlich auch charakterlich angezweifelt hatte. Und so schickte er ihn und seinen Kumpel Frings verbal dorthin, wo früher einmal die Schüler mit der Eselsmütze stehen mussten.

Joachim Löw spürte, dass er die Angelegenheit nicht auf sich beruhen lassen konnte. Er hatte den Konflikt in dieser Vehemenz sicher nicht erwartet. Nun, da es ihm gelungen war, gestärkt aus ihm hervorzugehen, wollte er die Gelegenheit nutzen, seine Entschlossenheit nachhaltig zu demonstrieren. Seine Autorität sollte jetzt ein- für allemal zementiert werden. Vor dem Spiel gegen England am 19. November in

Berlin hielt er im Konferenzsaal des Hyatt eine 30-minütige Ansprache an die Spieler, in der er einen »Verhaltenskatalog für Nationalspieler« entwickelte. Da ging es um »ethische« Fragen wie den respektvollen Umgang miteinander, um die Ehre, das deutsche Nationaltrikot tragen zu dürfen, um die Fähigkeit, eine Zurückversetzung auf die Ersatzbank als Aufforderung zu noch größerem Engagement zu begreifen, und ganz allgemein um enttäuschungsfesten Ehrgeiz, leidenschaftliche Begeisterung und unbedingte Ernsthaftigkeit in der Berufsausübung. In der »Sport-Bild« formulierte er beispielhaft Fragen, mit denen sich die Auserwählten des DFB auseinanderzusetzen hätten: »Was heißt es denn, Nationalspieler zu sein? Was heißt es denn, Vorbild für viele Kinder zu sein? Wo liegt das Problem, sich weiterzubilden, Medienschulung zu betreiben? Was heißt eine richtige Karriereplanung? Was heißt es, Teil einer Mannschaft zu sein?«

Drei strikte Gebote bildeten den harten Kern des Löw'schen Verhaltenskodexes. Erste Regel: Der Trainer muss absolut als der alleinige Chef anerkannt werden. (»Die Entscheidungen in personellen und taktischen Fragen trifft der Trainer.«) Zweite Regel: Es gilt das absolute Leistungsprinzip. (»Es geht nicht darum, was jemand schon geleistet hat. Wir werden alle Spieler genau beobachten und nur nach Leistung entscheiden, wer spielt.«) Dritte Regel: Keine Kritik in der Öffentlichkeit. (»Das ist eine Frage des Respekts. Wir haben grundsätzlich einen guten Umgang miteinander. Diese Vorfälle haben die Nationalelf in ein falsches Licht gerückt.«)

Die scharfe Ansprache hatte den Charakter einer letzten Warnung. Es sei ein »untragbarer Zustand«, wenn die Spieler die Entscheidungen des Trainers nicht akzeptieren und öffentliche vorgetragene Kritik zum Thema Nummer eins in den Nachrichtensendungen werde, ereiferte sich Löw. Er habe die Entschuldigungen von Frings und Ballack angenommen, meinte er. Und fügte sogleich drohend hinzu: »Jeder weiß, dass ich sowas in Zukunft nicht mehr akzeptieren werde«.

Eiszeit in der Nationalelf

Mit dem Verhaltenskatalog hatte Joachim Löw eindeutige Grenzen gesetzt. Auf dem Spiel stand damit aber nun das bisher stets gute Einvernehmen mit seiner Truppe. »Ich sehe nicht die Gefahr, dass Gräben innerhalb der Mannschaft entstehen oder die Vertrauensbasis zerstört wird«, meinte er und gab sich zuversichtlich. »Ich glaube, dass die gute

Atmosphäre schnell wiederhergestellt werden kann.« Vorerst durchwehte jedoch ein eiskalter Wind das einst so kuschelige Harmoniegebäude der Nationalmannschaft, und der ließ denn auch sogleich die Gesichtsmuskulatur einiger Spieler derart erstarren, dass sie kaum mehr ein Wort formulieren konnten.

Kurz nach der Philippika des Bundestrainers führte Tim Wiese geradezu parodistisch vor, wie die Sprachregelung bei der Nationalmannschaft im Idealfall auszusehen hätte. Wiese hatte beim 1:2 gegen England die zweite Halbzeit im Tor gestanden und eine tolle Leistung abgeliefert. Im anschließenden Interview verwies er bei jeder Frage auf Löw: »Da müssen Sie den Trainer fragen.« Und als die Fragen trotz seiner monotonen Antworten nicht enden wollten, platzte es endlich aus ihm heraus: »Man darf ja nichts hier in der Öffentlichkeit sagen, mein Gott.« Mit dieser humoristischen Überinterpretation des Löw'schen Schweigegebotes hatte der Neu-Nationalspieler seine Chancen auf weitere Nominierungen freilich nicht unbedingt erhöht.

Im Dezember, als er ein Fazit des Jahres 2008 zog, bemühte sich Joachim Löw, das öffentliche Drama mit Frings und Ballack etwas herunterzuwerten. Die Nationalmannschaft sei eine Hochleistungsgesellschaft, meinte er, es gehe da immer um eine extreme Kokurrenz. Im Prinzip seien solche Konflikte Teil eines ganz normalen Prozesses, der nie ende. Man hatte gesehen, dass auch die Nationalmannschaft vor Dissonanzen nicht gefeit war und ihr Image einige Kratzer abbekommen hatte. Er hoffe, versuchte der Bundestrainer den Vorgängen eine positive Seite abzugewinnen, dass das Geschehene »unser Profil und unsere Wachsamkeit weiter schärfen« werde. Genau deswegen habe er den Spielern die Regeln noch einmal in Erinnerung gerufen, einen Maulkorb aber habe er ihnen damit nicht verpassen wollen. Die Spieler sollten ja ihre Meinung sagen, er sei sogar froh darüber, aber es sollte wohlüberlegt sein, wo sie das tun. »Intern ist fast alles erlaubt.« Und damit Punkt und Schluss, Thema erledigt. Über Konsequenzen für künftige Regelübertreter wollte er sich gar keine Gedanken mehr machen. Denn er fühlte sich jetzt in seiner Autorität derart gefestigt, dass er glaubte, solche Eventualitäten gar nicht mehr in Rechnung stellen zu müssen: »Das wird so nicht mehr passieren.«

Aus dem netten Herrn Löw schien in den Monaten nach der EM tatsächlich ein sehr bestimmter, gar harter Übungsleiter geworden zu sein. »Ich bin, wie ich war«, antwortete Löw jedoch auf die Frage des »Kicker«, ob er sich denn im Verlauf dieses Konflikts verändert habe. »Aber es war zum ersten Mal in meiner Amtszeit notwendig, so zu handeln und in Erinnerung zu rufen, wie die Regeln sind und was wir uns vorstellen.« Manchmal ließen sich Disharmonien eben nicht vermeiden, und seine Autorität müsse man eben »immer mal wieder unterstreichen«.

Der Bundestrainer habe allerdings auch Fehler gemacht, monierte der »Kicker« etwas trotzig. Der Konflikt mit seinen Führungsspielern sei »viel zu spät öffentlich beigelegt« worden. Aber vielleicht entsprach dieses allmähliche Zurechtrücken ja gerade Löws Absicht. Hätte er sofort dazwischengehauen, hätte er, um sein Gesicht zu wahren, den Bannstrahl über Frings und Ballack verhängen müssen. Indem er aber der Kritik in einer Art auswich, wie ein Boxer die Schläge auspendelt, konnte er just in dem Moment zurückschlagen, in dem sich die Gegner eine Blöße gaben. Je länger die Streiterei andauerte, desto mehr hatten sich Frings und Ballack mit widersprüchlichen und selbstentlarvenden Interviews ins argumentative Abseits manövriert; und das hatte Löw in die Lage versetzt, mit voller Wucht zum technisch-moralischen K.o. auszuholen. Nach dem Konflikt war der »Capitano« so gut wie entmündigt. Und der Bundestrainer saß als ein mit kühlem Machtanspruch agierender »Imperator« so fest im Sattel wie nie zuvor.

Dass man sich mit dem Bundestrainer lieber nicht anlegte, musste auch der Schalker Jermaine Jones spüren. Für ihn sollte das Match gegen England tatsächlich das letzte Länderspiel gewesen sein. Nach diesem seinem dritten Einsatz hatte sich der streitbare Mittelfeldspieler unmittelbar vor einer großen Nationalmannschaftskarriere gesehen. Entsprechend enttäuscht reagierte er, als er bei den nächsten Länderspielen vom Bundestrainer nicht mehr berücksichtigt wurde. Es folgte, wie man sich denken kann, die in solchen Fällen übliche Maulerei: Bei der Auswahl der Spieler gehe es nicht nach Leistung. Löw fand den Vorwurf aus dem Munde eines Jones so absurd, dass er gar nicht ernsthaft darauf einging. »Wie lange wäre denn ein Trainer wohl im Amt, wenn er nicht nach Leistung, sondern etwa nach Haarfarbe aufstellen würde?« Zudem monierte er, dass Jones seinen Unmut direkt über die Medien und nicht, wie nach dem Regelkodex vorgeschrieben, intern geäußert hatte. Wer jetzt noch auf eine Fortsetzung von Jones' Nationalmannschaftskarriere hätte wetten wollen, hätte wohl eine Riesenquote erhalten. Jede weitere Diskussion erübrigte sich schließlich dadurch, dass sich der gewitzte Jones dazu entschied, künftig das Nationaltrikot der USA zu tragen. Möglich war der Wechsel aufgrund einer speziellen FIFA-Regel: Wer für ein Land noch kein Pflichtspiel, sondern nur Freundschaftsspiele bestritten hatte – so wie eben Jones –, der durfte den Verband noch wechseln.

Ende eines langen Abschieds

Das Länderspieljahr 2009 hatte mit einer freundschaftlichen Begegnung gegen Norwegen am 11. Februar begonnen. Frings und Ballack waren nominiert und sollten es nun besser machen als Jones und Rolfes, die im letzten Spiel gegen England hilflos untergegangen waren. »Sie sind sehr wichtig für uns«, kommentierte der Bundestrainer. »Eine Mannschaft braucht ein paar ältere Spieler, weil sie den Jüngeren mit ihrer Erfahrung Sicherheit geben können. Ich freue mich, dass sie wieder dabei sind.« Die Probleme seien ausgeräumt, das Vertrauen nicht gestört. »Mit beiden bin ich seit 2004 einen langen gemeinsamen Weg gegangen. Wir haben ein gutes Verhältnis, auch wenn es mal Spannungen gegeben hat.« Aber natürlich stünden die etablierten Spieler weiterhin auf dem Prüfstand, sie müssten ihren Status durch besonders gute Leistungen bestätigen.

Das Länderspiel gegen Norwegen endete mit 0:1. Es war das bisher wohl schlechteste in der Ära Löw überhaupt und zugleich das letzte von Torsten Frings. Die Diskussion um Frings sollte allerdings noch eine ganze Weile weitergehen. Weder dankte er ab, noch traf Löw eine endgültige Entscheidung gegen ihn. So begleitete die offene Frage nach Frings jedes Länderspiel, und jedes Mal hieß es nach seiner Nichtnominierung, der »Lutscher« sei eben grade nicht in bester Form. Im Sommer ließ der Bundestrainer verlauten, dass Frings, selbst wenn er nicht nominiert werde, »weiterhin ein wichtiger Spieler für uns« sei. Manch einem drängte sich da der Eindruck auf, er wolle den ehemaligen Stammspieler durch konsequente Nichtberücksichtigung zum Aufgeben drängen. Anfang Oktober stellte der Bundestrainer nach erneuten hartnäckigen Nachfragen in der Causa Frings mit genervtem Unterton fest: »Wenn ich einen Spieler definitiv nicht mehr möchte, weil ich glaube, dass er es nicht mehr schafft, dann sage ich ihm das ganz klar und offen. Bei Torsten Frings bin ich nicht dieser Meinung. Ich habe den Eindruck gewonnen, dass er sich körperlich wieder stabilisiert hat. Deshalb halte ich mir alle Optionen offen bis zu dem Zeitpunkt, da ich den WM-Kader nominiere.«

So lange dauerte es mit der Entscheidung dann schließlich doch nicht mehr. Am 20. Januar 2010 reiste Joachim Löw mit seinem Assistenten Hansi Flick nach Bremen, um dem Werder-Kapitän im noblen Parkhotel die bittere Wahrheit mitzuteilen: Er spiele in seinen weiteren Planungen keine Rolle mehr und werde nicht für die WM 2010 nominiert. »Dieser Schritt kommt für mich jetzt nicht völlig überraschend«, kommentierte der Aussortierte. »Damit musste ich ja rechnen, wenn man alle Vorzeichen gesehen hat. Mir bleibt nichts anderes übrig, als das zu akzeptieren, auch wenn ich völlig anderer Meinung bin als Löw.« Es war das erwartete Ende eines Abschieds mit langem Anlauf, und nicht wenige Kritiker fragten, warum es der Bundestrainer nicht schon viel früher fertiggebracht hatte, dem inzwischen 33-jährigen Routinier reinen Wein einzuschenken.

Joachim Löw sollte sein Vorgehen später ausführlich erläutern. »Torsten Frings hatte gewisse Probleme mit Verletzungen, auch mit seiner Form, vielleicht ist er über seinen Zenit hinweg«, hatte er seinem Team zu Beginn der Saison 2009/10 mitgeteilt. »Wir beobachten ihn jetzt ganz intensiv ein halbes Jahr – aber auch Sami Khedira. Ist er in der Lage, Frings zu ersetzen? Ist er in der Lage, uns bei einer WM absolut entscheidend weiterzuhelfen? Darüber konnte ich mir am Anfang der Saison nicht so sicher sein. Also war unsere Aufgabe, Khedira genau unter die Lupe zu nehmen. Im Winter, nach unserer abschließenden Besprechung, nach vielleicht 15 Beobachtungen, habe ich gesagt: Wir setzen auf Khedira. Ich weiß, der hilft uns, das ist ein Leistungsträger, der ist so gut, der wird Frings ablösen. Darüber hinaus gab es dann auch den einen oder anderen Spieler, der auch für diese Position in Frage kam, Toni Kroos zum Beispiel, und Bastian Schweinsteiger natürlich.« Erst jetzt, da er sich hundertprozentig sicher war, flog er zu Torsten Frings. »Wenn ich die endgültige Überzeugung habe«, so Löw, »dann teile ich sie dem Spieler mit.«

Mit diesem Vorgehen zeigte sich Joachim Löw – entgegen allen üblichen Beteuerungen – nicht als ein Freund des offenen Wortes. Statt Frings zeitig die Sachlage mitzuteilen, ließ er ihn lieber so lange im Unklaren, bis er eine verlässliche Alternative ausprobiert und installiert hatte. Es wäre ein Akt der Fairness gewesen, Frings zu offenbaren, dass seine Aussortierung bereits beschlossen war – mit dem Vorbehalt, dass sich Khedira bewähren würde.

Auch im Fall Lehmann hatte Löw mit einer eindeutigen Stellungnahme lange gewartet. Als der Torwart nach der EM hartnäckig den erwarteten Rücktritt verzögerte, vermied es der Bundestrainer zunächst, öffentlich klar zu seiner bereits vor dem Turnier getroffenen Entscheidung für eine jüngere Nummer eins zu stehen. Stattdessen machte er Lehmann erst nach wochenlangem Schweigen in einem Vier-Augen-Gespräch endgültig klar, dass seine Zeit nun abgelaufen war. (Als Lehmann dann ein knappes Jahr darauf einen Rücktritt vom Rücktritt erwog, war eine nachhaltige Intervention nicht mehr nötig, da genügte ein knappes Wort von Torwarttrainer Andy Köpke: »Es erübrigt sich, darüber nachzudenken. Eine Rückkehr von Jens Lehmann wäre das völlig falsche Signal an unsere jungen Torhüter.«)

Auch im Fall Metzelder saß Löw die Sache lieber aus, statt sie zügig zu entscheiden. »Form und Fitness kommen vor Namen«, hatte er nach der EM die vorläufige Nichtberücksichtigung des alternden und immer wieder verletzten Innenverteidigers begründet. Und das wiederholte sich dann. Über zwei Jahre später wird der inzwischen bei Schalke kickende ehemalige Real-Spieler immer noch keine Berufung erhalten haben. Erst im Dezember 2010 sollte Löw ein klares Wort finden – als Reaktion auf eine kaum mehr für möglich gehaltene Formsteigerung des ehemaligen Stammspielers der Nationalelf. »Christoph Metzelder hat für die Nationalmannschaft viel geleistet. Ich freue mich für ihn, dass er wieder fit ist. Die Zukunft in der Nationalmannschaft aber gehört anderen Spielern.«

Die Podolski-Ohrfeige

An seinem »Capitano« hingegen hielt Löw erst einmal fest. Ballack hatte scheinbar noch eine Zukunft im DFB-Dress – obwohl er sich immer wieder mit Verletzungen herumplagte und trotz der Tatsache, dass er weiterhin eine Hauptfigur im Konfliktfeld der Nationalmannschaft blieb. Am 4. April 2009, in der 67. Minute des WM-Qualifikationsspiels gegen Wales in Cardiff (Deutschland führte 2:0), wurde der zwischen Leitwolf Ballack und einigen jungen Spielern schwelende Konflikt plötzlich auch für das große Fernsehpublikum unübersehbar. Lukas Podolski soll ausgewechselt werden. Michael Ballack, der wieder einmal per Gewaltschuss ein fulminantes Tor erzielt hat, schickt dem zuvor mehrmals reichlich desorientierten Stürmer noch ein paar Ermahnungen hinterher. Da dreht Poldi durch und schlägt seinem Kapitän die Hand ins Gesicht.

»Er ist ein junger Spieler, der noch viel lernen muss. Wenn ich eine taktische Anweisung gebe, hat er das zu befolgen und nicht noch handgreiflich zu werden«, erboste sich Ballack hernach über diese erste Ohrfeige für einen Kapitän der deutschen Nationalelf. Er habe Podolksi nach einem verlorenen Zweikampf lediglich zugerufen, endlich mehr mitzumachen und sich richtig freizulaufen, erläuterte Ballack zur Vorgeschichte der Attacke. Poldi habe darauf (was er allerdings nie zugeben sollte) geantwortet: »Halt's Maul. Lauf selber, du Arschloch.«

Der Bundestrainer stellte sich in dieser Angelegenheit demonstrativ hinter seinen Kapitän und verurteile die Poldi-Backpfeife. Er hielt eine Ansprache an die Mannschaft und forderte die beiden auf, die Sache in einem Gespräch zu klären. Man habe den Streit ausräumen können, erklärte darauf Manager Bierhoff, eine Strafe für Podolski halte man nicht für nötig. Die kam dann allerdings später doch noch: Der Backpfeifen-Poldi musste für einige Stunden innerhalb des »Kinderträume«-Projekts des DFB als eine Art Fußball-Sozialarbeiter die Soccer-Mobil-Tour in Köln unterstützen.

Diese kleine Sühneleistung sollte allerdings kein Freibrief für künftiges Über-die-Stränge-Schlagen sein. Der Kredit für Podolski, sagte Löw mit betonter Ernsthaftigkeit, sei nun aufgebraucht. »Er hat für einen Imageschaden der Nationalmannschaft gesorgt. Er ist an eine Grenze geraten, beim nächsten Fehler dieser Art werden wir Konsequenzen ziehen.« Podolski habe noch einmal eine Chance erhalten, weil er sich mehrfach mit großer Ehrlichkeit entschuldigt und sich bisher im Kreis der Nationalelf stets tadellos verhalten habe. Schließlich schickte Löw im Stile einer richterlichen Urteilsbegründung noch hinterher, dass dieser Fall anders gelagert sei als die »Stadionflucht« beim Russlandspiel. Bei Podolski liege eine Affekthandlung vor und kein Vorsatz wie bei Kuranyi. Dem Schalker habe er damals bereits mittags mitgeteilt, dass er nicht spielen werde – »und ich kann mich schon daran erinnern, was er geantwortet hat«, so Löw, nämlich »dass er dann nach Hause fährt«. Eine Watschn-Ankündigung aus dem Munde Poldis hatte es nicht gegeben, also konnte hier nochmal Gnade walten.

Ballack wurde in der Folge aus der Führungsetage der Nationalelf wieder mit ausnehmend positiven Kommentaren bedacht. Der Kapitän habe sich nach dem Streit im Herbst immer »sehr professionell, sehr positiv, sehr kommunikativ« verhalten, meinte Löw etwa im Mai und konstatierte, dass der erfahrene Klassemann noch an Reife zugelegt habe. »Wir haben derzeit wirklich ein gutes Verhältnis«, flötete Ballack zurück. »Wir kommunizieren viel häufiger als früher und sind telefonisch oft in Kontakt.« Und im Oktober, nach dem wichtigen 2:1 gegen Russland in der WM-Qualifikation, zu dem der Chelsea-Profi einen Treffer beigesteuert hatte, war der Bundestrainer voll des Lobes: »Er ist ein wahrer Leader und Kapitän, weil er viel kommunikativer geworden ist und ständig versucht, voranzugehen.« Als ein Herz und eine Seele, so schien es, würden beide das Projekt »WM 2010« angehen. Es sollte anders kommen – durch die Verletzung, die Ballack um die WM-Teilnahme brachte, und durch den Machtzuwachs jüngerer Spieler, die den Leitwolf während seiner Abwesenheit ins Abseits drängten.

Niemand vermisst den »»Capitano««

Michael Ballack, der einstige Weltstar, der bis vor Kurzem noch unumstrittene Mannschaftskapitän, der Letzte der Leitwölfe, der sächselnde Anführer mit der deutlichen Meinung, der vor der WM noch als Unersetzlich Geltende – sein Stern leuchtete bereits während des Turniers in Südafrika nicht mehr. Am Abend vor dem Argentinien-Spiel tauchte der verletzte Kapitän im Teamhotel auf. Es war deutlich zu spüren: Er gehörte nicht mehr dazu, er war nicht mehr Teil der »Mission«, die er seit 2004 wesentlich mitbestimmt hatte. Es sei schon sehr unglücklich für ihn gelaufen, konstatierte Joachim Löw. »Erst platzt sein Traum von der WM, dann muss er bei seinem Kurzbesuch in Südafrika feststellen, dass er nicht mehr so richtig dazugehört. Dass sich da eine Mannschaft gefunden hat und dass er bei seinem Besuch in Südafrika eben kein Teil dieser Mannschaft mehr war. Das war hart für ihn.«

Bereits bei der EM 2008 war Ballack ins Abseits geraten, als sich wichtige Spieler der Mannschaft gegen seine als zu negativ empfundene Ansprache gewendet hatten. Der neue Nationalmannschafts-Klassensprecher Philipp Lahm, der sich vor der WM 2010 als Ballack-Stellvertreter die Kapitänsbinde über seine dafür viel zu dünn wirkenden Arme gezogen hatte, meinte dazu: »Ich bin ein positiver Mensch, und ich bin auch überzeugt davon, dass eine Gruppe in erster Linie über eine positive Ansprache funktioniert. Natürlich muss man auch Fehler deutlich ansprechen, das ist sogar sehr wichtig. Aber man darf ruhig auch mal sagen, was gut läuft.« Unter Lahm veränderte sich die Mannschaftsführung. »Es ist nicht mehr so wie früher, dass ein einziger Spieler führen muss, dass der den Chef macht und die anderen hinterherrennen.« Auf dem Feld gebe es »den einen, den dominanten Chef nicht mehr«, da müsse heutzutage jeder führen. Das war eine deutliche Ohrfeige für Ballack, den Kapitän mit dem Chefanspruch, der gewohnt war, seine Mitspieler zwischendurch durchaus kräftig anzuschnauzen. Der moderne Führungsspieler hingegen, so könnte man Lahms Aussagen auf den Punkt bringen, benötigt vor allem eine teamorientierte soziale Kompetenz, um die gemeinsame Spielidee auf dem Platz durchzusetzen.

Zu Beginn der WM erklärte Lahm, dass Ballack nach dem Turnier sicher wieder Kapitän sein werde. Dann aber fand er – bemerkenswerterweise unmittelbar nach dem Besuch des verletzten Noch-Kapitäns im Trainingsquartier von Südafrika – plötzlich großen Gefallen an dem Amt und verkündete, er wolle die Binde gern behalten. »Die Rolle des Kapitäns macht mir sehr viel Spaß«, sagte der Außenverteidiger. »Ich habe Freude daran. Wieso sollte ich das Amt dann freiwillig abgeben?« Ballack war entsprechend verstimmt. Das könne doch gar kein Thema sein, meinte er. »Ich bin Kapitän der Nationalmannschaft. Philipp Lahm hat Ansprüche zu einem Zeitpunkt gestellt, den ich für unpassend halte. Ich war verletzt und konnte nicht eingreifen.« Die Reaktion des Bundestrainers fiel recht lahm aus. »Was hat denn Philipp Lahm gesagt?«, meinte er. »Ich bin gern Kapitän dieser Mannschaft, möchte Verantwortung übernehmen. Aber er hat auch gesagt: Der Trainer entscheidet. Das war eine legitime Aussage von ihm.« Aber er sagte nicht, wie er das Thema, das nun durch die Gazetten jagte, bei einer Rückkehr Ballacks zu entscheiden gedachte. Er werde den Beteiligten zu gegebener Zeit mitteilen, wie er die Situation sehe, weiter wollte er auf das Thema nicht eingehen. »Ich habe diese Diskussion in keiner Weise begonnen und lasse mich auch nicht von außen treiben, unter Druck setzen oder beeinflussen. Ich zögere auch nicht. Ich weiß, was zu tun ist. Ich weiß es.«

Der inzwischen nach Leverkusen zurückgekehrte Ballack legte später in einem Interview noch einmal nach. »Das macht man einfach nicht, wenn der Kapitän verletzt ist und man stellvertretend seine Verantwortung übernimmt. Sie würden doch auch keine Chefansprüche geltend machen, wenn ihr Chef mal ein paar Wochen krank wäre.« Wenn so etwas vorkomme, müsse das von oben geregelt werden; aber da habe es keine Rückendeckung gegeben. Ballack verdächtigte den Trainer ganz offensichtlich, mit Lahm eine Absprache getroffen zu haben. »In so einer Situation ein Interview zu geben, das macht man nicht einfach so. Da muss man schon einen Doppelpass mit dem Trainer führen, um sich so weit aus dem Fenster zu lehnen«, war Ballack überzeugt. Das Vertrauensverhältnis zwischen dem Bundestrainer und seinem verstimmten Ex-Kapitän war nachhaltig gestört. Die grundsätzliche Frage lautete freilich: Brauchte Löw Ballack überhaupt noch? Auf dessen Position gab es inzwischen eine exzellente Auswahl, vor allem Khedira hatte bei der WM restlos überzeugt. Wäre seine Rückkehr in eine DFB-Elf, die ohne ihn glänzende Auftritte hingelegt hatte, überhaupt sinnvoll? Aber wenn der inzwischen 34-Jährige in seinen Plänen keine Rolle mehr spielte – warum sagte er ihm das dann nicht offen? Die erfolgreiche WM hatte gezeigt, dass das Alphatier Ballack verzichtbar war, dass die Nationalmannschaft ohne einen klassischen Führungsspieler mit Chefallüren vielleicht sogar besser funktionierte.

Die Frage nach der Zukunft des Kapitäns im Wartestand begleitete die Monate nach der WM, und Löw gab dabei unter anderen folgende Statements ab. 11. August: »Michael Ballack war für uns immer ein wichtiger Spieler. Jetzt werden wir mal sehen, wie er in Form kommt.« 16. August: »Er war bis zur Verletzung immer Leistungsträger der Nationalelf, daran gab es keinen Zweifel. Er hat nie das Spiel gestört oder gebremst, sondern ganz im Gegenteil sehr oft sehr gute Leistungen gebracht.« Am 31. August entschied Löw die Kapitänsfrage so: »Wenn Michael wieder zurückkommt und den Weg in die Mannschaft findet, wird er auch Kapitän sein. Spielt Michael nicht, ist Philipp der Kapitän.« Nach einer erneuten Verletzung des eben erst genesenen Ballack – durch ein Foul des Hannoveraners Sergio Pinto hatte er sich eine Fraktur des Schienbeinköpfchens und einen Außenbandanriss zugezogen – meinte Löw am 7. Oktober, man müsse nun sehen, »wann der richtige Zeitpunkt gekommen ist, ihn wieder zu integrieren«. Am 18. November wählte er diese Worte: »Ich habe immer gesagt, dass ich weiterhin mit Michael Ballack rechne. Er war jetzt ein halbes Jahr verletzt und hat nicht gespielt. Das darf man nicht vergessen, und wenn Spieler verletzungsbedingt ausfallen, dann rücken andere nach. Bastian Schweinsteiger und Sami Khedira haben das bei der WM sehr gut gemacht. Aber ich traue Michael Ballack zu, dass er wieder zurückkommt. Ich weiß, dass er vehement auf sein Comeback drängt.« 11. Dezember: »Ich traue ihm das (ein Comeback) zu, und er arbeitet daran, aber es gab mittlerweile natürlich auch eine Entwicklung von anderen Spielern.« 20. Dezember: »Grundsätzlich traue ich ihm zu, dass er 2011 wieder Akzente setzen wird – und wenn ihm das gelingt, freuen wir uns alle.« 5. Januar: »Am Ende entscheidet die Leistung.«

Wer genau hinhörte, konnte aus diesen Äußerungen eine Demontage in kleinen Schrittchen und Scheibchen herauslesen. Ballack selbst befasste sich in dieser Zeit zwischendurch auch mal mit dem Gedanken an einen Rücktritt, wollte aber noch nicht aufgeben und keine vorschnelle Entscheidung treffen, die er vielleicht später bereuen würde. Alle Anzeichen deuteten indes darauf hin, dass Joachim Löw das Problem aussitzen wollte. Auch die Demontage von Spielern wie Kahn und Frings hatte sich ja über Monate hingezogen. Dann entschied er, laut offizieller Darstellung in »ständigem Kontakt« mit Ballack, den 34-Jährigen trotz großen Personalmangels im defensiven Mittelfeld – unter anderen war Schweinsteiger ausgefallen – nicht für die im Juni anstehenden Qualifikationsspiele gegen Österreich und Aserbaidschan zu nominieren. Danach werde man dann nochmal »abschließend« reden, meinte er. »Als Trainer ist es neben der Arbeit für den aktuellen Erfolg auch meine Aufgabe, perspektivisch zu denken«, gab er einen Einblick in seine Gedanken, »wie kann das Team in ein, zwei oder vier Jahren aussehen. Deswegen haben wir ja in den vergangenen zwei Jahren einen Schnitt gemacht und auf junge Talente gesetzt. Michael weiß, wie ich über seine Situation denke. Wie lange kann ein Ausnahmeprofi heutzutage noch auf einem Top-Level spielen? Vielleicht nicht mehr zehn, 15 Jahre wie früher.« Das klang ganz nach einer Verabschiedung des 98-maligen Nationalspielers.

Klartext wollte er aus unerfindlichen Gründen immer noch nicht reden. Stattdessen sorgte er für neuerliche Verwirrung, indem er seine bisherige Wortwahl korrigierte: Den Ausdruck »abschließend« habe er im Sinne einer Festlegung gemeint, wie es in der neuen Saison weitergehen soll. Dies werde nun zeitnah in einem Gespräch mit Ballack geklärt. »Letztendlich«, fügte er hinzu, »muss ich eine Entscheidung am 20. Mai 2012 treffen. Ich kann mir manche Optionen völlig offenlassen.« Wollte er sich tatsächlich noch ernsthaft eine Option Ballack offenhalten? Nach allem, was man als Außenstehender beobachten konnte, war doch klar: Ballack musste wissen, dass Löw ihn nicht mehr wollte, und Löw wusste, dass Ballack kein Abschiedsspiel haben wollte, weil er sich noch stark genug fühlte für »richtige« Partien. Eines immerhin stand außerhalb jeder Diskussion: Michael Ballack, der letzte Überlebende des Teams, das mit dem Kapitän Lothar Matthäus bei der EM 2000 untergegangen war, der Mann, der über ein Jahrzehnt als Aushängeschild des deutschen Fußballs fungiert hatte, der Mann, der nun den jungen Spielern würde weichen müssen, die in den infolge des Euro-Desasters von 2000 eingerichteten Nachwuchsleistungszentren ausgebildet worden waren – dieser Mann hatte einen würdevollen Abschied verdient.

Ein unrühmliches Ende

Per Pressemitteilung des DFB teilte Joachim Löw am 16. Juni mit, dass Michael Ballack dem Kader der deutschen Nationalmannschaft künftig nicht mehr angehören wird. Seine Begründung: »Die vergangenen Monate haben gezeigt, dass viele junge Spieler in den Blickpunkt gerückt sind und gute Perspektiven besitzen. Mit ihnen ist die Entwicklung der Nationalmannschaft seit der WM 2010 in Südafrika absolut positiv verlaufen. Nachdem ich diese Thematik mit Michael Ballack zuletzt bei unserem Treffen Ende März 2011 in aller Offenheit erörtert habe und wir danach mehrfach telefoniert haben, ist nun vor dem Start in die EM-Saison der Zeitpunkt gekommen, hier klar Position zu beziehen. In unseren Gesprächen hatte ich den Eindruck, dass Michael durchaus Verständnis für unsere Sichtweise hat. Im Interesse aller ist daher jetzt eine ehrliche und klare Entscheidung angebracht.« Als kleines Dankeschön für seine langjährige Karriere bot ihm der DFB einen Abschied in einem »würdigen« und »attraktiven« Rahmen an. In seinem dann 99. Länderspiel sollte er das deutsche Team am 10. August gegen Brasilien ein letztes Mal als Kapitän aufs Feld führen.

Es dauerte nur einen Tag, bis sich Ballack zu Wort meldete. Nach Art einer beleidigten Diva lehnte er das Gnadenbrot eines Abschiedsspiels ab und zeigte sich maßlos enttäuscht über das seiner Ansicht nach stillose und unaufrichtige Vorgehen. Seine Erklärung im Wortlaut: »Ich habe gestern im Urlaub durch eine Pressemitteilung des DFB erfahren, dass der Bundestrainer nicht mehr mit mir plant. Form und Inhalt der Nachricht überraschen und enttäuschen mich zugleich, weil sie die vom Bundestrainer mir gegenüber gemachten Aussagen in keinster Weise widerspiegeln. Form und Inhalt der Mitteilung sind leider bezeichnend dafür, wie sich der Bundestrainer mir gegenüber seit meiner schweren Verletzung im Sommer letzten Jahres verhalten hat. Wenn jetzt so getan wird, als sei man mit mir und meiner Rolle als Kapitän der Deutschen Fußball-Nationalmannschaft jederzeit offen und ehrlich umgegangen, ist das an Scheinheiligkeit nicht zu überbieten. Und ein längst vereinbartes Freundschaftsspiel jetzt als

Abschied zu deklarieren, ist aus meiner Sicht eine Farce. Ich weiß, dass ich meinen Fans dieses Spiel eigentlich schuldig bin, aber ich kann dieses ›Angebot‹ nicht annehmen.«

Der Bundestrainer war inzwischen bereits in den Urlaub nach Griechenland abgereist und ließ über den DFB lediglich knapp mitteilen: »Ich weiß genau, was in meinen Gesprächen mit Michael besprochen wurde. An meinen Aussagen wird sich nichts ändern.« Anstelle des Bundestrainers bezog der Generalsekretär Wolfgang Niersbach ausführlich und deutlich Stellung. Für Ballacks Reaktion habe er überhaupt kein Verständnis, betonte er. »Aus meiner Sicht sind alle Gespräche absolut korrekt und fair verlaufen. Der Bundestrainer hat Michael bei einem Treffen am 30. März 2011 klar gesagt, dass er nicht mehr mit ihm plant.« Man habe gemeinsam vereinbart, darüber zunächst Stillschweigen zu bewahren, um »Michael auch Zeit zu geben, nochmals in aller Ruhe nachzudenken, um dann in einem abschließenden Gespräch mit Joachim Löw festzulegen, wie die Entscheidung letztlich kommuniziert werden sollte«. Man habe Ballack sogar angeboten, nicht nur gegen Brasilien, sondern auch noch gegen Uruguay aufzulaufen, um ihm die Möglichkeit zu geben, sein 100. Länderspiel zu erreichen. »Einen Einsatz gegen Uruguay wollte Michael aber nicht, weil ihm die Zahl nicht so wichtig war, dass er sie unter allen Umständen erreichen wollte«, so Niersbach weiter. »Zugestimmt haben wir dann seinem Wunsch, selbst seinen Rückzug aus der Nationalmannschaft bekanntzugeben.« Zu dem angekündigten Gespräch sei es leider nicht mehr gekommen, da Ballack auf wiederholte Kontaktversuche via Mailbox und SMS nicht reagiert habe. Man habe daher entschieden, »die Pressemitteilung herauszugeben, weil der Zeitpunkt eigentlich überreif war, in dieser wichtigen Personalie klar Position zu beziehen und damit die öffentlichen Spekulationen zu beenden«.

Der streitlustige Ballack wollte das natürlich so nicht stehen lassen. »Ich finde es schade, jetzt erneut Aussagen lesen zu müssen, die nicht der Wahrheit entsprechen und auf die ich reagieren muss«, erklärte er in einer Presseerklärung. Niersbach sei bei keinem der Gespräche dabei gewesen, die er mit dem Bundestrainer geführt habe. Das Treffen mit Löw in der Düsseldorfer »Trattoria Luca« am 30. März stellte er so dar: »In diesem Gespräch vermittelte er mir, dass er mich nach meinen Verletzungen wieder auf einem guten Weg sieht und durchaus daran glaubt, dass ich es in jedem Fall noch einmal schaffen kann, in die Nationalmannschaft zurückzukehren.« Löw habe ihn »motiviert und aufgefordert, nicht hinzuschmeißen«. Im Mai habe er, Ballack, sich dann aber zum Rücktritt entschlossen und mit Löw sowie Niersbach vereinbart, dass er in der Sommerpause seinen Rücktritt selbst bekanntgeben dürfe. Die Pressemitteilung des DFB, die ihm nur eine Stunde vor der Veröffentlichung per SMS mitgeteilt worden sei, sei also ein klarer Verstoß gegen diese Abmachung. Die Reaktion Löws auf diese neue Einlassung von Ballack fiel erneut knapp aus. »Ich habe die Erklärung von Michael gelesen. Und kann nur sagen: Ich stehe zu meinen Aussagen.«

Es stand nun wie bei einer schmutzigen Scheidung: Aussage gegen Aussage. Die veröffentlichten Versionen waren derart detailliert und widersprüchlich, dass unmöglich beide zugleich wahr sein konnten. Die »Bild« ließ diese Gelegenheit selbstverständlich nicht ungenutzt und heizte die Schlammschlacht mit der Schlagzeile »Einer von Beiden lügt!« nochmal richtig an. In einer flugs inszenierten Internet-Abstimmung zur Frage »Wem glauben Sie?« stimmten 51 Prozent der Leser für Löw und 49 Prozent für Ballack. Schließlich machte die Zeitung mit den großen Buchstaben auch noch das pikante Detail publik, dass der Bundestrainer in seinem Urlaubsresort »Danai Beach« auf Ballack-Nachfolger Philipp Lahm getroffen war. Löws Aussage, dass er und seine Frau sehr überrascht gewesen seien, hier das Ehepaar Lahm zu treffen, kommentierte das Blatt süffisant: »Zufälle gibt es, die kann es eigentlich gar nicht geben...« Für »Sport-Bild« waren wenig später die Zusammenhänge klar. Philipp Lahm, nun schon seit einem Jahr der erste Ansprechpartner in des Bundestrainers »flacher Hierarchie«, war »der Capitano-Killer«.

Doch auch ganz unabhängig von solcher Stimmungsmache blieben natürlich jede Menge Fragen offen. Was sollte man von diesen völlig konträren Darstellungen halten? Wieso war da keine vernünftige Kommunikation zustande gekommen? War es denn vorstellbar, dass Löw seinen Ex-Kapitän unter vier Augen zum Weitermachen ermuntert und kurz darauf dem DFB-Generalsekretär – sowie laut »Spiegel« einige Tage später auch Uli Hoeneß – mitteilt, dass er Ballack den Laufpass gegeben hat? Und warum hatte er es plötzlich so eilig, warum hat er sich nicht die Zeit genommen, das vereinbarte Gespräch mit Ballack noch abzuwarten? Umgekehrt musste sich der ganz offensichtlich in seiner Eitelkeit zutiefst verletzte Altstar Ballack ebenso Fragen gefallen lassen. Warum hat er den Kontakt zum Bundestrainer derart erschwert? Und warum hat er sich dann doch entschieden, seine Karriere zu beenden, wenn ihn Löw angeblich eben erst zum Weitermachen aufgefordert hatte?

Unabhängig von den Antworten auf diese Fragen steht fest: Ein Ruhmesblatt war diese Auseinandersetzung für keinen der Beteiligten, einen Gewinner konnte es da nicht mehr geben, sondern nur Beschädigte. Dieses Schmierentheater, das bis in die Fernseh-Hauptnachrichten für Schlagzeilen sorgte, war ein trauriges und denkbar unwürdiges Ende für den hochverdienten Nationalspieler, dessen verletzungsbedingtes Ausscheiden vor der WM in Südafrika nur ein Jahr zuvor noch als nationale Katastrophe gegolten hatte. Mit »sozialer Kompetenz« – also mit einer der im Löw'schen Wertekanon ganz oben angesiedelten Tugenden – war der Fall Ballack ganz sicherlich nicht abgewickelt worden. Der nicht zum ersten Mal in Personalfragen zaghaft lavierende Bundestrainer hat in diesem Konflikt mit einer starken Spielerpersönlichkeit keine gute Figur abgegeben. Bei der Pressekonferenz vor dem als Ballack-Abschiedsvorstellung avisierten Länderspiel gegen Brasilien erklärte er das unangenehme Thema dann endgültig für erledigt: »Es gibt von mir aus nichts mehr zu sagen.«

Lahm und der feine Unterschied

Sagen musste Joachim Löw nur kurz darauf doch wieder etwas, allerdings in eine ganz andere Richtung. Denn kaum hatten sich die Wogen des Konflikts mit dem alten Kapitän geglättet, da sorgte der neue Kapitän für einen Sturm der Entrüstung. Es ging um Aussagen im Buch »Der feine Unterschied«, das Philipp Lahm Ende August 2011 veröffentlicht und auszugsweise in der »Bild« hatte abdrucken lassen. Lahm attackierte darin etliche seiner Ex-Trainer – Rudi Völler, Felix Magath, Jürgen Klinsmann, Louis van Gaal – ziemlich heftig und musste dafür deftige Kritik einstecken. Bei Rudi Völler, verriet er, sei es so locker zugegangen, als würden »ein paar Kumpels miteinander in die Ferien fahren, um Fußball zu spielen«; Felix Magath habe immer »mit Druck« gearbeitet; Jürgen Klinsmann habe sich so wenig mit Taktik befasst, dass sich die Spieler selbst hätten zusammentun müssen, »um vor dem Spiel zu besprechen, wie wir überhaupt spielen wollten«; Louis van Gaal schließlich habe sich in seinem zweiten Jahr »schlicht geweigert, die Mängel seiner Philosophie zur Kenntnis zu nehmen und zu beseitigen«.

Am heftigsten reagierte der Ex-Teamchef Rudi Völler. Eine »Frechheit ohnegleichen«, »höchst unanständig«, »erbärmlich und schäbig« seien Lahms Einlassungen. Allerdings hatte sich Lahm auch intern frühzeitig zu Klinsmanns Defiziten geäußert und im Fall van Gaal sogar eine Auseinandersetzung beim Training riskiert. Die Frage war, warum er als noch aktiver Spieler mit diesen – für den Kenner ohnehin keineswegs überraschenden – Feststellungen an die Öffentlichkeit ging. Immerhin verstieß er damit gegen den in der Branche üblichen Ehrenkodex, keine Interna nach außen zu bringen. Für etliche Kommenatoren, etwa Rainer Franzke vom seriösen »Kicker«, stand ohne Wenn und Aber fest: »Lahm ist als Kapitän der Nationalelf nicht mehr tragbar.«

Der von Lahm nicht nur nicht kritisierte, sondern sogar gelobte Joachim Löw musste als Bundestrainer natürlich Stellung beziehen. »Es gibt einige Passagen in dem Buch, die mir nicht gefallen«, äußerte er zunächst sehr zurückhaltend, erst später wurde er etwas schärfer: »Es steht ihm nicht zu, dass er noch während seiner aktiven Zeit Trainer bewertet, die maßgeblich Anteil an seiner Karriere hatten.« Lahm hatte unterdessen bereits zurückgerudert und sich für den durch die »Bild«-Auszüge entstandenen Eindruck entschuldigt. Es handele sich bei seinem Buch keinesfalls um eine »Abrechnung«.

Nach ihrer internen Aussprache stellten sich Löw und Lahm am 30. August gemeinsam der Presse. Ein sichtlich genervter Bundestrainer versuchte abzuwiegeln. Er sei natürlich »nicht glücklich« darüber, wenn ein aktueller Spieler in der Öffentlichkeit über Trainer urteilt. Die Aspekte, die Lahm angesprochen habe, seien der Öffentlichkeit allerdings bereits hinlänglich bekannt gewesen. Es habe daher auch »keine Diskussionen« darüber gegeben, »ob man Philipp als Kapitän absetzt«.

Bei dieser kleinen Rüge für ein Vergehen, das als nicht sonderlich dramatisch angesehen wurde, wollte es Joachim Löw also bewenden lassen. War diese moderate Reaktion angemessen? Oder hätte Löw das Verhalten seines Kapitäns nicht strenger ahnden müssen, zumal es sich um einen Verstoß gegen den von ihm selbst formulierten Verhaltenskodex handelte? Andererseits: Beim FC Bayern fungierte Lahm ebenfalls als Mannschaftskapitän, doch in München hat man das Buch ganz unaufgeregt zur Kenntnis genommen. Und niemand hat dies kritisiert – vielleicht deswegen, weil dort Uli Hoeneß bereits alles gesagt hat, was es zu Bayern-Trainern zu sagen gibt.

Ballack-Versöhnung und Lahm-Abdankung

Bei einem Auftritt Anfang Dezember 2011 im »Aktuellen Sportstudio« bedauerte Joachim Löw erstmals die Art und Weise, wie Michael Ballack aus der Fußball-Nationalmannschaft verabschiedet worden war: »Wir hätten es besser lösen müssen. So war es für alle Beteiligten nicht gut.« Auch Ballack signalisierte wenig später, ebenfalls im Sportstudio, Versöhnungsbereitschaft: »Man hätte es anders lösen können. Man wird sich über den Weg laufen, sich die Hand geben und es ausräumen.« Später kündigte Ballack an, dass er den Bundestrainer auf jeden Fall zu seinem Abschiedsspiel einladen werde. So war denn, als am 5. Juni 2013 vor 44.000 Zuschauern in Leipzig das Team von Ballack & Friends gegen eine Weltauswahl antrat, auch Joachim Löw anwesend. »Er war eine Lichtfigur im Fußball«, lobte Löw den 36-Jährigen. »Er hat bei allen Vereinen die Mannschaften mitgerissen. Er war in diesen Jahren einer der besten Spieler.« Mit von der Partie bei Ballacks Abschied war übrigens auch Philipp Lahm.

Trotz des versöhnlichen Endes blieb die Geschichte dem Bundestrainer natürlich immer noch in den Kleidern hängen. So äußerte etwa der Sozialpsychologe Rolf van Dick noch im Vorfeld der WM 2014 über Löw: »Ballack erst hängen zu lassen, die Geschichte auszusitzen und die Tatsache erst am Ende zu verkünden, war unglücklich und des Kapitäns nicht würdig.« Bei der Nichtberücksichtigung des von Experten und Fans geforderten Bundesliga-Torschützenkönigs Stefan Kießling habe er sich ähnlich verhalten. Obwohl es ja ganz einfach gewesen wäre, hatte er ganz offensichtlich dem Stürmer nicht in einem Vier-Augen-Gespräch seine Entscheidung begründet. Löw bräuchte einen, so van Dick weiter, der ihm sage: »Hier müssten wir anders reagieren, nimm den Spieler mal zur Seite.«

Eigenartig distanziert verlief im Juli 2014 die Abdankung Philipp Lahms. Nur wenige Tage nach dem Gewinn des Weltmeistertitels erklärte der 30-Jährige, dass er dem Team nach zehn Jahren nicht mehr entscheidend weiterhelfen zu könne. »Es geht auch ohne mich«, meinte er, es sei jetzt »eine neue Generation da, die soll nun in der Nationalelf die Richtung vorgeben«. Lahm hatte sich seinen Entschluss reiflich überlegt. Er spürte wohl, dass er die Doppelbelastung von Verein und Nationalmannschaft auf allerhöchstem Niveau nicht mehr lange würde verkraften können. Er wollte im Zenit seines Könnens abtreten und sich künftige Diskussionen um seinen Fitnesszustand ersparen.

Als »historisches Verdienst« rechnete es die »SZ« Lahm an, widerlegt zu haben, »dass man als flach führender, leiser Kapitän nix gewinnen« könne. Er habe »im Fußball auf höchster Ebene eine moderne Unternehmenskultur gepflegt«. Anders als Ballack schied Lahm – das behauptete er jedenfalls – völlig im Guten. Einen gemeinsamen Auftritt mit Löw, der in diesem Fall sicher angemessen gewesen wäre, gab es jedoch nicht. Und der Bundestrainer beließ es bei einer Verabschiedung auf der Homepage des DFB: »Zehn Jahre durfte ich mit ihm in der Nationalmannschaft arbeiten. Als Trainer kann man sich einen solchen Spieler nur wünschen. Philipp ist ein Musterprofi, der alles dem Erfolg unterordnet. Dank seiner Spielintelligenz und Vielseitigkeit spielt er seit Jahren international auf einem absoluten Top-Niveau, er ist ein Weltklassespieler, das hat er in den letzten Wochen in Brasilien wieder bewiesen. Mit dem Gewinn des WM-Titels hat er diese herausragende Laufbahn nun gekrönt. Philipp war für mich immer ein zentraler und ganz wichtiger Ansprechpartner, mit dem wir unsere Ideen diskutieren konnten. Er kann auf seine Laufbahn stolz sein, er ist ein großartiger Spieler mit Herz, Leidenschaft und Charakter, der viel für den DFB geleistet hat. Philipp wird im Team des FC Bayern weiterhin eine wichtige Säule bleiben. Sportlich wie privat wünsche ich ihm alles Gute. Danke, Philipp!«

EINWURF

Miro & Poldi – Nominierungspraxis mit Urvertrauen

Ganz vorne verrichtet im modernen Fußball inzwischen meist nur noch ein einzelner Stoßstürmer einsam seine Arbeit. Als Nachfolger des klassischen Mittelstürmers ist er zwar weiterhin ein Vollstrecker, der vor allem von außen mit Torvorlagen versorgt werden soll. Aber ebenso wichtig ist seine Aufgabe als vorderste Anspielstation und Ballverteiler. Bekommt er den Ball, soll er ihn möglichst schnell weiterleiten oder so lange abschirmen, bis seine Mitspieler nachrücken. Solche Spieler, die nicht nur torgefährlich, sondern auch enorm laufstark und mit einem ausgeprägten Gespür für Räume und Laufwege ausgestattet sein müssen, sind eine sehr seltene Spezies. Spieler, die auf dieser Position einmal ihre Tauglichkeit bewiesen haben, müssen auch in Formkrisen gehegt und gepflegt werden. Meint jedenfalls Joachim Löw.

»An ihm wird nicht gezweifelt«, betonte der Bundestrainer stets, wenn er wegen der Berufung des im Verein immer wieder mal schwächelnden Miroslav Klose kritisiert wurde. »Er ist enorm wichtig für die Mannschaft, er ist bei uns Leistungsträger und Führungsspieler. Einem Spieler mit seinen Qualitäten wird man immer den Rücken stärken.« Erst im Vorfeld der Vorbereitung zur WM 2010 kam er etwas ins Zweifeln. Es werde nicht einfach sein, den bei den Bayern meist auf die Ersatzbank verbannten Spieler in wenigen Wochen auf ein Topniveau zu bringen, gab er zu. Seine hohe fußballerische Qualität stehe freilich nach wie vor außer Frage, er habe sie auch schon oft genug bewiesen, vor allem seine Fähigkeit, im entscheidenden Moment die Lücke zu finden für torgefährliche Aktionen. Um sein Können abrufen zu können, benötige er Sicherheit, Selbstbewusstsein und Erfolgserlebnisse. All das musste er sich jetzt allein im Training erarbeiten. Löw vertraute schlicht und einfach auf die enorme Erfahrung des Spielers, auf seine außerordentliche Willenskraft und seine nahezu beispiellose Comeback-Qualität. »Er war immer dann da, wenn man ihn schon abgeschrieben hat. Dann hat er in harten Kämpfen zugeschlagen.«

Bei Klose setzte er offensichtlich auf das Prinzip, dass einmal bestätigtes Vertrauen jedes neuerliche Vertrauen rechtfertige. Bei Podolski, dem anderen langzeitigen Bankdrücker von Bayern München, lag der Fall etwas anders und komplizierter. Da war so etwas wie Urvertrauen im Spiel, zumindest die absolute Überzeugung von einem immensen Potenzial. Löw konnte sich in Begeisterung reden, wenn er über die »Wahnsinnsqualitäten« und das »Wahnsinnspotenzial« von Lukas Podolski redete, dem polnisch-kölschen Offensiv-Dampfhammer auf der linken Offensivposition. »Sein Abschluss: hervorragend. Seine Drehungen: schnell. Er hat eine gute Dynamik, er kann eins gegen eins gehen im Strafraum, besitzt einen Instinkt für Tore.« Seit Jahren versuchte Löw, seinem Lieblingsschüler, der so vieles mitbrachte, das wichtigste Element im modernen Tempospiel beizubringen: nämlich die richtigen und notwendigen Laufwege zu gehen. Podolski war nicht zu faul, aber er wusste oft nicht, wohin er zu laufen hatte.

Als Beobachter musste man sich über diesen Befund ein wenig wundern. Der kleine Poldi hatte offensichtlich weder in Köln noch später bei Bayern München unter Felix Magath das Laufen gelernt. Er habe sich bei der WM viele Kenntnisse und Fähigkeiten im taktischen Bereich angeeignet, »wie wir uns bewegen, wie wir laufen sollen«, erklärte er im Herbst 2006, so habe er das bei Magath »noch nicht gemacht«. Wurden denn in der Bundesliga keine Laufwege eingeübt, war denn das Spiel der Bayern gar planlos? Jedenfalls bestand bei Podolski anhaltender Lernbedarf, und Löw musste dem immer wieder zu lange über die richtigen Laufwege sinnierenden Jungstar aufzeigen, wie er das richtige und effiziente Spielhandeln automatisieren konnte. »Wenn er die richtigen Laufwege macht, kommt er ins Spiel«, so Löw. Wenn er seine Lektion gelernt habe, sei er »gefährlich«, »schwer zu bremsen und auszuschalten«, eine »Rakete« gar.

Tatsächlich zeigte sich Podolski bei der EM 2008 verbessert, vielleicht nicht ganz raketengleich, aber doch in respektabler Form. Die Rückkehr Poldis im Sommer 2009 zum 1. FC Köln begrüßte Löw ausdrücklich. Der Lukas sei ein Spieler, der zur Entfaltung seines Potenzials Vertrauen benötige und ein Umfeld, in dem er sich wohlfühle. Und wirklich machte er in Köln Fortschritte in punkto Eigenverantwortung, zu konstanten Leistungen fand er aber auch bei seinem Heimatverein zunächst nicht. Vielleicht war Podolski einfach ein Sonderfall. Jedenfalls konnte er sein komplettes Leistungsvermögen in der Nationalmannschaft schon immer konstanter abrufen als im Verein. »In der Nationalmannschaft war er schon als ganz junger Spieler immer sehr gut, effizient und hoch motiviert«, meinte Löw kurz vor dem Start der WM 2010. Möglicherweise hatte das mit der besonders vertrauensvollen Atmosphäre bei der Nationalmannschaft zu tun, mit der Hege und Pflege, die er seinen Problemkindern schon als Klinsmann-Assistent hatte zuteil werden lassen. Und somit lag der Fall Podolski ganz ähnlich wie der Fall Klose. Beide waren Lieblingsspieler des Nationaltrainers; beide erwiesen sich als Typen, die nicht auf Druck mit Leistung reagieren, sondern auf einen großen Vertrauensvorschuss. Beide zahlten ihn zurück mit viel Eifer und guten Leistungen. Und mit Dankbarkeit. Der Bundestrainer habe ihm nicht nur sportlich viel mit auf dem Weg gegeben, sondern auch menschlich, bekannte Podolski nach der WM.

Die Poldi-Diskussionen begleiteten die Nationalmannschaft auch im Herbst 2010. Nach dem knappen Sieg in Belgien kritisierte sogar der Bundestrainer selbst seinen Lieblingsschüler sanft – er sei in der zweiten Halbzeit »nicht so im Spiel« gewesen –, und prompt hieß es in den Gazetten, dass Löw nun wohl die Geduld mit seinem Problemstürmer verliere. Aber vielleicht hat er dem Poldi nur etwas Feuer unterm Arsch machen wollen. Jedenfalls zeigte der sich dann gegen Aserbaidschan wieder von seiner besten Seite, nämlich voller Dynamik wie ein junger Stier. »Wie Lukas mit unglaublicher Schnelligkeit in die Tiefe sprintet, ein Tor selbst macht und andere vorbereitet über die linke Seite – das ist schon sehr gefährlich. Ich hatte immer das Gefühl, dass er wieder auf dieses Niveau kommt.« Deutlich war aber zu diesem Zeitpunkt bereits geworden, dass Poldi dieses Niveau künftig über längere Zeiträume würde halten müssen, um nicht auf die Ersatzbank abgeschoben zu werden. Denn mit dem enorm schnellen, explosiven, dribbel- und abschlussstarken André Schürrle gab es inzwischen eine taugliche Alternative auf seiner Position. Desgleichen war für Miroslav Klose die Luft dünner geworden. Nicht nur, weil er kaum jünger war als der inzwischen aufs Abstellgleis geratene Ballack, sondern vor allem auch, weil der Stürmer-Kollege Mario Gomez seine Arbeit inzwischen nicht nur bei den Bayern (mit 28 Treffern Bundesliga-Torschützenkönig 2010/11), sondern auch im Nationaltrikot auf Weltklasseniveau verrichtete. Miro flüchtete vor Gomez zu Lazio nach Rom, um sich dort über möglichst viele Tore doch noch, rechtzeitig vor der EM in Polen und der Ukraine, den Status des Stammspielers zurückzuerobern.

Er habe keine besseren Stürmer gesehen, hatte Löw während der WM in Südafrika über seine Stürmer Miro & Poldi gesagt. »Aber vielleicht ändert sich das irgendwann.« Doch Vertrauen und Bauchgefühl werden sicher auch künftig seine Entscheidungen mitbestimmen – und eben nicht nur die Leistungsbilanz aus der Datenbank.

Und so schafften es Podolski und Klose auch bei der EM 2012 und bei der WM 2014 in den Kader. Während Podolski in Brasilien nur noch eine Nebenrolle spielte, rechtfertigte Klose das in ihn gesetzte Vertrauen voll und ganz. Bei seiner vierten Weltmeisterschaft erzielte der inzwischen 36-Jährige seine WM-Treffer Nr. 15 und 16 und überholte damit Ronaldo als WM-Rekordtorjäger. »Wenn ich es irgendwem gönne, dann ist es der Miro«, kommentierte Löw die famose Leistung. Klose bedankte sich für das in ihn gesetzte Vertrauen mit bemerkenswerten Worten: Das »Schönste« am Bundestrainer sei ja, dass er sich in den zehn Jahren ihrer Zusammenarbeit »überhaupt nicht verändert hat«.

KAPITEL 16

Die Normierung der DFB-Ausbildung oder: Vertragsquerelen, Spielphilosophie und Sportdirektor-Frage

Als Vereinstrainer hatte Joachim Löw immer wieder betont, dass er kein Freund von langfristigen Verträgen sei und sich nicht vorstellen könne, zehn Jahre beim selben Verein zu arbeiten. Die gleiche Ansicht wiederholte er bei seiner Ernennung zum Bundestrainer im Sommer 2006. Ein Zwei-Jahres-Vertrag genügte ihm, denn er hatte ja die Option, ihn nach einer erfolgreich verlaufenen EM zu verlängern. Dem vorsichtigen Löw ging es vor allem darum, erstmal auszutesten, ob die Zusammenarbeit des Verbandes mit ihm als Chef so laufen würde, wie er sich das vorstellte. »Unsere Erwartungen sind sehr schnell umgesetzt worden«, äußerte er sich bereits nach einem knappen halben Jahr sehr zufrieden, vieles sei im Sinne des Führungsteams der Nationalelf auf den Weg gebracht worden, von der Verbesserung des Scouting-Systems über die Reformierung der Trainerausbildung bis hin zur Neustrukturierung der Nachwuchsarbeit. Die Zusammenarbeit mit Präsident Zwanziger, der seit dem im September erfolgten Ausscheiden des Co-Präsidenten Mayer-Vorfelder den Verband allein führte, sei ausgezeichnet. Es herrschte also ganz offensichtlich ein harmonisches und produktives Miteinander, so dass bereits nach einem Jahr – besonders forsch aus dem Mund Franz Beckenbauers – die Forderung laut wurde, Kontinuität sicherzustellen und den Kontrakt mit dem Bundestrainer vorzeitig zu verlängern. DFB-Präsident Zwanziger stimmte ein und meinte, dass es ja vor allem auch um die Fortführung der in den letzten Jahren etablierten Fußballphilosophie gehe. Denn selbst wenn bei der Europameisterschaft 2008 etwas schiefgehen sollte, könne ja nicht plötzlich alles »falsch sein, was sich in den vergangenen Jahren als sehr erfolgreich dargestellt hat«.

Der Umworbene jedoch zögerte. Weil er wissen und »auch spüren« wollte, »ob man sich beim DFB nur an den Ergebnissen orientieren möchte oder ob man vom Team und seinen Methoden überzeugt ist«. Die »Süddeutsche Zeitung« kommentierte scharfsinnig: »Er gibt sich sperrig, und sie werden ihm schon ein paar Wünsche erfüllen müssen, bevor er unterschreibt.« Löw wollte allem Anschein nach einen neuen Vertrag nur aus einer Position der absoluten Stärke unterzeichnen, um seine Hausmacht und seinen Einfluss auf die Konzepte beim DFB ausbauen zu können. »Dass von beiden Seiten der grundsätzliche Wunsch gehegt wird, diese Arbeit weiterzuführen, ist klar«, begründete er seine Zurückhaltung. »Aber es gibt noch einige Punkte zu besprechen: Nachwuchsarbeit, Trainerausbildung, das Team um das Team herum, etwa die amerikanischen Fitnesstrainer. Mir ist wichtig, dass mein Mitarbeiterstab auch weiter mit mir arbeiten wird.« Er wolle Einfluss auf die Inhalte haben und zudem bei Personalentscheidungen mitreden. Weil er nicht, wie zuvor manchmal Klinsmann, mit dem Kopf durch die Wand ging, sondern seine Wünsche sanft und eloquent – aber dennoch nachdrücklich – und durchaus mit Gespür für die Befindlichkeiten beim DFB zur Sprache brachte, konnte er die ihm wichtigen Zusagen aushandeln. Am 25. Oktober 2007 wurde sein Vertrag, der unabhängig vom Abschneiden bei der EM seine Gültigkeit behalten sollte, vorzeitig bis zur WM 2010 verlängert.

Die gescheiterte Vertragsverlängerung

Im Oktober 2009, unmittelbar nach der durch den 1:0-Sieg gegen Russland sichergestellten Qualifikation für die WM 2010, sprach sich DFB-Präsident Theo Zwanziger erneut für eine vorzeitige Vertragsverlängerung mit dem Bundestrainer aus. Löw zeigte sich erfreut über das damit ausgesprochene Vertrauen, wollte aber wie schon 2007 seine Unterschrift davon abhängig machen, dass zugleich für seinen gesamten Stab – Assistent Hansi Flick, Torwarttrainer Andreas Köpke, Teammanager Oliver Bierhoff, die Fitnesstrainer und der Psychologe Hans-Dieter Hermann – verlängert werde. Beide Seiten bekannten sodann, dass man ja nicht unter Zeitdruck stehe und die Angelegenheit irgendwann in den nächsten Monaten in aller Ruhe unter Dach und Fach bringen könne.

Am 16. Dezember gab der DFB bekannt, dass der Bundestrainer seinen Vertrag per Handschlag bis nach der Europameisterschaft 2012 verlängert habe, die Details werde man bis Januar aushandeln. Etwas differenzierter und nicht ganz passend zur Vollzugsmeldung war jedoch die Äußerung, mit der Löw zitiert wurde: »Die grundsätzliche Bereitschaft, die Zusammenarbeit bis nach der EM 2012 fortzusetzen, besteht – bis zur Unterzeichnung eines neuen Vertrages müssen aber noch einige

Punkte besprochen und geklärt werden, die mir und meinem Team für die weitere Arbeit wichtig sind.« Hinsichtlich der Weiterbeschäftigung des kompletten Leitungsteams hatte man Einigung erzielt, wichtige Rahmenbedingungen – etwa die Zuständigkeiten für die U21 – waren aber offen. Es hatte sich also aus der Sicht Löws, wie die »Süddeutsche Zeitung« präzisierte, um einen »Handschlag mit Vorbehalt« gehandelt. Zwanziger freilich gab sich erstmal zufrieden und meinte, dass man nun »in Ruhe ins WM-Jahr gehen« könne.

Anfang Januar 2010 ließ sich Löw in der Presse mit dem Satz zitieren, dass er den anstehenden Vertrag als Letzter unterschreiben werde. »Denn ich möchte gewährleistet haben, dass wir unter den bisherigen Voraussetzungen weiterarbeiten können, auf jeden Fall mit der ein oder anderen Verbesserung.« Diese Verbesserungswünsche fixierten Löw und sein Leitungsteam in einem 20-seitigen, ausdrücklich als verhandelbar deklarierten Vertragsentwurf, den Bierhoff am 14. Januar dem DFB vorlegte. Die Gelegenheit, den Entwurf bei einem Treffen am 1. Februar, das zur Klärung der Zuständigkeiten bei der U21 dienen sollte, zu diskutieren, ließ man ungenutzt verstreichen. Am Tag darauf erhielt Löw einen nichtverhandelbaren Vertragsentwurf des DFB: Den solle er nun spätestens bis zwölf Uhr des folgenden Donnerstags – also binnen 48 Stunden – zurückschicken, denn da beginne die nächste Sitzung des DFB-Präsidiums.

Joachim Löw und sein Team weigerten sich, den vom DFB formulierten Vertrag zu unterschreiben. Und so beschloss das Präsidium an diesem Donnerstag, die Vertragsgespräche auszusetzen. »Grundsätzlich sind weiterhin beide Seiten an einer Fortsetzung der guten Zusammenarbeit interessiert, aber bei wichtigen inhaltlichen Aspekten konnten wir uns nicht einigen«, erklärte ein vergrätzter Zwanziger. »Bis zur WM wird es keine Gespräche geben«, fügte er bissig hinzu. »Vielleicht wird man mich dann fragen, und sicher muss ich mich dann auch fragen, ob ich dann noch zu Gesprächen bereit bin.« Die Stimmung zwischen den Parteien war frostig geworden, und der Auslöser dafür war fraglos Bierhoffs Vertragsentwurf gewesen. Über dessen Inhalt verbreitete die »Bild«, dass sich der Nationalmannschaftsmanager ein Vetorecht bei der Wahl eines neuen Bundestrainers habe sichern wollen – ganz augenscheinlich deswegen, um einen möglichen Löw-Nachfolger Sammer zu verhindern –, zudem habe er eine Bonuszahlung bei Unterschrift (»signing fee«) in Höhe eines Jahresgehalts gefordert.

Ganz offensichtlich hatte es gezielte Indiskretionen beim DFB gegeben, die Löw nun via »Bild« als macht- und geldgierigen Raffzahn erscheinen ließen. Tatsächlich lag sein Gehalt (etwa 2,5 Mio. Euro) ja immer noch deutlich unter dem Klinsmanns, und bei der von Bierhoff geforderten Summe handelte es sich, wie später herauskommen sollte, um eine – zudem mit Refinanzierungs-Vorschlägen gekoppelte – Einmalzahlung für den kompletten Trainerstab in einer Gesamthöhe von unter 3 Mio. Euro.

Joachim Löw selbst enthielt sich jedoch solcher Rechnungen, sondern bezog zunächst in einer moderat gehaltenen schriftlichen Stellungnahme Position zu den gescheiterten Vertragsverhandlungen: »Ganz bewusst haben wir uns in den vergangenen Wochen nicht konkret zur Vertragssituation geäußert. Umso verwunderter sind wir über die plötzlich in der Öffentlichkeit diskutierten angeblichen Vertragsdetails.« Es habe keinen Handschlagvertrag gegeben, außerdem habe man lediglich einen verhandelbaren Entwurf vorgelegt, dessen Vorschläge – Vetorecht und die Forderung einer Bonuszahlung – dem DFB zudem schon lange bekannt waren. Am meisten ärgerte ihn das 48-Stunden-Ultimatum. Die Forderung, einen nichtverhandelbaren Vertrag zu unterschreiben, empfand er als einen nicht akzeptablen Affront.

Friedensschluss im Flieger

Angesichts der sich verhärtenden Fronten schien der DFB-Präsident allmählich kalte Füße zu bekommen. In einem Interview mit der »Süddeutschen Zeitung« wedelte er mit der weißen Fahne: »Wir sind Freunde, wir sind keine Feinde. Wir arbeiten an einem gemeinsamen Projekt. Am Wochenende bei der Auslosung zur Europameisterschaft 2012 in Warschau werden wir uns wiedersehen, und dann werden wir miteinander reden.« Ein Ultimatum habe er nicht stellen wollen, beteuerte Zwanziger, man sei lediglich unter Zeitdruck gewesen. »Die nächste Sitzung wäre erst im März gewesen, ich konnte die Sache nicht so lange kochen lassen.« Die von Bierhoff formulierten finanziellen Erwartungen seien unannehmbar gewesen, und dessen Wunsch nach einer Ausdehnung der Managerkompetenzen sowieso. »Eine Nationalmannschaft-GmbH mit dem DFB als Aufsichtsrat – das geht nicht.« Seine Haltung zu Löw indes bleibe natürlich bestehen: »Ich will ihn behalten.«

Nicht behalten wollten aber ganz offensichtlich einige einflussreiche Männer beim DFB den Manager Oliver Bierhoff. Immer wieder hatte

Löw Bierhoff den Rücken gestärkt und dessen Schicksal mit seinem eigenen verknüpft. Wollte die DFB-Spitze nun mit allen Mitteln einen Keil zwischen Löw und Bierhoff treiben, zwischen die bislang nie ein Blatt Papier gepasst hatte? Oder lag die Schuld für das Zerwürfnis doch eher bei der »Firma« Löw-Bierhoff, die (zu) unabhängig agierte, (zu) rigoros ihre eigenen Interessen vertrat und sich nun womöglich anschickte, den DFB zu übernehmen? Hatte sich »die Firma verzockt«, wie die »Frankfurter Rundschau« titelte? Jedenfalls war nun viel Porzellan zerschlagen und die Situation verfahren. Es herrschte Eiszeit zwischen den Parteien.

Am Samstag flogen sämtliche Protagonisten nach Warschau, wo die Auslosung der Qualifikationsgruppen für die EM 2012 stattfand. Man nächtigte in getrennten Quartieren. Zwanziger und der DFB-Tross hatten das »Marriot« gewählt, Löw und Bierhoff das »Radisson«. Erst auf dem Rückflug fand man zusammen und sprach miteinander. Alle hatten gelitten durch das öffentliche Hickhack. Und so beschloss man, auf einer Pressekonferenz einen Friedensschluss zu verkünden. Am Dienstag, 9. Februar, saßen die Streithähne in der DFB-Zentrale in Frankfurt vor der versammelten Presse auf dem Podium. Man habe es versäumt, den Weg der Kommunikation zu suchen und sich auszutauschen, bedauerte DFB-Generalsekretär Wolfgang Niersbach, und Präsident Zwanziger räumte ein, dass er rechtzeitig zum Telefonhörer hätte greifen müssen, um die entstandenen Missverständnisse zu beseitigen. Noch über ein Jahr später wird er kopfschüttelnd ausrufen: »Was haben wir damals für einen Mist gebaut!« Die andere Seite zeigte sich gleichermaßen voller Reue. Oliver Bierhoff entschuldigte sich brav, dass er keinen schriftlichen Vertrag hätte vorlegen dürfen, sondern zuallererst ein unverbindliches Gespräch hätte suchen sollen. Alle versicherten, dass man nach wie vor zusammenarbeiten wolle, das nötige Vertrauen sei wiederhergestellt. Das Thema Vertrag jedoch wollte man bis zur Beendigung des Turniers in Südafrika auf Eis legen. Indem er eine weitere Solidaritätsadresse für den Manager Bierhoff abgab, machte Löw vorsorglich schon mal deutlich, dass es ein Weitermachen nur mit ihm und dem gesamten Team, also inklusive Manager, würde geben können. »Oliver und ich haben sechs Jahre lang hervorragend und harmonisch zusammengearbeitet. Er ist mein engster Mitarbeiter und Vertrauter. Deshalb ist es klar, dass er nach der WM mein erster Ansprechpartner sein wird, wenn wir darüber reden, wie es weitergeht und was wir wollen.«

Der Vollständigkeit halber muss noch erzählt werden, dass Angela Merkel als Friedensengel über der Veranstaltung schwebte. Denn für den nächsten Tag stand ein schon Wochen zuvor ausgehandelter öffentlicher Empfang der Nationalmannschaftsspitze im Bundeskanzleramt an. Dort hätte man sich unmöglich als Zwietracht-Truppe präsentieren können. Somit war die praktizierte Selbstkritik in gewisser Weise auch der Kanzlerin zu verdanken.

Im Prinzip war nun alles, konkret freilich aber nach wie vor noch gar nichts geklärt. Er habe seine Situation akzeptiert und könne mit einer ungeklärten Zukunftsperspektive bestens leben, antwortete Löw auf entsprechende Journalistenfragen, er benötige jetzt keine Sicherheit, und nach dem Turnier sei alles denkbar. Es entsprach dem Naturell dieses stets nüchtern kalkulierenden Bundestrainers, keine Energie an Dinge zu verschwenden, die vorläufig nicht zu ändern sind.

Sammer-Philosophie und Peters-Dolchstoß

Seine nüchterne Sicht der Dinge verband Joachim Löw zwischen den Zeilen mit dem Hinweis, dass das »Grundvertrauen« der DFB-Spitze in seine Arbeit (noch) nicht ausreichend sei. Die Rüge kann als Symptom eines Grundkonflikts interpretiert werden. Der manifestierte sich in der chronisch umstrittenen Kompetenzverteilung zwischen ihm als Leiter der Nationalmannschaft und dem im Frühjahr 2006 anstelle des Wunschkandidaten Bernhard Peters als Sportdirektor installierten Matthias Sammer. Ob bewusst und mit welcher Absicht, sei dahingestellt – Fakt war, dass damals mit dem eigenwilligen Sammer ein Gegenpol zu den »Klinsmännern« der Nationalmannschaft geschaffen worden war. Vor allem Bierhoff hätte langfristig gefährdet sein können: Würde sich Sammer, der sich nicht als bloßer Jugendkoordinator sah, zum Verbandsmanager mit Rundum-Kompetenzen aufschwingen können, wäre Bierhoff zu einer Organisationskraft degradiert. Diese Konstellation änderte sich durch die Ernennung Löws zum Bundestrainer nicht grundsätzlich. Theo Zwanziger sah sich daher wiederholt in der Rolle eines Moderators dieser konfliktträchtigen Führungsverhältnisse unter dem Dach des DFB. »Mir ist ein kleines Spannungspotenzial lieber, als wenn Friedhofsruhe herrscht«, meinte er salopp. Er habe kein Problem damit, wenn's mal ein bisschen rummst: »Ist doch schön, wenn Leben drin ist.«

Es ging dabei nicht nur um Zuständigkeiten, sondern mehr noch um grundsätzliche Differenzen wie zum Beispiel in der Frage nach der

Bedeutung von Führungsspielern. »Sammer fordert mehr Leader wie Ballack« titelte die »Sport-Bild« Ende Juni 2011 – und damit also zu einem Zeitpunkt, als der »Capitano« von Löw bereits geschasst worden war. Eine Schlagzeile war das freilich im Prinzip gar nicht wert. Denn der Sportdirektor und ehemalige Nationalmannschaftskapitän, der das DFB-Team einst als »Motzki« zum EM-Titel geführt hatte, war seit jeher als ein entschiedener Vertreter klarer Struktur und Hierarchie bekannt. »Wir fördern eine klare Hierarchie in unserer Mannschaft!«, heißt es explizit in der DFB-Ausbildungskonzeption von 2008. Des Sportdirektors These lautet: Ohne Führungsspieler ist Erfolg nicht möglich. Ein perfekter Leader auf dem Platz zeichnet sich seiner Auffassung nach dadurch aus, »dass er glaubwürdig alle erkennbaren Tendenzen, die den Mannschaftserfolg gefährden, in offener konstruktiv-kritischer Weise anspricht«. Mit Ansichten dieser Art stellte sich Sammer absolut konträr zu den bei der Nationalelf propagierten Ideen von der »kollektiven Führung« und »flachen Hierarchien«. Und so kam es zu widersprüchlichen Entwicklungen: Auf der einen Seite wurde in der A-Elf – vor allem im Zuge der Entmachtung des Leitwolfs Ballack – versucht, die Verantwortung auf mehrere Schultern zu verteilen, und auf der anderen Seite ließ Sammer für die U-Mannschaften Persönlichkeitsprofile zum Herausfiltern künftiger Führungsspieler erstellen.

Die Diskussion entspannte sich erst Ende 2011. Im Zusammenhang mit den Auswahlteams werde jetzt »nur noch über die Art und Weise der Führung diskutiert«, stellte der DFB-Sportdirektor da befriedigt fest, »nicht mehr über ihre Existenz«. Tatsächlich hatte Löw den Begriff nach dem Ausscheiden von Ballack wieder häufiger verwendet. »Führungsspieler werden immer gebraucht«, sagte er beispielsweise in einem Interview mit dem »Kölner Stadtanzeiger«, scheinbar in Übereinstimmung mit Sammers Behauptung. »Heute sind Spieler aber auf eine andere Weise als früher Führungspersönlichkeiten«, präsisierte er und betonte, dass die breite Diskussion über »flache Hierarchien« wohl eher am Thema vorbeigegangen sei. »Philipp Lahm, Bastian Schweinsteiger, Miroslav Klose, Per Mertesacker, selbst die jungen Spieler wie Manuel Neuer und Sami Khedira, übernehmen Verantwortung und sind auch in der Lage zu erkennen, wie eine Gruppe insgesamt funktioniert. Sie nehmen wahr, wenn es irgendwo Probleme gibt, sie beobachten und sie kommunizieren. Vor allen Dingen sind Führungsspieler auch erfolgshungrig. Sie haben Sehnsucht nach Siegen und tun alles dafür. Da sehe ich eine gute Entwicklung bei uns. Spieler, die auf dem Boden bleiben, die bescheiden sind – das sind die guten Spieler.«

Die Diskussion verebbte nun, und der streibare Sammer sprach vor der EM 2012 sogar eine Art »Jobgarantie« für Löw aus: »Das Ergebnis kann doch gar nicht so katastrophal sein, dass der qualitativ hochwertige Job, den Jogi nun schon über einen langen Zeitraum abliefert, ohne EM-Erfolg völlig anders bewertet wird.« Der Sportdirektor schien kurz vor seinem Ausscheiden – im Sommer 2012 wechselte er zum FC Bayern – zahm geworden zu sein. Allerdings dürfte die Zusammenarbeit im Kompetenzteam des DFB trotz all der öffentlich ausgetragenen Diskussionen sowieso stets leidlich funktioniert zu haben. Im Jahr 2006 bestand dieser Expertenzirkel aus dem Bundestrainer, Nationalelf-Manager Oliver Bierhoff, Sportdirektor Matthias Sammer, Trainerausbilder Erich Rutemöller und U21-Trainer Dieter Eilts. Ende des Jahres wurde noch der ehemalige Hockey-Bundestrainer Bernhard Peters, der inzwischen als Direktor für Sport und Nachwuchsförderung bei der TSG Hoffenheim tätig war, als externer Berater hinzugezogen. Eine Hauptaufgabe dieses Gremiums der für die sportliche Ausrichtung der DFB-Teams wichtigsten Führungspersonen war die Durchsetzung einer einheitlichen Spielphilosophie aller Auswahlmannschaften von der C-Jugend bis zum A-Team. »Die Philosophie durchfließen« lassen, nannte das Löw, und zwar von der Spitze zur Basis.

Oberflächlich betrachtet handelte es sich bei diesem großspurig als »Spielphilosophie« bezeichneten Gesamtkonzept zunächst nur um eine Frage der taktischen Ausrichtung aller Teams nach dem als Standard ausgegebenen 4-4-2-System. Man könne durchaus auch mal auf ein 4-3-3 umstellen, relativierte Löw, aber es gebe einige »grundlegende Dinge, die man durchziehen sollte«. Bereits in der Jugend müssten die Grundsätze von Raumdeckung und Viererkette erlernt werden, eine offensive Spielweise sollte selbstverständlich sein. »Immer nach vorne orientieren, schnell in die Tiefe spielen, Pressing«, nannte er wichtige Aspekte. »Es gibt taktische Vorgaben, die in jeder Auswahl einzuhalten sind. Sogar die Laufwege für einzelne Positionen sollen einheitlich werden.« Auch Leistungstests sollten obligatorisch werden, überhaupt sollte sich der Professionalitätsstandard der Trainingsmethodik am A-Team orientieren. »Wir müssen 15-, 16-, 17-Jährige so schulen, dass sich früh Automatismen entwickeln, von denen auch die Nationalmannschaft profitiert. Im blinden Zusammenspiel können wir von anderen Teams noch lernen. Das braucht Zeit. Unsere Arbeit ist langfristig angelegt.«

Man musste also Geduld haben. Doch völlig überraschend verkündete Löw bereits nach einem guten Jahr: »Wir sind jetzt bei einer einheitlichen Philosophie, mit einer klaren Definition und klaren Anweisungen an unsere Trainer.« Dass alle U-Mannschaften im Bereich des DFB dieselbe Spielphilosophie verinnerlicht hätten, lobte Löw den einst misstrauisch beäugten Sportdirektor, sei vor allem der »Hartnäckigkeit« zu verdanken, mit der dieser die Dinge vorantreibe. Matthias Sammer, der verantwortliche Herausgeber des Ausbildungskonzeptes für die Jugendteams, hatte sich also ganz offensichtlich bewährt als interner Herold und Koordinator der Löw'schen Spielphilosophie. Und der von Löw Gelobte bezeichnete nun seinerseits die Zusammenarbeit als »sehr, sehr gut« und betonte, dass man zu gegenseitigem Vertrauen gefunden habe.

Die potenziellen Kontrahenten schienen sich miteinander arrangiert zu haben, jedenfalls kam es fürs Erste zu keinem auf der öffentlichen Bühne ausgetragenen Konflikt. Der schlagzeilenträchtige Krach fand stattdessen an einer ganz anderen Ecke statt. Ausgerechnet Bernhard Peters, den das Duo Klinsmann/Löw einst so hofiert hatte, griff den Trainerstab des DFB nach den drei mäßigen Vorrundenspielen bei der EM in einem Interview mit der »Rhein- Neckar-Zeitung« scharf an. »Mir fällt auf, dass die Mannschaft nicht so zielstrebig und leidenschaftlich auftritt wie bei der Weltmeisterschaft vor zwei Jahren. Ich bin mir nicht sicher, ob in der Vorbereitung alle Möglichkeiten ausgeschöpft wurden«, monierte er. Vor allem in den Spielen gegen Kroatien und Österreich habe er »in der Offensive eine klare Struktur und Aufgabenverteilung vermisst«. Löw war einigermaßen konsterniert über diesen gänzlich unerwarteten Dolchstoß von hinten. Am Tag nach dem EM-Halbfinaleinzug kündigte er an: »Das wird Konsequenzen haben.« Und die ließen nicht lange auf sich warten. Zum 31. Juli 2008 wurde Peters' Beratervertrag gekündigt, seine zwischenzeitliche Entschuldigung hatte ihn nicht retten können.

Streitpunkt U21-Nationalmannschaft

Beim nächsten Konflikt im sportlichen Führungszirkel des DFB waren Sportdirektor Sammer und U21-Trainer Dieter Eilts die Protagonisten. Im November 2008 wurde der noch von Klinsmann für Uli Stielike installierte und nunmehr seit vier Jahren im Amt befindliche Nachwuchstrainer, der einst auch als Löw-Assistent im Gespräch gewesen war, durch Horst Hrubesch ersetzt. Die Entlassung hatte nicht Erfolglosigkeit zur Ursache – Eilts hatte die Qualifikation für die EM-Endrunde erreicht –, sondern wurde von Sammer damit begründet, dass der Trainer die geforderte Spielweise samt modernster Trainingsgestaltung nicht so wie gewünscht umgesetzt hatte. Die geforderten Methoden – Videoanalysen, Fitnesscoaches, Psychologe etc. – habe man durchaus eingesetzt, war der ehemalige Werder-Profi und Europameister von 1996 (»Ostfriesen-Alemao«) hernach um Rechtfertigung bemüht. »Ich habe versucht, die Spielphilosophie auf die Bedürfnisse meiner Mannschaft zu übertragen, aber das hat ihm (also Sammer) scheinbar nicht gereicht.«

Hatte Eilts die Spielphilosophie vielleicht einfach nicht verstanden? In der von Sammer im Jahr 2008 herausgegebenen Ausbildungskonzeption des DFB heißt es: »Unsere Spielphilosophie berücksichtigt eine langfristige Prognose des Weltfußballs, internationale Trends und typische Stärken des deutschen Fußballs.« Danach ist die Philosophie offensichtlich identisch mit dem gesamten Konzept, das auf den beiden Pfeilern »Spielfreude« (Spaß, Motivation, Kreativität) und »Team mit Persönlichkeiten« (Leistungswille, konstruktive Kritik, Teamgeist) ruht und sich in vier Aspekte aufteilt: erstens technische Fertigkeiten (Fähigkeit, auch unter Druck sicher zu spielen, Beherrschung von Positionstechniken), zweitens Fitness (physische Fähigkeit zum Tempospiel), drittens taktisches Konzept (Beherrschung von Spielsystemen mit offensiver Ausrichtung) und viertens Siegeswille (mentale Fähigkeiten wie Leidenschaft und Disziplin).

Etwas verwirrend wird die Sache dadurch, dass die verwendeten Begriffe nicht trennscharf benutzt werden. So findet sich unter dem Teilaspekt Taktik erneut der Begriff Spielphilosophie und wird dort auch »klar« definiert: »Wir haben ein Spielsystem mit konkreten Aufgaben für jede Position, für Gruppen und das gesamte Team! Wir bestimmen das Spiel in Offensive und Defensive! Wir sind offensiv ausgerichtet! Wir wollen attraktiv spielen, handeln jedoch ergebnisorientiert.« Dazu wird ein Standard der »ausbildungsfördernden Spielsysteme« für A- und B-Junioren vorgegeben. Die Dreierkette für die Verteidigung ist verboten, Viererkette mit Raumdeckung obligatorisch. Erlaubt sind sodann ein 4-3-3 bzw. 4-2-3-1 (Besetzung beider Flügel im Angriff, das defensive Mittelfeld kann mit einem oder zwei Spielern besetzt werden) sowie ein 4-4-2 mit Raute oder Kette (zwei defensiv flexible zentrale Mittelfeldspieler und Besetzung der Außen- bzw. Halbpositionen).

Der etwas unsauber konstruierte Begriffsbaukasten des DFB-Nachwuchskonzeptes bietet einige Interpretationsspielräume. So muss man sich nicht wundern, dass mit allerlei Spitzfindigkeiten darüber gestritten werden kann, welches Trainingskonzept, welches Spielsystem und welche konkrete Spielweise noch als korrekte Umsetzung der »Hausphilosophie des DFB« (Sammer) gelten darf. Beispielsweise wurde in öffentlichen Stellungnahmen stets das 4-4-2 als Standard für die älteren Nachwuchsmannschaften dargestellt, tatsächlich aber spielte die U21 je nach Personal und Gegner schon immer taktisch durchaus variabel, in der Regel mit nur einer Spitze. Zusätzlich erhöhen sich die Auslegungsmöglichkeiten dadurch, dass es sich ausdrücklich um eine im Fluss befindliche Vorgabe handelt. Im Juli 2010 erklärte Matthias Sammer: »Es gibt im DFB nur eine Spielphilosophie. Die wurde von Joachim Löw, Hansi Flick, Urs Siegenthaler und mir sowie den U-Trainern gemeinsam erarbeitet. Sie gilt für alle unsere Auswahlmannschaften und wird immer wieder aktualisiert.« Jeder einzelne Nachwuchstrainer ist demnach aufgefordert, die jeweiligen Aktualisierungen und Weiterentwicklungen entsprechend nachzuvollziehen. Das daraus folgende Problem liegt auf der Hand: Wo die reine Lehre derart wandelbar ist, sind Missverständnisse und andauernder Streit um deren »richtige« Auslegung geradezu programmiert. Muss man sich also wundern, wenn manch einer – siehe Eilts – nicht nachzuvollziehen vermag, in welcher Hinsicht er gegen die Maximen der Ausbildungsnorm verstoßen hat?

In den zentralen Konflikten zwischen Joachim Löw und Matthias Sammer ging es freilich weniger um die richtige Auslegung der Spielphilosophie, sondern vor allem um konkrete Zuständigkeiten. Hier waren die konträren Interessen durchaus eindeutig definiert. Joachim Löw betrachtete die U21 als »Fundus, aus dem wir schöpfen können«, also als ein Reservoir für die A-Elf, aus dem er sich nach Bedarf bedienen konnte, für Sammer war die U21 insbesondere als Aushängeschild seines Kompetenzbereichs und somit als sichtbarster Qualitätsbeweis seiner Arbeit wichtig. Die Ergebnisse der U-Mannschaften in den ersten drei Jahren der Ära Sammer – wie viel auch immer er selbst unmittelbar dazu beigetragen hatte – konnten sich durchaus sehen lassen. Es gab nicht weniger als drei Europameister-Titel (für die U19, die U17 und die U21). Als die U21 2009 den Titel gewann, spielten in dem Team bereits vier aktuelle A-Nationalspieler (Beck, Özil, Khedira, Castro) und fünf baldige (Neuer, Boateng, Hummels, Aogo, Schmelzer). Alle Beteiligten konnten also zu diesem Zeitpunkt zufrieden sein: Die U-Teams waren erfolgreich wie nie zuvor, und auch Löws Konzept, die U21 als unmittelbare Nachschubbasis der A-Nationalelf zu nutzen, war wunderbar aufgegangen.

Trotz dieser Erfolge gab es Auseinandersetzungen, und das in der Regel immer dann, wenn der Bundestrainer einen U21-Spieler zum »falschen« Zeitpunkt in die A-Elf berief. Exemplarisch war etwa der Fall Trochowski im Herbst 2006. Löw hatte den Offensivmann des HSV als Debütanten für den Test der A-Elf gegen Georgien benannt, so dass dieser der U21 im entscheidenden EM-Qualifikationsspiel gegen England fehlte. »Ich habe einen Ersatz für den verletzten Tim Borowski gebraucht«, begründete er seine Entscheidung kühl, »ich würde das jederzeit wieder so machen. Der DFB ist für die Ausbildung einzelner Spieler zuständig, und als Mannschaft genießt die A-Elf klare Priorität.« Zur Löw-Philosophie gehörte eben von Anfang an, dass junge Spieler möglichst oft Erfahrungen im A-Team sammeln sollten, denn nur so konnte seiner Meinung nach die sportliche Distanz zu den Nachwuchsteams verringert werden. Dass die U21 dann im Zweifelsfall weniger erfolgreich spielte – ohne Trochowski ging das Spiel gegen England mit 0:1 verloren –, war da nebensächlich.

Sammer hatte bei strittigen Berufungsfragen im Zweifel nichts zu sagen. Als nach der EM mit Rainer Adrion der ehemalige Co-Trainer Löws zu VfB-Zeiten das Amt des U21-Trainers von Horst Hrubesch übernahm, interpretierten dies etliche Beobachter als einen weiteren eklatanten Machtverlust des Sportdirektors, der die alleinige Verantwortung für die U21 eingefordert und als Trainer Heiko Herrlich vorgeschlagen hatte. Präsident Zwanziger aber hatte sich auf die Seite Löws geschlagen, der nicht nur in der Frage der Spielerabstellungen für das A-Team, sondern auch bei der Trainerbesetzung das letzte Wort haben wollte.

Der Kampf um Adrion

Fachlich strittig konnte die Personalie Adrion nicht sein. Der einstige Co-Trainer Löws beim VfB hatte für viele Jahre die sportliche Leitung im Amateur- und Nachwuchsbereich der Stuttgarter inne (zunächst von 1999 bis 2001 und dann noch einmal von 2004 bis 2009), außerdem war er als Mitglied des Trainerlehrstabs in Baden-Württemberg ein Schüler des Taktik-Gurus Helmut Groß. Er bewies ein goldenes Händchen bei der Aufgabe, junge Spieler zielstrebig besser zu machen, und führte den Stuttgarter Nachwuchs mit seinen Ideen an die Spitze Deutschlands. Zu den von ihm eingeführten Maßnahmen zählen unter anderen die Bündelung und gemeinsame Ausbildung von Toptalenten, die Kooperation mit Schulen, die Einführung des Vollprofitums in der zweiten Mannschaft sowie die Einstellung von Spezialisten für bestimmte Bereiche (z. B. Athletiktrainer). Er führte eine erstaunliche Anzahl von Spielern an die Bundesliga und schließlich auch an die Nationalmannschaft heran. Um nur einige Namen zu nennen: Kevin Kuranyi, Andreas Hinkel, Timo Hildebrand, Mario Gomez, Serdar Tasci, Sami Khedira, Marvin Compper, Christian Gentner, Andreas Beck, Tobias Weis. Rainer Adrion avancierte damit zum wohl besten Nachwuchscoach Deutschlands, an dessen Erfolgsquote allenfalls noch Bayern Münchens »Diamantenauge« Hermann Gerland heranreicht.

An der Kompetenz Adrions konnte also kein Zweifel bestehen. Und dass es in seiner Biografie Überschneidungen mit der von Löw gab – was war daran eigentlich so schlimm? Er sei kein Löw-Mann, beteuerte Adrion und betonte, dass ihm Lagerdenken völlig fremd sei. Mit Matthias Sammer verstehe er sich blendend. »Wir können wunderbar über Fußball diskutieren, und bei unseren Ideen gibt es viele Übereinstimmungen.« Doch es gärte hinter den Kulissen, eine klare Regelung der Kompetenzen wurde immer unumgänglicher. Am 20. Juli 2010 hatte Präsident Zwanziger endlich eine amtliche Lösung parat und schmückte seinen Sportdirektor mit dem Titel »Nachwuchskoordinator«. Sammer erläuterte gegenüber dem »Kicker«, dass er jetzt »vollumfänglich« für die U21 verantwortlich sei, sich aber natürlich nicht ins Tagesgeschäft des Trainers einmischen werde. »Zu der zuvor schon klar geregelten sportlichen Verantwortung kommt nun auch die Zuständigkeit für die administrativen Angelegenheiten hinzu, sprich alle personellen, inhaltlichen und organisatorischen Entscheidungen«, führte er aus. Unabhängig davon habe aber Joachim Löw »natürlich immer das Recht, Spieler aus allen U-Teams anzufordern«.

Der scheinbare Friede dauerte jedoch nicht lange, denn nur drei Wochen später kam nach einer blamablen 1:4-Niederlage der U21 auf Island, die das Scheitern in der Qualifikation zur Junioren-EM 2011 bedeutete, das Thema Adrion als Problemfall auf den Tisch. Löw zeigte sich »überrascht und auch enttäuscht« über dieses in der Geschichte der DFB-Auswahlteams beispiellos schlechte Abschneiden, stellte sich aber dennoch hinter seinen Weggefährten. Und das hieß im Klartext: Er wollte darüber entscheiden, wer die U21 trainieren darf. Sammer hatte eine Ablösung des erfolglosen Coaches im Sinn. Adrion sei weiterhin der »richtige Mann«, entgegnete Löw, schließlich habe der über viele Jahre beim VfB in der Nachwuchsausbildung sehr gute Arbeit geleistet. »Natürlich sind Erfolge in der U21 schön«, argumentierte er ganz im Sinne der von ihm gesetzten Prioritäten, »aber im Fokus steht die Förderung der A-Mannschaft.« Man muss keine Erfolge als junger Spieler haben, um ein guter Nationalspieler zu werden, sollte das heißen, im Nachwuchsbereich müsse man andere Maßstäbe anlegen als bei der A-Elf oder in der Bundesliga. Etwas überraschend gab Sammer recht rasch klein bei. »Man kann sich über den Trainer immer austauschen«, meinte er und fügte mit einem Anklang von Selbstironie hinzu: »Über alles andere entscheide ich, ist doch klar«.

Die »Süddeutsche Zeitung« interpretierte Löws Einsatz für Adrion als »unbedingten Versuch«, seine eigene Machtbasis zu erhalten, deren Kern das Trainerteam der A-Nationalelf samt dem immer wieder umstrittenen Manager Bierhoff bildete. Andererseits gab es aber auch Anzeichen für eine Praxis des Kuhhandels beim DFB nach dem Motto: Wenn der andere einen Trainer kriegt, bekomme ich aber auch einen. Fest steht: Mit Heiko Herrlich (ab 2007 U17- und später U19-Trainer) und Steffen Freund (ab 2009 Trainer der U16, die 2011 als U17 beim WM-Turnier in Mexiko das Publikum begeistern sollte) hatte Sammer immerhin zwei Gefolgsleute aus Dortmunder Zeiten beim DFB untergebracht.

Der Trainerausbilder Wormuth

Anders als in Sachen U21 zogen Sammer und Löw bei der anstehenden Reformierung der Trainerausbildung an einem Strang. Einigermaßen kurios war, dass ja beide damals in Hennef gemeinsam ihre Lizenz auf einem Sonderweg in wenigen Wochen erworben hatten. Doch genau so etwas – nämlich dass man den Trainerschein quasi im Vorbeigehen eben mal so mitnehmen konnte – durfte es nach beider Überzeugung künftig nicht mehr geben, dafür war die Ausbildung der Trainer viel zu wichtig. Und ebenso bedurfte der normale Weg der Trainerausbildung dringend einer Reform.

Löw strebte schon lange eine umfassende Modernisierung der wenig praxisgerechten, mit juristischen und medizinischen Inhalten überfrachteten Ausbildung an, der ehemalige Klassespieler Sammer wusste um seine eigenen Mängel als Trainer, obwohl er 2002 den Meistertitel nach Dortmund geholt hatte. »Den Trainer Sammer von damals würde es heute so nicht mehr geben«, meinte der Sportdirektor Ende 2007. »Ich habe vieles aus dem Bauch gemacht, aber mir hat im Umgang mit den Spielern manchmal noch die nötige Reife gefehlt und natürlich auch der wissenschaftliche Hintergrund.« Wie Löw hielt er die Trainerausbildung für einen Schlüssel zur Zukunft. Denn da die Güte der Ausbildung der Spieler ja zuallererst von den Trainern abhängt, werden diese zu den wichtigsten Multiplikatoren einer Qualitätssteigerung. Viel zu lange hatten plumpe Motivationskünstler mit magerem Faktenwissen das Trainerbild in der Bundesliga geprägt, es war also allerhöchste Zeit für eine Professionalisierung.

Der Sportdirektor erarbeitete eine Neuordnung der Trainerausbildung, die einerseits neuesten wissenschaftlichen Standards entsprach und andererseits wesentlich praxisnäher gestaltet war. Selbst erfolgreiche Fußballprofis mussten nun ein Hospitantenjahr an der Seite eines etablierten Trainers nachweisen, zudem wurde beschlossen, die Dauer der Ausbildung – bisher ein halbes Jahr – auf nun elf Monate zu verlängern. Der wesentlichste Aspekt der Reform lag aber sicherlich in der kompletten Neugestaltung der inhaltlichen Struktur, die sich eng am methodischen Vorbild des Trainerteams der A-Elf anlehnte.

Mit Frank Wormuth, ehemals Spieler beim SC Freiburg und Assistenztrainer bei Fenerbahçe Istanbul, übernahm zum Jahresbeginn 2008 ein alter Weggefährte Joachim Löws die Leitung der Trainerausbildung von dem altgedienten Erich Rutemöller. »Wenn ich politisch denken würde, hätte ich Frank Wormuth gar nicht einstellen dürfen«, kommentierte Sammer grinsend die Personalie und dokumentierte damit die inzwischen tatsächlich immer reibungsloser funktionierende, weil auf Inhalte konzentrierte Zusammenarbeit. Tatsächlich war Sammer skeptisch gewesen, als Löw seinen weithin unbekannten Freund, der als Regional- und Zweitligatrainer bisher kaum aufgefallen war, ins Spiel gebracht hatte. Der Sportdirektor prüfte den Kandidaten auf Herz und Nieren und kam schließlich zu dem Ergebnis: »Er macht das ganz hervorragend. Er arbeitet sehr akribisch, hat Durchsetzungsvermögen und ist ein Teamplayer.« Besonders überzeugt hat ihn wohl, dass mit Wormuth, der als Dozent an der Universität Basel den Fußball spielend vermittelt hatte, kein blasser Theoretiker ins Amt kam, sondern ein begabter Pädagoge. Das wissen inzwischen auch die Leser des Magazins »11 Freunde« zu schätzen, wo Wormuth in einer eigenen Kolumne regelmäßig den Fußball erklären darf. Zum Beispiel mit einer Zeichnung zum »Haus der Erwartungen«, das ein Profispieler für den Zuschauer darstellt: Technik, Taktik und Kondition bilden das Gerüst; Umfeld, Ernährung, Regeneration und Familie sein (für den Zuschauer unsichtbares) »Inneres«; die soziale Kompetenz bildet sein Fundament und eine starke Psyche das Dach. Der Fußball-Lehrer als Häuslebauer – das war doch mal ganz was anderes.

»Chef unter den sportlichen Führern«

Im Haus des DFB, wo inzwischen die Spielphilosophie fest fundamentiert war, wollte Präsident Zwanziger nach der erfolgreich verlaufenen WM in Südafrika endlich feste Wohnverhältnisse installieren. Während des Turniers sprach er seinem Bundestrainer bei jeder sich bietenden Gelegenheit das allergrößte Vertrauen aus. Und als Bayern-Präsident Hoeneß forderte, dass man das Team an der Spitze der Nationalmannschaft unbedingt zusammenhalten müsse, bezog er in sein Plädoyer explizit den einst heftig umstrittenen Bierhoff ein: »Ich kann mir sehr gut vorstellen, dass Oliver Bierhoff Manager bleibt. Dass es bei der WM so gut läuft, ist auch sein Verdienst.« Löw hielt sich noch bedeckt. Pokerte er etwa um höhere Bezüge? Bayern-Chef Karl-Heinz Rummenigge meinte nach der WM, dass man jetzt nicht geizig sein dürfe, denn schließlich bekomme ein aktuell wesentlich erfolgloserer Coach wie Englands Trainer Fabio Capello deutlich mehr Geld. Aber um Geld ging es dem Mann gar nicht, der zu diesem Zeitpunkt zum mit Abstand beliebtesten Deutschen avanciert war, zumindest nicht in erster Linie. Er war nach wie vor zuallererst darauf bedacht, seine Vorstellungen noch intensiver durchzusetzen.

Nach den intensiven WM-Tagen müsse er erst für einen Moment in sich gehen, meinte Löw etwas geheimnisvoll, um herauszufinden, ob er weiterhin die nötige Energie und Begeisterung für den Bundestrainer-Job werde aufbringen können. So jedenfalls lautete die veröffentlichte Version. Vielleicht hatte er aber auch nur Gefallen daran gefunden, den sich jetzt allenthalben als glühender Jogi-Fan gerierenden DFB-Präsidenten noch ein wenig zappeln zu lassen. Schließlich geruhte der Umworbene, sich zum Weitermachen zu entscheiden. Löw besprach alle anstehenden Details mit seinem Trainerstab und Bierhoff, übermittelte die Vorschläge an den DFB und traf sich dann am Freitag, 16. Juli, bei der WM-Feier im Europapark Rust zu einem Gespräch mit Zwanziger und Generalsekretär Niersbach. Man wurde sich schnell einig. Denn Zwanziger stand unter Druck: Würde er den Vertrag mit dem auf einer Wolke allgemeiner Verehrung dahinschwebenden Bundestrainer nicht unter Dach und Fach bringen, hätte seine Wiederwahl zum DFB-Präsidenten, die demnächst anstand, gefährdet sein können.

Die Löw-Berater Harun Arslan und Christoph Schickhardt klärten die letzten Vertragsdetails. Am darauffolgenden Dienstag kam es in Frankfurt zur längst erwarteten Unterschrift unter den neuen, bis 31. Juli 2012, also bis zum Ende der Europameisterschaft in Polen und der Ukraine, terminierten Vertrag. Löw erhielt laut DFB-Präsident Zwanziger eine »moderate« Gehaltserhöhung. Wie viel genau, verriet er natürlich nicht. Spekuliert wurde über eine Aufstockung der bisherigen ca. 2,5 Mio. Euro auf 2,7 Mio. (»Bild«) bis hin zu 4 Mio. (»B.Z.«). Die nicht-finanziellen Regelungen wurden offen gehandelt. Bierhoff blieb als Manager im Boot, der bereits gekündigte Nationalmannschafts-Pressechef Stenger durfte bleiben. Zudem wurde im Zusammenhang mit dem großen Streitpunkt U21 die bereits oben geschilderte neue Regelung verabschiedet – mit der Konsequenz, dass der Bundestrainer, wie Präsident Zwanziger das ausdrückte, von allen Mitarbeitern des DFB als »Chef unter den sportlichen Führern« anerkannt werden musste.

Der Auftrag: Gemeinsam zum Titel

Nachdem damit alles geregelt war, ging es für den »sportlichen Führer« noch darum, die Formalie Siegenthaler zu erledigen. Im Februar 2010, als die Zukunft Löws beim DFB äußerst ungewiss erschienen war, hatte Chefscout Urs Siegenthaler einen Vertrag beim HSV unterschrieben. Er wollte dort nach der WM als Sportdirektor einsteigen. Als Löw dann verlängert hatte, wollte er beides zugleich machen – also Nationalmannschaftsspion bleiben und den HSV managen. Doch dieser Idee stand das Veto des DFB entgegen: Eine solche Doppelfunktion sei nicht machbar. Der Schweizer entschied sich schließlich für Löw und die Nationalmannschaft und sagte beim HSV ab.

Damit blieb also das alte Erfolgsteam komplett erhalten. Und weil nun alle so zufrieden waren, machte man sich bereits zu Beginn des

Jahres 2011 darüber Gedanken, den gerade erst verlängerten Vertrag mit dem zu diesem Zeitpunkt erfolgreichsten Bundestrainer aller Zeiten – Joachim Löw lag mit einem Schnitt von 2,24 Punkten knapp vor dem Zweitplatzierten Berti Vogts (2,18 Punkte) – vorzeitig zu verlängern. Tatsächlich ging diese neuerliche Vertragsverlängerung, diesmal ganz heimlich, still und leise vorbereitet, ohne jegliches negative Nebengeräusch bereits Mitte März über die Bühne.

Alle freuten sich und alle hatten sich lieb, man trank Champagner. Joachim Löw zeigte sich beglückt, den erfolgreichen Weg mit der Nationalmannschaft »im bisherigen Stil« weitergehen zu können – also mit dem gesamten Team, mit Flick, Köpke, Siegenthaler, Hermann, den Fitnesstrainern und natürlich auch mit Manager Bierhoff. Diese Leitungsmannschaft sei perfekt eingespielt, auf sie sei absoluter Verlass, meinte er und betonte, mehr als je zuvor auf einen zur selbstständigen Arbeit fähigen Stab angewiesen zu sein. Früher habe er sich in der tagtäglichen Arbeit oft aufgerieben, von Jürgen Klinsmann aber habe er gelernt, mehr zu delegieren. »Damit ich mich noch mehr auf die Entwicklung der Mannschaft konzentrieren kann, gebe ich viel Verantwortung an meine Mitarbeiter weiter.«

Auch im größeren Zusammenhang der Mutterkirche DFB begann sich eine vorher so noch nie dagewesene Glaubens- und Vertrauensgemeinschaft herauszubilden. Da war auf der einen Seite der Bundestrainer, der mit Genugtuung und Wonne des Präsidenten Bereitschaft und Wunsch registrierte, den Weg mit ihm und seinem Team unabhängig vom Abschneiden bei der EM 2012 unbeirrt weitergehen zu wollen. Und auf der anderen Seite war da der Oberhirte Zwanziger, der sich ebenso freute: »Die harmonischen Vertragsgespräche haben noch einmal deutlich gezeigt, wie groß das gegenseitige Vertrauen ist.« Bierhoff und Generalsekretär Niersbach reichten sich ebenfalls die Hand und strahlten beseelt mit. Smileys allüberall.

Es fehlte eigentlich nur noch Matthias Sammer. Weil nun alles so schön war, scherte schließlich auch der Sportdirektor, der kurzzeitig – quasi als Siegenthaler-Ersatz – mit einem Job beim HSV geliebäugelt hatte, nicht aus, sondern verlängerte im April ebenfalls seinen Vertrag beim DFB. So kam es denn zum Schulterschluss des Dreigestirns Zwanziger, Sammer und Löw. »Das Verhältnis zur sportlichen Führung der Nationalmannschaft um Joachim Löw ist völlig intakt«, kommentierte der alte und neue Sportdirektor. »Wir verfolgen zum Wohle des deutschen Fußballs und damit auch des Verbandes dasselbe Ziel und haben dieselbe Philosophie. Dass man in Detailfragen mal unterschiedlicher Meinung ist, ist völlig normal. Das gehört zu einer normalen Streitkultur. Uns geht es aber immer nur um die Sache.«

In seltener Harmonie und mit einem schon lange nicht mehr verspürten einträchigen Optimismus blickte man in die Zukunft. »Jeder merkt, dass zwischen die Führung der Nationalmannschaft, den Teammanager, den Sportdirektor, Generalsekretär Niersbach und mich mittlerweile wieder kein Papier mehr passt«, stellte DFB-Präsident Zwanziger Ende Mai 2011 voller Befriedigung fest. Joachim Löw jedenfalls hatte keinen Grund zum Meckern. Der einstige Assistent hatte wie eine Spinne sein Netzwerk ausgebaut und beherrschte nun als mächtigster Bundestrainer aller Zeiten die deutsche Nationalmannschaft auf so sanfte Weise, dass es gar nicht mehr richtig auffiel.

Neben der Etablierung der längerfristigen Maßnahmen im Nachwuchsbereich ging es jetzt eigentlich »nur« noch darum, den im Jahr 2004 begonnenen Weg zu Ende zu gehen und endlich die Ernte einzufahren. Wie man mit beherztem und planvoll-ästhetischem Spiel eine Euphorie von Millionen auslösen kann, das hatte man ja nun zur Genüge gezeigt.

Auftrag erfüllt – weiter geht's

Bekanntlich schied das deutsche Team bei der EM 2012 im Halbfinale gegen Italien aus. Obwohl dem Bundestrainer dabei eine Hauptschuld zugeschrieben wurde, durfte er weitermachen, verlängerte gar seinen Vertrag vorzeitig bis 2016. Es wurde allerdings allgemein sein Rücktritt nach der WM 2014 in Brasilien erwartet – ganz gleich, ob man wieder vorzeitig ausscheiden oder ob man den Titel holen würde. Nach dem Weltmeister-Triumph hielt sich Löw zunächst bedeckt und verriet nicht, ob er seinen Vertrag zu erfüllen gedenke. Er wolle jetzt erst mal zur Ruhe kommen und dann mit DFB-Präsident Wolfgang Niersbach sprechen, »das hatten wir ohnehin vereinbart, unabhängig vom Ausgang des Turniers«. Niersbach war sich bereits unabhängig von Löws Bekenntnis sicher, weiter mit ihm planen zu können. »Wir sind klar ausgerichtet auf September. Ich sehe keinen anderen Bundestrainer auf der Bank sitzen als Joachim Löw«, meinte er. »Die Richtung ist die EM 2016 in Frankreich.« Auch Nationalmannschaftsmanager Oliver Bierhoff bekundete, dass sein Weggefährte sicherlich weitermachen werde.

So war es keine große Überraschung, dass Löw schließlich am 23. Juli auf der Homepage des DFB selbst erklärte, seinen Vertrag bis nach der EM 2016 erfüllen zu wollen. Es war ja auch schwer vorstellbar, welchen besseren Job – mit gutem Verdienst und vielen Möglichkeiten, sich Auszeiten zu genehmigen – er hätte finden sollen. Im Moment könne er sich nichts Schöneres vorstellen, als mit dieser Mannschaft weiterzuarbeiten, schwärmte er. »Ich bin so motiviert wie am ersten Tag beim DFB. Wir haben in Brasilien einen gigantischen Erfolg gefeiert, es gibt aber noch weitere Ziele, die wir erreichen wollen. Die WM 2014 war für alle ein Höhepunkt, sie war aber noch kein Abschluss.«

Nach der Abdankung langjähriger fester Größen wie Kapitän Philipp Lahm, Miroslav Klose und Per Mertesacker wollte er sich nun daran machen, eine Truppe mit frischen Gesichtern und einer neuen Struktur zu weiteren Erfolgen zu führen. Begleitet werden sollte er dabei von einem neuen Assistenten, dem ehemaligen VfB-Trainer Thomas Schneider. Sein bisheriger erster Helfer Hansi Flick übernahm die seit dem Weggang von Matthias Sammer verwaiste Stelle des DFB-Sportdirektors, die er sicher ganz im Sinne seines ehemaligen Chefs interpretieren dürfte.

KAPITEL 17

Konfliktfeld Bundesliga oder: Die Nationalelf als Feindbild und Vorbild

Bei der WM in Südafrika hatte das junge deutsche Team derart überzeugend aufgespielt, dass sich nun sogar Spitzenvereine wie Real Madrid für deutsche Spieler interessierten. Dass ein Verein mit einem Mythos wie Real unbedingt Özil und Khedira hatte verpflichten wollen, das mache ihn schon »ein wenig stolz«, kommentierte der Bundestrainer. Stolz machte ihn darüber hinaus, dass die Entwicklung des internationalen Fußballs seine Philosophie bestätigte. Bei der WM hatten sich durchweg Mannschaften mit einem offensiven und tempobetonten Ansatz durchgesetzt. Eine Bestätigung für das Erfolgspotenzial dieser Spielweise zeigte Ende 2010 auch der aktuelle Blick auf die Bundesliga. Hier standen nach der Hinrunde Mannschaften ganz weit oben, die einen risikofreudigen Offensivfußball bevorzugten und jungen Spielern eine Chance gegeben hatten. Der WM-Auftritt seines Teams, suggerierte Joachim Löw somit, sei geradezu stilprägend gewesen für die Bundesliga.

Ob die Dinge wirklich so einfach liegen, kann natürlich bezweifelt werden. Trainer wie Jürgen Klopp (Dortmund) und Thomas Tuchel (Mainz), bei denen sich nicht zufällig eine gewisse biografische Verwandtschaft zu Joachim Löw nachweisen lässt, haben ihre Ansichten vom Fußball ja nicht erst im Sommer 2010 entwickelt. Wer da wann und wie und von wem gelernt hat, müsste also erst genauer untersucht werden. Die Zunahme des Vertrauens in junge deutsche Talente ist ebenso älteren Datums und hat seine Basis im Jahr 2001, als die Lizenzierung der deutschen Profivereine in Reaktion auf die desaströse Europameisterschafts-Vorstellung des Ribbeck-Teams an die Verpflichtung geknüpft wurde, ein Nachwuchs-Leistungszentrum einzurichten. Seitdem wurden mehr als eine halbe Milliarde Euro in die Nachwuchsarbeit investiert. Musste man vor zehn Jahren die Talente in der Bundesliga noch mit der Lupe suchen, so waren 2011 rund ein Fünftel der etwa tausend Profispieler im eigenen Verein ausgebildet. Das Lob des Dortmunders Mario Götze auf die Jugendarbeit seines Vereins kann als beispielhaft für viele seiner Altersgenossen genommen werden: »Wir sind auf alles akribisch vorbereitet worden. Sportlich, aber auch, was die Persönlichkeit anbelangt.«

Schon 2004 hatte sich Jürgen Klinsmann absolut begeistert gezeigt vom Konzept der Jugendarbeit beim damaligen Regionalligisten Hoffenheim, wo man das Augenmerk nicht nur auf die fußballerische Ausbildung legte, sondern darüber hinaus auf die schulisch-berufliche Entwicklung sowie auf die Förderung der sozialen Kompetenz der Jugendlichen. Wo also waren hier Ursache und Wirkung? Selbst die junge WM-Mannschaft von 2010 war ja nicht vorrangig Ausdruck einer mutigen Nominierungspraxis des Bundestrainers. Die Blitzkarriere eines Holger Badstuber und vor allem eines Thomas Müller war zuallererst der Vorliebe des Bayern-Trainers Louis van Gaal für junge Talente zu verdanken. Und wenn man vor der WM eine Ehrenmedaille für risikofreudigen Offensivfußball hätte vergeben wollen, dann wäre diese sicherlich ebenso an den exzentrischen Niederländer gegangen, dessen Bayern einige beeindruckende Spiele abgeliefert hatten.

Aber vielleicht muss man etwas globaler ansetzen, um die angedeutete These von der vorbildlichen Nationalmannschaft mit Plausibilität zu unterfüttern. Sicherlich ist dem Sportjournalisten Christoph Biermann recht zu geben, der in den mit Jürgen Klinsmanns Amtsübernahme einsetzenden radikalen Neuerungen einen »großen Modernisierungsschub« und eine »Kultur der Offenheit neuen Ideen gegenüber« erkennt. Um sich die Geisteshaltung des Jahres 2004 vor Augen zu führen, muss man nur an die von Oliver Bierhoff immer wieder gern erzählte Geschichte erinnern, wie er und Klinsmann vor den Ligaausschuss zitiert worden waren: »Da sind wir angeschrien worden: Wir würden den deutschen Fußball kaputt machen mit den Fitnesstrainern, den Psychologen und dem ganzen Mist.« Der Revolutionär Klinsmann hat die Dinge in Gang gesetzt, unter dem Fußballfachmann Joachim Löw ist die Nationalmannschaft dann zu einem Vorbild und Leitbild geworden, zu einem »Innovationszentrum des deutschen Fußballs«, wie der »FAZ«-Journalist Michael Horeni meint. Der Einsatz von Spezialisten, neue Methoden im Training, intensivere Beschäftigung mit Taktik, der Blick auf Entwicklungen im Ausland, verstärkte Berücksichtigung junger Talente – all das erhielt durch die aggressive Promotion von Klinsmann & Löw mediale Aufmerksamkeit und führte, als es durch die Popularität und den Erfolg der Nationalmannschaft bestätigt wurde, zu

Verstärkungs- und Nachfolgeeffekten. Und ganz nebenbei wurde dabei die öffentliche Diskussion über Fußball in Deutschland, angereichert mit einer ganzen Reihe neu und modern klingender Begriffe und Theorien, auf ein höheres und wissenschaftlicheres Niveau gehoben.

Joachim Löw selbst freilich geht zu solch globalen Einschätzungen lieber auf Distanz und mag die Frage, wer wen wann und wie viel beeinflusst hat, nicht beantworten. Trotzdem steht natürlich fest: Die Nationalmannschaft stand im Zentrum der Veränderungen und avancierte in der öffentlichen Wahrnehmung zum Mittelpunkt einer neuen deutschen Fußballkultur. Weil die Entwicklung aber auch anderswo bereits eingeläutet war, ist es im Grunde nicht erstaunlich, dass der einst misstrauisch beäugte Trainer der deutschen Nationalmannschaft bei den Vertretern der Bundesliga mittlerweile eine hohe Wertschätzung genießt. Das war, als die »Revolutionäre« im Jahr 2004 das Zepter beim DFB übernommen hatten, noch ganz anders. Der »Kalifornier« Klinsmann wurde als Fremder und Eindringling empfunden und mit allen Mitteln bekämpft. Obwohl es eigentlich jeder genauso sehen musste, wollte damals kaum einer der Liga-Vertreter zugeben, dass die von Klinsmann & Co. geäußerte Kritik an der Qualität der Bundesliga durchaus ihre Berechtigung hatte. Unter dem Bundestrainer Löw wurden die Konflikte dann etwas moderater ausgetragen, was nicht zuletzt an der weitaus diplomatischeren Art des Badeners lag. Anders als Klinsmann opponierte er nicht forsch, sondern mit Argumenten, und so geriet er nur selten einmal in heftigen Clinch mit den Liga-Vertretern. Für Kleinkrieg, meinte der »Stern« einmal, fehle Joachim Löw die innere Unzufriedenheit. Und schließlich hatte er ja noch den prätentiösen Oliver Bierhoff als vorgeschobenen Lautsprecher und Blitzableiter.

Dornröschenschlaf und Füße aus Malta

Der Nationalmannschaftsmanager Oliver Bierhoff ist laut »Bild« »der smarte Repräsentant, der Millionen-Deals für den DFB einfädelt und der Nationalelf ein perfektes Umfeld organisiert«. Bierhoff selbst sieht es als eine seiner wichtigsten Aufgaben, durch eine entsprechende mediale Darstellung – zum Beispiel auf einer eigenen Homepage – die »Marke Nationalmannschaft« zu stärken. Über seine Tätigkeit sagt er: »Zum einen gilt es, den Trainern den Rücken freizuhalten. Ich bin die Andockstelle der Nationalelf. Derjenige, der an den Schnittstellen rund ums Team agiert, nach innen zum DFB, nach außen zu Wirtschaft,

Medien, der UEFA und der FIFA.« Wahrgenommen wird Bierhoff aber vor allem als öffentliche Reizfigur, als Prügelknabe und Watschenmann. Ob mit Liga-Managern wie Rudi Völler und Karl-Heinz Rummenigge, mit den Oberen des DFB, mit allen möglichen Journalisten, mit Kapitän Michael Ballack – mit kaum jemandem scheut Bierhoff den Streit. Es sei ihm klar gewesen, sagt er, dass er in dem Job massiv Gegenwind bekommen würde.

Bierhoff hatte bereitwillig die nach dem Abgang Klinsmanns verwaiste Rolle des Polarisierers übernommen und fungierte – nicht ohne sein bewusstes Zutun – als medialer Prellbock für Löw. Denn indem er sich beinahe schon gewohnheitsmäßig durch forsche Äußerungen und flotte Sprüche in der Rolle des Oberkritikers präsentierte, sich damit in den Brennpunkt der Konflikte stellte und hinterher oft als Bösewicht und Buhmann dastand, nahm er den in den meisten Fragen mit ihm konform gehenden Bundestrainer aus der Schusslinie.

Nach dem Einzug der DFB-Auswahl ins Viertelfinale der WM 2006 rechnete der Nationalmannschaftsmanager erstmals in einem kräftigen Rundumschlag mit den vielen Kritikern und Skeptikern in den Vereinen ab. »Der deutsche Fußball stand häufig für Rumpelfußball«, hob er an. »Wir haben es in den zwei Jahren mit Maßnahmen, die scharf kritisiert wurden, geschafft, jungen Leuten Selbstvertrauen zu geben und Spieler aufzubauen, die in ihren Klubs nicht zum Zuge kamen.« Nun müsse die Bundesliga endlich reagieren, fuhr er fort. Wenn sie das nicht annehme und weiter »Dornröschenschlaf« halte, werde es schwer, international konkurrenzfähig zu bleiben. Zahlreiche Bundesligatrainer liefen Sturm gegen diese Äußerung. Fast alle Nationalspieler würden aus der Bundesliga rekrutiert, lautete das Hauptargument der Bierhoff-Gegner, so schlecht könne deren Verfassung also gar nicht sein.

Die besten Zitate für den nächsten Eklat, gut eineinhalb Jahre später, lieferte der Klinsmann-Vorgänger Rudi Völler, als er sich über Löws und Bierhoffs wiederholt vorgetragenen Wunsch nach einer einheitlichen Spielphilosophie in den DFB-Mannschaften aufregte. »Ich habe den Eindruck, dass da nur noch von Philosophien geredet wird«, meinte er kopfschüttelnd. Die Spielphilosophie von heute sei aber doch wohl zuallererst ein Produkt der hervorragenden Jugendarbeit in den Vereinen. Und überhaupt sei es anmaßend, meinte der ehemalige Weltklassespieler, wenn ausgerechnet einer wie der Nationalmannschaftsmanager mit derartigen Begriffen um sich werfe: »Die Philosophie für den Spieler Oliver Bierhoff, die müsste noch erfunden werden. Brasilianische Spielweise einfordern mit Füßen aus Malta, das geht eben nicht.« Völler ging es einfach auf den Sack, dass sich da plötzlich ein technisch limitierter Ex-Nationalspieler aufführte, als habe er den Fußball neu erfunden. Er wünsche sich da etwas mehr Demut und Zurückhaltung, meinte er. »Oliver Bierhoff sollte sich in den nächsten Tagen bei Dr. Müller-Wohlfarth untersuchen lassen. Das permanente Sich-selbst-auf-die-Schulter–Klopfen muss doch schmerzhafte Schädigungen nach sich ziehen.«

Nach dieser Attacke wurde es etwas stiller um Bierhoff, zumal er sich kaum mehr mit provokanten Äußerungen hervortat. Jetzt war es in erster Linie sein Finanzgebaren, was zu Diskussionen Anlass gab. Insbesondere nach der EM 2008, die den DFB 20 Mio. Euro gekostet hatte, musste sich der Manager mit dem Vorwurf der Geldverschwendung auseinandersetzen. Außerdem wurde ihm vorgeworfen, dass er vor allem auf seine eigene Vermarktung bedacht sei, die er über eine in Starnberg ansässige Agentur namens »Projekt B« betrieb. Alle seine Aktivitäten, auch die Werbeverträge, seien mit dem DFB abgestimmt sind, wehrte sich Bierhoff, und abgesehen davon habe sich der Verband schon vor seiner Zeit externer Vermarktungspartner für seine sportlichen Führungskräfte bedient. Thematisiert werde dies aber nur bei ihm, echauffierte er sich, weil man ihn in eine bestimmte Ecke drängen wolle.

Im April 2012 erklärte Bierhoff gegenüber dem »Kicker«, dass er inzwischen keine Lust mehr habe, sein Wirken zu erklären: »Wenn mich heute jemand fragt, was ich den lieben langen Tag so mache, sage ich: Nichts!« Dummerweise musste der Image-Produzent der Marke Nationalmannschaft aber natürlich immer dann vor die Kameras und zu Erläuterungen und Rechtfertigungen ausholen, wenn bei irgendeinem seiner Projekte etwas nicht rundlief. Häufiger, als ihm lieb sein konnte, musste er etwa die Wahl des Quartiers für die WM 2014 schönreden. Und als im Vorbereitungs-Trainingslager bei einem Werbedreh von Sponsor Mercedes ein tragischer Unfall passierte, war selbst der sonst so eloquente Bierhoff erst einmal ratlos. Der DFB führe seit zehn Jahren Sponsorenaktivitäten mit Mercedes Benz durch, sagte er. Die Lust auf eine Fortsetzung solcher Aktionen sei »momentan nicht vorhanden«, wie es weitergehen können, müsse man noch überlegen. »Für zukünftige Aktivitäten kommt so ein Unfall natürlich in die Bewertung.«

Kritik durch statistische Fakten

Während der immer etwas nassforsch wirkende Manager seine Ansichten oft scheinbar spontan hinaustrompetete und sich dafür Ohrfeigen abholte, verließ Löw – der gegenüber Bierhoff stets konsequent Solidarität übte – in seiner Kritik am deutschen Fußball nie den sicheren Boden sachlicher Argumentation. Es gebe unterschiedliche Wege zum fußballerischen Erfolg, konzedierte er, unabhängig davon aber ließen sich elementare Defizite identifizieren und zweifelsfrei belegen. Löws oftmals mit professoralem Habitus vorgetragene Mängellisten forderten wiederholt zu beleidigter Gegenkritik heraus, zu einer intensiven inhaltlichen Auseinandersetzung jedoch kam es kaum einmal. Die Mächtigen der Vereine waren, so scheint es, weder bereit noch in der Lage, eine sachliche Diskussion auf wissenschaftlich fundierter Basis zu führen.

Joachim Löws unverblümte Kritik an den Unzulänglichkeiten des Bundesligafußballs zielte auf nahezu alle relevanten Bereiche und war fast immer mit kaum widerlegbarem Datenmaterial unterfüttert. Zu Beginn seiner Amtszeit hatte er insbesondere die mangelhafte Fitness, die zu geringe Anzahl deutscher Spieler in den Vereinen sowie das verschleppte Spieltempo in der Bundesliga im Visier. Viele Spieler hätten sich »unter dem Druck« der bei der Nationalmannschaft eingeführten Leistungstests verbessert, erklärte er, und deshalb beabsichtige er, sie »mit der gleichen Hartnäckigkeit« weiterzuführen, notfalls auch gegen den Widerstand der Vereine. Es sei nicht ideal, beschwerte er sich, wenn er ein Spiel besuche und in beiden Mannschaften nur drei oder vier Deutsche antreten – und belegte dann mit Statistiken, dass so etwas keine zufällige Ausnahme war: In der Saison 2006/07 hatten durchschnittlich nur 30 Prozent der Spieler in den Startaufgeboten der Bundesligisten einen deutschen Pass.

Seit Beginn seiner Amtszeit monierte Löw die enorm große Anzahl an Stockfehlern in der Bundesliga. Zum Teil liege das an den zu hoch und zu weit gespielten Pässen, viel zu oft würden die Bälle auch in Sackgassen gespielt. Oft sei schon der erste Pass eines Innverteidigers falsch und damit »das Aufbauspiel tot«, meinte er. Ganz besonders erregte ihn die notorische Verschleppung des Spieltempos. Als Hauptursache identifizierte er die zahllosen »halbhohen Zuspiele« und »halbgaren Pässe«. »Einen hohen Ball muss ich erst verarbeiten«, erläuterte er, »dann kommt schon der Gegenspieler, es gibt einen Zweikampf. Das ist alles Zeitverschwendung.« Schnelle Ballannahmen und Direktspiel, eine hohe Passqualität, wie es die besten Teams in England und der FC Barcelona in Spanien demonstrierten – darauf komme es an.

Vor und nach der Europameisterschaft 2008 fokussierte er seine Kritik auf die hohe Fehlerquote in der Defensivorganisation und auf das mangelhafte Zweikampfverhalten in der Bundesliga. »Da wird der Gegner von hinten gerempelt, getreten, attackiert, obwohl er mit dem Rücken zum Tor oder an der Außenlinie steht, damit eigentlich gar keine Gefahr darstellt und vielleicht den Ball schon wieder abgespielt hat. Häufig habe ich das Gefühl, dass der Defensivspieler gar nicht den Ball erobern will, sondern die Unterbindung des Angriffes sein einziges Ziel ist.« Die meisten dieser zahllose Fouls waren nach Löws Überzeugung unnötig. Das Problem: Sie führen nicht nur zu gefährlichen Freistößen und zu Gegentoren, sondern sie unterbrechen den Spielfluss und verhindern dadurch das schnelle Konterspiel.

Ganz allgemein prangerte er die Ungeduld der Vereine an. In Deutschland werde zu oft das Personal gewechselt, insbesondere die Trainer. Wenn ein Trainer in Frage gestellt wird, herrscht immer große Unruhe. Joachim Löw hatte ja selbst beim VfB Stuttgart erfahren müssen, wie schwierig es ist, Spieler zu motivieren, die wissen, dass ein Trainerwechsel im Raum steht. Und wenn der Trainer geht und ein neuer mit ganz anderen Vorstellungen kommt, ist die bis dahin geleistete Arbeit futsch. Häufige Trainerwechsel stehen einem langfristigen Aufbau und damit einer spürbaren Verbesserung des Spiels prinzipiell im Weg. Als Gegenbeispiel führte er einen Mann wie Arsène Wenger an, der bei Arsenal seit 1996 über Jahre hinweg planvoll arbeiten und so eine hochklassige Spielkultur etablieren konnte.

In seiner Anfangszeit beim DFB beklagte sich der Chefkritiker Löw zudem immer wieder über die Rückständigkeit der Bundesliga in der Trainingsgestaltung. »Viele Vereine kaufen immer neue Spieler und haben 30 Profis im Kader. Ich plädiere dafür, lieber den Trainerstab zu erweitern«, meinte er etwa im Mai 2007. »Ich brauche drei oder vier Trainer, die individuell mit den Spielern arbeiten, dann reichen mir 20 Spieler plus ein paar junge. Wir brauchen Experten in allen Breichen, Techniktrainer, Physios, Konditionstrainer. Das ist die Zukunft. Das ist Qualität.«

Gleichsam die Hintergrundmusik zu solch detaillierten Vorwürfen gab Löws Globalkritik an den schlechten internationalen Ergebnissen der Liga ab. Tatsächlich hatte die Bundesliga zwischen 2006 und 2010 in der Champions League außer einer Finalteilnahme von Bayern

München nicht allzu viel vorzuweisen. Die besten Teams waren von Brasilianern, Argentiniern, Spaniern und Niederländern dominiert, deutsche Spieler waren in der Endrunde zahlenmäßig stets weit unterrepräsentiert – auch das nahm Löw als weiteren schlagenden Beweis, dass Deutschland hinterherhinkte. Und dass das so war, lag seiner Meinung nach nicht allein am Geldmangel. Die großen Vereine in England, Spanien und Italien mochten mehr investieren, aber das allein sei nicht das Entscheidende. »Es kommt darauf an, aus dem Vorhandenen das Optimale zu machen. Mehr Geld bedeutet nicht immer automatisch mehr Klasse. Qualität muss erarbeitet werden und hat nicht immer nur mit finanziellen Möglichkeiten zu tun.« Daran hatte sich auch nach der so zufriedenstellend verlaufenen WM 2010 prinzipiell nichts geändert. Die fußballerische Qualität der Bundesliga hatte sich zwar inzwischen gebessert, Nachholbedarf gab es aber immer noch.

In der Saison 2011/12 nahm er vor allem die zahlreichen Trainerwechsel aufs Korn. Hertha BSC, am Ende auf Rang 16 gelandet, verschliss nicht weniger als fünf Trainer. »Da kann man sich ausrechnen, dass das nicht auf fruchtbaren Boden fällt«, meinte Löw. »Diese ständigen Trainerwechsel sorgen dafür, dass am Ende nichts mehr zusammenpasst.« Ohne Kontinuität könne man keine positive Entwicklung erwarten. Aber auch in anderer Hinsicht sah er bei manchen Vereinen keine Entwicklung. Immer wieder würden dieselben Fehler gemacht: aufgeblähte Kader, viele mittelmäßige Spieler. Dabei gebe es Potenzial in vielen Vereinen, Freiburg etwa zeige dies. Diesen Mut wünsche er sich besonders bei Vereinen, die nicht die ganz großen Ambitionen hätten: »Mein Wunsch ist es, dass Trainer auch einen gewissen Mut haben, vorbehaltlos auf junge, gut ausgebildete Spieler zu setzen. Die sind in allen Vereinen zweifelsohne vorhanden.«

Mit Kritik an den Spitzenvereinen musste er sich freilich bald zurückhalten. Schließlich standen im Jahr 2013 der FC Bayern München und Borussia Dortmund im Champions-League-Finale und hatten damit die inzwischen außerordentliche Qualität des deutschen Vereinsfußballs eindrucksvoll unter Beweis gestellt.

Die Liga wehrt sich

Die vom Chefkritiker auf dem DFB-Trainerstuhl ständig erneuerte Ansicht, dass andere Ligen in punkto Tempo, Taktik, Trainingsgestaltung und Jugendarbeit vorne lägen, schmeckte natürlich den Verantwortlichen der Vereine nicht. Dann hieß es: Man habe sich nichts vorzuwerfen (Bremens Manager Klaus Allofs), es sei gefährlich, die Arbeit der Vereine aus der Distanz zu beurteilen (Bayerns Trainer Otmar Hitzfeld), Löws Behauptungen würden einfach nicht stimmen (Leverkusens Sportdirektor Völler) oder seien schlicht nicht nachzuvollziehen (Felix Magath), selbst innovative Trainer wie Schaaf und Klopp zeigten sich immer wieder mal verärgert. Der geringere internationale Erfolg der Bundesliga, betonten sie unisono und völlig konträr zu Löws Ansichten, liege schlicht an den im Vergleich zu englischen oder südeuropäischen Klubs deutlich geringeren finanziellen Möglichkeiten der Bundesligavereine. Exemplarisch formulierte der DFL-Chef Christian Seifert im Mai 2011 die Ansicht der Liga: »Es ist eine Tatsache, dass England und Spanien in der Fünf-Jahres-Wertung vor uns stehen. Es ist aber auch eine Tatsache, dass viele Siege mit Milliarden-Verlusten erkauft wurden. Das ist so, als würde man die Bestzeit eines gedopten Sprinters als neue Zielmarke ausgeben. Man muss aufpassen, dass man sich nicht falsche Vorbilder nimmt. Nicht umsonst führt die UEFA nun Financial Fairplay ein.«

Die Vertreter der Liga argumentierten jedoch nicht nur aus der Defensive. Oft genug setzten sie selbst zur Offensive an. Fitnesstests seien eine überflüssige Belastung und unzulässige Einmischung in die Trainingsarbeit der Vereine, hieß es dann zum Beispiel. Oder: Freundschafts-Länderspiele mit fragwürdigen Testergebnissen seien unsinnig und würden den sowieso schon sehr dichten Terminkalender überdehnen. Am beliebtesten aber war der Vorwurf, dass Löw seine Mannschaft nicht nach Leistung, sondern nach seinen Vorlieben nominiere. Der kam natürlich stets von Trainern und Verantwortlichen derjenigen Vereine, die in der DFB-Auswahl gerade unterrepräsentiert waren.

Im Sichtungsjahr 2009 war die Kritik an Löws Auswahlkriterien besonders heftig. Er sitze immer nur in Stuttgart und Hoffenheim auf der Tribüne, lautete der Vorwurf, er bevorzuge im Übermaß Spieler aus diesen Vereinen. Bremens Manager Klaus Allofs merkte spitz an, er wisse nicht, ob der Bundestrainer im Stadion gewesen sei, vielleicht sei er ja wieder bei einem Spiel in Hoffenheim. Dortmunds Trainer Jürgen Klopp äußerte bissig, dass es sicherlich nicht einfach sei, lediglich aus der Fernbetrachtung bekannte Spieler zu beurteilen. »Es wird niemand im Ernst behaupten wollen, dass mir die Leistung eines Spielers in Dortmund entgeht, nur weil ich gerade in Stuttgart auf der Tribüne sitze«, entgegnete Joachim Löw und betonte, dass er stets bestens informiert sei. Er sei oft genug im Westen und im Norden, und abgesehen davon gebe es zahlreiche weitere Beobachter. »Wir sind immer über die gesamte Republik verteilt, das sind nicht nur Hansi Flick oder ich, sondern auch Leute, die man in der Öffentlichkeit nicht so kennt. Manchmal wollen wir genau das: dass die Spieler nicht merken, dass einer vom DFB sie beobachtet.« Das omnipräsente Auge des Bundestrainers war demzufolge von seiner körperlichen Anwesenheit nicht abhängig. Die Zahl der pro Jahr im In- und Ausland besuchten Spiele bezifferte Löw auf 150. All diese Spiele würden genauestens ausgewertet und analysiert, man sei sich daher, betonte er, »in der Beurteilung einzelner Spieler völlig sicher«.

Die Vorwürfe spitzten sich schließlich im Herbst vor den entscheidenden Qualifkationsspielen noch zu, als er trotz deren Formschwäche – und bei genügend anderen Alternativen – enorm viele Stuttgarter in seinen Kader berief. Dass er an Klose und Podolski wegen ihrer Verdienste in der Vergangenheit festhielt, konnte man ja noch verstehen. Aber die Berufung von teilweise außer Form befindlichen VfB-Spielern wie Tasci, Khedira, Cacau und Hitzlsperger ging vielen gegen den Strich. Wo blieb da das vielbeschworene Leistungsprinzip? Er lasse sich nichts vorwerfen, wehrte sich der Bundestrainer, die Unterstellung, er habe eine Vereinsbrille auf oder entscheide nach Emotionen, sei geradezu unfassbar. Es ärgere ihn, dass die Verantwortlichen der Vereine gleich an die Öffentlichkeit gingen, statt solche Fragen zuerst einmal mit ihm unter vier Augen zu klären. »Wir tragen die Verantwortung und die Folgen, und wir können alle Entscheidungen absolut begründen«, stellte er fest und forderte entsprechenden Respekt für sein Handeln; schließlich mische er sich ja auch nicht in die Personalpolitik der Vereine ein.

Klinsmann-Desaster und Löw-Lob

Joachim Löw mischte sich in die Personalpolitik der Vereine nicht ein, aber er begrüßte es natürlich, als sein ehemaliger Chef Jürgen Klinsmann zur Saison 2008/09 mit einem ganzen Sack neuer Ideen als Hitzfeld-Nachfolger bei den Bayern antrat und dort alles umkrempelte. Unter anderem ließ der große Erneuerer aus Kalifornien das Vereinsgebäude zum Leistungszentrum umbauen und erweiterte, statt relevante neue Spieler zu verpflichten, das Team der Betreuer und Trainingsspezialisten. »Trainerstäbe zu erweitern, die Infrastruktur zu verbessern und Leistungszentren zu bauen, ist der richtige Weg«, kommentierte sein Ex-Assistent, die Zukunft, betonte er einmal mehr, liege bei Investitionen in das Führungssystem, nicht bei Investitionen in den Kader. »Jürgens Ansatz, für die Spieler ein Umfeld zu schaffen, in dem sie sich weiterbilden und eben mal sieben, acht Stunden mit ihrem Beruf beschäftigen können«, wies er auf die internationalen Standards hin, »ist in anderen Ländern ganz normal. Das ist in Italien so, in England, in Spanien oder auch in der Türkei. Man kann so vieles tun an so einem Arbeitstag: Trainingseinheiten, Videositzungen, Massage, Regeneration, Weiterbildung, Ruhe, Konzentration.« Die Spieler müssten sich den ganzen Tag mit ihrem Job auseinandersetzen, war Löw überzeugt, nicht nur die eineinhalb Stunden beim Training. Wenn Klinsmann wegen der Buddhas, die ein Innenarchitekt auf dem Dach des Leistungszentrums hatte installieren lassen, ins Lächerliche gezogen werde, so gehe das an den eigentlichen Inhalten vorbei. Professionalisierung in allen Bereichen, Perfektionierung der Bedingungen sei unumgänglich.

Aber der kurzfristige Erfolg ließ sich eben selbst mit den Radikalmaßnahmen à la Klinsmann nicht garantieren. Der Image-Experte Hartmut Zastrow kommentierte die Chancen von Klinsmann mit den Worten: »Wenn er nach der Winterpause mit seiner Philosophie, mit seinem eigenen Trainerteam noch keinen Erfolg hat, wird es eng. Dann steht sein Mythos als Sommermärchen-Trainer auf dem Spiel. Dies könnte dazu führen, dass Löw als Macher des Erfolges von 2006 wahrgenommen wird.« Die Entwicklung ging denn auch genau in diese Richtung. Schon der Film »Sommermärchen« hatte deutlich gemacht, dass Klinsmann zwar ein lautstarker Motivator war, genauso aber hatte man auch sehen können, dass die wesentlichen Analysen und taktischen Raffinessen von Löw gekommen waren. Nach Klinsmanns raschem Scheitern bei den Bayern war sich die veröffentlichte Meinung sicher: Der Mann hinter Klinsi war nicht nur der bessere, er war der eigentliche Märchen-Macher. Auch Philipp Lahm trug nichts zur Korrektur dieses Eindrucks bei, als er in seiner im Sommer 2011 erschienenen Biografie das Training des Ex-Bayern-Coaches wenig freundlich charakterisierte: »Bei Klinsmann trainierten wir fast nur Fitness. Taktische Belange kamen zu kurz.« Schon »nach sechs oder acht Wochen« hätten alle Spieler gewusst, »dass es mit Klinsmann nicht gehen würde. Der Rest der Saison war Schadensbegrenzung.«

Joachim Löw selbst freilich wollte sich schon 2008 nicht an der grassierenden Klinsmann-Schelte beteiligen und mahnt bis heute eine faire Darstellung der Leistungen und Verdienste des ehemaligen Bundestrainers an. Seiner Meinung nach taugte Klinsmanns Scheitern in München keinesfalls als Beweis dafür, dass das Konzept nicht stimmte. Allenfalls Details seien falsch gewesen. Die Bayern hätten zu wenig Geduld gehabt, man müsse seinen Weg auch mal gegen alle Widerstände zu Ende gehen. Bayern-Manager Uli Hoeneß freilich hatte genug gehabt von Konzepten mit unbefriedigenden Ergebnissen und die Rückkehr zu alten Rezepten verkündet: »Wir brauchen einen Fußball-Lehrer.« Einen Praktiker des Trainingsplatzes und Experten des Ligabetriebs also. In dieses Profil passten die Klinsmann-Nachfolger Jupp Heynckes und Louis van Gaal. Und auch Joachim Löw wäre in diesem Sinne keine falsche Wahl gewesen.

Was von Klinsmann blieb, das waren vor allem die Nachwirkungen jener Innovationen, die er zur WM 2006 sowie auch in München angestoßen hatte – Stichworte Trainerstab und Leistungszentrum. Unter dem selbst von seinem Intimfeind Lothar Matthäus als »Visionär« gelobten Klinsmann hatte sich die Nationalmannschaft zu einer Firma mit vielen Spezialisten gewandelt. Löw hatte das fortgeführt und zur Etablierung und Verbreitung der von seinem Vorgänger initiierten Neuerungen den vermutlich wichtigsten Beitrag geleistet. Denn es hatte sich seit Klinsmanns Amtsantritt im Jahr 2004 einiges getan in der Bundesliga. »Ich sehe eine Tendenz und kleine Verbesserungen in der Bundesliga«, lobte Löw bereits im August 2007. Und in den folgenden Jahren sollte sich die Ausbildungssituation und die Infrastruktur bei allen Vereinen weiter verbessern, überall sollten die Trainerstäbe vergrößert werden, und es sollte, vorbildhaft insbesondere bei Borussia Dortmund, auch die Geduld zum planvollen Aufbau zunehmen sowie der Mut, auf junge Spieler zu setzen. Das Durchschnittsalter der deutschen Profis sei seit der Jahrtausendwende um etwa drei Jahre (von 28 auf 25) gesunken, konstatierte der Statistik-Freak Joachim Löw im Januar 2010, gleichzeitig habe sich der Anteil der U23-Spieler verdreifacht auf annähernd 20 Prozent.

Bundesliga und Bundestrainer waren aufeinander zugegangen. Einen kleinen Teil zum immer vertrauensvolleren Austausch hatten auch die Trainertagungen beigetragen, deren erste auf Initiative Löws im Februar 2007 stattgefunden hatte. Nach der WM 2010 lobten die

Bundesligatrainer unisono die Arbeit von Löw. »Dass viele junge Spieler dabei sind, ist das Ergebnis der Arbeit der Bundesliga«, meinte stellvertretend etwa Freiburgs Robin Dutt. »Löw nutzt das aus, und Löw spricht die gleiche Sprache wie die Bundesligatrainer.«

»Wenn wir in Deutschland dauerhaft in der Weltspitze mitspielen wollen, dann müssen wir uns verbessern« – so lautete das Credo Joachim Löws, das er über Jahre hinweg, vor allem in Bezug auf die Trainingsarbeit, in dieser oder einer ähnlichen Form gebetsmühlenhaft wiederholt hatte. Heute kann es für ihn eigentlich kaum einen Grund mehr geben zu klagen. In den Profiligen wird heute überall auf hohem wissenschaftlichem Niveau, mit ausgeklügelten Trainingsplänen und zahlreichen Spezialisten gearbeitet. Life Kinetik etwa, das bei der Nationalmannschaft beliebte Gehirntraining – bei dem z.B. während des Jonglierens mit Bällen Rechenaufgaben gelöst werden müssen – oder andere mentale Trainingsmethoden gehören bei den meisten Bundesligisten inzwischen zum Alltag. Ganz innovativ waren Borussia Dortmund und die TSG 1899 Hoffenheim, die sich zur Verbesserung von Passgenauigkeit und Handlungsschnelligkeit die Ballmaschine »Footbonaut« anschafften. Sie ermöglicht einem Spieler in 15 Minuten so viele Ballkontakte wie sonst in einer Trainingswoche. Löw darf also davon ausgehen, dass die Verbesserungen in der Spielerausbildung immer weitergehen. Und vielleicht könnte er sogar, wenn er Spitzentrainern wie Pep Guardiola und Jürgen Klopp über die Schulter guckt, noch selbst etwas lernen.

EINWURF

Jeder Spieler seine eigene Firma

Vor der WM 2006 hatte der um das ständige »Wachstum« der Nationalspieler bemühte Jürgen Klinsmann an die Eigenverantwortung seiner Schützlinge appelliert: »Hey, das ist DEINE Karriere! Das ist DEINE WM! Lass dir die nicht nehmen, mach lieber drei Einheiten mehr pro Woche. Sonst ärgerst du dich im August und sagst: Hätte ich doch mehr gemacht!« Unter dem Bundestrainer Joachim Löw wurde die Individualisierung des Trainings schließlich zum Programm. Als Motto wurde ausgegeben: »Jeder ist seine eigene Firma.« Das Blockseminar im Trainingslager der Nationalmannschaft sollte ergänzt werden durch freiwillige Hausaufgaben. Letztlich könne sich nur der Spieler verbessern, der sich professionell auf seinen Beruf konzentriert und eigenverantwortlich bemüht, betonte Löw. Man benötige unbedingt eine individuelle Steigerung, denn vom Mannschaftstraining her sei man in den zwei Jahren seit 2004 fast an der Grenze des Möglichen angekommen. Steigerungen seien jetzt nur noch möglich, wenn jeder einzelne Spieler seine Fähigkeiten ausbaue. In der individuellen Betreuung der Spieler stecke das größte Potenzial. Denn durch die gezielte Arbeit an individuellen Schwächen steigere sich automatisch die Qualität des Mannschaftsspiels.

Die Umsetzung des Individualtrainings hielt er für nicht sonderlich kompliziert. Jeder Spieler könne doch problemlos vier-, fünfmal in der Woche zusätzlich eine halbe Stunde arbeiten. »Das hat überhaupt keinen Einfluss auf die Trainingsarbeit im Verein. Es wird natürlich auch weiterhin unterschiedliche Interessen geben, aber es gibt auch das gemeinsame Ziel von Bundes- und Vereinstrainer, dass der einzelne Spieler besser wird.« Keinesfalls sei er daran interessiert, sich in die Arbeit der Bundesligatrainer einzumischen. Aber er wolle sich mit den Vereinen abstimmen und abklären, wo und wie sich der einzelne Spieler in den kommenden Jahren noch verbessern könnte in punkto Fitness und Technik.

Um einen klaren Ansatzpunkt zu finden, hatte Joachim Löw bereits zu Beginn seiner Amtszeit Fragebögen an die Nationalspieler verteilt, die über das Training bei den Klubs Auskunft geben sollten. Ziel der

Maßnahme war, maßgeschneiderte Lösungen für jeden einzelnen Spieler zu finden und außerdem eventuelle Überlastungen zu vermeiden. Bis heute fragt er die Bereitschaft zur selbstständigen Arbeit bereits vor der eventuellen Berufung eines Spielers ab. »Wenn ich der Meinung bin, dass ein Spieler passt«, erläuterte er, »dann rufe ich ihn an und sage: Meiner Meinung nach sind das deine Stärken und das deine Schwächen. Mach noch mehr im Training, mach Zusatzschichten am freien Tag! Wir trauen dir zu, bald zu unserem Elitekreis zu gehören, aber halte dich an unsere Regeln! Wir wollen dich für 2008 oder 2010 fördern, aber deine Vorbereitung beginnt heute. Jetzt!« Ein Profi ohne ausgeprägte Fähigkeit und Bereitschaft zur Eigeninitiative taugt in Löws Augen nicht zum Nationalspieler. Außerdem muss unterschiedlichen Anforderungen Rechnung getragen werden. Je nach individueller Ausgangslage, je nach Fitness- und Leistungsstand und je nach Spielposition benötigt jeder Spieler ein individuelles Programm, um entsprechend richtig zu dosieren und die Lücken zu schließen, die im Gruppen- und Mannschaftstraining nicht abzudecken sind.

Bei der Nationalmannschaft wurde breits 2006 damit begonnen, individuelle DVDs mit Anleitungen zur Verbesserung im technisch-taktischen Bereich an die Spieler zu verteilen. »Mit bewegten Bildern zu arbeiten ist deutlich einprägsamer, gerade bei der jungen Generation«, begründete Löw sein Faible für diese Maßnahme, da seien die Lerneffekte um ein Vielfaches höher. Auf den DVDs wurden jeweils einige für den betreffenden Spieler wichtige Themen herausgearbeitet. Etwa Laufwege, Passspiel, Flanken, Zweikampfverhalten, jeweils mit Negativ- und Positivbeispielen. Und vor allem natürlich mit Szenen des Spielers selbst aus Bundesliga- und Länderspielen, wieder mit Negativ- und Positivbeispielen. So kann man jedem Spieler das internationale Topniveau vor-, dann sein eigenes entgegenhalten und damit deutlich machen: »In diesem Bereich verlangen wir von dir eine klare Verbesserung.« Während sie an ihren Problemstellen arbeiten, werden gleichzeitig ihre weiteren Bundesligaspiele aufgezeichnet. Kommen sie wieder zur Nationalmannschaft zurück, gibt's zur weiteren Verbesserung eine neue DVD. Genauso geschieht es nach Länderspielen. Da zudem wichtige Trainingseinheiten aufgezeichnet werden, kann die Entwicklung eines Spielers nahezu lückenlos verfolgt werden kann.

Im Herbst 2007 verteilte Löw an seine Spieler individuell zugeschnittene Handbücher zur Vorbereitung auf die EM. Dabei handelte es sich um DIN-A-5-Ringbücher, die eine sportliche und persönliche Einschätzung enthielten, dazu eine etwa acht Minuten lange DVD mit Fehlerszenen aus Länderspielen, die eine zentrale Schwäche des jeweiligen Spielers dokumentierten. »Die Umsetzung liegt bei den Spielern selbst«, erläuterte er, »das tagtägliche Arbeiten gehört zu ihrer Verantwortung«. Jeder Spieler müsse sich eben wie eine Firma verstehen und einen Vertrag mit sich selbst abschließen. »Wir erwarten von ihnen eine gewisse Selbstkontrolle bei der Arbeit. Wer das nicht annimmt, kommt nicht weiter. Jeder ist für sein eigenes Glück und seine Leistung selbst verantwortlich.« Das Handbuch enthalte Hinweise und Vorgaben, verriet der Verteidiger Per Mertesacker. »Aber es lässt auch viel Raum für eigene Ideen.« Allerdings durfte man diese Handbücher nicht im Sinne unverbindlicher Ratschläge interpretieren. »Wir geben Aufgaben, von denen wir erwarten, dass sie erfüllt werden«, stellte Löw im Namen des gesamten Trainerteams fest. Nach einigen Monaten kann es dann heißen: »Wir wollten von dir scharfe, flache Flanken auf den ersten Pfosten sehen, aber wir sehen keine einzige.« Da bleibt dann nur der Schluss: »Zielsetzung verfehlt!« Mehrere solcher Negativ-Beurteilungen können eine Nationalmannschaftskarriere unter Umständen rasch beenden.

In einem Interview mit der »Süddeutschen Zeitung« erläuterte Joachim Löw einmal detaillierter seine »Firmenphilosophie«. »Mit Firma meine ich, dass jeder Elitespieler sich einen Plan für seine Karriere und seine tägliche Arbeit zurechtlegen muss. Er muss sich im Klaren sein, welchen Weg er gehen will. Dazu gehört auch, sich ein passendes Umfeld zuzulegen. Man braucht auch jemanden, der einem den Spiegel vorhält. Man darf sich nicht nur mit Jasagern umgeben. Der Spieler muss ein Gefühl dafür entwickeln, wer ihm hilft und was ihm guttut.« Die meisten Spieler zeigten sich absolut lernwillig, meinte er, die »Problem-Firma« des Münchner Ersatzbank-Stürmers Podolski, von der Bayern-Manager Uli Hoeneß behauptet hatte, dass sie zu schnell zufrieden sei, sogar ganz besonders. Der Lukas komme auch mal selbstständig zu ihm und verlange nach Szenen, berichtet Löw, um sich die eigenen Fehler im Vergleich zu vorbildhaften Beispielen anderer Stürmer vor Augen führen zu können. Dann lasse er eine DVD für ihn machen und analysiere das mit ihm. Kurzum: »Er hat verstanden, dass er aufnahmefähig sein muss für Dinge, die man ihm mitgibt.«

Während Joachim Löw die Bedeutung des individuellen Zusatztrainings zunächst eher als Ergänzung betrachtet hatte, lernte er es später als einen der wichtigsten Aspekte einzuschätzen, da er die Möglichkeiten des mannschaftstaktischen Trainings an eine Grenze stoßen sah. »Ich glaube, dass wir in der individuellen Verbesserung den größten Sprung machen können«, meinte er nach dem gelungenen Saisonabschluss 2011. Also wurden von den Wackelkandidaten Ist-Profile erstellt, um ihnen klare Verbesserungs-Erwartungshorizonte vorzugeben. Und ein Faulpelz wie Marcell Jansen, der im Fitnessbereich geschludert hatte, bekam gar die Aufforderung, auf seinen Urlaub zu verzichten, wenn er künftig noch Einsatzchancen haben wollte. Tatsächlich spurte er und flog in die USA, um dort mit dem Fitnesscoach Shad Forsythe intensiv zu arbeiten.

Diese Auflage zu Urlaubs-Sondereinheiten traf bei Jansens Arbeitgeber, dem HSV, natürlich nicht auf Kritik. Auch der Verein würde ja von der verbesserten Fitness seines Spielers profitieren. Grundsätzlich freilich waren die Bundesligatrainer von Sondertrainings-Anweisungen, die in den normalen Trainingsalltag fielen, nicht gerade begeistert. Der Protest schlug wohl nur deswegen keine allzu hohen Wellen, weil der Bundestrainer keinerlei Machtmittel besaß, um solche individuellen Aufgabenstellungen durchzusetzen. Einer maulte trotzdem heftig und nachhaltig, zunächst als Trainer des FC Bayern, später dann als Wolfsburger Meistermacher und Coach von Schalke 04. Diese Tendenz, dass der DFB immer mehr in die Vereinsarbeit eingreife, müsse endlich aufhören, meinte Felix Magath zu Beginn der WM-Saison 2009/10. »Mich wundert, dass sich die Vereine so etwas bieten lassen. Ich lege Wert darauf, dass ich meine Spieler trainiere.« In einem »Kicker«-Streitgespräch mit dem Kritiker erläuterte Löw, dass es ja nicht darum gehe, den Vereinstrainern etwas vorzuschreiben, sondern in Absprache mit ihnen einzelne Spieler einige Dinge gezielt trainieren zu lassen. Das sei eine nicht tolerierbare Einmischung, entgegnete Magath. »Wenn Sie einen Spieler haben, dem der Bundestrainer gesagt hat, was er machen soll – und ich dann sage: Schmeiß den Zettel weg und mach, was ich dir sage! Was glauben Sie, was der dann denkt?« Die Kommunikation dürfe daher nicht über den Spieler laufen. Statt externen Trainingsplänen für seine Spieler wünsche er sich zu diesen Themen direkte Kommunikation. In einem Telefonat unter Trainern könne man dann entsprechende Maßnahmen diskutieren.

Bliebe noch die Schlussbemerkung: Je mehr die Spieler eigenverantwortlich handeln, desto weniger Diskussionsbedarf besteht. Als Musterprofi in diesem Sinn kann etwa Heiko Westermann genannt werden, der die Hilfe eines Kinesiologen in Anspruch nahm, um seine Reaktions- und Handlungssschnelligkeit zu verbessern, oder der auf einen Mentaltrainer vertrauende Miroslav Klose. Ganz im Sinne Löws hatte er sich das Motto zu eigen gemacht: »Die geistige Frische ist das Wichtigste.«

Einen gewissen Höhepunkt in der Entwicklung mündiger Nationalspieler stellte schließlich das gelungene Wohngruppen-Experiment im Campo Bahia bei der WM 2014 dar, als die Spieler ihr Zusammenleben selbst regulieren mussten und dabei bis dahin ungeahnte Fähigkeiten im »Self-Management« bewiesen.

KAPITEL 18

Der Philosoph auf der Trainerbank
oder: Von der täglichen Arbeit
am perfekten Spiel

Sobald ein Match angepfiffen ist, beginnt für jeden der auf dem Platz befindlichen Spieler ein 90-minütiges Fragen-Stakkato. Pausenlos müssen sie in Sekundenbruchteilen handlungsauslösende Antworten finden auf Fragen wie: Von wo kommt der Ball? Wie kommt er? Wohin muss ich laufen? Wo stehen und wie bewegen sich Mitspieler und Gegner? Was mache ich mit dem Ball? Wer sich nicht vorher bestimmte Vorstellungen erworben hat von dem, was zu tun ist, wird im Spiel nicht viel Erfolg haben. Diese Vorstellungen und die mit ihnen verbundenen Handlungen zu perfektionieren und in sinnvolle Zusammenhänge zu bringen, ist die vordringlichste Aufgabe des Trainers. Er versucht im Training, vereinfachende und zugleich taktisch stringente Lösungswege für solche Fragen aufzuzeigen, nicht nur, um die Komplexität des Spiels für den Einzelnen sozusagen präventiv zu reduzieren, sondern vor allem auch, um dem Spiel seiner Mannschaft Struktur und Kontur zu geben. Der Trainer konstruiert somit kreativ das Spiel seines Teams. Und insofern könnte man ihn als Philosophen und das Gesamtpaket seiner Maßnahmen als Philosophie bezeichnen.

Auf seinem Weg, sich als Feingeist des Fußballs zu profilieren, verwendete Joachim Löw den Begriff »Philosophie« zur Erläuterung seiner Ansichten vom Fußball gern und häufig. Er ist damit nicht allein. »Bei allen gehobenen Fußballdiskussionen der letzten Jahre spielte der Begriff ›Philosophie‹ oder ›Spielphilosophie‹ eine Schlüsselrolle«, bemerkte im März 2011 die »Süddeutsche Zeitung«. Statt nun darüber zu philosophieren, was und wie viel der in Fußballzusammenhängen verwendete Begriff Philosophie mit »echter« Philosophie zu tun hat, ist es wohl sinnvoller, danach zu fragen, wie Löw ihn verwendet. Sicher ist, dass es auch bei seiner Philosophie – wie bei der »echten« Philosophie – um Wissen, Erkenntnisse und Weltanschauungen geht. Löw verlässt sich auf seine handwerklichen Fertigkeiten, er kann am »Mannschaftskörper« arbeiten wie ein Chirurg und auf dem virtuellen Rasen taktische Schemata austüfteln wie ein Verkehrsplaner; gleichzeitig ist er ständig dabei, die Ergebnisse der neuesten Analysen in seine Entwürfe und Konzepte immer wieder einzuarbeiten; und über allem steht eine große Leitidee: »Wir verfolgen strikt und konsequent einen Plan«, sagt er über sich und sein Team.

Manchmal hat man zwar den Eindruck, dass Löw mit dem Begriff »Philosophie« lediglich die taktische Grundausrichtung der Mannschaft bezeichnen will – etwa nach dem 4-2-3-1-System –, in der Regel aber macht er deutlich, dass es ihm um viel mehr geht: nämlich um ein umfassendes Gesamtkonzept. »Das Wichtigste ist eine Philosophie«, sagte er einmal, und dazu müssten die folgenden wesentlichen Fragen beantwortet werden: »Welchen Trainer brauche ich dafür, welche Spieler, was sind die Etappenziele, welchen Fußball möchte ich spielen?« Man könnte also sagen: Wenn man der Idealvorstellung des offensiven und attraktiven Fußballs anhängt, dann sollte man einen Trainer verpflichten, der diese Idee vertritt – beispielsweise Joachim Löw. Der Trainerphilosoph holt dann die richtigen Spieler und macht akribische Trainingspläne, um Schritt für Schritt jene Offensivkraft und Attraktivität auf den Platz zu bringen, die ihm als Endziel vorschwebt – als Traum vom perfekten Spiel.

Allerdings weiß er natürlich, dass es grundsätzlich »vermessen« sei, »über Vollkommenheit nachzudenken. Nicht einmal den perfekten Spielzug gibt es aus meiner Sicht, weil man ja auch immer das Verhalten der gegnerischen Abwehrspieler berücksichtigen muss. Manche Spielzüge sehen perfekt aus – aber weil sie eben auch von Fehlern des Gegners begünstigt werden. Natürlich freut man sich, wenn Tore so fallen, wie man es im Training geübt hat. Planen kannst du es nicht.«

Spielidee: Offensivfußball mit Spielkultur und Risiko

Zur Frage nach der Art des Fußballs bemerkte Joachim Löw bereits bei seiner Vorstellung als Klinsmann-Assistent: »Meine Philosophie wurde bei meinen Stationen deutlich: Ich stehe für offensiven, aggressiven Fußball mit einer gewissen Spielkultur. Dazu gehört Risiko.« Die Nationalelf sollte keine Mannschaft sein, die sich nur auf den Gegner einstellt und reagiert. Sondern eine Mannschaft, »die agiert, das Spiel fußballerisch beherrscht«, »die dem Gegner mit ihrer Spielweise Schwierigkeiten bereitet«, die jeden Gegner in jedem Stadion, also selbst in einem Auswärtsspiel, unter Druck setzen und dominieren kann. Dass dabei auch Fehler passieren können, bedeutet Risiko. In der Löw'schen Sichtweise ist das aber nicht so tragisch. Denn wenn man immer mutig und gefällig nach vorne spiele, dann würden die Leute auch mal einen Fehler verzeihen.

Ein offensiver Fußball mit Spielkultur kann sich nicht aus spontanen Hauruck-Aktionen ergeben. Nach Konzept geplante Übungen müssen vorausgehen. Man muss einzelne Schritte festlegen, die stufenweise zum angestrebten Ergebnis führen, und diese Schritte müssen klar definiert sein. »Viel wichtiger als Träume und Wünsche sind Ziele«, bringt es Löw auf den Punkt. »Denn die kann man klar definieren und den Weg dorthin selbst bestimmen.« Eine vage Gesamtphilosophie reicht also nicht. Man benötigt genaue Vorstellungen für den Fall, dass es mal in die falsche Richtung geht. Rückschritte und Fortschritte müssen eindeutig dokumentiert werden. Löw behauptet von sich, ein Spiel heute – anders als zu Beginn seiner Trainerzeit – klar lesen zu können. Er könne inzwischen jederzeit die Zusammenhänge entschlüsseln und entsprechende Lösungen finden, er habe klare Vorstellungen und ebenso klare Realisierungskonzepte. »Ich weiß«, stellte er einmal mit unverstelltem Selbstbewusstsein fest, »wie man schönen und erfolgreichen Fußball spielt.«

Ein Sieg um jeden Preis liegt nicht im Horizont dieser Fußballphilosophie. Die stilistische Umsetzung ist ihr wichtiger als das Ergebnis. Vor der WM in Südafrika gab Joachim Löw die Parole aus: »Wir wollen eine Mannschaft sein, die positiv, sympathisch auftritt, wir versuchen, einen guten, offensiven, attraktiven Fußball zu spielen. So können wir den Leuten hier und auch zu Hause am allerbesten zeigen: Okay, man kann sich mit dieser Mannschaft identifizieren.« Als Verfechter des den Zuschauer packenden und schön anzusehenden Offensivfußballs leiten ihn demnach ästhetische Vorstellungen. Folgerichtig sagt er über sich selbst: »Ich bin ein ästhetischer Trainer, der guten Fußball sehen will.«

Guter Fußball habe immer etwas mit Ästhetik und Leichtigkeit zu tun, äußerte er einmal ganz grundsätzlich. »Ich möchte am Ende eines Spiels feststellen: Wir sind spielerisch die bessere Mannschaft gewesen und haben nicht nur aufgrund von Glück gewonnen.« Schon in den 1980er Jahren habe er für die Brasilianer geschwärmt: »Socrates, Eder, Zico und Junior waren für uns Jugendliche Zauberer. Ihr Fußball von damals hatte was Faszinierendes.« Dass seine Brasilianer bei WM-Turnieren nie etwas Großes geholt haben, störte ihn nicht. Der ästhetische Trainer will, dass seine Mannschaft mit Willenskraft und Können, mit

Organisation und Zielstrebigkeit sowie mit Disziplin und Kreativität eine kollektive Ästhetik des Zusammenspielens auf den Rasen zaubert. Dabei geht er sogar so weit, nicht nur das ausgeklügelte, dynamische und formschöne Offensivspiel als ästhetisch ausdifferenziertes Moment hoher Spielkultur zu betrachten. Er sieht sogar eine »Ästhetik in der Defensive«, die sich etwa dann ergibt, wenn ein Verteidiger den Ball mit geschicktem Einsatz ohne Foulspiel erobert und gleich darauf mit Überlegung und in fließender Bewegung einen Gegenangriff einleitet.

Tatsächlich zauberte die Nationalelf in Südafrika einen überaus ansehnlichen Fußball auf den Rasen. So viel luftig-spielerische Schönheit war deutschen Männerbeinen kaum je einmal entsprungen, lautete die einhellige Meinung der Kommentatoren. Löw freute sich ganz außerordentlich über das Lob und gab sich überzeugt, dass man sowieso »auf hässliche Weise keinen Titel mehr gewinnen« könne. »Wenn ich heute sehe«, bilanzierte er im Frühjahr 2012 die zurückliegenden Länderspiel-Erfolge, »dass wir gegen Brasilien, die Niederlande, Argentinien oder England nicht nur gewinnen, sondern auch spielerisch die bessere Mannschaft sind, stellt mich das auf ganz besondere Weise zufrieden.«

Manchen Kommentatoren schien das schöne Spiel freilich nicht ganz geheuer zu sein. In einem Beitrag mit dem Titel »Neue deutsche Männer« versuchte der »Spiegel«-Journalist Alexander Osang, das Geheimnis zu lüften. Was hatte Joachim Löw und seine Mannen beseelt, als sie mit ihrem lockeren Spiel die Welt begeisterten, fragte er. »Irgendetwas Leichtes, Tänzerisches, Schönes, Freudvolles, in dem man sich verirren konnte, wenn man sich bislang an Hackordnung und Hierarchien orientiert hatte«, schrieb Osang. Und in diesem Zusammenhang fiel schließlich das ominöse Wörtchen »schwul«. »›Schwul‹ also als Synonym für eben dieses Leichte, Tänzerische, Schöne, Freudvolle, das neu war und deswegen nicht verstanden wurde«, schreiben die Autoren Dirk Leibfried und Andreas Erb in ihrem Buch über die Homosexualität im deutschen Fußball (»Das Schweigen der Männer«). Wenn deutsche Nationalspieler nicht mehr rustikal die Gegner wegbügeln, wenn sie nicht mehr verbissen den Platz umpflügen, wenn sie sich in flachen Hierarchien entfalten wollen, statt auf die Befehle eines grimmigen »Capitano« zu hören – dann können das ganz offensichtlich einige altbackene deutsche Fußballfans nicht mehr kapieren. Zu denen, die ihre Verständnislosigkeit öffentlich in Verschwörungstheorien und anderen Verdächtigungen ausdrückten, gehörte allen voran der Ballack-Berater

Michael Becker, dessen Schützling an der WM nicht hat teilnehmen können. Gegenüber dem »Spiegel«-Mann Osang sprach er in Blickrichtung Nationalmannschaft verächtlich von einer »Schwulencombo« – eine Formulierung, die einem Gemisch aus Frust, Wichtigtuerei und Homophobie entstammen dürfte und viel über den Absender, nichts aber über die Adressaten verrät.

Für die Umsetzung einer ästhetisch anspruchsvollen fußballphilosophischen Idee besitzt die sexuelle Orientierung der Akteure – eigentlich überflüssig zu sagen – ohnehin keinerlei Relevanz. Es geht allein um die fußballerische Eignung. Und es geht darum, wie konsequent und nachhaltig die Idee verfolgt wird. Die Umsetzung spielerisch anspruchsvoller Vorstellungen wird nämlich nur dann gelingen, wenn ein Trainer die Möglichkeit hat, längerfristig mit einem festen Spielerkader zusammenzuarbeiten. Kontinuität ist eine unabdingbare Voraussetzung für fußballerischen Fortschritt. Darüber hinaus ist es für den Trainer überaus wichtig, genügend Zeit und Muße zu finden für die Weiterentwicklung seiner Ideen.

Während seiner Jahre beim DFB habe er viel gelernt, so Löw. »Dadurch, dass ich viel internationaler arbeite, weltweit mit sehr vielen unterschiedlichen Menschen kommuniziere, bin ich viel offener geworden für neue Gedanken. Und zwischendurch konnte ich mich – anders als als Vereinstrainer – immer mal wieder ein paar Tage zurückziehen, kreativ sein und konzeptionell arbeiten. Dadurch hat sich meine Fußballphilosophie erheblich gefestigt.« Seine freien Tage nutzt er häufig, um Details und Zusammenhänge herauszutüfteln. »Da sitze ich im Büro und mache mir Gedanken und Notizen, woran wir weiterarbeiten müssen, welche Spieler speziell angesprochen werden müssen und wie sich diese Dinge in Trainingsinhalte umsetzen lassen.«

»Unsere Philosophie hat sich im Vergleich zur WM 2006 grundsätzlich nicht verändert«, meinte Löw im Jahr 2010. Die Grundidee von damals, offensiv und aggressiv das Spiel zu bestimmen, war gleich geblieben; die Art und Weise der konkreten Umsetzung hatte der Trainerphilosoph Löw jedoch mehr und mehr verfeinert. Die Praxis der Philosophie, so zeigt sich, ist akribische Detailarbeit: Jeder einzelne Spieler muss nach einem speziellen Trainingsprogramm spezifisch aufgebaut, Spielzüge und das taktische Verhalten von Mannschaftsteilen in bestimmten Spielsituationen müssen konsequent eingeübt werden. Und dann gibt es noch einen Masterplan, ein »Drehbuch« für die taktisch-spielerische Weiterentwicklung der gesamten Mannschaft bis zu einem Großereignis wie EM oder WM. Bei diesem Trainingshandbuch handelt es sich um einen Ordner mit Spiralbindung in DIN-A4-Format. Jede Trainingsübung ist darin erfasst, jeder Spielzug und jedes Angriffsschema. Löw nennt diese Vorgaben »Lösungsmuster«: Die Spieler sollen für möglichst viele Spielsituationen vorgefertigte Pläne haben, die sie dann gleichsam auf Knopfdruck abrufen können.

Der Trainerphilosoph muss nicht nur wissen, welchen Fußball er spielen lassen und auf welchen Wegen er dorthin kommen will. Der Erfolg seiner Ideen hängt von seinem Vermögen ab, seine Ziele und die einzelnen Schritte dorthin plausibel zu erklären. Nur so kann er Spieler von seiner Philosophie überzeugen. »Es muss eine klare Zielorientierung geben, die alle Spieler kennen«, benennt er die Grundvoraussetzung seines Ansatzes. Und eine seiner wichtigsten Überzeugungen lautet: »Man kann seine Ideen niemals gegen, sondern nur mit den Spielern durchsetzen.« Man muss also, um sein Ziel zu erreichen, nicht nur das Prinzip von Befehl und Gehorsam verlassen, sondern auch gute Erklärungen liefern. »Geht raus und spielt« – die Zeit solcher schlichten Sprüche ist vorbei. Löw: »Es reicht nicht, den Jungs zu sagen, was sie zu tun haben. Sie wollen wissen, warum sie es tun sollen. Und sie haben ein gutes Recht, das zu erfahren.« Anweisungen à la: »Spielt mehr über die Flügel«, oder: »Bewegt euch mehr«, bringen daher überhaupt nichts. Hastig irgendwohin zu rennen nützt nichts; nur über die richtigen Laufwege und das punktgenaue Passspiel wird ein Angriff erfolgreich. Aufgezeigt werden muss daher die genaue Art und Weise, *wie* man über die Flügel eine Abwehr knacken kann. Je mehr Möglichkeiten konkret durchgespielt werden, desto besser.

Wie im Fall des Flügelspiels geht es bei sämtlichen Spielzügen um klare Analysen, eindeutige Handlungsanweisungen und Detailarbeit. Permanent müsse man den Spielern Handlungslösungen und Strategien anbieten, sagt Joachim Löw. »Sie müssen Spielsituationen schon im Training erlebt haben, sie müssen das Gefühl für den Raum und den Mitspieler kennen: Wo steht er? Wie weit ist er weg? Das klingt zwar banal, aber solche Dinge sind nun mal das Handwerkszeug.« Die Idealvorstellung ist, dass jeder in jedem Moment weiß, was er tun muss und was seine Mitspieler tun werden. Und jeder Einzelne muss sich auf das Genaueste mit den speziellen Vorgaben befassen, wie sie für die Nationalmannschaft gelten. In einem Interview mit »rund.de«

verriet Löw: »Ich sage zu den Spielern: Das, was wir wollen, das müsst ihr umsetzen – unabhängig davon, wie ihr zu Hause spielt. Wenn ihr im Verein andere Aufgaben habt, müsst ihr euch vom ersten Tag an bei uns umstellen.« Wenn ein Spieler etwa einwendet, im Verein solle er lange Bälle schlagen, dann wird ihm bei der Nationalmannschaft beigebracht, dass Bälle »flach in die Tiefe gespielt« werden müssen. Wenn ein Außenverteidiger sagt, im Verein solle er hinten bleiben, dann heißt es bei der Nationalmannschaft: »Auch die Außenverteidiger sollen sich permanent einschalten.«

Auch vor der WM 2014 stattete Löw seine Mannen mit ausgetüftelten Taktiken und Strategien aus. Eine gewisse Ironie mag man allerdings darin erkennen, dass das deutsche Team auf dem Weg zum WM-Titel zwar auch mit spektakulären Vorstellungen aufwartete – siehe vor allem das 7:1 gegen Brasilien –, der Erfolg aber nicht zuletzt der Tatsache zu verdanken war, dass Löw eine gewisse Abkehr von der reinen Offensivphilosophie vollzogen hatte.

Lehrmethode: Klare Anleitungen mit eindeutigen Beweisen
Die Löw'sche Lehrmethode ist zuerst und vor allem diskursiv. Das heißt, es wird kommuniziert und es wird erklärt. Jede Übung wird begründet, und idealerweise wird von einer Einheit zur nächsten logisch fortgeschritten, bis die Spieler den Gesamtzusammenhang verstehen. Das entspricht so weit ganz der Ansicht Immanuel Kants, derzufolge jede Erkenntnis des menschlichen Verstandes eine Erkenntnis durch Begriffe ist. Aber zur Zeit des großen Königsberger Philosophen gab es noch keine DVDs (worin, dies nur nebenbei, vielleicht ein Grund dafür liegen mag, dass er die intuitive Erkenntnis geringschätzte). Löw hingegen kann zu Beginn des dritten Jahrtausends bewegte Bilder nutzen, um den Spielern seine Vorstellungen plastisch vor Augen zu führen. Also befleißigt er sich nicht nur eines permanenten Diskurses mit seinen Spielern und verdeutlicht ihnen auf dem Trainingsplatz lautstark argumentierend und wild gestikulierend die Räume und die Wege, sondern er führt ihnen darüber hinaus per DVD das angestrebte Ergebnis bildlich vor – was in Zeiten der allgemeinen Verflachung des begrifflichen Denkens ein nicht zu unterschätzendes Hilfsmittel darstellt. Mit DVDs kann man das ganze Team, Teile der Mannschaft, insbesondere aber auch einzelne Spieler schulen. Wenn ein Poldi also nicht begreift, wie er laufen soll, kann man ihm entsprechende Filme zeigen;

das gibt ihm die Chance, das Gewünschte intuitiv zu erfassen und ins Spiel zu kopieren – er muss dann nur noch wissen, welche Aktion in welchem Augenblick angesagt ist (was freilich, wie man oft genug beobachten konnte, durchaus kein kleines Problem darstellt).

Die Unterfütterung der Erklärungen mit bewegten Bildern ist der Königsweg bei der Vermittlung der Trainerabsichten. Für die Erarbeitung der Vorgaben selbst ist die Auswertung von Statistiken das Entscheidende. Im Jahr 2005 hat das Trainerteam der Nationalmannschaft begonnen, eine Datenbank aufzubauen. Ziel ist es, die Fähigkeiten und Fortschritte der aktuellen und potenziellen Spieler zu sammeln und auszuwerten sowie die Entwicklungen im Weltfußball mit der Entwicklung der DFB-Auswahl abzugleichen. In der Datenbank findet Joachim Löw gleichsam die wissenschaftliche Basis seines Tuns (und nebenbei auch seiner Kritik an der Bundesliga). Sie ist Ideenpool, Maßnahmenbeleg und kritisches Korrektiv zugleich. Immer wieder hat der Analyse-Freak geschwärmt von den Möglichkeiten, die mit dieser Datenbank in seine Hände geraten sind. »Man kann berechnen, wohin die Akteure am liebsten passen: quer oder nach vorn, hoch oder flach. Wie viele Kilometer laufen sie, in welcher Geschwindigkeit? So können wir unseren Spielern anschaulich klarmachen, was wir von ihnen erwarten. Denn wir orientieren uns an den Spitzenwerten.« Die Kenntnis der Spitzenwerte in allen relevanten Bereichen – Zweikampfverhalten, Passschnelligkeit, Passpräzision, Ballannahme, Ballmitnahme, Lauftempo etc.pp. – ist die Voraussetzung dafür, dass man Vergleiche anstellen kann. Anhand der Daten lässt sich schließlich zuverlässig belegen, auf welchem internationalen Standard eine Mannschaft steht. Und desgleichen kann man für entsprechende Anforderungsstandards aussagekräftige Elemente destillieren, die es ermöglichen, die Qualität eines einzelnen Spielers auf einer bestimmten Position objektiv zu beurteilen.

Die statistische Untermauerung der Vorgaben hat darüber hinaus noch einen zusätzlichen Effekt. Der perfekt informierte Trainer weiß stets mehr als die Spieler und bezieht daraus seine Autorität. »Meine Kompetenz ist bei Weitem größer als die der Spieler«, behauptet Löw und meint es nicht arrogant. Denn der diskursive Ansatz, die Spieler von allen Maßnahmen zu überzeugen, funktioniert eben nur dann, wenn diese fachlich fundiert sind. Wer in diesem Sinne alles begründen und belegen kann, der hat im Grunde nur noch ein Problem: Die Spieler müssen die nötige Intelligenz besitzen, um die Vorgaben des Trainers nachvollziehen und schließlich auch umsetzen zu können. Löw hat da keine Zweifel. Oft hat er den Satz wiederholt: »Die Qualität unseres Teams ist vor allem die Spielintelligenz.« Das Verständnis für Taktikschulung in allen Bereichen sei bei seinen Spielern gut ausgeprägt. Sie könnten sehr schnell lernen, und wenn man sie entsprechend begleite, könne man ihnen alles beibringen. »Weil sie wissen, dass sie im Spiel damit Sicherheit gewinnen«, meint er. Und nach dem grandiosen Vier-Tore-Sieg gegen Argentinien bei der WM 2010 bemerkte er voller Stolz: »Vielleicht ist es ja eine Leistung von uns Trainern, dass wir sie von dem, was wir wollen, überzeugt haben; dass die Spieler das in sich tragen und einen Sinn darin sehen. Sie sehen, wenn sie das umsetzen, bringt es Erfolgserlebnisse mit sich.«

Die großen Siege in Südafrika waren alles andere als ein Zufall. Alle vier Treffer gegen Australien etwa – und etliche Spielzüge mehr – waren beinahe eins zu eins so gefallen, wie man das im Training geübt hatte. Gegen England galt Ähnliches. »Ich habe Trainingseinheiten gesehen«, hatte Löw nach dem 4:1 gegen England das Vorspiel zum genialen Spiel erläutert, »die waren im fußballerischen Bereich beinahe perfekt. Ich bin schon sechs Jahre dabei, aber so etwas gab es vorher nie: diesen Kombinationsfluss, dieses Spiel ohne Ball.« Und dann hatte man das genau so wie geplant unter dem Druck eines K.o.-Spiels bei der WM wiederholt. Der Konzeptionsfußball à la Löw war auf höchstem Niveau angekommen. Die Laufwege hatten gestimmt, der Ball war richtig, schnell und präzise gespielt worden – alles hatte gepasst, was sich der Bundestrainer erträumt und woran er so lange so intensiv gearbeitet hatte.

Nach dem bitteren Halbfinal-Aus bei der EM 2012 war dann freilich das Vertrauen in die Ideen und Konzepte des Joachim Löw vor allem bei vielen Medienvertretern nachhaltig erschüttert. Im Vorfeld und in der Vorrunde der WM 2014 wurden Löws taktische Maßnahmen – eine hochstehende Abwehrkette aus vier Innenverteidigern, Lahm als »Sechser« und vorne eine »falsche Neun« – durchweg kritisch kommentiert. Erst als Löw auf dem Weg zum WM-Titel Führungsstärke zeigte und die richtigen Korrekturen vornahm, wurde alles gut. Als er stolz die wichtigste aller Fußballtrophäen in die Höhe stemmte, war klar: Aus dem schöngeistigen Konzepttrainer war ein pragmatischer, auf den Erfolg fokussierter Weltmeister-Trainer geworden.

Struktur: Mit höchster Disziplin zur kunstvollen Form
Beim Fußball spielen klassische Tugenden wie Rennen und Kämpfen, individuelles Können wie Dribblings und raffinierte Tricks, psychische Eigenschaften wie Willenskraft und Begeisterung und natürlich der berühmte »Instinkt« immer noch eine große Rolle. Aber all das bringt im Spiel nur dann taugliche Ergebnisse, wenn jeder genau weiß, wann er was zu tun hat und schließlich ein Rädchen ins andere greift. »Diese Mannschaft spielt nach einem klaren Plan«, konstatierte die »Süddeutsche Zeitung« im Oktober 2007 mit Blick auf die Nationalelf, »und sie hat diesen Plan so verinnerlicht, dass auch neu hinzugekommene Spieler gar nicht anders können, als sofort nach diesem Plan zu spielen.«

Plan bedeutet zunächst einmal ein Spielsystem. Man kann zum Beispiel in der Abwehr mit Libero und Vorstopper oder mit einer Dreierkette spielen – so wie Joachim Löw in seiner Anfangszeit beim VfB mit dem Trio Berthold, Verlaat und Thomas Schneider – oder mit Viererkette und ballorientierter Raumdeckung. In den letzten Jahren spielten fast alle Mannschaften mit Raumdeckung und Viererkette in einem der drei vorherrschenden Spielsysteme: dem 4-4-2, dem 4-3-3 oder dem 4-5-1 (4-2-3-1). Als A und O galt dem Bundestrainer bekanntlich lange Zeit das 4-4-2. Beim wegweisenden 2:1-Sieg gegen Tschechien am 24. März 2007 in Prag beispielsweise standen Lahm, Mertesacker, Metzelder und Jansen in der Viererkette vor Torwart Lehmann. Im zentralen Mittelfeld waren Frings und Ballack aufgeboten, die Außen bildeten Schneider und Schweinsteiger, als Doppelspitze waren Kuranyi und Podolski aufgeboten. Die Aufstellungen bei den ersten EM-Spielen gegen Polen und Kroatien waren in der Defensive identisch, nur vorne hatte sich etwas geändert: Fritz (auf rechts) und Podolski (auf links) waren in der Startformation die Außen, Klose und Gomez die Stürmer. Nach dem Erstversuch im Viertelfinale gegen Portugal hatte Löw dann im Herbst 2008 den dauerhaften Wechsel zum 4-5-1 vollzogen – mit Viererkette, Doppelsechs, zwei Außen, einem zentral-offensiven Mittelspieler sowie einem Stoßstürmer. Beim großartigen 4:0 gegen Argentinien bei der WM 2010 entfaltete folgende Elf im 4-2-3-1 eine ungeheure Angriffswucht: Neuer – Lahm, Mertesacker, Friedrich, Boateng – Khedira, Schweinsteiger – Müller, Özil, Podolski – Klose.

Der Grund für den Systemwechsel lag unter anderem darin, dass dieses System, das inzwischen von den meisten Mannschaften bevorzugt wird, eine höhere Variabilität der Spielanlage sowie – wegen der kürzeren Wege im Mittelfeld – eine schnellere Umstellung von Defensive auf Offensive (und umgekehrt) ermöglicht. Zur wichtigsten Schaltstelle wurde Schweinsteiger. Er organisierte die Defensive vor der Viererkette und setzte immer wieder die Offensivspieler in Szene. Da diese zentrale Aufgabe für einen zu viel wäre, wurde er von dem zweiten Sechser Khedira unterstützt, der sich bei Ballbesitz noch häufiger als sein Partner in die Offensive einschaltete. Um diese beiden zentralen Spieler herum interpretierte das deutsche Team zum Teil in beinahe müheloser Leichtigkeit die Variabilität des Systems. Aus dem 4-2-3-1 wurde bei Ballbesitz rasch ein 4-4-2 – Özil als zusätzliche Spitze, Khedira zentral offensiv – oder 4-3-3 – mit den vorgerückten Außen Podolski und Müller. In Defensivsituationen wiederum baute man flugs – mit den zurückgezogenen Außen – im 4-4-1-1 eine zweite Viererkette auf. Viele weitere Optionen und Verwandlungen sind noch denkbar, so dass der Taktikexperte Jonathan Wilson wohl nicht ganz zu Unrecht feststellte: »Mit Sicherheit ist der Begriff ›4-5-1‹ heutzutage derart schwammig, dass er für die Beschreibung der Aufstellung einer Mannschaft auf dem Feld beinahe nutzlos geworden ist. Es handelt sich eher um einen Gattungsbegriff einer Familie taktischer Formationen.«

Es ist natürlich eine komplexe Aufgabe, im richtigen Moment Umstellungen vorzunehmen oder einen der im Training fleißig geübten Spielzüge abzurufen. Um es seinen Spielern zu erleichtern, die Ordnung zu halten oder eine neue aufzubauen, teilte Löw das Spielfeld zur grundlegenden Orientierung in 18 gleichgroße Rechtecke auf. Auf diese Weise wissen die Spieler immer, ob sie sich, abhängig von der Konstellation des Kollektivs und der jeweiligen Spielsituation, im richtigen Segment aufhalten. Zugleich können sie die Räume besser »sehen«, die sie bei der Auslösung einer neuen Spielsituation besetzen müssen, und außerdem wird es ihnen erleichtert, nach der Beendigung eines Spielzugs in die Grundformation zurückfinden. Kurz: Es gibt ein Grundschema, das immer wieder wie ein Fächer in andere Konstellationen verwandelt und zurückverwandelt werden kann. Grundsätzlich gilt: Zentrale Rechtecke müssen immer besetzt sein. Bei der WM hatte der Organisator Schweinsteiger, der auch die Rhythmuswechsel dirigierte, den kleinsten Radius. Die größte Laufarbeit hatte Thomas Müller zu verrichten, der vorne in die abgesprochenen Räume sprintete und gleich darauf wieder die Defensivformation komplettieren musste.

Klare Strukturen führen allein natürlich noch nicht zu einem guten Spiel. Sie müssen von den Spielern mit Disziplin und Überlegung in Aktionen umgesetzt werden. Joachim Löws Anmahnungen von »absoluter« Disziplin – oder gern auch mal im badischen Idiom von »högschder Disziplin« – sind Legion. Ein System mit einer klaren Aufgabenverteilung und die strikte Erfüllung der individuellen Aufgaben im Sinne der Mannschaft ist die notwendige Grundlage. Erst auf der Basis einer funktionierenden Struktur kann die Kreativität sinnvoll ins Spiel kommen. »Eine Spielkultur ohne Organisation und Ordnung ist unwahrscheinlich«, stellt Löw fest. Und: »Umso besser eine Mannschaft organisiert ist, umso kreativer kann sie sein.« Kreative Individualisten, die nicht im Mannschaftsgefüge agieren, erzielen in der Regel keine für das Ganze verwertbaren Effekte – ihre Kunst ist nur für die Galerie.

Für eine gute Spielkultur ist demnach eine ausgewogene Mischung aus Systemtreue und Kreativität vonnöten. Würde sich eine Mannschaft mit sklavischer Unbedingtheit an ein System klammern, wäre sie sofort hilflos, wenn einmal etwas Unvorhergesehenes passiert. Auf der anderen Seite machen solistische Improvisationen, die nicht in den Gesamtablauf eingeordnet sind, im Teamsport nicht viel Sinn. Sie müssen, ganz ähnlich wie in der klassischen Musik, orchestriert werden. Erst dann, wenn Abläufe und Einsätze sitzen, wenn alle auf das Funktionieren des Ganzen vertrauen, weil sich die Automatismen kompositorisch schlüssig aneinanderreihen, können kreative Lösungen, weil sinnvoll eingebettet, effektive Wirkung entfalten. Und gleichsam wie nebenbei werden dann gute Spieler zu noch besseren Spielern. Oder wie es der große Trainer Arrigo Sacchi einmal ausdrückte: Der entscheidende Punkt der taktischen Organisation bestehe darin, »einen multiplizierenden Effekt auf das Können der Spieler zu erreichen«.

Entscheidend ist das kluge Spiel im Raum. Das fängt in der Defensive beim idealen Abstand in der Viererkette an, der laut Löw bei acht Metern liegt, geht über das zeitlich und räumlich akkurate Verschieben bis hin zum automatischen Reagieren auf taktische Umstellungen des Gegners. Wenn der Gegner nur mit einer Spitze spielt, kann einer der Innenverteidiger häufiger ins Mittelfeld vorrücken; spielt der Gegner mit zwei Spitzen, sind die Innenverteidiger stärker gebunden, aber dafür haben die Außenverteidiger mehr Spielraum. Während die Raumaufteilung in der Defensive überschaubar ist und sich das effektive Bewegen dort relativ leicht erlernen lässt, wird es in der Offensive deutlich komplizierter. Von den Spielern wird verlangt, schnell in unbesetzte Räume vorzustoßen und dabei den kompletten Platz zu nutzen. Je nach Spielsituation müssen sie in der Lage sein, sich den Raum für ein funktionierendes Passspiel selbst zu schaffen.

Die Spieler wissen, was ihr Trainer will. Es bestehe die Ansage, erklärt etwa Marcell Jansen, »dass wir im richtigen Moment die Breite des Spielfeldes nutzen müssen, um dann auch effektiv nach vorne zu kommen«. Nahezu perfekt gelang dem Linksverteidiger die Umsetzung dieser Ansage beim 2:1 gegen Tschechien, dem entscheidenden Qualifikationsspiel zur EM 2008. Immer wieder nutzte er auf der linken Seite den ganzen Raum und kurbelte Ballstafetten an, einmal drang er besonders formschön im dreifachen Doppelpass mit Schweinsteiger, Podolski und Schneider bis zur gegnerischen Grundlinie vor. Bei der WM 2010 setzten Schlüsselspieler wie Özil, der Ballverteiler mit dem perfekten Timing im Passspiel, oder wie Müller, der laufstarke Außenbahn-Sprinter mit dem genialen Gefühl für Räume, die kreativen Höhepunkte. Özil erspähte die Lücken und wusste sie zu nutzen, und Müller, der sich selbst als »Raumdeuter« definiert, fand selbst dann noch die richtigen Wege, wenn er eine unbekannte, im Detail noch nicht eintrainierte Spielsituation sinnvoll auflösen musste.

Wie selten zuvor war bei der WM 2014 die Kompaktheit die große Stärke des deutschen Teams. Das synchrone Funktionieren nach einer gemeinsamen Spielidee war selbst unter der Bedingung höchster Flexibilität gegeben. Positions- und Systemwechsel liefen fließend, beinahe reibungslos ab. Den Herzschlag des Teams bestimmten die beiden »Sechser«. Sie gaben nicht nur in der Defensive den Takt vor, indem sie antizipativ die Bewegung der Gruppe steuerten, Passwege zustellten und Lücken schlossen, sondern sie waren in Zusammenarbeit mit dem weiter vorne postierten zentralen Ballverteiler (Kroos) auch dafür zuständig, mit sauberem Passspiel sowohl eingeübte wie situativ kreative Offensivaktionen auszulösen.

Taktik: Wie man möglichst schnell zum Torschuss kommt

Das vorgegebene System ist zunächst nicht mehr als eine Grundlage. Ihr muss Leben eingehaucht werden durch die Interpretation, durch ein bestimmtes strategisch-taktisches Vorgehen des Mannschaftskollektivs. Dabei geht es um Dinge wie das Herstellen von Überzahl in Ballnähe, Verdichtung des Raums, Verhinderung von Abspielmöglichkeiten,

Eröffnung von Anspielmöglichkeiten. Relativ unabhängig vom System gibt es dazu prinzipiell sehr unterschiedliche Vorgehensweisen. Zum Beispiel kann sich ein Trainer für eine Spielweise entscheiden, in der alles auf Dominanz und Ballkontrolle ausgelegt ist, mit strikt vorgeschriebenen Positionen und Laufwegen, die den Gegner in der Permanent-Bedrängung zu Fehlern zwingen, gleichsam erdrücken will. Das ist die Spielweise, wie sie Louis van Gaal als »Positionsspiel« bei Bayern München gelehrt hat. Und die Spanier beherrschen die Kunst, den Ball extrem lange zirkulieren zu lassen, in beispielloser Perfektion. Dabei sind sie in ihren Kombinationen so sicher, dass sie glauben, auf andere Mittel verzichten zu können. Weite Pässe, Fernschüsse oder auf Kopfballtreffer angelegte hohe Eckstöße sieht man bei ihnen zwar auch – siehe das 1:0 gegen Deutschland im Halbfinale der WM 2010 –, aber wesentlich seltener. Sie sind gar nicht so schnell auf ein Tor aus, sondern lassen den Ball oft minutenlang zirkulieren, bis sie irgendwann im Strafraum sind und sich eine Torchance ergibt. Ganz anders die deutsche Elf. Die will, sagt Joachim Löw, »möglichst schnell zum Abschluss kommen«.

In vielen großen Interviews, wie zum Beispiel in dem 2011 von Matthias Greulich herausgegebenen Buch »Die Fußball-Nationalmannschaft – Auf der Spur zum Erfolg«, erläuterte Löw die taktischen Fortschritte, die man seit 2006 erzielt hatte. Bei der WM 2006 war das deutsche Team noch im Stadium der Grundlagenarbeit. Man übte sich im disziplinierten Arbeiten gegen den Ball – Raumdeckung, Viererkette und ballorientiertes Verschieben der gesamten Mannschaft in der Defensivarbeit, um so die Aktionsräume des Gegners zu verengen –, und mit dem Ball ging man nicht selten recht ungestüm zu Werke. Oftmals fehlte die richtige Verknüpfung von Abwehr und Angriff, im Umschalten von Defensive auf Offensive und umgekehrt holperte es immer wieder. Beim 2:3 gegen Brasilien im Halbfinale des Confed-Cup 2005, als Deutschland mit dem Mittelfeld Frings-Ernst-Ballack-Deisler und dem Sturmduo Podolski-Kuranyi angetreten war, gelang es nur selten, den Ball, wie eigentlich vorgesehen, weit vorne zu erobern; und wenn man ihn dann doch einmal hatte, wurde nicht schnell in die Spitze gespielt. Oder ein anderes Beispiel. Im zweiten WM-Gruppenspiel 2006 gegen Polen agierte mit Friedrich-Mertesacker-Metzelder-Lahm und davor mit Schneider-Frings-Ballack-Schweinsteiger eine doppelte Viererkette, Klose und Podolski bildeten die Doppelspitze. Die Mannschaft war nach den Mängeln in der Defensivabstimmung beim Eröffnungsspiel gegen Costa Rica (zwei Gegentore) zunächst auf Sicherung des eigenen Tores bedacht und agierte tief. Zu vielversprechenden Kontern kam es selten, und so musste man in der Schlussphase mit aller Macht anrennen und bis kurz vor dem Abpfiff zittern, als endlich im Zusammenwirken der Einwechselspieler Odonkor und Neuville das erlösende 1:0 fiel.

Bei der WM 2010 bot die DFB-Elf ein anderes Bild. Die deutschen Spieler wussten jetzt, was sie nach dem Ballbesitzwechsel zu tun hatten. Hatten sie den Ball erobert, leiteten sie sofort den Gegenangriff ein. Besonders schön gelang das im Achtelfinale gegen England beim Tor zum 3:1. Ein Freistoß der Engländer wird abgeblockt; Müller spielt einen öffnenden Pass über die ganze Breite des Platzes auf den linken Flügel zu Schweinsteiger; Müller startet gleich los; Schweinsteiger treibt das Leder nach vorne, lässt sich dabei nach innen driften, wartet, bis Özil in der Mitte und Müller rechts in Position sind – und passt perfekt auf den mitgelaufenen Müller, der von der rechten Strafraumkante auf das kurze Eck abzieht und verwandelt. Aber auch aus anderen WM-Spielen lassen sich ganz ähnliche Szenen aufführen. Das 4:0 im Gruppenspiel gegen Australien etwa: Badstuber kommt an den Ball, schickt Özil auf den linken Flügel, schneller Sprint, Pass nach innen auf den mitgelaufenen Cacau – drin.

Umschaltspiel nach eingeübten Abläufen, Angriff nach vorgegebenem Schema – das ist das Spiel der deutschen Nationalmannschaft nach der Löw-Philosophie. »Die meisten Tore fallen heutzutage nicht nach Standardsituationen, sondern nach Ballgewinn in den fünf, sechs Sekunden, wenn der Gegner nicht organisiert ist«, weiß der Bundestrainer. In zwei bis drei Sekunden können die zehn Feldspieler einer Mannschaft zusammengerechnet rund 200 Meter zurücklegen; je schneller man ist, desto weniger Zeit hat der Gegner, sich in die richtigen Positionen zu verschieben. Das schnelle Umschalten kann man natürlich trainieren. Da gebe es dann Zeitvorgaben, sagt Joachim Löw: »Innerhalb von sechs Sekunden nach Ballgewinn abschließen, sonst ist die Übung verfehlt.« Es ist genau die Spielweise, wie sie seinen Spielern des WM-Kaders von 2010 entgegenkam. »Bei uns im Mittelfeld«, so Löw gegenüber dem Journalisten Greulich, »will keiner, dass Per Mertesacker die Bälle hoch nach vorne kickt. Schweinsteiger will den Ball, Khedira will den Ball, Özil will den Ball, Müller will den Ball. Schweinsteiger und Özil wollen kombinieren, die flippen aus, wenn sie kombinieren können. Wir machen natürlich entsprechende Trainingsformen, auch mal ohne Gegner. Wenn ich dann sage: Diesen Laufweg, diesen Passweg, so soll der Angriff ablaufen, dann haben sie Spaß. Und wenn ein Gegner dazu kommt, dann freuen sie sich, wenn sie den auskombinieren können.«

Obwohl er seine Konzepte bereits um eine Offensivstrategie mit erhöhter Ballzirkulation erweitert hatte, hielt Löw auch noch vor der WM 2014 das schnelle Umschaltspiel mit umgehendem Torabschluss für ein zentrales Mittel, um Erfolg zu haben. Nach dem Ballgewinn, erläuterte er in einem »Spiegel«-Interview, gelte es, möglichst rasch den »tiefsten Punkt« anzuspielen, also jenen »Spieler, der dem gegnerischen Tor am nächsten steht. Es geht darum, im ersten Moment den offensiven Gedanken zu haben.« Das müsse verinnerlicht werden, denn wenn man nach dem Ballgewinn dreimal quer spiele, sei die Chance vorbei.

Mit tollen Spielzügen allein ist es freilich nicht getan. Um umschalten und den Gegner auskombinieren zu können, muss man erstmal den Ball erobern. Vor allem bei einem ballgewandten Gegner ist dazu Pressing nötig. Praktiziert wird es in der Regel als Angriffspressing, bei dem die eigenen Stürmer bereits in der Hälfte des Gegners attackieren. Da Konter umso erfolgversprechender sind, je näher am gegnerischen Tor man sich im Moment der Balleroberung befindet, stehen auf das schnelle Umschaltspiel programmierte Mannschaften in der Defensivformation grundsätzlich meistens »hoch«. Wer zu »tief« steht, ist nicht nur schneller selbst einer Gefahr ausgesetzt, sondern oft auch zu weit weg, um überfallartig vor dem gegnerischen Tor für Gefahr zu sorgen. Denn je länger ein Angriff dauert, desto mehr Zeit hat der Gegner, sich zur Abwehr zu formieren.

Die Grundidee des Pressings, wie es von den Niederländern und später in den 1980er Jahren von Ernst Happel beim HSV erstmals in Deutschland praktiziert wurde, besteht darin, den Gegner beim Spielaufbau unter Druck zu setzen und so zu Fehlern zu zwingen. Um es erfolgversprechend zu praktizieren, ist eine anspruchsvolle und aufwendige Aktion im Spiel gegen den Ball nötig, bei der das gesamte Team mitarbeiten muss. Attacken auf den ballführenden Spieler müssen Teil einer konzertierten Aktion sein, damit dieser keine Abspielmöglichkeit mehr hat. Während einer oder mehrere Spieler auf den Ball gehen, müssen sich die anderen so positionieren, dass ihre Gegner im Schatten stehen und somit nicht mehr angespielt werden können. Wenn über den Moment des Pressings entschieden ist und vorne die Stürmer den ballführenden Aufbauspieler des Gegners attackieren, muss der gesamte Mannschaftsverband entsprechend nachrücken und den Gegner zustellen.

Unerlässliche Voraussetzung für ein erfolgreiches Pressing sind eine hohe Laufbereitschaft und Disziplin der Spieler. Der konzertierte Angriff auf den Ball stellt aber nicht nur extreme Ansprüche an die Kondition, er kann auch rasch gefährlich werden, falls es dem Gegner gelingt, in das Pressing hinein einen Angriff zu führen. Hier setzt daher das Gegenpressing an: Beim Ballverlust muss der ballnahe Angreifer sofort versuchen, ihn wieder zurückzuerobern, um dem Gegner die Möglichkeit zum Konter am besten gleich wieder zu nehmen. Exzellent praktizierten das etwa Jürgen Klopps Dortmunder in der Meistersaison 2010/11.

So anspruchsvoll und anstrengend das Pressing auch ist: Der perfekte Spielzug nach der Balleroberung bleibt trotzdem immer noch der schwierigere Teil. Selbst wenn das Pressing klappt, ist damit der Ball ja noch nicht im Tor. Oft klappt weder das eine noch das andere, also weder die Balleroberung noch der Angriff mit Torabschluss. Man sehe sich nur noch einmal das WM-Halbfinale von 2010 an, als das hochgelobte deutsche Team gegen die Spanier schon beim Versuch der Balleroberung immer wieder strauchelte. Hier könnte man nun mit dem üblichen Trainerlamento einsetzen: Was soll das Gerede von großartigen Philosophien und Taktiken, wenn meine Spieler nicht einmal die Grundlagen beherrschen? Auch Joachim Löw ist solch verzweifeltes Aufstöhnen natürlich nicht unbekannt. Aber er hat sich davon nicht irritieren lassen und seine Spieler über Jahre hinweg unverdrossen Elementares üben lassen – bis die Automatismen saßen, das Tempospiel funktionierte, auf Zweikämpfe in der Regel Balleroberungen folgten und alle seine Schützlinge das »Spielen und Gehen« verinnerlicht hatten. Diese Hartnäckigkeit im Eintrimmen der grundsätzlichen Spielbausteine war die Basis dafür, dass seine Philosophie nicht nur Gerede blieb, sondern immer häufiger auch auf dem Platz stattfinden konnte.

Grundlagen 1: Fußball ist wie Autofahren

Nach dem 1:4 gegen Italien in der Vorbereitung zur WM 2006 war man ruhig geblieben im Trainerstab. »Uns war klar: In vier Wochen Vorbereitungszeit würde uns eine Verbesserung gelingen«, wird Löw rückblickend seine Zuversicht begründen. »Abwehrverhalten, Laufwege, Spieleröffnung. Man muss das automatisieren. Fußball ist wie Autofahren.« Also arbeitete er beharrlich an der Automatisierung grundlegender Abläufe, immer wieder und immer wieder, denn es galt ja: »Ohne Wiederholung gibt es keine Automatismen.« Das Einüben von Automatismen hat bei der WM 2006 zu Erfolgen geführt. Von den Spitzenteams des europäischen Vereinsfußballs war die deutsche Elf aber immer noch weit entfernt geblieben. »Was nach dem ›Sommermärchen‹ gerne vergessen wurde: Auch 2006 gab es in vielen Bereichen Defizite«, meinte der damalige Klinsmann-Assistent. »Die wurden jedoch kompensiert durch diese ungeheure Begeisterung, die während der Weltmeisterschaft in Deutschland herrschte, durch die Energie, die entsteht, wenn man als Heimmannschaft vor 80.000 Menschen spielt.« Vieles, was gelang, war also eher der Euphorie geschuldet denn dem Können. An den Automatismen musste weitergearbeitet werden, unermüdlich, da gab es noch viel Luft nach oben.

Die Arbeit an den Automatismen endet nie. So wie der beste Musiker täglich seine Etüden abarbeiten muss, so muss auch der Fußballprofi grundlegende Sequenzen immer wieder trainieren. Und der anspruchsvolle Trainer braucht da viel Geduld, wenn er sieht, dass sich auch nach der zigtausendsten Wiederholung immer noch Fehler einschleichen, dass der Ball bei der Annahme verspringt oder im Abspiel zu kurz oder zu weit, zu scharf oder zu weich und vor allem nicht im richtigen Moment kommt, um zum Beispiel eine Abwehr über die Schnittstellen der Viererkette zerlegen zu können. Selbst nach zwei Jahren intensiver Arbeit an den Automatismen – Organisation in der Defensive, Spiel ohne Ball, Passtiming und Passpräzision – lief manches noch keineswegs so »blind« ab, wie Löw sich das vorstellte. Aber er blieb unbeirrbar und unnachgiebig. »Man darf nicht einmal tolerieren, wenn ein kleiner Fehler passiert«, insistierte er. »Korrigieren, korrigieren, auf den Fehler hinweisen. Immer wieder. Wie beim Klavierspielen.«

Klinsmann war Projekt, Löw ist arbeitsreicher Alltag mit ständigem Feilen an den kleinen Dingen. Und so geht sie weiter, die Arbeit an den elementaren Dingen, die ohne Unterlass geübt und verbessert werden müssen. Es ist eine Arbeit, die nicht nur intensives Training mit dem Ball erfordert, sondern bei der auch der Kopf trainiert werden muss, etwa durch mentale Übungen, bei denen Spielsequenzen gedanklich durchgespielt werden, um sie mit maximaler Konzentration zu verfestigen. Es ist eine Arbeit, die nur ganz allmählich zum Erfolg führt. Umso schöner ist es dann für den Trainer, wenn endlich nicht nur die Kleinigkeiten so sitzen wie der Schaltvorgang beim Autofahren, sondern wenn sogar komplexe Abläufe – Passfolgen samt vorgegebenen Laufwegen, komplette Angriffsschemen – traumhaft sicher abgerufen werden können.

Das deutsche Team von 2010 war von den spielerischen Voraussetzungen her wesentlich stärker als das von 2006. Die individuelle Klasse der Spanier im Passspiel und der Ballverarbeitung aber besaß es in der Breite immer noch nicht. Deswegen musste weiter an den Grundelementen gearbeitet werden, von der die Kombinationssicherheit und damit die Spielqualität wesentlich abhängt. Auch die Spanier waren ja keine bloßen Naturtalente. Selbst etablierte Nationalspieler zeichneten sich dort seit Jahren durch enormen Fleiß aus und übten pausenlos das Fußball-Einmaleins. Das Ergebnis war kein Zufall: Da kamen die Pässe präzise, da sprang kein Ball vom Fuß, da wurde der Ball nach jedem Anspiel in einer fließenden Bewegung in den Lauf mitgenommen. Die Konzepte können so gut sein, wie sie wollen – sie würden alle nichts taugen, wenn die Detailarbeit nicht stimmt. Ein guter Trainer sei derjenige, bei dessen Mannschaft man Dinge sehe, die er im Training vorgegeben hat. Nämlich die kleinen Dinge, so Löw, »wiederkehrende Dinge«. Nur was immer neu wiederholt werde, könne zur Normalität werden. Und so verhält es sich beim Fußballlernen wie beim Sprachenlernen: Man kann nicht früh genug mit dem Wiederholen beginnen. Daher beherrscht heute die exzellent ausgebildete Generation Götze & Reus all das so sicher wie im Schlaf, was Löw den WM-Spielern von 2006 noch mühsam hatte antrainieren müssen.

Grundlagen 2: Tempo ist alles

Einen Günter Netzer könne man heute nicht mehr brauchen, sagte Löw einmal. Der Raum ist enger, die Zeit für Ballannahme und -mitnahme knapper geworden, kurz: »Tempo« ist ein Schlüsselbegriff im modernen Fußball. »Es ist nicht nur ausschlaggebend, wie viele Kilometer ein Spieler während eines Spiels läuft«, doziert Löw. »Sondern in welchem Tempo. Ob er nun fünf richtige Sprints macht oder mehr als doppelt so viele oder gar das Drei- und Vierfache.« Ein Mittel, um diese Anforderung zu üben, ist »intermittierendes Training«. Spielgerecht ist etwa der Wechsel von vier Minuten Tempospiel und zwei Minuten Beruhigung. »Wenn ich auf diese Weise arbeite, gewöhnen sich die Spieler an solche

Rhythmuswechsel«, erläutert Löw. Im Training die Situationen des Spiels vorwegzunehmen, also eben auch dessen wechselnde Intensität, das sei, so Löw, ein Schlüssel zur Qualitätssteigerung.

Dauerläufe allein bringen dem Fußballer nichts, der im Spiel ständig zwischen Geschwindigkeitsaufnahme und Pause wechselt. Fußballer benötigen eine spielspezifische Fitness. Die nicht immer überzeugenden Leistungen bei der EM 2008 hatten laut Löw in diesem Sinne auch mit mangelnder Fitness und daraus resultierend mangelndem Tempo zu tun. Man müsse sich, was die Laufleistung mit und ohne Ball im höchsten Tempo angeht, noch steigern, gab er daher als Losung auf dem Weg zur WM in Südafrika aus. Denn: »Geschwindigkeit ist im Fußball das Maß aller Dinge.« Man müsse also nicht unbedingt mehr, dafür aber intensiver laufen, also: mehr Sprints, schnellere Sprints, mehr sprintende Spieler nach der Balleroberung. Am perfektesten setzte das Sprintgebot bei der WM der junge Thomas Müller um. Der Mann, der im Blitzantritt jede gegnerische Abwehr überrumpeln kann, spielte in Südafrika nicht zufällig eine herausragende Rolle.

Es kommt aber nicht nur darauf an, dass Spieler immer wieder das Tempo anziehen. Es kommt auch darauf an, den Ball in höchstem Tempo in Richtung gegnerisches Tor mitzunehmen. Vor allem kommt es darauf an, gedanklich schnell zu sein, auf engstem Raum unter großer Bedrängnis immer die Orientierung zu behalten und den Ball schnell weiterzuleiten. Denn die effektivste Methode, das Tempo einer Mannschaft zu erhöhen, besteht darin, den Ball schnell laufen zu lassen. Das gelingt mit geringer Fehlerquote nur dann, wenn er kurz und flach gespielt wird. »Nur wenn ich den Ball flach über den Rasen spiele, spiele ich schnell«, postuliert der Bundestrainer. Denn nicht der hohe, sondern nur der flache Ball kann sicher direkt weitergeleitet werden. Die richtige »Spielauslösung«, so der Löw'sche Terminus technicus, beginnt mit einem sicher gespielten Flachpass nach vorne auf Spieler, die sich aktiv freigelaufen haben. Bei Arsenal, dem oft zitierten Vorbild, könne man das am besten studieren. Dort gebe es kaum einen hohen Ball, es herrsche permanente Bewegung.

Schwächere Mannschaften neigen dazu, ihr Spiel über Kampf, Einsatz, eine starke Defensive und gelegentliche, mit weiten Bällen eröffnete Konter zu definieren. »Aber wir sind die Elite«, so Löw. »Da ist das anders.« Da soll Druck entwickelt und offensiv gespielt werden, flach, vertikal, schnell und direkt. Deshalb stand die Einübung des Hochgeschwindigkeits-Angriffsspiels von Anfang an auf der Agenda des Trainerduos Löw/Flick. In den ersten eineinhalb Jahren der Ära Löw reduzierte sich die Spanne zwischen Ballannahme und Abspiel von 2,8 auf 1,9 Sekunden. »Unser Spiel ist damit flüssiger geworden«, stellte Löw fest. »Einzelne Spieler sind zuvor zu lange mit dem Ball gelaufen. Das war für die Schnelligkeit des Spiels von Nachteil, also haben wir daran hartnäckig gearbeitet.« Zufrieden war er jedoch noch längst nicht. »An dieser Passschnelligkeit und Präzision müssen wir weiter arbeiten, das muss im Schlaf beherrscht werden.« Und so arbeitete man weiter an einer Verkürzung der Ballkontaktzeiten. Mit Erfolg, wie die Messungen ergaben: 1,5 Sekunden waren es Ende 2008, 1,1 Sekunden im Schnitt bei der WM 2010, sogar 0,9 Sekunden in den besten Spielen. Kurzer Ballkontakt der ballführenden Spieler, schnelles und direktes Weiterleiten des Balles, möglichst vertikales Spiel in die Spitze, schnelles Suchen des Abschlusses – das sind zentrale Punkte der Löw'schen Spielphilosophie, an denen endlos gefeilt werden muss, eine Perfektion vor Augen, die gleichwohl in der Praxis nie erreicht werden kann. Oder anders ausgedrückt: »Das Einfache perfekt zu beherrschen, ist die große Kunst im Fußball.«

Grundlagen 3: »Körperlos« spielt man schneller

»Fußball ist ein Kampfspiel und kein Kampfsport.« Der Bundestrainer kennt da keine nationalen Tabus. Man müsse wegkommen »von den teutonischen Eisenfüßen, die Ball und Gegner treffen«. Grobheiten sind unproduktiv, Fouls helfen dem eigenen Team nicht nur nicht, sie schaden ihm sogar. »Man muss nur mal analysieren, wie viele Tore Mannschaften nach Freistößen kassieren, wie viele völlig unnötige Fouls vorangingen. Ein solch schlechtes Zweikampfverhalten muss abgestellt werden, das ist elementar.«

Auf dem Index steht auch die Grätsche, die seit den Zeiten von Willi Schulz zum Standardrepertoire deutscher Abwehrrecken zählt. Wegen des damit verbundenen hohen Risikos predigt Löw seinen Nationalspielern, tunlichst darauf zu verzichten. Der zum Grätschen neigende Jérôme Boateng – der im Herbst 2009 in Moskau vom Platz flog – musste hart daran arbeiten, sich diese Unsitte abzugewöhnen, um weiter mittun zu dürfen. »Ich soll gar nicht grätschen, das ist die Anweisung«, sagte Boateng Ende 2011 dem »Kicker«, als dieser nachfragte, ob er denn unter Löw seine Spielweise geändert habe. Ein Platzverweis oder die Verursachung eines Freistoßes für den Gegner ist jedoch bei weitem nicht das einzige Problem beim Grätschen. Das Vorbeigrätschen ist kaum weniger schlimm; denn dann zieht der Gegner mit dem Ball davon, während der Verteidiger noch am Boden sitzt. Und auch das ist noch nicht alles. Löws Ansicht nach ist es »falsches Denken«, wenn man meint, es gehe beim Verteidigen allein darum, das gegnerische Spiel zu unterbinden. »Ziel des Zweikampfes sollte sein, den Ball zu gewinnen«, erläutert er, »um möglichst schnell einen eigenen Angriff aufzubauen und den Gegner zu erwischen, solange er noch unorganisiert ist.« Und wenn man den Ball erobern will, darf man eben kein Foul begehen – denn dann hat ihn der Gegner wieder. Durch schlechtes Zweikampfverhalten erhält also nur der Gegner einen Vorteil; wer hingegen seinem eigenen Team einen Vorteil verschaffen will, muss den Ball ohne Foul erobern. Besonders wichtig sind dabei Ballgewinne im Zentrum der Defensive, da sich hier durch die größere Anzahl potenzieller Passdreiecke der nicht-ballführenden Spieler mehr Anspielmöglichkeiten für das Aufbauspiel anbieten als an den Seitenlinien.

Diese grundsätzlichen Feststellungen hatten auch bis zur WM 2014 nichts von ihrer Gültigkeit verloren. Auch vor Brasilien mahnte Löw wie eh und je, dass man weiterhin an einer Verbesserung des Zweikampfverhaltens arbeiten müsse, sich nicht mit dem bloßen Zerstören begnügen dürfe: »Wir wollen den Ball erobern. Und dann schnell auf Angriff umschalten, weil der Gegner in diesen Situationen häufig nicht organisiert ist. Ballgewinn und schnelles Umschaltspiel, das ist der Schlüssel. Denn viele Mannschaften sind sehr schwer auszuspielen, wenn sie erst mal organisiert sind.«

Zur Beurteilung der Nationalmannschafts-Tauglichkeit eines Abwehrspielers rastert Löw den Kandidaten mit folgenden Fragen: »Wie viele unnötige Foulspiele macht er? Wie viele Freistöße resultieren daraus? Wie sieht sein Zweikampf aus?« Tauglich ist, wer wenig foult, wenig Freistöße verursacht und möglichst »körperlos« in den Zweikampf geht. Während die Innenverteidiger angehalten sind, den eroberten Ball möglichst schnell, sicher und vertikal nach vorne zu spielen, sollen die Außenverteidiger versuchen, ihre Gegenspieler nach innen abzudrängen, damit sie sich im verdichteten Zentrum wie in einer Reuse verfangen und den Ball verlieren. Ein Abdrängen nach außen würde nämlich, wie oben bereits angedeutet, die Umschaltmöglichkeiten auf einen schnellen Konter reduzieren.

Nebenbei ist vor diesem Hintergrund auch die prägnante Löw-Aussage »Fouls machen das Pressing kaputt« geklärt. Der laufintensive und organisatorisch anspruchsvolle Aufwand des Pressings macht ja nur Sinn, wenn der Ball ohne Foulspiel erobert wird. Nur so wird nämlich der beabsichtigte schnelle Gegenstoß möglich. Pressing mit einem Foulspiel, das den Gegner wieder in Ballbesitz bringt, ist verschwendete Energie. Hier könne man durchaus von anderen Sportarten lernen, meint Löw. Unter anderem deswegen gab es etwa im EM-Trainingslager von Mallorca 2008 ein Basketball-Training mit dem ehemaligen Nationalspieler Denis Wucherer. »Mir imponiert, wie eng die Spieler dort ohne Foulspiel am Gegner dran sind, um den Ball zu gewinnen.« Die Quintessenz für den Fußballspieler formuliert er so: »Begleiten ist das Wichtige, so lange, bis man den Ball gewinnt.«

»Guter Ballgewinn, schneller Konter, das ist das Ziel«, bringt Löw das wesentliche Element seiner Spielphilosophie auf den Punkt. Der mit Tempo gespielte Kombinationskonter sieht dann idealerweise so aus: Am Anfang steht die Balleroberung; nach dem Ballgewinn schwärmen mehrere Spieler blitzschnell aus und besetzen die abgesprochenen Räume; der Ball flitzt auf einstudierten Wegen zwischen ihnen hin und her, flach gespielt; am Ende landet er in der gefährlichen Zone vor dem gegnerischen Tor, wo nun nicht mehr nur ein Mittelstürmer steht, sondern auch noch weitere, aus dem Mittelfeld nach vorne gesprintete Spieler sich als Vollstrecker anbieten. Unter Joachim Löw hat die deutsche Nationalelf schon viele Tore in dieser Art erzielt, besonders bei der WM in Südafrika. Manchmal ging es über wenige Stationen extrem flott. Beim Tor zum 4:1 gegen England vergingen von der Balleroberung bis zum Torerfolg nur knapp zehn Sekunden: Klose, der in der Abwehr ausgeholfen hat, erobert den Ball, schickt Özil auf links, der lässt seinen Gegenspieler Barry stehen, legt butterzart – durch die Beine von Cole – quer auf den mitgelaufenen Müller, der vollstreckt aus sieben Metern. Özils Sahne-Vorlage verdeutlicht darüber hinaus, wie wichtig das perfekte Timing im Passspiel ist. »Er spielt den Ball im richtigen Moment dem Engländer durch die Beine«, schwärmte Joachim Löw, »aber der Ball kommt nicht zu hart und nicht zu weich, nicht zu kurz und nicht zu weit. Und alles sieht ganz leicht und einfach aus.«

Um nicht immer nur auf Treffer der deutschen Nationalmannschaft zu verweisen: Einige andere, beispielsweise die Niederländer, beherrschen die Disziplin des Blitzangriffs ähnlich meisterhaft. Wohl eine der besten Konterleistungen der Fußballgeschichte stellt das 3:0 der Oranjes im Gruppenspiel gegen Italien bei der EM 2008 dar. Nach einem Eckball der Italiener klärt van Bronckhorst auf der Linie mit einem weiten Ball zu Sneijder. Als der auf van der Vaart ablegt, sind bereits drei Spieler im Spurttempo unterwegs: van Bronckhorst auf links, Sneijder in der Mitte und Kuyt auf rechts. Van der Vaart spielt nun van Bronckhorst in den Lauf. Der legt sich den Ball noch einmal vor und flankt etwa zehn Meter vor der linken Strafraumkante. Zwischen diesem Moment und seiner Rettungsaktion liegen ganze zwölf Sekunden. Der Ball quert den gesamten Strafraum und erreicht Kuyt. Es folgt ein Kopfballaufsetzer an die Strafraumkante; dort zieht Sneijder aus der Drehung volley ab. 17 Sekunden nach Beginn des Angriffs an der eigenen Torlinie zappelt der Ball im Netz des Gegners.

Grundlagen 4: Nach dem Spielen muss man gehen
Komplette Spielzüge sind die hohe Kunst. Voraussetzung, dass sie funktionieren, ist die Beherrschung des einfachen Spiels: »Spielen ohne Ball, mit Tempo gehen, Ballmitnahme in die richtige Richtung – nach vorne und nicht nach hinten. Das sind elementare Dinge in der Offensive.« Die Raumaufteilung und die Laufwege müssen stimmen, und außerdem darf sich keiner nach der Ballabgabe aus dem Spiel ausklinken. »Das Spiel endet nicht, wenn der Ball gespielt ist. Meine Vorstellung ist, dass man danach sofort in die Tiefe geht und wieder den Ball fordert. Dadurch wird das Spiel flüssiger und dynamischer.« Genau dieser Aspekt, der Aufforderung zum permanenten Im-Spiel-Bleiben, das »Spielen und Gehen«, war Löws Lieblingsthema vor der WM 2010.

»Wir haben Spieler mit viel Potenzial«, erklärte er, »aber bei meinen Beobachtungen in der Liga habe ich festgestellt, dass das Spiel manchmal für sie erledigt ist, wenn sie den Ball abgespielt haben.« Und nannte das Beispiel Özil, der bei Werder oft geniale Pässe spielte, danach aber stehen blieb, als sei das Spiel für ihn vorübergehend beendet. Die Bewegung beginnt im Kopf, machte er seinen Spielern klar. Nach dem Pass, mahnte er sie immer wieder, »muss man weitermachen, sich anbieten, in die abgesprochenen Räume gehen«; je mehr Spieler als potenzielle Anspielstationen im Spiel bleiben, desto leichter kann man sich gefährlich vor das Tor des Gegners kombinieren. »Wer sich nicht bewegt«, sagte Löw seinen Spielern, »kann nicht mal gegen Kanada gewinnen.«

Je mehr und je schneller sich die Spieler bewegen, desto mehr Abspieloptionen und Kombinationsmöglichkeiten ergeben sich und desto größer ist die Chance, den Gegner auszuspielen. Am effektivsten wird das »Spielen und Gehen« im Moment der Balleroberung, wenn das Spielfeld für wenige Sekunden »offen« ist. Denn solange der Gegner sich noch nicht zur Defensive formiert hat, bleiben mehr Räume, die man nach dem Abspiel im schnellen Vorstoß besetzen kann.

Der niederländische Verteidiger Giovanni van Bronckhorst zeigte bei seiner Vorbereitung des erwähnten 3:0 gegen Italien in höchster Perfektion, wie sich ein Spieler durch einen Sprint nach der Ballabgabe wieder ins Spiel einschalten kann. Und natürlich lieferte auch die deutsche Elf bei der WM in Südafrika viele Musterbeispiele für die Effektivität des »Spielen und Gehen«. Das 2:0 gegen England: Lahm eröffnet den Angriff mit einem Pass auf Khedira; Khedira leitet weiter auf Müller, der zu Özil; dann bleibt Müller nicht stehen, sondern sprintet mitten durch die englische Abwehr hindurch; Özil passt indessen kurz auf den an der Seitenlinie postierten Klose, der per Außenrist in den Lauf Müllers weiterleitet; Müller gibt ab nach links, wo Podolski herangeeilt ist; Podolski tunnelt Keeper James aus spitzem Winkel. Oder das 4:0 gegen Argentinien: Özil passt auf Schweinsteiger; Özil bleibt nicht stehen, sondern hinterläuft ihn auf der linken Außenbahn, Schweinsteiger steckt durch, Özil flankt auf Klose, der den Ball gekonnt im linken unteren Eck versenkt.

Kriterien: Warum die Spieler zur Philosophie passen müssen

Bleibt noch zu analysieren, inwieweit die Spielphilosophie die Auswahl der Spieler mitbestimmt. »Bei jedem Trainer steht das Leistungsprinzip als Auswahlkriterium ganz weit oben«, benennt Löw zunächst eine Selbstverständlichkeit. Falls die Auswahl für eine bestimmte Position groß ist, kann es dann rasch eng werden. 2008/09 spielten etwa der Schalker Jermaine Jones und der Dortmunder Sebastian Kehl eine sehr gute Saison. Kehl, der bis 2006 bereits 31 Länderspiele absolviert hatte, wurde nicht mehr berücksichtigt, Jones wurde nach drei Einsätzen aussortiert. Denn im defensiven Mittelfeld gab es mit Frings, Hitzlsperger, Rolfes und den immer mehr in den Vordergrund rückenden Khedira genügend Spieler mit hervorragender Perspektive. Als sich dann mit Schweinsteiger/Khedira ein Topduo auf der Doppelsechs festsetzte und sich mit Kroos noch mindestens eine weitere taugliche Alternative abzeichnete, gab es selbst für die Altstars Frings und Ballack keinen Bedarf mehr. Hatte der Bundestrainer zu Beginn seiner Karriere noch erfahrene Spieler bevorzugt, so setzte er nach der EM 2008 auf immer jüngere Spieler, da diese seiner Meinung nach den Belastungen eines Turniers besser gewachsen seien und außerdem mehr Tempo ins Spiel bringen konnten.

Beim Leistungsprinzip, gibt Löw freimütig zu, geht es nicht um absolute Objektivität. »Es handelt sich um eine subjektive Einschätzung, sie richtet sich nach der fußballerischen Philosophie, nach der Art und Weise, wie wir spielen wollen. Danach suche ich die Spielertypen aus.« Das Ziel besteht also nicht so sehr darin, die individuell besten Spieler zu nominieren. Beabsichtigt ist vielmehr, diejenigen herauszufiltern, die im vorgegebenen System als Mannschaft am besten harmonieren. Bei potenziellen Neu-Nationalspielern bietet dabei die Datenbank eine wichtige Orientierungshilfe. Einerseits lässt sich mit ihr die Entwicklung der Leistungskurve bestimmen, andererseits lassen sich die Daten nach wichtigen Hinweisen auf spezifische Qualitäten durchforsten. Löw hat seinen Fragenkatalog einmal so formuliert: »Was kann ein Spieler auf seiner Position, was bei unserer Philosophie helfen kann? Was kann ein Spieler taktisch umsetzen? Wie präsentiert er sich im Spiel, wenn sein Team in Rückstand gerät? Ist er in der Lage, ein Spiel in Überzahl auszunutzen? Kann er eine Mannschaft führen und antreiben? Es kommt sogar vor, dass wir einige Spieler im Training beobachten lassen, um herauszufinden, wie sie sich engagieren. Kurz gesagt: Wir wollen wissen, ob ein Spieler mit aller Beharrlichkeit um seinen Platz bei uns kämpft.«

Aber auch die charakterliche Eignung spielt ein große Rolle. Wenn es vor einem großen Turnier um die Kaderzusammenstellung geht, stellt sich Löw folgende Fragen: »Welche Spieler können der Mannschaft Energie geben? Welche Spieler sind frusttolerant, wenn sie mal nicht spielen? Welche Spieler können dem Konkurrenzkampf standhalten und ihn fördern? Welche Spieler sind vielleicht getrieben von zu viel Egoismus oder zu viel Neid? Wer hat den langen Atem?« Da stößt man dann rasch auch auf ganz grundsätzliche Fragen: »Wie viel Egoismus verträgt ein Team? Ein, zwei, drei Egoisten? Wie viele Leute wollen eine Führung übernehmen? Sind das vielleicht auch zu viele?« Und letztlich geht es auch noch um so etwas wie eine moralische Integrität, um die Einhaltung von Werten. »Respektvoller Umgang untereinander, aber auch gegenüber anderen, zum Team hinter dem Team, zu den Fans. Kommunikation, Toleranz, Disziplin, Verlässlichkeit. Wie seriös sind die Spieler? Wie konzentrationsfähig? Das alles spielt eine Rolle für ein gutes Arbeitsklima.«

Erfüllt ein Spieler grundsätzlich alle Voraussetzungen – spielerisch und athletisch, mental und emotional, charakterlich und moralisch –, werden noch spezifische Details, die mit der Spielphilosophie zusammenhängen, in die Gesamtbewertung mit einbezogen. Warum Löw zum Beispiel den seit 2009/10 bei Borussia Dortmund mit herausragenden Leistungen glänzenden Mats Hummels – zweikampfstark in der Luft wie am Boden, technisch solide, dazu noch torgefährlich – lange Zeit links liegen ließ, kann man sich aus seinem Suchschema erschließen. Er wollte für seine Spielweise einen Innenverteidiger, der wenig Foul spielt und ein flottes Aufbauspiel mittels kurzer Vertikalpässe beherrscht. Hummels machte vergleichsweise viele Fouls. Zwar weniger als ein Haudegen wie der Nürnberger Andreas Wolf, aber deutlich mehr als ein Per Mertesacker. Und er spielte entsprechend dem Dortmunder Konterstil viele lange Risikopässe, die zu einer relativ hohen Fehlerquote führten – anders als Mertesacker, der das Spiel meist mit kurzen, präzisen Vertikalpässen eröffnete, die von seinen Mitspielern leicht weiterverarbeitet werden konnten, anders auch als der von Löw lange Zeit hoch gehandelte, mit einer guten Spieleröffnung glänzende Serdar Tasci. Ergebnis: Hummels konnte einem wie Mertesacker erstmal nicht gefährlich werden, einer wie Tasci bekam mehr Einsatzchancen. Selbst Hummels' starke Leistungen während der Dortmunder Meistersaison 2010/11 überzeugten Löw noch nicht endgültig; erst die Bereitschaft und die Fähigkeit, seinen Stil dem der Nationalmannschaft anzupassen, machte den Innenverteidiger zu einer Alternative für die Nationalmannschaft.

Der nach einer starken Saison 2009/10 von Publikum und Experten heftig geforderte Schalker Kevin Kuranyi passte ebenso wenig ins Raster des Bundestrainers. Es gab genügend Stürmer, denen er vertraute. Und Kuranyi traute er das in der Nationalmannschaft übliche schnelle Umschaltspiel nicht zu, da er in dieser Hinsicht (zu) häufig Schwächen an den Tag gelegt hatte. Zudem kam in diesem Fall das Problem hinzu, dass er bei einer erneuten Berufung des einst Geschassten seine Prinzipien hätte über den Haufen werfen müssen. Die Berücksichtigung des Leverkuseners Stefan Kießling für den Kader von 2010 war wohl so etwas wie eine Konzessionsentscheidung: Er hätte bei der Kritik, der er sich ausgesetzt sah, nicht auch noch den aktuell besten deutschen Torschützen der Liga zu Hause lassen können. Eine wesentliche Rolle in seinen Planungen nahm Kießling allerdings nie ein, er wurde dann auch trotz Mittelstürmermangel und Medienprotesten nicht mehr nominiert.

Immer eine Rolle spielten hingegen Lukas Podolski und Miroslav Klose – und das offensichtlich nicht immer abhängig davon, welche Leistungen sie gerade in ihren Vereinen zeigten. Es gebe bei der Nationalmannschaft keine Erbhöfe, das sei ganz klar, aber diese beiden Spieler hätten eben ihre besonderen Fähigkeiten. »Bei Miro und Lukas weiß ich«, begründete er seine Vorliebe für die beiden, »dass sie meine Vorstellungen gut umsetzen, dass sie in die Philosophie passen.« Und von daher wolle er nicht jedes Mal einen Personalaustausch vornehmen und alle Planungen über den Haufen werfen. Löw setzte also auf einen festen Stamm und damit auf Kontinuität. Um nachhaltig an der Verfeinerung des Ganzen basteln zu können, benötigte er ein festes Gerüst. Wenn wichtige Spieler also einmal eine schlechte Phase hätten, dann müsse man eben »versuchen, ihre Stärken wieder herauszukitzeln«, gab er im September 2009 einen Einblick in seine Personalpolitik. Von daher werde er sich trotz aller Kritik auch künftig herausnehmen, Spieler, die augenblicklich eine gute Form haben, nicht einzuladen. In große Erklärungsnot hätte es Löw allerdings gebracht, wenn seine Ersatzbankdrücker Klose und Podolski, die er für die potenziell besten Offensivkräfte hielt, ständig versagt hätten. Zumindest bei den großen Turnieren aber hatten sie immer ihre Leistung gebracht und insofern sein Vertrauen gerechtfertigt. Aus der Tatsache, dass beide kaum einmal enttäuschten, darf man wohl schließen: Der Trainer Löw hat die Fähigkeit, Spieler, die er unbedingt haben will und um die er sich deswegen intensiv bemüht, stark zu machen. Freilich muss er damit zugleich andere, die sein Misstrauen vielleicht gar nicht verdient haben, vom Platz verbannen. Diesen bleibt nur, ihren Glauben und ihre Hoffnungen mit Hilfe von Vereinstrainern und deren Philosophien aufzurichten. Ihr Pech und Schicksal ist im härtesten Fall ein länderspielloses Fußballerleben.

Kritik: Wenn das Offensivspiel »reagierend« wird

Auf die kurz vor Beginn der WM 2010 gestellte Frage der »Zeit«, wie er denn bestehen wolle mit seiner Mannschaft in Südafrika, antwortete Joachim Löw: »Wir werden Fußball spielen, statt Fußball zu verwalten.«

Er wollte eine Mannschaft präsentierten, die Spaß am Spiel zeigt und vermittelt, die für Spielfreude und Spielkultur steht und die, das zuallererst, in der Lage ist, das Spiel zu dominieren. Das vor allem meinte er mit »Spielen« im Gegensatz zum »Verwalten«. »Wir müssen in der Lage sein, dem Gegner jederzeit unser Spiel aufzuzwingen. Das betrifft nicht nur die Offensive, sondern auch die Defensive. Wer dem Gegner Zeit und Raum nimmt, sein Spiel zu entwickeln, handelt aktiv und keineswegs zerstörerisch.«

Ähnliche Sätze hatte Löw bereits als Klinsmann-Assistent geäußert: »Offensiv und defensiv, das sind Begriffe, die ich manchmal aus meinem Wortschatz streiche. Es geht immer um Balance. Wir brauchen sechs verteidigende Spieler, bevor der Gegner auf die Abwehr trifft, zwei Stürmer und vier Mittelfeldspieler. Wir müssen den Gegner weghalten von unserem Tor, am besten so weit vorne wie möglich.« Praktiziert aber hatte die Mannschaft zunächst einen recht hemmungslosen Offensivstil. Nun, vier Jahre später, war das deutsche Spiel jedoch ziemlich weit entfernt vom Hurra-Fußball der ersten Klinsmann-Zeit. Ganz allmählich hatte Löw den Begriff »Offensive« neu definiert. Irgendwann ging es explizit nicht mehr um Ballbesitz und Dauerdrang auf das gegnerische Tor, sondern darum, »dass unsere Mannschaft ein Spiel beherrschen kann«. Letztlich hieß das, dass das Vorhaben, dem Gegner Zeit und Raum für die eigene Spielentwicklung zu nehmen, von Löw als offensiver Akt interpretiert wurde. Angriffspressing, Balleroberung ohne Fouls, blitzartiges Tempo-Umschaltspiel, Spielen und Gehen, den Gegner treffen, wenn er den Ball in der Vorwärtsbewegung verliert und unorganisiert ist – so lauteten schließlich die zentralen Formulierungen. Es sind die Schlüsselbegriffe eines genuinen Konterspiels.

Genau in diesem Sinne stellte der Taktikexperte Jonathan Wilson nach der WM 2010 im »Guardian« fest, dass bei Löws Team lediglich die erzielten Tore das eigentlich defensive System kaschieren würden: »Es ist verblüffend, wie viel Lob über ihren vermeintlich frischen Ansatz ausgeschüttet wurde, nur weil sie in drei Spielen jeweils vier Tore erzielt haben. Dieses Deutschland war ausgezeichnet im Konter, und das Zusammenspiel der vorderen Vier, d. h. Miroslav Klose, Thomas Müller, Lukas Podolski und Mesut Özil, war teilweise atemberaubend – aber es war reagierender Fußball.« Das widerspricht natürlich dem Etikett »Offensivfußball«, das Löw der Nationalmannschaft gerne umhängt – aber Wilson lag mit dieser Einschätzung schlicht und ergreifend richtig.

Deutschland hatte sich ganz eindeutig als Kontermannschaft präsentiert. Und wenn es einem Team – wie eben Spanien – gelungen war, das deutsche Potenzial zum schnellen Gegenstoß bereits im Ansatz zu lähmen, war von Löws Team nicht mehr viel Glanz übrig geblieben. Trotz vieler guter Spieler hatte Deutschland im offensiven Aufbauspiel nicht übermäßig viel Kreatives zu bieten. Die strategische Ausrichtung bei der WM in Südafrika war ganz offensichtlich zu einseitig gewesen. Daraus ergab sich eine klare Aufgabenstellung für die Zukunft: Man musste sich bemühen, die offensiven Spieloptionen zu erhöhen.

Dass man mit der Kombination aus Pressing und Umschaltspiel sehr erfolgreich sein kann, zeigte 2010/11 auch der Deutsche Meister Borussia Dortmund. Die Klopp-Schützlinge erzielten zwar nicht die meisten Treffer, waren aber die Mannschaft, die am schnellsten nach Ballgewinn zum Abschluss kam. Ob das, was Löw oder Klopp spielen lassen, »nur« reagierender Fußball ist oder eine besonders spitzfindige Variante des Offensivfußballs – darüber lässt sich unter Fußballphilosophen trefflich streiten. Joachim Löw jedenfalls möchte dem Urteil Wilsons nicht zustimmen. Es treffe vielleicht auf die Jahre von 2006 bis 2008 zu, aber, so meint er, »inzwischen spielen auch wir einen sehr ›aktiven‹ Fußball«. Trotzdem: Von dem, was man klassischerweise unter der hohen Kunst des Offensivfußballs versteht – nämlich über eine hohe Ballbesitzquote kreative Dominanz mit Tordrang aufzubauen –, ist der Stil der deutschen Nationalelf jedenfalls nicht grundsätzlich geprägt. Aber man kann natürlich mit Recht argumentieren, dass das von der Nationalmannschaft zumeist praktizierte kreative Konterspiel jedem von Löws Akteuren eine hohe Aktivität abverlangt – und dass man auch auf diese Art den Gegner dominieren beziehungsweise, wie Hansi Flick das ausdrückt, »steuern« kann.

Die generelle Lösung: Taktisch flexibel agieren
Tatsächlich entwickelte sich die deutsche Mannschaft nach der WM 2010 taktisch und spielerisch enorm weiter. »Bei der WM in Südafrika war noch das schnelle Umschalten nach Ballgewinn unsere große Stärke«, erläuterte Löws Assistent Hansi Flick. »Wir kamen aus der eigenen Hälfte und waren im Idealfall in wenigen Sekunden vor dem gegnerischen Tor.« Inzwischen aber sei es so, dass sich die meisten Gegner hinten reinstellten und selbst auf Konter lauerten. Man brauchte also neue Lösungen. Man musste selbst dominanter werden.

In der Qualifikation zur EM 2012 überzeugte Löws Elf in diesem Sinne vor allem beim 6:2 gegen die Österreicher. »Das Pressing war hervorragend«, lobte der Bundestrainer, »Österreich hatte kaum Luft, um Fußball zu spielen. Die Raumaufteilung war sehr gut, das Spiel ohne Ball, die Kombinationen passten. In der Vergangenheit hatten wir gelegentlich Defizite gegen ganz defensiv eingestellte Gegner, da sind wir einen Schritt weiter.« Man spiele jetzt »wahnsinnig offensiv«, finde Rezepte gegen Abwehrbollwerke und habe selbst »defensiv trotzdem vieles sehr gut im Griff«.

Wohl um zu sehen, wie sich die Dominanz noch erhöhen lässt, wagte Löw im November 2011 in einem Freundschaftsspiel gegen die Ukraine ein spontanes Experiment mit einer Abwehr-Dreierkette (Hummels-Badstuber-Boateng). »Ich wollte eine Situation schaffen«, begründete er seine überraschende Maßnahme, »in der die Mannschaft ohne jede Vorbereitung auf eine gewisse Situationsveränderung reagieren und sich beweisen muss.« Erwartungsgemäß ergab sich eine Überzahl im Mittelfeld. Bei Kontern war die deutsche Elf jedoch, dies ebenfalls erwartungsgemäß, äußerst anfällig. Die ersten beiden Gegentore fielen nach deutschen Eckbällen. Alle drei Innenverteidiger befanden sich noch im gegnerischen Strafraum, Özil und Götze waren als Not-Verteidiger überfordert, auch sonst kam es oft zu großer Unordnung im deutschen Spiel. Der »Kicker« urteilte nach dem etwas peinlichen 3:3: »Löws Taktik-Experiment hat keine Zukunft.«

Nur wenige Tage später jedoch setzte die deutsche Elf mit einem 3:0 in einem Freundschaftsspiel gegen die Niederlande ein Highlight und ein Schulbeispiel für technisch brillanten Dominanzfußball. Die Tore wurden leicht und locker herausgespielt. Am schönsten vielleicht das 3:0 in der 66. Minute: Klose setzt Müller auf rechts ein, der gibt weiter zu Özil in der Mitte; Özil spielt einen Doppelpass mit dem inzwischen durchgelaufenen Klose und vollstreckt mit links. Die Ballstafetten funktionierten so kunstvoll wie sicher, trotz – oder auch wegen – der zahlreichen Positionswechsel von Kroos, Özil, Müller und Klose. Traumwandlerisch fügten sich die Formationswechsel auf dem Platz, aus dem 4-2-3-1 wurde ein 4-3-3 (Müller und Podolski über die Flügel) oder ein 4-2-4 (Özil als zweite Spitze). Es war variabler Fußball auf höchstem Niveau.

Während Löw bei der EM 2012 zwar das Personalkarussell kräftig drehte, aber taktisch keine Großexperimente wagte – mit Ausnahme des Halbfinales gegen Italien, bei dem er sich bekanntlich verzockte –, zeigte er sich bei der WM 2014 sehr flexibel. Als vor der WM eine lange und breite Diskussion um die »falsche Neun« geführt worden war, hatte sich Löw unter anderem mit folgender Grundsatz-Aussage zu Wort gemeldet: »Entscheidend für mich sind Variabilität und Flexibilität. Ich bin kein Freund der traditionellen Denk- und Spielweise, wo alles eindimensional und statisch auf einen Spieler ausgerichtet ist. Es muss auch darum gehen, unberechenbar zu sein.«

Tatsächlich ging die Diskussion um den »falschen« Mittelstürmer wohl an der Sache vorbei. Denn letztlich ging es ja um die Variabilität und Flexibilität sämtlicher Spieler, deren Bewegungen auf dem Platz aufeinander abgestimmt erfolgen müssen. Eine nach der WM vorgestellte Heatmap-Analyse der sieben deutschen WM-Spiele zeigt, dass das deutsche Team je nach Gegner und Spielsituation sich weiter nach vorne schob oder zurückzog, wobei die Grundausrichtung im Verlauf des Turniers immer offensiver wurde. Dabei gab es in jedem Spiel einen fließenden Wechsel zwischen mindestens zwei Spielsystemen, in der Regel einem offensiven und einem defensiven. So agierte Deutschland bei der Achtelfinal-Partie gegen Algerien defensiv mit einem 4-4-2 und offensiv mit einem 4-1-2-3. Es ging dabei immer darum, so DFB-Trainerausbilder Frank Wormuth, im jeweils bespielten Raum Überzahl zu schaffen. Wormuths Schlussfolgerung: Grundsätzlich seien künftig wohl diejenigen Teams im Vorteil, »die alle Systeme aus dem Effeff beherrschen und gegebenenfalls die Grundordnung verändern können«. Jedes Spiel forderte die deutsche Nationalmannschaft auf unterschiedliche Weise heraus. Doch ihr gelang es, wenn auch mal unterstützt vom nötigen Quäntchen Glück, immer wieder die richtigen Antworten zu finden.

Neben der taktischen Variationsbreite sah Wormuth vor allem im kompakten Defensivverbund sowie im zielorientierten Angriffs-Kombinationsfußball – in den entscheidenden Momenten verschieben, das Tempo und den Druck auf das Tor erhöhen – die großen Stärken des deutschen Teams. Basis war natürlich die exzellente spielerische Qualität der Profis, die herausragende Betreuung und Vorbereitung sowie die wie eigentlich immer ausgezeichnete körperliche Verfassung der Mannschaft. Von allen vier Halbfinalisten lief das deutsche Team die meisten Kilometer (783, Brasilien etwa kam nur auf 650). So konnte sich die deutsche Mannschaft in engen Spielen wie gegen Algerien und im Finale gegen Argentinien in der Verlängerung auf ihre körperliche Überlegenheit verlassen und ein mögliches Elfmeterschießen verhindern.

Dazu passte die Mannschaftsstruktur. Wohl kein anderer WM-Teilnehmer war ausgeglichener besetzt. Bezeichnend war, dass immer wieder andere Spieler – Müller gegen Portugal, Hummels gegen Frankreich, Boateng und Schweinsteiger im Finale – zu Matchwinnern wurden. Neben Lahm, der trotz einiger Stockfehler zu Beginn wieder gewohnt zuverlässig agierte, waren über das gesamte Turnier hinweg Manuel Neuer und Toni Kroos die wichtigsten Spieler. Der Torwart-Libero Neuer deckte bei seinen Aktionen ein Drittel (!) des Spielfelds ab und hatte insgesamt fast so viele (Fuß-)Ballkontakte wie ein Mittelfeldspieler, im Kasten war er der gewohnt souveräne Rückhalt. Der Mittelfeld-Stratege Kroos erhielt die meisten Bälle – seine 730 Ballkontakte waren der Höchstwert des DFB-Teams – und verteilte sie mit einer Passgenauigkeit von 90 Prozent.

So hervorragend funktionieren konnte die Mannschaft allerdings nur, weil sie beseelt war von einem herausragenden Teamgeist. Alle ordneten das eigene Ego dem großen Ziel unter. Und alle waren, nach so vielen zweiten und dritten Plätzen, unheimlich fokussiert auf den Triumph. Der einst immer ein wenig weltfremd wirkende Taktiktüftler Löw hatte gezeigt, was ihm nur noch wenige zutrauten: dass er mit Siegermentalität vorangehen und sein Team zum Titel führen konnte.

Weiterungen: Fußball ist mehr als nur ein Spiel

Der Begriff Spielphilosophie, so wie ihn Joachim Löw verwendet, zielt letztlich nicht nur auf die Gestaltung des Spiels. Denn ein Trainer ist ja nicht nur ein Taktiker. Er ist noch vieles mehr, unter anderem Psychologe und Trainingsexperte. Er benötigt klare Vorstellungen darüber, was man vorrangig trainieren soll und muss, wann man wie viel trainiert, welche Erholungsphasen einzuhalten sind, was man wann trainieren kann. So schwingen im Begriff Spielphilosophie auch in dieser Hinsicht viele Aussagen mit, zum Beispiel: dass sämtliche zur Verfügung stehenden wissenschaftlichen Ansätze mit Hilfe modernster Methoden wie Datenbank und Videoanalyse zur Analyse und Trainingsgestaltung angewendet werden; dass das Knowhow von Spezialisten für Fitness, Technik, Taktik und Spielanalyse, aber auch von Experten für Reaktionsschnelligkeit, Koordination und Mentaltraining maximal genutzt wird, dass man sich aus polysportiven Trainingseinheiten (z. B. Basketball) Anregungen holt, dass man alle nur denkbaren Möglichkeiten, mit denen man Effekte erzielen könnte – sogar ein Tanztrainer wurde einmal erwogen –, prüft und ausprobiert; dass das Training spezifisch auf die jeweiligen Mannschaftsteile abgestimmt, zugleich für das gesamte Team systematisch gestaltet und auf die Turnierhöhepunkte hin wie ein Drehbuch durchgeplant wird; dass über der Gesamtstrategie das permanente Üben der elementaren Grundfertigkeiten nicht vergessen wird; dass die Spieler willens und in der Lage sind, individuelle Trainingsprogramme durchzuziehen; und dass all diese Aspekte nicht nur für das A-Team gelten, sondern für sämtliche Nachwuchsteams des DFB.

Dazu kommen noch eine ganze Reihe von »weichen« Werten. Sämtliche Vorstellungen und Handlungspläne werden von den Trainern und Spezialisten im Teamwork entwickelt, abgestimmt und durchgeführt. Von den Spielern wird erwartet, dass sie ebenfalls Begriffe wie Teamgeist und Respekt mit Leben füllen, dass sie auf dem Platz das Fairplay achten, aber auch neben dem Platz gerecht und tolerant miteinander umgehen, dass sie Ehrgeiz zeigen und Disziplin üben, mit Leidenschaft und Freude bei der Sache sind, dass sie also ethisch-moralisch, wie Löw das ausdrückt, »absolut auf höchstem Niveau« agieren. Ein Spieler mit gravierenden Charaktermängeln wird selbst dann keine Berufung in die Nationalmannschaft erhalten, wenn er herausragende sportliche Qualitäten zeigt. Weil der Wert eines guten Betriebsklimas im Löw'schen Normenkodex ganz oben steht, haben brave Gutmenschen die größten Einsatzchancen; und damit keiner zum Nörgler mutiert, werden alle nur erdenklichen Maßnahmen zur Förderung einer positiven Grundstimmung ergriffen. Das fängt bei der luxuriösen Ausgestaltung der Quartiere an und hört bei Teambuilding-Maßnahmen – Klettererlebnisse, Zauberer- und Zocker-Abende, gemeinsame Diskothekenbesuche (nur nach großen Siegen) – nicht auf, denn anspruchsvolle Freizeitgestaltung mit Kulturangeboten gehört ebenso ganz selbstverständlich dazu. Jede Maßnahme zur intellektuellen Weiterbildung und Persönlichkeitsbildung kann ein kleiner Schritt dazu sein, einen Spieler intelligenter und damit auch besser zu machen. »Ein intelligenter Spieler«, ist Joachim Löw überzeugt, »geht besser mit Niederlagen um, anders mit Verletzungen, anders mit Erfolgen – und ist vielleicht auch in der Lage, sich in entscheidenden Momenten besser zu konzentrieren. Wenn man als

Trainer seine Philosophien auf eine Mannschaft übertragen will, wenn man Titel gewinnen will, braucht man intelligente Spieler.«

Mündige Spieler hatte er, darauf konnte er sich all die Jahre verlassen. Die Spieler seien sehr verantwortungsvoll, meinte er etwa vor der EM 2012, er müsse sie nicht kontrollieren oder mit ihnen über ihren Lebenswandel sprechen. »Das kann ich mir sparen. Die wissen alle, dass sie topfit sein müssen, da waren wir eine andere Generation.« In den Bereich Intelligenz gehört sicher auch das Bewusstsein, dass man nur gemeinsam stark sein kann. Mit dem Teamgeist allerdings stand es bei der EM dann nicht so perfekt. Der funktionierte erst 2014 in Brasilien so, dass die entscheidenden letzten Leistungsreserven der Mannschaft angezapft werden konnten. Es war bezeichnend, dass nach dem Triumph im Maracanã niemand sich selbst oder einen einzelnen hervorheben wollte. Alle sprachen nur vom »wir« und von der Mannschaft. Joachim Löw drückte es so aus: »Wir waren eine verschworene Einheit, die für diesen Titel gekämpft hat.«

Schlusswort

»Jürgen Klinsmann war ein Visionär, der den Verband aus seiner Zeit als Spieler sehr gut gekannt hat und der im Verband die geeigneten Schritte wusste, um die eingetreten Pfade zu verlassen. Es war enorm wichtig«, meint Joachim Löw, »einen Trainer mit einem anderen Hintergrund und mit neuen Ansätzen zu holen.« Mit dem Abschied Klinsmanns war die Revolution vorbei, und es begann die Evolution unter dem neuen Bundestrainer Joachim Löw. Auf die schnelle Veränderung folgte also eine Phase des langsamen Voranschreitens, immer geleitet von der mehr oder weniger vage ausformulierten Idee des perfekten Spiels. Auf diesem Weg gab es immer wieder Rückschläge, denn, so Löw, »es ist ein langer Prozess, um spielerische Fortschritte zu erzielen«. Aber man dürfe eben selbst dann, wenn die Erfolge auf sich warten lassen, seine Vorstellungen nicht aufgeben und müsse seine klare Linie konsequent beibehalten. Im Laufe der Jahre habe er gelernt, auch über Hindernisse, Misserfolge und Irritationen hinweg an seinen Grundüberzeugungen festzuhalten.

Eine dieser Grundüberzeugungen ist der Glaube an die Trainerarbeit mit dem Laptop. Viele der modernen Fußball-Lehrer haben aus dem Spiel, das noch bis vor wenigen Jahrzehnten mit recht primitiven Ansichten und Methoden gelehrt wurde, eine Art Wissenschaft gemacht. Dieser Glaube an eine datengestützte Planbarkeit des Fußballs erinnert an den Weg, den der American Football genommen hat. Der ist bereits seit Jahrzehnten ein Sport, der ausschließlich nach dicken Regel- und Taktikanleitungen funktioniert, ein Sport, aus dem fast jede spontane Regung getilgt ist – und der wohl auch deswegen manchem nichtamerikanischen Betrachter gleichzeitig überkompliziert und langweilig erscheint.

Wohin der Versuch einer umfassenden Verwissenschaftlichung des Fußballs führt, ist im Moment nicht abzusehen. Fest steht aber, dass sich der Fußball bis auf Weiteres äußerst widerständig zeigt. Die Formel für den garantierten Sieg hat bis heute trotz aller Verwissenschaftlichung noch niemand gefunden. Selbst wenn ein Analysesystem wie Amisco mit seinen acht Wärmesensorikkameras 3.000 Bewegungen mit Ball plus 2.000 Laufaktionen aufnehmen und aufarbeiten kann, so bleibt dennoch der unberechenbare Zufall ein beherrschender Faktor.

Eine Untersuchung ergab zum Beispiel, dass bei der WM 2006 über 40 Prozent der erzielten Treffer abgefälscht waren, als Abpraller oder durch Fehler des Gegners zustande kamen. Der Fußball bleibt nach wie vor unwägbar, immer wieder kann auch mal ein eigentlich Unterlegener gewinnen. Kein Wunder also, dass manches Wettbüro seine Quoten nicht nach Siegen und Toren ermittelt, sondern nach der Anzahl der herausgespielten guten Torchancen – denn das ist, wenn es denn überhaupt einen gibt, der entscheidende Faktor bei der Messung von Qualität.

Aber was weiß man, trotz aller Verwissenschaftlichung, überhaupt definitiv? Der Münchner Sportwissenschaftler Roland Loy zeigte entgegen landläufigen Ansichten, dass nicht immer das Team mit der besseren Zweikampfbilanz gewinnt und dass Ballbesitz nicht entscheidend ist für den Erfolg. Insofern könnte man Löw dann auch fragen: Ist das von ihm propagierte schnelle Umschaltspiel auch wirklich effektiv? Die erfolgreichste Mannschaft der letzten Jahre, Spanien, verzichtet darauf. Oder ist Tempo wirklich so entscheidend? Auf der Position des Sechsers zum Beispiel haben oft ältere, langsame Spieler mit großer Erfahrung die besten Werte als Passunterbrecher.

Völlig gesichert sind nur einige wenige Annahmen. Die zum Beispiel, dass viele Tore, nämlich rund ein Drittel, nach sogenannten Standardsituationen fallen (2010/11 war 1899 Hoffenheim mit einer Standard-Trefferquote von 44 Prozent in der Bundesliga führend). Gesichert ist darüber hinaus, dass alle Mannschaften heute derart intensiv beobachtet und durchleuchtet sind, dass es praktisch keine Geheimnisse mehr gibt. Die Verwissenschaftlichung des Fußballs hat zugleich eine außerordentliche Transparenz geschaffen, mit der Folge, dass der Gegner praktisch immer schon Bescheid weiß. Außer, man lässt sich im Geheimtraining mal was ganz Neues einfallen. Man könnte zum Beispiel mit vier oder gar mit fünf Stürmern spielen, so wie früher. Oder mit gar keinem. Vor die Aufgabe gestellt, nach der WM 2010 einen neuen Fahrplan und ein neues Trainingshandbuch zu erstellen, formulierte der Löw-Assistent Hansi Flick ganz folgerichtig ein Bedürfnis nach innovativen Ansätzen: »Wir wollen auch mal was entwickeln, womit wir den anderen voraus sind.«

Der Taktiktüftler Löw und sein Brainstorming-Trust arbeiteten intensiv daran, die strategischen und taktischen Optionen der Nationalmannschaft zu erhöhen. Zu radikalen Neuerungen oder gar einer Neuerfindung des Fußballs kam es dabei freilich nicht. Hingegen gab es erwartungsgemäß etliche Entscheidungen, die nicht allen der Millionen von Bundestrainern im Lande gefielen. Über Fußball lässt sich eben gut streiten, nicht zuletzt auch, weil es nur wenige Trainermaßnahmen gibt, die einer objektiven wissenschaftlichen Überprüfung standhalten können. Alles, was ein Trainer tut, ist immer vor allem auch ein Ausdruck seiner Vorlieben, seiner Art und Weise, wie er den Fußball interpretiert. Viele schüttelten den Kopf, dass es ausgerechnet der datenverliebte Joachim Löw jahrelang versäumte, die so trefferträchtigen Freistöße und Ecken üben zu lassen. Wegen des enormen Bedarfs an elementaren Übungen, so rechtfertigte er sich beispielsweise vor der WM 2006 für diese Unterlassung, sei dafür keine Zeit mehr geblieben. Aber sicher traf es auch nicht unbedingt seinen Geschmack, Siege mit solch eher schmucklosen Mitteln zu erringen; seine oberste Maxime war stets, den Sieg nicht um jeden Preis zu erringen, sondern mit attraktivem Spiel.

Der Trainer-Feingeist Joachim Löw wollte an seiner zuallererst an ästhetischen Kategorien orientierten Spielphilosophie nie Abstriche vornehmen. »Mir lacht das Herz, wenn ich erkenne, dass eine Mannschaft ihrem System treu bleibt, dass die Spieler umsetzen, was sie zusammen eingeübt haben«, definiert er seine Freude am Spiel. Die hohe Kunst des Trainerhandwerks besteht für ihn somit vor allem darin, die Qualität der Einzelnen im Zusammenspiel zu potenzieren. Sie sollen das Maximum ihres Könnens als Teil eines Gesamtkunstwerkes zur Geltung bringen. »Wenn ich sehe, dass Einzelspieler, vor allem junge Spieler, Fortschritte machen, zum Beispiel durch Training, durch taktische Arbeit oder durch mentale Übungen, dann ist das ein Genuss. Plötzlich gelingen Spielern Dinge, die das Resultat dieser Anstrengungen sind. Das ist das Allergrößte für mich als Trainer. Das ist Glück und Zauber.«

Wenn der Trainer Glück und Zauber empfindet, dann ist das Publikum in der Regel ebenso verzückt. Natürlich spielte die Nationalmannschaft unter dem Trainer-Ästheten Löw nicht durchweg traumhaften Fußball. Aber bei der WM 2010 und in vielen Spielen danach schafften es die Löw-Kicker, ihre eigenen Fans und das internationale Publikum mit attraktivem Tempofußball zu begeistern. Bei der WM 2014 gelang schließlich der heiß ersehnte große Triumph, begleitet von zauberhaften Leistungen wie beim 7:1 gegen Brasilien und schließlich errungen in einem großartigen finalen Drama gegen Argentinien. Wer will, mag eine gewisse Ironie darin erkennen, dass der leidenschaftliche Ästhet und Perfektionist Joachim Löw auf dem Weg zum Titel an seiner Vorstellung des schönen Spiels einige Korrekturen vorgenommen hat. Das erstmals in den Kanon der Löw'schen Fußballkunst aufgenommene Üben von Standardsituationen sowie die Beigabe einiger »klassischer« deutscher Tugenden – defensive Kompaktheit, Kampfkraft und Willensstärke – waren entscheidende Elemente für den Erfolg. Dass darüber das Gesamtbild des Weltmeisters „hässlich" geworden sei, wird wohl niemand ernsthaft behaupten.

Karrieredaten von Joachim Löw

Geboren am 3. Februar 1960 in Schönau

Stationen als Spieler (Spiele/Tore)
Bis 1976 TuS Schönau, FC Schönau
1976-80 DJK Eintracht Freiburg (A-Jugend)
1978-80 SC Freiburg (33/4; 38/14)
1980/81 VfB Stuttgart (4/0)
1981/83 Eintracht Frankfurt (24/5)
1982-84 SC Freiburg (34/8; 31/17)
1984/85 Karlsruher SC (24/2)
1985-89 SC Freiburg (37/12; 37/17; 20/7; 22/2)
1989-92 FC Schaffhausen
1992-94 FC Winterthur
1994/95 FC Frauenfeld (Spielertrainer)

Bilanz als Spieler
52 Bundesligaspiele (7 Tore) für VfB Suttgart, Eintracht Frankfurt, Karlsruher SC
3 EC-Spiele für Frankfurt
252 Zweitligaspiele (81 Tore) für SC Freiburg; Rekordtorschütze der Breisgauer

Stationen als Trainer
1993/94 FC Winterthur A-Junioren
1994/95 FC Frauenfeld (Spielertainer)
1. Juli 1995 bis 13. August 1996 Co-Trainer VfB Stuttgart
14. August 1996 Interims-Cheftrainer, ab 21. September 1996 Cheftrainer VfB Stuttgart (bis 30. Juni 1998)
1. Juli 1998 bis 30. Juni 1999 Fenerbahçe Istanbul
25. Oktober 1999 bis 19. April 2000 Karlsruher SC
3. Januar bis 4. März 2001 Adanaspor
10. Oktober 2001 bis 30. Juni 2002 FC Tirol Innsbruck
4. Juni 2003 bis 24. März 2004 Austria Wien
1. August 2004 bis 12. Juli 2006 Co-Trainer DFB
ab 12. Juli 2006 Bundestrainer DFB

Bilanz als Trainer

3. Platz 1. Liga Schweiz (= dritte Liga) 1993/94
DFB-Pokalsieger 1997
Finalist EC Pokalsieger 1998
3. Platz Süper Lig (Türkei) 1999
Österreichischer Meister 2002
Österreichischer Supercupsieger 2003
WM-Dritter 2006 (als Co-Trainer)
EM-Zweiter 2008
WM-Dritter 2010
EM-Halbfinalist 2012
Weltmeister 2014

Gesamtbilanz als Bundestrainer (16.8.2008 – 13.7.2014):
112 Spiele, 77 Siege, 20 Unentschieden, 15 Niederlagen, 278:103 Tore

Auszeichnungen

Zukunftspreis der Initiative »Forum Zukunft« (28. Januar 2010)
Bundesverdienstkreuz (5. Oktober 2010)
Silbernes Lorbeerblatt (mit der Nationalmannschaft, 5. Oktober 2010)
Goldener Bambi (Ehrenpreis der Jury, 11. November 2010)
Manager des Jahres (Auszeichnung von »L'Équipe«, Dezember 2010)
Mann des Jahres 2011 (Auszeichnung des »Kicker«)
Deutscher Trainer des Jahres 2014 (Wahl des Verbandes deutscher Sportjournalisten)

Danksagung

Der Autor bedankt sich bei Joachim Löw für die Beantwortung und Klärung etlicher Fragen. Die journalistische Unabhängigkeit des Autors wurde dadurch nicht berührt, so dass es sich bei dem vorstehenden Text in keiner Weise um eine autorisierte Biografie handelt.

Der Autor

Christoph Bausenwein, geboren 1959 in Nürnberg, Studium der Geschichte und Philosophie in Erlangen und Frankfurt/Main. Tätigkeiten als Journalist, Autor und Lektor sowie in der Redaktion und Konzeption von Ausstellungen zum Thema Fußball. Gründungsmitglied der Deutschen Akademie für Fußballkultur (2004). Zahlreiche Publikationen, vor allem zum Thema Fußball. Im Verlag Die Werkstatt  erschienen von ihm u.a. »Das Prinzip Uli Hoeneß« (8. Auflage 2014), »Geheimnis Fußball« (1998, 2006), »Die letzten Männer« (2003) sowie verschiedene Bücher über Bundesligavereine.

Dietrich Schulze-Marmeling
Guardiola.
Der Fußball-Philosoph

288 Seiten, Paperback
mit Fototeil
ISBN 978-3-7307-0042-6
14,90 Euro
2., aktualisierte Auflage 2014

»Dietrich Schulze-Marmeling hat schon mehrfach ganz große Bücher zur Fußballhistorie vorgelegt. Auch mit seiner Guardiola-Biografie setzt er erneut Maßstäbe.«
(Weltexpress International)

»Wer jenseits des überdrehten Medientrubels mehr darüber erfahren möchte, was Guardiola ausmacht und warum er zu den Größten seiner Zunft zählt, der sollte zu diesem Buch greifen.«
(Der tödliche Pass)

www.werkstatt-verlag.de